ORIENTAMENTO

QUALE UNIVERSITÀ?

Via Mercalli 14, 20122 Milano (Italy)
tel. 02 58 45 98 1 - fax 02 58 45 98 96
servizi@alphatest.it
alphatest.it

ISBN: 978-88-483-2474-8

Ventinovesima edizione: gennaio 2022
Prima edizione Alpha Test: aprile 1994

Stampato per conto di Alpha Test S.r.l.
da L.E.G.O. S.p.A., Lavis (Trento)
nel gennaio 2022

INDICE

Prefazione

Questo volume è rivolto a chi, terminate le scuole superiori, si trova a dover scegliere in quale direzione continuare gli studi. Si tratta di una decisione complessa, carica nello stesso tempo di paure e di aspettative, i cui effetti si potranno valutare adeguatamente solo nel medio-lungo periodo. È dunque essenziale che il percorso scelto sia il frutto di una riflessione, per quanto possibile, razionale e serena.
Molto spesso, invece, scegliere appare un'impresa impossibile: le opportunità disponibili – quantomeno "sulla carta" – sono numerose, i fattori e le priorità da valutare sono molti e non sempre è facile individuare e reperire le informazioni essenziali con lucidità.
Con l'obiettivo di contribuire efficacemente a ridurre tali difficoltà, questo volume si propone come uno **strumento pratico** e di **facile consultazione**, in grado di aiutare lo studente a *orientarsi* all'interno del mondo universitario per giungere a una scelta finale che sia coerente con le caratteristiche personali e che si riveli valida anche in vista della futura vita professionale.

Per tutte queste ragioni il volume *Quale l'università?* propone un **percorso di orientamento** che parte dall'identificazione di una **corretta metodologia di scelta**: nel *Capitolo 1* della *Parte Prima* vengono fornite indicazioni pratiche su come reperire, ordinare e valutare le informazioni utili e sul metodo da utilizzare per giungere a una scelta *consapevole*. Acquisito un efficace metodo di indagine, il lettore può procedere all'analisi di sé stesso: nel *Capitolo 2* è riportato un **questionario di autovalutazione degli interessi**, che si propone come strumento utile per scoprire quali sono realmente le aspirazioni e, in ultima analisi, l'area e il tipo di studi a sé più congeniali. Il questionario, infatti, fornisce indicazioni sulle classi di laurea che risultano di maggiore interesse.

La *Parte Seconda* inizia con una descrizione del "pianeta" università in Italia, fornendo poi un'**analisi aggiornata e dettagliata dei dati statistici su iscrizioni, abbandoni, fuori corso e delle prospettive occupazionali dei laureati, area per area.** Tale analisi è seguita da una semplice spiegazione delle numerose novità introdotte dalle riforme più recenti, spesso ancora poco conosciute a giovani e adulti. La *Parte Seconda* prosegue fornendo al lettore la possibilità di approfondire l'analisi delle caratteristiche di una classe di laurea fra quelle emerse come di maggiore interesse dal questionario. Infatti, **per ciascuna delle classi di laurea o classi di laurea a ciclo unico**, con l'ausilio di tabelle di facile lettura, vengono **evidenziati struttura e contenuti**.[1]

Lo studente che, a questo punto, ha individuato il tipo di studi che meglio risponde alle sue esigenze e aspirazioni, trova nel capitolo conclusivo della *Parte Seconda* la **mappa dell'università italiana**, dove sede per sede vengono riportate le informazioni e i dati più significativi per ciascuna università.
Nella *Parte Terza* sono disponibili alcune **utili indicazioni per formalizzare l'iscrizione** all'università. A coloro la cui preferenza dovesse cadere su un corso universitario a numero programmato, la guida fornisce **informazioni dettagliate sul "numero chiuso"** e i criteri di selezione adottati dalle università. Svela, inoltre, le tecniche migliori per prepararsi ai test di selezione, con l'ausilio di alcuni esempi pratici: lo studente ha così l'opportunità di mettersi alla prova e di ricevere un primo riscontro rispetto al proprio livello di preparazione.
L'ultima parte del volume presenta alcuni **cenni alle opportunità offerte dalla formazione non universitaria** (in alcuni casi il titolo rilasciato equivale in tutto e per tutto a una laurea a tutti gli effetti), quali i Conservatori, le Accademie di Belle Arti, gli Istituti per i beni culturali, le Scuole di Giornalismo, le scuole per Mediatori linguistici e le Accademie militari italiane.

1. Delle classi di laurea magistrale, meno interessanti per un neodiplomato, ci si limita a fornire l'elenco aggiornato a pagina 144.

In appendice **un agile glossario** chiarisce il significato di termini di uso comune nel mondo accademico, spesso sconosciuti a chi ha appena terminato le scuole superiori.

Questa edizione del volume *Quale università?* è aggiornata alle recenti novità legislative e con tutti i dati disponibili al momento della stesura del libro. Si ringraziano in particolare Sergio Bettini (direttore del Centro orientamento scolastico e professionale di Alessandria, che diede il primo impulso alla sezione orientativa presente nella *Parte Prima*), Ilaria Caretta e Massimo Drago (per il lavoro di ricerca e di redazione).

Il parere dei lettori è importante

Per continuare a migliorare la qualità delle proprie pubblicazioni, Alpha Test considera estremamente prezioso il parere dei propri lettori ai quali chiede la cortesia di esprimere un giudizio su questo libro nell'apposita sezione "Valuta un libro" del sito alphatest.it. Per ogni valutazione ricevuta Alpha Test devolverà 2 euro alla **Fondazione Francesca Rava–NPH Italia Onlus** che aiuta i bambini orfani, abbandonati, ammalati in Italia e nei paesi più poveri del mondo (nphitalia.org).

Per informazioni aggiornate sui libri di Alpha Test i lettori possono visitare il sito internet alphatest.it o richiedere il catalogo gratuito a:

Alpha Test S.r.l.
via Mercalli, 14 – 20122 Milano
tel. 02 58 45 981 – fax 02 58 45 98 96
servizi@alphatest.it

Parte prima

ORIENTARSI

1| Orientarsi e scegliere

1.1 | Questione di metodo

Scegliere un percorso universitario ha sempre rappresentato una tappa fondamentale nella vita degli studenti, un momento di cambiamento e di passaggio non esente da difficoltà, dubbi e incertezze. Sono sentimenti del tutto comprensibili ma non tali da giustificare atteggiamenti e comportamenti di passività o disinteresse che potrebbero condizionare la possibilità di realizzare in futuro, desideri, aspirazioni, obiettivi personali e professionali.

Al termine della scuola superiore, alcuni dichiarano di avere già le idee chiare e di sapere con certezza quale strada intraprendere, altri sono più incerti e cercano di definire maggiormente i confini delle loro scelte. Per tutti può essere utile fermarsi a riflettere su alcuni aspetti espliciti o impliciti che possono favorire una presa di decisione più consapevole ed evitare in futuro esperienze di delusione e fallimento, ritardo o abbandono degli studi, insoddisfazione ed eccessiva "fatica" per portare a termine il percorso.

Ogni scelta, in quanto tale, comporta sempre una dose di rischio e di incertezza per cui non esiste una scelta "corretta" in assoluto, ma esiste sicuramente un **metodo corretto** per decidere.

In questa capitolo cercheremo di fornire ai ragazzi alcuni **strumenti** teorici, metodologici e operativi che consentiranno loro di meglio orientarsi nel mondo complesso e diversificato dell'offerta formativa, iniziando da un punto fondamentale: **se stessi**.

Affronteremo il processo di orientamento e presa di decisione come un percorso di crescita che ha come punto di partenza la conoscenza di desideri, aspirazioni, interessi, motivazioni di ciascuno, nel presente, e come punto di arrivo la realizzazione di questi desideri, aspirazioni, interessi, motivazioni, nel futuro.

Come ogni percorso impegnativo, ha bisogno di tempo per coprire il tragitto e di capacità per superare alcuni passaggi intermedi:

- la definizione dell'obiettivo da raggiungere;
- la scelta del percorso da seguire;
- la capacità di attivarsi per raggiungere lo scopo.

Anche se il percorso ha una direzione ben precisa e prevede delle tappe da superare, non è rigido e immodificabile ma creativo e flessibile, in modo che eventi nuovi e imprevisti possano essere integrati e creare un nuovo equilibrio.

Per aiutare i ragazzi in questo cammino, focalizziamo l'attenzione su alcuni aspetti:

- darsi del tempo per decidere;
- prendere una decisione consapevole;
- prepararsi all'università.

1.2 | Darsi del tempo per decidere

Innanzitutto bisogna considerare il fattore **tempo** necessario per mettere a punto un progetto che si concretizzerà nel momento della scelta ma che va costruito progressivamente seguendo un metodo ben preciso.

È evidente che una decisione così importante non va presa all'ultimo minuto o sulla base di criteri che nell'immediato possono apparire ben fondati ma che in seguito possono rivelarsi ingannevoli.

Darsi del tempo per decidere significa innanzitutto evitare i **rischi** connessi a una scelta superficiale e affrettata. Tali sono le scelte fatte d'impulso e basate solo su fattori emotivi ("mi piace o non mi piace") senza tener conto delle realistiche possibilità di riuscita in quel percorso.

Sono parziali anche le scelte basate prevalentemente sulle previsioni occupazionali ("trovo subito lavoro") non considerando gli interessi, le capacità e le motivazioni personali che rendono realizzabile tale obiettivo. Oppure le scelte fatte senza conoscere le caratteristiche dei percorsi formativi che preparano a svolgere una determinata professione (durata dei corsi di laurea, disponibilità delle sedi universitarie, impegno richiesto ecc.).

Allo stesso modo risultano inadeguate le scelte eccessivamente influenzate da quello che dicono o fanno gli altri ("ho letto che...", "i miei amici hanno deciso di..."), evitando in questo modo la fatica e la responsabilità della propria decisione e rinviando a un futuro più o meno prossimo la verifica delle reali esigenze personali.

Non è utile neanche procrastinare per troppo tempo la scelta, rimandando continuamente il momento di decidere e neppure cercare incessantemente sempre nuove informazioni nella speranza di chiarirsi ulteriormente le idee ed essere del tutto certi di eliminare ogni dubbio.

Darsi del tempo per decidere significa quindi **maturare una scelta** prendendo in considerazione tutti insieme e in integrazione tra loro i vari fattori in essa implicati, raccogliendo le informazioni necessarie e formulando ipotesi e opzioni realistiche riguardo al proprio futuro. Non a caso molte università fanno i test d'ingresso nel quarto anno della scuola superiore in modo da iniziare una programmazione degli studi.

Darsi del tempo per decidere significa infine riuscire a cogliere gli **elementi di novità e di cambiamento** che si presentano di volta in volta e saperli integrare nel proprio progetto di vita in modo coerente e realistico.

1.3 | Prendere una decisione consapevole

Un secondo aspetto su cui concentrare l'attenzione riguarda il **processo decisionale** finalizzato alla pianificazione e realizzazione del proprio progetto.

La presa di decisione è un processo di pensiero complesso in cui sono implicate dimensioni che riguardano SE STESSI e le OPPORTUNITÀ SOCIALI. È il momento fondamentale di un percorso di riflessione su di sé e sull'ambiente esterno elaborato progressivamente nel corso del tempo in cui vengono:

- definiti i desideri e le aspettative, le realizzazioni personali, le aspirazioni scolastiche, i sentimenti, le speranze e gli investimenti sul proprio futuro;
- valutate le risorse personali a cui attingere energie e motivazioni per l'acquisizione e lo sviluppo di nuove competenze;
- rivisti i significati attribuiti alla formazione e al lavoro, ai valori che fanno da guida nelle scelte, al progresso sociale e culturale o ai luoghi comuni che invece tendono a banalizzare molti aspetti della vita;
- considerate criticamente le possibilità concrete offerte dalla società, le strade da percorrere, ma anche i limiti o gli ostacoli che possono intervenire nella realizzazione del proprio progetto.

Il momento della scelta e della decisione si presenta quindi come un momento di sintesi di esperienze passate, di consapevolezza del presente e di aspirazioni per il futuro che investe tutti gli aspetti della vita e non soltanto quelli più strettamente connessi alla formazione o al lavoro.

Il processo decisionale si articola in **fasi successive** che, nei loro elementi essenziali, possono costituire utili punti di riferimento per organizzare la complessità dei vissuti e delle strategie implicate nella realizzazione di scelte complesse.

La "correttezza" del processo decisionale dipende dall'ordine e dal livello di approfondimento con cui vengono affrontate le diverse fasi. Questa progressione tuttavia non esclude una certa flessibilità, nel senso che l'esito di ciascuna fase può riportare a quella precedente, se necessario. Può succedere, ad esempio, che un corso di laurea considerato all'inizio interessante si riveli in seguito non rispondente a interessi o capacità personali, oppure che la scelta di un determinato percorso sia ostacolata da alcuni limiti come i test di ammissione. In questi casi bisogna tornare indietro, acquisire nuove informazioni e formulare nuove alternative.

Anche la scelta finale non è irreversibile e può essere modificata negli anni successivi per motivi che saranno presi in considerazione di volta in volta. L'importante è aver acquisito un "metodo" corretto di presa di decisione che può essere utilizzato anche in altre circostanze della vita.

Qui di seguito riportiamo lo schema del processo decisionale, le cui fasi saranno descritte singolarmente nei paragrafi successivi:

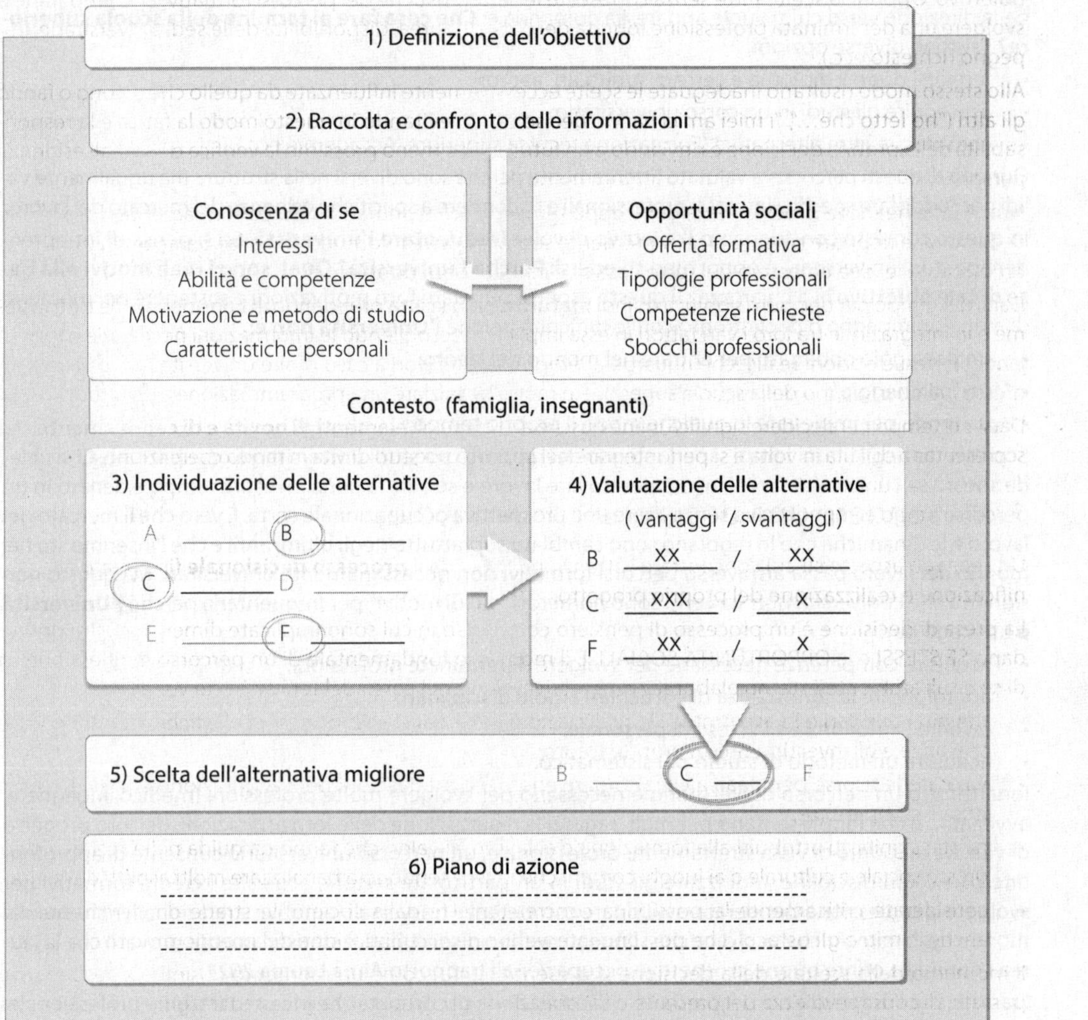

Nell'affrontare le fasi del processo decisionale è necessario fare appello alle proprie risorse interiori e mettere in atto molte competenze sviluppate negli anni della scuola superiore. Ad esempio, il **pensiero analitico** serve per definire l'obiettivo che si vuole raggiungere e la capacità di **gestione delle informazioni** per realizzare un'attenta raccolta e valutazione delle informazioni necessarie. È necessario invece utilizzare il **pensiero creativo** nell'elaborazione di diverse alternative di scelta e il **pensiero analitico** per l'individuazione delle relazioni tra l'obiettivo, le alternative, i dati raccolti e il criterio di valutazione. Nell'ultima fase si dovrà usare il **pensiero critico** per valutare i pro e contro di ogni alternativa e la scelta dell'alternativa migliore, cioè quella che meglio soddisfa il criterio adottato. Trasversale a tutto il percorso è l'**autocontrollo emotivo** finalizzato alla gestione dei dubbi, delle incertezze e del rischio sugli esisti futuri delle alternative.

Il processo decisionale finalizzato alla scelta, se considerato nel suo insieme, potrebbe sembrare eccessivamente complesso e impegnativo tuttavia, suddividendolo in passi da affrontare da affrontare di volta in volta, risulterà più semplice e significativo.

1.3.1 | Individuazione dell'obiettivo

Conoscere l'obiettivo che si vuole raggiungere sicuramente aiuta a prendere decisioni che porteranno nella direzione verso cui si vuole andare. La domanda è: **Che cosa fare al termine della scuola superiore?** Esistono diverse opzioni:

- fermarsi dopo il diploma e cercare subito un lavoro;
- proseguire gli studi in un corso universitario;
- considerare altre alternative (Formazione tecnica superiore, Accademie ecc.).

Ognuno di questi percorsi va valutato attentamente perché sono diversi nella struttura ma ugualmente validi per soddisfare specifici interessi professionali e rispondere a specifiche esigenze del mercato del lavoro.
In questo contesto consideriamo l'obiettivo di voler **frequentare l'università**. Se si pensa di intraprendere gli studi universitari, è opportuno chiedersi: **Perché l'università? Quali sono i reali motivi alla base di tale obiettivo?** La chiarezza su questo aspetto può dare forti motivazioni e sostenere nei momenti di maggior impegno o di confronto con le difficoltà perché l'**Università non è**:

- un passaggio obbligato per entrare nel mondo del lavoro;
- un "parcheggio";
- un modo per impiegare in qualche modo il proprio tempo.

Soprattutto negli ultimi tempi si parla spesso del rapporto tra studi universitari e occupazione. Ci si chiede spesso se l'università serve ancora per trovare lavoro e se vale la pena investire tempo e denaro in un percorso lungo e impegnativo senza avere una prospettiva occupazionale certa. È vero che il mercato del lavoro e le dinamiche che lo regolano sono cambiate soprattutto negli ultimi anni e che l'inserimento nel mondo del lavoro passa attraverso percorsi formativi non necessariamente universitari. Ma questo non significa che l'università non serve. Ci sono numerosi "validi motivi" per frequentarla perché **l'Università è** un luogo per:

- acquisire competenze necessarie per svolgere determinate professioni;
- approfondire la conoscenza di particolari ambiti disciplinari;
- favorire l'autonomia e la crescita personale;
- acquisire un metodo di studio più sistematico.

Innanzitutto un percorso universitario è necessario per svolgere molte professioni (medico, ingegnere, avvocato…) che rappresentano per molti ragazzi la realizzazione delle loro aspirazioni, del loro progetto di vita. Da un punto di vista strettamente professionale, un percorso universitario consente di approfondire particolari discipline, indirizzare gli studi in un particolare settore, acquisire i crediti formativi per svolgere la professione desiderata, sviluppare competenze trasversali (emotive e relazionali) richieste dal mondo del lavoro. Anche se si dice che i laureati restano disoccupati, è statisticamente provato che la laurea continua a offrire buone prospettive occupazionali (rapporto Alma Laurea 2021).
Frequentare l'università non riguarda solo l'acquisizione di competenze e la preparazione professionale. Al di là del tipo di laurea conseguito, l'università fornisce nuovi stimoli culturali, propone punti di vista molteplici e una visione più ampia del mondo e della realtà circostante, coglie e sviluppa le spinte all'innovazione, offre strumenti conoscitivi e operativi (ad esempio un metodo di apprendimento) che saranno utili nella vita e nella professione.
Da un punto di vista più strettamente personale, l'inscrizione all'università rappresenta una tappa significativa della vita perché richiede di investire sul proprio futuro, assumersi delle responsabilità, imparare a organizzare autonomamente la propria vita quotidiana. Inoltre, la vita universitaria favorisce lo sviluppo della socialità, la conoscenza di persone nuove, l'occasione di condividere e confrontare idee e sentimenti diversi, la possibilità di collaborare con gli altri per un progetto comune.
Considerando le possibilità che l'università offre agli studenti è evidente che non è sufficiente iscriversi e conseguire un diploma di laurea. Occorre anche:

- avere buoni risultati;
- finire nei tempi prestabiliti;
- sviluppare competenze specifiche e trasversali attraverso esperienze concrete;

- cogliere le opportunità culturali che vengono offerte;
- essere "motivati" e sapersi "automotivare".

Una volta chiariti i motivi per cui si desidera seguire un percorso universitario, il passo successivo è l'individuazione del corso di laurea a cui iscriversi. A questo punto la domanda da porsi è: **Quale corso di laurea scegliere?** Questo è l'obiettivo finale di tutto il percorso orientativo, cioè la scelta metodologicamente fondata di un corso di studi che:

- corrisponda a interessi, capacità e motivazioni personali;
- abbia un riscontro occupazionale;
- offra una preparazione adeguata a svolgere la professione che si desidera.

1.3.2 | Raccolta delle informazioni

Per individuare il corso di laurea più adatto, occorre innanzitutto disporre di un insieme di informazioni sulle quali costruire alcune alternative di scelta. Senza avere a disposizione le informazioni necessarie nessuna presa di decisione sarebbe possibile.

Quando si parla di informazioni in orientamento, generalmente si pensa all'offerta formativa delle università, alle sedi universitarie, ai servizi offerti agli studenti o agli eventuali sbocchi lavorativi. Ma questa è solo una parte delle informazioni di cui si ha bisogno. Una quota essenziale dei dati riguarda invece la conoscenza di se stessi, del proprio modo di essere, di pensare, di comportarsi, nonché delle proprie capacità e conoscenze, degli interessi, delle motivazioni, delle aspirazioni e dei valori. Questa conoscenza può essere frutto di un processo di autoriflessione e di autovalutazione, oppure il risultato di alcuni test o questionari.

Avere le informazioni non significa però saperle utilizzare: bisogna assumere un atteggiamento di ricerca attiva dei dati, sceglierli in funzione dell'obiettivo prefissato, sottoporli ad analisi critica, organizzarli e integrarli in funzione del problema orientativo.

Le informazioni necessarie alla presa di decisione riguardano due aspetti fondamentali: SE STESSI e il MONDO DELLA FORMAZIONE E DEL LAVORO.

È possibile sintetizzare le domande da porsi e i fattori che influenzano la scelta nel seguente schema:

1) SE STESSI		**2) MONDO DELLA FORMAZIONE E DEL LAVORO**	
Cosa desidero fare?	**Interessi**	Quali sono i corsi di laurea di disponibili?	**Offerta formativa**
Perché desidero farlo?	**Motivazioni**	In quale ateneo?	**Sedi universitarie**
In che cosa riesco bene?	**Capacità**	Quali sono le condizioni di ingresso?	**Modalità di iscrizione**
Che cosa so e cosa so fare?	**Apprendimento scolastico e competenze**	Quali sono le prospettive occupazionali?	**Mercato del lavoro**
Come mi comporto?	**Caratteristiche di personalità**	Come cambiano le professioni?	**Tipologie professionali**
Come organizzo il mio studio?	**Atteggiamento verso lo studio**	Quali competenze richiedono?	**Competenze specifiche e trasversali**
Che cosa è importante nel mio lavoro futuro?	**Valori professionali**	Cosa devo fare per avere successo negli studi?	**Prepararsi all'università**

1) Conoscere se stessi

Conoscere se stessi non è facile e soprattutto non è facile descrivere se stessi facendo riferimenti a precisi aspetti della propria personalità che sono rilevanti in un percorso orientativo. Spesso questi tentativi risultano frammentari e schematici, lontani dall'esperienza, dalla complessità, dall'articolazione e dall'intensità del vissuto quotidiano. Per aiutare a capire, mettere ordine, definire in modo più chiaro e realistico alcuni aspetti di sé, vengono brevemente descritti i fattori che caratterizzano ciascun individuo e influenzano la presa di decisione.

- **Interessi (Che cosa desidero fare?)**. In un percorso di orientamento si fa riferimento soprattutto agli interessi professionali. Questi esprimono una chiara preferenza per la professione che si desidera svolgere in futuro o, più in generale, per l'ambito professionale a cui appartengono una o più professioni desiderate. Si può quindi iniziare il percorso con l'individuare l'area professionale che suscita maggior interesse (umanistica, scientifica, artistica, giuridica, economica, sociale, medica, ingegneristica ecc.) e in seguito definire una professione specifica (si veda il capitolo successivo "Questionario di interessi"). Avere interesse per una professione significa:
  - considerare un'attività lavorativa coinvolgente e gratificante;
  - acquisire competenze necessarie a svolgere quell'attività;
  - impegnarsi per raggiungere l'obiettivo anche superando difficoltà e limiti.

  Gli interessi sono **elementi motivazionali molto forti** e sono alla base di buoni risultati sia negli studi che nella professione. A volte si prova lo stesso interesse per attività lavorative diverse: in questo caso è utile capire quale interesse può diventare un'attività professionale e quali invece possono essere realizzati in attività culturali o del tempo libero (per esempio, uno profondo interesse per la musica o per la meteorologia si prestano sia a trasformarsi in una professione sia a diventare una coinvolgente attività per il tempo libero). Altre volte invece non emerge alcun interesse particolare: in questo caso bisogna chiarire che cosa determina questo atteggiamento (mancanza di informazioni sulle attività professionali, scarsa conoscenza di sé o timore di sbagliare decidendo per un corso specifico) e cercare di modificarlo.

  Affinché gli interessi siano realizzabili è necessario metterli in relazione con altri fattori: motivazioni, capacità cognitive, conoscenze e competenze, metodo di studio, caratteristiche personali, valori.
- **Motivazioni (Perché desidero farlo?)**. La motivazione è una spinta emotiva che, sulla base di un bisogno, di un interesse, di un desiderio o di una curiosità porta a raggiungere mete ben precise. In sintesi, la motivazione è:
  - il desiderio di raggiungere gli obiettivi desiderati;
  - l'energia che si impiega per raggiungerli;
  - la volontà di fare le cose necessarie per arrivare fino in fondo;
  - la forza che sostiene quando le cose diventano difficili.

  Per essere motivanti, gli obiettivi devono essere **attraenti e raggiungibili**. Sono obiettivi attraenti quelli che soddisfano il bisogno di "padronanza" cioè il desiderio di acquisire nuove conoscenze, migliorare le proprie capacità, esprimere e sviluppare abilità, la cosiddetta **motivazione intrinseca**. Sono attraenti anche gli obiettivi di "prestazione" cioè quelli che rispondono al desiderio di ottenere approvazione e riconoscimento sociale, raggiungere obiettivi elevati nello studio e nel lavoro, essere riconosciuti capaci, la cosiddetta **motivazione estrinseca**. Entrambi gli obiettivi contribuiscono alla riuscita nello studio perché consentono di sentirsi soddisfatti e orgogliosi di se stessi e di ricevere approvazione, stima e prestigio sia personale sia professionale.

  Oltre che attraenti, gli obiettivi devono essere anche **raggiungibili** nel senso che devono poter essere conseguiti grazie alle capacità personali, all'impegno e alla volontà di superare le difficoltà.
- **Abilità cognitive (In che cosa riesco bene?)**. La possibilità di realizzare interessi e aspirazioni dipende in gran parte dal possesso dei requisiti cognitivi richiesti da un particolare corso di studi o attività lavorativa. Le "abilità cognitive" qui considerate fanno riferimento a diversi aspetti del processo intellettivo quali:
  - la predisposizione a riuscire bene in determinati compiti, cioè la potenzialità di sviluppare capacità specifiche in determinati settori (attitudini);
  - lo sviluppo di tali predisposizioni che, attraverso l'apprendimento, diventano abilità cognitive specifiche.

  Considerando la molteplicità di abilità e di conoscenze necessarie per una buona riuscita scolastica e professionale, in un percorso di orientamento devono essere considerati diversi aspetti delle capacità cognitive: l'abilità generale di ragionamento logico, il patrimonio culturale dell'individuo, le conoscenze apprese in contesti formativi, le capacità cognitive specifiche considerate prerequisiti per l'apprendimento scolastico o per la riuscita lavorativa (verbali, numeriche, spaziali, percettive, meccaniche...). In particolare, il possesso e lo **sviluppo di abilità cognitive specifiche** sembrano costituire un'ottima base per il proseguimento degli studi in particolari settori: ad esempio, un interesse prevalente per l'area umanistica o giuridica deve essere sostenuto da una buona abilità verbale così come le preferenze per l'ambito tecnologico o scientifico necessitano di abilità numeriche. A questo riguardo tuttavia è necessario specificare che un livello non elevato in un'abilità cognitiva specifica può essere compensato da un forte interesse e da un costante impegno nello studio e quindi consentire il raggiungimento degli obiettivi desiderati.

- **Rendimento scolastico e competenze (Che cosa so e che cosa so fare?)**. Le abilità cognitive si manifestano in ambito scolastico attraverso il rendimento nelle varie materie e, al di fuori della scuola, nelle diverse attività culturali o del tempo libero.
  Le prestazioni scolastiche si riferiscono a:
  - conoscenze di tipo teorico che sono state acquisite soprattutto con lo studio individuale e la frequenza di specifici indirizzi scolastici;
  - conoscenze relative ai metodi, ai procedimenti, al "come fare" che si sviluppano attraverso l'applicazione dei principi appresi e le esperienze concrete.

  L'acquisizione di **conoscenze disciplinari e di metodo** è alla base dello sviluppo di capacità più complesse e della strutturazione degli apprendimenti successivi e quindi fondamentale per la riuscita scolastica e professionale. Se le capacità cognitive specifiche non trovano un adeguato riscontro nel rendimento scolastico, è necessario capire il motivo di questa discrepanza e cercare di superarla: potrebbe essere dovuta a mancanza di metodo di studio, carenza nei processi motivazionali o problemi relazionali all'interno della classe.

  Oltre alle prestazioni scolastiche si considerano anche alcune **competenze acquisite** nell'ambito extrascolastico, in quanto costituiscono un ampliamento e un completamento delle risorse personali da investire nella costruzione di progetti per il futuro. Queste competenze possono essere tecnico-specifiche in quanto legate a una particolare attività, ma anche trasversali come la capacità di pianificare, organizzare il lavoro, comunicare, prendere le decisioni, raccogliere e organizzare le informazioni, partecipare alle attività di un gruppo, adattarsi alle nuove situazioni.
- **Atteggiamento verso lo studio (Come organizzo il mio studio?)**. Uno dei fattori fondamentali della riuscita scolastica è costituito dall'atteggiamento nei confronti dell'apprendimento in generale e dello studio in particolare. A questo riguardo è necessario chiarire che:
  - l'attività di studio è un tipo particolare di apprendimento intenzionale: è lo studente che deve decidere, in modo autonomo e consapevole, "perché", "cosa" e "come" apprendere un determinato argomento;
  - nell'atteggiamento assunto verso lo studio sono strettamente connessi gli aspetti di motivazione e quelli di metodo;
  - nello studio rientrano motivazioni intrinseche ed estrinseche.

  La **motivazione intrinseca** è un fattore determinante per il successo nello studio e nella professione, ma anche **fattori estrinseci** come la presenza di obiettivi stimolanti, chiari, desiderabili, può essere un forte incentivo per incrementare la motivazione alla riuscita.

  Per quanto riguarda il **metodo di studio** si deve sottolineare che molte volte, pur avendo buone capacità cognitive, si va incontro a insuccessi e fallimenti perché si ha poco interesse per lo studio oppure si utilizza un metodo di lavoro inadeguato. Allo stesso modo, si possono ottenere buoni risultati scolastici se si è sostenuti da forti motivazioni e da un'efficace strategia di apprendimento, anche se non si hanno spiccate capacità cognitive.

  L'atteggiamento nei riguardi dello studio influisce sia sulla decisione di continuare o meno nel percorso universitario, sia sul modo di affrontare situazioni o momenti di difficoltà, sia sulla capacità di sostenere l'impegno richiesto per realizzare i progetti futuri.

- **Caratteristiche di personalità (Come mi comporto?).** La realizzazione degli interessi scolastici e professionali è condizionata non solo dalle capacità cognitive e dalle motivazioni, ma anche da alcune caratteristiche di personalità che possono influire positivamente o negativamente sul risultato. Queste riguardano:
  - la determinazione nel raggiungere i propri obiettivi;
  - la disponibilità a stabilire nuovi rapporti con gli altri;
  - la costanza negli impegni assunti;
  - la capacità di non lasciarsi scoraggiare dalle difficoltà e trovare il modo per superare gli ostacoli;
  - la curiosità e l'interesse a conoscere cose nuove;
  - la flessibilità e la disponibilità al cambiamento.

  Altri aspetti importanti nel determinare la riuscita sono:
  - la percezione di "autoefficacia", cioè la fiducia nelle proprie capacità di riuscire bene in un determinato compito o ambito di attività e di raggiungere gli obiettivi prefissati;
  - lo stile di "attribuzione", cioè la tendenza ad assumersi in prima persona la responsabilità degli eventi positivi o negativi della propria vita e non attribuirne la causa a fattori esterni come il caso, la fortuna, l'aiuto degli altri.

  In quest'ottica, la mancanza di energia e di responsabilità nell'affrontare gli impegni, una bassa autostima o un'eccessiva emotività possono determinare l'abbandono degli studi nel momento in cui vengono considerati eccessivamente faticosi e non si riesce a sostenere l'impegno, la concentrazione e lo sforzo richiesti. Viceversa, caratteristiche quali la costanza, la stabilità emotiva, la capacità di collaborare, la fiducia nelle proprie possibilità di riuscita, possono in parte compensare la carenza di abilità cognitive specifiche e consentire il conseguimento dei propri obiettivi.
- **Valori professionali (Che cosa è importante nel mio lavoro futuro?).** I valori professionali sono variabili psicologiche che esprimono aspirazioni e bisogni personali, riferiti al lavoro, che possono essere soddisfatti più o meno indipendentemente da particolari settori professionali. Ad esempio, chi considera molto importante per la propria vita fare qualcosa per gli altri, probabilmente esprimerà questi valori in interessi e attività di tipo sociale anche se diverse tra loro. In sintesi, si può dire che i valori professionali:
  - sono caratteristiche e condizioni di un lavoro corrispondenti a bisogni personali;
  - non necessariamente si realizzano attraverso una specifica attività lavorativa ma possono essere soddisfatti anche da professioni diverse;
  - sono coerenti con principi personali che riguardano aspetti più generali della vita di ciascuno.

  Riflettere sui propri valori consente di comprendere quali aspetti di un'attività professionale sono ritenuti più importanti e quindi determinanti nella propria scelta. I valori che generalmente si cerca di trovare in un lavoro riguardano: la relazione (collaborare con i colleghi), la realizzazione personale (crescere a livello personale e professionale), la carriera (raggiungere posizioni di prestigio e responsabilità), il risultato (conseguire obiettivi, traguardi e mete prefissate), la retribuzione (avere stabilità e benessere economico), il cambiamento (partecipare allo sviluppo e all'innovazione), l'ambiente di lavoro (lavorare in un posto confortevole, bene organizzato e funzionale).

2) Conoscere il mondo della formazione e del lavoro

Se si vogliono realizzare interessi e capacità personali, è necessario conoscere il contesto sociale in cui si vive, le opportunità che offre e le competenze che richiede.

A questo punto, è necessario reperire un insieme di informazioni chiare e attendibili soprattutto su due aspetti della realtà esterna: I PERCORSI FORMATIVI e IL MERCATO DEL LAVORO. Sono aspetti strettamente connessi tra loro perché ogni professione ha bisogno di un processo di formazione continua come risposta alla flessibilità e mobilità del mondo del lavoro, così come i percorsi formativi devono modificare e innovare costantemente contenuti e metodi in funzione delle nuove esigenze del sistema sociale. Questo comporta inevitabilmente un cambiamento parallelo nel mondo della formazione e in quello professionale e un più stretto e costante rapporto tra università e lavoro.

Come per la conoscenza di sé, anche per la conoscenza delle opportunità sociali, non è sufficiente una semplice e formale raccolta di dati. È necessario invece attivare le proprie capacità di analisi per capire quali possono essere gli spazi e i percorsi disponibili, i vincoli da considerare, le risorse a cui attingere, le informazioni da acquisire.

- **L'offerta formativa delle università: Quale percorso universitario è preferibile?** Le università italiane propongono un'offerta formativa molto ampia e articolata in risposta ai cambiamenti sempre più profondi della tecnologia e dell'economia e alle richieste di competenze sempre più complesse e trasversali. Numerose e molto differenziate sono infatti le proposte di corsi di laurea di primo livello (triennali), corsi a ciclo unico e lauree di secondo livello (specialistiche), master di primo o secondo livello, dottorati di ricerca, scuole di specializzazione.

  Per evitare perdite di tempo e di energia, è consigliabile concentrare l'attenzione su due criteri: il collegamento dei singoli corsi di laurea con future attività professionali e, parallelamente, la loro coerenza con gli interessi e le capacità personali emersi durante il percorso di conoscenza di sé.

  Nel tentativo di mettere ordine nella grande quantità di informazioni è necessario porsi la domanda: **Quali sono i corsi di laurea disponibili?**

  Il primo tipo di informazioni da reperire riguarda le caratteristiche dell'università e dei vari percorsi formativi da esse attivate in modo da poter mettere a confronto l'offerta formativa dei singoli atenei in base a comuni parametri di riferimento. In concreto, occorre informarsi sui seguenti aspetti:
  - quali sono le sedi delle università italiane;
  - qual è la loro offerta formativa (lauree doppie o multiple);
  - cosa sono le classi di laurea (stabilite dal MIUR);
  - come sono strutturati i percorsi universitari (laurea triennale o magistrale);
  - quali corsi di laurea sono proposti dai singoli atenei;
  - quali corsi in lingua inglese sono attivati.

  Di particolare interesse per coloro che desiderano acquisire anche una preparazione internazionale è il conseguimento di un **diploma di laurea "doppio" o "multiplo"** sia in ambito scientifico sia umanistico. Questi percorsi di studio, organizzati da alcuni atenei italiani in collaborazione con altre università straniere, prevedono percorsi formativi comuni o integrati che portano al conseguimento di un titolo accademico italiano e contemporaneamente di un titolo equivalente di un'università estera.

  Sempre nell'ottica di una formazione internazionale, vanno presi in considerazione anche i **corsi di laurea svolti in lingua inglese** che sicuramente facilitano l'inserimento professionale in molti campi, dalla medicina alla tecnologia, dalla comunicazione alla biologia, dall'economia all'architettura.

  Oltre alle informazioni riguardanti i corsi di laurea e gli atenei che li attivano, bisogna valutare anche le singole sedi universitarie. Non tutte le università sono uguali e ogni ateneo ha le sue specificità. È opportuno quindi chiedersi: **Quale ateneo?** Anche in questo caso le informazioni sono tante:
  - disponibilità delle sedi universitarie sul territorio (distanza dal luogo di residenza, accessibilità, sede in grandi città o anche in centri più piccoli);
  - tipologia organizzativa (università statale, privata o telematica);
  - dimensione degli atenei (grandi, con molte facoltà, oppure più piccoli con una sola tipologia di corsi di laurea);
  - servizi offerti agli studenti (informazioni, counseling, assistenza, tutorato, supporti informatici, promozioni);
  - attività extracurriculari (teatro, sport, musica, corsi di lingua straniera).

  La scelta in questo caso dipende in gran parte da esigenze personali e logistiche. Importante per tutti è valutare gli atenei che stanno investendo di più in percorsi innovativi e internazionali e offrono agli studenti una serie di iniziative che arricchiscono i contenuti dei corsi e danno lo stimolo per sviluppare ulteriori competenze.

Una terza tipologia di informazioni da acquisire, comprende alcuni aspetti "pratici" che rispondono alla domanda: **Quali sono le condizioni d'ingresso?** In particolare riguardano:

- le modalità di iscrizione (termini di tempo, moduli, test di ingresso);
- le agevolazioni per gli studenti (borse di studio, residence, collegi);
- l'accessibilità delle sedi (come raggiungere l'ateneo).

L'accesso ad alcuni corsi universitari è condizionato dal superamento dei test di ammissione che richiedono una preparazione specifica:

- sapere quali corsi di laurea e quali atenei hanno i test di ammissione;
- conoscere le date dei test;
- informarsi sui criteri di selezione e sui contenuti delle prove;
- prepararsi ad affrontare i test.

Considerando la diversità e la molteplicità dell'offerta formativa, orientarsi nel mondo dell'università in Italia non è semplice. Per raccogliere informazioni si possono consultare diverse fonti (siti web, libri, conferenze). Nelle pagine successive di questa **guida**, sarà fornita una risposta ampia ed esauriente alle domande precedenti relative all'organizzazione dell'università e dei corsi di laurea (Parte seconda), alle procedure per l'iscrizione e alle modalità per superare i test di ingresso (Parte terza), ai percorsi di formazione alternativi ai corsi universitari (Parte quarta).

- **Il mondo del lavoro (Quali sono le prospettive occupazionali?).** In parallelo con la raccolta di informazioni sulle università, bisogna fare considerazioni più a lungo termine riguardanti le possibili prospettive occupazionali, nazionali e internazionali, in un contesto sociale in cui cambiano costantemente il concetto di lavoro, i rapporti di lavoro, i tipi di lavoro, le competenze richieste per svolgere un lavoro.

  La domanda che ci si pone è: **Come cambia il mondo del lavoro?** Parlare di questo argomento è piuttosto difficile, data la rapidità con cui si trasforma la situazione politica, economica e sociale dei vari Paesi. Tuttavia, sulla base di ricerche più recenti in questo settore si possono individuare alcune tendenze che probabilmente caratterizzeranno il mercato del lavoro in un futuro più o meno prossimo. Dai dati delle ricerche emerge:

  - l'accentuazione del fenomeno della digitalizzazione con la forte enfasi sull'apprendimento a distanza e lo *smart working*;
  - l'utilizzo sempre maggiore delle tecnologie, dell'automazione e dell'intelligenza artificiale in ogni settore produttivo (Industria 4.0);
  - la transizione all'ecosostenibilità che interesserà in modo trasversale più settori professionali con l'incremento dei lavori rivolti alla tutela dell'ambiente.

  La trasformazione, già in atto, del mondo del lavoro ha determinato la scomparsa di alcune occupazioni, la creazione di nuovi lavori e il cambiamento delle competenze necessarie nelle professioni. **Quali sono le nuove tipologie professionali?** In generale si rileva:

  - l'incremento del settore sanitario con diversi livelli di qualificazione: medici specialisti, tecnici di laboratorio e infermieri, operatori socio-sanitari, ma anche richieste per il settore dei servizi alla persona, alla famiglia e alle comunità locali;
  - l'aumento della domanda di figure professionali inerenti al campo delle tecnologie ICT, dell'informatica, dell'e-commerce e dell'assistenza tecnica: specialisti dello sviluppo software, *digital project manager*, agenti commerciali e di marketing online, tecnici specializzati in telecomunicazioni; in particolare, aumenta la richiesta per le occupazioni STEM (scienza, tecnologia, ingegneria e matematica);
  - la crescente espansione dei *green jobs*, cioè di tutti quei lavori nei settori dell'agricoltura, della produzione, della ricerca e sviluppo, dei servizi che contribuiscono a tutelare o a ripristinare l'equilibrio ambientale.

Il cambiamento del mondo del lavoro e delle tipologie professionali rende necessaria l'acquisizione di nuove competenze. **Quali sono le competenze richieste?** Generalmente si distinguono due gruppi:

- competenze tecnico-professionali, le cosiddette **hard skills**, necessarie per inserirsi in specifici ambiti lavorativi e apprese attraverso un percorso formativo proprio dei diversi indirizzi scolastici e universitari;
- competenze trasversali, o **soft skills**, che entrano in un ampio numero di situazioni e di contesti lavorativi e derivano più dalle proprie esperienze che da una formazione specifica.

Dalle ricerche relative ai cambiamenti avvenuti nel lavoro e nelle professioni si rileva:

- la necessità di acquisire competenze digitali per gran parte dei lavori futuri e, nello stesso tempo, la sempre maggiore domanda di figure professionali con competenze specifiche come l'analista dei *big data*, l'analista software, l'esperto di *cyber security* ecc.;
- la richiesta per tutti di acquisire competenze green per cui, ad esempio, ci sarà il giurista ambientale, lo specialista in contabilità verde, il valutatore d'impatto ambientale, il certificatore energetico, l'addetto commerciale per la promozione di nuovi materiali sostenibili;
- l'esigenza di sviluppare per ogni settore quelle che vengono definite soft skills (abilità sociali ed emotive) che vanno ad integrare le competenze tecnico-specialistiche come le digital skills.

Un dato molto interessante riguarda il fatto che le competenze richieste dalle professioni del futuro costituiscono un complesso **"mix" di abilità diverse**, connesse tra loro, che danno la specificità a ogni profilo professionale. Questo mix di competenze si manifesta in due modi. Da una parte si osserva come professioni tecniche e specialistiche necessitino sempre di più di competenze trasversali insieme a quelle più propriamente tecniche. Dall'altra si rileva che le competenze tecniche, come le skills digitali, diventano sempre più prevalenti e quindi indispensabili anche per le attività non propriamente tecniche. Ad esempio, le professioni amministrative dovranno utilizzare software gestionali e amministrativi complessi e, viceversa, le professioni tecniche dovranno acquisire skills relazionali e comunicative.

L'acquisizione delle competenze tecnologiche, manageriali e soft in tempi rapidi necessita di percorsi di studio e formazione più innovativi e basati su una più stretta collaborazione tra aziende, scuola, università e centri di ricerca.

In questo processo di cambiamento saranno favorite le persone più professionalizzate, in grado e con la volontà di rimanere al passo con i tempi e disponibili a una costante formazione "personale-professionale". Andranno invece incontro a evidenti difficoltà tutti coloro che mancano di un bagaglio tecnico-specialistico adeguato e hanno un livello di formazione ormai superato. Lo studio, la preparazione e l'acquisizione di competenze sia specifiche sia trasversali rappresenta un forte strumento anche per combattere la disoccupazione giovanile.

1.3.3 | Scegliere tra le alternative

Dopo aver acquisito le informazioni su se stessi e dopo aver analizzato i corsi universitari e gli ambiti professionali che interessano, resta la fase più importante di tutto il percorso: **integrare le informazioni disponibili e individuare le alternative di scelta**. Si procede per passi successivi.

Il primo momento si basa sul **confronto** tra le caratteristiche personali (interessi, motivazioni, abilità, risorse) e le opportunità formative e professionali (corsi di laurea, professioni, tendenze occupazionali) per verificare se interessi, conoscenze e motivazioni personali trovano corrispondenza in particolari corsi universitari. Mettendo a confronto tutte le informazioni raccolte su se stessi e quelle sulle possibilità accademiche e professionali, si individuano alcune alternative di scelta che coincidono con due o più corsi di laurea.

Spesso le alternative individuate sono simili tra loro per cui si è indecisi tra due o più percorsi universitari che appaiono ugualmente attraenti e che offrono una preparazione analoga in particolari ambiti professionali.

In questo caso si procede con l'**analisi delle alterative,** evidenziando **i vantaggi e gli svantaggi** che ognuna di esse presenta. La valutazione dei vantaggi o svantaggi viene fatta sulla base di alcuni criteri considerati importanti come:

- il maggiore spazio dato ad alcune materie;
- la lunghezza del corso di studi;
- l'impegno di tempo e di applicazione richiesto;
- il titolo accademico conseguito;
- la sede universitaria;
- la presenza o meno dei test di ammissione;
- le attività professionali a cui preparano;
- le previsioni occupazionali a medio o lungo termine.

Riportiamo, a titolo di esempio, una possibile modalità di valutazione delle alternative (le lettere A, B, C indicano le alternative di scelta e le sigle C1, C2, C3… i criteri di scelta). Per ogni alternativa si danno valutazioni positive o negative in rapporto a ciascun criterio.

Su questa base s'individua l'**alternativa che presenta maggiori vantaggi** – o svantaggi superabili – rispetto ai criteri o agli aspetti ritenuti importanti.

Alternative	**C1**		**C2**		**C3**		**C4**		**C5**		**C6**		**C7**		**Tot Vantaggi/ Svantaggi**	
	+	–	+	–	+	–	+	-	+	–	+	–	+	–	+	–
A																
B																
C																
							↓									

Scelta dell'alternativa migliore: ....

Vantaggi: ....

Questo schema può aiutare a chiarirsi le idee, ma è evidente che la decisione finale non può basarsi solo su un calcolo matematico dei "+" e dei "–". Ogni criterio può avere un'importanza diversa e quindi avere un peso maggiore nella presa di decisione. Comunque è necessario avere sempre presente che **non esiste l'alternativa "perfetta",** ma solo quella considerata migliore in un determinato momento.

Ad esempio, uno studente manifesta un chiaro interesse per l'area politica/giuridica/economica e il desiderio di proseguire gli studi all'università. Le abilità cognitive sono prevalentemente di tipo numerico, coerenti con la scuola frequentata (liceo scientifico) e con il profitto. Può contare su caratteristiche di personalità come la determinazione, l'autonomia, il senso di responsabilità, la disponibilità alla relazione. Dal lavoro si aspetta una prospettiva di carriera e la possibilità di realizzare se stesso. Si individuano tre corsi di laurea: Scienze dei servizi giuridici, Scienze economiche e Scienze politiche e si valutano i pro e i contro di ognuna di essi in base ai criteri prima riportati. Se la scelta è per la laurea in Economia, significa che questo percorso presenta un maggior numero di aspetti positivi in base ai criteri di riferimento: studiare i meccanismi economico-sociali e gli aspetti giuridici della società, avere una laurea articolata in 3+2 (triennale e specialistica), frequentare una sede universitaria "di prestigio", ottenere un titolo di studio richiesto dal mercato del lavoro, avere prospettive occupazionali in più settori.

Quando si arriva alla presa di decisione, procedendo in modo sistematico, la scelta dell'università dovrebbe essere abbastanza chiara, soddisfacente e realizzabile. Tuttavia, avere del tempo a disposizione per decidere consente di verificare in seguito la scelta e di modificarla se si ritiene necessario.

Dopo aver preso una decisione, la tappa finale consiste nel cercare di **realizzare la scelta** con tutto l'impegno possibile, mettendo in pratica un piano d'azione. I passi da compiere riguardano obiettivi concreti a breve termine (per esempio, prepararsi ai test di ammissione, compilare i moduli di iscrizione...) e obiettivi più a lungo termine (per esempio, atteggiamenti da assumere e competenze da acquisire).

In altre parole, è necessario fare in modo di iniziare e proseguire con successo questa nuova esperienza di vita.

1.4 | Prepararsi all'università

Prepararsi all'università è qualcosa di più che scegliere un corso di laurea da frequentare: è la consapevolezza e lo sviluppo di un insieme di **competenze** che contribuiranno ad avere successo negli studi e a rendere gli anni dell'università un'esperienza di vita completa.

Molte volte il primo compito da affrontare è il superamento dei test d'ingresso previsti dalla maggior parte delle università italiane. Questo compito richiede il possesso di conoscenze (es. cultura generale), di abilità cognitive (es. capacità logiche), di metodo (es. come si affrontano i test), di autocontrollo emotivo (es. gestione dell'ansia). Molte competenze, soprattutto trasversali, sono necessarie anche per affrontare una serie di cambiamenti:

- da una fase di vita all'altra (nuove amicizie, nuovi gruppi, nuove esperienze sociali e culturali);
- da un ambiente all'altro (muoversi in spazi diversi; pianificazione della giornata; gestione della vita quotidiana);
- da una organizzazione dello studio all'altra (diversa impostazione della didattica, gestione autonoma dello studio, integrazione di momenti di studio e di svago).

Alcune competenze sono state già acquisite e possono essere ulteriormente sviluppate, altre verranno apprese attraverso il percorso universitario e le esperienze di vita.

Il periodo che va dalla scuola superiore all'ingresso dell'università non è un tempo di attesa ma di preparazione. È un tempo da utilizzare per approfondire la preparazione in alcune materie, ampliare le proprie conoscenze, migliorare il metodo di studio, fare esperienze diverse (viaggi, corsi all'estero, attività...), utilizzare le energie, l'entusiasmo e la volontà per affrontare il cambiamento e arrivare fino in fondo.

2 | Questionario di interessi

Nella scelta degli studi universitari bisogna innanzitutto cercare di chiarire ciò che può appassionare nell'ambito dei percorsi di studio e di lavoro che l'università propone. A tal fine, in questo capitolo viene proposto un *questionario di autovalutazione degli interessi culturali e professionali*. Svolgendo con attenzione il questionario è possibile individuare l'area e il tipo di studi universitari che meglio rispondono ai propri interessi e, di conseguenza, indirizzare le fasi successive di raccolta e analisi delle informazioni. **È bene ricordare che gli interessi personali rappresentano soltanto uno (benché essenziale) dei fattori da considerare per compiere correttamente la scelta.**

2.1 | Presentazione e istruzioni per lo svolgimento

Il questionario è costituito dalla descrizione di 138 *situazioni*, ciascuna delle quali può essere considerata tipica di una determinata area o sottoarea di studio. Le aree (o sottoaree) di studio, a loro volta, **si riferiscono alle classi di laurea e alle classi di laurea magistrale**.

Un esempio di *situazione* potrebbe essere «Assistere a un intervento chirurgico»: in questo caso il questionario chiede al lettore «quanto ritiene di essere interessato ad assistere a un intervento chirurgico?». Come per tutte le 138 *situazioni* che compongono il questionario, il lettore non deve far altro che **indicare qual è il suo interesse in relazione al tipo di attività proposta**. Le alternative disponibili sono quattro: 0 (per nulla interessato), 1 (poco interessato), 3 (abbastanza interessato) e 5 (molto interessato).

L'indicazione del proprio grado di interesse deve avvenire contrassegnando con una crocetta il punteggio corrispondente. Per esempio, di fronte alla seguente *situazione*:

		PER NULLA	POCO	ABBASTANZA	MOLTO
1	Curare una pianta colpita da una particolare infezione.	0	1	3	5

se il lettore è **poco interessato** a curare una pianta colpita da una particolare infezione, contrassegnerà con una crocetta il quadratino corrispondente al numero 1:

0 ☒ 3 5

Il tempo a disposizione per rispondere alle domande del questionario è di **30 minuti**. Terminato il tempo, seguendo le istruzioni fornite al *paragrafo 2.2* il lettore potrà definire il proprio **profilo di interessi dominante** e individuare le classi di laurea e di laurea magistrale appartenenti all'area (o alla sottoarea) che è risultata di maggiore interesse. Inoltre, nel Capitolo 4 il lettore potrà trovare tutte le informazioni relative alle caratteristiche principali delle classi di laurea evidenziate dal profilo. Così, se dal questionario risultasse un interesse dominante nell'*area scientifica* e, in particolare, nella *sottoarea H1* (che raggruppa le classi delle lauree *Astronomia* e *Fisica*), il lettore potrà consultare le tabelle specifiche di ogni classe di laurea, ricorrendo all'elenco contenuto alla fine del presente capitolo, e poi ricercare i relativi corsi di laurea ateneo per ateneo nel capitolo dedicato alla *mappa dell'Università in Italia* (a partire da pag.145).

2.1.1 | Questionario di interessi

		Per nulla	Poco	Abbastanza	Molto
1	Studiare nuovi incroci fra razze bovine pure per produrre carne migliore.	0	1	3	5
2	Curare una pianta colpita da una particolare infezione.	0	1	3	5
3	Studiare l'urbanistica, ripercorrendo l'evoluzione della struttura della città nelle varie epoche storiche.	0	1	3	5
4	Leggere con attenzione e comprendere le pagine finanziarie dei quotidiani.	0	1	3	5
5	Effettuare una serie di interviste per conoscere l'opinione dei cittadini in merito a un nuovo provvedimento in materia fiscale.	0	1	3	5
6	Analizzare determinate variabili economiche per formulare previsioni attendibili sul futuro andamento del mercato.	0	1	3	5
7	Assumere la difesa di una persona accusata di una serie di omicidi.	0	1	3	5
8	Dedicarsi ai problemi delle associazioni artigiane per ottimizzare il trattamento pensionistico della categoria.	0	1	3	5
9	Collaborare a un progetto di sfruttamento del sottosuolo, portando un contributo alla salvaguardia dell'ambiente.	0	1	3	5
10	Studiare tutte le parti di un motore a scoppio a quattro tempi e le influenze dei diversi sistemi di alimentazione sul suo rendimento.	0	1	3	5
11	Esaminare i problemi legati alla produzione di energia attraverso la fissione nucleare.	0	1	3	5
12	Realizzare un circuito per l'accensione automatica delle luci della propria casa collegato a una sveglia elettronica.	0	1	3	5
13	Soggiornare in un Paese dell'Est europeo per perfezionare la conoscenza della lingua locale.	0	1	3	5
14	Assistere a un intervento chirurgico.	0	1	3	5
15	Passare diverse ore a osservare la dinamica degli oggetti celesti.	0	1	3	5
16	Sapere anticipare il prodotto di una reazione chimica di cui si conoscono i reagenti.	0	1	3	5

		Per nulla	Poco	Abbastanza	Molto
17	Conoscere le tecniche, le metodologie e gli strumenti necessari a sviluppare programmi per calcolatori.	X	1	3	5
18	Conoscere le origini geologiche dei maremoti.	X	1	3	5
19	Osservare un bambino che gioca per valutare il suo grado di sviluppo intellettivo.	0	1	X	5
20	Curare l'immagine pubblica e i rapporti con la stampa di un uomo politico.	0	X	3	5
21	Analizzare il retroterra culturale di Pirandello attraverso un'analisi delle sue opere teatrali.	0	1	X	5
22	Consultare la biblioteca privata di una antica famiglia nobile, al fine di individuare una raccolta di poesie dell'Ottocento e occuparsi della sua pubblicazione.	0	X	3	5
23	Predisporre il programma di allenamento atletico di una squadra di hockey su ghiaccio.	X	1	3	5
24	Esaminare la composizione e la preparazione dei prodotti alimentari in una grande industria conserviera.	0	1	X	5
25	Trascorrere tre settimane nel Parco Nazionale degli Abruzzi per conoscere le specie vegetali che vi crescono.	X	1	3	5
26	Progettare, con il solo uso del computer, un oggetto funzionale ed esteticamente apprezzabile.	0	X	3	5
27	Redigere il bilancio economico e fornire consulenze in materia fiscale a società di piccole dimensioni.	X	1	3	5
28	Analizzare la politica fiscale di uno Stato e studiare le possibili strategie di riduzione del debito pubblico.	0	X	3	5
29	Conoscere le tecniche di campionamento per un'indagine di mercato allo scopo di lanciare un nuovo prodotto.	0	X	3	5
30	Studiare la normativa sancita dalla Banca dei Regolamenti Internazionali in materia bancaria.	X	1	3	5
31	Occuparsi della revisione delle condizioni contrattuali dei lavoratori nel pubblico impiego al fine di incrementare la produttività e di ridurre i costi della Pubblica Amministrazione.	X	1	3	5
32	Occuparsi della progettazione di edifici antisismici a basso costo da costruire nelle zone più povere della periferia di San Francisco.	0	X	3	5
33	Studiare i principi di funzionamento e le possibili applicazioni del sonar di un sommergibile.	X	1	3	5
34	Conoscere le tecniche di analisi chimica del terreno per valutarne la consistenza e la possibilità di costruire edifici.	X	1	3	5
35	Smontare apparecchiature elettriche per capirne i principi di funzionamento.	X	1	3	5
36	Frequentare un circolo letterario per scoprire nuovi autori contemporanei.	0	X	3	5
37	Lavorare nel campo della ricerca per la cura delle malattie dell'apparato circolatorio.	0	1	X	5

		Per nulla	Poco	Abbastanza	Molto
38	Studiare l'influenza della posizione della luna sui fenomeni terrestri.	0	1	3	5
39	Svolgere attività di ricerca nell'ambito della sperimentazione di nuovi farmaci.	0	1	3	5
40	Conoscere il sistema binario di numerazione e la sua applicazione nel linguaggio dei calcolatori.	0	1	3	5
41	Trascorrere un pomeriggio intero in un Museo di Storia Naturale.	0	1	3	5
42	Lavorare in una società che si occupa di selezione del personale.	0	1	3	5
43	Analizzare l'efficacia di nuove tecniche di comunicazione utilizzate per realizzare una campagna pubblicitaria.	0	1	3	5
44	Occuparsi della traduzione di un testo latino, mantenendone inalterate le sfumature linguistiche.	0	1	3	5
45	Studiare la vita di un grande compositore per capire meglio la sua musica e le sue opere.	0	1	3	5
46	Educare i giovani alla cura del proprio benessere fisico.	0	1	3	5
47	Apprendere le tecniche di macellazione dei diversi tipi di animali per l'industria alimentare.	0	1	3	5
48	Riconoscere una pietra fossile e saperne datare il periodo di formazione.	0	1	3	5
49	Valutare l'impatto ambientale di un progetto edilizio.	0	1	3	5
50	Occuparsi di alcuni aspetti della politica di marketing di una catena di alberghi.	0	1	3	5
51	Analizzare e confrontare tra loro le politiche monetarie dei Paesi dell'Unione europea.	0	1	3	5
52	Ragionare con numeri, cifre, calcoli, statistiche e grafici.	0	1	3	5
53	Conoscere le possibili tipologie dei contratti di compravendita.	0	1	3	5
54	Partecipare attivamente alla vita politica della propria città.	0	1	3	5
55	Realizzare un progetto di arredamento urbano che comporti uno sfruttamento più efficiente dello spazio.	0	1	3	5
56	Collaborare alla progettazione di un centro aerospaziale per il lancio dei satelliti.	0	1	3	5
57	Occuparsi dell'ottimizzazione del processo di smaltimento dei rifiuti di un'azienda farmaceutica.	0	1	3	5
58	Conoscere i sistemi di collegamento e di comunicazione che permettono lo scambio di informazioni fra elaboratori.	0	1	3	5
59	Leggere le opere di Shakespeare in lingua originale.	0	1	3	5
60	Studiare gli effetti dei principali antibiotici sull'organismo umano.	0	1	3	5
61	Calcolare l'influenza della forza di gravità sulla dinamica dell'universo.	0	1	3	5
62	Stabilire il grado di tossicità per l'organismo umano dei coloranti chimici utilizzati dall'industria alimentare.	0	1	3	5
63	Studiare le proprietà dei logaritmi e le loro applicazioni.	0	1	3	5

		Per nulla	Poco	Abbastanza	Molto
64	Sapere come e perché un fiore produce una determinata essenza profumata per utilizzarla, poi, nel campo cosmetico.	0	1	3	5
65	Lavorare in una équipe di psicologi che si occupa del recupero di delinquenti minorenni.	0	1	3	5
66	Studiare la teoria dei rapporti sociali di produzione di Karl Marx.	0	1	3	5
67	Studiare le influenze dell'ambiente sul processo di evoluzione di un popolo.	0	1	3	5
68	Trascorrere le vacanze estive lavorando al restauro di un affresco rinascimentale in una piccola chiesa di campagna.	0	1	3	5
69	Programmare e assistere l'attività fisica dei soci di un club di fitness.	0	1	3	5
70	Eseguire prelievi di sangue da conigli per studiare alcune malattie.	0	1	3	5
71	Conoscere le diverse tipologie di piante presenti nelle zone tropicali e subtropicali.	0	1	3	5
72	Visitare le ville del Brenta allo scopo di ammirare la tecnica architettonica del Palladio.	0	1	3	5
73	Confrontare i sistemi assicurativi americani con quelli europei e analizzare le prospettive di sviluppo dei rispettivi mercati.	0	1	3	5
74	Lavorare nell'ufficio che si occupa delle relazioni commerciali dei Paesi dell'Unione europea con i Paesi in Via di Sviluppo.	0	1	3	5
75	Effettuare misurazioni dell'afflusso delle auto sulle autostrade durante il mese di agosto, al fine di consigliare i periodi migliori per mettersi in viaggio nell'anno successivo.	0	1	3	5
76	Dedicare alcuni anni della propria vita a scoprire i legami e le connessioni di una importante indagine giudiziaria con esponenti del mondo imprenditoriale e politico del Paese.	0	1	3	5
77	Lavorare nell'ufficio studi di un'organizzazione sovranazionale come l'ONU.	0	1	3	5
78	Realizzare un progetto di irrigazione artificiale per rendere fertile una zona desertica.	0	1	3	5
79	Occuparsi dell'influenza delle differenti linee d'acqua sull'idrodinamica di un'imbarcazione.	0	1	3	5
80	Progettare una raffineria e un sistema di oleodotti per trasportare il greggio via terra.	0	1	3	5
81	Occuparsi della realizzazione di un sistema di illuminazione efficiente ed economico per il quartiere di una grande città.	0	1	3	5
82	Seguire con attenzione un programma televisivo sulla vita e sulle opere dei poeti romantici tedeschi.	0	1	3	5
83	Indagare le relazioni esistenti tra le patologie gengivali e le malattie di ordine sistemico-generale.	0	1	3	5
84	Partecipare a una conferenza sulla teoria della relatività ristretta di Albert Einstein.	0	1	3	5

		Per nulla	Poco	Abbastanza	Molto
85	Imparare a usare provette, alambicchi e reagenti chimici.	0	1	3	5
86	Studiare e conoscere le geometrie diverse dalla geometria euclidea.	0	1	3	5
87	Studiare la funzione dei celenterati nella catena alimentare.	0	1	3	5
88	Occuparsi dei problemi di inserimento nella scuola italiana di bambini extra-comunitari.	0	1	3	5
89	Individuare i contenuti sociologici delle teorie economiche classiche.	0	1	3	5
90	Trascorrere un lungo periodo in Cina per studiarne la lingua, la storia antica e la cultura.	0	1	3	5
91	Dedicare più giorni alla visita di Segesta e Selinunte, per conoscere la civiltà della Magna Grecia attraverso le sue opere artistiche.	0	1	3	5
92	Insegnare a giovani e anziani come migliorare le proprie capacità motorie.	0	1	3	5
93	Conoscere e curare le malattie degli animali, anche di quelli non domestici.	0	1	3	5
94	Parlare con un anziano contadino per conoscere dati sulla fertilità di un terreno e formulare alcune ipotesi per migliorarla.	0	1	3	5
95	Realizzare un progetto di arredamento d'interni sia con gli strumenti manuali (riga, compasso e squadra), sia con un computer.	0	1	3	5
96	Studiare la politica di differenziazione del prodotto adottata da una grande società produttrice di detersivi.	0	1	3	5
97	Conoscere la storia del Fondo Monetario Internazionale a partire dall'accordo di Bretton Woods fino a oggi.	0	1	3	5
98	Occuparsi dell'analisi statistica dei dati di vendita di un'azienda per ricavare informazioni circa la politica di marketing da seguire.	0	1	3	5
99	Dedicarsi allo studio del diritto tributario, per comprendere come garantire un trattamento equo dei contribuenti.	0	1	3	5
100	Far parte della rappresentanza diplomatica di una nazione in un Paese straniero.	0	1	3	5
101	Lavorare a un progetto per una corretta segnaletica all'interno di un grande complesso ospedaliero.	0	1	3	5
102	Studiare le norme che regolamentano le trasmissioni radio tra aeromobili e stazioni a terra.	0	1	3	5
103	Capire perché esiste un elevato rapporto numerico fra stabilità dimensionale e peso per una struttura realizzata in materiali avanzati, quali il kevlar e le fibre di carbonio.	0	1	3	5
104	Conoscere il principio di funzionamento di un ripetitore di segnali radio.	0	1	3	5
105	Analizzare il manifesto letterario delle principali correnti poetiche europee del Primo Novecento.	0	1	3	5
106	Assistere una partoriente.	0	1	3	5
107	Conoscere le diverse applicazioni degli acceleratori di particelle nella fisica sperimentale.	0	1	3	5

		Per nulla	Poco	Abbastanza	Molto
108	Trascorrere un'intera giornata nel laboratorio chimico di un'industria o di un'università.	0	1	3	5
109	Partecipare a un progetto per la realizzazione di un sistema di elaborazione di dati a fini statistici.	0	1	3	5
110	Studiare gli effetti sugli insetti dell'eccesso di biossido d'azoto nell'atmosfera.	0	1	3	5
111	Dirigere una comunità di recupero per tossicodipendenti.	0	1	3	5
112	Analizzare le sfumature linguistiche e le tecniche del linguaggio giornalistico.	0	1	3	5
113	Studiare le teorie di filosofia della scienza per capire la logica dell'evoluzione della ricerca scientifica.	0	1	3	5
114	Dedicare intere giornate allo studio e al controllo dell'espressività del proprio corpo.	0	1	3	5
115	Gestire, da un punto di vista manageriale, una struttura sportiva.	0	1	3	5
116	Verificare le condizioni igieniche negli allevamenti bovini.	0	1	3	5
117	Partecipare a un viaggio in Madagascar per studiare la vegetazione e cercare di capire le variabili che ne influenzano la crescita.	0	1	3	5
118	Conoscere la storia e l'evoluzione di una civiltà e studiare la struttura delle opere architettoniche che la caratterizzano.	0	1	3	5
119	Occuparsi della gestione del *portafoglio* di titoli esteri di un grande fondo di investimenti.	0	1	3	5
120	Studiare un piano di sfruttamento delle materie prime in un Paese in Via di Sviluppo per favorirne la crescita economica.	0	1	3	5
121	Contribuire alla progettazione e alla realizzazione di un censimento nazionale delle persone fisiche.	0	1	3	5
122	Occuparsi dell'adeguamento alla Normativa europea della Legge italiana in materia pubblicitaria.	0	1	3	5
123	Elaborare un progetto per snellire le procedure burocratiche degli uffici comunali.	0	1	3	5
124	Collaborare alla progettazione di strade e ponti in un Paese dell'America Centrale.	0	1	3	5
125	Progettare un impianto di automazione in una fabbrica di automobili.	0	1	3	5
126	Approfondire le ragioni chimico-fisiche dell'aumento di volume dell'acqua nel passaggio dallo stato liquido allo stato solido.	0	1	3	5
127	Analizzare le componenti di una vecchia radio per comprenderne i princìpi di funzionamento.	0	1	3	5
128	Lavorare come interprete all'interno di un ente Fiera.	0	1	3	5
129	Studiare e comprendere i motivi per i quali la carie dentale colpisce la quasi totalità della popolazione.	0	1	3	5

		Per nulla	Poco	Abbastanza	Molto
130	Conoscere i progressi teorici e sperimentali compiuti dai fisici negli anni compresi fra il 1900 e il 1930 nel campo della ricerca sulla struttura dell'atomo.	X (0)	1	3	5
131	Studiare gli elementi fondamentali della Tavola Periodica e le loro proprietà chimico-fisiche.	X (0)	1	3	5
132	Progettare soluzioni informatiche in grado di ottimizzare le attività svolte in diversi settori lavorativi.	X (0)	1	3	5
133	Progettare un piano efficace per lo smaltimento dei rifiuti organici e inorganici di una grande città.	X (0)	1	3	5
134	Organizzare l'attività ludico-didattica di una colonia per bambini e adolescenti.	0	1	3	X (5)
135	Effettuare un'indagine sulla vita politica di una piccola città.	X (0)	1	3	5
136	Effettuare l'analisi linguistica di un testo poetico dialettale.	0	1	X (3)	5
137	Approfondire uno studio sulle tecniche di ripresa cinematografica degli Anni Trenta.	X (0)	1	3	5
138	Occuparsi della riabilitazione motoria di soggetti che hanno subito gravi traumi muscolari.	0	1	X (3)	5

2.2 | L'interpretazione dei risultati

Dopo avere ultimato la compilazione del questionario, il lettore può procedere a elaborare i punteggi, seguendo alcune semplici istruzioni.

1. Riportare nella *scheda delle risposte* (si veda poco sotto) il grado di interesse (0, 1, 3 o 5) attribuito a ciascuna *situazione* (*item*).
2. Se si legge la *scheda delle risposte* in senso verticale, si osservano 23 colonne: calcolare il punteggio totale di ciascuna colonna.
3. A ogni colonna corrisponde un'area o sottoarea di interesse indicata con una sigla (A1, C3 ecc.); la traduzione dei codici nelle classi di laurea e di laurea magistrale si trova al termine del presente capitolo; i punteggi più alti individuano le aree o le sottoaree di studio di maggior interesse.
4. Infine, sulla *scheda per la valutazione dei risultati*, che si trova a pagina 26, è possibile visualizzare le differenze di punteggio ottenute nelle singole aree di interesse, semplicemente annerendo un numero di quadratini pari al totale ottenuto per ogni singola area.

Scheda delle risposte

Nº di ITEM	1	2	3	4	5	6	7	8	9	10	11	12	13	14	15	16	17	18	19	20	21	22	23
LIVELLO DI INTERESSE	1	0	0	0	0	0	1	1	1	0	0	0	1	3	0	1	0	0	3	1	3	1	0
Nº di ITEM	24	25	26	27	28	29	30	31	32	33	34	35	36	37	38	39	40	41	42	43	44	45	46
LIVELLO DI INTERESSE	3	0	1	0	1	1	0	0	1	0	0	0	1	3	1	3	1	0	1	3	1	1	3
Nº di ITEM	47	48	49	50	51	52	53	54	55	56	57	58	59	60	61	62	63	64	65	66	67	68	69
LIVELLO DI INTERESSE	1	0	1	1	1	1	1	0	0	1	3	1	1	3	1	3	0	1	5	3	1	0	0
Nº di ITEM	70	71	72	73	74	75	76	77	78	79	80	81	82	83	84	85	86	87	88	89	90	91	92
LIVELLO DI INTERESSE	1	1	0	0	3	1	1	1	0	0	0	0	3	3	1	1	0	1	5	1	1	0	1
Nº di ITEM	93	94	95	96	97	98	99	100	101	102	103	104	105	106	107	108	109	110	111	112	113	114	115
LIVELLO DI INTERESSE	1	0	0	0	0	0	0	1	0	0	0	0	3	5	0	0	0	1	3	3	3	5	1
Nº di ITEM	116	117	118	119	120	121	122	123	124	125	126	127	128	129	130	131	132	133	134	135	136	137	138
LIVELLO DI INTERESSE	0	0	0	0	0	0	1	0	0	0	0	0	3	3	0	0	0	0	5	0	3	0	3
TOTALE SOTTO-AREA (somma per colonne)	7	1	2	1	5	3	4	3	2	1	3	1	12	10	3	8	1	3	22	11	12	7	8
	A1	A2	B	C1	C2	C3	D1	D2	E1	E2	E3	E4	F	G	H1	H2	H3	H4	I1	I2	L1	L2	M
AREA DI STUDIO	Agraria		Architettura	Economico-statistica			Giuridico-politica		Ingegneria				Linguistico-letteraria	Medico-sanitaria	Scientifica				Sociologica Psicopedagogica		Umanistica		Sportiva

Come anticipato, al fine di rendere più immediato il confronto fra le diverse aree di studio, è possibile riportare il punteggio totale delle singole sottoaree anche nella scheda seguente:

Scheda per la valutazione dei risultati

Area	Sottoarea	PUNTEGGIO TOTALIZZATO (10 – 20 – 30)
AGRARIA	A1	
	A2	
ARCHITETTURA	B	
ECONOMICO-STATISTICA	C1	
	C2	
	C3	
GIURIDICO-POLITICA	D1	
	D2	
INGEGNERIA	E1	
	E2	
	E3	
	E4	
LINGUISTICO-LETTERARIA	F	
MEDICO-SANITARIA	G	
SCIENTIFICA	H1	
	H2	
	H3	
	H4	
SOCIOLOGICO-PSICOPEDAGOGICA	I1	
	I2	
UMANISTICA	L1	
	L2	
SPORTIVA	M	

Per esempio, se il punteggio per le aree A1 e A2 fosse rispettivamente di 19 e 24, segnare (con un evidenziatore o un pennarello) come indicato di seguito:

Area	Sottoarea	PUNTEGGIO TOTALIZZATO (10 – 20 – 30)
AGRARIA	A1	(evidenziato fino a 19)
	A2	(evidenziato fino a 24)

Nel seguito vengono elencate le classi dei corsi universitari che appartengono a ciascuna area e sottoarea di studio, con l'indicazione della pagina in cui si può trovare la descrizione dettagliata del corso di laurea o del corso di laurea a ciclo unico.[1]

1. Delle classi di laurea magistrale non a ciclo unico è riportato il semplice elenco a pagina 144.

I Area Sociologica-psicopedagogica

Sottoarea I1

L

LM

Sottoarea I2

L

LM

L Area Umanistica

Sottoarea L1

L

LM

Sottoarea L2

L

LM

M Area Sportiva

L

LM

Parte seconda

CONOSCERE

1| L'università in Italia

Circa 260 città sedi universitarie dislocate su tutto il territorio nazionale, centinaia di corsi di durata variabile a cui risultano iscritti centinaia di migliaia di studenti di ogni età, per non parlare dei master e delle specializzazioni post-laurea. L'università è senza dubbio la struttura che accoglie il maggior numero dei neo-diplomati che intendono proseguire gli studi, offrendo loro l'opportunità di una formazione di livello avanzato e una maggiore facilità di ingresso nel mondo del lavoro.

Scopo di questo capitolo è fornire alcune indicazioni generali sulla sua complessa organizzazione, di cui è importante che un giovane interessato a continuare gli studi conosca almeno le linee essenziali.

1.1 | La distribuzione delle università in Italia

Attualmente in Italia si contano circa novanta istituti di formazione universitaria (di cui circa un quinto privati):

- **università statali**: Università di Bari, della Basilicata (con sede a Potenza), Benevento, Bergamo, Bologna, Brescia, Cagliari, della Calabria (con sede a Cosenza), Camerino, Cassino, Catania, Catanzaro, Chieti, Ferrara, Firenze, Foggia, Genova, dell'Insubria (con sede a Como e a Varese), L'Aquila, Lecce, Macerata, Messina, Milano, Milano Bicocca, Modena e Reggio Emilia, del Molise (con sede a Campobasso), Napoli Federico II, Napoli Seconda, Napoli Parthenope, Padova, Palermo, Parma, Pavia, Perugia, del Piemonte Orientale (con sede a Vercelli), Pisa, Reggio Calabria, Roma La Sapienza, Roma Tor Vergata, Roma Tre, Salerno, Sassari, Siena, Teramo, Torino, Trento, Trieste, della Tuscia (con sede a Viterbo), Udine, Venezia, Verona;
- **politecnici**: di Bari, Milano, Torino e delle Marche (con sede ad Ancona);
- **libere università**: Università Cattolica del Sacro Cuore di Milano, Università Commerciale Luigi Bocconi di Milano, Università Vita-Salute San Raffaele di Milano, Humanitas University di Milano, Libera Università Internazionale degli Studi Sociali Guido Carli (LUISS) di Roma, Libera Università Maria SS. Assunta di Roma (LUMSA), Libera Università degli Studi di Urbino, Libera Università degli Studi S. Pio V di Roma, Libera Università di Bolzano, Libera Università Mediterranea "Jean Monnet" (LUM, con sede a Casamassima, in provincia di Bari), Libera Università della Sicilia Centrale "Kore" (con sede a Enna);
- **istituti universitari statali**: Istituto Universitario Navale di Napoli, Istituto Universitario Orientale di Napoli, Istituto Universitario di Architettura (IUAV) di Venezia, Istituto Universitario di Scienze motorie di Roma (IUSM);
- **istituti universitari liberi**: Libero Istituto Universitario Carlo Cattaneo (LIUC) di Castellanza, Istituto Universitario di Lingue Moderne (IULM) di Milano, Istituto Universitario Pareggiato Suor Orsola Benincasa di Napoli, Libero Istituto Universitario Campus Bio-Medico di Roma, Università della Valle d'Aosta (sede di Aosta);
- **università per stranieri**: Università per Stranieri di Perugia, Università per Stranieri di Siena, Università per stranieri di Reggio Calabria;
- **tre scuole**: Istituto universitario di Studi Superiori di Pavia, Scuola Normale Superiore di Pisa e Scuola di Studi Superiori Universitari e di Perfezionamento Sant'Anna di Pisa;
- **università telematiche (solo a distanza)**: Leonardo da Vinci, Giustino Fortunato, San Raffaele Roma, Italian University Line (IUL), Unitelma Sapienza, E-Campus, Guglielmo Marconi, Uninettuno, Pegaso, Universitas Mercatorum.

1.2 | L'organizzazione dell'università

L'università è l'istituzione che, insieme all'Alta Formazione Artistica, Musicale e Coreutica,[1] impartisce l'**istruzione superiore** ed è la sede primaria della ricerca scientifica, il cui scopo è di promuovere lo sviluppo culturale e tecnologico delle istituzioni, delle imprese e della società nel suo complesso.

Dell'istruzione universitaria si occupa il **ministero dell'Istruzione, dell'Università e della Ricerca Scientifica** (MIUR). Il ministero promuove lo sviluppo degli atenei e degli istituti di istruzione superiore di grado universitario, elabora un piano di sviluppo dell'università sulla base di criteri definiti per legge, procede alla ripartizione degli stanziamenti a esso destinati, attua le norme comunitarie e internazionali in materia di istruzione universitaria, armonizzazione europea e integrazione internazionale del sistema universitario, completa l'autonomia universitaria, coordina la partecipazione italiana a programmi internazionali, razionalizza le condizioni d'accesso all'istruzione universitaria, partecipa alle attività relative all'accesso alle amministrazioni e alle professioni, al raccordo tra istruzione universitaria, istruzione scolastica e formazione.

Inoltre, come già anticipato, i compiti del ministero riguardano la **ricerca scientifica e tecnologica** (indirizzo, programmazione degli interventi sul sistema universitario e degli enti di ricerca non strumentali, coordinamento e finanziamento delle università e degli enti di ricerca non strumentali con valorizzazione e sostegno della ricerca libera nelle università e negli enti di ricerca e integrazione tra ricerca applicata e ricerca pubblica).

Il **Consiglio universitario nazionale** (CUN)[2] è l'organo elettivo di rappresentanza delle università italiane. Svolge funzioni consultive relativamente a tutti gli atti di carattere generale di competenza del ministro dell'Università.

La **Conferenza permanente dei rettori delle università italiane** (CRUI) è un'associazione costituita dai rettori delle università statali e non statali, avente i seguenti scopi:

- approfondire i problemi del sistema universitario rappresentandone i bisogni presso le autorità governative e parlamentari;
- esprimere parere sul piano di sviluppo dell'università e sullo stato dell'istruzione universitaria;
- promuovere e sostenere le iniziative delle università nelle sedi nazionali e internazionali mediante rapporti con le analoghe associazioni comunitarie e straniere.

Negli ultimi anni si è posta sempre maggiore attenzione alla valutazione del sistema universitario. Dal 2011 è attiva l'**ANVUR, Agenzia nazionale di valutazione del sistema universitario e della ricerca** subentrata al Comitato nazionale per la valutazione del sistema universitario (CNVSU). L'**ANVUR**[3] è incaricata, fra l'altro, di valutare la qualità delle attività delle università e degli enti di ricerca destinatari di finanziamenti pubblici, nonché «l'efficacia e l'efficienza dei programmi pubblici di finanziamento e di incentivazione alle attività di ricerca e innovazione». Tra i suoi compiti c'è la stesura di un rapporto biennale sullo stato del sistema universitario e della ricerca la cui prima edizione è stata pubblicata nel marzo del 2014, e l'ultima, alla quale si farà riferimento più avanti in questa guida, nel settembre 2018. Ciascun ateneo ha poi al proprio interno un nucleo di valutazione composto da alcuni docenti e con l'eventuale presenza di membri esterni con compiti analoghi a quelli dell'Agenzia nazionale.

1.3 | Il governo dell'università

In base al principio dell'autonomia universitaria (stabilito dall'articolo 33 della Costituzione a cui è stata data completa attuazione con la legge 168 del 9 maggio 1989), ciascun ateneo si è dotato di ordinamenti autonomi, con propri statuti e regolamenti, emanati con decreto del rettore. Tali statuti, revisionati a seguito dell'introduzione della riforma Gelmini (legge n. 240/2010), definiscono gli organi di governo dell'ateneo e organizzano le strutture didattiche e di ricerca che si elencano di seguito.

1. Vedi il Capitolo 1 della *Parte Quarta*.
2. Insediato il 22 dicembre 1997, il CUN ha iniziato i suoi lavori ufficiali il 3 marzo 1998.
3. Si è insediata il 2 maggio 2011, secondo quanto disposto dalla legge 240/2010 (nota come "legge Gelmini").

Il **rettore** è il legale rappresentante dell'università. I suoi compiti consistono nel presiedere il senato accademico e il consiglio di amministrazione, nel vigilare sul funzionamento delle strutture e dei servizi dell'università e nell'esercitare la funzione disciplinare, nello stipulare gli accordi di collaborazione esterna, nel programmare l'attività didattica e di ricerca dell'università; il rettore ha quindi funzioni operative e di indirizzo nei confronti della vita accademica nel suo complesso. Ogni rettore può svolgere un unico mandato di sei anni non rinnovabile.

Il **senato accademico** determina le linee generali dell'attività e definisce la programmazione dello sviluppo dell'ateneo. Approva i regolamenti di ateneo e coordina le attività didattiche. Esercita i poteri di programmazione, coordinamento e controllo dell'esercizio dell'autonomia dell'università. Il Senato è costituito su base elettiva, in un numero di membri proporzionato alle dimensioni dell'ateneo e non superiore a trentacinque unità, compresi il rettore e una rappresentanza degli studenti; è composto per almeno due terzi da docenti dei ruolo, parte dei quali direttori di dipartimento. Il Senato dura in carica per un massimo di quattro anni con mandato rinnovabile per una sola volta.

Il **consiglio di amministrazione** è l'organo che si occupa del reperimento delle risorse finanziarie e della gestione amministrativa ed economico-patrimoniale. Spetta al consiglio di amministrazione la gestione del personale tecnico e amministrativo, l'approvazione del regolamento d'ateneo per l'amministrazione, la finanza e la contabilità; esso esamina anche i regolamenti delle strutture e dei centri di servizio dotati di autonomia a norma di statuto. Il consiglio di amministrazione è composto dal un massimo di undici componenti, inclusi il rettore e una rappresentanza degli studenti; gli altri componenti vengono individuate tra personalità italiane o straniere in possesso di comprovata competenza in ambito gestionale e non appartenenti ad altri ruoli dell'ateneo. Il consiglio di amministrazione dura in carica per un massimo di quattro anni con mandato rinnovabile per una sola volta.

Il **direttore generale** è una figura con funzioni dirigenziali, introdotta in sostituzione del direttore amministrativo. A lui spetta la complessa gestione e organizzazione dei servizi, delle risorse strumentali e del personale tecnico-amministrativo dell'ateneo; viene assunto dall'ateneo con parere favorevole degli organi sopracitati per quattro anni e può partecipare, senza diritto di voto, alle sedute del consiglio di amministrazione.

Vi è infine il **consiglio degli studenti**, in genere costituito dai rappresentanti degli studenti eletti nei vari organismi universitari. Il consiglio degli studenti ha funzioni di proposta e di controllo su materie di interesse diretto degli studenti (organizzazione degli studi e diritto allo studio). A livello nazionale, dalla fine del 1997, è stato istituito il **Consiglio nazionale degli studenti universitari**[1] (CNSU), un organo consultivo di rappresentanza degli studenti che formula pareri e presenta proposte al ministro. Il CNSU può rivolgere quesiti al ministro circa fatti o eventi di rilevanza nazionale riguardanti la didattica e la condizione studentesca, cui è data risposta entro 60 giorni.

1.4 | Le strutture didattiche e di ricerca

Tradizionalmente la **facoltà** è stata l'organismo che ha strutturato le università italiane, raggruppando tutte le discipline relative a un determinato settore di insegnamento e svolgendo funzioni di coordinamento delle attività dei dipartimenti.

La Riforma Gelmini, in un'ottica di semplificazione dell'articolazione interna degli atenei, ha soppresso tali istituti attribuendo al **dipartimento** tutte le funzioni finalizzate allo svolgimento della ricerca scientifica, delle attività didattiche e formative, nonché delle attività rivolte all'esterno. Al fine di razionalizzare e coordinare le varie attività, è prevista anche la possibilità di istituire strutture di raccordo tra più dipartimenti della stessa area disciplinare.

1. Regolamento recante istituzione del Consiglio nazionale degli studenti universitari, d.p.r. 2 dicembre 1997, n. 491.

1.5 | Gli uffici e i servizi

1.5.1 | Uffici orientamento

In ogni ateneo sono istituiti per legge gli **uffici o centri di orientamento** che svolgono attività di orientamento in entrata (rivolte ai diplomati di scuola secondaria superiore durante la fase di **scelta** del corso di studi), *in itinere* (a favore degli studenti iscritti) e in uscita (indirizzate a coloro che hanno terminato gli studi e devono affrontare l'ingresso nel mondo del lavoro).[1]

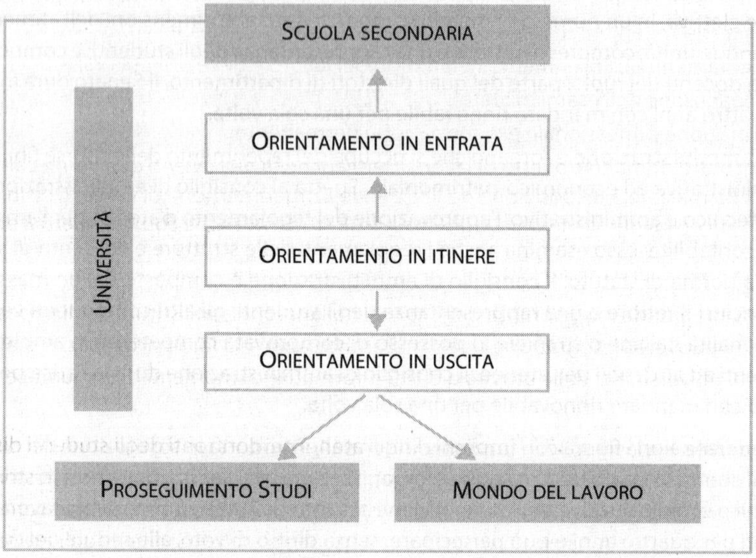

Per quanto concerne l'orientamento in entrata, le università, in collaborazione con le scuole superiori, aiutano gli **studenti iscritti all'ultimo anno** ad affrontare e superare incertezze e dubbi, organizzando una serie di occasioni in cui fornire gli strumenti di informazione e di formazione utili per operare una scelta più consapevole: interventi nelle scuole superiori, giornate di orientamento o di "porte aperte" in università ecc.

Tali interventi sono finalizzati a formare nei giovani una conoscenza più approfondita:

- delle opportunità di studio offerte dall'università e dei relativi sbocchi occupazionali (attraverso incontri, seminari, visite guidate, e più semplicemente con guide, CD ROM, siti internet);
- delle proprie caratteristiche individuali, tra cui interessi, attitudini, motivazioni e metodi di studio (impiegando strumenti quali test, questionari, colloqui di gruppo e individuali).

Alle **matricole**, in particolare, sono rivolti corsi propedeutici che possono svolgersi in due momenti distinti:

- prima della prova di ammissione, in modo da dare la possibilità a tutti di adeguare il proprio livello d'istruzione allo standard richiesto dal corso prescelto;

1. Decreto 3 novembre 1999, articolo 11, comma 7, lettera g: «I regolamenti didattici di ateneo, nel rispetto degli statuti, disciplinano altresì gli aspetti di organizzazione dell'attività didattica comuni ai corsi di studio, con particolare riferimento: all'introduzione di un servizio di ateneo per il coordinamento delle attività di orientamento, da svolgere in collaborazione con gli istituti d'istruzione secondaria superiore, nonché in ogni corso di studio, di un servizio di tutorato per gli studenti».

- dopo la verifica, rivolti solo a coloro che hanno evidenziato determinate lacune. I corsi possono sia identificarsi con attività di recupero, quindi ripetere materie e discipline trattate nell'ultimo anno di scuola secondaria superiore, sia affrontare contenuti nuovi, che verranno approfonditi dagli insegnamenti del primo semestre.

L'orientamento *in itinere* risulta particolarmente delicato nell'ambito della riduzione degli abbandoni. Può prevedere due tipi fondamentali di attività: da un lato, un servizio di informazione riguardante l'organizzazione logistica e burocratica dell'ateneo, l'offerta formativa e i servizi; dall'altro, l'organizzazione e la gestione di consulenze individuali (didattiche e psicologiche), di corsi di recupero su specifiche discipline o sul metodo di studio ecc. Appartengono sempre a questo ambito le attività di tutorato,[1] che possono essere affidate alla collaborazione di neolaureati o laureandi, come già accade presso molti atenei.

Per quanto concerne l'orientamento in uscita, gli atenei possono attivare:

- corsi di orientamento all'inserimento nel mondo del lavoro e delle professioni;
- corsi di preparazione agli esami di Stato;
- corsi di formazione professionale e di formazione permanente;
- servizi di incontro domanda/offerta di lavoro (detti anche di *placement*) quali la raccolta informata di curriculum da mettere a disposizione delle aziende, l'organizzazione di *Career Day* in cui le aziende entrano in università per presentarsi e incontrare gli studenti anche con fini selettivi ecc.

1.5.2 | Ufficio studenti disabili

A oggi presso la stragrande maggioranza degli atenei italiani sono stati istituiti degli appositi uffici che si occupano di promuovere l'integrazione degli studenti disabili e la loro partecipazione attiva a tutti gli aspetti della vita universitaria, dalle attività didattico-formative ai momenti di comunità e di convivenza sociale.

Con la legge 28 gennaio 1999 n. 17,[2] l'impegno degli atenei nei confronti degli studenti disabili si è fatto più sistematico non solo per quanto concerne l'abbattimento delle barriere fisiche e il riconoscimento di particolari agevolazioni contributive, ma anche in vista di un diretto sostegno alla persona attraverso un insieme di azioni concrete. In particolare, sono state apportate delle modifiche agli articoli 13 e 16 che prevedono sussidi tecnici e didattici specifici, servizi di tutorato specializzato, il trattamento individualizzato per il superamento degli esami universitari previa intesa con il docente della materia e con l'ausilio del servizio di tutorato, il permesso di usare specifici mezzi tecnici in relazione alla tipologia di handicap, la possibilità di svolgere prove equipollenti su proposta del servizio di tutorato specializzato, l'istituzione di un delegato dal rettore e di una commissione disabilità con funzioni di coordinamento, monitoraggio e supporto, studio e proposta delle iniziative concernenti l'integrazione nell'ambito dell'ateneo.

La commissione disabilità generalmente è composta dal delegato, dai referenti di facoltà, da rappresentanti della commissione paritetica di ateneo – nella persona di uno studente –, del personale amministrativo designato dalle rappresentanze sindacali e del comitato pari-opportunità di ateneo. In particolare, essa ha il compito di individuare le esigenze degli studenti disabili, predisporre gli opportuni interventi e valutarne l'efficacia e promuovere forme di collaborazione con enti esterni.

Il **referente di facoltà** è un docente della facoltà cui appartiene il corso di studi seguito. Lo studente e/o i famigliari possono contattarlo per concordare sia le attività formative dell'anno in corso sia gli interventi da realizzare. È suo compito segnalare agli altri docenti eventuali elementi di difficoltà, comunicare alla commissione disabilità eventuali problemi da affrontare coinvolgendo gli uffici competenti, fornire un contributo personale di assistenza allo studente in modo da rendere più agevole la progressione negli studi.

Delle attività promosse a favore degli studenti disabili possono usufruire tutti gli studenti che volontariamente, all'atto di iscrizione, abbiano segnalato le proprie disabilità.

1. Si veda il Paragrafo 1.5.4 per un approfondimento.
2. Legge di integrazione e modifica della Legge-quadro 5 febbraio 1992, n. 104.

Le attività e i servizi rivolti agli studenti portatori di handicap riguardano quattro ambiti principali:

- orientamento e sostegno;
- accessibilità e vivibilità degli spazi universitari;
- sussidi finanziari;
- sussidi tecnici e didattici.

Orientamento e sostegno

Lo studente può richiedere alla commissione disabilità l'assegnazione di un tutor specializzato. Il **tutor** è uno studente iscritto almeno al 3° anno di corso o neolaureato dello stesso corso di laurea che ha superato un'apposita selezione e che ha frequentato un seminario di preparazione all'approccio alle persone disabili.

Il tutor specializzato affianca lo studente disabile e, a seconda delle esigenze e del tipo di disabilità, contribuisce all'eliminazione delle barriere didattiche e architettoniche. In pratica, ha molti compiti, da quelli mirati allo studio (prestare assistenza individuale nello svolgimento del programma e nella pianificazione degli esami e della tesi in stretto raccordo con il docente; ripetere gli argomenti trattati nel programma; svolgere gli esercizi fatti nelle ore di esercitazione ecc.), a quelli di tipo logistico-organizzativo (mantenere i rapporti coi docenti; svolgere pratiche amministrative; registrare o prendere appunti durante la lezione; reperire il materiale didattico; accompagnare lo studente disabile per gli spazi dell'università).

Accessibilità e vivibilità degli spazi universitari

Gli atenei, oltre all'abbattimento delle barriere fisiche e architettoniche, devono fornire agli studenti disabili un servizio di accompagnamento individuale all'interno degli spazi dell'università, effettuato da personale specializzato, per l'accesso alle aule, ai laboratori, alle mense, ai servizi, agli uffici ecc. e un servizio di trasporto con mezzi attrezzati. Devono anche impegnarsi a creare spazi di accoglienza e di riposo, assegnare posti alloggio accessibili e predisporre parcheggi riservati.

Sussidi finanziari

L'università si impegna anche a intensificare gli interventi mirati ai disabili quali, per esempio, benefici economici con esenzione e riduzione delle tasse, borse di studio, incentivi a partecipare a programmi di mobilità studentesca, accesso gratuito alla rete informatica di ateneo e alla rete internet anche a domicilio ecc. Per il 2017, gli studenti con invalidità 66% hanno diritto all'esonero totale dalle tasse e dai contributi universitari.

Sussidi tecnici e didattici

Per quanto riguarda i sussidi tecnici e didattici, non tutte le università offrono gli stessi servizi. Auspicabile sarebbe che agli studenti disabili fossero messi a disposizione tutti i servizi perché possano frequentare le lezioni e usufruire del materiale necessario per la preparazione degli esami. Tra questi si annoverano:

- servizio di interpretariato nella lingua dei segni (o labiale) per gli studenti non udenti (essendo lo studente impegnato a seguire l'interprete, è necessario anche qualcuno che prenda appunti);
- lavagne luminose e maxischermi;
- posti riservati nelle aule in prima fila;
- registrazione di testi su file audio per i non vedenti;
- apparecchiature informatiche, quali PC portatili, stampanti, barre per stampe braille, sintetizzatori vocali per non udenti e per soggetti con difficoltà di digitazione o di scrittura, software specifici, collegamenti internet, posta elettronica ecc.

1.5.3 | Ufficio relazioni esterne e internazionali

Gli **uffici relazioni internazionali** o **uffici Erasmus/Socrates** gestiscono e promuovono i rapporti internazionali europei ed extraeuropei, per gli aspetti relativi alla didattica e allo scambio di studenti e docenti, sia nell'ambito dei programmi comunitari sia attraverso accordi bilaterali con università extraeuropee. Tali uffici si occupano, inoltre, di organizzare stage internazionali per i laureati o i laureandi, per esempio attraverso il programma comunitario Leonardo Da Vinci. Tutte le informazioni sulle diverse opportunità offerte vengono solitamente comunicate attraverso bandi o avvisi affissi nelle bacheche. I bandi indicano anche i criteri di ammissione e le procedure per la formulazione delle graduatorie. Le documentazioni dettagliate sulle università partner e le relazioni degli studenti degli anni precedenti possono essere consultate presso gli uffici relazioni internazionali, negli orari di ricevimento.

Sempre nell'ambito della mobilità internazionale, gli **uffici relazioni esterne e/o internazionali**:

- accolgono gli studenti stranieri in mobilità e forniscono loro tutte le informazioni e l'assistenza di cui necessitano;
- gestiscono la partecipazione dell'università al Sistema europeo di trasferimento dei crediti formativi (*European Credit Transfer System* – ECTS) e si occupano della realizzazione dell'*International Prospectus – ECTS Information Package*;
- diffondono e curano la presentazione di proposte per azioni integrate con altri Paesi;
- diffondono e curano il programma di internazionalizzazione degli atenei;
- promuovono contributi alla cooperazione interuniversitaria internazionale;
- curano la partecipazione dell'università ai Saloni Internazionali.

1.5.4 | Tutorato

Il servizio di tutorato accompagna, orienta e assiste lo studente lungo tutto il corso degli studi.

Il tutor può essere un professore o un ricercatore, ma più spesso è uno studente iscritto agli ultimi anni di corso, selezionato annualmente con un apposito concorso. I tutor ricevono un'appropriata preparazione e operano sotto la responsabilità e la supervisione dei docenti designati, collaborando con gli enti di sostegno al diritto allo studio e con le rappresentanze degli studenti.

Accoglienza

Nella prima fase di accoglienza i tutor si occupano di fornire alle matricole **informazioni** generali sulle seguenti aree:

- organizzazione logistica, burocratica, amministrativa dell'università;
- opportunità di tipo assistenziale (per esempio, assegno di studio), culturale (attività e facilitazioni per gli studenti), ricreativo, sportivo, didattico (biblioteche, archivi), formativo (borse di studio anche per l'estero);
- corso di laurea scelto (i contenuti principali, gli obiettivi formativi, le competenze di base necessarie per frequentare gli insegnamenti ecc.).

Assistenza

Nella fase successiva il tutor assume un ruolo più "operativo", cioè fornisce allo studente **assistenza** nei seguenti campi:

- organizzazione del lavoro universitario (predisposizione di un progetto generale di studi, indicazione per la successione degli esami da sostenere ecc.);
- studio (indicazioni per il recupero di lacune nelle competenze di base, individuazione di un metodo, introduzione alle tecniche di apprendimento, organizzazione di attività quali seminari, corsi di sostegno, colloqui ed esercizi ecc);
- scelta dell'area disciplinare e del docente con cui sviluppare la tesi di laurea.

I tutor, inoltre, fanno da tramite tra gli studenti e il corpo docente per eventuali inefficienze o incomprensioni riguardanti i temi didattici.

Il tutor si incontra su appuntamento, in orari e con frequenza concordati. In alcuni casi se lo studente non si presenta per due volte consecutive senza valida giustificazione all'incontro perde diritto al servizio.

1.5.5 | Ufficio stage

Tutti gli studenti, compresi coloro che frequentano dottorati di ricerca e scuole o corsi di specializzazione, possono avvalersi, fino a diciotto mesi dopo il termine degli studi, del sostegno e della tutela dell'istituzione accademica per entrare in contatto con aziende ed enti pubblici e privati ed effettuarvi uno stage.

L'università stipula con le aziende apposite **convenzioni**, che devono:

- definire un preciso progetto formativo e/o di orientamento in cui si stabiliscono gli obiettivi e le modalità del tirocinio;
- indicare il nominativo di un responsabile aziendale e di un tutor didattico-organizzativo all'interno dell'università (solitamente un docente) che devono monitorare il tirocinio;
- fissare il periodo di svolgimento e la durata del tirocinio;
- garantire l'assicurazione ai tirocinanti contro gli infortuni sul lavoro, mediante convenzione con l'INAIL, e per la responsabilità civile.

L'università trasmette una copia delle convenzioni e di ciascun progetto alla struttura provinciale del ministero del Lavoro territorialmente competente in materia di ispezione, alla regione e alle rappresentanze sindacali aziendali segnalate dall'azienda.

L'ufficio stage si occupa di promuovere, realizzare e monitorare lo svolgimento degli stage: interviene nel caso di necessarie correzioni del programma, valuta le aree di maggior interesse, studia gli effetti sul percorso didattico.

Le aziende interessate ad attivare tirocini si rivolgono all'Ufficio stage per presentare direttamente le offerte di stage e ricevere le candidature di studenti e laureati/diplomati disponibili. L'azienda, una volta individuato il candidato, si mette di nuovo in contatto con l'Ufficio stage per stabilire definitivamente il programma formativo e formalizzarne l'attivazione.

Lo studente interessato a fare un tirocinio ha tre possibilità:

- farsi inserire nella banca dati a cui accedono le aziende e gli enti interessati e aspettare di essere eventualmente chiamato;
- consultare la banca dati degli stage disponibili. In questo caso lo studente/laureato contatta l'Ufficio stage e comunica le tipologie di stage per cui intende candidarsi. L'Ufficio provvede all'inoltro del curriculum dell'interessato all'azienda o all'ente;
- fare una ricerca autonoma presso aziende ed enti per trovare uno stage "su misura" e velocizzare le procedure. Una volta trovato il contatto, lo studente si rivolge all'Ufficio stage per la stipula della convenzione.

Se la distanza tra l'abitazione del tirocinante e il luogo di svolgimento dello stage è superiore a 160 km (andata/ritorno) è previsto un rimborso delle spese sostenute.

1.5.6 | Centro linguistico

Il Centro linguistico dell'università è la struttura di riferimento per l'organizzazione dei servizi didattici riguardanti l'apprendimento delle lingue straniere. I servizi offerti generalmente sono:

- organizzazione e gestione di corsi ed esami di lingua per studenti a vari livelli e con varie finalità;
- organizzazione di seminari e di attività di ricerca;
- organizzazione di corsi di aggiornamento per insegnanti di lingue;
- promozione di progetti di ricerca scientifica nel settore e gestione di strutture per la documentazione specifica;
- produzione di materiali didattici originali;
- offerta di sussidi tecnici didattici per l'apprendimento autonomo delle lingue (materiale testuale, video, audio e informatico);
- organizzazione di corsi di preparazione e test linguistici per gli studenti Socrates in partenza.

1.5.7 | Sport

Il CUS (Centro universitario sportivo) è l'emanazione locale del CUSI (Centro universitario sportivo italiano). Il CUSI è un ente di promozione sportiva riconosciuto dal CONI (Comitato olimpico nazionale italiano) che cura la pratica, la diffusione e il potenziamento dell'educazione fisica e dell'attività sportiva presso gli studenti universitari italiani.

Il CUSI nasce nel 1946 e già l'anno dopo dà il via ai primi Campionati nazionali universitari (CNU) a Bologna. Nel '53 il CUSI ottiene il riconoscimento da parte del CONI e può partecipare alla terza settimana internazionale dello sport universitario, a Dortmund in Germania. Sei anni dopo il CUSI organizza, a Torino, la prima *Universiade* estiva, a cui partecipano 1.500 atleti in rappresentanza di 54 Paesi (tra cui anche gli atleti universitari provenienti da Paesi dell'Est).

Il CUS risponde del proprio operato a un comitato per lo sport, costituito presso ogni università, del quale fanno parte due rappresentanti degli studenti, due rappresentanti del CUSI, il direttore amministrativo dell'università e il rettore che presiede l'organo.

Il CUS è dotato di autonomia gestionale e amministrativa e si occupa della conduzione degli impianti sportivi di proprietà delle università, organizzando corsi, campionati e varie altre attività sportive.

I CUS sono uno per ogni città universitaria e si occupano di:

- gestire gli impianti sportivi di proprietà delle università;
- organizzare corsi di avviamento e di perfezionamento;
- organizzare tornei e campionati interfacoltà, con caratteristiche non agonistiche;
- partecipare alle attività nell'ambito delle federazioni sportive del CONI;
- partecipare ai campionati nazionali universitari, riservati agli studenti che praticano attività agonistiche;
- allestire rappresentanze che partecipano ai campionati federali o ai campionati nazionali universitari organizzati dal CUSI.

1.5.8 | Enti per il diritto allo studio

La legge sul diritto agli studi universitari[1] intende rimuovere gli ostacoli di ordine economico e sociale che limitano l'uguaglianza dei cittadini nell'accesso all'istruzione superiore e consentire ai capaci e meritevoli, anche se privi di mezzi, di raggiungere i gradi più alti degli studi. I destinatari degli interventi sono gli studenti iscritti alle università e agli Istituti di istruzione superiore di livello universitario (quali le Accademie di Belle Arti, i Conservatori ecc.).

Gli studenti di nazionalità straniera possono fruire dei medesimi interventi riservati agli italiani, così come gli studenti apolidi e gli studenti rifugiati politici.

Particolari interventi sono previsti a favore di studenti portatori di handicap sia in provvidenze in denaro sia per rimuovere impedimenti che non consentano di fruire correttamente delle attività e dei servizi del diritto allo studio universitario.

In particolare gli enti per il diritto allo studio forniscono:

- borse di studio;[2]
- prestiti agevolati: sono prestiti in denaro a favore di studenti – risultati idonei secondo l'ordine cronologico di presentazione delle richieste – per i quali l'ente per il diritto allo studio concede la garanzia fideiussoria e il totale pagamento degli interessi;
- servizi di ristorazione: mense universitarie con accesso tramite tesserino e tariffe articolate per tipologia di utenza e di pasti;
- servizi abitativi: i posti alloggio presso le residenze universitarie vengono attribuiti mediante concorso. Nel bando di concorso si precisano i requisiti necessari per accedere al servizio, i casi di inammissibilità, incompatibiltà e decadenza. Le modalità e la documentazione per presentare domanda sono le stesse della borsa di studio. Un certo numero di posti è riservato a studenti stranieri e a studenti portatori di handicap. Il posto alloggio viene assegnato ai vincitori del concorso seguendo l'ordine della graduatoria.

---

1. Legge 2 dicembre 1991, n. 390 emanata in attuazione degli articoli 3 e 34 della Costituzione.
2. Si veda il capitolo 1.2 della *Parte Terza*.

Inoltre, gli enti per il diritto allo studio rivolgono da sempre particolare attenzione all'ambito culturale. Si occupano di promuovere e sostenere:

- la fruizione di beni e iniziative culturali attraverso:
    - contributi monetari ai singoli studenti per facilitarne la partecipazione alle attività culturali promosse da soggetti pubblici, o ad altre iniziative dalla particolare rilevanza;
    - distribuzione di buoni d'ingresso a prezzi ridotti per la programmazione normale dei circuiti cinematografici di qualità e facilitazioni per la partecipazione ai cicli di film a tessera;
    - ricerca di agevolazioni per l'accesso a musei, mostre ecc;
    - collaborazione a manifestazioni organizzate dall'università o altri soggetti;
- iniziative e attività culturali e ricreative, percorsi guidati museali e non, fra storia, architettura e ambiente;
- le esigenze didattiche degli studenti attraverso:
    - dotazione di sale studio e sale informatiche;
    - realizzazione di corsi di alfabetizzazione informatica e di lingue straniere;
- attività sportive;
- attività editoriali;
- servizi di informazione e di orientamento.

Sebbene abbiano funzioni analoghe, gli enti per il diritto allo studio spesso presentano sigle differenti tra loro. In particolare, le più comuni sono:

- ISU: Istituto per il diritto allo studio universitario;
- ERSU: Ente regionale per il diritto allo studio universitario;
- EDISU: Ente per il diritto allo studio universitario;
- ESU: Ente per il diritto allo studio universitario;
- ADSU: Azienda comunale per il diritto allo studio universitario.

2| Statistiche per orientarsi

Questo capitolo presenta alcune statistiche recenti sulle scelte universitarie degli studenti italiani, sull'andamento e sul successo del loro percorso formativo, nonché sulle prospettive occupazionali dei laureati. Lo scopo è offrire al lettore alcuni dati utili per le sue valutazioni e decisioni: nella scelta post-diploma, potrà tenere conto dei prossimi paragrafi, coniugandoli con le proprie inclinazioni e aspettative.

Le fonti dei dati sono alcuni rapporti dell'ISTAT, del consorzio Almalaurea e, soprattutto il *Rapporto sullo stato del Sistema universitario e della Ricerca* dall'ANVUR (Agenzia nazionale di valutazione del sistema universitario e della ricerca): pubblicato a cadenza biennale, l'ultima edizione è del 2018.[1]

2.1 | Italia ed Europa a confronto

Negli ultimi anni abbiamo assistito in Italia a un'importante crescita del livello medio di istruzione della popolazione. Da un lato, è aumentata la scolarizzazione di base, dall'altro, è cresciuto il numero di giovani che hanno intrapreso e portato a termine studi post-secondari (*istruzione terziaria*, comprensiva cioè anche dei corsi non universitari: Accademie, Istituti tecnici superiori ecc.). Tuttavia, questo incremento non arriva a colmare il **divario rispetto ad altri Paesi dell'Unione europea**. Nella fascia di popolazione compresa **tra i 30 e i 34 anni**, nel 2019 in Italia la percentuale di quanti avevano concluso un percorso di formazione terziaria era del 27,6% rispetto a una media dell'Unione europea a ventisette Paesi del 41,6%.[2]

Si prevede che tale divario non sarà annullato nell'immediato futuro: nel 2010 tutti gli Stati europei avevano definito **obiettivi nazionali di incremento dell'istruzione terziaria** entro il 2020. L'obiettivo italiano era un tasso di completamento di corsi dell'istruzione terziaria pari ad almeno il 26% tra la popolazione di 30-34 anni: obiettivo raggiunto, ma che ci lascia ancora lontani da quello fissato a livello europeo del 40%.

Quali sono le ragioni del ritardo italiano? Potrebbe dipendere: 1) da un basso numero di diplomati; 2) da un basso tasso di diplomati che si iscrive all'università; 3) da una bassa percentuale di iscritti che conclude gli studi. Le statistiche mostrano che – almeno per quanto riguarda la fascia 25-34 anni di nostro principale interesse – la **debolezza del nostro sistema dipende dal terzo punto**. Analizzando infatti i dati relativi alla popolazione diplomata e al tasso di passaggio dalla scuola superiore all'università, il confronto Italia/Ue non evidenzia discrepanze clamorose. Anzi, dall'a.a. 2013/14 si è assistito, dopo anni di calo, a un incremento di immatricolazioni dell'8,2% tra gli studenti di età pari o inferiore a 20 anni: l'inversione di tendenza è dovuta all'aumento sia del numero di diplomati sia del tasso di immatricolazione. La **fase critica** riguarda gli anni successivi: chi abbandona gli studi, chi ha un basso livello di attività, accumula ritardo e va "fuori corso".

2.2 | Le immatricolazioni

Nell'a.a. 2020/21 ci sono stati 330.898 immatricolati, a conferma della **ripresa di immatricolazioni** registrata negli ultimi anni tra i giovani 19-20enni: infatti è stabile, e vicina al 50%, la quota di diplomati che nello stesso anno si immatricolano all'università. In aumento anche gli iscritti totali all'Alta Formazione artistica, musicale e coreutica (AFAM) che nel 2019/20 sono stati 78.491; in crescita gli Istituti tecnici superiori (ITS) con 18.273 iscritti, circa l'1% di quanti frequentano un percorso di istruzione terziaria.[3]

Guardando agli indirizzi di provenienza, si nota che il passaggio all'istruzione terziaria è maggiore tra i diplomati nei licei che negli istituti tecnici. Quali sono le caratteristiche della popolazione studentesca che sceglie l'università per costruire il proprio futuro? Le illustriamo in sintesi qui di seguito.

---

1. Il *Rapporto 2018* ANVUR (aggiornato nel 2019, fonte per i dati di queste pagine) è disponibile sul sito anvur.it.
2. Fonte ISTAT, in *Report Livelli di istruzione e ritorni occupazionali*, 2020, p. 2.
3. Dei 3.761 diplomati ITS del 2019, a 12 mesi dal diploma risulta occupato l'80%; il dato conferma la performance occupazionale dei diplomati ITS anche nel 2020, anno che ha risentito delle conseguenze della crisi pandemica (nel 2019 i diplomati ITS occupati a un anno dal diploma erano pari all'82,4%).

2.2.1 | Le matricole italiane: da dove vengono e dove vanno

Nel **2018/19** il **50,4% dei neodiplomati ha intrapreso studi universitari:** sono la maggior parte dei cosiddetti immatricolati puri, cioè studenti che si iscrivono a un corso di laurea per la prima volta.[1] È ormai un dato stabile da oltre dieci anni il sorpasso di genere: il 55-56% delle matricole sono studentesse.

Qual è la distribuzione geografica dei nuovi iscritti? La crescita delle immatricolazioni riferita al quadriennio dal 2013/14 al 2017/2018 è più evidente al Nord (+11,2%), sostanziosa al Centro (+9,1%), e contenuta nel Mezzogiorno (+2,2%).[2] Nello stesso quadriennio, con riguardo invece alla sede territoriale del corso di studi scelto, l'incremento di immatricolazioni è stato del 13,5% al Nord e del 9,1% al Centro; invece, negli atenei del Mezzogiorno, nel 2017/18 le immatricolazioni sono solo tornate ai livelli del 2013/14 (–0.1%).[3]

Dunque è sempre rilevante il fenomeno degli *studenti fuori sede*: «La quota di quanti studiano fuori regione è salita dal 18,3% nel 2007/2008 al 22,1% nel 2017/18. [Ne] hanno tratto beneficio al Nord soprattutto gli atenei del Piemonte e in misura minore gli atenei di Lombardia, Emilia Romagna e Veneto. Al Centro è aumentata l'attrattività delle sedi marchigiane ed è diminuita quella degli atenei toscani e umbri. Nel Mezzogiorno l'attrattività è migliorata soprattutto per gli atenei della Campania».[4]

Da quale indirizzo di studi provengono i nuovi iscritti? Nell'anno 2017/18, oltre il 56% viene dall'istruzione liceale (con un tasso di passaggio del 66,9%), il 22,1% ha un diploma tecnico (tasso di passaggio 26%) e il 6,3% professionale (tasso di passaggio del 10%). Tra i liceali, sono in crescita gli immatricolati "artistici" e "linguistici", in calo invece i "classici" e gli "scientifici".[5]

In quali aree disciplinari si collocano i corsi di laurea più scelti dagli studenti? Le aree con il maggior numero di ingressi nell'a.a. 2017/18 sono Economia-statistica, Ingegneria (in moderata crescita) e Politica-sociale; nettamente in calo il numero di quanti scelgono l'area giuridica.

Tabella 1: Immatricolati per area di studio secondo la classificazione dell'ISTAT (valori percentuali).

Area di studio	2013/14	2014/15	2015/16	2016/17	2017/18
Agraria	3,6	3,3	3,4	3,2	3,0
Architettura	3,5	3,7	3,3	3,2	3,0
Economico-statistica	14,1	14,1	14,2	14,4	14,7
Chimico-farmaceutica	4,3	4,0	4,6	4,8	4,5
Giuridica	9,3	8,2	7,6	7,4	7,2
Ingegneria	13,9	14,1	14,6	14,4	14,5
Geo-biologica	6,1	5,6	6,3	6,6	7,1
Letteraria	6,4	6,6	6,7	6,9	7,1
Linguistica	7,5	7,8	7,7	7,4	7,4
Insegnamento	4,7	4,6	4,4	4,6	4,7
Medica	7,7	9,3	7,6	6,9	6,5
Psicologica	3,0	2,7	2,9	3,0	2,9
Politico-sociale	9,4	9,7	9,8	9,8	9,7
Difesa e sicurezza	0,1	0,1	0,1	0,1	0,1
Scientifica	3,9	4,0	4,5	4,7	4,8
Educazione fisica	2,3	2,2	2,3	2,8	2,8

1. Fonte: *Annuario ISTAT 2020*, cap. VII, «Istruzione e formazione», p. 252.
2. *Rapporto 2018* ANVUR, p. 34. Si noti però che al Sud il calo delle iscrizioni era stato molto più consistente.
3. *Idem*, p. 27. Le iscrizioni fuori sede sono cresciute negli ultimi anni anche per l'introduzione di graduatorie nazionali nel sistema di selezione per l'ingresso a Medicina, Odontoiatria, Veterinaria e Architettura.
4. *Ibidem*.
5. *Idem*, pp. 30, 33.

A quale tipo di corsi si iscrivono le matricole? Dalla scelta dell'area di studio dipende in gran parte la ripartizione degli immatricolati negli ultimi anni accademici tra corsi di laurea triennale e a ciclo unico.

Tabella 2: Numero di immatricolati "puri" per tipo di corso.[1]

Anno di immatricolazione	Corsi di primo livello (triennali)	Corsi a ciclo unico
2013/2014	229.537	39.248
2014/2015	230.197	40.531
2015/2016	240.862	35.301
2016/2017	254.579	35.673
2017/2018	259.375	36.586
2018/2019	266.278	33.189

La crescita delle immatricolazioni si concentra nei corsi triennali di primo livello: nell'a.a. 2018/19 vale + 2,7% rispetto all'a.a. precedente. Nelle lauree a ciclo unico, invece, le immatricolazioni risultano in calo (– 9,3% rispetto all'a.a. precedente). Tale diminuzione è in buona parte legata al calo di immatricolati nei corsi di laurea in Giurisprudenza (–4,3 punti percentuali rispetto all'a.a. precedente).

2.3 | Abbandoni e carriere irregolari

Cosa succede agli studenti dopo l'immatricolazione? Stando ai dati, arrivare al conseguimento della laurea triennale sembra il percorso con maggiori problemi di "produttività" per gli studenti italiani. Nelle statistiche, gli *indicatori-spia* per valutare il successo formativo sono il **tasso di abbandono** (in particolare tra primo e secondo anno) e la **regolarità negli studi** (la capacità di concludere il corso nei tempi previsti): le carriere dei nostri universitari mostrano valori problematici in entrambi, sebbene negli anni più recenti la situazione sia in miglioramento.

2.3.1 | Abbandoni

Scrive l'ANVUR che il passaggio dal I al II anno è «uno snodo cruciale nel percorso degli studenti, dove si concentrano gli abbandoni».[2] Negli ultimi dieci anni, la tendenza è quella di una riduzione dei tassi di abbandono: sia in generale, sia per area geografica, sede del corso di studio, genere e tipo di diploma.

Guardando nel dettaglio i dati disponibili relativi agli a.a. dal 2010/11 al 2015/16, si nota per i **corsi triennali di primo livello** che il **tasso di abbandono** dopo il primo anno si riduce costantemente dal 16,3% fino al 12,2% del 2016. Per i **corsi a ciclo unico** il dato non solo è in diminuzione ma **molto più contenuto** (7,5%): in particolare, il corso in Medicina e Chirurgia ha una percentuale di abbandono tra le più basse (1,5%).[3] In tabella si riportano i dati relativi alle singole coorti di immatricolati.

Tabella 3: Tassi di abbandono tra I e II anno, in base al tipo di corso.

a.a. di immatricolazione	% abbandoni corsi triennali	% abbandoni corsi a ciclo unico
2010/2011	15,2%	9,5%
2011/2012	14,8%	9,6%
2012/2013	13,7%	8,3%
2013/2014	13,4%	8,9%
2014/2015	13,3%	7,5%
2015/2016	12,2%	7,5%

1. *Annuario ISTAT 2020*, cap. VII, «Istruzione e formazione», p. 270; per il 2020/2021, i dati raccolti dal MIUR indicano 294.689 immatricolati ai corsi triennali, e 36.209 ai corsi a ciclo unico.
2. *Rapporto 2018* ANVUR, p. 47.
3. *Idem*, p. 51

Le tabelle seguenti, di sicuro interesse per il lettore, mostrano:

- i tassi di abbandono tra I e II anno in base al tipo **diploma conseguito**.
- i tassi di abbandono **per aree di studio** cumulati dopo tre e sei anni dall'immatricolazione, rispettivamente per i corsi triennali e corsi a ciclo unico.

Tabella 4: Tassi di abbandono tra I e II anno in base al tipo di diploma conseguito (valori percentuali).[1]

CORSI DI PRIMO LIVELLO (TRIENNALI)					
Anno di immatricolazione	**Liceale**	**Magistrale**	**Professionale**	**Tecnico**	**Estero**
2011/2012	9,0	16,3	31,0	25,1	23,0
2012/2013	8,5	14,7	28,6	22,5	20,5
2013/2014	8,3	13,8	27,8	21,4	22,1
2014/2015	8,3	14,0	28,0	20,9	22,2
2015/2016	7,6	13,1	25,6	19,7	19,4

Tabella 5: Tassi di abbandono tra I e II anno in base al tipo di diploma conseguito (valori percentuali).[2]

CORSI A CICLO UNICO					
Anno di immatricolazione	**Liceale**	**Magistrale**	**Professionale**	**Tecnico**	**Estero**
2011/2012	6,0	15,7	33,3	26,8	15,9
2012/2013	5,4	10,7	26,0	22,4	16,6
2013/2014	5,8	13,4	25,8	21,3	16,0
2014/2015	4,9	9,4	24,2	20,5	16,1
2015/2016	5,2	9,0	21,3	18,3	16,6

Tabella 6: Tassi di abbandono a 3 anni dall'immatricolazione, per area di studio (valori percentuali).[3]

CORSI DI PRIMO LIVELLO (TRIENNALI)					
Area di studio	**2009/10**	**2010/11**	**2011/12**	**2012/13**	**2013/14**
Scienze matematiche e Informatiche	35	35	33	32	32
Scienze Fisiche	19	18	20	21	19
Scienze Chimiche	27	26	21	21	21
Scienze della Terra	31	30	29	27	26
Scienze Biologiche	23	21	19	19	18
Scienze Mediche	13	11	11	11	10
Scienze Agrarie e Veterinarie	38	36	33	31	30
Ingegneria civile e Architettura	21	20	20	19	19
Ingegneria industriale e dell'Informazione	23	21	21	20	19
Scienze dell'antichità e filologico letterarie	28	26	26	24	25
Scienze Storiche, Filosofiche, Pedagogiche, Psicologiche	29	28	25	24	23
Scienze giuridiche	44	37	41	39	38
Scienze Economiche e Statistiche	28	26	25	23	22
Scienze Politiche e Sociali	33	30	30	28	28

1. *Rapporto 2018* ANVUR, p. 50.
2. *Ibidem.*

Tabella 7: Tassi di abbandono a 6 anni dall'immatricolazione, per area di studio (valori percentuali).[1]

	CORSI A CICLO UNICO				
Area di studio	**2006/07**	**2007/08**	**2008/09**	**2009/10**	**2010/11**
Farmacia	17,4	19,0	16,4	17,9	14,6
Medicina e Chirurgia / Odontoiatria	5,5	3,6	4,4	4,8	5,7
Veterinaria	11,0	10,7	10,1	9,2	8,7
Ingegneria civile/Architettura	12,8	12,3	12,9	13,7	14,4
Scienze della Formazione primaria	19,4	21,0	19,9	19,2	19,1
Giurisprudenza	31,6	30,4	30,0	29,2	29,1

Nel suo commento, l'ANVUR sottolinea «l'altissima percentuale, seppur in calo, di studenti provenienti **da un istituto tecnico o professionale** che dopo tre anni di corso hanno abbandonato l'università (tra il 34,6% e il 43% contro il 15% dei liceali)».[2]

Nei rilevamenti statistici – escludendo i generici "motivi personali" – le motivazioni più spesso citate dagli studenti per aver abbandonato la carriera universitaria sono: difficoltà negli studi, impegni lavorativi, costi elevati, scarsi sbocchi professionali. A queste ragioni, che si manifestano durante il percorso formativo, si deve aggiungere anche quella che è largamente riconosciuta come la causa principale dei fallimenti formativi: una **scelta in ingresso sbagliata**, forse effettuata sulla base di informazioni carenti e di motivazioni fuorvianti che poco avevano a che fare con le attitudini personali e che hanno spinto tanti studenti verso un indirizzo non adatto a loro.

Secondo un'indagine del CUN (Consiglio universitario nazionale),[3] il 22% degli immatricolati riteneva di aver fatto una scelta sbagliata. Infatti l'8% aveva abbandonato gli studi al primo anno, il 14% aveva cambiato corso di studi o anche ateneo. È invece interessante notare che, tra **quanti hanno partecipato ad attività di orientamento** (a scuola, presso le università o a livello individuale), il 95% **confermava la strada intrapresa**.

2.3.2 | Regolarità negli studi

Per quanto riguarda il tasso di regolarità negli studi (secondo indicatore di produttività del sistema universitario), i dati forniti dall'ANVUR mostrano percentuali in crescita – se pur ancora basse – di laureati regolari dopo tre anni. Per esempio, tra gli immatricolati ai **corsi triennali** nel 2003/2004 solo il 19% si era laureato nei tempi previsti; tra gli immatricolati nel 2013/14, invece, il **30,8%** ha conseguito la **laurea "in corso"**.[4] I miglioramenti riguardano tutto il territorio nazionale, anche se l'incremento dei laureati regolari al Nord (36,9%) è più consistente che al Centro (31,5%) e al Sud (20,3%).

Dopo quattro anni di corso, la percentuale di laureati sale al 46,7% per la coorte 2012/13; era il 33,3% per la coorte 2003/2004. Sostanziali progressi si registrano anche per gli esiti dopo sei anni di corso: la percentuale di laureati passa dal 47,7% della coorte 2003/2004 al 56,8% della coorte 2010/11. Infine, il dato migliora ulteriormente per i **corsi di secondo livello**: nella coorte di immatricolati nell'a.a. 2014/15 ha terminato nei tempi regolari il **48,2%** degli studenti.[5]

Le tabelle seguenti raccolgono alcuni numeri interessanti – riportati nel documento dell'ANVUR – relativi ai **tassi di laureati regolari** nei corsi triennali e nei corsi a ciclo unico (cioè rispettivamente dopo 3 anni

3. *Idem*, pp. 55. L'anno accademico indicato è quello in cui è avvenuta l'immatricolazione.
1. *Rapporto 2018* ANVUR, pp. 59. L'anno accademico indicato è quello in cui è avvenuta l'immatricolazione.
2. *Idem*, p. 57.
3. CUN, «Progetto Orientamento. La scelta del corso di laurea dall'orientamento al primo anno: fattori di successo e di insuccesso», 2014. L'indagine ha coinvolto 1.900 ragazzi a due anni dal diploma.
4. *Rapporto 2018* ANVUR, p. 52.
5. *Idem*, p. 60. La coorte dell'a.a. 2013/2014 mostra già al terzo anno una percentuale di laureati del 72,1%.

dall'immatricolazione, e dopo 5 e 6 anni). I dati sui laureati regolari triennali sono anche suddivisi per area di studio e in base al **diploma di maturità** (dato non disponibile per i laureati nei corsi a ciclo unico).

Tabella 8: Laureati triennali regolari dopo 3 anni, per area di studio (valori percentuali).[1]

CORSI DI PRIMO LIVELLO (TRIENNALI)					
Area di studio	**2009/10**	**2010/11**	**2011/12**	**2012/13**	**2013/14**
Scienze matematiche e Informatiche	15	16	18	17	18
Scienze Fisiche	27	27	25	25	27
Scienze Chimiche	14	15	16	16	19
Scienze della Terra	15	14	14	18	18
Scienze Biologiche	16	17	21	21	23
Scienze Mediche	58	62	60	60	58
Scienze Agrarie e Veterinarie	13	15	16	18	21
Ingegneria civile e Architettura	18	21	22	26	27
Ingegneria industriale e dell'Informazione	18	18	19	21	22
Scienze dell'antichità e filologico letterarie	23	27	28	29	30
Scienze Storiche, Filosofiche, Pedagogiche, Psicologiche	27	30	34	36	38
Scienze giuridiche	10	16	16	16	21
Scienze Economiche e Statistiche	25	27	30	33	36
Scienze Politiche e Sociali	25	27	27	31	32

Tabella 9: Laureati triennali regolari dopo 3 anni, per tipo di diploma di maturità (valori percentuali).[2]

CORSI DI PRIMO LIVELLO (TRIENNALI)			
Anno di immatricolazione	**Liceale**	**Tecnica**	**Professionale**
2009/10	28,6	16,3	14,1
2010/11	30,9	18,9	16,0
2011/12	32,2	19,6	16,6
2012/13	33,7	21,6	17,6
2013/14	35,4	22,8	18,0

Tabella 10: Laureati nei corsi a ciclo unico per area di studio, dopo 5 anni (valori percentuali).[3]

CORSI A CICLO UNICO					
Area di studio	**2007/08**	**2008/09**	**2009/10**	**2010/11**	**2011/12**
Farmacia	21,9	24,7	26,3	27,7	27,5
Medicina e Chirurgia / Odontoiatria	6,5	5,6	1,5	1,1	1,1
Veterinaria	16,5	22,6	23,9	27,4	26,7
Ingegneria civile/Architettura	12,0	12,3	12,8	14,5	19,1

1. *Rapporto 2018* ANVUR, p. 55. L'anno accademico indicato è quello in cui è avvenuta l'immatricolazione.
2. *Idem*, p. 58.

CORSI A CICLO UNICO					
Area di studio	**2007/08**	**2008/09**	**2009/10**	**2010/11**	**2011/12**
Scienze della Formazione primaria	61,9	63,3	68,6	67,3	48,4
Giurisprudenza	18,6	19,5	20,4	22,0	23,5

Tabella 11: Laureati nei corsi a ciclo unico per area di studio, dopo 6 anni (valori percentuali).[1]

CORSI A CICLO UNICO				
Area di studio	**2007/08**	**2008/09**	**2009/10**	**2010/11**
Farmacia	36,5	39,5	40,1	42,8
Medicina e Chirurgia / Odontoiatria	59,3	57,7	56,4	57,5
Veterinaria	38,4	42,4	46,1	50,6
Ingegneria civile/Architettura	31,1	31,8	34,9	37,0
Scienze della Formazione primaria	67,8	70,4	72,8	71,8
Giurisprudenza	21,5	33,2	34,7	36,5

2.4 | I laureati e il lavoro

Nella scelta del corso di studi universitari – oltre alle personali inclinazioni, passioni e interessi – hanno un peso rilevante anche alcune **domande basilari**, per rispondere alle quali in questo paragrafo cerchiamo di fornire alcuni dati.

Prima di tutto: **quanto è utile una laurea per entrare nel mondo del lavoro?** Avere conseguita una laurea è ancora un vantaggio o ha solo l'effetto di posticipare i tempi di ingresso nelle realtà lavorative? È preferibile presentarsi alle soglie del lavoro più giovani o più preparati? E ancora: quanto è rilevante nella ricerca di un lavoro la regione geografica in cui si vive? Come cambia il tasso di occupazione al variare dell'area disciplinare in cui si sceglie di laurearsi?

Gli ultimi dati disponibili (2019) indicano che in Italia il tasso di occupazione dei laureati giovani (30-34 anni) è sensibilmente superiore rispetto a quello medio del mercato del lavoro italiano, con un miglioramento delle condizioni occupazionali: il tasso di occupazione dei giovani laureati è infatti pari al 78,9% mentre per i diplomati è del 69,5%.[2]

Per orientarsi sul tema, sono di aiuto anche gli studi di Almalaurea[3] e dell'ISTAT. In media, un laureato fatica quanto un diplomato a entrare nel mercato del lavoro, ma successivamente ha un percorso di carriera più rapido e stabile e guadagna di più.[4] Lo scenario si è confermato anche al perdurare della recessione economica, evidenziando un **vantaggio dei laureati sui diplomati**: infatti, «All'aumentare del livello del titolo di studio posseduto si riduce il rischio di restare intrappolati nella della disoccupazione, anche per-

3. *Idem*, p. 59.
1. *Rapporto 2018* ANVUR, p. 59.
2. Fonte ISTAT, in *Report Livelli di istruzione e ritorni occupazionali*, 2020, p. 6.
3. Almalaurea è un consorzio interuniversitario che raccoglie 74 atenei pubblici e privati con l'obiettivo di supportare mediante informazioni statistiche i giovani laureati nel loro inserimento nel mondo del lavoro.
4. I dati sono tratti dalla *XXII* e dalla *XXIII Indagine sulla condizione occupazionale dei laureati* pubblicate rispettivamente nel 2020 e nel 2021 da Almalaurea; in particolare, si riportano nel seguito i dati della pubblicazione del 2020 (dati del 2019 e serie storiche), per l'analisi delle dinamiche e delle tendenze, in considerazione del fatto che la situazione del mercato del lavoro determinatasi con la pandemia rende i dati relativi al 2020 poco omogenei e sostanzialmente inadatti a essere comparati a quelli degli anni precedenti, mentre si propongono i dati dell'edizione 2021, riferiti appunto al 2020, nel caso di valori assoluti che danno un'immagine aggiornata del fenomeno cui di volta in volta ci si riferisce.

ché, generalmente, i laureati sono in grado di reagire meglio ai mutamenti del mercato del lavoro, disponendo di strumenti culturali e professionali più adeguati. [...] Il premio, in termini di occupazione, generato dal possesso di un titolo di studio più elevato è riscontrabile soprattutto nell'intero arco di vita lavorativa».[1] Anche la **retribuzione** di un laureato è migliore rispetto a quella di un diplomato, sebbene occorrano diversi anni prima che questo vantaggio si concretizzi.
Secondo l'ISTAT, nel 2019, in Italia, il tasso di disoccupazione dei giovani 20-34enni è stato pari al 17,9% tra i laureati e al 27,7% tra i diplomati (per quanto siano valori doppi rispetto a quelli medi europei).[2]
Oltre al titolo di studio ("laurea *vs* diploma"), anche la **collocazione territoriale** influisce notevolmente sui tassi di occupazione **a favore del Nord**.

Tabella 12: Laureati nel 2011 occupati nel 2015, per tipo di corso e area geografica (valori percentuali).

Area geografica	Lavorano in totale	*di cui* con lavoro continuativo iniziato *dopo* la laurea	Cercano lavoro	Non cercano lavoro
CORSI DI LAUREA TRIENNALE				
Nord-ovest	83,3	69,2	10,9	5,8
Nord-est	81,0	65,0	11,9	7,1
Centro	71,2	54,5	20,4	8,4
Sud	56,3	41,0	33,6	8,6
Isole	57,8	41,0	33,6	8,6
Totale	**72,3**	**70,4**	**20,1**	**7,6**
CORSI A CICLO UNICO E BIENNIO MAGISTRALE				
Nord-ovest	91,8	73,2	5,8	2,4
Nord-est	88,3	71,7	8,3	3,4
Centro	84,9	66,7	11,8	3,3
Sud	70,3	53,4	24,8	5,9
Isole	69,3	53,5	24,8	5,9
Totale	**82,7**	**65,2**	**13,4**	**3,8**

Infine, non si può avere un'idea completa del mercato del lavoro per i laureati senza sapere **quali lauree hanno consentito un inserimento professionale più soddisfacente**, cioè qual è la condizione dei laureati (a 4 anni dalla conclusione degli studi), quale il tipo di occupazione trovata, quale il grado di coerenza fra lavoro svolto e formazione ricevuta all'università.
Le tabelle che seguono riportano, per ciascuna area di studio e in percentuale, quanti laureati del 2011 risultano occupati nel 2015 e quanti di loro svolgono un lavoro continuativo.[3]

1. Almalaurea, *XXIII Indagine*, pp. 26-27.
2. Annuario ISTAT 2020, cap. VII, «Istruzione e formazione», p. 259.
3. Annuario ISTAT 2017, cap. VII, «Istruzione e formazione», pp. 226-227 e 249-250. Si cita la meno aggiornata fonte del 2017 in quanto presenta i dati disaggregati come non più forniti nelle redazioni successive. Attenzione: la denominazione delle aree disciplinari utilizzata dall'ISTAT non coincide perfettamente con quella adottata dall'ANVUR riportata nelle tabelle precedenti di questo capitolo.

Tabella 13: Laureati triennali nel 2011, per gruppo di corsi e occupazione nel 2015 (valori percentuali).

Gruppo di corsi	Lavorano in totale	*di cui* con lavoro continuativo iniziato *dopo* la laurea	Cercano lavoro	Non cercano lavoro
Scientifico	80,5	69,9	9,5	10,0
Chimico-farmaceutico	73,6	65,3	20,1	6,3
Geo-biologico	58,6	51,9	31,1	10,3
Medico	85,5	72,8	11,7	2,8
Ingegneria	75,0	65,8	15,9	9,1
Architettura	65,9	55,8	25,4	8,8
Agrario	75,7	60,1	19,6	4,7
Economico-statistico	78,4	66,0	16,1	5,4
Politico-sociale	71,4	47,6	22,6	6,1
Giuridico	70,1	36,1	21,5	8,4
Letterario	61,7	48,1	27,2	11,1
Linguistico	70,1	61,5	21,1	8,8
Insegnamento	74,3	42,0	19,3	6,4
Psicologico	54,4	36,5	29,3	16,3
Educazione fisica	79,3	52,8	15,4	5,3
Difesa e sicurezza	92,7	40,8	7,4	-
Tutti i corsi	**72,8**	**57,8**	**19,7**	**7,5**

Tabella 14: Laureati magistrali (di secondo livello e a ciclo unico) nel 2011, per condizione occupazionale nel 2015 e gruppo di corsi (valori percentuali).

Gruppo di corsi	Lavorano in totale	*di cui* con lavoro continuativo iniziato *dopo* la laurea	Cercano lavoro	Non cercano lavoro
Scientifico	89,6	80,1	6,6	3,8
Chimico-farmaceutico	66,0	81,0	11,3	2,7
Geo-biologico	76,5	69,5	20,0	3,5
Medico	96,5	80,4	1,3	2,1
Ingegneria	93,9	82,7	4,9	1,2
Architettura	85,6	71,3	12,0	2,4
Agrario	85,7	75,7	12,3	2,0
Economico-statistico	88,8	67,9	9,2	2,1
Politico-sociale	81,3	54,4	15,6	3,1
Giuridico	67,6	51,1	24,4	8,0

Gruppo di corsi	Lavorano in totale	*di cui* con lavoro continuativo iniziato *dopo* la laurea	Cercano lavoro	Non cercano lavoro
Letterario	73,4	55,4	21,4	5,2
Linguistico	79,4	65,0	14,2	6,4
Insegnamento	89,5	61,5	7,0	3,5
Psicologico	77,1	61,0	17,3	5,7
Educazione fisica	86,1	53,2	10,4	3,5
Tutti i corsi	**83,1**	**66,1**	**13,1**	**3,8**

Il più alto tasso di occupazione nel 2019 si è rilevato per le **lauree triennali delle Professioni sanitarie e Medicina** e questo è un dato che rimane costante anche negli ultimi anni; buone performance ottengono in entrambi i cicli di studio anche le aree di Educazione fisica, Economia e Giuridica, Insegnamento e quella Scientifica (STEM).

Per quanto riguarda poi la differenza di "competitività" tra i due cicli nella stessa area di studio, sembra che il settore **chimico-farmaceutico** risulti **più efficace nel ciclo unico**, così come quelli di Ingegneria e dell'Insegnamento. Al contrario, i settori **economico-statistico**, **politico-sociale** e **giuridico** offrono maggiori opportunità di impiego ai laureati del ciclo triennale.

Cosa può essere utile sapere della condizione occupazionale dopo la laurea, al di là delle percentuali di occupati e disoccupati?

Gli studi sull'argomento non mancano, ma per i lettori di questo capitolo sono interessanti e ben rappresentative le ricerche di Almalaurea, nelle già citate *XXII* e *XXII Indagine sulla condizione occupazionale dei laureati* alla cui lettura estesa rimandiamo i lettori più determinati.

Ecco dunque alcune informazioni che riguardano la situazione professionale dei laureati italiani fotografata **a 1 anno dalla laurea**: nel 2019 il tasso di occupazione, che include anche quanti sono impegnati in attività di formazione retribuita, è pari, a un anno dal conseguimento del titolo, al 74,1% tra i laureati di primo livello, al 76,2% tra i laureati magistrali, mentre per i laureati dei corsi a ciclo unico è pari al 62,7%[1].

Il rapporto esamina anche la qualità dell'occupazione secondo tre chiavi significative:

- **stabilità** dell'attività lavorativa;
- **retribuzione**;
- **efficacia** del titolo di studio.[2]

Per quanto riguarda la **stabilità lavorativa**, il confronto con gli anni precedenti mostra un incremento consistente del **lavoro non standard** (14,8% per laureati triennali e 12,2% per laureati magistrali), in linea con le più generali tendenze del mercato del lavoro.

Il lavoro alle dipendenze a tempo indeterminato, era diminuito – tra 2008 e 2018 – del 16,2% tra i laureati di primo livello e del 5,7% tra quelli di secondo livello. Tuttavia, a proseguire una tendenza già evidenziata nel 2018, anche nel 2019 si registra, per entrambe le categorie, un lieve aumento delle forme contrattuali a tempo indeterminato (+1,1% e +1,2% rispettivamente). Anche il lavoro parasubordinato

1. Possiamo osservare qui come i dati relativi al 2020, anno in cui il mercato del lavoro ha subito gli effetti della pandemia, ne risentano in modo evidente: nella *XXIII Indagine*, infatti, gli occupati a un anno dal conseguimento del titolo sono il 69,2% tra i laureati di primo livello, il 68,1% tra i laureati magistrali, il 60,7% tra i laureati dei corsi a ciclo unico. L'*Indagine* stessa riporta la seguente considerazione (p. 42): "Nel confronto con le precedenti rilevazioni di AlmaLaurea si deve tener conto delle recenti tendenze del mercato del lavoro, fortemente influenzate dall'emergenza sanitaria da Covid-19 che, a partire dai primi mesi del 2020, ha investito anche il nostro Paese impattando sulle opportunità occupazionali dei laureati".
2. La scelta di riportare qui i soli dati relativi ai "neolaureati" è dettata principalmente da motivi di spazio e il quadro che ne consegue va comunque ritenuto indicativo: per un panorama completo e più esaustivo vale ancora una volta l'invito a una lettura più ampia del *Rapporto*, disponibile www.almalaurea.it/universita/occupazione/occupazione18/volume.

è in diminuzione, nel decennio 2008-18, di 6,6 e di 11,2 punti; rispetto al 2008 si registra un aumento del lavoro autonomo di 4,4 punti percentuali tra i laureati di primo livello e di 3,1 punti tra i laureati di secondo livello. [1]

Per quel che concerne la **retribuzione**: «Nel 2020 la retribuzione mensile netta a un anno dal titolo è, in media, pari a 1.270 euro per i laureati di primo livello e a 1.364 euro per i laureati di secondo livello; si osservano differenze tra le retribuzioni percepite dai laureati magistrali biennali, pari in media a 1.304 euro netti mensili, e quelle dei magistrali a ciclo unico, che si attestano a 1.513 euro». [2]

Tabella 15: Laureati 2012-2019 occupati a 1 anno: retribuzione media mensile netta per tipo di corso[3].

anno di laurea	anno di indagine	laureati triennali	laureati magistrali	laureati ciclo unico
2019	2020	1.270	1.304	1.513
2018	2019	1.205	1.268	1.327
2017	2018	1.172	1.227	1.260
2016	2017	1.121	1.168	1.174
2015	2016	1.125	1.180	1.192
2014	2015	1.103	1.158	1.140
2013	2014	1.033	1.088	1.046
2012	2013	1.022	1.063	993

L'**efficacia del titolo universitario** rappresenta una misura soggettiva di coerenza tra studi compiuti e lavoro svolto. Vengono cioè considerate le dichiarazioni dei laureati rispetto all'utilizzo nella professione svolta delle competenze acquisite nel corso degli studi, nonché relativamente alla necessità formale o sostanziale del titolo conseguito ai fini dell'assunzione: il titolo è giudicato "molto efficace o efficace" dal 62,8% dei laureati di primo livello, dal 58,3% dei laureati magistrali biennali e dall'84,8% dei laureati magistrali a ciclo unico.[4]

1. Almalaurea, *XXII Indagine*, p. 57
2. Almalaurea, *XXIII Indagine*, p. 65
3. Valori rivalutati in base agli indici ISTAT dei prezzi al consumo.
4. Almalaurea, *XXIII Indagine*, p. 74.

3 | La struttura dell'università

3.1 | Problemi, obiettivi, cambiamenti

L'università italiana soffre di alcune disfunzioni, malgrado la riorganizzazione della struttura dei corsi di studio universitario.

I principali problemi che ancora si riscontrano sono:

- elevato tasso di **abbandoni** prima della laurea;
- elevato numero di **studenti "fuori corso"**;
- elevato tasso di **inoccupazione dei laureati**, dovuto in gran parte alla mancanza di dialogo fra mondo universitario e mercato del lavoro.

Pure a fronte di questa situazione a volte problematica, l'università italiana si sta confrontando con gli altri Paesi dell'Unione europea per creare uno spazio comune di istruzione superiore, così come previsto dagli accordi della Sorbona (1998), Bologna (1999), Praga (2001), Berlino (2003), Bergen (2005), Londra (2007), Leuven (2009), Budapest e Vienna (2010). In tali accordi si è stabilito di articolare lo studio universitario in tre cicli principali di studio, di realizzare la mobilità internazionale degli studenti e la libera circolazione dei professionisti e di favorire il riconoscimento internazionale dei titoli di studio. Anche dopo la crisi del 2008, a seguito della quale molti Stati hanno dovuto ridimensionare gli investimenti nell'università, si è ribadita la necessità di rafforzare l'istruzione in tutti i Paesi europei.

Tornando in Italia, gli obiettivi dichiarati delle riforme universitarie che si sono succedute negli anni sono stati:

- l'**armonizzazione del sistema in un'ottica europea**;
- la **riduzione della dispersione**, intesa sia come abbandono prematuro dell'università, sia come prolungamento eccessivo degli studi;
- un più stretto **collegamento con la realtà sociale e produttiva**, volto a ridurre il tasso di inoccupazione dei neolaureati.

Gli elementi fondamentali sui quali hanno puntato le riforme per realizzare tali obiettivi si possono sintetizzare nei seguenti due punti:

- aumento dell'**autonomia**, sia degli atenei sia degli studenti. Una **flessibilità** maggiore negli atenei avrebbe dovuto portare a una maggiore diversificazione dell'offerta formativa – quanto a durata e a contenuti – in base alle proprie risorse e alle mutevoli esigenze del mercato del lavoro del territorio di appartenenza, pur nel rispetto degli obiettivi e delle attività formative stabilite a livello nazionale. Dall'altro, proprio la maggiore differenziazione avrebbe dovuto offrire agli studenti ampie possibilità di scelta, quindi di seguire con motivazione e con successo le proprie inclinazioni e i propri interessi;
- incentivazione delle attività di **orientamento e tutorato**.

I cambiamenti effettivi hanno investito diversi aspetti dei percorsi di studio e, in particolare, a partire dalla riforma di inizio 2000:

- la definizione di nuovi titoli e corsi di studio;
- l'adozione del sistema dei crediti formativi;
- il raggruppamento dei corsi di studio in classi di laurea;
- la maggiore autonomia delle università;
- i requisiti di ammissione.

Per capire come è fatta l'università occorre analizzare l'attuale struttura dei corsi universitari.

3.2 | La formula del 3 + 2

La formula del "3+2" prevede che i titoli di studio universitari siano i seguenti:

- **laurea**, di primo livello, della durata di tre anni;
- **laurea magistrale** (o **di secondo livello**) della durata di due anni;
- **laurea a ciclo unico** della durata di cinque o sei (medicina) anni;
- **diplomi di specializzazione**;
- diplomi di **dottorato di ricerca**;
- **master di primo livello**;
- **master di secondo livello**.

La laurea magistrale si consegue attraverso due anni di studio supplementare rispetto ai tre previsti dalla laurea di primo livello. La laurea a ciclo unico, invece, non prevede il raggiungimento di una "prima tappa" del corso dopo 3 anni, ma ha una durata di cinque anni o sei, nel caso di medicina.

Grafico 1: Sistema universitario "3+2".

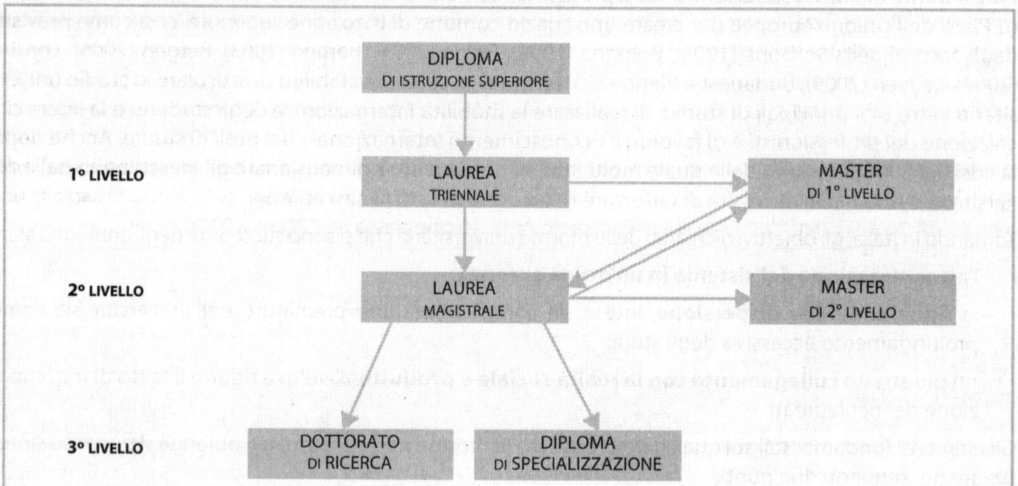

Il progetto di riforma conclusosi nel 2004 poneva in posizione centrale il titolo di primo livello (laurea), al termine del quale sarebbe stato possibile accedere alla maggior parte delle attività lavorative, a eccezione di quelle che richiedono necessariamente un ulteriore approfondimento o specializzazione di conoscenze e competenze. A questo proposito, il testo della legge precisava che: «il corso di laurea ha l'obiettivo di assicurare allo studente un'adeguata padronanza di metodi e contenuti generali, nonché l'acquisizione di specifiche conoscenze professionali», mettendo così in rilievo il doppio valore del titolo. Il corso di laurea avrebbe dovuto fornire dunque:

- una formazione generale di base, quindi non magistrale, in vista di un eventuale proseguimento degli studi;
- una preparazione specifica e professionalizzante, immediatamente spendibile e quindi funzionale al mondo del lavoro.

Questo secondo aspetto – l'apprendimento nel giro di tre anni delle nozioni essenziali e necessarie allo svolgimento di una professione – voleva rispondere a uno dei principali obiettivi della riforma: anticipare la possibilità di accesso dei giovani con cultura universitaria nel mondo del lavoro.

Come si è già anticipato, per alcuni corsi, in base a precise norme europee, sono previste lauree a ciclo unico di cinque o sei anni. In particolare per l'anno accademico 2018/19 sono a ciclo unico i corsi di Farmacia (classe LM - 13), Chimica e tecnologia farmaceutiche (classe LM - 13), di Medicina e Chirurgia (classe LM - 41), di Odontoiatria e protesi dentaria (classe LM - 46), di Medicina veterinaria (classe LM - 42), di Scienze della formazione primaria (classe LM - 85 bis), di Giurisprudenza per l'accesso alle professioni di Notaio, Avvocato e Magistrato (classe LMG - 01).

3.3 | La riforma Gelmini

La riforma Gelmini del 2010 (dal nome dell'allora ministra dell'Istruzione, Università e Ricerca) ha modificato fortemente il sistema di gestione delle università e le modalità di reclutamento e avanzamento di carriera dei docenti e dei ricercatori.

Accesso facilitato ai giovani studiosi

Vengono introdotti interventi per favorire la formazione e l'accesso di giovani studiosi alla carriera accademica. Tra questi spiccano la revisione e semplificazione degli stipendi degli accademici per alleviare le penalizzazioni nei confronti dei docenti più giovani e la correzione degli assegni di ricerca con un aumento degli importi. La legge sancisce poi l'abolizione delle borse post-dottorali e introduce una nuova normativa sulla docenza a contratto, con l'abolizione della possibilità di docenza gratuita se non per figure professionali di alto livello. Vengono eliminati i concorsi per i ricercatori a tempo indeterminato, ma il ricercatore potrà essere reclutato dalle singole università con contratti a tempo determinato di 6 anni. Dopo i sei anni di contratto se il ricercatore sarà ritenuto idoneo dall'ateneo sarà confermato a tempo indeterminato come associato. In caso contrario terminerà il rapporto con l'università maturando titoli utili per altri concorsi pubblici. Questo provvedimento tende a evitare il fenomeno dei "ricercatori a vita" e determina situazioni di chiarezza fondate sul merito. Inoltre, la legge porta l'età in cui si entra di ruolo in università da 36 a 30 anni, con uno stipendio lordo mensile che passa da 1300 ¤ a 2100 ¤.

Codice etico

Ogni ateneo deve adottare un codice etico per evitare incompatibilità e conflitti di interessi legati a parentele. Alle università che assumono o gestiscono le risorse in maniera non trasparente vengono ridotti i finanziamenti del Ministero.

Direttore generale

La legge prevede l'arrivo di una nuova figura dirigenziale nelle università: il direttore generale, che ha compiti di grande responsabilità e deve rispondere delle sue scelte, come un vero e proprio manager dell'ateneo.

Distinzione tra Senato accademico e consiglio d'amministrazione

Viene resa più forte e netta la distinzione tra i due organi. Il Senato accademico avanza proposte di carattere scientifico, ma è il consiglio d'amministrazione ad avere la responsabilità delle assunzioni e delle spese, anche delle sedi distaccate. Il consiglio di amministrazione ha il 40% dei membri provenienti dall'esterno. Anche il presidente del cda può essere esterno.

Diritto allo studio e aiuti agli studenti meritevoli

Un obiettivo primario consiste nello spostare il sostegno direttamente agli studenti per favorire accesso agli studi universitari e mobilità. Inoltre è costituito un fondo nazionale per il merito al fine di erogare borse di studio e di gestire su base uniforme, con tassi bassissimi, i prestiti d'onore.

Obbligo presenza docenti a lezione

I docenti hanno l'obbligo di certificare la loro presenza a lezione. Questo per evitare che si riproponga senza soluzione il problema delle assenze dei professori negli atenei. Viene per la prima volta stabilito inoltre un riferimento uniforme per l'impegno dei professori a tempo pieno per il complesso delle attività didattiche, di ricerca e di gestione, fissato in 1500 ore annue di cui almeno 350 destinate ad attività di docenza e servizio per gli studenti.

Gestione finanziaria

Introduzione della contabilità economico-patrimoniale uniforme. I bilanci devono rispondere a criteri di maggiore trasparenza. Debiti e crediti sono resi più chiari nel bilancio. Commissariamento e tolleranza zero per gli atenei con problemi finanziari.

Gli studenti valutano i professori

Gli studenti valutano i professori determinando l'attribuzione dei fondi alle università da parte del ministero dell'Istruzione.

Mobilità del personale

È favorita la mobilità all'interno degli atenei. Viene data la possibilità per chi lavora in università di prendere 5 anni di aspettativa per andare nel privato senza perdere il posto.

Fusione atenei

Si introduce la possibilità di unire o federare università vicine, anche in relazione a singoli settori di attività, di norma in ambito regionale, per abbattere costi e aumentare la qualità di didattica e ricerca.

Reclutamento di giovani studiosi

La legge introduce l'abilitazione nazionale come condizione per l'accesso all'associazione e all'ordinariato. L'abilitazione è attribuita da una commissione nazionale sulla base di alcuni parametri. I posti sono poi attribuiti a seguito di procedure pubbliche di selezione bandite dalle singole università. Le commissioni di abilitazione nazionale avranno membri italiani e stranieri. L'abilitazione a professore avrà una cadenza annuale per evitare lunghe attese e incertezze. Diventa più netta la distinzione tra reclutamento e progressione di carriera. Entro una quota prefissata (1/3), i migliori docenti interni all'ateneo che conseguono la necessaria abilitazione nazionale al ruolo superiore potranno essere promossi direttamente. La restante quota (2/3) delle posizioni di ordinario e associato verrà messa a bando pubblico. La legge semplifica le procedure per i docenti di università straniere che vogliono partecipare alle selezioni in Italia.

Riorganizzazione interna

Una delle modifiche più discusse è stata il superamento e la soppressione delle tradizionali facoltà universitarie e l'attribuzione ai dipartimenti (al massimo 12 per ateneo) di tutte le funzioni didattiche e di ricerca.

Scatti stipendiali solo ai professori migliori

In caso di valutazione negativa dell'operato del docente, lo scatto di stipendio verrà saltato e non si potrà partecipare come commissari ai concorsi.

Limite massimo al mandato dei rettori

Un rettore può rimanere in carica per un solo mandato della durata di sei anni, inclusi quelli già trascorsi prima della riforma.

No a parentopoli

La legge prevede che nelle assunzioni siano esclusi i parenti dei professori appartenenti al dipartimento o alla struttura che effettua la chiamata.

Valutazione degli atenei

Le risorse economiche saranno trasferite dal Ministero in base alla qualità della ricerca e della didattica, valutata dall'ANVUR (Agenzia Nazionale per la Valutazione del Sistema Universitario e della Ricerca), un ente pubblico vigilato dal MIUR.

3.4 | I Crediti Formativi Universitari

I **Crediti Formativi Universitari** (**CFU**) rappresentano «la **quantità di lavoro** di apprendimento, compreso lo studio individuale, richiesto a uno studente in possesso di adeguata preparazione iniziale per l'acquisizione di conoscenze e abilità nelle attività formative previste dagli ordinamenti didattici dei corsi di studio».[1]

1. I concetti di "attività formative" e di "ordinamenti didattici" sono ampiamente approfonditi nel paragrafo seguente, dedicato alla descrizione delle classi di laurea.

Si tratta dunque di una unità di misura del lavoro richiesto a uno studente "medio" per apprendere quanto previsto dal corso di studi. Il sistema prevede in pratica di assegnare a ogni insegnamento dei corsi di primo o di secondo livello un punteggio (un certo numero di crediti, appunto) stabilito in base all'impegno necessario per superare i corrispondenti esami scritti e orali, per svolgere stage, per scrivere tesine ecc. Il sistema dei crediti, dunque, tiene conto non solo dei contenuti dell'insegnamento, ma soprattutto del lavoro richiesto allo studente per l'apprendimento.

È importante precisare che nel concetto di **attività formativa** sono comprese sia le **ore spese in università** (ore di lezione, di esercitazione e di eventuali attività di laboratorio e seminariali), sia le **ore di studio individuale**, necessarie a completare la formazione richiesta per superare l'esame.

La quantità media di lavoro svolto **in un anno** da uno studente impegnato a tempo pieno in un corso universitario è convenzionalmente fissata in **60 crediti**. Poiché **a un credito corrispondono 25 ore** di lavoro, le ore annue di lavoro e di apprendimento sono in totale 1500. I crediti corrispondenti a ciascuna attività formativa sono acquisiti dallo studente con il superamento di **un esame** o di un'altra forma di verifica. In termini più semplici, se un esame vale 4 crediti significa che, tra le ore spese a lezione e lo studio svolto a casa, a uno studente medio è richiesto un impegno totale di $4 \times 25 = 100$ ore di lavoro per superare quell'esame. Nel caso preso a esempio, superando l'esame lo studente acquisisce 4 crediti e, esame dopo esame, giungerà ad avere 180 crediti, cioè la laurea, o 300 crediti, sommando ai 180 i 120 della laurea magistrale; anche le lauree magistrali a ciclo unico richiedono il conseguimento di 300 crediti o 360 nel caso di Medicina.

Grafico 2: Numero di crediti e durata in anni dei corsi di studio.

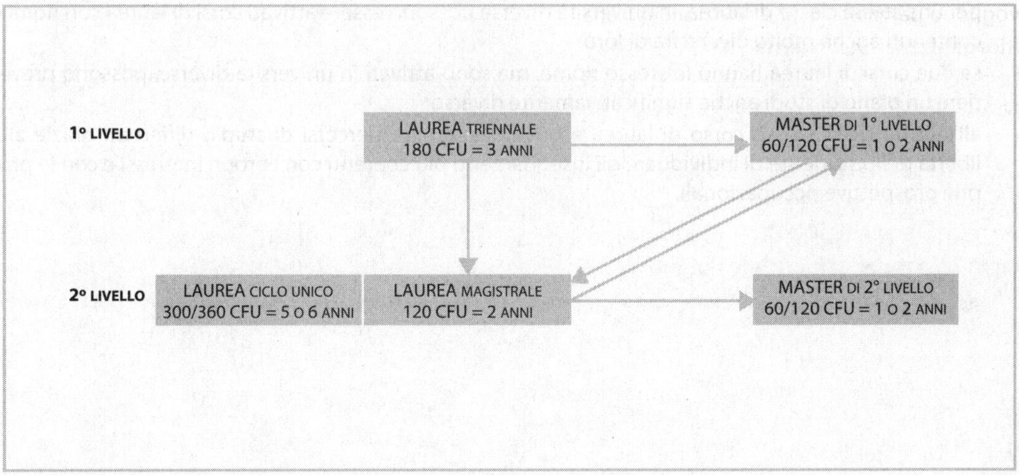

3.5 | Definizione di classi di laurea

Il regolamento definisce le classi come l'insieme dei «corsi di studio dello stesso livello, comunque denominati dagli atenei, aventi gli stessi obiettivi formativi qualificanti e le conseguenti attività formative indispensabili». Le classi costituiscono quindi dei "contenitori" di corsi universitari (di laurea, di laurea magistrale e di laurea a ciclo unico) con precise indicazioni sugli obiettivi formativi qualificanti, sulle attività formative indispensabili e sul numero di crediti da assegnare a ciascuna di esse. I singoli atenei hanno quindi la possibilità di istituire percorsi di formazione differenziati, che tengano anche conto della realtà economico-produttiva del territorio, pur nel rispetto di alcuni parametri stabiliti per ciascuna classe. A loro è riservata anche l'autonomia di decidere la denominazione dei corsi universitari.

ESEMPIO

Se uno studente sta terminando la scuola superiore e si reca all'università per scegliere il proprio percorso di studi, dovrà fare i conti con due documenti che, a livelli differenti di dettaglio, gli possono chiarire a quali corsi di laurea può iscriversi:

A. il *regolamento didattico di ateneo*;

B. il *regolamento didattico dei corsi di studio.*

Si ipotizzi che lo studente sia orientato verso la classe delle lauree in *Lettere*, ma che debba ancora individuare lo specifico corso di laurea cui iscriversi. Per fare ciò deve rivolgersi al *regolamento didattico di ateneo*, che contiene l'elenco e la descrizione di tutti i corsi di laurea attivati presso l'ateneo e al *regolamento didattico dei corsi di studio*, che definisce invece gli obiettivi formativi e le attività formative specifiche del singolo **corso di laurea**.

Dunque, se lo studente fosse interessato alla classe delle lauree in *Lettere* (classe 10), può aspettarsi di trovare all'interno del *regolamento didattico di ateneo* corsi di laurea in *Lettere antiche* o *Moderne*, ma anche corsi in *Filologia e Storia dei Paesi Islamici* o *dell'Europa Orientale*.

A questo punto lo studente può essere indeciso fra due o più corsi di laurea appartenenti alla stessa classe di *Lettere*: come può individuare il corso più vicino alle proprie conoscenze personali, alle proprie capacità e ai propri interessi? Deve rivolgersi al *regolamento didattico dei corsi di studio*, il quale specifica per ciascun corso quali esami sono previsti all'interno di ogni anno, come sono organizzati i singoli esami (obiettivi e attività formative) e il carico di lavoro previsto da ciascun insegnamento, espresso in crediti formativi.

In termini pratici, tutto quanto detto finora sulle classi significa che:

- ogni università può attivare all'interno della stessa classe tutti i corsi di laurea che desidera attivare, purché rispetti i vincoli imposti dalla classe di appartenenza;
- per una stessa classe di laurea, in università diverse possono essere attivati corsi di laurea con nomi e contenuti anche molto diversi fra di loro;
- se due corsi di laurea hanno lo stesso nome, ma sono attivati in università diverse, possono prevedere un piano di studi anche significativamente diverso;
- all'interno dello stesso corso di laurea è possibile seguire percorsi di studio differenti grazie alla libertà dello studente di individuare gli insegnamenti più coerenti con i propri interessi e con le proprie prospettive occupazionali.

4 | Le classi

4.1 | Che cosa sono?

In questo capitolo sono descritte nel dettaglio le 48 classi di laurea previste dalla riforma. Alle 43 classi definite inizialmente si sono aggiunte ben presto le 4 classi appartenenti alle professioni sanitarie e la classe DS/1 di Scienze della difesa e della sicurezza. Un analogo approfondimento è dedicato anche ai corsi di laurea magistrale a ciclo unico. Innanzitutto, però, all'aspirante studente è utile ricordare che tutti i corsi universitari di una determinata classe condividono gli obiettivi e le attività formative (cioè le materie, gli insegnamenti di base), ma si possono differenziare tra loro per quanto concerne la **denominazione** e le attività formative **specifiche o caratterizzanti** (le materie specifiche del singolo corso). Questo significa che corsi che hanno lo stesso identico nome (per esempio: "Economia del turismo") al di là delle materie base possono prevedere piani di studio anche molto diversi tra loro, a seconda dell'ateneo.

4.1.1 | Attività formative

Per **attività formative** si intende «ogni attività organizzata o prevista dalle università al fine di assicurare la formazione culturale e professionale degli studenti, con riferimento, tra l'altro, ai corsi di insegnamento, ai seminari, alle esercitazioni pratiche o di laboratorio, alle attività didattiche a piccoli gruppi, al tutorato, all'orientamento, ai tirocini, ai progetti, alle tesi, alle attività di studio individuale e di autoapprendimento».

Le attività formative indispensabili sono suddivise in tipologie differenti, a cui corrisponde un numero minimo di crediti che devono essere previsti dagli ordinamenti didattici di ateneo. Le **prime** tipologie di attività sono identificate mediante l'indicazione di uno o più ambiti disciplinari e dall'elenco di settori scientifico-disciplinari.[1] Questo groviglio di termini tecnici, oltre che attraverso le spiegazioni che seguono, diverrà completamente chiaro non appena ci si rivolgerà direttamente alle tabelle che presentano le classi. Si tratta di attività:

- **di base**: appartenenti a uno o più ambiti disciplinari relativi alla formazione di base, raggruppano le conoscenze senza le quali non sarebbe possibile affrontare gli studi più specifici e settoriali (detti appunto caratterizzanti; si veda il punto seguente);
- **caratterizzanti**: appartenenti a uno o più ambiti disciplinari e relativi a quelle conoscenze che distinguono una classe da un'altra; le classi delle lauree triennali comprendono ambiti disciplinari differenziati che consentono di accedere con continuità a determinate lauree magistrali.

Per quanto riguarda le **altre** tipologie di attività formative, è indicato il numero totale di crediti che ogni corso di laurea deve assegnare loro. Si tratta delle attività:

- **affini e integrative**: appartenenti a uno o più ambiti disciplinari simili o complementari rispetto a quelli caratterizzanti; contemplano quelle conoscenze *indirettamente* connesse a quelle caratterizzanti e servono a impedire un'eccessiva settorializzazione nella preparazione degli studenti;
- **a scelta dello studente**: volte a soddisfare interessi o esigenze formative personali; possono consistere in insegnamenti scelti fra quelli proposti dall'università, anche appartenenti a classi differenti da quella del corso di laurea frequentato, ma possono consistere anche in attività di tirocinio o formazione extrauniversitaria o all'estero riconosciute dall'ateneo che si sta frequentando; a queste attività sono stati assegnati da un minimo di 9 (per le lauree) a un massimo di 15 crediti formativi (per le lauree magistrali);

1. Per ogni ambito disciplinare sono stati ulteriormente individuati almeno due settori scientifico-disciplinari. L'ambito disciplinare è un insieme di settori scientifico-disciplinari culturalmente e professionalmente affini.

- **per la prova finale e per la conoscenza della lingua straniera**: attività relative alla preparazione della prova finale per il conseguimento del titolo di studio (che non necessariamente coinciderà con la tradizionale tesi di laurea) e alla verifica della conoscenza della lingua straniera, obbligatoria per ogni classe;
- tutte quelle attività formative non previste dai punti precedenti, volte ad acquisire ulteriori **conoscenze linguistiche**, nonché **abilità informatiche** e telematiche, **relazionali**, o **comunque utili per l'inserimento nel mondo del lavoro**, nonché attività formative volte ad agevolare le scelte professionali, mediante la conoscenza diretta del settore lavorativo cui il titolo di studio può dare accesso, tra cui, in particolare, i tirocini formativi e di orientamento.

I decreti ministeriali fissano solo la quantità minima dei crediti da attribuire ai diversi tipi di attività formative. I restanti crediti sono "a disposizione" degli atenei. Questi li possono ripartire autonomamente, lasciando a loro volta dei crediti "a disposizione" degli studenti.

Tabella 16: Tipologie di attività formative.

lavoro individuale	studio dei testi stesura di relazioni, tesine e tesi di laurea, sviluppo autonomo di un progetto o di una ricerca sotto il controllo di un relatore elaborazione dei contenuti delle lezioni esercitazioni e compiti scritti
lavoro di didattica assistita	lezioni: corsi di insegnamento in cui sono presentati i contenuti didattici che saranno materia d'esame seminari: incontri in cui vengono presentate e discusse tematiche senza che sia prevista una fase di verifica dell'apprendimento esercitazioni pratiche guidate: attività che consentono di chiarire il contenuto delle lezioni senza l'aggiunta di contenuti nuovi rispetto alle lezioni tutorato e orientamento tirocini: presenza operativa dello studente in una struttura produttiva, progettuale o di ricerca esterna all'ateneo attività di laboratorio: attività che prevedono l'interazione autonoma dello studente con specifiche attrezzature sperimentali sotto la supervisione di docente laboratorio informatico: attività che prevede l'interazione dello studente con apparecchiature informatiche visite presso industrie o centri di ricerca

4.1.2 | Obiettivi formativi

Gli **obiettivi formativi** sono «l'insieme di conoscenze e abilità che caratterizzano il profilo culturale e professionale, al conseguimento delle quali il corso di studio è finalizzato»; indicano le conoscenze (il sapere) e le competenze (il saper fare) indispensabili da un lato a garantire uniformità di preparazione a livello nazionale ed europeo, dall'altro a rendere equivalente dal punto di vista legale i titoli acquisiti, per l'accesso a determinate professioni o concorsi pubblici; gli obiettivi formativi chiariscono anche possibili sbocchi lavorativi cui le lauree preparano.

Tra gli obiettivi formativi è dato particolare rilievo:

- all'informatica;
- alla conoscenza di almeno una lingua dell'Unione europea oltre all'italiano;
- ai tirocini.

Abilità informatiche

Lo studente deve svolgere attività formative finalizzate all'acquisizione di conoscenze informatiche di base, che saranno sottoposte a verifica. L'ateneo deve definire gli standard di riferimento della formazione che si vuole raggiungere e fornire gli strumenti per la formazione, puntando in maniera decisa sui materiali interattivi di autoformazione, resi disponibili tramite il web e altri media, su adeguati spazi di laboratorio e supporti tutoriali. A livello europeo lo standard di formazione accettato è quello certificato dall'*European Computer Driving License* (ECDL).

L'acquisizione di competenze e strumenti per la comunicazione e la gestione dell'informazione, anche con strumenti e metodi informatici e telematici, **è espressamente prevista** dalle classi di: Biotecnologie; Lettere; Scienze dei servizi giuridici; Scienze della mediazione linguistica; Scienze del servizio sociale; Scienze biologiche; Scienze dell'educazione e della formazione; Scienze e tecnologie agrarie, agroalimentari e forestali; Scienze e tecnologie chimiche; Scienze e tecnologie della navigazione marittima e aerea; Scienze e tecnologie delle arti figurative, della musica, dello spettacolo e della moda; Scienze e tecnologie fisiche; Scienze e tecnologie per l'ambiente e la natura; Scienze economiche; Filosofia; Scienze giuridiche; Scienze matematiche; Scienze delle attività motorie e sportive; Scienze e tecniche psicologiche; Scienze sociali per la cooperazione, lo sviluppo e la pace; Scienze sociologiche; Scienze del turismo; Scienze e tecnologie zootecniche e delle produzioni animali; Tecnologie per la conservazione e il restauro dei beni culturali.

Lingua straniera

In tutte le classi è obbligatoria la conoscenza di almeno una lingua dell'Unione europea oltre l'italiano (per certe classi anche due), alla quale è destinata una parte dei 180 crediti necessari al conseguimento della laurea.[1] La conoscenza della lingua è verificata secondo le modalità stabilite dai regolamenti didattici dei singoli atenei. In futuro sarà probabilmente individuato uno standard internazionale di certificazione della conoscenza della lingua straniera richiesta agli studenti.

Le seguenti classi di laurea stabiliscono fra gli obiettivi formativi la capacità di utilizzare con efficacia, in forma scritta e orale, nell'ambito specifico di competenza e per lo scambio di informazioni generali, oltre l'italiano:

- almeno **una lingua dell'Unione europea** nell'ambito specifico di competenza e per lo scambio di informazioni generali: Biotecnologie; Scienze della terra; Scienze dei servizi giuridici; Scienze dell'architettura e dell'ingegneria edile; Lettere e scienze dei beni culturali (piena padronanza); Scienze del servizio sociale; Urbanistica e scienze della pianificazione territoriale e ambientale; Ingegneria civile e ambientale; Ingegneria dell'informazione; Ingegneria industriale; Scienze biologiche; Scienze dell'educazione e della formazione; Scienze dell'amministrazione; Scienze e tecnologie agrarie, agroalimentari e forestali; Scienze e tecnologie delle arti figurative, della musica, dello spettacolo e della moda; Scienze e tecnologie della navigazione marittima e aerea; Scienze e tecnologie farmaceutiche; Scienze e tecnologie fisiche; Scienze e tecnologie informatiche; Scienze e tecnologie per l'ambiente e la natura; Filosofia; Scienze geografiche; Scienze giuridiche; Scienze matematiche; Scienze delle attività motorie e sportive; Scienze e tecniche psicologiche; Scienze sociologiche; Scienze statistiche; Scienze e tecnologie zootecniche e delle produzioni animali; Tecnologie per la conservazione e il restauro dei beni culturali; Disegno industriale; Professioni sanitarie infermieristiche e professione sanitaria ostetrica; Professioni sanitarie della riabilitazione; Professioni sanitarie tecniche; Professioni sanitarie della prevenzione;
- almeno **due lingue dell'Unione europea**: Scienze della comunicazione; Scienze economiche; Scienze politiche e delle relazioni internazionali; Scienze dell'economia e della gestione aziendale; Scienze economiche; Scienze sociali per la cooperazione, lo sviluppo e la pace; Scienze del turismo; Scienze della mediazione linguistica.

Tirocinio

Tra le attività formative non tradizionali è prevista la possibilità di effettuare tirocini presso enti o imprese. L'obiettivo di queste attività è di completare la preparazione culturale degli studenti e di aiutarli a inserirsi rapidamente nel mondo del lavoro.

Prevedono l'**obbligo di attività esterne** – come tirocini formativi e esercitazioni sul terreno – presso strutture di servizio, strutture della pubblica amministrazione, aziende o laboratori (anche esteri, nel quadro di accordi internazionali) e/o **di soggiorni** presso altre università italiane ed europee le seguenti classi di laurea: Biotecnologie; Scienze del servizio sociale; Scienze biologiche; Scienze della comunicazione; Scienze politiche e delle relazioni internazionali; Scienze della terra; Scienze dell'economia e della gestio-

1. La necessità della conoscenza di almeno una lingua straniera è espressamente segnalata nel testo del decreto 3 novembre 1999, n. 509, articolo 7, comma 1: «Per conseguire la laurea lo studente deve aver acquisito 180 crediti, comprensivi di quelli relativi alla conoscenza obbligatoria di una lingua straniera [...]».

ne aziendale; Scienze dell'educazione e della formazione; Scienze dell'amministrazione; Scienze e tecnologie della navigazione marittima e aerea; Scienze e tecnologie farmaceutiche; Scienze e tecnologie fisiche; Scienze e tecnologie informatiche; Scienze e tecnologie per l'ambiente e la natura; Scienze economiche; Scienze matematiche; Scienze statistiche; Scienze del turismo.

Per alcune classi è previsto che siano gli stessi atenei a organizzare, in accordo con enti pubblici e privati, i tirocini più opportuni per concorrere al conseguimento dei crediti richiesti per le «altre attività formative». Si tratta delle classi di: Lingue e culture moderne; Scienze dei beni culturali; Scienze e tecnologie delle arti figurative, della musica, dello spettacolo e della moda; Filosofia; Scienze storiche; Tecnologie per la conservazione e il restauro dei beni culturali.

Lavoro di gruppo

Alcune classi stabiliscono, tra gli obiettivi, anche la capacità di **lavorare in gruppo**, di operare con definiti gradi di **autonomia** e di **inserirsi prontamente negli ambienti di lavoro**. Si tratta delle classi di: Biotecnologie; Scienze biologiche; Scienze della terra; Scienze e tecnologie agrarie, agroalimentari e forestali; Scienze e tecnologie chimiche; Scienze e tecnologie della navigazione marittima e aerea; Scienze e tecnologie delle arti figurative, della musica, dello spettacolo e della moda; Scienze e tecnologie fisiche; Scienze e tecnologie informatiche; Scienze e tecnologie per l'ambiente e la natura; Scienze matematiche; Scienze delle attività motorie e sportive; Scienze sociali per la cooperazione, lo sviluppo e la pace; Scienze e tecnologie zootecniche e delle produzioni animali; Tecnologie per la conservazione e il restauro dei beni culturali; Scienze della mediazione linguistica.

4.2 | Le classi di laurea di primo livello

Classe L - 1: Beni culturali

Esempi di corsi di laurea della classe di Beni culturali sono: Archeologia; Beni archeologici; Beni archivistici e librari; Beni architettonici archeologici e dell'ambiente; Beni culturali; Beni culturali archeologici; Beni demoetnoantropologici; Beni demoetnoantropologici e ambientali; Beni mobili artistici, Beni musicali; Beni storico-artistici e musicali; Conservazione dei beni culturali; Cultura e amministrazione dei beni culturali; Economia e gestione delle arti e delle attività culturali; Musicologia; Operatore dei beni culturali; Scienze archeologiche; Scienze archeologiche e storiche del mondo classico e orientale; Scienze archivistiche e biblioteconomiche; Scienze dei beni archeologici e storico-artistici; Scienze dei beni archivistici e librari; Scienze dei beni culturali; Scienze dei beni culturali e ambientali; Scienze dei beni storico-artistici, archivistici-librari e musicali; Scienze dei beni storico-artistici, musicali, cinematografici e teatrali; Scienze storiche; Scienze storico-artistiche; Storia e conservazione del patrimonio artistico; Storia della formazione e conservazione dei beni archivistici e librari; Storia e tutela dei beni archeologici; Storia e tutela dei beni artistici; Storia e tutela dei beni culturali; Studio e gestione dei beni culturali; Studi storico-artistici.

L'obiettivo dei corsi è quello di fornire:

- una buona formazione di base e un adeguato spettro di conoscenze e di competenze nei vari settori dei beni culturali (patrimonio archeologico; archivistico e librario; teatrale, musicale e cinematografico; storico-artistico; demoetnoantropologico; del paesaggio e dell'ambiente);
- adeguate competenze relativamente alla legislazione e all'amministrazione nel settore dei beni culturali;
- la capacità di utilizzare i principali strumenti informatici di gestione dei dati e della comunicazione telematica negli ambiti specifici di competenza.

I laureati della classe svolgeranno **attività professionali** presso enti locali e istituzioni specifiche, quali, per esempio, sovrintendenze, musei, biblioteche, archivi, cineteche, parchi naturali e orti botanici ecc., nonché presso aziende e organizzazioni professionali operanti nel settore della tutela e della fruizione dei beni culturali e del recupero ambientale.

BENI CULTURALI			
Attività formative	**Ambiti disciplinari**	**Settori scientifico-disciplinari**	**CFU**
Di base	**Lingua e letteratura italiana**	Letteratura italiana; Letteratura italiana contemporanea; Filologia della letteratura italiana; Linguistica italiana.	**42**
	Discipline storiche	Preistoria e protostoria; Storia greca; Storia romana; Storia del vicino oriente antico; Egittologia e civiltà copta; Assiriologia; Anatolistica; Storia dei paesi islamici; Filologia, religioni e storia dell'Iran; Filosofie, religioni e storia dell'India e dell'Asia centrale; Storia dell'Asia orientale e sud-orientale; Storia medievale; Storia moderna; Storia contemporanea.	
	Civiltà antiche e medievali	Lingua e letteratura greca; Lingua e letteratura latina; Filologia classica; Letteratura cristiana antica; Civiltà bizantina; Letteratura latina medievale e umanistica; Filologia e linguistica romanza	
	Discipline geografiche e antropologiche	Antropologia; Discipline demoetnoantropologiche; Geografia; Geografia economico-politica	
Caratterizzanti	**Legislazione e gestione dei beni culturali4**	Diritto privato; Istituzioni di diritto pubblico; Diritto amministrativo; Diritto canonico e diritto ecclesiastico; Diritto dell'unione europea; Politica economica; Scienza delle finanze	**48**
	Discipline relative ai beni storico-archeologici e artistici, archivistici e librari, demoetnoantropologici e ambientali	Patologia vegetale; Botanica ambientale e applicata; Ecologia; Chimica analitica; Chimica dell'ambiente e dei beni culturali; Fisica applicata; Paleontologia e paleoecologia; Geografia fisica e geomorfologia; Georisorse minerarie e applicazioni mineralogico-petrografiche per l'ambiente e i beni culturali; Architettura del paesaggio; Storia dell'architettura; Restauro; Preistoria e protostoria; Numismatica; Papirologia; Etruscologia e antichità italiche; Archeologia classica; Archeologia cristiana e medievale; Topografia antica; Metodologie della ricerca archeologica; Storia dell'arte medievale; Storia dell'arte moderna; Storia dell'arte contemporanea; Museologia e critica artistica e del restauro; Discipline dello spettacolo; Cinema, fotografia e televisione; Musicologia e storia della musica; Etnomusicologia; Civiltà egee; Filologia classica; Filologia della letteratura italiana; Glottologia e linguistica; Archeologia e storia dell'arte del vicino oriente antico; Archeologia fenicio-punica; Archeologia e storia dell'arte musulmana; Archeologia e storia dell'arte dell'India e dell'Asia centrale; Archeologia, storia dell'arte e filosofie dell'Asia orientale; Discipline demoetnoantropologiche; Estetica; Geografia; Geografia economico-politica; Archivistica, bibliografia e biblioteconomia; Paleografia; Sociologia dei processi culturali e comunicativi; Sociologia dell'ambiente e del territorio.	
Altre (affini e integrative; a scelta dello studente; prova finale; conoscenza della lingua inglese ecc.)			**90**

Classe L - 2: Biotecnologie

Esempi di corsi di laurea attivati negli atenei italiani all'interno della classe di Biotecnologie sono: Biotecnologie; Biotecnologie agrarie; Biotecnologie agro-industriali; Biotecnologie farmaceutiche; Biotecnologie industriali; Biotecnologie per l'innovazione dei processi e dei prodotti; Biotecnologie per le produzioni agricole e alimentari; Biotecnologie sanitarie e farmaceutiche.

L'obiettivo dei corsi è quello di fornire:

- una conoscenza di base dei sistemi biologici, interpretati in chiave molecolare e cellulare;
- le basi culturali e sperimentali delle tecniche multidisciplinari che caratterizzano l'operatività biotecnologica per la produzione di beni e di servizi attraverso l'analisi e l'uso di sistemi biologici;
- le metodiche disciplinari e la capacità di applicarle in situazioni concrete con appropriata conoscenza delle normative e delle problematiche deontologiche e bioetiche;
- la capacità di stendere rapporti tecnico-scientifici.

I laureati della classe svolgeranno **attività professionali** in diversi ambiti biotecnologici, quali l'industriale, l'agrario, l'ambientale, il farmaceutico, il sanitario, nonché in quello della comunicazione scientifica.

BIOTECNOLOGIE			
Attività formative	**Ambiti disciplinari**	**Settori scientifico-disciplinari**	**CFU**
Di base	**Discipline matematiche, fisiche, informatiche e statistiche**	Informatica; Statistica medica; Statistica; Statistica per la ricerca sperimentale e tecnologica	**30**
	Discipline chimiche	Chimica analitica; Chimica fisica; Chimica generale e inorganica; Chimica organica.	
	Discipline biologiche	Botanica generale; Biochimica; Biologia molecolare; Biologia applicata; Istologia; Genetica; Microbiologia generale	

BIOTECNOLOGIE			
Caratterizzanti	Discipline biotecnologiche comuni	Genetica agraria; Fisiologia; Biochimica; Biologia molecolare; Farmacologia; Genetica; Chimica organica; Chimica e biotecnologia delle fermentazioni; Patologia generale; Igiene generale e applicata	60
	Discipline per la regolamentazione, economia e bioetica	Economia ed estimo rurale; Diritto privato; Diritto privato comparato; Diritto commerciale; Diritto dell'unione europea; Logica e filosofia della scienza; Filosofia morale; Storia della medicina; Economia applicata; Economia aziendale.	
	Discipline biotecnologiche con finalità specifiche: agrarie	Agronomia e coltivazioni erbacee; Arboricoltura generale e coltivazioni arboree; Orticoltura e floricoltura; Entomologia generale e applicata; Patologia vegetale; Chimica agraria; Scienze e tecnologie alimentari; Microbiologia agraria; Zootecnica generale e miglioramento genetico; Nutrizione e alimentazione animale; Zootecnica speciale; Zoocolture.	
	Discipline biotecnologiche con finalità specifiche: biologiche e industriali	Botanica generale; Botanica sistematica; Botanica ambientale e applicata; Fisiologia vegetale; Zoologia; Anatomia comparata e citologia; Ecologia; Biochimica clinica e biologia molecolare clinica; Biologia applicata; Farmacologia; Biologia farmaceutica; Anatomia umana; Istologia; Genetica; Microbiologia generale.	
	Discipline biotecnologiche con finalità specifiche: chimiche e farmaceutiche	Chimica analitica; Chimica fisica; Chimica generale e inorganica; Chimica industriale; Scienza e tecnologia dei materiali polimerici; Chimica farmaceutica; Farmaceutico tecnologico applicativo; Chimica degli alimenti; Chimica e biotecnologia delle fermentazioni; Chimica dell'ambiente e dei beni culturali; Impianti chimici; Teoria dello sviluppo dei processi chimici.	
	Discipline biotecnologiche con finalità specifiche: mediche e terapeutiche	Biochimica clinica e biologia molecolare clinica; Genetica medica; Patologia generale; Patologia clinica; Microbiologia e microbiologia clinica; Medicina interna; Endocrinologia; Malattie del sangue; Igiene generale e applicata; Parassitologia e malattie parassitarie degli animali.	
	Discipline biotecnologiche con finalità specifiche: veterinarie	Anatomia degli animali domestici; Fisiologia veterinaria; Patologia generale e anatomia patologica veterinaria; Ispezione degli alimenti di origine animale; Malattie infettive degli animali domestici; Parassitologia e malattie parassitarie degli animali; Farmacologia e tossicologia veterinaria; Clinica medica veterinaria; Clinica ostetrica e ginecologia veterinaria	
Altre (affini e integrative; a scelta dello studente; prova finale; conoscenza della lingua inglese ecc.)			90

Classe L - 3: Discipline delle arti figurative, della musica, dello spettacolo e della moda

Esempi di corsi di laurea della classe di Discipline delle arti figurative, della musica, dello spettacolo e della moda sono: Arti dell'immagine, della musica e dello spettacolo; Arti e scienze dello spettacolo; Cinema, musica e teatro; Culture e tecniche del costume e della moda; Design e discipline della moda; Discipline dell'arte, della musica e dello spettacolo; Discipline della musica; Immagine e media, musica e spettacolo; Management della musica e dello spettacolo; Multimedialità, arti e spettacolo; Musica e spettacolo; Progettazione e gestione di eventi e imprese dell'arte e dello spettacolo; Scienze e tecnologie delle arti e dello spettacolo; Storia e pratiche delle arti, della musica e dello spettacolo; Storia, scienze e tecniche della musica e dello spettacolo.

L'obiettivo dei corsi è quello di fornire:

- un'adeguata formazione di base relativamente ai settori delle arti, del cinema, della musica, del teatro e del costume;
- gli strumenti metodologici e critici adeguati all'acquisizione di competenze dei linguaggi espressivi, delle tecniche e dei contesti delle manifestazioni specifiche;
- un sicuro uso degli strumenti informatici e della comunicazione telematica negli ambiti specifici di competenza.

I laureati della classe svolgeranno **attività professionali** in diversi ambiti, quali l'animazione e l'industria culturale, le televisioni e i mass-media, il costume e la moda, dall'ideazione del prodotto alla sua realizzazione.

DISCIPLINE DELLE ARTI FIGURATIVE, DELLA MUSICA, DELLO SPETTACOLO E DELLA MODA			
Attività formative	Ambiti disciplinari	Settori scientifico-disciplinari	CFU
Di base	Discipline linguistiche e letterarie	Letteratura italiana; Letteratura italiana contemporanea; Linguistica italiana; Glottologia e linguistica; Letteratura francese; Letteratura spagnola; Letteratura inglese; Letteratura tedesca.	24
	Discipline sociologiche, psicologiche e pedagogiche	Pedagogia generale e sociale; Psicologia generale; Psicologia del lavoro e delle organizzazioni; Sociologia dei processi culturali e comunicativi.	
	Discipline storiche	Storia greca; Storia romana; Storia medievale; Storia moderna; Storia contemporanea; Storia economica.	

DISCIPLINE DELLE ARTI FIGURATIVE, DELLA MUSICA, DELLO SPETTACOLO E DELLA MODA			
Caratterizzanti	**Discipline critiche, semiologiche e socio-antropologiche**	Critica letteraria e letterature comparate; Discipline demoetnoantropologiche; Estetica; Filosofia e teoria dei linguaggi; Sociologia generale.	**66**
	Discipline storico-artistiche	Storia dell'arte medievale; Storia dell'arte moderna; Storia dell'arte contemporanea; Museologia e critica artistica e del restauro.	
	Discipline linguistiche	Lingua e traduzione - lingua francese; Lingua e traduzione - lingua spagnola; Lingua e traduzione - lingue portoghese e brasiliana; Lingua e traduzione - lingua inglese; Lingua e traduzione - lingua tedesca; Slavistica.	
	Musica e spettacolo, tecniche della moda e delle produzioni artistiche	Disegno industriale; Architettura degli interni e allestimento; Disegno; Storia dell'architettura; Discipline dello spettacolo; Cinema, fotografia e televisione; Musicologia e storia della musica; Etnomusicologia.	
Altre (affini e integrative; a scelta dello studente; prova finale; conoscenza della lingua inglese ecc.)			**90**

Classe L - 4: Disegno industriale

Esempi di corsi di laurea della classe di Disegno industriale sono: Design; Disegno industriale; Disegno industriale e ambientale; Disegno industriale dell'architettura; Disegno industriale per la moda; Progettazione della moda; Progetto grafico e virtuale.

L'obiettivo dei corsi è quello di fornire:

- la capacità di svolgere la funzione di raccordo tra il momento di ideazione e quello di produzione coprendo le diverse attività che, dalla progettazione del prodotto al suo sviluppo e ingegnerizzazione fino alla fase di produzione su larga scala, declinano i numerosi apporti tecnico-progettuali che conducono alla definizione del prodotto stesso;
- conoscenze teoriche e tecniche caratterizzanti i campi delle comunicazioni visive, multimediali e interattive, e la capacità di applicarle nella progettazione e realizzazione delle relative interfacce comunicative, dei prodotti industriali e dei servizi.

Compito del laureato è quello di operare direttamente e di collaborare alla produzione nei settori industriali del prodotto, della comunicazione, dei servizi e dei nuovi media.

I laureati della classe svolgeranno **attività professionali** in diversi ambiti, quali la libera professione, le istituzioni e gli enti pubblici e privati, gli studi e le società di progettazione, le imprese e le aziende che operano nel campo del disegno industriale, delle comunicazioni visive e multimediali.

Il percorso formativo dei corsi di studio, che può svilupparsi nei diversi orientamenti del prodotto industriale, delle comunicazioni visive, multimediali e interattive, introduce agli strumenti della progettazione, coerentemente col loro sviluppo nei campi del disegno industriale. Ciò comporta una solida preparazione di base nell'ambito delle discipline di progetto, tesa ad approfondirne gli aspetti metodologici e quelli tecnico-operativi. La preparazione richiede altresì l'acquisizione di competenze scientifico-tecnologiche proprie dei settori delle scienze ingegneristiche.

DISEGNO INDUSTRIALE			
Attività formative	**Ambiti disciplinari**	**Settori scientifico-disciplinari**	**CFU**
Di base	**Formazione scientifica**	Chimica organica; Fondamenti chimici delle tecnologie; Chimica dell'ambiente e dei beni culturali; Fisica sperimentale; Fisica applicata (a beni culturali, ambientali, biologia e medicina); Geometria; Analisi matematica; Probabilità e statistica matematica; Analisi numerica; Ricerca operativa; Statistica per la ricerca sperimentale e tecnologica.	**32**
	Formazione tecnologica	Mineralogia; Scienza delle costruzioni; Tecnologia dell'architettura; Informatica; Fisica tecnica industriale; Fisica tecnica ambientale; Metallurgia; Scienza e tecnologia dei materiali; Elettrotecnica; Elettronica; Sistemi di elaborazione delle informazioni.	
	Formazione di base nel progetto	Disegno industriale.	
	Formazione umanistica	Storia dell'architettura; Storia dell'arte moderna; Storia dell'arte contemporanea; Museologia e critica artistica e del restauro; Musicologia e storia della musica; Letteratura italiana; Letteratura italiana contemporanea; Linguistica italiana; Estetica; Filosofia e teoria dei linguaggi; Psicologia generale.	
	Formazione di base nella rappresentazione	Disegno	

DISEGNO INDUSTRIALE			
Caratterizzanti	Design e comunicazioni multimediali	Disegno industriale; Architettura degli interni e allestimento; Discipline dello spettacolo; Cinema, fotografia e televisione.	52
	Discipline tecnologiche e ingegneristiche	Tecnica delle costruzioni; Disegno; Informatica; Meccanica applicata alle macchine; Progettazione meccanica e costruzione di macchine; Disegno e metodi dell'ingegneria industriale; Tecnologie e sistemi di lavorazione; Sistemi di elaborazione delle informazioni.	
	Scienze economiche e sociali	Estimo; Ingegneria economico-gestionale; Diritto privato; Istituzioni di diritto pubblico; Diritto dell'Unione europea; Discipline demoetnoantropologiche; Psicologia generale; Psicobiologia e psicologia fisiologica; Psicologia sociale; Economia politica; Economia aziendale; Economia e gestione delle imprese; Sociologia generale; Sociologia dei processi culturali e comunicativi.	
Altre (affini e integrative; a scelta dello studente; prova finale; conoscenza della lingua inglese ecc.)			96

Classe L - 5: Filosofia

Esempi di corsi di laurea della classe di Filosofia sono: Discipline etno-antropologiche; Discipline filosofiche; Filosofia; Filosofia della conoscenza e della comunicazione; Filosofia e scienze etiche; Scienze antropologiche; Scienze filosofiche; Scienze umane e morali; Studi filosofici.

L'obiettivo dei corsi è quello di fornire:

- una solida conoscenza della storia del pensiero filosofico e scientifico dall'antichità ai nostri giorni e un'ampia informazione sul dibattito attuale in diversi ambiti della ricerca filosofica (teoretico, logico, epistemologico, linguistico, estetico, etico, religioso, politico);
- la padronanza della terminologia e dei metodi riguardanti l'analisi dei problemi, le modalità argomentative e l'approccio dei testi (anche in lingua originale) e un adeguato avvio nell'uso degli strumenti bibliografici;
- competenze nelle problematiche dell'etica applicata (bioetica, etica degli affari, etica del lavoro, etica e politica, etica ed economia, etica e comunicazione).

I laureati della classe svolgeranno **attività professionali** in diversi settori, l'editoria tradizionale e multimediale, con particolare riferimento all'ambito umanistico, le scienze cognitive, la linguistica computazionale e i sistemi di intelligenza artificiale; inoltre potranno svolgere compiti nella pubblica amministrazione e in enti pubblici e privati (ufficio studi, direzione del personale, servizio stampa e pubbliche relazioni, marketing e pubblicità "creativa", promozione culturale ecc.).

Ai fini indicati, i *curricula* dei corsi di laurea della classe comprenderanno in ogni caso attività finalizzate all'acquisizione di conoscenze di base nei vari campi della filosofia, connettendo i vari saperi specialistici all'interno di un sistema coerente di conoscenze teoriche.

FILOSOFIA			
Attività formative	Ambiti disciplinari	Settori scientifico-disciplinari	CFU
Di base	Storia della filosofia e Istituzioni di filosofia	Filosofia del diritto; Filosofia teoretica; Logica e filosofia della scienza; Filosofia morale; Storia della filosofia; Storia della filosofia antica; Storia della filosofia medievale; Storia della scienza e delle tecniche; Filosofia politica.	42
	Discipline letterarie, linguistiche e storiche	Istituzioni di diritto pubblico; Storia greca; Storia romana; Lingua e letteratura greca; Lingua e letteratura latina; Lingua e letteratura classica; Filologia e linguistica romanza; Letteratura italiana; Letteratura italiana contemporanea; Linguistica italiana; Filologia della letteratura italiana; Critica letteraria e letterature comparate; Glottologia e linguistica; Letteratura francese; Lingua e traduzione - lingua francese; Letteratura spagnola; Lingua e traduzione - lingua spagnola; Letteratura inglese; Lingua e traduzione - lingua inglese; Letteratura tedesca; Lingua e traduzione - lingua tedesca; Slavistica; Ebraico; Lingua e letteratura araba; Storia medievale; Storia moderna; Storia dell'Europa orientale; Storia contemporanea; Archivistica, bibliografia e biblioteconomia; Storia del pensiero economico; Economia applicata; Storia economica; Storia delle dottrine politiche; Storia delle istituzioni politiche.	
Caratterizzanti	Discipline filosofiche	Filosofia teoretica; Logica e filosofia della scienza; Filosofia morale; Estetica; Filosofia e teoria dei linguaggi; Storia della filosofia; Storia della filosofia antica; Storia della filosofia medievale.	48
	Discipline scientifiche demoetnoantropologiche, pedagogiche, psicologiche e economiche	Ecologia; Didattica e storia della fisica; Informatica; Sistema di elaborazione delle informazioni; Discipline demoetnoantropologiche; Geografia; Pedagogia generale e sociale; Storia della pedagogia; Didattica e pedagogia speciale; Pedagogia sperimentale; Psicologia generale; Psicologia dello sviluppo e psicologia dell'educazione; Psicologia sociale; Psicologia dinamica; Storia delle religioni; Storia del cristianesimo e delle chiese; Logica matematica; Algebra; Matematiche complementari; Analisi matematica; Probabilità e statistica matematica; Storia della medicina; Economia politica; Sociologia generale; Sociologia dei processi culturali e comunicativi.	
Altre (affini e integrative; a scelta dello studente; prova finale; conoscenza della lingua inglese ecc.)			90

Classe L - 6: Geografia

Esempi di corsi di laurea della classe di Geografia sono: Geografia; Geografia dei processi territoriali; Promozione e gestione del turismo; Scienze geografiche; Scienze geografiche e territoriali; Scienze e turismo alpino.

L'obiettivo dei corsi è quello di fornire:

- una solida formazione di base e la padronanza specifica delle discipline geografiche, economiche e sociologiche, delle materie culturali e giuridiche;
- gli strumenti teorici, tecnici e metodologici necessari per l'interpretazione e la rappresentazione e del territorio e dello spazio prodotto dalle attività umane e del rapporto tra queste e l'ambiente fisico;
- la capacità di utilizzare i principali strumenti informatici e della comunicazione telematica negli ambiti specifici di competenza.

I laureati della classe svolgeranno **attività professionali** in enti pubblici e privati che utilizzino professionalità coerenti con la tipologia di competenze specifiche fornite dal corso di laurea, nonché nei settori della rappresentazione e dell'analisi del territorio, dell'identificazione e valorizzazione delle risorse dei connessi fenomeni economici e politici.

Ai fini indicati, i *curricula* dei corsi di laurea della classe:

- comprendono in ogni caso attività finalizzate all'acquisizione di conoscenze di base nei vari campi della geografia e dell'evoluzione ambientale, culturale e sociale, connettendo i vari saperi specialistici all'interno di un sistema coerente di conoscenze teoriche e abilità operative;
- comprendono in ogni caso una quota di attività formative orientate all'acquisizione di capacità operative anche con riferimento ai servizi culturali e ambientali.

GEOGRAFIA

Attività formative	Ambiti disciplinari	Settori scientifico-disciplinari	CFU
Di base	Discipline geografiche e antropologiche	Antropologia; Geografia fisica e geomorfologia; Topografia e cartografia; Discipline demoetnoantropologiche; Geografia; Geografia economico-politica.	48
	Discipline storiche, giuridiche ed economiche	Diritto privato; Diritto commerciale; Diritto internazionale; Diritto dell'Unione europea; Diritto pubblico comparato; Storia greca; Storia romana; Storia del vicino oriente antico; Storia dei paesi islamici; Storia della filosofia; Storia medievale; Storia moderna; Storia dell'Europa orientale; Storia contemporanea; Storia delle religioni; Economia politica; Economia aziendale; Storia economica; Sociologia dei processi economici e del lavoro.	
	Discipline del territorio	Georisorse minerarie e applicazioni mineralogico-petrografiche per l'ambiente e i beni culturali; Storia dell'architettura; Tecnica e pianificazione urbanistica; Urbanistica.	
	Discipline linguistiche	Linguistica italiana; Lingua e traduzione – lingua francese; Lingua e traduzione – lingua spagnola; Lingua e traduzione – lingue portoghese e brasiliana; Lingua e traduzione – lingua inglese; Lingua e traduzione – lingua tedesca; Lingue e letterature dell'Africa; Lingua e letteratura araba.	
Caratterizzanti	Discipline dell'ambiente, biologiche, geografiche e geologiche	Botanica ambientale e applicata; Zoologia; Ecologia; Astronomia e astrofisica; Geologia stratigrafica e sedimentologica; Geologia strutturale; Geografia fisica e geomorfologia; Oceanografia e fisica dell'atmosfera; Geografia; Geografia economico-politica; Igiene generale e applicata.	42
	Discipline matematiche, informatiche e della rappresentazione	Storia dell'architettura; Informatica; Sistemi di elaborazione delle informazioni; Probabilità e statistica matematica; Statistica; Demografia.	
	Discipline sociologiche, psicologiche, economiche	Psicologia generale; Psicologia sociale; Economia politica; Politica economica; Storia del pensiero economico; Economia applicata; Economia e gestione delle imprese; Sociologia generale; Sociologia dell'ambiente e del territorio.	
	Discipline storico-artistiche del paesaggio e del territorio	Architettura del paesaggio; Storia dell'architettura; Urbanistica; Etruscologia e antichità italiche; Archeologia classica; Archeologia cristiana e medievale; Topografia antica; Metodologie della ricerca archeologica; Storia dell'arte medievale; Storia dell'arte moderna; Storia dell'arte contemporanea; Etnomusicologia; Civiltà egee; Letteratura italiana; Letteratura italiana contemporanea; Archeologia e storia dell'arte del vicino Oriente antico; Archeologia fenicio-punica; Archeologia e storia dell'arte musulmana.	
Altre (affini e integrative; a scelta dello studente; prova finale; conoscenza della lingua inglese ecc.)			90

Classe L - 7: Ingegneria civile e ambientale

Esempi di corsi di laurea della classe di Ingegneria civile e ambientale sono: Ingegneria dell'ambiente; Ingegneria ambientale; Ingegneria dell'ambiente e delle risorse; Ingegneria per l'ambiente e il territorio; Ingegneria civile; Ingegneria civile per l'ambiente e il territorio; Ingegneria civile per la gestione delle acque; Ingegneria civile per lo sviluppo sostenibile; Ingegneria del controllo ambientale; Ingegneria per la difesa del territorio; Ingegneria gestionale; Ingegneria gestionale della logistica e della produzione; Ingegneria gestionale dell'organizzazione e dell'informazione; Ingegneria gestionale dei progetti e delle infrastrutture; Ingegneria dell'idraulica e dei trasporti marittimi; Ingegneria delle infrastrutture; Ingegneria per la protezione idrogeologica; Ingegneria della protezione del territorio; Ingegneria dei trasporti.

L'obiettivo dei corsi è quello di fornire:

- conoscenze adeguate degli aspetti metodologico-operativi della matematica e delle altre scienze di base ed essere capaci di utilizzare tale conoscenza per interpretare e descrivere i problemi dell'ingegneria;
- conoscenze adeguate degli aspetti metodologico-operativi delle scienze dell'ingegneria, sia in generale, sia in modo approfondito relativamente a quelli di una specifica area dell'ingegneria civile, ambientale e del territorio, nella quale sono capaci di identificare, formulare e risolvere i problemi, utilizzando metodi, tecniche e strumenti aggiornati;
- la capacità di utilizzare tecniche e strumenti per la progettazione di componenti, sistemi e processi;
- essere capaci di condurre esperimenti e di analizzarne e interpretarne i dati;
- la capacità di comprendere l'impatto delle soluzioni ingegneristiche nel contesto sociale e fisico-ambientale;
- la conoscenza delle proprie responsabilità professionali ed etiche;
- la conoscenza dei contesti aziendali e della cultura d'impresa nei suoi aspetti economici, gestionali e organizzativi;
- capacità relazionali e decisionali;
- gli strumenti cognitivi di base per l'aggiornamento continuo delle proprie conoscenze.

I laureati della classe svolgeranno **attività professionali** in diversi ambiti, quali la progettazione assistita, la produzione, la gestione e organizzazione, l'assistenza delle strutture tecnico-commerciali, sia nella libera professione che nelle imprese manifatturiere o di servizi e nelle amministrazioni pubbliche.

Nell'area dell'**ingegneria civile** i principali sbocchi occupazionali sono: imprese di costruzione e manutenzione di opere civili, impianti e infrastrutture civili; studi professionali e società di progettazione di opere, impianti e infrastrutture; uffici pubblici di progettazione, pianificazione, gestione e controllo di sistemi urbani e territoriali; aziende, enti, consorzi e agenzie di gestione e controllo di sistemi di opere e servizi; società di servizi per lo studio di fattibilità dell'impatto urbano e territoriale delle infrastrutture; nell'area dell'**ingegneria ambientale e del territorio** i principali sbocchi sono imprese, enti pubblici e privati e studi professionali per la progettazione, pianificazione, realizzazione e gestione di: opere e sistemi di controllo e monitoraggio dell'ambiente e del territorio, difesa del suolo; gestione dei rifiuti, delle materie prime e delle risorse ambientali, geologiche ed energetiche; valutazione degli impatti e della compatibilità ambientale di piani e opere.

INGEGNERIA CIVILE E AMBIENTALE

Attività formative	Ambiti disciplinari	Settori scientifico-disciplinari	CFU
Di base	Matematica, informatica e statistica	Informatica; Sistemi di elaborazione delle informazioni; Geometria; Analisi matematica; Probabilità e statistica matematica; Fisica matematica; Analisi numerica; Ricerca operativa; Statistica per la ricerca sperimentale e tecnologica.	36
	Fisica e chimica	Chimica generale e inorganica; Fondamenti chimici delle tecnologie; Fisica sperimentale; Fisica applicata (a beni culturali, ambientali, biologia e medicina).	
Caratterizzanti	Ingegneria civile	Idraulica; Costruzioni idrauliche e marittime e idrologia; Strade, ferrovie e aeroporti; Trasporti; Topografia e cartografia; Geotecnica; Scienza delle costruzioni; Tecnica delle costruzioni; Architettura tecnica; Produzione edilizia; Disegno.	45
	Ingegneria ambientale e del territorio	Ecologia; Chimica dell'ambiente e dei beni culturali; Geologia stratigrafica e sedimentologica; Geologia applicata; Geofisica applicata; Idraulica; Costruzioni idrauliche e marittime e idrologia; Ingegneria sanitaria-ambientale; Trasporti; Topografia e cartografia; Geotecnica; Scienza delle costruzioni; Tecnica delle costruzioni; Tecnica e pianificazione urbanistica; Principi di ingegneria chimica; Impianti chimici; Chimica industriale e tecnologica; Ingegneria e sicurezza degli scavi; Ingegneria delle materie prime; Idrocarburi e fluidi del sottosuolo.	
	Ingegneria gestionale	Ingegneria economico-gestionale; Automatica.	
	Ingegneria della sicurezza e protezione civile, ambientale e del territorio	Costruzioni idrauliche e marittime e idrologia; Topografia e cartografia; Geotecnica; Scienza delle costruzioni; Tecnica delle costruzioni; Produzione edilizia; Fisica tecnica ambientale; Ingegneria e sicurezza degli scavi; Elettrotecnica.	
Altre (affini e integrative; a scelta dello studente; prova finale; conoscenza della lingua inglese ecc.)			99

Classe L - 8: Ingegneria dell'informazione

Esempi di corsi di laurea della classe di Ingegneria dell'informazione sono: Ingegneria automatica e dei sistemi di automazione; Ingegneria dell'automazione; Ingegneria biomedica; Ingegneria elettrica per la realizzazione e la gestione di sistemi automatizzati; Ingegneria elettronica; Ingegneria elettronica e applicazioni infotelematiche; Ingegneria elettronica e delle telecomunicazioni; Ingegneria gestionale: gestione dei sistemi di impresa; Ingegneria gestionale: gestione dei sistemi organizzativi; Ingegneria gestionale dell'informazione; Ingegneria informatica e dell'automazione; Ingegneria informatica e biomedica; Ingegneria dell'informazione; Ingegneria dell'informazione e della comunicazione; Ingegneria dell'informazione e dell'organizzazione; Ingegneria dell'integrazione d'impresa; Ingegneria fisica; Ingegneria matematica; Ingegneria meccatronica; Ingegneria dei processi gestionali; Ingegneria delle telecomunicazioni; Ingegneria telematica; Organizzazione.

L'obiettivo dei corsi è quello di fornire:

- conoscenze adeguate degli aspetti metodologico-operativi della matematica e delle altre scienze di base finalizzate all'interpretazione e descrizione dei problemi dell'ingegneria;
- conoscenze adeguate degli aspetti metodologico-operativi delle scienze dell'ingegneria, sia in generale sia in modo approfondito relativamente a quelli di una specifica area dell'ingegneria dell'informazione nella quale sono capaci di identificare, formulare e risolvere i problemi utilizzando metodi, tecniche e strumenti aggiornati;
- la capacità di utilizzare tecniche e strumenti per la progettazione di componenti, sistemi, processi;
- la capacità di condurre esperimenti e di analizzarne e interpretarne i dati;
- la capacità di comprendere l'impatto delle soluzioni ingegneristiche nel contesto sociale e fisico-ambientale;
- la conoscenza delle proprie responsabilità professionali ed etiche;
- la conoscenza dei contesti aziendali e la cultura d'impresa nei suoi aspetti economici, gestionali e organizzativi;
- la conoscenza dei contesti contemporanei;
- la capacità relazionali e decisionali;
- gli strumenti cognitivi di base per l'aggiornamento continuo delle proprie conoscenze.

I laureati della classe svolgeranno **attività professionali** in diversi ambiti, quali la progettazione assistita, la produzione, la gestione e organizzazione, l'assistenza delle strutture tecnico-commerciali, sia nella libera professione che nelle imprese manifatturiere o di servizi e nelle amministrazioni pubbliche.

I principali sbocchi occupazionali sono:

- area dell'**ingegneria dell'automazione**: imprese elettroniche, elettromeccaniche, spaziali, chimiche, aeronautiche in cui sono sviluppate funzioni di dimensionamento e realizzazione di architetture complesse, di sistemi automatici, di processi e di impianti per l'automazione che integrino componenti informatici, apparati di misure, trasmissione e attuazione;
- area dell'**ingegneria biomedica**: industrie del settore biomedico e farmaceutico produttrici e fornitrici di sistemi, apparecchiature e materiali per diagnosi, cura e riabilitazione; aziende ospedaliere pubbliche e private; società di servizi per la gestione di apparecchiature e impianti medicali, anche di telemedicina; laboratori specializzati;
- area dell'**ingegneria elettronica**: imprese di progettazione e produzione di componenti, apparati e sistemi elettronici e optoelettronici; industrie manifatturiere, settori delle amministrazioni pubbliche e imprese di servizi che applicano tecnologie e infrastrutture elettroniche per il trattamento, la trasmissione e l'impiego di segnali in ambito civile, industriale e dell'informazione;
- area dell'**ingegneria gestionale**: imprese manifatturiere, di servizi e pubblica amministrazione per l'approvvigionamento e la gestione dei materiali, per l'organizzazione aziendale e della produzione, per l'organizzazione e l'automazione dei sistemi produttivi, per la logistica, il project management e il controllo di gestione, per l'analisi di settori industriali, per la valutazione degli investimenti, per il marketing industriale;

- area dell'**ingegneria informatica**: industrie informatiche operanti negli ambiti della produzione hardware e software; industrie per l'automazione e la robotica; imprese operanti nell'area dei sistemi informativi e delle reti di calcolatori; imprese di servizi; servizi informatici della pubblica amministrazione;
- area dell'**ingegneria delle telecomunicazioni**: imprese di progettazione, produzione ed esercizio di apparati, sistemi e infrastrutture riguardanti l'acquisizione e il trasporto delle informazioni e la loro utilizzazione in applicazioni telematiche; imprese pubbliche e private di servizi di telecomunicazione e telerilevamento terrestri o spaziali; enti normativi ed enti di controllo del traffico aereo, terrestre e navale.

INGEGNERIA DELL'INFORMAZIONE

Attività formative	Ambiti disciplinari	Settori scientifico-disciplinari	CFU
Di base	Matematica, informatica e statistica	Informatica; Sistemi di elaborazione delle informazioni; Algebra; Geometria; Analisi matematica; Probabilità e statistica matematica; Fisica matematica; Analisi numerica; Ricerca operativa; Statistica per la ricerca sperimentale e tecnologica.	36
	Fisica e chimica	Fondamenti chimici delle tecnologie; Fisica sperimentale; Fisica della materia.	
Caratterizzanti	Ingegneria dell'automazione	Meccanica applicata alle macchine; Convertitori, macchine e azionamenti elettrici; Automatica.	45
	Ingegneria biomedica	Bioingegneria industriale; Bioingegneria elettronica e informatica.	
	Ingegneria elettronica	Elettronica; Campi elettromagnetici; Misure elettriche ed elettroniche.	
	Ingegneria gestionale	Tecnologie e sistemi di lavorazione; Impianti industriali meccanici; Ingegneria economico-gestionale; Automatica.	
	Ingegneria informatica	Automatica; Sistemi di elaborazione delle informazioni.	
	Ingegneria delle telecomunicazioni	Campi elettromagnetici; Telecomunicazioni.	
	Ingegneria della sicurezza e protezione dell'informazione	Elettrotecnica; Elettronica; Campi elettromagnetici; Telecomunicazioni; Automatica; Sistemi di elaborazione delle informazioni; Misure elettriche ed elettroniche.	
Altre (affini e integrative; a scelta dello studente; prova finale; conoscenza della lingua inglese ecc.)			99

Classe L - 9: Ingegneria industriale

Esempi di corsi di laurea della classe di Ingegneria industriale sono: Ingegneria aerospaziale; Ingegneria dell'automazione; Ingegneria dell'automazione industriale; Ingegneria dell'autoveicolo; Ingegneria biomedica; Ingegneria chimica; Ingegneria clinica; Ingegneria elettrica; Ingegneria elettronica; Ingegneria elettrotecnica; Ingegneria energetica; Ingegneria fisica; Ingegneria gestionale: gestione dei sistemi organizzativi; Ingegneria gestionale industriale; Ingegneria e gestione della produzione; Ingegneria dell'industria agroalimentare; Ingegneria delle industrie alimentari; Ingegneria industriale; Ingegneria logistica e della produzione; Ingegneria delle materie plastiche; Ingegneria dei materiali; Ingegneria meccanica; Ingegneria meccanica per la produzione; Ingegneria medica; Ingegneria dei modelli e dei sistemi; Ingegneria nautica; Ingegneria navale; Ingegneria della produzione industriale; Ingegneria della sicurezza e protezione; Ingegneria della sicurezza e delle tecnologie nucleari; Ingegneria per lo spazio e l'ambiente; Ingegneria delle tecnologie industriali; Ingegneria tessile; Ingegneria dei trasporti; Produzione industriale; Scienza e ingegneria dei materiali.

L'obiettivo dei corsi è quello di fornire:

- conoscenze adeguate degli aspetti metodologico-operativi della matematica e delle altre scienze di base finalizzate all'interpretazione e descrizione dei problemi dell'ingegneria;
- conoscenze adeguate degli aspetti metodologico-operativi delle scienze dell'ingegneria, sia in generale sia in modo approfondito relativamente a quelli di una specifica area dell'ingegneria industriale, nella quale sono capaci di identificare, formulare e risolvere i problemi utilizzando metodi, tecniche e strumenti aggiornati;
- la capacità di utilizzare tecniche e strumenti per la progettazione di componenti, sistemi, processi;
- la capacità di condurre esperimenti e di analizzarne e interpretarne i dati;
- la capacità di comprendere l'impatto delle soluzioni ingegneristiche nel contesto sociale e fisico-ambientale;
- la conoscenza delle proprie responsabilità professionali ed etiche;

- la conoscenza dei contesti aziendali e della cultura d'impresa nei suoi aspetti economici, gestionali e organizzativi;
- la conoscenza dei contesti contemporanei;
- capacità relazionali e decisionali;
- gli strumenti cognitivi di base per l'aggiornamento continuo delle proprie conoscenze.

I laureati della classe svolgeranno **attività professionali** in diversi ambiti, quali la progettazione assistita, la produzione, la gestione e organizzazione, l'assistenza delle strutture tecnico-commerciali, sia nella libera professione sia nelle imprese manifatturiere o di servizi e nelle amministrazioni pubbliche.

I principali sbocchi occupazionali sono:

- area dell'**ingegneria aerospaziale**: industrie aeronautiche e spaziali; enti pubblici e privati per la sperimentazione in campo aerospaziale; aziende di trasporto aereo; enti per la gestione del traffico aereo; aeronautica militare e settori aeronautici di altre armi; industrie per la produzione di macchine e apparecchiature dove sono rilevanti l'aerodinamica e le strutture leggere;
- area dell'**ingegneria dell'automazione**: imprese elettroniche, elettromeccaniche, spaziali, chimiche, aeronautiche in cui sono sviluppate funzioni di dimensionamento e realizzazione di architetture complesse, di sistemi automatici, di processi e di impianti per l'automazione che integrino componenti informatici, apparati di misure, trasmissione e attuazione;
- area dell'**ingegneria biomedica**: industrie del settore biomedico e farmaceutico produttrici e fornitrici di sistemi, apparecchiature e materiali per diagnosi, cura e riabilitazione; aziende ospedaliere pubbliche e private; società di servizi per la gestione di apparecchiature e impianti medicali, di telemedicina; laboratori specializzati;
- area dell'**ingegneria chimica**: industrie chimiche, alimentari, farmaceutiche e di processo; aziende di produzione, trasformazione, trasporto e conservazione di sostanze e materiali; laboratori industriali; strutture tecniche della pubblica amministrazione deputate al governo dell'ambiente e della sicurezza;
- area dell'**ingegneria elettrica**: industrie per la produzione di apparecchiature e macchinari elettrici e sistemi elettronici di potenza, per l'automazione industriale e la robotica; imprese ed enti per la produzione, trasmissione e distribuzione dell'energia elettrica; imprese ed enti per la progettazione, la pianificazione, l'esercizio e il controllo di sistemi elettrici per l'energia e di impianti e reti per i sistemi elettrici di trasporto e per la produzione e gestione di beni e servizi automatizzati;
- area dell'**ingegneria energetica**: aziende municipali di servizi; enti pubblici e privati operanti nel settore dell'approvvigionamento energetico; aziende produttrici di componenti di impianti elettrici e termotecnici; studi di progettazione in campo energetico; aziende ed enti civili e industriali in cui è richiesta la figura del responsabile dell'energia;
- area dell'**ingegneria gestionale**: imprese manifatturiere; imprese di servizi e pubblica amministrazione per l'approvvigionamento e la gestione dei materiali, per l'organizzazione aziendale e della produzione, per l'organizzazione e l'automazione dei sistemi produttivi, per la logistica, per il project management e il controllo di gestione, per l'analisi di settori industriali, per la valutazione degli investimenti, per il marketing industriale;
- area dell'**ingegneria dei materiali**: aziende per la produzione e trasformazione dei materiali metallici, polimerici, ceramici, vetrosi e compositi, per applicazioni nei campi chimico, meccanico, elettrico, elettronico, delle telecomunicazioni, dell'energia, dell'edilizia, dei trasporti, biomedico, ambientale e dei beni culturali; laboratori industriali e centri di ricerca e sviluppo di aziende ed enti pubblici e privati;
- area dell'**ingegneria meccanica**: industrie meccaniche ed elettromeccaniche; aziende ed enti per la conversione dell'energia; imprese impiantistiche; industrie per l'automazione e la robotica; imprese manifatturiere in generale per la produzione, l'installazione e il collaudo, la manutenzione e la gestione di macchine, linee e reparti di produzione, sistemi complessi;
- area dell'**ingegneria navale**: cantieri di costruzione di navi, imbarcazioni e mezzi marini, industrie per lo sfruttamento delle risorse marine; compagnie di navigazione; istituti di classificazione ed enti di sorveglianza; corpi tecnici della Marina Militare; studi professionali di progettazione e peritali; istituti di ricerca;
- area dell'**ingegneria nucleare**: imprese per la produzione di energia elettronucleare; aziende per l'analisi di sicurezza e d'impatto ambientale di installazioni ad alta pericolosità; società per la disattivazione di impianti nucleari e lo smaltimento dei rifiuti radioattivi; imprese per la progettazione di generatori per uso medico.

INGEGNERIA INDUSTRIALE			
Attività formative	**Ambiti disciplinari**	**Settori scientifico-disciplinari**	**CFU**
Di base	**Matematica, informatica e statistica**	Informatica; Sistemi di elaborazione delle informazioni; Algebra; Geometria; Analisi matematica; Probabilità e statistica matematica; Fisica matematica; Analisi numerica; Ricerca operativa; Statistica per la ricerca sperimentale e tecnologica.	**36**
	Fisica e chimica	Chimica generale e inorganica; Fondamenti chimici delle tecnologie; Fisica sperimentale; Fisica della materia.	
Caratterizzanti	**Ingegneria aerospaziale**	Meccanica del volo; Costruzioni e strutture aerospaziali; Impianti e sistemi aerospaziali; Fluidodinamica; Propulsione aerospaziale; Disegno e metodi dell'ingegneria industriale.	**45**
	Ingegneria dell'automazione	Meccanica applicata alle macchine; Convertitori, macchine e azionamenti elettrici; Automatica.	
	Ingegneria biomedica	Bioingegneria industriale; Bioingegneria elettronica e informatica.	
	Ingegneria chimica	Metallurgia; Scienza e tecnologia dei materiali; Chimica fisica applicata; Principi di ingegneria chimica; Impianti chimici; Teoria dello sviluppo dei processi chimici; Chimica industriale e tecnologica.	
	Ingegneria elettrica	Elettrotecnica; Convertitori, macchine e azionamenti elettrici; Sistemi elettrici per l'energia; Misure elettriche ed elettroniche.	
	Ingegneria energetica	Macchine a fluido; Sistemi per l'energia e l'ambiente; Fisica tecnica industriale; Fisica tecnica ambientale; Impianti nucleari; Impianti chimici; Convertitori, macchine e azionamenti elettrici; Sistemi elettrici per l'energia.	
	Ingegneria gestionale	Tecnologie e sistemi di lavorazione; Impianti industriali meccanici; Ingegneria economico-gestionale; Automatica.	
	Ingegneria dei materiali	Scienza delle costruzioni; Metallurgia; Scienza e tecnologia dei materiali.	
	Ingegneria meccanica	Macchine a fluido; Sistemi per l'energia e l'ambiente; Fisica tecnica industriale; Misure meccaniche e termiche; Meccanica applicata alle macchine; Progettazione meccanica e costruzione di macchine; Disegno e metodi dell'ingegneria industriale; Tecnologie e sistemi di lavorazione; Impianti industriali meccanici.	
	Ingegneria navale	Architettura navale; Costruzioni e impianti navali e marini; Disegno e metodi dell'ingegneria industriale.	
	Ingegneria nucleare	Fisica nucleare e subnucleare; Fisica tecnica industriale; Disegno e metodi dell'ingegneria industriale; Fisica dei reattori nucleari; Impianti nucleari; Misure e strumentazione nucleari.	
	Ingegneria della sicurezza e protezione industriale	Scienza delle costruzioni; Fisica tecnica industriale; Progettazione meccanica e costruzione di macchine; Tecnologie e sistemi di lavorazione; Impianti industriali meccanici; Impianti nucleari; Scienza e tecnologia dei materiali; Impianti chimici; Ingegneria e sicurezza degli scavi; Elettrotecnica; Sistemi elettrici per l'energia.	
Altre (affini e integrative; a scelta dello studente; prova finale; conoscenza della lingua inglese ecc.)			**99**

Classe L - 10: Lettere

LETTERE			
Attività formative	**Ambiti disciplinari**	**Settori scientifico-disciplinari**	**CFU**
Di base	**Letteratura italiana**	Letteratura italiana; Letteratura italiana contemporanea.	**42**
	Filologia, linguistica generale e applicata	Filologia classica; Filologia e linguistica romanza; Linguistica italiana; Filologia della letteratura italiana; Filologia germanica; Glottologia e linguistica; Didattica delle lingue moderne; Filosofia e teoria dei linguaggi.	
	Storia, filosofia, psicologia, pedagogia, antropologia e geografia	Storia greca; Storia romana; Storia del vicino oriente antico; Discipline demoetnoantropologiche; Filosofia teoretica; Logica e filosofia della scienza; Filosofia morale; Estetica; Filosofia e teoria dei linguaggi; Storia della filosofia; Storia della filosofia antica; Storia della filosofia medievale; Geografia; Geografia economico-politica; Pedagogia generale e sociale; Didattica e pedagogia speciale; Pedagogia sperimentale; Psicologia generale; Storia medievale; Storia moderna; Storia contemporanea; Storia della scienza e delle tecniche; Storia delle religioni; Storia del cristianesimo e delle chiese; Storia delle dottrine politiche.	
	Lingue e letterature classiche	Lingua e letteratura greca; Lingua e letteratura latina.	
Caratterizzanti	**Letterature moderne**	Letteratura italiana contemporanea; Filologia della letteratura italiana; Critica letteraria e letterature comparate; Letteratura francese; Letteratura spagnola; Lingua e letterature ispano-americane; Letterature portoghese e brasiliana; Letteratura inglese; Lingue e letterature anglo-americane; Letteratura tedesca; Lingua e letteratura romena; Lingua e letteratura albanese; Lingua e letteratura neogreca; Slavistica.	**48**
	Filologia, linguistica e letteratura	Papirologia; Lingua e letteratura greca; Filologia italica, illirica, celtica; Lingua e letteratura latina; Filologia classica; Letteratura cristiana antica; Civiltà bizantina; Letteratura latina medievale e umanistica; Filologia e linguistica romanza; Linguistica italiana; Filologia germanica; Glottologia e linguistica; Lingua e traduzione - lingua francese; Lingua e traduzione - lingua spagnola; Lingua e traduzione - lingue portoghese e brasiliana; Lingua e traduzione - lingua inglese; Lingua e traduzione - lingua tedesca; Lingua e letteratura neogreca; Slavistica; Archivistica, bibliografia e biblioteconomia; Paleografia	

LETTERE			
	Storia, archeologia e storia dell'arte	Preistoria e protostoria; Storia greca; Storia romana; Numismatica; Etruscologia e antichità italiche; Archeologia classica; Archeologia cristiana e medievale; Topografia antica; Metodologie della ricerca archeologica; Storia dell'arte medievale; Storia dell'arte moderna; Storia dell'arte contemporanea; Museologia e critica artistica e del restauro; Discipline dello spettacolo; Cinema, fotografia e televisione; Musicologia e storia della musica; Etnomusicologia; Civiltà egee; Storia del vicino oriente antico; Egittologia e civiltà copta; Assiriologia; Anatolistica; Archeologia e storia dell'arte del vicino oriente antico; Archeologia fenicio-punica; Semitistica-lingue e letterature dell'Etiopia; Ebraico; Storia dei paesi islamici; Archeologia e storia dell'arte musulmana; Lingua e letteratura araba; Armenistica, caucasologia, mongolistica e turcologia; Filologia, religioni e storia dell'Iran; Lingua e letteratura persiana; Archeologia e storia dell'arte dell'India e dell'Asia centrale; Filosofie, religioni e storia dell'India e dell'Asia centrale; Indologia e tibetologia; Archeologia, storia dell'arte e filosofie dell'Asia orientale; Storia dell'Asia orientale e sud-orientale; Storia medievale; Storia moderna; Storia contemporanea.	
Altre (affini e integrative; a scelta dello studente; prova finale; conoscenza della lingua inglese ecc.)			**90**

Esempi di corsi di laurea della classe di Lettere sono: Beni culturali; Italianistica; Letterature europee; Lettere; Lettere classiche; Lettere moderne; Lettere moderne e contemporanee; Lingua e cultura italiana; Lingua e cultura italiana per stranieri; Lingua, letteratura e cultura della Sardegna; Operatore culturale per il turismo.

L'obiettivo dei corsi è quello di fornire:

- una formazione di base, metodologica e storica, negli studi linguistici, filologici e letterari;
- la conoscenza essenziale della cultura letteraria, linguistica, storica, geografica e artistica dell'età antica, medievale e moderna, con conoscenza diretta di testi e documenti in originale.

I laureati della classe svolgeranno, anche mediante esperienze pratiche qualificate, conoscenze teoriche e metodologiche, **attività professionali** in enti pubblici e privati, nel campo del giornalismo e dell'editoria e nelle istituzioni che organizzano attività culturali o operano nel campo della conservazione e della fruizione dei beni culturali.

Classe L - 11: Lingue e culture moderne

LINGUE E CULTURE MODERNE			
Attività formative	**Ambiti disciplinari**	**Settori scientifico-disciplinari**	**CFU**
Di base	**Letteratura italiana e letterature comparate**	Letteratura italiana; Letteratura italiana contemporanea; Filologia della letteratura italiana; Critica letteraria e letterature comparate.	**24**
	Linguistica, semiotica e didattica delle lingue	Linguistica italiana; Glottologia e linguistica; Didattica delle lingue moderne; Lingua e traduzione – lingua francese; Lingua e traduzione – lingua spagnola; Lingua e traduzione – lingue portoghese e brasiliana; Lingua e traduzione – lingua inglese; Lingua e traduzione – lingua tedesca; Lingua e letterature nordiche; Lingua e letteratura nederlandese; Lingua e letteratura rumena; Filologia ugro-finnica; Lingua e letteratura neogreca; Slavistica; Logica e filosofia della scienza; Filosofia e teoria dei linguaggi.	
	Discipline storiche, geografiche e socio-antropologiche	Storia greca; Storia romana; Storia del vicino oriente antico; Storia dei paesi islamici; Filosofie, religioni e storia dell'India e dell'Asia Centrale; Archeologia, storia dell'arte e filosofie dell'Asia orientale; Storia dell'Asia orientale e sudorientale; Discipline demoetnoantropologiche; Geografia; Geografia economico-politica; Storia medievale; Storia moderna; Storia dell'Europa orientale; Storia contemporanea; Storia e istituzioni delle Americhe; Sociologia generale; Sociologia dei processi culturali e comunicativi; Storia e istituzioni dell'Africa; Storia e istituzioni dell'Asia.	
Caratterizzanti	**Lingue e traduzioni**	Lingua e traduzione – lingua francese; Lingua e letterature ispano-americane; Lingua e traduzione – lingua spagnola; Lingua e traduzione – lingue portoghese e brasiliana; Lingua e letterature ispano-americane; Lingua e traduzione – lingua inglese; Lingua e traduzione – lingua tedesca; Lingue e letterature nordiche; Lingua e letteratura nederlandese; Lingua e letteratura romena; Lingua e letteratura albanese; Filologia ugro-finnica; Lingua e letteratura neogreca; Slavistica; Semitistica – lingue e letterature dell'Etiopia; Ebraico; Lingue e letterature dell'Africa; Lingua e letteratura araba; Armenistica, caucasologia, mongolistica e turcologia; Lingua e letteratura persiana; Indologia e tibetologia; Lingue e Letterature moderne del subcontinente indiano; Lingue e Letterature della Cina e dell'Asia sud-orientale; Lingue e letterature del Giappone e della Corea.	**66**
	Letterature straniere	Letteratura francese; Letteratura spagnola; Lingua e letterature ispano-americane; Letterature portoghese e brasiliana; Letteratura inglese; Lingue e letterature anglo-americane; Letteratura tedesca; Lingue e letterature nordiche; Lingua e letteratura nederlandese; Lingua e letteratura romena; Lingua e letteratura albanese; Filologia ugro-finnica; Lingua e letteratura neogreca; Slavistica; Semitistica-lingue e letterature dell'Etiopia; Ebraico; Lingue e letterature dell'Africa; Lingua e letteratura araba; Armenistica, caucasologia, mongolistica e turcologia; Filologia, religioni e storia dell'Iran; Lingua e letteratura persiana; Indologia e tibetologia; Lingue e Letterature moderne del subcontinente indiano; Lingue e Letterature della Cina e dell'Asia sud-orientale; Lingue e letterature del Giappone e della Corea.	

LINGUE E CULTURE MODERNE		
Discipline filologiche	Filologia e linguistica romanza; Filologia germanica; Glottologia e linguistica; Filologia ugro-finnica; Slavistica; Egittologia e civiltà copta; Assiriologia; Anatolistica; Semitistica – lingue e letterature dell'Etiopia; Ebraico; Lingua e letteratura araba; Armenistica, caucasologia, mongolistica e turcologia; Filologia, religioni e storia dell'Iran; Indologia e tibetologia; Lingue e letterature della Cina e dell'Asia sud-orientale; Lingue e letterature del Giappone e della Corea.	
Altre (affini e integrative; a scelta dello studente; prova finale; conoscenza della lingua inglese ecc.)		**90**

Esempi di corsi di laurea della classe di Lingue e culture moderne sono: Civiltà e lingue straniere moderne; Lingue e civiltà orientali; Lingue e culture dell'Asia Orientale; Lingue e culture dell'Asia e dell'Africa; Lingue e culture comparate; Lingue e culture per l'editoria; Lingue e culture dell'Eurasia e del Mediterraneo; Lingue e culture europee; Lingue e culture europee ed extraeuropee; Lingue, culture e istituzioni dei Paesi del Mediterraneo; Lingua e cultura italiana; Lingue e culture moderne; Lingue, culture e letterature moderne europee; Lingue e istituzioni economiche e giuridiche dell'Asia Orientale; Lingue, letterature e culture dell'Europa e delle Americhe; Lingue e letterature euromediterranee; Lingue, letterature e culture straniere; Lingue e letterature moderne comparate; Lingue e letterature moderne e contemporanee occidentali; Lingue e letterature straniere; Lingue e modelli culturali dell'Occidente; Lingue moderne, arti e cultura; Lingue moderne e scienze del linguaggio; Lingue e scienze del linguaggio; Lingue nella società dell'informazione; Lingue, storia e civiltà occidentali; Lingue, storia e culture dei Paesi islamici; Linguistica didattica delle lingue straniere; Mediazione. Lingue dell'Europa centrale e orientale; Operatore del turismo culturale; Plurilinguismo e multiculturalità; Scienze della cultura; Studi comparatistici; Studi interculturali.

L'obiettivo dei corsi è quello di fornire:

- una solida formazione di base in linguistica teorica e in lingua e letteratura italiana;
- la completa padronanza scritta e orale di almeno due lingue straniere (di cui una dell'Unione europea, oltre l'italiano), nonché del patrimonio culturale delle civiltà di cui sono espressione e una discreta competenza scritta e orale in una terza lingua;
- la capacità di utilizzare i principali strumenti informatici e della comunicazione telematica negli ambiti specifici di competenza.

I laureati della classe svolgeranno **attività professionali** nei settori dei servizi culturali, del giornalismo, dell'editoria e nelle istituzioni culturali, in imprese e attività commerciali, nelle rappresentanze diplomatiche e consolari, nel turismo culturale e nell'intermediazione tra le culture dell'Europa e fra queste e quelle dell'America, dell'Asia, dell'Africa nonché nella formazione degli operatori allo sviluppo in contesti multietnici e multiculturali.

Ai fini indicati, i corsi di laurea della classe si possono differenziare caratterizzandosi, per esempio, in direzione delle lingue e delle culture europee, ovvero in direzione delle lingue e delle culture di una o più aree extraeuropee, ovvero in funzione della comunicazione interculturale.

Classe L - 12: Mediazione linguistica

Esempi di corsi di laurea della classe di Mediazione linguistica sono: Comunicazione interculturale; Comunicazione linguistica interculturale; Discipline della mediazione linguistica; Interpretariato e comunicazione; Linguaggi multimediali e informatica umanistica; Lingue e culture europee; Lingue e culture per il management turistico; Lingue e letterature straniere per l'impresa e il turismo; Lingue per la mediazione linguistica; Lingue moderne, mediazione linguistica e interculturale; Lingue moderne per il web; Lingue per i rapporti internazionali, istituzionali e d'impresa; Lingue straniere e italiano per le relazioni internazionali e interculturali; Lingue e tecniche dell'informazione e della comunicazione; Esperto linguistico d'impresa; Esperto linguistico per il management e il turismo; Esperto linguistico per la mediazione interculturale; Mediazione linguistica; Mediazione linguistica applicata; Mediazione linguistica e comunicazione interculturale; Mediazioni linguistica e culturale; Scienze della mediazione linguistica; Scienze e tecniche dell'interculturalità mediterranea; Traduttori e interpreti; Traduzione e interpretazione per le istituzioni, imprese e il commercio; Traduzione e interpretariato per usi linguistici speciali.

L'obiettivo dei corsi è quello di fornire:

- competenze linguistico-tecniche orali e scritte;
- una preparazione generale in campo economico-giuridico, storico-politico, socio-antropologico e letterario;
- conoscenze delle problematiche di specifici ambiti di lavoro (istituzioni pubbliche, imprese produttive, culturali, turistiche, ambientali ecc.) in relazione alla vocazione del territorio e alle sue possibili evoluzioni, con riferimento anche alle dinamiche interetniche e interculturali.

I laureati della classe svolgeranno **attività professionali** nel campo dei rapporti internazionali, a livello interpersonale e di impresa; della ricerca documentale; della redazione, in lingua, di testi quali rapporti, verbali, corrispondenza e si occuperanno, inoltre, di ogni altra attività di assistenza linguistica alle imprese e negli ambiti istituzionali.

MEDIAZIONE LINGUISTICA

Attività formative	Ambiti disciplinari	Settori scientifico-disciplinari	CFU
Di base	Lingua e Letteratura italiana e letterature comparate	Letteratura italiana; Letteratura italiana contemporanea; Linguistica italiana; Critica letteraria e letterature comparate.	60
	Filologia e linguistica generale e applicata	Civiltà bizantina; Filologia e linguistica romanza; Filologia germanica; Glottologia e linguistica; Didattica delle lingue moderne; Filologia ugro-finnica; Slavistica; Armenistica, caucasologia, mongolistica e turcologia; Filologia, religioni e storia dell'Iran; Indologia e tibetologia; Filosofia e teoria dei linguaggi; Sociologia dei processi culturali e comunicativi.	
	Lingue di studio e culture dei rispettivi paesi	Letteratura francese; Lingua e traduzione – lingua francese; Letteratura spagnola; Lingua e letterature ispano-americane; Lingua e traduzione – lingua spagnola; Letterature portoghese e brasiliana; Lingua e traduzione – lingue portoghese e brasiliana; Letteratura inglese; Lingue e letterature anglo-americane; Lingua e traduzione-lingua inglese; Letteratura tedesca; Lingua e traduzione – lingua tedesca; Lingue e letterature nordiche; Lingua e letteratura nederlandese; Lingua e letteratura romena; Lingua e letteratura albanese; Filologia ugro-finnica; Lingua e letteratura neogreca; Slavistica; Semitistica – lingue e letterature dell'Etiopia; Ebraico; Lingue e letterature dell'Africa; Lingua e letteratura araba; Armenistica, caucasologia, mongolistica e turcologia; Lingua e letteratura persiana; Lingue e letterature moderne del subcontinente indiano; Lingue e letterature della Cina e dell'Asia sud-orientale; Lingue e letterature del Giappone e della Corea.	
Caratterizzanti	Linguaggi settoriali, competenze linguistiche avanzate e mediazione linguistica da/verso le lingue di studio	Lingua e traduzione - lingua francese; Lingua e letterature ispano-americane; Lingua e traduzione - lingua spagnola; Lingua e traduzione - lingue portoghese e brasiliana; Lingue e letterature anglo-americane; Lingua e traduzione - lingua inglese; Lingua e traduzione - lingua tedesca; Lingue e letterature nordiche; Lingua e letteratura nederlandese; Lingua e letteratura romena; Lingua e letteratura albanese; Filologia ugro-finnica; Lingua e letteratura neogreca; Slavistica; Semitistica-lingue e letterature dell'Etiopia; Ebraico; Lingua e letteratura araba; Armenistica, caucasologia, mongolistica e turcologia; Indologia e tibetologia; Lingue e Letterature moderne del subcontinente indiano; Lingue e Letterature della Cina e dell'Asia sud-orientale; Lingue e letterature del Giappone e della Corea.	30
Altre (affini e integrative; a scelta dello studente; prova finale; conoscenza della lingua inglese ecc.)			90

Classe L - 13: Scienze biologiche

I **corsi di laurea** della classe in Scienze biologiche sono: Analisi chimico-biologiche; Biologia; Biologia agro-alimentare; Biologia ambientale; Bioecologia applicata; Biologia applicata agli ecosistemi; Biologia cellulare e molecolare; Biologia ecologica; Biologia ed ecologia marina; Biologia evoluzionistica ed ecologia; Biologia generale e applicata; Biologia marina; Biologia molecolare; Biologia della nutrizione; Biologia delle produzioni marine; Biologia sanitaria; Biologia sperimentale; Conservazione e valorizzazione della biodiversità; Produzioni biologiche e risorse rinnovabili; Scienze biologiche; Scienze biosanitarie; Scienze e tecnologie bioanalitiche; Tecnologie chimico-biologiche per l'ambiente di lavoro.

L'obiettivo dei corsi è quello di fornire:

- un'adeguata conoscenza di base dei diversi settori delle scienze biologiche;
- le metodiche disciplinari di indagine;
- le competenze e abilità operative e applicative in ambito biologico.

I laureati della classe svolgeranno **attività professionali** e tecniche in diversi ambiti di applicazione, quali attività produttive e tecnologiche di laboratorio e servizi a livello di analisi, controllo e gestione.

SCIENZE BIOLOGICHE			
Attività formative	**Ambiti disciplinari**	**Settori scientifico-disciplinari**	**CFU**
Di base	**Discipline biologiche**	Botanica generale; Botanica sistematica; Fisiologia vegetale; Zoologia; Anatomia comparata e citologia; Ecologia; Fisiologia; Biochimica; Biologia molecolare; Genetica; Microbiologia generale.	**48**
	Discipline matematiche, fisiche e informatiche	Fisica; Informatica; Sistema di elaborazione delle informazioni; Matematica.	
	Discipline chimiche	Chimica analitica; Chimica fisica; Chimica generale e inorganica; Chimica organica.	
Caratterizzanti	**Discipline botaniche e zoologiche, ecologiche**	Botanica generale; Botanica sistematica; Botanica ambientale e applicata; Zoologia; Anatomia comparata e citologia; Ecologia.	**42**
	Discipline biomolecolari	Fisiologia vegetale; Biochimica; Biologia molecolare; Genetica; Microbiologia generale.	
	Discipline fisiologiche e mediche	Fisiologia; Biochimica clinica e biologia molecolare clinica; Farmacologia; Anatomia umana; Patologia generale; Igiene generale e applicata.	
Altre (affini e integrative; a scelta dello studente; prova finale; conoscenza della lingua inglese ecc.)			**90**

Classe L - 14: Scienze dei servizi giuridici

Esempi di corsi di laurea della classe di Scienze dei servizi giuridici sono: Consulente del lavoro; Consulente del lavoro ed esperto di relazioni industriali; Consulenti del lavoro e delle relazioni industriali; Esperto giuridico agro-alimentare; Operatore giudiziario; Operatore giudiziario e dei corpi di polizia; Operatore giudiziario e nei servizi di tutela sociale; Operatore giuridico di impresa; Operatore giuridico delle pubbliche amministrazioni; Operatore del no profit; Scienze dei servizi giuridici; Scienze dei servizi giuridici per operatore giudiziario; Scienze dei servizi giuridici per operatore d'impresa; Servizi giuridici; Servizi giuridici per l'impresa; Teoria e pratica della gestione giuridica d'impresa.

L'obiettivo dei corsi è quello di fornire:

- una preparazione culturale e giuridica di base;
- la conoscenza di particolari settori dell'ordinamento giuridico;
- la capacità di applicare la normativa a tali settori.

I laureati della classe svolgeranno **attività professionali** presso amministrazioni e imprese pubbliche e private e nel terzo settore, per le quali sia necessaria una specifica preparazione giuridica, con profili di operatore giudiziario, operatore giuridico di impresa, nonché di consulente del lavoro.

SCIENZE DEI SERVIZI GIURIDICI			
Attività formative	**Ambiti disciplinari**	**Settori scientifico-disciplinari**	**CFU**
Di base		Statistica; Statistica economica; Sociologia generale; Sociologia dei processi economici e del lavoro; Sociologia giuridica, della devianza e mutamento sociale.	**39**
	Storico-giuridico	Diritto romano e diritti dell'antichità; Storia del diritto medievale e moderno	
	Filosofico-giuridico	Filosofia del diritto.	
	Privatistico	Diritto privato.	
	Costituzionalistico	Diritto costituzionale.	
Caratterizzanti	**Economico e pubblicistico**	Diritto tributario; Economia politica; Politica economica; Scienza delle finanze; Economia aziendale; Statistica.	**51**
	Giurisprudenza	Diritto commerciale; Diritto del lavoro; Diritto amministrativo; Diritto internazionale; Diritto dell'Unione europea; Diritto penale.	
	Discipline giuridiche d'impresa e settoriali	Informatica; Sistemi di elaborazione delle informazioni; Diritto privato comparato; Diritto agrario; Diritto dell'economia; Diritto della navigazione; Diritto processuale civile; Diritto processuale penale; Diritto pubblico comparato; Medicina legale; Medicina del lavoro; Economia degli intermediari finanziari; Statistica economica; Sociologia dei processi economici e del lavoro; Sociologia giuridica, della devianza e mutamento sociale.	
Altre (affini e integrative; a scelta dello studente; prova finale; conoscenza della lingua inglese ecc.)			**90**

Classe L - 15: Scienze del turismo

Esempi di corsi di laurea della classe di Scienze del turismo sono: Attività turistiche e di valorizzazione culturale del territorio; Beni culturali per operatori del turismo; Gestione dei beni territoriali e turismo; Economia e gestione dei servizi turistici; Economia del turismo; Formazione di operatori turistici; Management del turismo; Operatore del turismo culturale; Scienze del turismo e comunità locale; Scienze turistiche; Scienze turistiche per i beni culturali.

L'obiettivo dei corsi è quello di fornire:

- un'adeguata conoscenza delle discipline di base economiche, geografiche, antropologiche e sociologiche, nonché nelle materie culturali e giuridiche attinenti alle interdipendenze settoriali del mercato turistico;
- una buona padronanza dei metodi della ricerca sociale ed economica e di parte almeno delle tecniche proprie dei diversi settori di applicazione, con competenze relative alla misura, al rilevamento e al trattamento dei dati pertinenti l'analisi sociale;
- un'adeguata conoscenza della cultura organizzativa dei contesti lavorativi, che assicuri una competenza applicativa e metta in condizione di operare in modo polivalente nelle imprese e nelle amministrazioni attive nel settore;
- le metodiche disciplinari nelle tecniche di promozione e fruizione dei beni e delle attività culturali;
- capacità di collocare le specifiche conoscenze acquisite nel più generale contesto culturale, economico e sociale, sia esso a livello locale, nazionale e sovranazionale.

I laureati della classe svolgeranno **attività professionali** in diversi ambiti, quali il turismo, l'organizzazione di attività sociali compatibili con l'ambiente, la comunicazione turistica per il mercato dell'editoria tradizionale, multimediale e negli uffici stampa di enti e di imprese del settore.

Ai fini indicati, i *curricula* dei corsi di laurea della classe:

- comprendono in ogni caso attività finalizzate all'acquisizione di conoscenze fondamentali nei vari campi dell'economia, della geografia e della sociologia del turismo e delle altre discipline rilevanti, connettendo i vari saperi specialistici all'interno di un sistema coerente di conoscenze teoriche e abilità operative;
- comprendono in ogni caso almeno una quota di attività formative orientate all'apprendimento di capacità operative nel settore delle tecniche turistiche, dell'analisi di mercato e nella gestione delle aziende operanti nell'industria dell'ospitalità in cui si ricomprendono i servizi culturali e ambientali.

SCIENZE DEL TURISMO

Attività formative	Ambiti disciplinari	Settori scientifico-disciplinari	CFU
Di base	Discipline economiche, statistiche e giuridiche	Diritto privato; Istituzioni di diritto pubblico; Diritto dell'Unione europea; Economia aziendale; Economia e gestione delle imprese; Statistica sociale.	30
	Discipline sociali e territoriali	Topografia e cartografia; Geografia; Sociologia generale; Sociologia dell'ambiente e del territorio.	
	Discipline linguistiche	Lingua e traduzione - lingua francese; Lingua e traduzione - lingua spagnola; Lingua e traduzione - lingue portoghese e brasiliana; Lingua e traduzione - lingua inglese; Lingua e traduzione - lingua tedesca.	
Caratterizzanti	Discipline dell'organizzazione dei servizi turistici	Informatica; Sistemi di elaborazione delle informazioni; Diritto della navigazione; Psicologia del lavoro e delle organizzazioni; Organizzazione aziendale; Statistica economica; Statistica sociale.	60
	Discipline sociologiche, psicologiche e antropologiche	Discipline demoetnoantropologiche; Psicologia generale; Psicologia sociale; Sociologia generale; Sociologia dei processi culturali e comunicativi; Sociologia dei processi economici e del lavoro; Sociologia dell'ambiente e del territorio.	
	Discipline economiche e aziendali	Economia politica; Politica economica; Scienza delle finanze; Economia applicata; Economia aziendale; Economia e gestione delle imprese.	
	Discipline storico-artistiche	Storia dell'architettura; Storia greca; Storia romana; Archeologia classica; Storia dell'arte medievale; Storia dell'arte moderna; Storia dell'arte contemporanea; Museologia e critica artistica e del restauro; Discipline dello spettacolo; Cinema, fotografia e televisione; Musicologia e storia della musica; Letteratura italiana; Letteratura italiana contemporanea; Storia medievale; Storia moderna; Storia dell'Europa orientale; Storia contemporanea; Storia delle religioni; Storia economica.	
Altre (affini e integrative; a scelta dello studente; prova finale; conoscenza della lingua inglese ecc.)			90

Classe L - 16: Scienze dell'amministrazione e dell'organizzazione

Esempi di corsi di laurea della classe di Scienze dell'amministrazione e dell'organizzazione sono: Amministrazione, organizzazione e gestione delle risorse umane; Amministrazioni pubbliche e economia di mercato; Consulenza del lavoro e gestione delle risorse umane; Economia delle amministrazioni pubbliche e delle istituzioni internazionali; Economia e amministrazione del settore non profit; Economia e pubblica amministrazione; Gestione e economia della pubblica amministrazione; Governo delle amministrazioni; Governo e amministrazione; Operatori delle amministrazioni pubbliche e private; Operatori dei servizi sociali; Organizzazione delle amministrazioni pubbliche e private; Organizzazione e gestione dei servizi di qualità sociale; Organizzazione e risorse umane; Responsabile del governo e delle politiche locali; Scienze dell'amministrazione e governo aziendale; Scienze dell'amministrazione e governo locale; Scienze dell'amministrazione italiana ed europea; Scienze dell'amministrazione e dei servizi sociali e sanitari; Scienze dell'amministrazione e sviluppo locale; Scienze del governo e dell'amministrazione; Scienze del governo e gestione delle risorse umane; Scienze dell'organizzazione; Scienze politiche dell'amministrazione.

SCIENZE DELL'AMMINISTRAZIONE E DELL'ORGANIZZAZIONE

Attività formative	Ambiti disciplinari	Settori scientifico-disciplinari	CFU
Di base	Storico, politico-sociale	Storia contemporanea; Storia delle dottrine politiche; Storia delle istituzioni politiche; Scienza politica; Sociologia generale.	42
	Giuridico	Diritto privato; Istituzioni di diritto pubblico; Diritto amministrativo; Diritto dell'Unione europea; Diritto pubblico comparato.	
	Statistico-economico	Politica economica; Scienza delle finanze; Statistica; Statistica economica; Statistica sociale.	
	Discipline linguistiche	Lingua e traduzione - lingua francese; Lingua e traduzione - lingua spagnola; Lingua e traduzione - lingua inglese; Lingua e traduzione - lingua tedesca.	48
Caratterizzanti	Socio-politologico	Filosofia politica; Storia delle istituzioni politiche; Scienza politica; Sociologia dei fenomeni politici.	
	Socio-psicologico	Psicologia sociale; Psicologia del lavoro e delle organizzazioni; Sociologia generale; Sociologia dei processi economici e del lavoro.	
	Economico aziendale	Economia politica; Politica economica; Scienza delle finanze; Economia applicata; Economia aziendale; Economia e gestione delle imprese; Organizzazione aziendale; Demografia.	
	Giuridico	Diritto commerciale; Diritto dell'economia; Diritto della navigazione; Diritto del lavoro; Diritto costituzionale; Istituzioni di diritto pubblico; Diritto amministrativo; Diritto internazionale; Diritto dell'Unione europea; Diritto pubblico comparato.	
Altre (affini e integrative; a scelta dello studente; prova finale; conoscenza della lingua inglese ecc.)			90

L'obiettivo dei corsi è quello di fornire:

- conoscenze di metodo e di contenuto culturale, scientifico e professionale per la formazione giuridica, economica, politico-istituzionale, organizzativo-gestionale e della sicurezza nel campo delle amministrazioni pubbliche, nazionali e internazionali e in quello delle organizzazioni complesse private, nonché delle politiche di pari opportunità;
- conoscenze metodologiche e culturali multidisciplinari idonee a formare figure professionali capaci di interpretare efficacemente il cambiamento e l'innovazione organizzativa nelle amministrazioni pubbliche e private;
- la capacità di assistere le istituzioni pubbliche, le organizzazioni private d'impresa e di servizi e quelle del terzo settore nelle attività di progettazione e implementazione di iniziative finalizzate a promuovere lo sviluppo economico, sociale e civile delle comunità;
- capacità atte a implementare specifiche politiche pubbliche e a concorrere alla gestione delle risorse umane e delle relazioni sindacali.

I laureati della classe svolgeranno **attività professionali** nelle amministrazioni pubbliche (centrali e locali), nelle imprese, nelle organizzazioni private e nel terzo settore.

Classe L - 17: Scienze dell'architettura

Esempi di corsi di laurea della classe di Scienze dell'architettura sono: Architettura ambientale; Architettura delle costruzioni; Edilizia; Ingegneria delle costruzioni edili e del recupero; Ingegneria edile; Scienze dell'architettura.

L'obiettivo dei corsi è quello di fornire:

- una conoscenza della storia dell'architettura e dell'edilizia, degli strumenti e delle forme della rappresentazione, degli aspetti metodologico-operativi della matematica e delle altre scienze di base;
- la capacità di utilizzare tali conoscenze per interpretare e descrivere problemi dell'architettura e dell'edilizia;
- gli aspetti metodologico-operativi relativi agli ambiti disciplinari caratterizzanti il corso di studio seguito;
- la capacità di identificare, formulare e risolvere i problemi dell'architettura e dell'edilizia – utilizzando metodi, tecniche e strumenti aggiornati;
- la capacità di individuare gli aspetti riguardanti la fattibilità tecnica ed economica, il calcolo dei costi e il processo di produzione e di realizzazione dei manufatti edilizi;
- la capacità di utilizzare le tecniche e gli strumenti della progettazione dei manufatti edilizi.

SCIENZE DELL'ARCHITETTURA

Attività formative	Ambiti disciplinari	Settori scientifico-disciplinari	CFU
Di base	Discipline matematiche per l'architettura	Informatica; Sistemi di elaborazione delle informazioni; Geometria; Analisi matematica; Probabilità e statistica matematica; Fisica matematica; Analisi numerica; Ricerca operativa.	44
	Discipline fisico-tecniche ed impiantistiche per l'architettura	Fisica sperimentale; Fisica tecnica industriale; Fisica tecnica ambientale.	
	Discipline storiche per l'architettura	Storia dell'architettura.	
	Rappresentazione dell'architettura e dell'ambiente	Topografia e cartografia; Disegno.	
Caratterizzanti	Progettazione architettonica e urbana	Composizione architettonica e urbana.	64
	Teorie e tecniche per il restauro architettonico	Restauro.	
	Analisi e progettazione strutturale per l'architettura	Geotecnica; Scienza delle costruzioni; Tecnica delle costruzioni.	
	Progettazione urbanistica e pianificazione territoriale	Tecnica e pianificazione urbanistica; Urbanistica.	
	Discipline tecnologiche per l'architettura e la produzione edilizia	Architettura tecnica; Produzione edilizia; Tecnologia dell'architettura.	
	Discipline estimative per l'architettura e l'urbanistica	Estimo.	
Altre (affini e integrative; a scelta dello studente; prova finale; conoscenza della lingua inglese ecc.)			72

I laureati della classe svolgeranno **attività professionali** in diversi ambiti, concorrendo e collaborando alle attività di programmazione, progettazione e attuazione di interventi di organizzazione e trasformazione dell'ambiente. Essi potranno esercitare tali competenze presso enti, aziende pubbliche e private, società di ingegneria, industrie di settore e imprese di costruzione, oltre che nella libera professione e nelle attività di consulenza. Nel campo dell'**architettura** i corsi di studio saranno orientati alla formazione di una figura professionale in grado di conoscere e comprendere le opere di architettura, sia nei loro aspetti logico-formali, compositivi, tipologico-distributivi, strutturali, costruttivi, tecnologici, sia nelle loro relazioni con il contesto storico, fisico e ambientale. In questo campo le competenze specifiche del laureato riguardano le attività connesse con la progettazione architettonica e urbanistica nei diversi ambiti e alle diverse scale di applicazione.

Nel campo dell'**edilizia** i corsi di studio saranno orientati alla formazione di una figura professionale in grado di conoscere e comprendere i caratteri tipologici, strutturali e tecnologici di un organismo edilizio nelle sue componenti materiali e costruttive, in rapporto al contesto fisico-ambientale, socio-economico e produttivo dell'intervento di trasformazione insediativa. In questo campo le competenze specifiche del laureato riguardano le attività connesse con la progettazione, le attività di rilevamento di aree e manufatti edilizi, l'organizzazione e la conduzione del cantiere edile, la gestione e valutazione economica dei processi edilizi, la direzione tecnico-amministrativa dei processi di produzione industriale di materiali e componenti per l'edilizia, nonché della manutenzione dei manufatti. Le competenze specifiche del laureato riguardano le attività di analisi/valutazione, interpretazione/rappresentazione, progettazione/gestione della trasformazione di aree a valenza naturale prevalente e alla conduzione dei processi tecnico-amministrativi e produttivi connessi.

Nel campo del **restauro dei beni architettonici e ambientali** i corsi di studio saranno orientati alla formazione di una figura professionale in grado di conoscere e comprendere un organismo, in rapporto alle sue origini e successive trasformazioni storiche e al contesto insediativo di appartenenza, e di rilevarlo analizzando le caratteristiche dei materiali che lo compongono e il regime statico delle strutture. Le competenze specifiche del laureato riguardano la definizione, propedeutica al progetto, degli interventi mirati all'arresto dei processi di degrado e di dissesto di manufatti edilizi e contesti ambientali, all'eliminazione e contenimento delle loro cause, nonché alla direzione tecnica dei processi tecnico-amministrativi e produttivi connessi.

Classe L - 18: Scienze dell'economia e della gestione aziendale

Esempi di corsi di laurea della classe di Scienze dell'economia e della gestione aziendale sono: Amministrazione e controllo; Amministrazione ed economia delle imprese; Amministrazione, finanza e controllo; Banca, assicurazione e mercati finanziari; Banca, borsa e assicurazione; Banca, finanza e mercati finanziari; Commercio estero; Consulenza aziendale; Economia; Economia dell'ambiente e della cultura; Economia, amministrazione e diritto delle imprese; Economia e amministrazione delle imprese; Economia delle amministrazioni pubbliche e istituzioni internazionali; Economia per le arti, la cultura e la comunicazione; Economia dell'azienda moderna; Economia aziendale; Economia aziendale e bancaria; Economia bancaria, finanziaria e assicurativa; Economia della banca, della borsa e delle assicurazioni; Economia e commercio; Economia e commercio internazionale; Economia e diritto; Economia e diritto dell'intermediazione finanziaria; Economia e finanza; Economia e legislazione per le aziende; Economia e gestione delle attività e dei beni culturali; Economia e gestione aziendale; Economia e gestione delle aziende e delle amministrazione pubbliche; Economia e gestione delle imprese agroalimentari; Economia e gestione delle imprese assicurative e previdenziali; Economia e gestione delle imprese e degli intermediari finanziari; Economia e gestione delle imprese di servizi; Economia e gestione dell'informazione e della comunicazione; Economia e gestione delle piccole e medie imprese; Economia e gestione dei servizi; Economia e gestione dei servizi giuridici; Economia e gestione dei servizi pubblici; Economia e gestione dei servizi turistici; Economia e gestione dei sistemi complessi; Economia e gestione dello sviluppo locale, delle amministrazioni pubbliche e no-profit; Economia informatica; Economia e ingegneria della qualità; Economia di internet; Economia delle istituzioni e dei mercati finanziari; Economia delle imprese cooperative e delle organizzazioni no profit; Economia e legislazione d'impresa; Economia e management; Economia marittima e dei trasporti; Economia e marketing della moda; Economia dei mercati finanziari; Economia dei mercati e degli intermediari finanziari; Economia politica; Economia e professione; Economia, reti, informazione; Economia delle risorse culturali, ambientali e turistiche; Economia dei servizi, amministrazioni pubbliche, e regolamentazione; Economia del sistema agro-alimentare e dell'ambiente; Economia, statistica e informatica per l'azienda; Economia e tecnica dei mercati finanziari; Economia del turismo; Economia dell'ambiente e della cultura; Gestione delle amministrazioni pubbliche; Gestione informatica dei processi aziendali; International management; Logistica e trasporti; Management aziendale; Management delle imprese turistiche; Management, innovazione economico-finanziaria e diritto d'impresa; Marketing; Marketing e comunicazione di azienda; Marketing e e-business; Marketing e gestione delle imprese; Marketing del tessile e abbigliamento; Organizzazione e gestione dei sistemi informativi aziendali;

Revisore dei conti e giurista d'impresa; Scienze bancarie e assicurative; Scienze dell'economia e della gestione aziendale; Servizi professionali per l'impresa; Statistica e informatica per la gestione delle imprese.

L'obiettivo dei corsi è quello di fornire:

- conoscenze di metodiche di analisi e di interpretazione critica delle strutture e delle dinamiche di azienda, mediante l'acquisizione delle necessarie competenze in più aree disciplinari: economiche, aziendali, giuridiche e quantitative;
- un'adeguata conoscenza delle discipline aziendali, che rappresentano il nucleo fondamentale, declinate sia per aree funzionali (la gestione, l'organizzazione, la rilevazione), sia per classi di aziende dei vari settori (manifatturiero, commerciale, dei servizi, della pubblica amministrazione);

I laureati della classe svolgeranno **attività professionali** nelle aziende, dove potranno svolgere funzioni manageriali o imprenditoriali, nelle pubbliche amministrazioni e nelle libere professioni dell'area economica.

Ai fini indicati, i *curricula* dei corsi di laurea della classe comprendono in ogni caso l'acquisizione di:

- conoscenze fondamentali nei vari campi dell'economia e della gestione delle aziende, nonché i metodi e le tecniche della matematica finanziaria e attuariale, della matematica per le applicazioni economiche e della statistica;
- conoscenze giuridiche di base e specialistiche negli ambiti della gestione delle aziende private o pubbliche;
- conoscenze specialistiche in tutti gli ambiti della gestione delle aziende pubbliche e private e delle amministrazioni pubbliche.

SCIENZE DELL'ECONOMIA E DELLA GESTIONE AZIENDALE

Attività formative	Ambiti disciplinari	Settori scientifico-disciplinari	CFU
Di base	Economico	Economia politica; Politica economica; Storia economica.	28
	Aziendale	Economia aziendale; Economia e gestione delle imprese; Economia degli intermediari finanziari.	
	Statistico-matematico	Statistica; Statistica economica; Metodi matematici dell'economia e delle scienze attuariali e finanziarie.	
	Giuridico	Diritto privato; Diritto commerciale; Istituzioni di diritto pubblico.	
Caratterizzanti	Aziendale	Economia ed estimo rurale; Economia aziendale; Economia e gestione delle imprese; Finanza aziendale; Organizzazione aziendale; Economia degli intermediari finanziari; Scienze merceologiche.	62
	Economico	Economia politica; Politica economica; Scienza delle finanze; Economia applicata.	
	Statistico-matematico	Ricerca operativa; Statistica; Statistica economica; Metodi matematici dell'economia e delle scienze attuariali e finanziarie.	
	Giuridico	Diritto commerciale; Diritto dell'economia; Diritto della navigazione; Diritto del lavoro; Diritto tributario; Diritto dell'Unione europea.	
Altre (affini e integrative; a scelta dello studente; prova finale; conoscenza della lingua inglese ecc.)			90

Classe L - 19: Scienze dell'educazione e della formazione

Esempi di corsi di laurea della classe di Scienze dell'educazione e della formazione sono: Animatore socioeducativo; Educatore ambientale; Educatore delle comunità infantili; Educatore e divulgatore ambientale; Educatore interculturale; Educatore di nido e di comunità infantile; Educatore della prima infanzia; Educatori della prima infanzia e insegnanti della scuola dell'infanzia; Educatori professionali; Educatore professionale di comunità; Educatore professionale nelle strutture sociali, sanitarie, culturali e ambientali; Educatore socio-ambientale; Esperto nei processi formativi ed educatore professionale; Esperto nei processi di formazione e nei servizi culturali; Formatore multimediale; Formatore nelle organizzazioni sociali complesse; Formatore (promozione e sviluppo risorse umane); Formatore per lo sviluppo delle risorse umane e dell'interculturalità; Formazione interculturale socio-educativa; Formazione e sviluppo delle risorse umane; Operatore culturale/esperto in scienze dell'educazione; Operatore dei processi formativi e culturali; Operatore socio-educativo; Pedagogia dell'infanzia; Scienze dell'educazione; Scienze dell'educazione e della formazione; Scienze della formazione continua; Scienze della formazione primaria; Scienze della professionalità educativa; Scienze delle professioni educative di base.

L'obiettivo dei corsi è quello di fornire conoscenze teoriche e competenze operative nel settore dell'educazione e della formazione, caratteristicamente integrate da ambiti differenziati di conoscenze e competenze nelle scienze della natura e dell'uomo ma sempre in relazione a una prevalenza della formazione generale, relativa alla conoscenza teorica, epistemologica e metodologica delle problematiche educative nelle loro diverse dimensioni, compresa quella di genere.

I laureati nella classe svolgeranno **le professioni** di educatore professionale, educatore di comunità e nei servizi sociali; animatore socio-educativo; operatore nei servizi culturali, nelle strutture educative, in altre attività territoriali, connesse anche al terzo settore; potranno altresì operare come formatore, istruttore o tutor nelle imprese, nei servizi, nelle pubbliche amministrazioni; come educatori infantili potranno operare nelle strutture prescolastiche, scolastiche ed extrascolastiche, nei servizi all'infanzia e in altre attività che richiedano una specifica qualificazione rispetto all'educazione infantile.

SCIENZE DELL'EDUCAZIONE E DELLA FORMAZIONE

Attività formative	Ambiti disciplinari	Settori scientifico-disciplinari	CFU
Di base	Discipline pedagogiche e metodologiche-didattiche	Pedagogia generale e sociale; Storia della pedagogia; Didattica e pedagogia speciale; Pedagogia sperimentale.	40
	Discipline filosofiche, psicologiche, sociologiche e antropologiche	Discipline demoetnoantropologiche; Filosofia teoretica; Filosofia morale; Storia della filosofia; Psicologia generale; Psicologia dello sviluppo e psicologia dell'educazione; Filosofia politica; Sociologia generale; Sociologia dei processi culturali e comunicativi.	
Caratterizzanti	Discipline pedagogiche e metodologico-didattiche	Pedagogia generale e sociale; Storia della pedagogia; Didattica e pedagogia speciale; Pedagogia sperimentale.	50
	Discipline storiche, geografiche, economiche e giuridiche	Diritto privato; Diritto del lavoro; Istituzioni di diritto pubblico; Diritto amministrativo; Diritto penale; Geografia; Geografia economico-politica; Psicologia del lavoro e delle organizzazioni; Storia medievale; Storia moderna; Storia contemporanea; Storia della scienza e delle tecniche; Storia delle religioni; Economia aziendale; Organizzazione aziendale; Statistica sociale; Sociologia dei processi economici e del lavoro; Sociologia.	
	Discipline scientifiche	Botanica generale; Zoologia; Ecologia; Antropologia; Fisiologia; Genetica; Chimica generale e inorganica; Fisica sperimentale; Astronomia e astrofisica; Didattica e storia della fisica; Paleontologia e paleoecologia; Mineralogia; Oceanografia e fisica dell'atmosfera; Informatica; Sistemi di elaborazione delle informazioni; Metodi e didattiche delle attività; Logica e filosofia della scienza; Geografia; Psicometria; Logica matematica; Algebra; Geometria; Matematiche complementari.	
	Discipline linguistiche e artistiche	Disegno; Storia dell'arte moderna; Storia dell'arte contemporanea; Discipline dello spettacolo; Cinema, fotografia e televisione; Musicologia e storia della musica; Letteratura italiana contemporanea; Linguistica italiana; Glottologia e linguistica; Didattica delle lingue moderne; Lingua e traduzione - lingua francese; Lingua e traduzione - lingua spagnola; Lingua e traduzione - lingua inglese; Lingua e traduzione - lingua tedesca; Estetica; Filosofia e teoria dei linguaggi.	
	Discipline didattiche e per l'integrazione dei disabili	Didattica e pedagogia speciale; Psicobiologia e psicologia fisiologica; Psicologia dello sviluppo e psicologia dell'educazione; Psicologia sociale; Psicologia clinica; Psichiatria; Pediatria generale e specialistica; Neuropsichiatria infantile; Igiene generale e applicata; Scienze tecniche mediche applicate.	
Altre (affini e integrative; a scelta dello studente; prova finale; conoscenza della lingua inglese ecc.)			90

Ai fini indicati, i *curricula* dei corsi di laurea della classe comprendono in ogni caso attività finalizzate a garantire le adeguate conoscenze di base; inoltre si differenziano tra loro al fine di perseguire maggiormente alcuni degli obiettivi indicati rispetto ad altri, oppure di approfondire particolarmente alcuni settori applicativi.

Classe L - 20: Scienze della comunicazione

Esempi di corsi di laurea della classe di Scienze della comunicazione sono: Comunicazione interculturale e multimediale; Comunicazione internazionale; Comunicazione e marketing; Comunicazione pubblica; Comunicazione pubblicitaria; Comunicazione e relazioni pubbliche; Comunicazione e società; Comunicazione nella società della globalizzazione; Culture per la comunicazione; Discipline della comunicazione; Filosofia e scienze della comunicazione e della conoscenza; Giornalismo e uffici stampa; Lingue e cultura per l'impresa; Linguaggi dei media; Lingue e comunicazione; Media e giornalismo; Relazioni pubbliche; Relazioni pubbliche e pubblicità; Scienze della comunicazione; Scienze della comunicazione: editoria e giornalismo; Scienze della comunicazione e giornalismo; Scienze per la comunicazione internazionale; Scienze della comunicazione pubblica e organizzativa; Scienze della comunicazione e delle relazioni istituzionali; Scienze dell'informazione; Scienze dell'informazione e dello spettacolo; Scienze e tecniche dell'interculturalità; Scienze e tecnologie della comunicazione; Scienze e tecnologie multimediali; Scienze umanistiche per la comunicazione; Tecnica pubblicitaria; Tecnologie dell'istruzione e della comunicazione; Teorie e tecniche dell'informazione.

SCIENZE DELLA COMUNICAZIONE			
Attività formative	**Ambiti disciplinari**	**Settori scientifico-disciplinari**	**CFU**
Di base	**Discipline semiotiche, linguistiche e informatiche**	Informatica; Telecomunicazioni; Sistemi di elaborazione delle informazioni; Letteratura italiana contemporanea; Linguistica italiana; Glottologia e linguistica; Lingua e traduzione - lingua inglese; Filosofia e teoria dei linguaggi.	**36**
	Discipline sociali e mediologiche	Storia contemporanea; Economia politica; Scienza politica; Sociologia generale; Sociologia dei processi culturali e comunicativi; Sociologia dei processi economici e del lavoro.	
Caratterizzanti	**Metodologie, analisi e tecniche della comunicazione**	Disegno; Sistemi di elaborazione delle informazioni; Museologia e critica artistica e del restauro; Discipline dello spettacolo; Cinema, fotografia e televisione; Musicologia e storia della musica; Estetica; Filosofia e teoria dei linguaggi; Economia e gestione delle imprese; Statistica sociale; Sociologia dei processi culturali e comunicativi.	**54**
	Scienze umane ed economico-sociali	Discipline demoetnoantropologiche; Pedagogia generale e sociale; Didattica e pedagogia speciale; Pedagogia sperimentale; Psicologia generale; Psicologia sociale; Psicologia del lavoro e delle organizzazioni; Economia politica; Politica economica; Economia applicata; Economia aziendale; Economia e gestione delle imprese; Organizzazione aziendale; Statistica; Demografia; Statistica sociale; Sociologia generale; Sociologia dei processi culturali e comunicativi; Sociologia dei processi economici e del lavoro; Sociologia dell'ambiente e del territorio.	
	Discipline giuridiche, storico-politiche e filosofiche	Diritto privato; Istituzioni di diritto pubblico; Diritto amministrativo; Diritto dell'unione europea; Logica e filosofia della scienza; Filosofia morale; Storia contemporanea; Storia della scienza e delle tecniche; Filosofia politica; Storia delle dottrine politiche; Scienza politica; Sociologia dei fenomeni politici; Sociologia giuridica, della devianza e mutamento sociale.	
Altre (affini e integrative; a scelta dello studente; prova finale; conoscenza della lingua inglese ecc.)			**90**

L'obiettivo dei corsi è quello di fornire:

- competenze di base e abilità specifiche nei settori dei mezzi di comunicazione e la capacità di svolgere compiti professionali nei diversi apparati delle industrie culturali (editoria, cinema, teatro, radio, televisione, nuovi media) e nel settore dei consumi;
- le competenze relative alle nuove tecnologie della comunicazione e dell'informazione, nonché le abilità necessarie allo svolgimento di attività di comunicazione e relazioni pubbliche di aziende private, della pubblica amministrazione e dei beni culturali;
- specifiche conoscenze relative alle politiche operative della comunicazione e dell'informazione, anche sotto il profilo istituzionale, in relazione ai cambiamenti in una pluralità di settori sia interni, sia internazionali;
- le abilità necessarie per attività redazionali e funzioni giornalistiche, anche nel settore dell'audiovisivo;
- le abilità e le conoscenze per l'uso efficace della lingua italiana;
- le abilità di base necessarie alla produzione di testi per l'industria culturale (sceneggiature, soggetti, story-board per la pubblicità, video, audiovisivi).

I laureati della classe svolgeranno **attività professionali** nelle organizzazioni pubbliche e private, nazionali e internazionali, in qualità di addetti stampa, comunicatori pubblici, esperti di gestione di aziende editoriali, esperti multimediali, esperti di istruzione a distanza, pubblicitari ecc.

Classe L - 21: Scienze della pianificazione territoriale e ambientale

SCIENZE DELLA PIANIFICAZIONE TERRITORIALE E AMBIENTALE			
Attività formative	**Ambiti disciplinari**	**Settori scientifico-disciplinari**	**CFU**
Di base	**Matematica, informatica statistica**	Fisica applicata (a beni culturali, ambientali, biologia e medicina); Informatica; Telecomunicazioni; Sistemi di elaborazione delle informazioni; Geometria; Analisi matematica; Probabilità e statistica matematica; Analisi numerica; Ricerca operativa; Statistica; Statistica economica; Statistica sociale.	**30**
	Ecologia, geografia e geologia	Arboricoltura generale e coltivazioni arboree; Genetica agraria; Costruzioni rurali e territorio agroforestale; Pedologia; Zootecnica generale e miglioramento genetico; Botanica ambientale e applicata; Ecologia; Geologia stratigrafica e sedimentologica; Geografia fisica e geomorfologia; Discipline demoetnoantropologiche; Geografia; Geografia economico-politica.	
	Rappresentazione	Topografia e cartografia; Disegno.	
Caratterizzanti	**Architettura e ingegneria**	Assestamento forestale e selvicoltura; Idraulica agraria e sistemazioni idraulico-forestali; Costruzioni rurali e territorio agroforestale; Geologia applicata; Costruzioni idrauliche e marittime e idrologia; Ingegneria sanitaria-ambientale; Strade, ferrovie e aeroporti; Trasporti; Composizione architettonica e urbana; Architettura del paesaggio; Storia dell'architettura; Restauro; Tecnica e pianificazione urbanistica; Urbanistica; Estimo.	**50**
	Diritto, economia e sociologia	Economia ed estimo rurale; Diritto privato; Istituzioni di diritto pubblico; Diritto amministrativo; Diritto dell'Unione europea; Psicologia sociale; Economia politica; Politica economica; Scienza delle finanze; Economia applicata; Scienza politica; Sociologia generale; Sociologia dell'ambiente e del territorio.	
Altre (affini e integrative; a scelta dello studente; prova finale; conoscenza della lingua inglese ecc.)			**100**

Esempi di corsi di laurea della classe di Scienze della pianificazione territoriale e ambientale sono: Ingegneria agraria e pianificazione del territorio rurale; Pianificazione e gestione del territorio e dell'ambiente; Pianificazione territoriale, urbanistica e ambientale; Politica del territorio; Scienze geo-topo-cartografiche, territoriali, estimative ed edilizie; Scienze della pianificazione rurale e ambientale; Scienze della pianificazione urbanistica e territoriale; Sistemi informativi territoriali; Tecniche per la pianificazione urbanistica, territoriale e ambientale; Tecnico del territorio; Urbanistica; Urbanistica, ambiente e territorio; Urbanistica e scienze della pianificazione territoriale e ambientale; Urbanistica e sistemi informativi territoriali.

L'obiettivo dei corsi è quello di fornire:

- le conoscenze di base per analizzare i processi di trasformazione della città e del territorio;
- la conoscenza delle teorie, dei metodi e delle tecniche di analisi delle forme e delle relazioni funzionali dell'ambiente fisico e dei suoi processi evolutivi;
- le conoscenze di base relative alla pianificazione e progettazione urbanistica, territoriale, ambientale;
- la capacità di analizzare il montaggio e la gestione dei progetti complessi e dei programmi di opere pubbliche;
- le conoscenze di base per valutare gli effetti delle azioni di pianificazione sul contesto insediativo, ambientale, paesaggistico, sociale ed economico.

I laureati della classe svolgeranno **attività professionali** realizzando analisi delle strutture urbane, territoriali e ambientali, concorrendo e collaborando all'elaborazione di atti di pianificazione, programmazione, gestione e valutazione, contribuendo alla definizione di strategie delle amministrazioni, istituzioni e imprese con riferimento al recupero, valorizzazione e trasformazione della città, del territorio e dell'ambiente. Gli ambiti di riferimento potranno essere la libera professione, nonché le attività presso le istituzioni e gli enti pubblici e privati operanti per la trasformazione e il governo della città, del territorio e dell'ambiente (enti istituzionali, aziende pubbliche e private, studi professionali, società di promozione e progettazione).

Classe L - 22: Scienze delle attività motorie e sportive

Esempi di corsi di laurea della classe di Scienze delle attività motorie e sportive sono: Educazione fisica e tecnica sportiva; Educazione motoria preventiva e adattata; Educazione motoria e sport; Scienze giuridiche, economiche e manageriali dello sport; Scienze motorie; Scienze motorie e sportive.

L'obiettivo dei corsi è quello di fornire competenze relative alla comprensione, alla progettazione, alla conduzione e alla gestione di attività motorie a carattere educativo, adattativo, ludico o sportivo, finalizzandole allo sviluppo, al mantenimento e al recupero delle capacità motorie e del benessere psicofisico a esse correlato, con attenzione alle rilevanti specificità di genere.

I laureati della classe svolgeranno **attività professionali** nel campo dell'educazione motoria e sportiva nelle strutture pubbliche e private, nelle organizzazioni sportive e dell'associazionismo ricreativo e sociale.

Ai fini indicati, i *curricula* dei corsi di laurea della classe:

- comprendono in ogni caso, sia nei loro aspetti di base sia attraverso discipline caratterizzate in relazione agli specifici obiettivi del corso, insegnamenti e attività negli ambiti biomedico, psicopedagogico e organizzativo;
- si caratterizzano ulteriormente attraverso gli insegnamenti direttamente riferiti alle attività motorie e sportive;
- prevedono, in relazione a obiettivi specifici, l'approfondimento di alcuni tra gli insegnamenti e le attività indicati, con tirocini formativi presso impianti e organizzazioni sportive, aziende, strutture della pubblica amministrazione e laboratori, oltre a soggiorni di studio presso altre università italiane ed estere, anche nel quadro di accordi internazionali.

SCIENZE DELLE ATTIVITÀ MOTORIE E SPORTIVE			
Attività formative	**Ambiti disciplinari**	**Settori scientifico-disciplinari**	**CFU**
Di base	**Discipline motorie e sportive**	Metodi e didattiche delle attività motorie; Metodi e didattiche delle attività sportive.	**42**
	Biomedico	Antropologia; Fisiologia; Biochimica; Biologia applicata; Farmacologia; Anatomia umana; Istologia; Fisica applicata (a beni culturali, ambientali, biologia e medicina); Statistica medica; Igiene generale e applicata.	
	Psicologico e pedagogico e sociologico	Pedagogia generale e sociale; Storia della pedagogia; Pedagogia sperimentale; Psicologia generale; Psicologia dello sviluppo e psicologia dell'educazione; Sociologia generale.	
	Giuridico, economico, statistico	Istituzioni di diritto pubblico; Diritto dell'unione europea; Economia politica; Economia aziendale; Statistica.	
Caratterizzanti	**Discipline motorie e sportive**	Metodi e didattiche delle attività motorie; Metodi e didattiche delle attività sportive.	**48**
	Medico-clinico	Biochimica clinica e biologia molecolare clinica; Bioingegneria industriale; Bioingegneria elettronica e informatica; Patologia generale; Medicina interna; Endocrinologia; Neurologia; Malattie apparato locomotore; Medicina fisica e riabilitativa; Diagnostica per immagini e radioterapia; Neuropsichiatria infantile.	
	Psicologico, pedagogico e sociologico	Didattica e pedagogia speciale; Psicobiologia e psicologia fisiologica; Psicologia sociale.	
	Storico, giuridico-economico	Diritto privato; Storia contemporanea; Economia e gestione delle imprese; Organizzazione aziendale.	
	Biologico	Fisiologia; Biochimica; Anatomia umana.	
Altre (affini e integrative; a scelta dello studente; prova finale; conoscenza della lingua inglese ecc.)			**90**

Classe L - 23: Scienze e tecniche dell'edilizia

Esempi di corsi di laurea della classe di Scienze e tecniche dell'edilizia sono: Ingegneria edile; Ingegneria dei sistemi edilizi; Ingegneria delle costruzioni.

L'obiettivo dei corsi è quello di fornire:

- adeguate conoscenze degli aspetti analitici e conoscitivi relativi agli ambiti disciplinari del corso seguito;
- adeguate conoscenze degli aspetti metodologico-operativi relativi agli ambiti disciplinari del corso di studio seguito e capacità d'impiego degli specifici metodi, tecniche e strumenti;
- adeguate conoscenze degli aspetti riguardanti la fattibilità tecnica ed economica, il calcolo dei costi e il processo di produzione e di realizzazione dei manufatti edilizi e delle trasformazioni ambientali;
- capacità di comunicare efficacemente, in forma scritta e orale, in almeno una lingua dell'Unione europea, oltre l'italiano.

I laureati della classe svolgeranno **attività professionali** in diversi campi, anche concorrendo all'attività di programmazione, progettazione e attuazione degli interventi di organizzazione e trasformazione dell'ambiente costruito alle varie scale, l'analisi del rischio, la gestione della sicurezza in fase di prevenzione e di emergenza, sia nella libera professione sia nelle imprese manifatturiere o di servizi nelle amministrazioni pubbliche. Essi potranno esercitare tali competenze presso enti, aziende pubbliche e private, società di progettazione, industrie di settore e imprese di costruzione, oltre che nella libera professione e nelle attività di consulenza.

I corsi di studio saranno orientati alla formazione di figure professionali in grado di:

- conoscere e comprendere i caratteri tipologici, funzionali, strutturali e tecnologici di un organismo edilizio nelle sue componenti materiali e costruttive, in rapporto al contesto fisico-ambientale, socio-economico e produttivo;
- conoscere e comprendere un organismo edilizio, in rapporto alle sue origini e successive trasformazioni storiche e al contesto insediativo di appartenenza, e di rilevarlo analizzando le caratteristiche dei materiali che lo compongono, le fasi e le tecniche storiche della sua costruzione e il regime statico delle strutture;
- conoscere e comprendere i caratteri fisico-spaziali e organizzativi di un contesto ambientale, nelle sue componenti naturali e antropiche in rapporto alle trasformazioni storiche e al contesto socio-economico e territoriale di appartenenza;
- conoscere e comprendere gli aspetti di ingegneria della sicurezza e della protezione delle costruzioni edili, in rapporto alle relative attività di prevenzione e di gestione.

SCIENZE E TECNICHE DELL'EDILIZIA			
Attività formative	**Ambiti disciplinari**	**Settori scientifico-disciplinari**	**CFU**
Di base	**Formazione scientifica di base**	Fondamenti chimici delle tecnologie; Fisica sperimentale; Fisica applicata; Geologia stratigrafica e sedimentologica; Geologia applicata; Petrologia e petrografia; Georisorse minerarie e applicazioni mineralogico-petrografiche per l'ambiente e i beni culturali; Informatica; Sistemi di elaborazione; Geometria; Analisi matematica; Probabilità e statistica matematica; Fisica matematica; Analisi numerica; Ricerca operativa; Statistica per la ricerca sperimentale e tecnologica.	**36**
	Formazione di base nella storia e nella rappresentazione	Disegno; Storia dell'architettura.	
Caratterizzanti	**Architettura e urbanistica**	Architettura tecnica; Produzione edilizia; Tecnologia dell'architettura; Composizione architettonica e urbana; Architettura del paesaggio; Architettura degli interni e allestimento; Restauro; Tecnica e pianificazione urbanistica; Urbanistica.	**45**
	Edilizia e ambiente	Idraulica; Costruzioni idrauliche e marittime e idrologia; Ingegneria sanitaria-ambientale; Strade ferrovie e aeroporti; Topografia e cartografia; Geotecnica; Scienza delle costruzioni; Tecnica delle costruzioni; Estimo; Fisica tecnica industriale; Fisica tecnica ambientale; Scienza e tecnologia dei materiali; Elettrotecnica; Ingegneria economico-gestionale; Diritto amministrativo; Economia applicata; Economia aziendale.	
Altre (affini e integrative; a scelta dello studente; prova finale; conoscenza della lingua inglese ecc.)			**99**

Classe L - 24: Scienze e tecniche psicologiche

Esempi di corsi di laurea della classe di Scienze e tecniche psicologiche sono: Consulenza grafologica; Discipline cognitive e psicobiologiche; Discipline dello sviluppo psicologico e dell'istruzione; Discipline psicosociali; Processi dello sviluppo psicologico e gestione delle risorse umane; Psicologia; Psicologia clinica e di comunità; Psicologia generale e sperimentale; Psicologia del lavoro e dell'organizzazione; Psicologia preventiva del disagio individuale; Psicologia processuale di sviluppo e apprendimento; Psicologia: scienze del comportamento e delle relazioni interpersonali e sociali; Psicologia dello sviluppo; Psicologia dello sviluppo e dell'educazione; Scienze del comportamento e delle relazioni sociali; Scienze psicologiche; Scienze psicologiche applicate; Scienze psicologiche cognitive e psicobiologiche; Scienze psicologiche dell'intervento clinico; Scienze psicologiche del lavoro; Scienze psicologiche della personalità e delle relazioni interpersonali; Scienze psicologiche sociali e del lavoro; Scienze psicologiche dello sviluppo e dell'educazione; Scienze e tecniche neuropsicologiche; Scienze e tecniche psicologiche; Scienze e tecniche psicologiche applicate al lavoro e alla comunicazione multimediale; Scienze e tecniche psicologiche applicate al turismo, sport e tempo libero; Scienze e tecniche psicologiche applicate all'apprendimento alla comunicazione e alla salute psico-sociale; Scienze e tecniche di psicologia cognitiva applicata; Scienze e tecniche psicologiche per l'individuo, i servizi e la comunità; Scienze e tecnologie psicologiche per intervento clinico per la persona, il gruppo e le istituzioni; Scienze e tecniche psicologiche per le istituzioni scolastiche e formative; Scienze e tecniche psicologiche: organizzazione e lavoro; Scienze e tecniche psicologiche della personalità e delle relazioni di aiuto; Scienze e tecniche psicologiche di riabilitazione; Scienze e tecniche di psicologia dello sviluppo; Scienze e tecniche psicologiche dello sviluppo e dell'educazione.

L'obiettivo dei corsi è quello di fornire:

- le conoscenze di base caratterizzanti i diversi settori delle discipline psicologiche;
- adeguate conoscenze su metodi e procedure di indagine scientifica;
- competenze operative e applicative;
- esperienze e capacità di operare professionalmente nell'ambito dei servizi diretti alla persona, ai gruppi, alle organizzazioni e alle comunità.

I laureati della classe svolgeranno **attività professionali** in diversi ambiti, quali quelli psicosociali, ergonomici, della valutazione psicometrica, della gestione delle risorse umane, della formazione e delle istituzioni educative, dell'assistenza e della promozione della salute, in strutture pubbliche e private, nelle imprese e nelle organizzazioni del terzo settore.

Ai fini indicati, i *curricula* dei corsi di laurea della classe:

- comprendono in ogni caso attività finalizzate all'acquisizione di fondamenti teorici e di adeguati elementi operativi: della psicologia generale, sociale e dello sviluppo; delle metodologie di indagine; dei metodi statistici e delle procedure informatiche per l'elaborazione dei dati; dei meccanismi psicofisiologici alla base del comportamento; delle dinamiche delle relazioni umane;
- prevedono in ogni caso corsi finalizzati a un adeguato inquadramento delle discipline psicologiche e cognitive nel contesto delle scienze naturali e di quelle umane;

- devono prevedere in ogni caso, tra le attività formative nei diversi settori disciplinari, non meno di 20 crediti per seminari, attività di laboratorio, esperienze applicative, in situazioni reali o simulate, finalizzate all'acquisizione di competenze nelle metodiche sperimentali e nell'utilizzo di strumenti di indagine in ambito personale e sociale;
- includono lo svolgimento di attività con valenza di tirocinio in misura non inferiore a 10 crediti;
- prevedono, in relazione a obiettivi specifici, attività extra-universitarie e soggiorni di studio presso altre università italiane ed estere, anche nel quadro di accordi internazionali.

SCIENZE E TECNICHE PSICOLOGICHE

Attività formative	Ambiti disciplinari	Settori scientifico-disciplinari	CFU
Di base	Fondamenti della psicologia	Psicologia generale; Psicobiologia e psicologia fisiologica; Psicometria; Psicologia dello sviluppo e psicologia dell'educazione; Psicologia sociale.	30
	Formazione interdisciplinare	Fisiologia; Biologia applicata; Discipline demoetnoantropologiche; Logica e filosofia della scienza; Storia della filosofia; Pedagogia generale e sociale; Storia contemporanea; Storia della scienza e delle tecniche; Sociologia generale.	
Caratterizzanti	Psicologia generale e fisiologica	Psicologia generale; Psicobiologia e psicologia fisiologica; Psicometria.	60
	Psicologia dello sviluppo e dell'educazione	Pedagogia sperimentale; Psicologia dello sviluppo e psicologia dell'educazione.	
	Psicologia sociale e del lavoro	Psicologia sociale; Psicologia del lavoro e delle organizzazioni.	
	Psicologia dinamica e clinica	Psicologia dinamica; Psicologia clinica.	
Altre (affini e integrative; a scelta dello studente; prova finale; conoscenza della lingua inglese ecc.)			90

Classe L - 25: Scienze e tecnologie agrarie e forestali

Esempi di corsi di laurea della classe di Scienze e tecnologie agrarie e forestali sono: Agrotecnologie per l'ambiente e il territorio; Economia e marketing nel sistema agro-industriale; Produzione e protezione delle piante e dei sistemi del verde; Scienze del territorio e dell'ambiente agro-forestale; Scienze e tecnologie agrarie; Scienze forestali e ambientali; Tecnologie agrarie; Tutela e gestione del territorio e del paesaggio agro-forestale; Valorizzazione e tutela dell'ambiente e del territorio montano; Verde ornamentale e tutela del paesaggio.

L'obiettivo dei corsi è quello di fornire:

- un'adeguata conoscenza di base nei settori della matematica, fisica, informatica, chimica, biologia orientate agli aspetti applicativi;
- conoscenza delle metodiche disciplinari di indagine finalizzata a fornire gli strumenti per partecipare alla ricerca e alla sperimentazione, nonché utilizzare le conoscenze acquisite per la soluzione dei molteplici problemi applicativi dei settori agrario e forestale;
- conoscenze e competenze anche operative e di laboratorio in uno o più settori. Tra questi, l'**agrario** (con particolare riferimento agli aspetti quantitativi delle produzioni, ai relativi aspetti igienico-sanitari, alle problematiche del territorio agrario, alla stima dei beni fondiari, di mezzi tecnici, impianti e prodotti di interesse agrario, forestale e agroalimentare), il **forestale** (con particolare riferimento alla protezione, pianificazione e gestione economica sostenibile delle risorse dell'ambiente forestale e silvopastorale, alla gestione di progetti e di lavori, alla produzione, trasformazione e commercializzazione di prodotti);
- la capacità di svolgere assistenza tecnica nei settori agrario, agroalimentare e forestale;
- la capacità di valutare l'impatto ambientale di piani e opere propri del settore agrario e forestale;
- la conoscenza delle responsabilità professionali ed etiche;
- la conoscenza dei contesti aziendali e i relativi aspetti economici, gestionali e organizzativi propri dei settori agrario, agroalimentare e forestale;
- gli strumenti cognitivi di base per l'aggiornamento continuo delle proprie conoscenze.

SCIENZE E TECNOLOGIE AGRARIE E FORESTALI			
Attività formative	**Ambiti disciplinari**	**Settori scientifico-disciplinari**	**CFU**
Di base	**Matematiche, fisiche informatiche e statistiche**	Fisica; Matematica; Informatica; Sistemi di elaborazione delle informazioni; Statistica.	**30**
	Discipline chimiche	Chimica generale e inorganica; Chimica organica.	
	Discipline biologiche	Genetica agraria; Botanica generale; Botanica sistematica; Botanica ambientale e applicata; Fisiologia vegetale; Zoologia; Biologia applicata.	
Caratterizzanti	**Discipline economiche, estimative e giuridiche**	Economia ed estimo rurale; Diritto agrario; Diritto dell'Unione europea; Economia e gestione delle imprese.	**60**
	Discipline della produzione vegetale	Agronomia e coltivazioni erbacee; Arboricoltura generale e coltivazioni arboree; Orticoltura e floricoltura; Genetica agraria; Chimica agraria; Microbiologia agraria.	
	Discipline forestali e ambientali	Assestamento forestale e selvicoltura; Pedologia; Ecologia; Geologia stratigrafica e sedimentologica; Geografia fisica e geomorfologica; Mineralogia; Petrologia e petrografia, Sistemi per l'energia e l'ambiente.	
	Discipline della difesa	Entomologia generale e applicata; Patologia vegetale; Malattie infettive degli animali domestici; Parassitologia e malattie parassitarie degli animali.	
	Discipline delle scienze animali	Zootecnica generale e miglioramento genetico; Nutrizione e alimentazione animale; Zootecnica speciale; Zoocolture, Anatomia degli animali domestici, Fisiologia veterinaria.	
	Discipline dell'ingegneria agraria, forestale e della rappresentazione	Idraulica agraria e sistemazioni idraulico-forestali; Meccanica agraria; Costruzioni rurali e territorio agroforestale; Scienze e tecnologie alimentari; Topografia e cartografia; Architettura del paesaggio.	
	Discipline delle tecnologie del legno	Tecnologia del legno e utilizzazioni forestali; Scienza e tecnologia dei materiali polimerici; Scienza e tecnologia dei materiali.	
Altre (affini e integrative; a scelta dello studente; prova finale; conoscenza della lingua inglese ecc.)			**90**

I laureati della classe svolgeranno **attività professionali** in diversi ambiti, quali il settore **agrario** (con particolare riferimento alle tecnologie e controllo delle produzioni vegetali e animali nei loro aspetti quantitativi, qualitativi e igienico-sanitari, alla trasformazione e commercializzazione dei prodotti, alla gestione delle imprese, alla valutazione e stima di beni fondiari, impianti, mezzi tecnici e prodotti del settore agrario, alle problematiche del territorio agrario, con particolare riferimento alla protezione e gestione economica ed ecologica sostenibile delle risorse dell'ambiente rurale, alla gestione di progetti e di lavori, alla salvaguardia dell'ambiente); **forestale** (con particolare riferimento all'analisi e monitoraggio dell'ambiente montano e degli ecosistemi forestali, alla conservazione e gestione sostenibile delle risorse dell'ambiente forestale e silvopastorale, alla gestione di progetti e di lavori per la protezione del suolo e dell'ingegneria forestale, alla produzione, raccolta, lavorazione industriale e commercializzazione di prodotti legnosi, al loro impiego in strutture costruttive e alla trasformazione chimico industriale ed energetica).

Ai fini indicati, i *curricula* dei corsi di laurea della classe:

- comprendono in ogni caso attività finalizzate a fornire le conoscenze di base nei settori indicati, nonché un'adeguata preparazione sulle problematiche generali dei settori agrario e forestale;
- prevedono in relazione a obiettivi specifici, l'obbligatorietà di attività di laboratorio, di attività di campagna, di stage aziendali; prevedono, in relazione a obiettivi specifici, l'acquisizione di conoscenze essenziali delle tecnologie e dell'ingegneria alimentare, dei metodi chimici e microbiologici di analisi, dei sistemi di gestione della qualità e dell'igiene degli alimenti, nonché dei principi della nutrizione umana e della legislazione alimentare.

Classe L - 26: Scienze e tecnologie alimentari

Esempi di corsi di laurea della classe di Scienze e tecnologie alimetari sono: Scienze e tecnologie alimentari; Scienze e tecnologie della ristorazione; Tecnologie alimentari; Viticoltura ed enologia.

L'obiettivo dei corsi è quello di fornire:

- una visione completa delle attività e delle problematiche dalla produzione al consumo degli alimenti (dal campo alla tavola), nonché la capacità di intervenire con misure atte a garantire la sicurezza, la qualità e la salubrità degli alimenti, a ridurre gli sprechi, a conciliare economia ed etica nella produzione, conservazione e distribuzione degli alimenti;
- padronanza dei metodi chimici, fisici sensoriali e microbiologici per il controllo e la valutazione degli alimenti, delle materie prime e dei semilavorati;

- conoscenze relative ai sistemi di gestione della sicurezza, della qualità e dell'igiene;
- i principi della alimentazione umana ai fini della prevenzione e protezione della salute, per un proficuo dialogo con il mondo della medicina;
- elementi e principi di conoscenza della legislazione alimentare, per un indispensabile rispetto della normativa vigente nonché dell'organizzazione e dell'economia delle imprese alimentari;
- la capacità di svolgere compiti tecnici, di programmazione e di vigilanza nelle attività di ristorazione e somministrazione degli alimenti, nonché in quelle di valutazione delle abitudini e dei consumi alimentari;
- la capacità di coordinare i molteplici saperi e le diverse attività legate agli alimenti e all'alimentazione, tenuto conto della unica e specifica visione completa di integrazione verticale, o di filiera (dal campo alla tavola), in specifici settori produttivi del mondo alimentare, nonché la capacità di intervenire nelle diverse fasi di programmazione, produzione, controllo e distribuzione di specifiche categorie alimentari;
- la capacità di coordinare le diverse attività legate alla gastronomia.

SCIENZE E TECNOLOGIE ALIMENTARI

Attività formative	Ambiti disciplinari	Settori scientifico-disciplinari	CFU
Di base	Matematiche, fisiche, informatiche e statistiche	Fisica; Matematica; Informatica; Sistemi di elaborazione delle informazioni; Statistica.	30
	Discipline chimiche	Chimica analitica; Chimica fisica; Chimica generale e inorganica; Chimica organica.	
	Discipline biologiche	Botanica generale; Botanica sistematica; Botanica ambientale e applicata; Fisiologia vegetale; Zoologia; Biochimica; Biologia molecolare; Biologia applicata.	
Caratterizzanti	Discipline economiche e giuridiche	Economia ed estimo rurale; Diritto agrario; Diritto dell'Unione europea; Economia politica; Economia e gestione delle imprese; Organizzazione aziendale.	60
	Discipline della tecnologia alimentare	Agronomia e coltivazioni erbacee; Arboricoltura generale e coltivazioni arboree; Meccanica agraria; Chimica agraria; Scienze e tecnologie alimentari; Microbiologia agraria; Zootecnica generale e miglioramento genetico; Nutrizione e alimentazione animale; Zootecnica speciale.	
	Discipline della sicurezza e valutazione degli alimenti	Genetica agraria; Entomologia generale e applicata; Patologia vegetale; Fisiologia; Chimica analitica; Fondamenti chimici delle tecnologie; Chimica degli alimenti; Chimica e biotecnologia delle fermentazioni; Fisica tecnica industriale; Fisica tecnica ambientale; Scienza e tecnologia dei materiali; Igiene generale e applicata; Scienze tecniche dietetiche applicate; Anatomia degli animali domestici; Ispezione degli alimenti di origine animale.	
Altre (affini e integrative; a scelta dello studente; prova finale; conoscenza della lingua inglese ecc.)			90

I laureati della classe svolgeranno **attività professionali** in diversi ambiti, quali la produzione e il controllo dei processi di trasformazione e conservazione dei prodotti alimentari, la valutazione della qualità dei prodotti finiti, gli aspetti igienico-sanitari, la ristorazione collettiva e la grande distribuzione, la gestione delle linee di produzione e ausilio alla progettazione di impianti del settore.

Ai fini indicati, i *curricula* dei corsi di laurea della classe:

- comprendono in ogni caso attività finalizzate a fornire le conoscenze di base nei settori indicati, nonché un'adeguata preparazione sulle problematiche generali della produzione primaria e del sistema agroalimentare;
- prevedono in relazione a obiettivi specifici, l'obbligatorietà di attività di laboratorio, di attività di campagna, di stage aziendali; prevedono, in relazione a obiettivi specifici, l'acquisizione di conoscenze essenziali delle tecnologie e dell'ingegneria alimentare, dei metodi chimici e microbiologici di analisi, dei sistemi di gestione della qualità e dell'igiene degli alimenti, nonché dei principi della nutrizione umana e della legislazione alimentare.

Classe L - 27: Scienze e tecnologie chimiche

Esempi di corsi di laurea della classe di Scienze e tecnologie chimiche sono: Chimica; Chimica applicata; Chimica applicata e ambientale; Chimica industriale; Chimica industriale ambientale; Chimica dei materiali; Chimica dei materiali e tecnologie ceramiche; Metodi e processi chimici; Scienza dei materiali; Scienze e tecniche cartarie; Scienze e tecnologie chimiche; Scienze e tecnologie chimiche per la conservazione e il restauro; Scienza e tecnologia del packaging; Tecnologie chimiche; Tecnologie chimiche per l'ambiente e le risorse; Tecnologie chimiche per l'industria e l'ambiente.

L'obiettivo dei corsi è quello di fornire:

- un'adeguata conoscenza dei diversi settori della chimica, negli aspetti di base, teorici e sperimentali;
- la capacità di utilizzare le metodiche disciplinari di indagine, in relazione a problemi applicativi.

I laureati della classe svolgeranno **attività professionali** nei seguenti ambiti: industria; nei laboratori di ricerca, di controllo e di analisi; nei settori dell'ambiente e dell'energia; nella conservazione dei beni culturali.

Ai fini indicati, i *curricula* dei corsi di laurea della classe:

- comprendono in ogni caso attività finalizzate all'acquisizione di sufficienti elementi di base di matematica e di fisica, nonché di fondamentali principi della chimica generale, della chimica inorganica, della chimica fisica, della chimica organica e della chimica analitica, anche in connessione alle metodiche di sintesi e di caratterizzazione e alle relazioni struttura-proprietà;
- devono prevedere in ogni caso, fra le attività formative nei diversi settori disciplinari, attività di laboratorio per non meno di 30 crediti complessivi, in particolare finalizzate alla conoscenza di metodiche sperimentali e all'elaborazione dei dati;
- prevedono, in relazione a obiettivi specifici, l'approfondimento di tematiche sia specifiche, quali le basi chimiche di fenomeni biologici, sia applicative, quale la connessione prodotto-processo, nonché stage presso altre università italiane ed estere, anche nel quadro di accordi internazionali;
- prevedono, in relazione a obiettivi specifici, attività professionalizzanti che considerino anche gli aspetti impiantistici, economici, aziendali, brevettuali e della sicurezza, oltre a tirocini formativi presso aziende, strutture della pubblica amministrazione e laboratori esterni.

SCIENZE E TECNOLOGIE CHIMICHE

Attività formative	Ambiti disciplinari	Settori scientifico-disciplinari	CFU
Di base	Discipline matematiche, informatiche fisiche	Fisica; Informatica; Sistemi di elaborazione delle informazioni; Matematica.	40
	Discipline chimiche	Chimica analitica; Chimica fisica; Chimica generale e inorganica; Chimica organica.	
Caratterizzanti		Impianti chimici; Teoria dello sviluppo dei processi chimici.	50
	Discipline chimiche analitiche e ambientali	Chimica analitica; Chimica dell'ambiente e dei beni culturali.	
	Discipline chimiche inorganiche e chimico-fisiche	Chimica fisica; Chimica generale e inorganica.	
	Discipline chimiche industriali e tecnologiche	Chimica industriale; Scienza e tecnologia dei materiali polimerici; Metallurgia; Scienza e tecnologia dei materiali; Impianti chimici.	
	Discipline chimiche organiche e biochimiche	Biochimica; Biologia molecolare; Biochimica clinica e biologia molecolare: Chimica organica.	
Altre (affini e integrative; a scelta dello studente; prova finale; conoscenza della lingua inglese ecc.)			90

Classe L - 28: Scienze e tecnologie della navigazione

Esempi di corsi di laurea della classe di Scienze e tecnologie della navigazione sono: Ingegneria navale; Geomatica per l'ambiente e il territorio; Oceanografia e meteorologia; Scienze nautiche.

L'obiettivo dei corsi è quello di fornire:

- adeguate conoscenze fondamentali di matematica, fisica e informatica e acquisire le metodiche disciplinari di indagine;
- la capacità di operare professionalmente nei campi di applicazione della navigazione, della oceanografia, della meteorologia, del rilievo e delle telecomunicazioni.

I laureati della classe svolgeranno **attività professionali** nei diversi ambiti della marina mercantile, dell'oceanografia, della topografia, nonché dell'assistenza al volo e del controllo del traffico aereo.

Ai fini indicati, i *curricula* dei corsi di laurea della classe:

- comprendono in ogni caso attività finalizzate allo studio: della navigazione e dell'oceanografia; della meteorologia; della topografia, della geodesia, della cartografia e della fotogrammetria; del telerilevamento, in relazione sia alla navigazione sia alla topografia e fotogrammetria; dei sistemi di telecomunicazioni e tecniche radar, con riferimento alla navigazione;
- devono prevedere in ogni caso, tra le attività formative nei diversi settori disciplinari, attività di laboratorio e tirocinio (comprendenti anche campagne di misure), per almeno di 20 crediti complessivi; in particolare, per i *curricula* intesi a formare la figura di capitano di lungo corso, saranno previsti, per ogni anno accademico, fino a quattro mesi di attività teorico-pratiche da svolgersi su navi in effettiva navigazione, in accordo con i requisiti previsti dalla marina mercantile.

SCIENZE E TECNOLOGIE DELLA NAVIGAZIONE			
Attività formative	**Ambiti disciplinari**	**Settori scientifico-disciplinari**	**CFU**
Di base	**Matematica, fisica, chimica, informatica**	Chimica generale e inorganica; Chimica organica; Fisica sperimentale; Astronomia e astrofisica; Fisica per il sistema terra e per il mezzo circumterrestre; Informatica; Sistemi di elaborazione delle informazioni; Matematica.	**45**
Caratterizzanti	**Discipline geologiche e geofisiche**	Geologia stratigrafica e sedimentologica; Geografia fisica e geomorfologia; Geofisica della terra solida; Geofisica applicata; Oceanografia e fisica dell'atmosfera.	**45**
	Discipline ingegneristiche	Costruzioni idrauliche e marittime e idrologia; Ingegneria sanitaria-ambientale; Trasporti; Topografia e cartografia; Geotecnica; Scienza delle costruzioni; Architettura navale; Costruzioni e impianti navali e marini; Meccanica del volo; Impianti e sistemi aerospaziali; Scienza e tecnologia dei materiali; Campi elettromagnetici; Telecomunicazioni; Automatica.	
	Discipline giuridiche	Diritto privato; Diritto commerciale; Diritto della navigazione; Diritto amministrativo; Diritto tributario; Diritto internazionale.	
	Discipline economiche e aziendali	Economia aziendale; Economia e gestione delle imprese; Organizzazione aziendale.	
Altre (affini e integrative; a scelta dello studente; prova finale; conoscenza della lingua inglese ecc.)			**90**

Classe L - 29: Scienze e tecnologie farmaceutiche

Esempi di corsi di laurea della classe di Scienze e tecnologie farmaceutiche sono: Controllo qualità del farmaco; Controllo di qualità nel settore industriale farmaceutico; Informazione scientifica sul farmaco; Informatore del farmaco e dei prodotti della salute; Prodotti della salute; Scienze della nutrizione; Scienza e tecnologia dei prodotti cosmetici; Scienza e tecnologia dei prodotti dietetici; Scienze e tecnologie dei prodotti erboristici; Scienze e tecnologie dei prodotti erboristici, dietetici e cosmetici; Tecniche cosmetiche; Tecniche erboristiche; Tossicologi dell'ambiente; Tossicologia dell'ambiente, alimenti e farmaco; Tossicologia del farmaco, degli alimenti e dell'ambiente; Tossicologia analitica socio-ambientale.

L'obiettivo dei corsi è quello di fornire:

- adeguate conoscenze di base della chimica nel campo della struttura molecolare, degli equilibri ionici e del chimismo dei gruppi funzionali;
- adeguate conoscenze di biologia animale e vegetale, della morfologia e della fisiologia del corpo umano;
- nozioni di biochimica generale e applicata tese a comprendere i meccanismi molecolari dei fenomeni biologici e delle attività metaboliche e a conoscere enzimi, proteine e acidi nucleici come recettori di farmaci;
- nozioni di chimica farmaceutica e farmacologia al fine di una conoscenza dei farmaci e degli aspetti relativi alla farmacodinamica, farmacocinetica e tossicità;
- la conoscenza delle forme farmaceutiche, le materie impiegate nelle formulazioni dei preparati terapeutici e le norme legislative e deontologiche utili all'esercizio di vari aspetti delle attività professionali;
- la capacità di utilizzare i principali strumenti informatici negli ambiti specifici di competenza.

I laureati della classe svolgeranno **attività professionali** in diversi ambiti di applicazione, quali il controllo del farmaco nel settore dell'industria farmaceutica; l'informazione scientifica del farmaco e dei prodotti della salute; la formulazione, la produzione e il controllo di qualità dei prodotti cosmetici e dietetici; la produzione e il controllo di qualità dei prodotti diagnostici e chimico-clinici nel settore della salute; la trasformazione e il confezionamento di parti di piante e loro derivati, per uso erboristico, garantendone la qualità secondo quanto disposto dalle norme vigenti; il controllo chimico-tossicologico e tossicologico a tutela della sicurezza ambientale e industriale.

Ai fini indicati, i *curricula* dei corsi di laurea della classe:

- comprendono in ogni caso attività finalizzate ad acquisire sufficienti elementi di base di matematica e di fisica; fondamentali principi di chimica e di biologia; fondamentali conoscenze di chimica farmaceutica, di farmacologia, di fisiologia, di biochimica e di tecnica farmaceutica;
- devono prevedere attività pratiche di laboratorio nei diversi settori disciplinari.

SCIENZE E TECNOLOGIE FARMACEUTICHE			
Attività formative	**Ambiti disciplinari**	**Settori scientifico-disciplinari**	**CFU**
Di base	**Discipline matematiche, fisiche, informatiche e statistiche**	Fisica; Matematica; Informatica; Sistemi di elaborazione delle informazioni; Statistica medica; Statistica per la ricerca sperimentale e tecnologica.	**30**
	Discipline chimiche	Chimica analitica; Chimica fisica; Chimica generale e inorganica; Chimica organica; Chimica farmaceutica.	
	Discipline biologiche e morfologiche	Fisiologia vegetale; Zoologia; Fisiologia; Biochimica; Biologia applicata; Biologia farmaceutica; Anatomia umana.	
Caratterizzanti	**Discipline farmaceutiche e tecnologiche**	Chimica farmaceutica; Farmaceutico tecnologico applicativo.	**60**
	Discipline chimiche	Chimica analitica; Chimica fisica; Chimica generale e inorganica; Chimica industriale; Scienza e tecnologia dei materiali polimerici; Chimica organica; Chimica degli alimenti; Chimica e biotecnologia delle fermentazioni; Chimica dell'ambiente e dei beni culturali.	
	Discipline biologiche	Fisiologia; Biochimica; Biologia molecolare; Biochimica clinica e biologia molecolare; Farmacologia; Biologia farmaceutica; Microbiologia generale.	
	Discipline mediche	Patologia generale; Patologia clinica; Microbiologia e microbiologia clinica; Medicina interna; Endocrinologia; Malattie cutanee e veneree; Igiene generale e applicata; Medicina del lavoro; Scienze tecniche dietetiche applicate.	
	Discipline agrarie	Economia ed estimo rurale; Agronomia e coltivazioni erbacee; Orticoltura e floricoltura; Genetica agraria; Entomologia generale e applicata; Patologia vegetale; Chimica agraria; Scienze e tecnologie alimentari.	
Altre (affini e integrative; a scelta dello studente; prova finale; conoscenza della lingua inglese ecc.)			**90**

Classe L - 30: Scienze e tecnologie fisiche

Esempi di corsi di laurea della classe di Scienze e tecnologie fisiche sono: Astronomia; Fisica; Fisica applicata; Fisica e applicazioni elettroniche e informatiche; Fisica e astrofisica; Fisica dell'atmosfera e meteorologia; Fisica e informatica per le telecomunicazioni; Fisica e tecnologie avanzate; Meteorologia e ambiente; Metodologie fisiche; Nuove tecnologie fisiche; Ottica; Ottica e optometria; Scienze dei materiali; Scienze e tecnologie fisiche; Scienze e tecnologie orafe; Tecnologie fisiche; Tecnologie fisiche innovative.

L'obiettivo dei corsi è quello di fornire:

- un'adeguata conoscenza di base dei diversi settori della fisica classica e moderna;
- le metodologie di indagine e la capacità di applicarle nella rappresentazione e nella modellizzazione della realtà fisica e della loro verifica;
- competenze operative e di laboratorio;
- la capacità di comprendere e utilizzare strumenti matematici e informatici adeguati;
- la capacità di operare professionalmente in ambiti definiti di applicazione, quali il supporto scientifico alle attività industriali, mediche, sanitarie e concernenti l'ambiente, il risparmio energetico e i beni culturali, nonché le varie attività rivolte alla diffusione della cultura scientifica.

I laureati della classe svolgeranno **attività professionali** negli ambiti sia delle applicazioni tecnologiche a livello industriale, che di laboratorio, della fisica in generale e, in particolare, della radioprotezione (umana, ambientale e delle cose), delle telecomunicazioni, dei controlli remoti di sistemi satellitari, e della partecipazione anche gestionale all'attività di centri di ricerca pubblici e privati, curando attività di modellizzazione e analisi e le relative implicazioni informatico-fisiche.

Ai fini indicati, i *curricula* dei corsi di laurea della classe:

- comprendono in ogni caso attività finalizzate ad acquisire: conoscenze di base dell'algebra, della geometria, del calcolo differenziale e integrale; conoscenze fondamentali della fisica classica, della fisica teorica e della fisica quantistica e delle loro basi matematiche; elementi di chimica; aspetti della fisica moderna, relativi a esempio all'astronomia e astrofisica, alla fisica nucleare e subnucleare, alla struttura della materia;
- devono prevedere in ogni caso, fra le attività formative nei diversi settori disciplinari, attività di laboratorio per non meno di 20 crediti complessivi, in particolare dedicate alla conoscenza di metodiche sperimentali, alla misura e all'elaborazione dei dati.

SCIENZE E TECNOLOGIE FISICHE			
Attività formative	**Ambiti disciplinari**	**Settori scientifico-disciplinari**	**CFU**
Di base	**Discipline matematiche e informatiche**	Informatica; Sistemi di elaborazione delle informazioni; Algebra; Geometria; Analisi matematica; Probabilità e statistica matematica; Fisica matematica; Analisi numerica.	**40**
	Discipline chimiche	Chimica analitica; Chimica fisica; Chimica generale e inorganica; Chimica organica.	
	Discipline fisiche	Fisica sperimentale; Fisica teorica, modelli e metodi matematici.	
Caratterizzanti	**Sperimentale e applicativo**	Fisica sperimentale; Fisica applicata (a beni culturali, ambientali, biologia e medicina).	**50**
	Teorico e dei fondamenti della fisica	Fisica teorica, modelli e metodi matematici; Didattica e storia della fisica.	
	Microfisico e della struttura della materia	Fisica della materia; Fisica nucleare e subnucleare.	
	Astrofisico, geofisico e spaziale	Astronomia e astrofisica; Fisica per il sistema terra e per il mezzo circumterrestre; Geofisica della terra solida; Geofisica applicata; Oceanografia e fisica dell'atmosfera.	
Altre (affini e integrative; a scelta dello studente; prova finale; conoscenza della lingua inglese ecc.)			**90**

Classe L - 31: Scienze e tecnologie informatiche

Esempi di corsi di laurea della classe di Scienze e tecnologie informatiche sono: Comunicazione digitale; Informatica; Informatica applicata; Informatica e comunicazione digitale; Informatica, modelli e sistemi; Informatica umanistica; Scienze dell'informazione; Scienze di internet; Scienze e teoria dell'informatica; Tecnologie dell'informazione; Tecnologie per la società dell'informazione; Tecnologie web e multimediali.

L'obiettivo dei corsi è quello di fornire:

- conoscenze e competenze nei vari settori delle scienze e tecnologie dell'informazione e della comunicazione mirate al loro utilizzo nella progettazione, sviluppo e gestione di sistemi informatici;
- la capacità di affrontare e analizzare problemi e di sviluppare sistemi informatici per la loro soluzione;
- le metodologie di indagine e la capacità di applicarle in situazioni concrete con appropriata conoscenza degli strumenti matematici di supporto alle competenze informatiche.

I laureati della classe svolgeranno **attività professionali** negli ambiti della progettazione, organizzazione e gestione di sistemi informatici, sia in imprese produttrici nelle aree dei sistemi informatici e delle reti, sia nelle imprese, nelle amministrazioni e nei laboratori che utilizzano sistemi informatici complessi.

Ai fini indicati, i *curricula* dei corsi di laurea della classe:

- comprendono in ogni caso attività finalizzate ad acquisire: strumenti di matematica discreta e del continuo; conoscenza dei principi, delle strutture e dell'utilizzo dei sistemi di elaborazione; tecniche e metodi di progettazione e realizzazione di sistemi informatici, sia di base che applicativi; conoscenza di settori di applicazione; è opportuno inoltre che siano previsti elementi di cultura aziendale e professionale ed elementi di cultura sociale e giuridica;
- devono prevedere in ogni caso, fra le attività formative nei diversi settori disciplinari, lezioni ed esercitazioni di laboratorio e inoltre attività progettuali autonome e attività individuali in laboratorio, per non meno di 20 crediti.

SCIENZE E TECNOLOGIE INFORMATICHE			
Attività formative	**Ambiti disciplinari**	**Settori scientifico-disciplinari**	**CFU**
Di base	**Formazione matematico-fisica**	Fisica sperimentale; Fisica teorica, modelli e metodi matematici; Fisica della materia; Matematica.	**30**
	Formazione informatica di base	Informatica; Sistemi di elaborazione delle informazioni.	
Caratterizzanti	**Discipline informatiche**	Informatica; Sistemi di elaborazione delle informazioni.	**60**
Altre (affini e integrative; a scelta dello studente; prova finale; conoscenza della lingua inglese ecc.)			**90**

Classe L - 32: Scienze e tecnologie per l'ambiente e la natura

Esempi di corsi di laurea della classe di Scienze e tecnologie per l'ambiente e la natura sono: Comunicazione ambientale; Conservazione e recupero dei beni naturali; Divulgazione scientifica e formazione ambientale; Ecoturismo; Gestione dei rischi naturali; Gestione delle risorse del mare e delle coste; Scienze ambientali; Scienze ambientali delle acque interne e lagunari; Scienze ambientali e gestione del territorio; Scienze ambientali terrestri; Scienze dell'ambiente e delle produzioni marine; Scienze per l'ambiente e lo sviluppo sostenibile; Scienze ecologiche ed educazione ambientale; Scienze del fiore e del verde; Scienze naturali; Scienze per la natura e per l'ambiente; Scienze della natura e delle sue risorse; Scienze e tecnologie per l'ambiente; Scienze e tecnologie ambientali per il territorio e il sistema produttivo; Scienze e tecnologie per l'ambiente e il turismo; Scienze e tecnologie per la natura; Scienze e tecnologie per uno sviluppo eco-sostenibile; Tecnologie, igiene e sanità degli allevamenti estensivi ecocompatibili; Valutazione e controllo ambientale.

L'obiettivo dei corsi è quello di fornire una cultura sistemica di ambiente e una buona pratica del metodo scientifico per l'analisi di componenti e fattori di processi, sistemi e problemi riguardanti l'ambiente, sia naturale, sia modificato dagli esseri umani.

I laureati della classe svolgeranno **attività professionali** in diversi settori, quali: il rilevamento, la classificazione, l'analisi, il ripristino e la conservazione di componenti abiotiche e biotiche di ecosistemi naturali, acquatici e terrestri; i parchi e le riserve naturali, i musei scientifici e i centri didattici; l'analisi e il monitoraggio di sistemi e processi ambientali gestiti dagli esseri umani, nella prospettiva della sostenibilità e della prevenzione, ai fini della promozione della qualità dell'ambiente; la localizzazione, la diagnostica, la tutela e il recupero dei beni ambientali e culturali.

SCIENZE E TECNOLOGIE PER L'AMBIENTE E LA NATURA

Attività formative	Ambiti disciplinari	Settori scientifico-disciplinari	CFU
Di base	Discipline matematiche, informatiche e statistiche	Informatica; Sistemi di elaborazione delle informazioni; Matematica; Statistica; Statistica per la ricerca sperimentale e tecnologica.	36
	Discipline fisiche	Fisica.	
	Discipline chimiche	Chimica analitica; Chimica fisica; Chimica generale e inorganica; Chimica organica.	
	Discipline naturalistiche	Botanica generale; Zoologia; Geografia fisica e geomorfologia; Petrologia e petrografia.	
Caratterizzanti	Discipline biologiche	Botanica generale; Botanica sistematica; Fisiologia vegetale; Zoologia; Anatomia comparata e citologia; Antropologia; Fisiologia; Biochimica; Biologia molecolare; Anatomia umana; Genetica; Microbiologia generale.	54
	Discipline ecologiche	Botanica ambientale e applicata; Ecologia; Geografia fisica e geomorfologia.	
	Discipline di scienze della Terra	Paleontologia e paleoecologia; Geologia stratigrafica e sedimentologica; Geologia strutturale; Geografia fisica e geomorfologia; Geologia applicata; Mineralogia; Petrologia e petrografia; Geochimica e vulcanologia; Georisorse minerarie e applicazioni mineralogico-petrografiche per l'ambiente e i beni culturali; Geofisica della terra solida; Geofisica applicata; Oceanografia e fisica dell'atmosfera.	
	Discipline agrarie, chimiche, fisiche, giuridiche economiche e di contesto	Economia ed estimo rurale; Agronomia e coltivazioni erbacee; Arboricoltura generale e coltivazioni arboree; Orticoltura e floricoltura; Assestamento forestale e selvicoltura; Tecnologia del legno e utilizzazioni forestali; Genetica agraria; Idraulica agraria e sistemazioni idraulico-forestali; Costruzioni rurali e territorio agroforestale; Entomologia generale e applicata; Patologia vegetale; Chimica agraria; Pedologia; Microbiologia agraria; Zootecnica speciale; Zoocolture; Chimica analitica; Chimica dell'ambiente e dei beni culturali; Fisica per il sistema terra e per il mezzo circumterrestre; Fisica applicata (a beni culturali, ambientali, biologia e medicina); Topografia e cartografia; Architettura del paesaggio; Tecnica e pianificazione urbanistica; Informatica; Diritto privato; Diritto della navigazione; Istituzioni di diritto pubblico; Diritto amministrativo; Diritto internazionale; Diritto dell'Unione europea; Geografia; Geografia economico-politica; Storia della scienza e delle tecniche; Igiene generale e applicata; Economia politica; Politica economica; Economia applicata; Statistica; Sociologia dei processi culturali e comunicativi.	
Altre (affini e integrative; a scelta dello studente; prova finale; conoscenza della lingua inglese ecc.)			90

Ai fini indicati, i *curricula* dei corsi di laurea della classe:

- potranno essere più orientati alle scienze della natura, maggiormente caratterizzati, pertanto, da attività didattiche relative ai settori delle scienze della Terra e delle scienze biologiche, ovvero più orientati verso l'analisi e la gestione di realtà ambientali complesse, prevedendo così l'interazione fra un ampio spettro di discipline di base, di discipline metodologiche e di processo, nonché di scienze economiche, giuridiche e sociali;
- devono prevedere in ogni caso, tra le attività formative nei diversi settori disciplinari, lezioni ed esercitazioni di laboratorio e attività sul campo, per non meno di 20 crediti complessivi, in particolare dedicate alla conoscenza di metodiche sperimentali e all'elaborazione dei dati.

Classe L - 33: Scienze economiche

Esempi di corsi di laurea della classe di Scienze economiche sono: Commercio estero; Consulente economico giuridico di impresa; Discipline economiche e sociali; Economia; Economia ambientale; Economia dell'ambiente e del turismo sostenibile; Economia delle amministrazioni pubbliche e delle istituzioni internazionali; Economia applicata e delle istituzioni internazionali; Economia bancaria, finanziaria e assicurativa; Economia dei beni culturali e della comunicazione; Economia e commercio; Economia del commercio internazionale e dei mercati valutari; Economia e diritto; Economia europea; Economia e finanza; Economia e gestione dei servizi turistici; Economia e gestione dello sviluppo territoriale; Economia delle imprese e dei mercati; Economia dell'informazione; Economia internazionale; Economia in internet; Economia e istituzioni; Economia, istituzioni e finanza; Economia e istituzioni dell'integrazione europea e internazionale; Economia e istituzioni dei servizi sociali, previdenziali, formativi e culturali; Economia e legislazione economica; Economia e management; Economia dei mercati globali; Economia dei mercati e degli intermediari finanziari; Economia dei mercati e dell'innovazione; Economia dei mercati monetari e finanziari; Economia delle organizzazioni no-profit e delle cooperative sociali; Economia politica; Economia e politiche europee; Economia delle regioni e del territorio; Economia dei settori innovativi, delle reti e dei sistemi finanziari; Economia del settore pubblico e delle organizzazioni no-profit; Economia del territorio; Economia del territorio e dell'ambiente; Economia territoriale e reti di imprese; Economia del turismo e delle risorse; Economia e valutazione delle politiche pubbliche e territoriali; International economics and management; Scienze economiche; Scienze economiche e sociali; Statistica e informatica per l'economia e le imprese.

L'obiettivo dei corsi è quello di fornire:

- un'adeguata conoscenza delle discipline economiche e un'adeguata padronanza degli strumenti matematico-statistici e dei principi e istituti dell'ordinamento giuridico;
- la capacità di affrontare le problematiche proprie dei sistemi economici e delle aziende che ne costituiscono il tessuto;
- una buona padronanza del metodo della ricerca, della metodica economica e delle tecniche proprie dei diversi settori di applicazione, tenendo anche conto delle innovazioni legate alle analisi di genere;
- competenze pratiche e operative, relative alla misura, al rilevamento e al trattamento dei dati pertinenti l'analisi economica nei suoi vari aspetti applicativi;
- un'adeguata conoscenza della cultura organizzativa dei contesti lavorativi.

I laureati della classe svolgeranno **attività professionali** nei settori economici del pubblico e del privato e dell'economia sociale; nell'ambito di uffici studi di organismi territoriali, di enti di ricerca nazionali e internazionali, nelle pubbliche amministrazioni, nelle imprese e negli organismi sindacali e professionali.

Ai fini indicati, i *curricula* dei corsi di laurea della classe:

- comprendono in ogni caso attività finalizzate all'acquisizione di conoscenze fondamentali nei vari campi delle scienze economiche e di metodi matematico-statistici propri dell'economia nel suo complesso, nonché alla modellizzazione di fenomeni economici, sociali e culturali;
- comprendono in ogni caso almeno una quota di attività formative orientate all'apprendimento di capacità operative in uno specifico settore applicativo.

SCIENZE ECONOMICHE

Attività formative	Ambiti disciplinari	Settori scientifico-disciplinari	CFU
Di base	Economico	Economia politica; Politica economica; Storia economica.	28
	Statistico-matematico	Statistica; Statistica economica; Metodi matematici dell'economia e delle scienze attuariali e finanziarie.	
	Giuridico	Diritto privato; Diritto commerciale; Istituzioni di diritto pubblico.	
	Aziendale	Economia aziendale; Economia e gestione delle imprese; Economia degli intermediari finanziari.	

SCIENZE ECONOMICHE			
Caratterizzanti	Economico	Geografia economico-politico; Economia politica; Politica economica; Scienza delle finanze; Storia del pensiero economico; Econometria; Economia applicata.	62
	Aziendale	Economia aziendale; Economia e gestione delle imprese; Finanza aziendale; Economia degli intermediari finanziari.	
	Statistico-matematico	Statistica; Statistica economica; Demografia; Metodi matematici dell'economia e delle scienze attuariali e finanziarie.	
	Giuridico	Diritto dell'economia; Diritto della navigazione; Diritto del lavoro; Istituzioni di diritto pubblico; Diritto amministrativo; Diritto internazionale; Diritto dell'Unione europea.	
Altre (affini e integrative; a scelta dello studente; prova finale; conoscenza della lingua inglese ecc.)			90

Classe L - 34: Scienze geologiche

SCIENZE GEOLOGICHE			
Attività formative	**Ambiti disciplinari**	**Settori scientifico-disciplinari**	**CFU**
Di base	Discipline matematiche	Matematica; Metodi matematici dell'economia e delle scienze attuariali e finanziarie.	36
	Discipline fisiche	Fisica.	
	Discipline informatiche	Informatica; Sistemi di elaborazione delle informazioni.	
	Discipline chimiche	Chimica analitica; Chimica fisica; Chimica generale e inorganica; Chimica organica.	
	Discipline geologiche	Paleontologia e paleoecologia; Geologia stratigrafica e sedimentologica; Geologia strutturale; Geografia fisica e geomorfologia; Geologia applicata; Mineralogia; Petrologia e petrografia; Geochimica e vulcanologia; Georisorse minerarie e applicazioni mineralogico-petrografiche per l'ambiente e i beni culturali.	
Caratterizzanti	Ambito geologico-paleontologico	Paleontologia e paleoecologia; Geologia stratigrafica e sedimentologica; Geologia strutturale.	51
	Ambito geomorfologico-geologico applicato	Geografia fisica e geomorfologia; Geologia applicata.	
	Ambito mineralogico-petrografico e geochimico-geofisico	Mineralogia; Petrologia e petrografia; Geochimica e vulcanologia; Georisorse minerarie e applicazioni mineralogico-petrografiche per l'ambiente e i beni culturali.	
	Ambito geofisico	Fisica per il sistema terra e per il mezzo circumterrestre; Geofisica della terra solida; Geofisica applicata; Oceanografia e fisica dell'atmosfera.	
Altre (affini e integrative; a scelta dello studente; prova finale; conoscenza della lingua inglese ecc.)			93

Esempi di corsi di laurea della classe di Scienze geologiche sono: Analisi e gestione dei rischi naturali e antropici; Applicazioni tecnologiche della geologia; Geofisica applicata alla difesa del territorio; Geologia per l'ambiente, il territorio e rischi geologici; Geologia applicata alla salvaguardia del territorio; Geologia dei materiali e delle risorse; Geologia e risorse naturali; Georisorse e conservazione dei beni monumentali; Geotecnologie; Scienze geologiche; Scienze geologiche per la protezione civile; Scienze e tecnologie geologiche; Scienze della Terra.
L'obiettivo dei corsi è quello di fornire:

- le conoscenze fondamentali nelle discipline chimiche, fisiche, matematiche e informatiche;
- le conoscenze di base nei diversi settori inerenti al sistema Terra, nei loro aspetti teorici, sperimentali e pratici;
- una sufficiente familiarità con le metodiche disciplinari di indagine;
- la capacità di utilizzare gli strumenti fondamentali per l'analisi dei sistemi e dei processi geologici;
- sufficienti competenze operative di laboratorio e di terreno.

I laureati della classe svolgeranno **attività professionali** in diversi ambiti, quali cartografia geologica e tematica; mitigazione dei rischi geologici e ambientali; indagini geognostiche ed esplorazione del sottosuolo, anche con metodi geofisici; reperimento, valutazione e gestione delle georisorse, comprese quelle idriche; valutazione e prevenzione del degrado dei beni culturali e ambientali; analisi e certificazione dei materiali geologici; gestione del territorio e valutazione d'impatto ambientale; rilievi geodetici, topografici, oceanografici e atmosferici. Tali professionalità potranno trovare applicazione in enti pubblici, istituzioni, aziende, società, studi professionali.

Classe L - 35: Scienze matematiche

Esempi di corsi di laurea della classe di Scienze matematiche sono: Divulgazione scientifica; Matematica; Matematica per le applicazioni; Matematica per le applicazioni gestionali e tecnologiche; Matematica applicata all'industria e alla finanza; Matematica per la formazione scientifica e la divulgazione; Matematica informatico-computazionale; Matematica e informatica per la applicazioni aziendali; Matematica per l'informatica e il calcolo scientifico; Matematica per le scienze dell'ingegneria; Matematica per la tecnologia e la finanza; Statistica matematica e trattamento informatico dei dati.

L'obiettivo dei corsi è quello di fornire:

- adeguate conoscenze di base nell'area della matematica;
- competenze computazionali e informatiche;
- le metodiche disciplinari e la capacità di comprendere e utilizzare descrizioni e modelli matematici di situazioni concrete di interesse scientifico o economico.

I laureati della classe svolgeranno **attività professionali** nel campo della diffusione della cultura scientifica, nonché del supporto modellistico-matematico e computazionale ad attività dell'industria, della finanza e dei servizi, e nella pubblica amministrazione.

Ai fini indicati, i *curricula* dei corsi di laurea della classe:

- comprendono in ogni caso attività finalizzate a far acquisire: le conoscenze fondamentali nei vari campi della matematica, nonché di metodi propri della matematica nel suo complesso; la modellizzazione di fenomeni naturali, sociali ed economici, e di problemi tecnologici; il calcolo numerico e simbolico e gli aspetti computazionali della matematica e della statistica;
- devono prevedere in ogni caso almeno una quota di attività formative caratterizzate da un particolare rigore logico e da un elevato livello di astrazione.

SCIENZE MATEMATICHE

Attività formative	Ambiti disciplinari	Settori scientifico-disciplinari	CFU
Di base	Formazione matematica di base	Algebra; Geometria; Analisi matematica; Probabilità e statistica matematica; Fisica matematica; Analisi numerica.	45
	Formazione fisica	Fisica sperimentale; Fisica teorica, modelli e metodi matematici; Fisica della materia; Fisica nucleare e subnucleare; Astronomia e astrofisica; Fisica per il sistema terra e per il mezzo circumterrestre; Fisica applicata (a beni culturali, ambientali, biologia e medicina); Didattica e storia della fisica.	
	Formazione informatica	Informatica; Sistemi di elaborazione delle informazioni.	
Caratterizzanti	Formazione teorica	Logica matematica; Algebra; Geometria; Matematiche complementari; Analisi matematica.	30
	Formazione modellistico-applicativa	Probabilità e statistica matematica; Fisica matematica; Analisi numerica; Ricerca operativa.	
Altre (affini e integrative; a scelta dello studente; prova finale; conoscenza della lingua inglese ecc.)			105

Classe L - 36: Scienze politiche e delle relazioni internazionali

SCIENZE POLITICHE E DELLE RELAZIONI INTERNAZIONALI

Attività formative	Ambiti disciplinari	Settori scientifico-disciplinari	CFU
Di base	Formazione interdisciplinare	Istituzioni di diritto pubblico; Storia contemporanea; Economia politica; Statistica; Storia delle dottrine politiche; Scienza politica; Sociologia generale.	40
	Discipline linguistiche	Lingua e traduzione – lingua francese; Lingua e traduzione – lingua spagnola; Lingua e traduzione – lingua inglese; Lingua e traduzione – lingua tedesca.	
Caratterizzanti	Discipline storico-politiche	Storia moderna; Storia contemporanea; Storia delle dottrine politiche; Storia delle istituzioni politiche Storia delle relazioni internazionali.	50
	Discipline economico-politiche	Economia politica; Politica economica; Scienza delle finanze; Economia applicata; Demografia.	
	Discipline sociologiche	Sociologia generale; Sociologia dei processi culturali e comunicativi; Sociologia dei processi economici e del lavoro; Sociologia dei fenomeni politici.	
	Discipline politologiche	Filosofia politica; Scienza politica.	
	Discipline giuridiche	Diritto privato; Diritto privato comparato; Istituzioni di diritto pubblico; Diritto amministrativo; Diritto internazionale; Diritto dell'Unione europea; Diritto pubblico comparato.	
Altre (affini e integrative; a scelta dello studente; prova finale; conoscenza della lingua inglese ecc.)			90

Esempi di corsi di laurea della classe di Scienze politiche e delle relazioni internazionali sono: Analisi dei fenomeni sociali e politici; Istituzioni e politiche per lo sviluppo; Politica, economia e istituzioni europee; Politica e integrazione europea; Politica e relazioni internazionali; Relazioni internazionali; Relazioni e politiche internazionali; Scienze internazionali e diplomatiche; Scienze internazionali e istituzioni europee;

Scienze organizzative e gestionali; Scienze politiche; Scienze politiche comparate e cultura europea; Scienze politiche per il giornalismo; Scienze politiche e istituzioni europee; Scienze politiche e delle relazioni internazionali; Studi europei; Studi internazionali; Studi internazionali ed europei; Studi politici internazionali e comunitari.

L'obiettivo dei corsi è quello di fornire:

- conoscenze, sia metodologiche sia culturali e professionali, caratterizzate da una formazione interdisciplinare nei settori giuridico, economico, politologico, sociale e storico, idonee a valutare e gestire le problematiche pubbliche e private proprie delle società moderne, nonché le politiche delle pari opportunità;
- conoscenze interdisciplinari atte a programmare e a realizzare strategie operative complesse;
- la padronanza del metodo della ricerca empirica politologica, sociologica, statistica, economica e quantitativa, nonché del metodo comparativo, specie nelle discipline giuspubblicistiche, che consenta un inserimento operativo e innovativo nell'impiego pubblico e privato.

I laureati della classe svolgeranno **attività professionali** in diversi ambiti, quali imprese e organizzazioni private nazionali e multinazionali, amministrazioni, enti, organizzazioni pubbliche nazionali, sovranazionali e internazionali, organizzazioni non governative e del terzo settore.

Classe L - 37: Scienze sociali per la cooperazione, lo sviluppo e la pace

Esempi di corsi di laurea della classe di Scienze sociali per la cooperazione, lo sviluppo e la pace sono: Cooperazione internazionale per lo sviluppo e la pace; Cooperazione internazionale e politiche per lo sviluppo; Cooperazione allo sviluppo; Consulente esperto in processi di pace, cooperazione e sviluppo; Discipline economiche e sociali; Discipline sociali per lo sviluppo; Operatori per la pace; Pace, diritti umani e cooperazione allo sviluppo nell'area mediterranea; Politica ed economia per la cooperazione allo sviluppo; Scienze e istituzioni per la cooperazione e lo sviluppo; Scienze per la pace; Scienze sociali per lo sviluppo; Scienze sociali per la cooperazione, lo sviluppo e il no-profit; Scienze sociali per la cooperazione, lo sviluppo e la pace; Studi sullo sviluppo e la cooperazione internazionale; Sviluppo e cooperazione; Sviluppo e cooperazione internazionale; Sviluppo economico e cooperazione internazionale.

SCIENZE SOCIALI PER LA COOPERAZIONE, LO SVILUPPO E LA PACE

Attività formative	Ambiti disciplinari	Settori scientifico-disciplinari	CFU
Di base	Istituzioni di economia e politica economica	Economia politica; Politica economica; Scienza delle finanze; Economia applicata; Statistica.	42
	Discipline storico-antropologiche	Storia dei paesi islamici; Discipline demoetnoantropologiche; Storia moderna; Storia dell'Europa orientale; Storia contemporanea; Storia economica; Storia e istituzioni delle Americhe; Storia delle relazioni internazionali; Sociologia dei processi culturali e comunicativi; Storia e istituzioni dell'Africa; Storia e istituzioni dell'Asia.	
	Discipline giuridico-politiche	Diritto privato; Diritto privato comparato; Istituzioni di diritto pubblico; Diritto pubblico comparato; Storia delle dottrine politiche; Scienza politica.	
	Discipline linguistiche	Lingua e traduzione - lingua francese; Lingua e traduzione - lingua spagnola; Lingua e traduzione - lingua inglese; Lingua e traduzione - lingua tedesca.	
Caratterizzanti	Cooperazione e sviluppo	Diritto internazionale; Diritto dell'Unione europea; Economia politica; Politica economica; Economia applicata.	48
	Geografia e organizzazione del territorio	Informatica; Sistemi di elaborazione delle informazioni; Geografia; Geografia economico-politica; Sociologia dell'ambiente e del territorio.	
	Sociologia e sistemi sociali e politici	Scienza politica; Sociologia generale; Sociologia dei processi culturali e comunicativi; Sociologia dei processi economici e del lavoro; Sociologia dei fenomeni politici; Sociologia giuridica, della devianza e mutamento sociale.	
	Discipline antropologiche	Discipline demoetnoantropologiche; Psicologia sociale; Psicologia del lavoro e delle organizzazioni; Statistica economica; Demografia; Statistica sociale.	
Altre (affini e integrative; a scelta dello studente; prova finale; conoscenza della lingua inglese ecc.)			90

L'obiettivo dei corsi è quello di fornire:

- un'adeguata conoscenza di base nell'area delle discipline demoetnoantropologiche, dello sviluppo e del mutamento sociale, anche con conoscenza delle politiche di pari opportunità;

- familiarità con i fenomeni della mondializzazione dell'economia, con le dinamiche interculturali e di genere e con le componenti antropologiche, sociali, culturali e istituzionali dello sviluppo, anche a livello locale.

I laureati nei corsi di laurea della classe svolgeranno **attività professionali** nella pubblica amministrazione, nelle organizzazioni non governative e del terzo settore, nelle istituzioni educative, nel sistema della cooperazione sociale e culturale e in particolare nelle organizzazioni internazionali.

Ai fini indicati, i *curricula* dei corsi di laurea della classe:

- comprendono in ogni caso attività finalizzate all'acquisizione di conoscenze fondamentali nei vari campi delle scienze antropologiche e sociali applicate allo sviluppo;
- comprendono in ogni caso almeno una quota di attività formative caratterizzate da un'approfondita conoscenza delle metodiche disciplinari;
- prevedono, in relazione a obiettivi specifici, attività esterne, come tirocini formativi presso amministrazioni e centri di ricerca, oltre a soggiorni di studio presso altre università italiane ed estere, anche nel quadro di accordi internazionali.

Classe L - 38: Scienze zootecniche e tecnologie delle produzioni animali

Esempi di corsi di laurea della classe di Scienze zootecniche e tecnologie delle produzioni animali sono: Acquacoltura e ittiopatologia; Allevamento e benessere animale; Gestione e protezione della fauna selvatica; Igiene e qualità delle produzioni animali; Igiene e sanità animale; Produzioni animali; Produzioni animali estensive eco-compatibili; Produzioni animali, gestione e conservazione della fauna; Produzione, sanità e conservazione degli organismi acquatici; Scienze della produzione animale; Scienze e tecniche delle produzioni animali; Scienze e tecnologie animali; Scienze e tecnologie delle produzioni animali; Scienze e tecnologie zootecniche delle produzioni animali; Scienze zootecniche e sanità degli alimenti di origine animale; Sicurezza igienico-sanitaria degli alimenti; Tecnologie delle produzioni animali; Tecnologie delle produzioni animali e qualità dei prodotti; Tecnologie delle produzioni animali e sicurezza alimentare.

L'obiettivo dei corsi è quello di fornire:

- conoscenze di base nei settori della biologia, della chimica e della matematica, utili e sufficienti per la formazione professionale e scientifica specifica;
- metodi di indagine specifica indispensabili per la soluzione dei molteplici problemi che si potranno presentare nella loro attività professionale;
- competenze di laboratorio essenziali per operare nei settori di competenza;
- conoscenze dei principi di patologia generale e microbiologia degli animali, l'epidemiologia delle malattie infettive e parassitarie, i piani di profilassi, la legislazione sanitaria nazionale e comunitaria, i concetti di igiene zootecnica e di sanità e qualità dei prodotti di origine animale, le problematiche di impatto ambientale degli allevamenti animali e dell'industria di trasformazione;
- la capacità di operare professionalmente su tutti gli aspetti del sistema delle produzioni animali, quali la gestione tecnica, igienica ed economica delle imprese zootecniche, agro-zootecniche, faunistico-venatorie e dell'acquacoltura, nonché in quelle fornitrici di mezzi tecnici e di servizi che operano nella trasformazione e nella commercializzazione delle produzioni animali.

I laureati della classe svolgeranno **attività professionali** in diversi ambiti, quali gestione tecnica, igienica ed economica delle imprese zootecniche, agro-zootecniche, faunistico-venatorie e dell'acquacoltura; miglioramento qualitativo e quantitativo delle produzioni animali; sanità e benessere degli animali allevati e da laboratorio, igiene e qualità delle produzioni animali, sanità pubblica veterinaria, tecniche laboratoristiche biomediche veterinarie; attività di pianificazione, vigilanza, assistenza e verifica della qualità dei prodotti di origine animale e di quelli di trasformazione.

SCIENZE ZOOTECNICHE E TECNOLOGIE DELLE PRODUZIONI ANIMALI

Attività formative	Ambiti disciplinari	Settori scientifico-disciplinari	CFU
Di base	Discipline matematiche e fisiche	Fisica; Matematica.	30
	Discipline chimiche	Chimica generale e inorganica; Chimica organica.	
	Discipline biologiche	Genetica agraria; Zootecnica generale e miglioramento genetico; Botanica generale; Botanica sistematica; Botanica ambientale e applicata; Zoologia; Anatomia degli animali domestici.	

SCIENZE ZOOTECNICHE E TECNOLOGIE DELLE PRODUZIONI ANIMALI			
Caratterizzanti	Discipline della sanità animale	Biochimica; Biologia molecolare; Biochimica clinica e biologia molecolare clinica; Fisiologia veterinaria; Patologia generale e anatomia patologica veterinaria; Malattie infettive degli animali domestici; Parassitologia e malattie parassitarie degli animali; Farmacologia e tossicologia veterinaria; Clinica chirurgica veterinaria; Clinica ostetrica e ginecologia.	60
	Discipline del sistema agro-zootecnico	Agronomia e coltivazioni erbacee; Meccanica agraria; Costruzioni rurali e territorio agroforestale; Entomologia generale e applicata; Chimica agraria; Scienze e tecnologie alimentari; Microbiologia agraria.	
	Discipline delle produzioni animali	Zootecnica generale e miglioramento genetico; Nutrizione e alimentazione animale; Zootecnica speciale; Zoocolture; Igiene generale e applicata; Ispezione degli alimenti di origine animale; Clinica medica veterinaria.	
	Discipline economiche, statistiche, giuridiche e informatiche	Economia ed estimo rurale; Informatica; Sistemi di elaborazione delle informazioni; Diritto agrario; Economia aziendale; Economia e gestione delle imprese; Statistica per la ricerca sperimentale e tecnologica.	
Altre (affini e integrative; a scelta dello studente; prova finale; conoscenza della lingua inglese ecc.)			90

Ai fini indicati, i *curricula* dei corsi di laurea prevedono:

- l'acquisizione di sufficienti elementi di base di biologia, biochimica, chimica, fisica, genetica e matematica;
- l'acquisizione di conoscenze essenziali sulla struttura, fisiologia, miglioramento genetico, alimentazione e tecnologia dell'allevamento degli animali di interesse zootecnico, sulle tecniche di produzione e trasformazione dei prodotti di origine animale, sull'igiene delle produzioni animali, sui ricoveri e sulla meccanizzazione degli allevamenti, sull'economia delle imprese zootecniche e di trasformazione e sul mercato delle produzioni animali;
- l'acquisizione di conoscenze in discipline affini e integrative riguardanti la produzione e conservazione dei foraggi e dei mangimi, la microbiologia generale e applicata, la patologia e la salubrità degli alimenti di origine animale, la medicina e chirurgia veterinaria.

Ciascun curriculum dovrà prevedere, fra le attività formative nei diversi settori disciplinari, attività di laboratorio per non meno di 20 crediti complessivi, in particolare dedicate alla conoscenza di metodiche sperimentali, al rilevamento e all'elaborazione dati. I *curricula* dovranno altresì prevedere attività dedicate all'uso delle tecnologie e ad attività seminariali e tutoriali in piccoli gruppi.

I regolamenti didattici di ateneo e di corso di studio indicheranno le opportunità, le incentivazioni o l'eventuale obbligatorietà per attività esterne, come tirocini formativi presso aziende e laboratori esterni, strutture della pubblica amministrazione, e per i soggiorni di studio presso altre università italiane ed estere, anche nel quadro di accordi internazionali.

I *curricula* prevederanno infine uno spazio significativo per le scelte autonome degli studenti, ai quali saranno offerte anche attività formative utili a collocare le specifiche competenze che caratterizzano un corso di laurea della classe nel generale contesto scientifico-tecnologico, culturale, sociale ed economico.

Classe L - 39: Servizio sociale

SERVIZIO SOCIALE			
Attività formative	Ambiti disciplinari	Settori scientifico-disciplinari	CFU
Di base	Discipline sociologiche	Sociologia generale; Sociologia dei processi culturali e comunicativi; Sociologia dei processi economici e del lavoro.	36
	Discipline giuridiche	Istituzioni di diritto pubblico.	
	Discipline psicologiche	Psicologia generale; Psicologia dello sviluppo e psicologia dell'educazione; Psicologia sociale.	
	Discipline politico-economiche-statistiche	Economia politica; Politica economica; Statistica sociale; Scienza politica.	
	Discipline storico-antropologiche-filosofiche-statistiche	Discipline demoetnoantropologiche; Filosofia morale; Pedagogia generale e sociale; Pedagogia sperimentale; Storia contemporanea; Filosofia politica; Storia delle dottrine politiche.	

SERVIZIO SOCIALE			
Caratterizzanti	Discipline del servizio sociale	Sociologia generale.	54
	Discipline sociologiche	Sociologia dei processi culturali e comunicativi; Sociologia dei processi economici e del lavoro; Sociologia dell'ambiente e del territorio; Sociologia giuridica, della devianza e mutamento sociale.	
	Discipline giuridiche	Diritto privato; Diritto del lavoro; Diritto costituzionale; Istituzioni di diritto pubblico; Diritto amministrativo; Diritto dell'unione europea; Diritto penale.	
	Discipline psicologiche	Psicologia dello sviluppo e psicologia dell'educazione; Psicologia sociale; Psicologia del lavoro e delle organizzazioni; Psicologia dinamica; Psicologia clinica.	
	Discipline mediche	Psichiatria; Igiene generale e applicata.	
Altre (affini e integrative; a scelta dello studente; prova finale; conoscenza della lingua inglese ecc.)			90

Esempi di corsi di laurea della classe di Servizio sociale sono: Discipline del servizio sociale a indirizzo formativo europeo; Esperto delle organizzazioni del terzo settore; Operatori dei servizi sociali; Organizzazione dei servizi sociali; Scienze del servizio sociale; Scienze sociali della comunicazione interculturale; Scienze e tecniche del servizio sociale; Servizio sociale; Servizio sociale a indirizzo europeo.

L'obiettivo dei corsi è quello di fornire:

- un'adeguata conoscenza delle discipline di base per il servizio sociale;
- una sicura padronanza dei metodi e delle tecniche proprie del servizio sociale;
- competenze pratiche e operative relative al rilevamento e al trattamento di situazioni di disagio sociale, riferite sia a singoli sia a gruppi e comunità;
- una buona capacità di inserimento in lavori di gruppo;
- la capacità di rapportare la prestazione di uno specifico servizio al generale contesto culturale, economico e sociale delle comunità;
- la competenza e la capacità di interagire con le culture, incluse quelle di genere e le popolazioni immigrate nella prospettiva di relazioni sociali interculturali e multietniche.

I laureati della classe svolgeranno **attività professionali** in strutture, pubbliche e private, di servizio alla persona, nei servizi sociali e nelle organizzazioni del terzo settore.

Classe L- 40: Sociologia

Esempi di corsi di laurea della classe di Sociologia sono: Discipline sociologiche; Operatore della sicurezza e del controllo sociale; Politiche sociali e del territorio; Scienze sociali; Scienze sociali comparate; Scienze sociali per il governo, l'organizzazione e le risorse umane; Scienze sociologiche; Servizi alle imprese e alle organizzazioni; Società, politica e istituzioni europee; Sociologia; Sociologia per il terziario avanzato.

L'obiettivo dei corsi è quello di fornire:

- un'adeguata conoscenza delle discipline sociologiche e delle scienze sociali, anche per l'analisi del genere;
- una buona padronanza del metodo della ricerca sociologica e di parte almeno delle tecniche proprie dei diversi settori di applicazione, in particolare con competenze pratiche e operative, relative alla misura, al rilevamento e al trattamento dei dati pertinenti l'analisi sociale;
- un'adeguata conoscenza della cultura organizzativa dei contesti lavorativi;
- capacità di inserimento in lavori di gruppo;
- la capacità di collocare le specifiche conoscenze acquisite nel più generale contesto culturale, economico e sociale, sia esso a livello locale, nazionale o sovranazionale.

I laureati della classe svolgeranno **attività professionali** quali esperti di metodi e tecniche della ricerca sociale, di problemi dello sviluppo del turismo e del territorio, di problemi di organizzazione e comunicazione del lavoro, nonché quali operatori in ruoli definiti nelle amministrazioni pubbliche e private, con autonomia e responsabilità.

SOCIOLOGIA			
Attività formative	Ambiti disciplinari	Settori scientifico-disciplinari	CFU
Di base	Discipline sociologiche	Sociologia generale; Sociologia dei processi culturali e comunicativi; Sociologia dei processi economici e del lavoro.	27
Caratterizzanti	Discipline sociologiche	Sociologia generale; Sociologia dei processi culturali e comunicativi; Sociologia dei processi economici e del lavoro; Sociologia dell'ambiente e del territorio; Sociologia dei fenomeni politici; Sociologia giuridica, della devianza e mutamento sociale.	63

SOCIOLOGIA			
	Discipline economico-statistiche	Economia politica; Politica economica; Scienza delle finanze; Economia e gestione delle imprese; Organizzazione aziendale; Statistica; Demografia; Statistica sociale.	
	Discipline giuridico-politologiche	Diritto privato; Diritto del lavoro; Istituzioni di diritto pubblico; Diritto dell'Unione europea; Diritto penale; Filosofia politica; Storia delle istituzioni politiche; Scienza politica.	
	Discipline antropologiche, storico-geografiche e psicopedagogiche	Discipline demoetnoantropologiche; Geografia; Geografia economico-politica; Pedagogia generale e sociale; Psicologia generale; Psicologia dello sviluppo e psicologia dell'educazione; Psicologia sociale; Psicologia del lavoro e delle organizzazioni; Storia contemporanea.	
Altre (affini e integrative; a scelta dello studente; prova finale; conoscenza della lingua inglese ecc.)			90

Ai fini indicati, i *curricula* dei corsi di laurea della classe:

- comprendono in ogni caso attività finalizzate ad acquisire: le conoscenze fondamentali nei vari campi della sociologia, e i metodi propri della sociologia nel suo complesso; le conoscenze di base nel campo delle altre scienze sociali e in quelli economico-statistico e giuridico-politologico; la modellizzazione dei fenomeni sociali e culturali;
- comprendono in ogni caso almeno una quota di attività formative orientate all'apprendimento di capacità operative in uno specifico settore;
- prevedono, in relazione a obiettivi specifici, attività esterne, come tirocini formativi presso enti o istituti di ricerca, aziende e amministrazioni pubbliche, oltre a soggiorni di studio presso altre università italiane ed estere, anche nel quadro di accordi internazionali.

Classe L - 41: Statistica

Esempi di corsi di laurea della classe di Statistica sono: Finanza e assicurazioni; Metodi quantitativi per l'analisi economica; Metodi quantitativi per l'economia e la finanzia; Scienze statistiche; Scienze statistiche e attuariali; Scienze statistiche, demografiche e sociali; Scienze statistiche ed economiche; Statistica; Statistica per le analisi demografiche e sociali; Statistica per le assicurazioni e la finanza; Statistica per l'economia; Statistica, economia e finanza; Statistica per l'economia e per l'azienda; Statistica per la gestione; Statistica e gestione delle imprese; Statistica, impresa e mercati; Statistica e informatica per l'azienda; Statistica e informatica per la gestione e la analisi dei dati; Statistica e informatica per la gestione delle imprese; Statistica e organizzazioni sociali; Statistica, popolazione, ambiente; Statistica e tecnologie informatiche; Statistica e tecnologie dell'informazione.

STATISTICA			
Attività formative	**Ambiti disciplinari**	**Settori scientifico-disciplinari**	**CFU**
Di base	Informatico	Informatica; Sistemi di elaborazione delle informazioni.	50
	Matematico	Algebra; Geometria; Analisi matematica; Metodi matematici dell'economia e delle scienze attuariali e finanziarie.	
	Statistico-probabilistico	Probabilità e statistica matematica; Statistica.	
Caratterizzanti	Statistico, statistico applicato demografico	Statistica; Statistica economica; Demografia; Statistica sociale.	40
	Economico-aziendale	Economia politica; Econometria; Economia aziendale; Economia e gestione delle imprese.	
	Sociologico, psicologico	Psicologia sociale; Sociologia generale; Sociologia dei processi economici e del lavoro; Sociologia dell'ambiente e del territorio.	
	Bio-sperimentale	Psicometria; Statistica medica; Statistica per la ricerca sperimentale e tecnologica.	
	Informatico-matematico applicato	Informatica; Sistemi di elaborazione delle informazioni; Probabilità e statistica matematica; Analisi numerica; Ricerca operativa; Metodi matematici dell'economia e delle scienze attuariali e finanziarie.	
Altre (affini e integrative; a scelta dello studente; prova finale; conoscenza della lingua inglese ecc.)			90

L'obiettivo dei corsi è quello di fornire:

- un'adeguata conoscenza delle discipline statistiche;
- un'adeguata conoscenza delle discipline di base nell'area delle scienze sociali, economico-statistiche e/o in altre aree applicative individuate dalle strutture didattiche competenti;
- una buona padronanza del metodo della ricerca e della metodica statistica e di parte almeno delle tecniche proprie dei diversi settori di applicazione, compreso quello delle statistiche di genere;
- competenze pratiche e operative, relative alla misura, al rilevamento e al trattamento dei dati pertinenti l'analisi statistica nei suoi vari aspetti applicativi;

- gli strumenti logico-concettuali e metodologici per la progettazione ed esecuzione delle indagini statistiche (osservazionali o sperimentali) e per il trattamento informatico di basi di dati;
- un'adeguata conoscenza della cultura dei contesti lavorativi;
- adeguate competenze e strumenti per la comunicazione e la gestione dell'informazione.

I laureati della classe svolgeranno **attività professionali** nel campo dell'apprendimento e della diffusione della conoscenza statistica, con autonomia e responsabilità; potranno inserirsi come esperti qualificati, in grado di produrre e gestire l'informazione qualitativa e quantitativa.

Ai fini indicati, i *curricula* dei corsi di laurea della classe:

- comprendono in ogni caso attività finalizzate a far acquisire: le conoscenze fondamentali nei vari campi della statistica, nonché di metodi propri della statistica nel suo complesso; le conoscenze di base e la capacità di modellizzazione statistica nel campo delle scienze sociali, economiche, tecnologico-sperimentali e biomediche;
- comprendono in ogni caso almeno una quota di attività formative orientate all'apprendimento di capacità operative in uno specifico settore applicativo.

Classe L - 42: Storia

Esempi di corsi di laurea della classe di Storia sono: Conservazione e trasmissione delle memorie storiche; Scienze storiche; Scienze storico-religiose; Scienze storiche e politiche; Scienze storiche e sociali; Scienze storiche del territorio e per la cooperazione internazionale; Società e culture dell'Europa; Società, culture e istituzioni d'Europa; Storia; Storia delle civiltà; Storia, culture e civiltà orientali; Storia e interculturalità in aree mediterranee e islamiche; Storia delle società e delle culture dal medioevo all'età contemporanea; Storia della società, della cultura e della politica; Teorie e pratiche dell'antropologia.

STORIA

Attività formative	Ambiti disciplinari	Settori scientifico-disciplinari	CFU
Di base	Metodologia e fonti della ricerca storica	Storia greca; Storia romana; Numismatica; Papirologia; Topografia antica; Metodologie della ricerca archeologica; Storia medievale; Storia moderna; Storia contemporanea; Archivistica, bibliografia e biblioteconomia; Paleografia.	36
	Discipline geografiche	Geografia; Geografia economico-politica.	
	Discipline letterarie e storico-artistiche	Archeologia classica; Archeologia cristiana e medievale; Storia dell'arte medievale; Storia dell'arte moderna; Storia dell'arte contemporanea; Discipline dello spettacolo; Cinema, fotografia e televisione; Musicologia e storia della musica; Etnomusicologia; Lingua e letteratura greca; Lingua e letteratura latina; Filologia classica; Filologia e linguistica romanza; Letteratura italiana; Letteratura italiana contemporanea; Linguistica italiana; Filologia della letteratura italiana; Filologia germanica; Glottologia e linguistica; Archeologia e storia dell'arte del vicino oriente antico; Archeologia fenicio-punica; Archeologia e storia dell'arte musulmana; Archeologia e storia dell'arte dell'India e dell'Asia centrale; Archeologia, storia dell'arte e filosofie dell'Asia orientale.	
	Antropologia, diritto, economia e sociologia	Diritto privato; Istituzioni di diritto pubblico; Discipline demoetnoantropologiche; Economia politica; Politica economica; Storia del pensiero economico; Sociologia generale; Sociologia dei processi culturali e comunicativi.	
Caratterizzanti	Storia antica e medievale	Diritto romano e diritti dell'antichità; Storia del diritto medievale e moderno; Storia greca; Storia romana; Etruscologia e antichità italiche; Storia del vicino Oriente antico; Storia medievale.	54
	Storia moderna e contemporanea	Storia moderna; Storia dell'Europa orientale; Storia contemporanea; Storia della scienza e delle tecniche; Storia e istituzioni delle Americhe.	
	Discipline filosofiche, pedagogiche, psicologiche e storico-religiose.	Letteratura cristiana antica; Letteratura cristiana antica; Ebraico; Filologia, religioni e storia dell'Iran; Filosofie, religioni e storia dell'India e dell'Asia centrale; Filosofia teoretica; Logica e filosofia della scienza; Filosofia morale; Estetica; Filosofia e teoria dei linguaggi; Storia della filosofia; Storia della filosofia antica; Storia della filosofia medievale; Pedagogia generale e sociale; Storia della pedagogia; Psicologia generale; Psicologia sociale; Psicologia dinamica; Storia delle religioni; Storia del cristianesimo e delle chiese.	
	Discipline storiche, politiche, economiche e socio-antropologiche.	Paleontologia e paleoecologia; Preistoria e protostoria; Egittologia e civiltà copta; Assiriologia; Anatolistica; Storia dei paesi islamici; Armenistica, caucasologia, mongolistica e turcologia; Indologia e tibetologia; Storia dell'Asia orientale e sud-orientale; Discipline demoetnoantropologiche; Storia economica; Demografia; Storia delle dottrine politiche; Storia delle istituzioni politiche; Scienza politica; Storia e istituzioni delle Americhe; Storia delle relazioni internazionali; Storia e istituzioni dell'Africa; Storia e istituzioni dell'Asia.	
Altre (affini e integrative; a scelta dello studente; prova finale; conoscenza della lingua inglese ecc.)			90

L'obiettivo dei corsi è quello di fornire:

- una formazione di base finalizzata all'indagine storica mediante l'apprendimento delle principali metodologie specifiche e delle nozioni fondamentali delle discipline e delle tecniche ausiliarie;
- le linee generali della storia dell'umanità e familiarità con linguaggi e stili storiografici, con l'uso delle fonti documentarie e orali e della tradizione storiografica, con i profili diacronici delle relazioni di genere e con conoscenza diretta di alcune fonti in originale;
- la capacità di utilizzare efficacemente, in forma scritta e orale, almeno una lingua moderna dell'Unione europea, oltre all'italiano.

I laureati della classe svolgeranno **attività professionali** in enti pubblici e privati nei settori dei servizi culturali, del recupero di attività, tradizioni e identità locali, e degli istituti di cultura di tipo specifico; inoltre saranno in grado di utilizzare i principali strumenti informatici e della comunicazione telematica negli ambiti specifici di competenza.

Ai fini indicati, i *curricula* dei corsi di laurea della classe comprenderanno in ogni caso attività finalizzate all'acquisizione di conoscenze di base nei vari campi della storia, dei processi di cambiamento dei sistemi socio-politici ed economici e delle tradizioni, connettendo i vari saperi specialistici all'interno di un sistema coerente di conoscenze teoriche.

Classe L - 43: Diagnostica per la conservazione dei beni culturali

Esempi di corsi di laurea della classe di Diagnostica per la conservazione dei beni culturali sono: Metodi e tecnologie per la conservazione e il restauro dei beni librari; Restauro e conservazione dei beni culturali; Scienze e tecnologie dei beni culturali; Scienza e tecnologia per la diagnostica e la conservazione dei beni culturali; Tecnologie per i beni culturali; Tecnologie per la conservazione e il restauro dei beni culturali.

DIAGNOSTICA PER LA CONSERVAZIONE DEI BENI CULTURALI

Attività formative	Ambiti disciplinari	Settori scientifico-disciplinari	CFU
Di base	Formazione scientifica di base	Chimica analitica; Chimica fisica; Chimica generale e inorganica; Chimica organica; Chimica dell'ambiente e dei beni culturali; Fisica sperimentale; Fisica della materia; Fisica nucleare e subnucleare; Fisica applicata (a beni culturali, ambientali, biologia e medicina); Mineralogia; Petrologia e petrografia; Informatica; Sistemi di elaborazione delle informazioni; Matematica.	36
	Beni culturali	Disegno; Storia dell'architettura; Preistoria e protostoria; Papirologia; Archeologia classica; Archeologia cristiana e medievale; Metodologie della ricerca archeologica; Storia dell'arte medievale; Storia dell'arte moderna; Storia dell'arte contemporanea; Museologia e critica artistica e del restauro; Archivistica, bibliografia e biblioteconomia; Paleografia.	
Caratterizzanti	Scienze e tecnologie per la conservazione	Chimica analitica; Chimica fisica; Chimica industriale; Chimica organica; Chimica dell'ambiente e dei beni culturali; Fisica della materia; Fisica nucleare e subnucleare; Fisica applicata (a beni culturali, ambientali, biologia e medicina); Georisorse minerarie e applicazioni mineralogico-petrografiche per l'ambiente e i beni culturali; Restauro; Fisica tecnica ambientale; Metallurgia; Scienza e tecnologia dei materiali.	54
	Discipline delle scienze della terra e della natura	Botanica generale; Botanica sistematica; Botanica ambientale e applicata; Fisica per il sistema terra e per il mezzo circumterrestre; Antropologia; Microbiologia generale; Paleontologia e paleoecologia; Geologia stratigrafica e sedimentologica; Geologia applicata; Petrologia e petrografia; Geochimica e vulcanologia; Geofisica applicata.	
	Formazione multidisciplinare	Tecnologia del legno e utilizzazioni forestali; Entomologia generale e applicata; Patologia vegetale; Microbiologia agraria; Topografia e cartografia; Scienza delle costruzioni; Diritto amministrativo; Diritto canonico e diritto ecclesiastico; Diritto dell'Unione europea; Storia greca; Storia romana; Etruscologia e antichità italiche; Topografia antica; Cinema, fotografia e televisione; Musicologia e storia della musica; Discipline demoetnoantropologiche; Storia medievale; Storia moderna; Storia contemporanea; Storia della scienza e delle tecniche; Storia del cristianesimo e delle chiese; Statistica; Sociologia dei processi culturali e comunicativi.	
Altre (affini e integrative; a scelta dello studente; prova finale; conoscenza della lingua inglese ecc.)			90

L'obiettivo dei corsi è quello di fornire:

- la capacità di intervenire sul bene culturale e di garantirne la conservazione, conoscendone le caratteristiche strutturali, nonché le caratteristiche e le proprietà dei materiali che lo compongono;
- competenze atte a svolgere interventi in uno o più dei seguenti settori: definizione dei progetti di intervento mirati all'arresto di processi di degrado e di dissesto dei manufatti architettonici storici, di quelli storico-artistici, archivistici, musicali, teatrali, cinematografici; studio delle modalità per la rimozione delle cause del degrado; conservazione dei beni ambientali e dei beni demoetnoantropologici, relativamente agli aspetti tecnologici del problema;

- adeguate conoscenze tecnico-scientifiche, anche operative, sulle caratteristiche morfologico-strutturali del bene culturale, sulle caratteristiche e proprietà dei materiali che lo compongono, sulle possibili tecnologie d'intervento per il restauro e la conservazione, sulle applicazioni archeometriche nei diversi campi di interesse;
- la capacità di operare nelle istituzioni preposte alla gestione e alla manutenzione del patrimonio culturale e nelle organizzazioni professionali private operanti nel settore del restauro conservativo e del recupero ambientale.

I laureati della classe svolgeranno **attività professionali** presso enti locali e istituzioni specifiche, quali sovrintendenze, musei, biblioteche, archivi, nonché presso aziende e organizzazioni professionali operanti nel settore del restauro, della tutela dei beni culturali e del recupero ambientale. In particolare si occuperanno di restauro del libro e della carta, del cuoio e della pergamena; dei dipinti su diversi supporti; delle sculture lignee; dei materiali lapidei e dei mosaici; dei metalli; dei tessili; delle terracotte e dei materiali affini.

Classe DS/1: Scienze della difesa e della sicurezza

Esempi di figure professionali uscite dai corsi di laurea della classe di Scienze della difesa e della sicurezza sono quei professionisti, militari o civili, dotati della preparazione culturale (umanistica, socio-politologica, scientifica e tecnologica) e dell'addestramento teorico-pratico adeguati per operare con incarichi di comando, di gestione e di coordinamento (amministrativo, logistico e tecnico-operativo) in uno o più dei seguenti settori:

- unità terrestri, marittime, navali e aeree (nazionali e internazionali);
- sicurezza interna ed esterna;
- tutela del territorio nazionale e dei suoi beni materiali e immateriali;
- tutela degli interessi strategici ed economico-finanziari dello Stato italiano e dell'Unione europea;
- gestione e direzione di sistemi organizzativi-funzionali, anche di carattere non specificatamente militare.

I laureati della classe praticano un approccio integrato (di tipo scientifico, giuridico, economico, storico-politico-istituzionale, geografico-territoriale, socio-antropologico e tecnico-militare) ai problemi relativi all'organizzazione e alla gestione delle unità militari, con riferimento anche all'integrazione del personale militare femminile, nonché al coordinamento e alla gestione di sistemi organizzativo-funzionali afferenti alla sicurezza interna ed esterna anche di carattere non specificamente militare. L'approccio integrato ai suddetti problemi è reso possibile dall'acquisizione di conoscenze di base, avanzate e applicative, e di competenze specifiche per gli ambiti operativi qualificanti i singoli profili professionali.

Le strutture didattiche delle università e degli istituti militari di riferimento individuano d'intesa percorsi formativi adeguati per i singoli profili professionali definiti dai Ministeri della difesa e delle finanze. In particolare, i laureati della classe devono raggiungere le sottoriportate competenze professionali, acquisite attraverso appositi percorsi formativi.

I laureati militari della classe appartengono alle categoria degli ufficiali dell'Esercito Italiano, della Marina Militare, dell'Aeronautica Militare, dell'Arma dei Carabinieri e del Corpo della Guardia di Finanza. In particolare:

- nell'ambito dell'**Esercito Italiano**, i laureati svolgono, nel rispetto delle attribuzioni e delle competenze proprie degli ufficiali, la loro attività professionale presso le unità operative dell'Arma stessa. In particolare, i laureati svolgono funzioni di comando e di direzione connesse all'organizzazione, preparazione e gestione di personale, di mezzi e di materiali specifici, anche di alta valenza tecnica, e alle procedure di carattere logistico-amministrativo per il funzionamento delle strutture militari. La loro attività è svolta in molteplici contesti addestrativi e operativi, relativi anche a missioni inserite nel quadro generale delle operazioni di supporto alla pace e a interventi di tutela delle popolazioni, del territorio e dei beni individuali e collettivi nel caso di calamità naturali;
- nell'ambito della **Marina Militare**, i laureati svolgono, nel rispetto delle attribuzioni e delle competenze proprie degli ufficiali, la loro attività professionale a bordo di unità navali, aeree e subacquee e in seno a strutture operativo-funzionali dell'Arma stessa. In particolare, svolgono funzioni di

comando e di direzione, per un'efficace e sicura gestione in mare, di personale e di mezzi navali nonché di sofisticati sistemi d'arma e strumenti di bordo. La loro attività è svolta in molteplici contesti addestrativi e operativi, relativi anche a missioni inserite nel quadro generale delle operazioni di supporto alla pace e a interventi di tutela delle popolazioni, del territorio e dei beni individuali e collettivi nel caso di calamità naturali;

- nell'ambito dell'**Aeronautica Militare**, i laureati svolgono, nel rispetto delle attribuzioni e delle competenze proprie degli ufficiali, la loro attività nelle unità ed enti operativi, logistici e addestrativi dell'Arma stessa. In particolare, svolgono funzioni di comando e gestione di personale, di conduzione di aeromobili nonché di utilizzo di sofisticati sistemi d'arma. Svolgono, altresì, funzioni di esperti per problematiche organizzativo-gestionali e tecnico-logistiche nell'area dell'aviazione generale e per l'efficace e sicura gestione dello spazio aereo. La loro attività è svolta in molteplici contesti addestrativi e operativi, relativi anche a missioni inserite nel quadro generale delle operazioni di supporto alla pace e a interventi di tutela delle popolazioni, del territorio e dei beni individuali e collettivi nel caso di calamità naturali;
- nell'ambito dell'**Arma dei Carabinieri**, i laureati svolgono, nel rispetto delle attribuzioni e delle competenze proprie degli ufficiali, la loro attività in seno alle unità organiche della struttura operativo-funzionale dell'Arma stessa. In particolare, svolgono funzioni di comando e di direzione di personale e di gestione di mezzi e materiali per la prevenzione e la repressione di manifestazioni criminose sia in territorio nazionale che in contesti operativi internazionali. Attraverso l'utilizzo di tecniche di sicurezza orientate svolgono anche attività di tutela di beni materiali e immateriali dello Stato e del territorio nazionale. La loro attività è svolta in molteplici contesti addestrativi e operativi, relativi anche a missioni inserite nel quadro generale delle operazioni di supporto alla pace e a interventi di tutela delle popolazioni, del territorio e dei beni individuali e collettivi nel caso di calamità naturali;
- nell'ambito del **Corpo della Guardia di Finanza**, i laureati svolgono, nel rispetto delle attribuzioni e delle competenze proprie degli ufficiali, la loro attività in seno alle unità organiche delle strutture operative-funzionali del Corpo stesso.

In linea generale, svolgono funzioni di comando e di direzione del personale e di gestione dei mezzi e dei materiali per la prevenzione e la repressione di manifestazioni illecite afferenti alla tutela degli interessi economico-finanziari dello Stato nazionale e dell'Unione europea. La loro attività è svolta in molteplici contesti addestrativi e operativi anche a garantire il rispetto di provvedimenti adottati dalle organizzazioni internazionali cui aderisce l'Italia, a tutela della sicurezza internazionale, nonché relativi anche a missioni inserite nel quadro generale delle operazioni di supporto alla pace e a interventi di tutela delle popolazioni, del territorio e dei beni individuali e collettivi nel caso di calamità naturali.

I laureati della classe devono acquisire in modo organico le conoscenze teoriche essenziali relative a:

- le scienze di base (matematiche, fisiche, chimiche e informatiche), nella prospettiva della loro successiva applicazione professionale;
- le discipline giuridiche, politico-istituzionali ed economiche, nella prospettiva dell'organizzazione e gestione di unità militari o di ambiti specifici della pubblica amministrazione;
- le discipline storiche e geografico-territoriali, a fini di approfondimento dei contesti operativi nei quali vengono esercitate le attività di comando e di coordinamento e gestione di organizzazioni;
- le discipline linguistiche e socio-antropologiche rilevanti per un'efficace comunicazione in ambito internazionale e per una comprensione adeguata delle caratteristiche socio-culturali essenziali dei diversi contesti operativi.

I laureati della classe devono altresì acquisire:

- consapevolezza critica dell'etica militare e delle implicazioni deontologiche della professione militare nei diversi ambiti operativi della sicurezza interna ed esterna, anche a fini umanitari e di protezione delle popolazioni civili in caso di calamità naturali;
- competenze integrate sviluppate attraverso forme coordinate di addestramento e tirocinio, per l'applicazione delle soprariportate conoscenze teoriche alle funzioni di comando, di organizzazione e gestione di unità militari e di ambiti delle pubbliche amministrazioni relativi alla sicurezza interna ed esterna, nonché ai fini del corretto ed efficace impiego, anche combinato, dei sistemi di difesa e sicurezza;

- competenze adeguate per l'ulteriore qualificazione personale e per la programmazione, attuazione e supervisione di attività selettive e formative nei confronti del personale sia delle unità militari sia di specifici ambiti di pubblica amministrazione;
- competenze tecniche per la trattazione e la gestione di problemi di informazione e di comunicazione e per l'utilizzo di sistemi informatici anche a rete e per l'accesso e la gestione di banche dati;
- competenze tecniche per l'identificazione e valutazione dei rischi connessi all'espletamento delle proprie funzioni.

Esercito

In coerenza con i profili professionali individuati dai Ministeri della difesa e delle finanze, i laureati della classe devono acquisire e sviluppare le seguenti **conoscenze e competenze specifiche**:

- nozioni matematiche e statistiche fondamentali per l'analisi e l'applicazione di modelli a fenomeni fisici rilevanti nell'ambito delle unità terrestri;
- nozioni teoriche e metodologiche della fisica e della chimica rilevanti per i sistemi d'arma e le strumentazioni di bordo dei vettori operativi e logistici in uso alle unità terrestri;
- nozioni teoriche e metodologiche per la comprensione dei comportamenti individuali e di gruppo, dei processi cognitivi e relazionali, dell'organizzazione e funzionamento di gruppi di lavoro di rilevante interesse per le **attività professionali**;
- nozioni teoriche sull'organizzazione e sul funzionamento delle istituzioni nazionali e dell'Unione europea, di pubbliche amministrazioni e di sistemi aziendali, e relative norme amministrative e di gestione che ne regolano il funzionamento;
- nozioni giuridiche fondamentali relative all'ordinamento pubblico italiano e ad ambiti applicativi nazionali e internazionali;
- conoscenze di base delle organizzazioni statuali e delle relazioni politico-diplomatiche che caratterizzano i rapporti tra l'Unione europea e i paesi terzi anche in prospettiva storica;
- conoscenze relative all'applicazione della geografia politica, economica e umana, per la comprensione dei problemi territoriali, ambientali e demografici.

I laureati dell'Esercito devono acquisire competenze per l'utilizzo in ambito professionale degli **strumenti**:

- delle scienze politologiche, socio-antropologiche, linguistiche e della comunicazione per interagire in modo adeguato ed efficace con soggetti terzi;
- dell'analisi matematica e della fisica a supporto dei processi decisionali e operativi;
- della chimica applicata al corretto impiego dei sistemi di difesa in dotazione;
- dei sistemi e degli strumenti di alto livello tecnologico, afferenti al loro livello di competenza funzionale e decisionale, necessari al comando e al controllo delle unità d'impiego;
- di gestione delle risorse umane disponibili per gli obiettivi assegnati al loro livello funzionale e operativo;
- dei sistemi informatici e telematici necessari per lo svolgimento delle loro funzioni;
- di elaborazione, archiviazione e gestione di rapporti tecnici anche in una delle lingue in uso nell'Unione europea;
- di documentazione bibliografica e di consultazione delle banche dati, anche attraverso le reti telematiche.

Marina Militare

In coerenza con i profili professionali individuati dai ministeri della Difesa e delle Finanze, i laureati della classe devono acquisire e sviluppare le seguenti **conoscenze e competenze specifiche**:

- nozioni matematiche e statistiche fondamentali per l'analisi e l'applicazione di modelli a fenomeni fisici rilevanti in ambito marittimo;
- nozioni teoriche e metodologiche della fisica e della chimica per le applicazioni ai sistemi d'arma e alle strumentazioni di bordo dei vettori operativi e da trasporto in uso alle unità navali, aeree e subacquee;

- nozioni teoriche e metodologiche per la comprensione dei comportamenti individuali e di gruppo, dei processi cognitivi e relazionali, dell'organizzazione e funzionamento di gruppi di lavoro di rilevante interesse per le attività professionali;
- nozioni teoriche sull'organizzazione e sul funzionamento delle istituzioni nazionali e dell'Unione europea, di pubbliche amministrazioni e sulle relative norme amministrative;
- nozioni giuridiche fondamentali relative all'ordinamento pubblico italiano e ad ambiti applicativi nazionali e internazionali, con particolare riferimento al diritto della navigazione;
- conoscenze di base delle organizzazioni statuali e delle relazioni politico-diplomatiche che caratterizzano i rapporti tra l'Unione europea e i paesi terzi anche in prospettiva storica;
- conoscenze relative alle applicazioni della geografia politica, economica e umana per la comprensione dei problemi territoriali, ambientali e demografici;

I laureati della Marina Militare devono acquisire competenze per l'utilizzo in ambito professionale degli **strumenti**:

- delle scienze politologiche, socio-antropologiche, linguistiche e della comunicazione per interagire in modo adeguato ed efficace con soggetti terzi;
- dell'analisi matematica e della fisica a supporto dei processi decisionali e operativi;
- della chimica applicata al corretto impiego dei sistemi di difesa in dotazione;
- dei sistemi e degli strumenti di alto livello tecnologico, afferenti al loro livello di competenza funzionale e decisionale, necessari al comando e al controllo delle unità navali, aeree e subacquee;
- di gestione delle risorse umane disponibili per gli obiettivi assegnati al loro livello funzionale e operativo;
- dei sistemi informatici e telematici necessari per lo svolgimento delle loro funzioni;
- di elaborazione, archiviazione e gestione di rapporti tecnici anche in una delle lingue in uso nell'Unione europea;
- dell'astronomia, dell'astrofisica, della meteorologia e dell'oceanografia ai fini della navigazione;
- di documentazione bibliografica e di consultazione delle banche dati, anche attraverso le reti telematiche.

Aeronautica Militare

In coerenza con i profili professionali individuati dai Ministeri della difesa e delle finanze, i laureati della classe devono acquisire e sviluppare le seguenti **conoscenze e competenze specifiche**:

- nozioni matematiche e statistiche fondamentali per l'analisi e l'applicazione di modelli a fenomeni fisici rilevanti in ambito aeronautico;
- nozioni teoriche e metodologiche della fisica per le applicazioni ai sistemi d'arma e alle strumentazioni di bordo dei vettori operativi e da trasporto in uso alle unità aeree;
- nozioni teoriche e metodologiche per la comprensione dei comportamenti individuali e di gruppo, dei processi cognitivi e relazionali, dell'organizzazione e funzionamento di gruppi di lavoro di rilevante interesse per le attività professionali;
- nozioni teoriche sull'organizzazione e sul funzionamento delle istituzioni nazionali e dell'Unione europea, di pubbliche amministrazioni e sulle relative norme amministrative;
- nozioni giuridiche fondamentali relative all'ordinamento pubblico italiano e ad ambiti applicativi nazionali e internazionali;
- conoscenze relative alle applicazioni della geografia politica, economica e umana per la comprensione dei problemi territoriali, ambientali e demografici.

I laureati dell'Aeronautica Militare devono acquisire competenze per l'utilizzo in ambito professionale degli **strumenti**:

- dell'analisi matematica e della fisica a supporto dei processi decisionali e operativi;
- dei sistemi e degli strumenti di alto livello tecnologico, afferenti al loro livello di competenza funzionale e decisionale, necessari al comando e alla conduzione dei vettori aerei e al controllo dello spazio aereo e alla sicurezza del volo;
- di gestione delle risorse umane disponibili per gli obiettivi assegnati al loro livello funzionale e operativo;
- dei sistemi informatici e telematici necessari per lo svolgimento delle loro funzioni;

- di elaborazione, archiviazione e gestione di rapporti tecnici anche in una delle lingue in uso nell'Unione europea;
- delle scienze politologiche, socio-antropologiche, linguistiche e della comunicazione per interagire in modo adeguato ed efficace con soggetti terzi;
- dell'ingegneria aeronautica ai fini della corretta comprensione della meccanica e della dinamica del volo, dei sistemi di propulsione aerea e spaziale e di difesa di bordo e di terra;
- dell'astronomia, dell'astrofisica e della meteorologia ai fini della navigazione aerea;
- di documentazione bibliografica e di consultazione delle banche dati, anche attraverso le reti telematiche.

Arma dei Carabinieri

In coerenza con i profili professionali individuati dai Ministeri della difesa e delle finanze, i laureati della classe devono acquisire e sviluppare le seguenti **conoscenze e competenze specifiche**:

- nozioni giuridiche fondamentali relative all'ordinamento dello Stato italiano e dell'Unione europea e relative alle organizzazioni pubbliche nazionali e comunitarie;
- nozioni giuridiche fondamentali relative agli ambiti applicativi civilistici e penali e ai rispettivi profili processuali;
- nozioni statistiche e sociologiche fondamentali per l'analisi e l'applicazione di modelli descrittivi e predittivi per la comprensione di fenomeni sociali rilevanti per la sicurezza individuale e collettiva;
- nozioni teoriche e metodologiche fondamentali per la comprensione dei comportamenti individuali e di gruppo di rilevante interesse per i profili criminologici (criminogenetici e criminodinamici), del controllo sociale della devianza e della tutela dei beni materiali e immateriali;
- nozioni teoriche sull'organizzazione e sul funzionamento delle istituzioni nazionali e dell'Unione europea, di pubbliche amministrazioni e di sistemi aziendali, e relative norme amministrative e di gestione che ne regolano il funzionamento;
- conoscenze relative alle applicazioni della geografia politica, economica e umana, per la comprensione dei problemi demografici, antropologici, socio-economici, della devianza e del mutamento sociale riferiti alle entità territoriali e ambientali, anche in prospettiva storica.

I laureati dell'Arma dei Carabinieri devono acquisire competenze per l'utilizzo in ambito professionale degli **strumenti**:

- delle scienze politologiche, socio-antropologiche e della comunicazione per interagire in modo adeguato ed efficace con soggetti terzi;
- della mediazione culturale e linguistica a supporto delle interazioni sociali;
- dei sistemi e degli strumenti di alto livello tecnologico, afferenti al loro livello di competenza funzionale e decisionale, necessari al comando e al controllo delle unità d'impiego;
- delle discipline giuridiche ed economiche per l'attività investigativa, la prevenzione di fenomeni criminosi e la tutela del patrimonio pubblico e dei beni individuali;
- delle discipline criminologiche a supporto delle attività investigative e di prevenzione dei fenomeni criminosi;
- delle discipline medico-legali e della sanità pubblica per la prevenzione dei rischi dolosi negli ambienti di vita e di lavoro a fini di tutela del bene collettivo della salute e per l'integrazione delle funzioni di polizia giudiziaria con quelle degli organi inquirenti dello Stato nazionale e dell'Unione europea;
- di gestione delle risorse umane disponibili per gli obiettivi assegnati al loro livello funzionale e operativo;
- dei sistemi informatici e telematici necessari per lo svolgimento delle loro funzioni;
- di elaborazione, archiviazione e gestione di rapporti tecnici anche in una delle lingue in uso nell'Unione europea;
- di documentazione bibliografica e di consultazione delle banche dati, anche attraverso le reti telematiche.

Corpo della Guardia di Finanza

In coerenza con i profili professionali individuati dai Ministeri della difesa e delle finanze, i laureati della classe devono acquisire e sviluppare le seguenti **conoscenze e competenze specifiche**:

- nozioni giuridiche fondamentali relative all'ordinamento dello Stato italiano, dell'Unione europea e relative alle organizzazioni pubbliche nazionali e comunitarie;

- nozioni giuridiche fondamentali relative agli ambiti applicativi civilistici, finanziari, tributari e penali e ai rispettivi profili processuali;
- nozioni teoriche sull'organizzazione e sul funzionamento delle istituzioni nazionali e dell'Unione europea, di pubbliche amministrazioni e di sistemi aziendali, e relative norme amministrative e di gestione che ne regolano il funzionamento;
- nozioni di economia, di politica economica dello Stato e degli enti locali e di economia aziendale per la comprensione del sistema economico-finanziario nazionale e dell'Unione europea;
- principi fondamentali di organizzazione e finanza, tecniche di gestione e valutazione dei bilanci e problematiche finanziarie e tributarie inerenti il governo locale;
- nozioni sui sistemi di intermediazione mobiliare e finanziaria;
- nozioni statistiche e sociologiche fondamentali per l'analisi e l'applicazione di modelli descrittivi e predittivi per la comprensione di fenomeni sociali rilevanti per la tutela degli interessi economico-finanziari delle istituzioni nazionali e dell'Unione europea.

I laureati del Corpo della Guardia di Finanza devono acquisire competenze per l'utilizzo in ambito professionale degli **strumenti**:

- della comunicazione e della mediazione linguistica per interagire in modo adeguato ed efficace con soggetti terzi;
- dei sistemi e degli strumenti di alto livello tecnologico, afferenti al loro livello di competenza funzionale e decisionale, necessari al comando e al controllo delle unità d'impiego;
- delle discipline giuridiche ed economiche per l'attività investigativa, la prevenzione di fenomeni illeciti e la tutela degli interessi economico-finanziari dello Stato nazionale e dell'Unione europea;
- di gestione delle risorse umane disponibili per gli obiettivi assegnati al loro livello funzionale e operativo;
- dei sistemi informatici e telematici necessari per lo svolgimento delle loro funzioni;
- di elaborazione, archiviazione e gestione di rapporti tecnici anche in una delle lingue in uso nell'Unione europea;
- di documentazione bibliografica e di consultazione delle banche dati, anche attraverso le reti telematiche e i sistemi informativi geografici.

Per la realizzazione dei percorsi formativi specifici per i singoli profili professionali, l'acquisizione delle conoscenze teoriche e metodologiche corrispondenti ai settori scientifico-disciplinari deve essere integrata con lo sviluppo di conoscenze teoriche e di competenze tecnico-professionali relative agli ambiti operativi della difesa e della sicurezza, attraverso attività formative svolte di norma da personale degli istituti militari di riferimento dotato di adeguata competenza didattica e scientifica. Le corrispondenti attività formative di tipo teorico e addestrativo riguardano due ambiti fondamentali di conoscenze, relative ai sistemi d'arma e alle tecniche di condotta e di controllo operativo, e ai sistemi e alle tecnologie di controllo operativo e investigativo per la sicurezza. Anche tali conoscenze e competenze costituiscono obiettivi formativi specifici dei singoli profili professionali. Le specifiche competenze professionali di tipo tecnico-operativo sono acquisite dai laureati della classe attraverso forme coordinate di addestramento e tirocinio, per periodi complessivamente non inferiori all'equivalente di 60 CFU nel triennio del corso di laurea. Tali forme di addestramento e tirocinio sono svolte all'interno delle strutture formative e nei contesti operativi individuati congiuntamente dagli atenei e dagli istituti di formazione militare.

SCIENZE DELLA DIFESA E DELLA SICUREZZA

Attività formative	Ambiti disciplinari	Settori scientifico-disciplinari	CFU
Di base	Scienze matematiche di base	Informatica; Algebra; Geometria; Analisi matematica; Probabilità e statistica matematica.	56
	Scienze fisiche e chimiche di base	Chimica generale e inorganica; Chimica organica; Fisica sperimentale.	
	Scienze statistiche ed economiche di base	Economia politica; Economia aziendale; Storia economica; Statistica; Statistica economica; Metodi matematici dell'economia e delle scienze attuariali e finanziarie.	
	Discipline giuridiche di base	Diritto privato; Diritto costituzionale; Istituzioni di diritto pubblico; Diritto amministrativo; Diritto internazionale; Diritto dell'Unione europea.	
	Scienze storiche, antropologiche e sociali di base	Discipline demoetnoantropologiche; Psicologia sociale; Storia moderna; Storia contemporanea; Storia delle relazioni internazionali; Sociologia generale.	

SCIENZE DELLA DIFESA E DELLA SICUREZZA			
Caratterizzanti	Discipline giuridiche applicate	Diritto commerciale; Diritto della navigazione; Diritto del lavoro; Diritto tributario; Diritto processuale civile; Diritto processuale penale; Diritto penale.	47
	Scienze geo-politiche-economiche e territoriali	Geografia; Geografia economico-politica; Politica economica; Demografia; Sociologia dell'ambiente e del territorio.	
	Scienze topografiche, astronomiche e della navigazione	Astronomia e astrofisica; Geografia fisica e geomorfologia; Oceanografia e fisica dell'atmosfera; Topografia e cartografia.	
	Scienze politologiche e strategiche	Storia delle dottrine politiche; Storia delle istituzioni politiche; Scienza politica.	
	Scienze applicate ai sistemi di difesa e della sicurezza	Meccanica del volo; Costruzioni e strutture aerospaziali; Impianti e sistemi aerospaziali; Fluidodinamica; Propulsione aerospaziale; Elettronica; Automatica; Sistemi di elaborazione delle informazioni; Misure elettriche ed elettroniche; Metodi e didattiche delle attività motorie; Metodi e didattiche delle attività sportive.	
	Scienze dell'organizzazione e gestione aziendale	Economia e gestione delle imprese; Organizzazione aziendale.	
	Scienze dell'ingegneria industriale	Architettura navale; Costruzioni e impianti navali e marini; Fisica tecnica industriale; Fisica tecnica ambientale; Meccanica applicata alle macchine; Elettrotecnica.	
	Scienze sociologiche, psicologiche e della comunicazione	Filosofia e teoria dei linguaggi; Psicologia generale; Psicologia del lavoro e delle organizzazioni; Sociologia dei processi culturali e comunicativi.	
	Scienze bancarie e degli intermediari finanziari	Diritto dell'economia; Finanza aziendale; Economia degli intermediari finanziari.	
	Scienze criminologiche e del controllo sociale	Antropologia; Statistica sociale; Sociologia dei fenomeni politici; sociologia giuridica, della devianza e mutamento sociale.	
	Medicina legale e sanità pubblica	Igiene generale e applicata; Medicina legale; Medicina del lavoro.	
Affini e integrative	Scienze matematiche applicate	Analisi matematica; Probabilità e statistica matematica; Fisica matematica; Analisi numerica; Ricerca operativa.	18
	Scienze fisiche e chimiche applicate	Chimica generale e inorganica; Chimica industriale; Chimica organica; Fisica sperimentale; Fisica per il sistema terra e per il mezzo circumterrestre; Fisica applicata (a beni culturali, ambientali, biologia e medicina).	
	Scienze statistiche economiche e applicate	Economia politica; Scienza delle finanze; Economia applicata; Scienze merceologiche; Statistica; Metodi matematici dell'economia e delle scienze attuariali e finanziarie.	
	Scienze storiche e bibliografiche	Storia moderna; Storia contemporanea; Archivistica, bibliografia e biblioteconomia; Storia delle relazioni internazionali.	
	Scienze giuridiche internazionali	Diritto amministrativo; Diritto internazionale; Diritto dell'Unione europea.	
	Scienze filosofiche, pedagogiche e sociali	Filosofia del diritto; Filosofia morale; Pedagogia generale e sociale; Psicologia sociale; Filosofia politica.	
	Scienze della terra	Geologia applicata; Geofisica della terra solida.	
	Scienza dell'informazione e delle telecomunicazioni	Informatica; Campi elettromagnetici; Telecomunicazioni.	
A scelta dello studente			9
Per la prova finale e per la conoscenza della lingua straniera			9
Altre			10

Classe SNT/1: Professioni sanitarie infermieristiche e professione sanitaria ostetrica

Esempi di corsi di laurea della classe di Professioni sanitarie infermieristiche e professione sanitaria ostetrica sono: Infermiere; Infermiere generico e pediatrico; Infermieristica generale; Ostetrica/o.

I laureati nella classe sono gli operatori delle professioni sanitarie dell'area delle scienze infermieristiche e della professione sanitaria ostetrica che svolgono con autonomia professionale attività dirette alla prevenzione, alla cura e salvaguardia della salute individuale e collettiva, espletando le funzioni individuate dalle norme istitutive dei relativi profili professionali nonché dagli specifici codici deontologici e utilizzando metodologie di pianificazione per obiettivi dell'assistenza.

I laureati nella classe sono dotati di un'adeguata preparazione nelle discipline di base, tale da consentire loro sia la migliore comprensione dei più rilevanti elementi, anche in relazione al genere, che sono alla base dei processi fisiologici e patologici ai quali è rivolto il loro intervento preventivo e terapeutico, sia la massima integrazione con le altre professioni.
Le strutture didattiche devono individuare e costruire altrettanti percorsi formativi atti alla realizzazione delle diverse figure di laureati funzionali ai profili professionali individuati dai decreti del ministero della Sanità.
In particolare, i laureati nella classe, in funzione dei suddetti percorsi formativi, devono raggiungere le competenze professionali di seguito indicate e specificate riguardo ai singoli profili identificati con provvedimenti della competente autorità ministeriale. Il raggiungimento delle competenze professionali si attua attraverso una formazione teorica e pratica che includa anche l'acquisizione di competenze comportamentali e che venga conseguita nel contesto lavorativo specifico di ogni profilo, così da garantire, al termine del percorso formativo, la piena padronanza di tutte le necessarie competenze e la loro immediata spendibilità nell'ambiente di lavoro. Particolare rilievo, come parte integrante e qualificante della formazione professionale, riveste l'attività formativa pratica e di tirocinio clinico, coordinata da un docente appartenente al più elevato livello formativo previsto per ciascun profilo professionale e corrispondente alle norme definite a livello europeo ove esistenti.
I laureati della classe, in funzione dei suddetti percorsi formativi, devono raggiungere le seguenti **competenze professionali**:

- nell'ambito professionale dell'**infermieristica**, i laureati sono operatori sanitari responsabili dell'assistenza generale infermieristica. Detta assistenza infermieristica, preventiva, curativa, palliativa e riabilitativa, è di natura tecnica, relazionale, ed educativa. Le loro principali funzioni sono la prevenzione delle malattie, l'assistenza dei malati e dei disabili di tutte le età e l'educazione sanitaria. I laureati in infermieristica partecipano all'identificazione dei bisogni di salute della persona e della collettività; identificano i bisogni di assistenza infermieristica della persona e della collettività e formulano i relativi obiettivi; pianificano, gestiscono e valutano l'intervento assistenziale infermieristico; garantiscono la corretta applicazione delle prescrizioni diagnostico-terapeutiche; agiscono sia individualmente sia in collaborazione con gli altri operatori sanitari e sociali, avvalendosi, ove necessario, dell'opera del personale di supporto; svolgono la loro attività professionale in strutture sanitarie, pubbliche o private, nel territorio e nell'assistenza domiciliare, in regime di dipendenza o libero-professionale; contribuiscono alla formazione del personale di supporto e concorrono direttamente all'aggiornamento relativo al loro profilo professionale e alla ricerca;
- nell'ambito professionale della **ostetricia**, i laureati sono operatori sanitari che assistono e consigliano la donna nel periodo della gravidanza, durante il parto e nel puerperio, conducono e portano a termine parti eutocici con propria responsabilità e prestano assistenza al neonato. I laureati in ostetricia, per quanto di loro competenza, partecipano a interventi di educazione sanitaria e sessuale sia nell'ambito della famiglia sia nella comunità; alla preparazione psicoprofilattica al parto; alla preparazione e all'assistenza a interventi ginecologici; alla prevenzione e all'accertamento dei tumori della sfera genitale femminile; ai programmi di assistenza materna e neonatale; gestiscono, nel rispetto dell'etica professionale, come membri dell'équipe sanitaria, gli interventi assistenziali di loro competenza; sono in grado di individuare situazioni potenzialmente patologiche che richiedono l'intervento medico e di praticare, ove occorra, le relative misure di particolare emergenza; svolgono la loro attività professionale in strutture sanitarie, pubbliche o private, in regime di dipendenza o libero-professionale; contribuiscono alla formazione del personale di supporto e concorrono direttamente all'aggiornamento relativo al loro profilo professionale e alla ricerca. Le attività pratiche e di tirocinio vanno svolte, sia qualitativamente che quantitativamente, in applicazione delle relative norme dell'Unione europea, in particolare lo standard formativo deve rispettare la direttiva 80/154/CEE;
- nell'ambito professionale dell'**infermieristica pediatrica**, i laureati sono operatori sanitari responsabili dell'assistenza infermieristica pediatrica. Detta assistenza infermieristica pediatrica, preventiva, curativa, palliativa e riabilitativa è di natura tecnica, relazionale ed educativa. Le loro principali funzioni sono la prevenzione delle malattie, l'assistenza dei malati e dei disabili in età evolutiva e l'educazione sanitaria. I laureati in infermieristica pediatrica partecipano all'identificazione dei bisogni di salute fisica e psi-

chica del neonato, del bambino, dell'adolescente, della famiglia; identificano i bisogni di assistenza infermieristica pediatrica e formulano i relativi obiettivi; pianificano, conducono e valutano l'intervento assistenziale, infermieristico, pediatrico; partecipano a interventi di educazione sanitaria sia nell'ambito della famiglia sia della comunità, alla cura di individui sani in età evolutiva nel quadro di programmi di promozione della salute e prevenzione delle malattie e degli incidenti, all'assistenza ambulatoriale, domiciliare e ospedaliera dei neonati, all'assistenza ambulatoriale, domiciliare e ospedaliera dei soggetti di età inferiore a 18 anni, affetti da malattie acute e croniche, alla cura degli individui in età adolescenziale nel quadro dei programmi di prevenzione e supporto socio-sanitario; garantiscono la corretta applicazione delle prescrizioni diagnostico-terapeutiche; agiscono sia individualmente sia in collaborazione con gli operatori sanitari e sociali; si avvalgono, ove necessario, dell'opera del personale di supporto per l'espletamento delle loro funzioni; svolgono la loro attività professionale in strutture sanitarie, pubbliche o private, nel territorio e nell'assistenza domiciliare, in regime di dipendenza o libero-professionale; contribuiscono alla formazione del personale di supporto e concorrono direttamente all'aggiornamento relativo al loro profilo professionale.

PROFESSIONI SANITARIE INFERMIERISTICHE E PROFESSIONE SANITARIA OSTETRICA

Attività formative	Ambiti disciplinari	Settori scientifico-disciplinari	CFU
Di base	Scienze propedeutiche	Fisica applicata (a beni culturali, ambientali, biologia e medicina); Discipline demoetnoantropologiche; Statistica medica; Storia della medicina; Igiene generale e applicata.	22
	Scienze biomediche	Fisiologia; Biochimica; Biologia applicata; Anatomia umana; Istologia; Genetica medica; Patologia generale; Microbiologia e microbiologia clinica.	
	Primo soccorso	Farmacologia; Medicina interna; Chirurgia generale; Pediatria generale e specialistica; Ginecologia e ostetricia; Anestesiologia; Scienze infermieristiche generali, cliniche e pediatriche; Scienze infermieristiche ostetrico-ginecologiche.	
Caratterizzanti	* Corsi differenziati, Art. 10 comma 3, del D.M. 270/2004.		104
	Scienze infermieristiche	Scienze infermieristiche generali, cliniche e pediatriche; Scienze infermieristiche ostetrico-ginecologiche.	
	Scienze ostetriche	Scienze infermieristiche generali, cliniche e pediatriche; Scienze infermieristiche ostetrico-ginecologiche.	
	Scienze infermieristiche pediatriche	Scienze infermieristiche generali, cliniche e pediatriche; Scienze infermieristiche ostetrico-ginecologiche.	
	Scienze umane e psicopedagogiche	Logica e filosofia della scienza; Filosofia morale; Pedagogia generale e sociale; Didattica e pedagogia speciale; Psicometria; Psicologia dello sviluppo e psicologia dell'educazione; Psicologia clinica; Sociologia generale.	
	Scienze medico-chirurgiche	Farmacologia; Patologia clinica; Anatomia patologica; Medicina interna; Malattie infettive; Chirurgia generale; Malattie apparato locomotore; Pediatria generale e specialistica; Ginecologia e ostetricia.	
	Prevenzione servizi sanitari e radioprotezione	Biochimica clinica e biologia molecolare clinica; Diagnostica per immagini e radioterapia; Igiene generale e applicata; Medicina legale; Medicina del lavoro; Scienze infermieristiche generali, cliniche e pediatriche; Scienze infermieristiche ostetrico-ginecologiche; Scienze tecniche dietetiche applicate.	
	Interdisciplinari e cliniche	Oncologia medica; Medicina interna; Malattie dell'apparato respiratorio; Malattie dell'apparato cardiovascolare; Gastroenterologia; Endocrinologia; Nefrologia; Malattie del sangue; Reumatologia; Chirurgia generale; Chirurgia plastica; Chirurgia pediatrica e infantile; Urologia; Psichiatria; Neurologia; Otorinolaringoiatria; Medicina fisica e riabilitativa; Malattie cutanee e veneree; Pediatria generale e specialistica; Neuropsichiatria infantile; Ginecologia e ostetricia; Anestesiologia.	
	Management sanitario	Diritto del lavoro; Istituzioni di diritto pubblico; Scienze infermieristiche generali, cliniche e pediatriche; Scienze infermieristiche ostetrico-ginecologiche; Economia applicata; Economia aziendale.	
	Scienze interdisciplinari	Informatica; Sistemi di elaborazione delle informazioni; Psicologia clinica; Statistica per la ricerca sperimentale e tecnologica.	
	Tirocinio differenziato per specifico profilo	Scienze infermieristiche generali, cliniche e pediatriche; Scienze infermieristiche ostetrico-ginecologiche.	
Altre (affini e integrative; a scelta dello studente; prova finale; conoscenza della lingua inglese ecc.)			54

Classe SNT/2: Professioni sanitarie della riabilitazione

Esempi di corsi di laurea della classe di Professioni sanitarie della riabilitazione sono: Educatore professionale sanitario; Fisioterapista; Logopedista; Ortottista e assistente in oftalmologia; Tecnico della riabilitazione psichiatrica; Terapista della neuro e psicomotricità dell'età evolutiva; Terapista occupazionale.

I laureati nella classe sono operatori delle professioni sanitarie dell'area della riabilitazione che svolgono con titolarità e autonomia professionale, nei confronti dei singoli individui e della collettività, attività dirette alla prevenzione, alla cura, alla riabilitazione e a procedure di valutazione funzionale, al fine di espletare le competenze proprie previste dai relativi profili professionali.

I laureati della classe sono dotati di un'adeguata preparazione nelle discipline di base, tale da consentire loro sia la migliore comprensione dei più rilevanti elementi che sono alla base dei processi patologici sui quali si focalizza il loro intervento riabilitativo e/o terapeutico, sia la massima collaborazione con il medico e con gli altri laureati della classe o di altre classi dell'area tecnico-sanitaria.

Le strutture didattiche devono pertanto individuare e costruire altrettanti percorsi formativi atti alla realizzazione delle diverse figure di laureati funzionali ai profili professionali dai decreti del ministero della Sanità.
In particolare, i laureati nella classe, in funzione dei suddetti percorsi formativi, devono raggiungere le competenze professionali di seguito indicate e specificate riguardo ai singoli profili identificati con provvedimenti della competente autorità ministeriale. Il raggiungimento delle competenze professionali si attua attraverso una formazione teorica e pratica che includa anche l'acquisizione di competenze comportamentali e che venga conseguita nel contesto lavorativo specifico di ogni profilo, così da garantire, al termine del percorso formativo, la piena padronanza di tutte le necessarie competenze e la loro immediata spendibilità nell'ambiente di lavoro. Particolare rilievo, come parte integrante e qualificante della formazione professionale, riveste l'attività formativa pratica e di tirocinio clinico, coordinata da un docente appartenente al più elevato livello formativo previsto per ciascun profilo professionale e corrispondente alle norme definite a livello europeo ove esistenti.

I laureati nella classe, in funzione dei suddetti percorsi formativi, devono raggiungere le seguenti **competenze professionali**:

- nell'ambito della professione sanitaria dell'**educatore professionale sanitario**, i laureati sono operatori sanitari cui competono le seguenti mansioni: attuano specifici progetti educativi e riabilitativi, nell'ambito di un progetto terapeutico elaborato da un'équipe multidisciplinare, volti a uno sviluppo equilibrato della personalità con obiettivi educativo/relazionali in un contesto di partecipazione e recupero alla vita quotidiana; curano il positivo inserimento o reinserimento psico-sociale dei soggetti in difficoltà. I laureati in educazione professionale programmano, gestiscono e verificano interventi educativi mirati al recupero e allo sviluppo delle potenzialità dei soggetti in difficoltà per il raggiungimento di livelli sempre più avanzati di autonomia; contribuiscono a promuovere e organizzare strutture e risorse sociali e sanitarie, al fine di realizzare il progetto educativo integrato; programmano, organizzano, gestiscono e verificano le loro attività professionali all'interno di servizi socio-sanitari e strutture socio-sanitarie-riabilitative e socio-educative, in modo coordinato e integrato con altre figure professionali presenti nelle strutture, con il coinvolgimento diretto dei soggetti interessati e/o delle loro famiglie, dei gruppi, della collettività; operano sulle famiglie e sul contesto sociale dei pazienti, allo scopo di favorire il reinserimento nella comunità; partecipano ad attività di studio, ricerca e documentazione finalizzate agli scopi sopra elencati; contribuiscono alla formazione degli studenti e del personale di supporto e concorrono direttamente all'aggiornamento relativo al loro profilo professionale e all'educazione alla salute; svolgono la loro attività professionale, nell'ambito delle loro competenze, in strutture e servizi socio-sanitari e socio-educativi pubblici o privati, sul territorio, nelle strutture residenziali e semiresidenziali in regime di dipendenza o libero professionale;
- nell'ambito della professione sanitaria del **fisioterapista**, i laureati svolgono, in via autonoma o in collaborazione con altre figure sanitarie, gli interventi di prevenzione, cura e riabilitazione nelle aree della motricità, delle funzioni corticali superiori, e di quelle viscerali conseguenti a eventi patologici, a varia eziologia, congenita od acquisita. I laureati in fisioterapia, in riferimento alla diagnosi e alle prescrizioni del medico, nell'ambito delle loro competenze, elaborano, anche in équipe multidisciplinare, la definizione del programma di riabilitazione volto all'individuazione e al superamento del bisogno di salute del disabile; praticano autonomamente attività terapeutica per la rieducazione funzionale delle disabilità motorie, psicomotorie e cognitive utilizzando terapie fisiche, manuali, massoterapiche e occupazionali; propongono l'adozione di protesi e ausili, ne addestrano all'uso e ne verificano l'efficacia; verificano le rispondenze della metodologia riabilitativa attuata agli obiettivi di recupero funzionale; svolgono attività di studio, didattica e consulenza professionale, nei servizi sanitari e in quelli dove si richiedono le loro competenze professionali; svolgono la loro attività professionale in strutture sanitarie, pubbliche o private, in regime di dipendenza o libero-professionale;

- nell'ambito della professione sanitaria del **logopedista**, i laureati svolgono la loro attività nella prevenzione e nel trattamento riabilitativo delle patologie del linguaggio e della comunicazione in età evolutiva, adulta e geriatrica. L'attività dei laureati in logopedia è volta all'educazione e rieducazione di tutte le patologie che provocano disturbi della voce, della parola, del linguaggio orale e scritto e degli handicap comunicativi. Essi, in riferimento alla diagnosi e alla prescrizione del medico, nell'ambito delle loro competenze, elaborano, anche in équipe multidisciplinare, il bilancio logopedico volto all'individuazione e al superamento del bisogno di salute del disabile; praticano autonomamente attività terapeutica per la rieducazione funzionale delle disabilità comunicative e cognitive, utilizzando terapie logopediche di abilitazione e riabilitazione della comunicazione e del linguaggio, verbali e non verbali; propongono l'adozione di ausili, ne addestrano all'uso e ne verificano l'efficacia; svolgono attività di studio, didattica e consulenza professionale, nei servizi sanitari e in quelli dove si richiedono le loro competenze professionali; verificano le rispondenze della metodologia riabilitativa attuata agli obiettivi di recupero funzionale; svolgono la loro attività professionale in strutture sanitarie, pubbliche o private, in regime di dipendenza o libero-professionale;
- nell'ambito della professione sanitaria dell'**ortottista e dell'assistente di oftalmologia**, i laureati trattano, su prescrizione del medico, i disturbi motori e sensoriali della visione ed effettuano le tecniche di semeiologia strumentale-oftalmologica. I laureati in ortottica ed assistenza oftalmologica sono responsabili dell'organizzazione, della pianificazione e della qualità degli atti professionali svolti nell'ambito delle loro mansioni; svolgono la loro attività professionale in strutture sanitarie, pubbliche o private, in regime di dipendenza o libero-professionale;
- nell'ambito della professione sanitaria del **podologo**, i laureati trattano direttamente, nel rispetto della normativa vigente, dopo esame obiettivo del piede, con metodi incruenti, ortesici e massoterapici, le callosità, le unghie ipertrofiche, deformi e incarnite, nonché il piede doloroso. I laureati in podologia, su prescrizione medica, prevengono e svolgono la medicazione delle ulcerazioni delle verruche del piede e comunque assistono, anche ai fini dell'educazione sanitaria, i soggetti portatori di malattie a rischio; individuano e segnalano al medico le sospette condizioni patologiche che richiedono un approfondimento diagnostico o un intervento terapeutico; svolgono la loro attività professionale in strutture sanitarie, pubbliche o private, in regime di dipendenza o libero-professionale;
- nell'ambito della professione sanitaria del tecnico della **riabilitazione psichiatrica**, i laureati svolgono, nell'ambito di un progetto terapeutico elaborato in un'équipe multidisciplinare, interventi riabilitativi ed educativi sui soggetti con disabilità psichica. I laureati in riabilitazione psichiatrica collaborano alla valutazione della disabilità psichica e delle potenzialità del soggetto, analizza bisogni e istanze evolutive e rivela le risorse del contesto familiare e socio-ambientale, collaborano all'identificazione degli obiettivi formativo-terapeutici e di riabilitazione psichiatrica nonché alla formulazione dello specifico programma di intervento mirato al recupero e allo sviluppo del soggetto in trattamento; attuano interventi volti all'abilitazione/riabilitazione dei soggetti alla cura di sé e alle relazioni interpersonali di varia complessità nonché, ove possibile, a un'attività lavorativa; operano nel contesto della prevenzione primaria sul territorio, al fine di promuovere lo sviluppo delle relazioni di rete, per favorire l'accoglienza e la gestione delle situazioni a rischio di patologie manifestate; operano sulle famiglie e sul contesto sociale dei soggetti, allo scopo di favorirne il reinserimento nella comunità; collaborano alla valutazione degli esiti del programma di abilitazione e riabilitazione nei singoli soggetti, in relazione agli obiettivi prefissati; contribuiscono alla formazione del personale di supporto e concorrono direttamente all'aggiornamento relativo al loro profilo professionale; svolgono la loro attività professionale in strutture e servizi sanitari pubblici o privati, in regime di dipendenza o libero-professionale;
- nell'ambito della professione sanitaria del **terapista della neuro e psicomotricità dell'età evolutiva**, i laureati svolgono, in collaborazione con l'équipe multiprofessionale di neuropsichiatria infantile e in collaborazione con le altre discipline dell'area pediatrica, gli interventi di prevenzione, terapia e riabilitazione delle malattie neuropsichiatriche infantili, nelle aree della neuro-psicomotricità, della neuropsicologia e della psicopatologia dello sviluppo. I laureati in terapia della neuro e psicomotricità dell'età evolutiva, in riferimento alle diagnosi e alle prescrizioni mediche, nell'ambito delle specifiche competenze, adattano gli interventi terapeutici alle peculiari caratteristiche dei pazienti in età evolutiva con

quadri clinici multiformi che si modificano nel tempo in relazione alle funzioni emergenti; individuano ed elaborano, nell'équipe multiprofessionale, il programma di prevenzione, di terapia e riabilitazione volto al superamento del bisogno di salute del bambino con disabilità dello sviluppo; attuano interventi terapeutici e riabilitativi nei disturbi percettivo-motori, neurocognitivi e nei disturbi di simbolizzazione e di interazione del bambino fin dalla nascita; attuano procedure rivolte all'inserimento dei soggetti portatori di disabilità e di handicap neuro-psicomotorio e cognitivo; collaborano all'interno dell'équipe multiprofessionale con gli operatori scolastici per l'attuazione della prevenzione, della diagnosi funzionale e del profilo dinamico-funzionale del piano educativo individualizzato; svolgono attività terapeutica per le disabilità neuro-psicomotorie, psicomotorie e neuropsicologiche in età evolutiva utilizzando tecniche specifiche per fascia d'età e per singoli stadi di sviluppo; attuano procedure di valutazione dell'interrelazione tra funzioni affettive, funzioni cognitive e funzioni motorie per ogni singolo disturbo neurologico, neuropsicologico e psicopatologico dell'età evolutiva; identificano il bisogno e realizzano il bilancio diagnostico e terapeutico tra rappresentazione somatica e vissuto corporeo e tra potenzialità funzionali generali e relazione oggettuale; elaborano e realizzano il programma terapeutico che utilizza schemi e progetti neuromotori come atti mentali e come strumenti cognitivi e metacognitivi; utilizzano altresì la dinamica corporea come integrazione delle funzioni mentali e delle relazioni interpersonali; verificano l'adozione di protesi e di ausili rispetto ai compensi neuropsicologici e al rischio psicopatologico; partecipano alla riabilitazione funzionale in tutte le patologie acute e croniche dell'infanzia; documentano le rispondenze della metodologia riabilitativa attuata secondo gli obiettivi di recupero funzionale e le caratteristiche proprie delle patologie che si modificano in rapporto allo sviluppo; svolgono attività di studio, di didattica e di ricerca specifica applicata, e di consulenza professionale, nei servizi sanitari e nei luoghi in cui si richiede la loro competenza professionale; contribuiscono alla formazione del personale di supporto e concorrono direttamente all'aggiornamento relativo al loro profilo professionale; svolgono la loro attività professionale in strutture sanitarie, pubbliche o private, in regime di dipendenza o libero-professionale;

- nell'ambito della professione sanitaria del **terapista occupazionale**, i laureati operano nell'ambito della prevenzione, cura e riabilitazione dei soggetti affetti da malattie e disordini fisici, psichici sia con disabilità temporanee che permanenti, utilizzando attività espressive, manuali – rappresentative, ludiche, della vita quotidiana. I laureati in terapia occupazionale, in riferimento alla diagnosi ed alle prescrizioni del medico, nell'ambito delle loro competenze e in collaborazione con altre figure socio-sanitarie, effettuano una valutazione funzionale e psicologica del soggetto ed elaborano, anche in équipe multidisciplinare, la definizione del programma riabilitativo, volto all'individuazione e al superamento dei bisogni del disabile ed al suo avviamento verso l'autonomia personale nell'ambiente di vita quotidiana e nel tessuto sociale; trattano condizioni fisiche, psichiche e psichiatriche, temporanee o permanenti, rivolgendosi a pazienti di tutte le età; utilizzano attività sia individuali che di gruppo, promuovendo il recupero e l'uso ottimale di funzioni finalizzate al reinserimento, all'adattamento e all'integrazione dell'individuo nel proprio ambiente personale, domestico e sociale; individuano ed esaltano gli aspetti motivazionali e le potenzialità di adattamento dell'individuo, proprie della specificità terapeutica occupazionale; partecipano alla scelta e all'ideazione di ortesi congiuntamente o in alternativa a specifici ausili; propongono, ove necessario, modifiche dell'ambiente di vita e promuovono azioni educative verso il soggetto in trattamento, verso la famiglia e la collettività; verificano le rispondenze tra la metodologia riabilitativa attuata e gli obiettivi di recupero funzionale e psicosociale; svolgono attività di studio e ricerca, di didattica e di supporto in tutti gli ambiti in cui è richiesta la loro specifica professionalità; contribuiscono alla formazione del personale di supporto e concorrono direttamente all'aggiornamento relativo al loro profilo professionale; svolgono la loro attività professionale in strutture socio-sanitarie, pubbliche o private, in regime di dipendenza o libero-professionale.

PROFESSIONI SANITARIE DELLA RIABILITAZIONE

Attività formative	Ambiti disciplinari	Settori scientifico-disciplinari	CFU
Di base	**Scienze propedeutiche**	Fisica applicata (a beni culturali, ambientali, biologia e medicina); Informatica; Discipline demoetnoantropologiche; Logica e filosofia della scienza; Pedagogia generale e sociale; Pedagogia sperimentale; Statistica medica; Statistica per la ricerca sperimentale e tecnologica; Statistica sociale; Sociologia generale; Sociologia dei processi culturali e comunicativi.	22
	Scienze biomediche	Fisiologia; Biochimica; Biochimica clinica e biologia molecolare clinica; Biologia applicata; Anatomia umana; Istologia; Psicologia generale; Psicologia dello sviluppo e psicologia dell'educazione; Psicologia clinica; Genetica medica; Patologia generale; Patologia clinica; Microbiologia e microbiologia clinica.	
	Primo soccorso	Farmacologia; Medicina interna; Chirurgia generale; Anestesiologia; Scienze infermieristiche generali, cliniche e pediatriche.	
Caratterizzanti	***Corsi differenziati art. 10, comma 3 del D.M. 270/2004 - Almeno 15 CFU assegnati al SSD di riferimento di ogni specifico profilo**		104
	Scienze dell'educazione professionale sanitaria	Discipline demoetnoantropologiche; Filosofia morale; Pedagogia generale e sociale; Storia della pedagogia; Didattica e pedagogia speciale; Psicobiologia e psicologia fisiologica; Psicologia dello sviluppo e psicologia dell'educazione; Psicologia sociale; Psicologia dinamica; Storia delle religioni; Psichiatria; Igiene generale e applicata; Scienze infermieristiche e tecniche neuro-psichiatriche e riabilitative; Sociologia dei processi culturali e comunicativi; Sociologia dell'ambiente e del territorio; Sociologia giuridica, della devianza e mutamento sociale.	
	Scienze della fisioterapia	Medicina interna; Malattie dell'apparato respiratorio; Malattie dell'apparato cardiovascolare; Reumatologia; Neurologia; Malattie apparato locomotore; Medicina fisica e riabilitativa; Scienze infermieristiche e tecniche neuro-psichiatriche e riabilitative; Scienze tecniche mediche e applicate.	
	Scienze della logopedia	Glottologia e linguistica; Filosofia e teoria dei linguaggi; Psicologia clinica; Neurologia; Otorinolaringoiatria; Audiologia; Neuropsichiatria infantile; Scienze tecniche mediche e applicate.	
	Scienze dell'ortottica e dell'assistenza di oftalmologia	Fisica applicata (a beni culturali, ambientali, biologia e medicina); Psicologia clinica; Malattie apparato visivo; Pediatria generale e specialistica; Scienze infermieristiche e tecniche neuro-psichiatriche e riabilitative; Scienze tecniche mediche e applicate.	
	Scienze della podologia	Medicina interna; Malattie dell'apparato cardiovascolare; Endocrinologia; Reumatologia; Malattie infettive; Malattie apparato locomotore; Medicina fisica e riabilitativa; Malattie cutanee e veneree; Scienze infermieristiche generali, cliniche e pediatriche; Scienze tecniche mediche applicate.	
	Scienze della riabilitazione psichiatrica	Psicobiologia e psicologia fisiologica; Psicologia sociale; Psicologia clinica; Psichiatria; Neurologia; Pediatria generale e specialistica; Neuropsichiatria infantile; Medicina legale; Scienze infermieristiche e tecniche neuro-psichiatriche e riabilitative.	
	Scienze della terapia della neuro e psicomotricità dell'età evolutiva	Farmacologia; Psicobiologia e psicologia fisiologica; Psicologia clinica; Neurologia; Medicina fisica e riabilitativa; Pediatria generale e specialistica; Neuropsichiatria infantile; Scienze infermieristiche generali, cliniche e pediatriche; Scienze infermieristiche e tecniche neuro-psichiatriche e riabilitative.	
	Scienze della terapia occupazionale	Psicologia clinica; Medicina interna; Psichiatria; Medicina fisica e riabilitativa; Neuropsichiatria infantile; Scienze infermieristiche e tecniche neuro-psichiatriche e riabilitative; Sociologia dei processi culturali e comunicativi; Sociologia dell'ambiente e del territorio.	
	Scienze umane e psicopedagogiche	Filosofia morale; Filosofia e teoria dei linguaggi; Storia della pedagogia; Didattica e pedagogia speciale; Psicologia generale; Psicobiologia e psicologia fisiologica; Psicometria; Psicologia dello sviluppo e psicologia dell'educazione; Psicologia sociale; Psicologia dinamica; Psicologia clinica; Storia delle religioni; Storia della medicina; Sociologia dell'ambiente e del territorio; Sociologia giuridica, della devianza e mutamento sociale.	
	Scienze medico - chirurgiche	Farmacologia; Patologia clinica; Anatomia patologica; Medicina interna; Malattie infettive; Chirurgia generale; Malattie apparato locomotore; Pediatria generale e specialistica.	
	Scienze della prevenzione dei servizi sanitari	Biochimica clinica e biologia molecolare clinica; Diagnostica per immagini e radioterapia; Neuroradiologia; Igiene generale e applicata; Medicina legale; Medicina del lavoro; Scienze infermieristiche generali, cliniche e pediatriche; Scienze infermieristiche e tecniche neuro-psichiatriche e riabilitative; Scienze tecniche mediche applicate.	
	Scienze interdisciplinari e cliniche	Oncologia medica; Medicina interna; Malattie dell'apparato respiratorio; Malattie dell'apparato cardiovascolare; Gastroenterologia; Endocrinologia; Nefrologia; Malattie del sangue; Reumatologia; Malattie infettive; Chirurgia Generale; Chirurgia plastica; Chirurgia pediatrica e infantile; Chirurgia toracica; Chirurgia vascolare; Chirurgia cardiaca; Urologia; Psichiatria; Neurologia; Neurochirurgia; Malattie odontostomatologiche; Chirurgia maxillofacciale; Malattie apparato visivo; Otorinolaringoiatria; Audiologia; Malattie dell'apparato locomotore; Medicina fisica e riabilitativa; Malattie cutanee e veneree; Diagnostica per immagini e radioterapia; Neuroradiologia; Pediatria generale e specialistica; Neuropsichiatria infantile; Ginecologia e ostetricia; Anestesiologia.	
	Management sanitario	Diritto del lavoro; Istituzioni di diritto pubblico; Diritto amministrativo; Diritto internazionale; Psicologia sociale; Psicologia del lavoro e delle organizzazioni; Economia applicata; Economia aziendale; Organizzazione aziendale; Sociologia dei processi economici e del lavoro.	

PROFESSIONI SANITARIE DELLA RIABILITAZIONE		
	Scienze interdisciplinari	Fisica applicata (a beni culturali, ambientali, biologia e medicina); Sistemi di elaborazione delle informazioni; Bioingegneria elettronica e informatica; Discipline dello spettacolo; Cinema, fotografia e televisione; Glottologia e linguistica; Metodi e didattiche delle attività motorie; Storia della scienza e delle tecniche.
	Tirocinio differenziato per specifico profilo	Scienze infermieristiche generali, cliniche e pediatriche; Scienze infermieristiche e tecniche neuro-psichiatriche e riabilitative; Scienze tecniche mediche applicate.
Altre (affini e integrative; a scelta dello studente; prova finale; conoscenza della lingua inglese ecc.)		54

Classe SNT/3: Professioni sanitarie tecniche

Esempi di corsi di laurea della classe di Professioni sanitarie tecniche sono: Tecnico audiometrista; Tecnico di laboratorio biomedico; Tecnico di radiologia medica; Tecnico di neurofisiopatologia; Tecnico ortopedico; Tecnico audioprotesista; Tecnico della fisiopatologia cardiocircolatoria e perfusione cardiovascolare; Igienista dentale; Dietista.

I laureati nella classe sono operatori delle professioni sanitarie dell'area tecnico-diagnostica e dell'area tecnico-assistenziale che svolgono, con autonomia professionale, le procedure tecniche necessarie alla esecuzione di metodiche diagnostiche su materiali biologici o sulla persona, ovvero attività tecnico-assistenziale, in attuazione di quanto previsto nei regolamenti concernenti l'individuazione delle figure e dei relativi profili professionali definiti con decreto del ministro della Sanità.

I laureati nella classe sono dotati di un'adeguata preparazione nelle discipline di base, tale da consentire loro sia la migliore comprensione dei più rilevanti elementi che sono alla base dei processi patologici sui quali si focalizza il loro intervento diagnostico, sia la massima collaborazione con il medico e con gli altri laureati della classe o di altre classi dell'area tecnico-sanitaria.

Le strutture didattiche devono individuare e costruire altrettanti percorsi formativi atti alla realizzazione delle diverse figure di laureati funzionali ai profili professionali individuati dai decreti del ministero della Sanità.

In particolare, i laureati nella classe, in funzione dei suddetti percorsi formativi, devono raggiungere le competenze professionali di seguito indicate e specificate riguardo ai singoli profili identificati con provvedimenti della competente autorità ministeriale. Il raggiungimento delle competenze professionali si attua attraverso una formazione teorica e pratica che includa anche l'acquisizione di competenze comportamentali e che venga conseguita nel contesto lavorativo specifico di ogni profilo, così da garantire, al termine del percorso formativo, la piena padronanza di tutte le necessarie competenze e la loro immediata spendibilità nell'ambiente di lavoro. Particolare rilievo, come parte integrante e qualificante della formazione professionale, riveste l'attività formativa pratica e di tirocinio clinico, coordinata da un docente appartenente al più elevato livello formativo previsto per ciascun profilo professionale e corrispondente alle norme definite a livello europeo ove esistenti.

Area tecnico-diagnostica

- Nell'ambito della professione sanitaria di **tecnico audiometrista**, i laureati sono operatori sanitari che svolgono la loro attività nella prevenzione, valutazione e riabilitazione delle patologie del sistema uditivo e vestibolare, nel rispetto delle attribuzioni e delle competenze diagnostico-terapeutiche del medico. L'attività dei laureati in tecniche audiometriche è volta all'esecuzione di tutte le prove non invasive, psico-acustiche ed elettrofisiologiche di valutazione e misura del sistema uditivo e vestibolare e alla riabilitazione dell'handicap conseguente a patologia dell'apparato uditivo e vestibolare. Essi operano, su prescrizione del medico, mediante atti professionali che implicano la piena responsabilità e la conseguente autonomia; collaborano con altre figure professionali ai programmi di prevenzione e di riabilitazione delle sordità utilizzando tecniche e metodologie strumentali e protesiche; svolgono la loro attività professionale in strutture sanitarie, pubbliche o private, in regime di dipendenza o libero-professionale;
- nell'ambito della professione sanitaria di **tecnico di laboratorio biomedico**, i laureati svolgono attività di laboratorio di analisi e di ricerca relative ad analisi biomediche e biotecnologiche e in particolare di biochimica, di microbiologia e virologia, di farmacotossicologia, di immunologia, di patologia

clinica, di ematologia, di citologia e di istopatologia. I laureati in tecniche diagnostiche di laboratorio biomedico svolgono con autonomia tecnico professionale le loro prestazioni lavorative in diretta collaborazione con il personale laureato di laboratorio preposto alle diverse responsabilità operative di appartenenza; sono responsabili, nelle strutture di laboratorio, del corretto adempimento delle procedure analitiche e del loro operato, nell'ambito delle loro funzioni in applicazione dei protocolli di lavoro definiti dai dirigenti responsabili; verificano la corrispondenza delle prestazioni erogate agli indicatori e standard predefiniti dal responsabile della struttura; controllano e verificano il corretto funzionamento delle apparecchiature utilizzate, provvedono alla manutenzione ordinaria e alla eventuale eliminazione di piccoli inconvenienti; partecipano alla programmazione e organizzazione del lavoro nell'ambito della struttura in cui operano; svolgono la loro attività in strutture di laboratorio pubbliche e private, autorizzate secondo la normativa vigente, in rapporto di dipendenza o libero-professionale; contribuiscono alla formazione del personale di supporto e concorrono direttamente all'aggiornamento relativo al loro profilo professionale e alla ricerca; devono inoltre acquisire conoscenze e capacità nel settore di attività degli istituti di zooprofilassi e nel settore delle biotecnologie;

- nell'ambito della professione sanitaria di **tecnico di radiologia medica**, per immagini e radioterapia, i laureati sono responsabili degli atti di loro competenza e sono autorizzati a espletare indagini e prestazioni radiologiche, nel rispetto delle norme di radioprotezione. I laureati in tecniche diagnostiche radiologiche sono abilitati a svolgere, in via autonoma o in collaborazione con altre figure sanitarie, su prescrizione medica, tutti gli interventi che richiedono l'uso di sorgenti di radiazioni ionizzanti, sia artificiali che naturali, di energie termiche, ultrasoniche, di risonanza magnetica nucleare nonché gli interventi per la protezionistica fisica o dosimetrica; partecipano alla programmazione e organizzazione del lavoro nell'ambito della struttura in cui operano nel rispetto delle loro competenze; gestiscono l'erogazione di prestazioni polivalenti di loro competenza in collaborazione diretta con il medico radiodiagnosta, con il medico nucleare, con il medico radioterapista e con il fisico sanitario, secondo protocolli diagnostici e terapeutici preventivamente definiti dal responsabile della struttura; sono responsabili degli atti di loro competenza, in particolare controllando il corretto funzionamento delle apparecchiature loro affidate, provvedendo all'eliminazione di inconvenienti di modesta entità e attuando programmi di verifica e controllo a garanzia della qualità secondo indicatori e standard predefiniti; svolgono la loro attività nelle strutture sanitarie pubbliche o private, in rapporto di dipendenza o libero professionale; contribuiscono alla formazione del personale di supporto e concorrono direttamente all'aggiornamento relativo al loro profilo professionale e alla ricerca. Nell'ambito della formazione della predetta figura professionale, le università assicurano un'adeguata formazione in materia di protezione dalle radiazioni ionizzanti;
- nell'ambito della professione sanitaria di **tecnico di neurofisiopatologia**, i laureati sono operatori sanitari che svolgono la loro attività nell'ambito della diagnosi delle patologie del sistema nervoso, applicando direttamente, su prescrizione medica, le metodiche diagnostiche specifiche in campo neurologico e neurochirurgico (elettroencefalografia, elettroneuromiografia, poligrafia, potenziali evocati, ultrasuoni). I laureati in tecniche di diagnostica neurofisiopatologica applicano le metodiche più idonee per la registrazione dei fenomeni bioelettrici, con diretto intervento sul paziente e sulle apparecchiature ai fini della realizzazione di un programma di lavoro diagnostico-strumentale o di ricerca neurofisiologica predisposto in stretta collaborazione con il medico specialista; gestiscono compiutamente il lavoro di raccolta e di ottimizzazione delle varie metodiche diagnostiche, sulle quali, su richiesta devono redigere un rapporto descrittivo sotto l'aspetto tecnico; hanno dirette responsabilità nell'applicazione e nel risultato finale della metodica diagnostica utilizzata; impiegano metodiche diagnostico-strumentali per l'accertamento dell'attività elettrocerebrale ai fini clinici e/o medico-legali; provvedono alla predisposizione e controllo della strumentazione delle apparecchiature in dotazione; esercitano la loro attività in strutture sanitarie pubbliche e private, in regime di dipendenza o libero-professionale.

Area tecnico-assistenziale

- Nell'ambito della professione sanitaria di **tecnico ortopedico**, i laureati sono operatori sanitari che operano, su prescrizione medica e successivo collaudo, la costruzione e/o adattamento, applicazione e fornitura di protesi, ortesi e di ausili sostitutivi, correttivi e di sostegno dell'apparato locomotore, di natura funzionale ed estetica, di tipo meccanico o che utilizzano l'energia esterna o energia mista corporea ed esterna, mediante rilevamento diretto sul paziente di misure e modelli. I laureati in tecniche ortopediche, nell'ambito delle loro competenze, addestrano il disabile all'uso delle protesi e delle ortesi applicate; svolgono, in collaborazione con il medico, assistenza tecnica per la fornitura, la sostituzione e la riparazione delle protesi e delle ortesi applicate; collaborano con altre figure professionali al trattamento multidisciplinare previsto nel piano di riabilitazione; sono responsabili dell'organizzazione, pianificazione e qualità degli atti professionali svolti nell'ambito delle loro mansioni; svolgono la loro attività professionale in strutture sanitarie, pubbliche o private, in regime di dipendenza o libero-professionale;
- nell'ambito della professione sanitaria del **tecnico audioprotesista**, i laureati sono operatori sanitari che svolgono la loro attività nella fornitura, adattamento e controllo dei presidi protesici per la prevenzione e correzione dei deficit uditivi; operano su prescrizione del medico mediante atti professionali che implicano la piena responsabilità e la conseguente autonomia. L'attività dei laureati in audioprotesi è volta all'applicazione dei presidi protesici mediante il rilievo dell'impronta del condotto uditivo esterno, la costruzione e applicazione delle chiocciole o di altri sistemi di accoppiamento acustico e la somministrazione di prove di valutazione protesica. Essi collaborano con altre figure professionali ai programmi di prevenzione e di riabilitazione delle sordità mediante la fornitura di presidi protesici e l'addestramento al loro uso; svolgono la loro attività professionale in strutture sanitarie, pubbliche o private, in regime di dipendenza o libero-professionale;
- nell'ambito della professione sanitaria del **tecnico della fisiopatologia cardiocircolatoria e perfusione cardiovascolare**, i laureati sono operatori sanitari che provvedono alla conduzione e manutenzione delle apparecchiature relative alle tecniche di circolazione extracorporea e alle tecniche di emodinamica. Le loro mansioni sono esclusivamente di natura tecnica; coadiuvano il personale medico negli ambienti idonei fornendo indicazioni essenziali o conducendo, sempre sotto indicazione medica, apparecchiature finalizzate alla diagnostica emodinamica o vicariati le funzioni cardiocircolatorie. I laureati in tecnica della fisiopatologia cardiocircolatoria e perfusione cardiovascolare pianificano, gestiscono e valutano quanto necessario per il buon funzionamento delle apparecchiature di cui sono responsabili; garantiscono la corretta applicazione delle tecniche di supporto richieste; svolgono la loro attività professionale in strutture sanitarie, pubbliche o private, in regime di dipendenza o libero-professionale; contribuiscono alla formazione del personale di supporto e concorrono direttamente all'aggiornamento relativo al profilo professionale e alla ricerca nelle materie di loro competenza;
- nell'ambito della professione sanitaria dell'**igienista dentale**, i laureati sono gli operatori sanitari che svolgono, su indicazione degli odontoiatri e dei medici chirurghi legittimati all'esercizio dell'odontoiatria, compiti relativi alla prevenzione delle affezioni orodentali. I laureati in igiene dentale svolgono attività di educazione sanitaria dentale e partecipano a progetti di prevenzione primaria nell'ambito del sistema sanitario pubblico; collaborano alla compilazione della cartella clinica odontostomatologica e si occupano della raccolta di dati tecnico-statistici; provvedono all'ablazione del tartaro e alla levigatura delle radici nonché all'applicazione topica dei vari mezzi profilattici; provvedono all'istruzione sulle varie metodiche di igiene orale e sull'uso dei mezzi diagnostici idonei a evidenziare placca batterica e patina dentale motivando l'esigenza dei controlli clinici periodici; indicano le norme di un'alimentazione razionale ai fini della tutela della salute dentale; svolgono la loro attività professionale in strutture sanitarie, pubbliche o private, in regime di dipendenza o libero-professionale, su indicazione degli odontoiatri e dei medici chirurghi legittimati all'esercizio dell'odontoiatria;
- nell'ambito della professione sanitaria del **dietista**, i laureati sono competenti per tutte le attività finalizzate alla corretta applicazione dell'alimentazione e della nutrizione ivi compresi gli aspetti educativi e di collaborazione all'attuazione delle politiche alimentari, nel rispetto della normativa vigente. I laureati in dietistica organizzano e coordinano le attività specifiche relative all'alimenta-

zione in generale e alla dietetica in particolare; collaborano con gli organi preposti alla tutela dell'aspetto igienico sanitario del servizio di alimentazione; elaborano, formulano ed attuano le diete prescritte dal medico e ne controllano l'accettabilità da parte del paziente; collaborano con altre figure al trattamento multidisciplinare dei disturbi del comportamento alimentare; studiano ed elaborano la composizione di razioni alimentari atte a soddisfare i bisogni nutrizionali di gruppi di popolazione e pianificano l'organizzazione dei servizi di alimentazione di comunità di sani e di malati; svolgono attività didattico-educativa e di informazione finalizzate alla diffusione di principi di alimentazione corretta, tale da consentire il recupero e il mantenimento di un buono stato di salute del singolo, di collettività e di gruppi di popolazione; svolgono la loro attività professionale in strutture sanitarie, pubbliche o private, in regime di dipendenza o libero-professionale.

PROFESSIONI SANITARIE TECNICHE

Attività formative	Ambiti disciplinari	Settori scientifico-disciplinari	CFU
Di base	**Scienze propedeutiche**	Fisica applicata (a beni culturali, ambientali, biologia e medicina); Informatica; Misure elettriche ed elettroniche; Discipline demoetnoantropologiche; Psicologia generale; Analisi matematica; Statistica medica; Sociologia generale.	**22**
	Scienze biomediche	Fisiologia; Biochimica; Biochimica clinica e biologia molecolare clinica; Biologia applicata; Anatomia umana; Istologia; Genetica medica; Patologia generale; Patologia clinica; Microbiologia e microbiologia clinica.	
	Primo soccorso	Farmacologia; Medicina interna; Chirurgia generale; Anestesiologia; Scienze infermieristiche generali, cliniche e pediatriche	
Caratterizzanti	***Corsi differenziati art. 10, comma 3 del D.M. 270/2004 - Almeno 15 CFU assegnati al SSD di riferimento di ogni specifico profilo**		**104**
	Scienze e tecniche audiometriche	Psicologia clinica; Otorinolaringoiatria; Audiologia; Pediatria generale e specialistica; Neuropsichiatria infantile; Medicina legale; Medicina del lavoro; Scienze infermieristiche e tecniche neuro-psichiatriche e riabilitative; Scienze tecniche mediche applicate.	
	Scienze e tecniche di laboratorio biomedico	Biochimica clinica e biologia molecolare clinica; Genetica medica; Patologia generale; Patologia clinica; Microbiologia e microbiologia clinica; Anatomia patologica; Medicina interna; Malattie del sangue; Scienze tecniche di medicina e di laboratorio; Parassitologia e malattie parassitarie degli animali.	
	Scienze e tecniche di radiologia medica per immagini e radioterapia	Fisica applicata (a beni culturali, ambientali, biologia e medicina); Diagnostica per immagini e radioterapia; Neuroradiologia; Scienze tecniche mediche applicate.	
	Scienze e tecniche di neurofisiopatologia	Malattie dell'apparato respiratorio; Malattie dell'apparato cardiovascolare; Neurologia; Malattie apparato locomotore; Neuropsichiatria infantile; Scienze infermieristiche e tecniche neuro-psichiatriche e riabilitative; Scienze tecniche mediche applicate.	
	Scienze e tecniche ortopediche	Malattie apparato locomotore; Medicina fisica e riabilitativa; Diagnostica per immagini e radioterapia; Scienze tecniche mediche applicate.	
	Scienze e tecniche della fisiopatologia cardiocircolatoria e perfusione cardiovascolare	Scienza e tecnologia dei materiali; Malattie dell'apparato cardiovascolare; Malattie del sangue; Chirurgia toracica; Chirurgia vascolare; Chirurgia cardiaca; Scienze tecniche mediche applicate.	
	Scienze dell'igiene dentale	Microbiologia e microbiologia clinica; Malattie odontostomatologiche; Igiene generale e applicata; Scienze tecniche mediche applicate.	
	Scienze della dietistica	Scienze e tecnologie alimentari; Chimica degli alimenti; Psicologia clinica; Medicina interna; Malattie dell'apparato cardiovascolare; Gastroenterologia; Endocrinologia; Nefrologia; Pediatria generale e specialistica; Igiene generale e applicata; Scienze tecniche dietetiche applicate; Scienze merceologiche.	
	Scienze e tecniche audioprotesiche	Scienza e tecnologia dei materiali; Misure elettriche ed elettroniche; Otorinolaringoiatria; Audiologia; Scienze tecniche mediche applicate.	
	Scienze medico-chirurgiche	Farmacologia; Patologia clinica; Anatomia patologica; Malattie infettive; Chirurgia generale; Malattie apparato locomotore; Ginecologia e ostetricia.	
	Scienze della prevenzione e dei servizi sanitari	Biochimica clinica e biologia molecolare clinica; Metodi e didattiche delle attività motorie; Diagnostica per immagini e radioterapia; Neuroradiologia; Igiene generale e applicata; Medicina legale; Medicina del lavoro; Scienze infermieristiche generali, cliniche e pediatriche; Scienze infermieristiche e tecniche neuro-psichiatriche e riabilitative; Scienze tecniche mediche applicate.	

PROFESSIONI SANITARIE TECNICHE		
Scienze interdisciplinari cliniche	Oncologia medica; Malattie dell'apparato respiratorio; Malattie dell'apparato cardiovascolare; Gastroenterologia; Endocrinologia; Nefrologia; Malattie del sangue; Reumatologia; Chirurgia plastica; Chirurgia pediatrica e infantile; Chirurgia toracica; Chirurgia vascolare; Chirurgia cardiaca; Urologia; Psichiatria; Neurologia; Neurochirurgia; Malattie odontostomatologiche; Malattie apparato visivo; Otorinolaringoiatria; Audiologia; Medicina fisica e riabilitativa; Malattie cutanee e veneree; Diagnostica per immagini e radioterapia; Neuropsichiatria infantile; Anestesiologia.	
Scienze umane e psicopedagogiche	Logica e filosofia della scienza; Filosofia morale; Pedagogia generale e sociale; Psicologia generale; Psicometria; Psicologia dello sviluppo e psicologia dell'educazione; Storia della medicina; Sociologia generale.	
Scienze interdisciplinari	Sistemi di elaborazione delle informazioni; Bioingegneria elettronica e informatica; Glottologia e linguistica; Statistica per la ricerca sperimentale e tecnologica.	
Scienze del management sanitario	Diritto del lavoro; Istituzioni di diritto pubblico; Psicologia sociale; Psicologia del lavoro e delle organizzazioni; Economia applicata; Economia aziendale; Organizzazione aziendale; Sociologia dei processi economici e del lavoro.	
Tirocinio differenziato per specifico profilo	Diritto del lavoro; Istituzioni di diritto pubblico; Psicologia sociale; Psicologia del lavoro e delle organizzazioni; Economia applicata; Economia aziendale; Organizzazione aziendale; Sociologia dei processi economici e del lavoro.	
Altre (affini e integrative; a scelta dello studente; prova finale; conoscenza della lingua inglese ecc.)		**54**

Classe SNT/4: Professioni sanitarie della prevenzione

Esempi di corsi di laurea della classe di Professioni sanitarie della prevenzione: Tecnico della prevenzione nell'ambiente e nei luoghi di lavoro; Assistente sanitario. I laureati nella classe sono gli operatori delle professioni tecniche della prevenzione che svolgono con autonomia tecnico-professionale attività di prevenzione, verifica e controllo in materia di igiene e sicurezza ambientale nei luoghi di vita e di lavoro, di igiene degli alimenti e delle bevande, di igiene e sanità pubblica e veterinaria. Tali attività devono comunque svolgersi nell'ambito della responsabilità derivante dai profili professionali.

I laureati nella classe sono dotati di un'adeguata preparazione nelle discipline di base, tale da consentire loro la migliore comprensione dei più rilevanti elementi che sono alla base dei processi patologici dell'età evolutiva, adulta e geriatrica sui quali si focalizza il loro intervento preventivo e/o riabilitativo. Devono inoltre saper utilizzare almeno una lingua dell'Unione europea, oltre l'italiano, nell'ambito specifico di competenza e per lo scambio di informazioni generali.

Le strutture didattiche devono pertanto individuare e costruire altrettanti percorsi formativi atti alla realizzazione delle diverse figure di laureati funzionali ai profili professionali individuati dai decreti del ministero della Sanità.

In particolare, i laureati nella classe, in funzione dei suddetti percorsi formativi, devono raggiungere le competenze professionali di seguito indicate e specificate riguardo ai singoli profili identificati con provvedimenti della competente autorità ministeriale. Il raggiungimento delle competenze professionali si attua attraverso una formazione teorica e pratica che includa anche l'acquisizione di competenze comportamentali e che venga conseguita nel contesto lavorativo specifico di ogni profilo, così da garantire, al termine del percorso formativo, la piena padronanza di tutte le necessarie competenze e la loro immediata spendibilità nell'ambiente di lavoro. Particolare rilievo, come parte integrante e qualificante della formazione professionale, riveste l'attività formativa pratica e di tirocinio clinico, coordinata da un docente appartenente al più elevato livello formativo previsto per ciascun profilo professionale e corrispondente alle norme definite a livello europeo ove esistenti.

I laureati nella classe, in funzione dei suddetti percorsi formativi, devono raggiungere le seguenti competenze professionali:

- nell'ambito della professione sanitaria del **tecnico della prevenzione nell'ambiente e nei luoghi di lavoro**, i laureati sono responsabili, nell'ambito delle loro competenze, di tutte le attività di prevenzione, verifica e controllo in materia di igiene e sicurezza ambientale nei luoghi di vita e di lavoro, di igiene degli alimenti e delle bevande, di igiene di sanità pubblica e veterinaria. I laureati in prevenzione nell'ambiente e nei luoghi di lavoro, operanti nei servizi con compiti ispettivi e di vigilanza, sono, nei limiti delle loro attribuzioni, ufficiali di polizia giudiziaria; svolgono attività istruttoria, finalizzata al rilascio di autorizzazioni o di nulla osta tecnico-sanitari per attività soggette a controllo. Nell'ambito dell'esercizio della professione, essi istruiscono, determinano, contestano e notificano le irregolarità rilevate e formulano pareri nell'ambito delle loro competenze; vigilano e controllano gli ambienti di vita e di lavoro e valutano la necessità di effettuare accertamenti e inchieste per infortuni e malattie professionali; vigilano e controllano la rispondenza delle strutture e degli ambienti in relazione alle attività a esse connesse e le condizioni di sicurezza degli impianti; vigilano e controllano la qualità degli alimenti e bevande destinati all'alimentazione dalla produzione al consumo e valutano la necessità di procedere a successive indagini specialistiche; vigilano e controllano l'igiene e sanità veterinaria, nell'ambito delle loro competenze, e valutano la necessità di procedere a successive indagini; vigilano e controllano i prodotti cosmetici; collaborano con l'amministrazione giudiziaria per indagini sui reati contro il patrimonio ambientale, sulle condizioni di igiene e sicurezza nei luoghi di lavoro e sugli alimenti; vigilano e controllano quant'altro previsto da leggi e regolamenti in materia di prevenzione sanitaria e ambientale, nell'ambito delle loro competenze; svolgono con autonomia tecnico professionale le loro attività e collaborano con altre figure professionali all'attività di programmazione e di organizzazione del lavoro della struttura in cui operano; sono responsabili dell'organizzazione della pianificazione, dell'esecuzione e della qualità degli atti svolti nell'esercizio della loro attività professionale; partecipano ad attività di studio, didattica e consulenza professionale nei servizi sanitari e nei luoghi dove è richiesta la loro competenza professionale; contribuiscono alla formazione del personale e concorrono direttamente all'aggiornamento relativo al loro profilo professionale e alla ricerca; svolgono la loro attività professionale, in regime di dipendenza o libero-professionale, nell'ambito del servizio sanitario nazionale, presso tutti i servizi di prevenzione, controllo e vigilanza previsti dalla normativa vigente;

- nell'ambito della professione sanitaria dell'**assistente sanitario**, i laureati sono addetti alla prevenzione, alla promozione e all'educazione per la salute. L'attività dei laureati in assistenza sanitaria è rivolta alla persona, alla famiglia e alla collettività. Essi individuano i bisogni di salute e le priorità di intervento preventivo, educativo e di recupero; identificano i bisogni di salute sulla base dei dati epidemiologici e socioculturali; individuano i fattori biologici e sociali di rischio e sono responsabili dell'attuazione e della soluzione e degli interventi che rientrano nell'ambito delle loro competenze; progettano, programmano, attuano e valutano gli interventi di educazione alla salute in tutte le fasi della vita della persona; collaborano alla definizione delle metodologie di comunicazione, ai programmi e a campagne per la promozione e l'educazione sanitaria; concorrono alla formazione e all'aggiornamento degli operatori sanitari e scolastici per quanto concerne la metodologia dell'educazione sanitaria; intervengono nei programmi di pianificazione familiare e di educazione sanitaria, sessuale e socio-affettiva; attuano interventi specifici di sostegno alla famiglia, attivano risorse di rete anche in collaborazione con i medici di medicina generale e altri operatori sul territorio e partecipano ai programmi di terapia per la famiglia; sorvegliano, per quanto di loro competenza, le condizioni igienico-sanitarie nelle famiglie, nelle scuole e nelle comunità assistite e controllano l'igiene dell'ambiente e del rischio infettivo; relazionano e verbalizzano alle autorità competenti e propongono soluzioni operative; operano nell'ambito dei centri congiuntamente o in alternativa con i servizi di educazione alla salute, negli uffici di relazione con il pubblico; collaborano, per quanto di loro competenza, agli interventi di promozione ed educazione alla salute nelle scuole; partecipano alle iniziative di valutazione e miglioramento alla qualità delle prestazioni dei servizi sanitari rilevando, in particolare, i livelli di gradimento da parte degli utenti; concorrono alle iniziative dirette alla tutela dei diritti dei cittadini con particolare riferimento alla promozione della salute; partecipano alle attività organizzate in forma dipartimentale, sia distrettuali che ospedaliere, con funzioni di raccordo interprofessionale, con particolare riguardo ai dipartimenti destinati a dare attuazione ai progetti-obiettivo individuati dalla programmazione sanitaria nazionale, regionale e locale; svolgono le loro funzioni con autonomia professionale anche mediante l'uso di tecniche e strumenti specifici; svolgono attività didattico-formativa e di consulenza nei servizi, ove è richiesta la loro competenza professionale; agiscono sia individualmente sia in collaborazione con altri operatori sanitari, sociali e scolastici, avvalendosi, ove necessario, dell'opera del personale di supporto; contribuiscono alla formazione del personale di supporto e concorrono direttamente all'aggiornamento relativo al loro profilo professionale; svolgono la loro attività professionale in strutture, pubbliche o private, in regime di dipendenza o libero-professionale.

PROFESSIONI SANITARIE DELLA PREVENZIONE			
Attività formative	**Ambiti disciplinari**	**Settori scientifico-disciplinari**	**CFU**
Di base	**Scienze propedeutiche**	Botanica generale; Ecologia; Chimica generale e inorganica; Chimica organica; Fisica applicata (a beni culturali, ambientali, biologia e medicina); Disegno; Informatica; Impianti chimici; Campi elettromagnetici; Discipline demoetnoantropologiche; Psicologia generale; Matematiche complementari; Statistica medica; Igiene generale e applicata; Sociologia dell'ambiente e del territorio.	**22**
	Scienze biomediche	Fisiologia; Biochimica; Biochimica clinica e biologia molecolare clinica; Biologia applicata; Anatomia umana; Istologia; Genetica medica; Patologia generale; Patologia clinica; Microbiologia e microbiologia clinica.	
	Primo Soccorso	Farmacologia; Medicina interna; Chirurgia generale; Anestesiologia; Scienze infermieristiche generali, cliniche e pediatriche	
Caratterizzanti	***Corsi differenziati art. 10, comma 3 del D.M. 270/2004 - Almeno 15 CFU assegnati al SSD di riferimento di ogni specifico profilo**		**104**
	Scienze della prevenzione nell'ambiente e nei luoghi di lavoro	Scienze e tecnologie alimentari; Nutrizione e alimentazione animale; Botanica ambientale e applicata; Chimica farmaceutica; Farmaceutico tecnologico applicativo; Chimica degli alimenti; Chimica dell'ambiente e dei beni culturali; Disegno industriale; Sistemi per l'energia e l'ambiente; Fisica tecnica industriale; Fisica tecnica ambientale; Diritto processuale penale; Diritto penale; Igiene generale e applicata; Medicina del lavoro; Scienze tecniche mediche applicate; Patologia generale e anatomia patologica veterinaria; Ispezione degli alimenti di origine animale; Malattie infettive degli animali domestici; Parassitologia e malattie parassitarie degli animali.	
	Scienze dell'assistenza sanitaria	Diritto privato; Pedagogia generale e sociale; Psicologia sociale; Psicologia clinica; Pediatria generale e specialistica; Neuropsichiatria infantile; Igiene generale e applicata; Medicina del lavoro; Scienze infermieristiche generali, cliniche e pediatriche; Scienze infermieristiche e tecniche neuro-psichiatriche e riabilitative; Scienze tecniche dietetiche applicate; Scienze tecniche mediche applicate; Sociologia dei processi culturali e comunicativi; Sociologia dell'ambiente e del territorio.	
	Scienze medico-chirurgiche	Farmacologia; Patologia clinica; Anatomia patologica; Medicina interna; Malattie infettive; Chirurgia generale; Malattie apparato locomotore; Pediatria generale e specialistica.	
	Scienze della prevenzione e dei servizi sanitari	Biochimica clinica e biologia molecolare clinica; Metodi e didattiche delle attività motorie; Diagnostica per immagini e radioterapia; Neuroradiologia; Igiene generale e applicata; Medicina legale; Medicina del lavoro; Scienze infermieristiche generali, cliniche e pediatriche; Scienze tecniche mediche applicate.	
	Scienze interdisciplinari cliniche	Oncologia medica; Malattie dell'apparato respiratorio; Malattie dell'apparato cardiovascolare; Gastroenterologia; Endocrinologia; Nefrologia; Malattie del sangue; Reumatologia; Chirurgia plastica; Chirurgia pediatrica e infantile; Chirurgia toracica; Chirurgia vascolare; Chirurgia cardiaca; Urologia; Neurologia; Neurochirurgia; Malattie odontostomatologiche; Malattie apparato visivo; Otorinolaringoiatria; Audiologia; Medicina fisica e riabilitativa; Malattie cutanee e veneree; Neuropsichiatria infantile; Anestesiologia; Igiene generale e applicata; Medicina legale; Medicina del lavoro.	
	Scienze umane e psicopedagogiche	Logica e filosofia della scienza; Filosofia morale; Pedagogia generale e sociale; Didattica e pedagogia speciale; Psicologia generale; Psicometria; Psicologia dello sviluppo e psicologia dell'educazione; Storia della medicina; Sociologia generale.	
	Scienze del management sanitario	Diritto del lavoro; Istituzioni di diritto pubblico; Psicologia del lavoro e delle organizzazioni; Economia applicata; Economia aziendale; Organizzazione aziendale; Sociologia dei processi economici e del lavoro.	
	Scienze interdisciplinari	Fondamenti chimici delle tecnologie; Chimica dell'ambiente e dei beni culturali; Ingegneria sanitaria-ambientale; Tecnica e pianificazione urbanistica; Sistemi elettrici per l'energia; Sistemi di elaborazione delle informazioni; Bioingegneria elettronica e informatica; Statistica per la ricerca sperimentale e tecnologica; Statistica sociale; Farmacologia e tossicologia veterinaria.	
	Tirocinio differenziato per specifico profilo professionale	Scienze infermieristiche generali, cliniche e pediatriche; Scienze infermieristiche e tecniche neuro-psichiatriche e riabilitative; Scienze tecniche dietetiche applicate; Scienze tecniche mediche applicate.	
Altre (affini e integrative; a scelta dello studente; prova finale; conoscenza della lingua inglese ecc.)			**54**

4.3 | Le classi di laurea magistrale a ciclo unico

Classe LM - 4: Architettura e ingegneria edile

Esempi di corsi di laurea della classe di Architettura e ingegneria edile sono: Architettura; Conservazione e restauro dell'architettura; Ingegneria edile; Ingegneria edile/Architettura.

ARCHITETTURA E INGEGNERIA EDILE

Attività formative	Ambiti disciplinari	Settori scientifico-disciplinari	CFU
Di base	Discipline matematiche per l'architettura	Informatica; Sistemi di elaborazione delle informazioni; Geometria; Analisi matematica; Probabilità e statistica matematica; Fisica matematica; Analisi numerica; Ricerca operativa.	56
	Discipline fisico-tecniche ed impiantistiche per l'architettura	Fisica sperimentale; Fisica tecnica industriale; Fisica tecnica ambientale.	
	Discipline storiche per l'architettura	Storia dell'architettura.	
	Rappresentazione dell'architettura e dell'ambiente	Topografia e cartografia; Disegno.	
Caratterizzanti	Progettazione architettonica e urbana	Composizione architettonica e urbana.	100
	Teorie e tecniche per il restauro architettonico	Restauro.	
	Analisi e progettazione strutturale per l'architettura	Geotecnica; Scienza delle costruzioni; Tecnica delle costruzioni.	
	Progettazione urbanistica e pianificazione territoriale	Tecnica e pianificazione urbanistica; Urbanistica.	
	Discipline tecnologiche per l'architettura e la produzione edilizia	Architettura tecnica; Produzione edilizia; Tecnologia dell'architettura.	
	Discipline estimative per l'architettura e l'urbanistica	Estimo.	
	Discipline economiche, sociali, giuridiche per l'architettura e l'urbanistica	Ingegneria economico-gestionale; Diritto amministrativo; Economia applicata; Sociologia dell'ambiente e del territorio.	
Altre (affini e integrative; a scelta dello studente; prova finale; conoscenza della lingua inglese ecc.)			144

I laureati nei corsi di laurea magistrale della classe devono:

- conoscere approfonditamente la storia dell'architettura, dell'edilizia, dell'urbanistica, del restauro architettonico e delle altre attività di trasformazione dell'ambiente e del territorio attinenti alle professioni relative all'architettura e all'ingegneria edile-architettura, così come definite dalla direttiva 85/384/CEE e relative raccomandazioni;
- conoscere approfonditamente gli strumenti e le forme della rappresentazione, avere conoscenze sugli aspetti teorico-scientifici oltre che metodologico-operativi della matematica e delle altre scienze di base ed essere capaci di utilizzare tali conoscenze per interpretare e descrivere approfonditamente problemi complessi o che richiedono un approccio interdisciplinare;
- conoscere approfonditamente gli aspetti teorico scientifici, metodologici e operativi dell'architettura, dell'edilizia, dell'urbanistica e del restauro architettonico, ed essere in grado di utilizzare tali conoscenze per identificare, formulare e risolvere anche in modo innovativo problemi complessi o che richiedono un approccio interdisciplinare;
- avere conoscenze nel campo dell'organizzazione di imprese e aziende e dell'etica e della deontologia professionale;
- essere in grado di utilizzare fluentemente, in forma scritta e orale, almeno una lingua dell'Unione europea oltre l'italiano, con riferimento anche ai lessici disciplinari.

I principali **sbocchi occupazionali** previsti dai corsi di laurea magistrale della classe sono:

- attività nelle quali i laureati magistrali della classe sono in grado di progettare, attraverso gli strumenti propri dell'architettura e dell'ingegneria edile-architettura, dell'urbanistica e del restauro architettonico e avendo padronanza degli strumenti relativi alla fattibilità costruttiva ed economica dell'opera ideata, le operazioni di costruzione, trasformazione e modificazione dell'ambiente fisico e del paesaggio, con piena conoscenza degli aspetti estetici, distributivi, funzionali, strutturali, tecnico–costruttivi, gestionali, economici e ambientali e con attenzione critica ai mutamenti culturali e ai bisogni espressi dalla società contemporanea;

- attività nelle quali i laureati magistrali della classe predispongono progetti di opere e ne dirigono la realizzazione nei campi dell'architettura e dell'ingegneria edile-architettura, dell'urbanistica, del restauro architettonico, e in generale dell'ambiente urbano e paesaggistico coordinando a tali fini, ove necessario, altri magistrali e operatori.

I laureati magistrali potranno svolgere, oltre alla libera professione, funzioni di elevata responsabilità, tra gli altri, in istituzioni ed enti pubblici e privati (enti istituzionali, enti e aziende pubblici e privati, studi professionali e società di progettazione), operanti nei campi della costruzione e trasformazione delle città e del territorio.

Per favorire la conoscenza del mondo del lavoro gli atenei organizzano attività esterne come tirocini e stage.

Classe LM - 13: Farmacia e farmacia industriale

I laureati nei corsi di laurea magistrale della classe sono dotati delle basi scientifiche e della preparazione teorica e pratica necessarie all'esercizio della professione di farmacista e ad operare quale esperto del farmaco e dei prodotti per la salute (presidi medico-chirurgici, articoli sanitari, cosmetici, dietetici, prodotti erboristici, prodotti diagnostici e chimico-clinici, ecc.), nel relativo settore industriale.

Con il conseguimento della laurea magistrale e della relativa abilitazione professionale, svolge ai sensi della direttiva 85/432/CEE la professione di farmacista ed è autorizzato almeno all'esercizio delle seguenti attività professionali:

- preparazione della forma farmaceutica dei medicinali;
- fabbricazione e controllo dei medicinali;
- controllo dei medicinali in laboratorio di controllo;
- immagazzinamento, conservazione e distribuzione dei medicinali nella fase di commercio all'ingrosso;
- preparazione, controllo, immagazzinamento e distribuzione dei medicinali nelle farmacie aperte al pubblico;
- preparazione, controllo, immagazzinamento e distribuzione dei medicinali negli ospedali (farmacie ospedaliere);
- diffusione di informazioni e consigli nel settore dei medicinali.

Tali attività rientrano nel campo minimo comune coordinato da detta direttiva; il percorso formativo potrà considerare anche altre attività professionali svolte nella Unione europea nel campo del farmaco al fine di consentire pari opportunità occupazionali in ambito europeo.

FARMACIA E FARMACIA INDUSTRIALE

Attività formative	Ambiti disciplinari	Settori scientifico-disciplinari	CFU
Di base	Discipline matematiche, fisiche, informatiche e statistiche	Fisica sperimentale; Fisica teorica, modelli e metodi matematici; Fisica della materia; Fisica nucleare e subnucleare; Astronomia e astrofisica; Fisica per il sistema terra e per il mezzo circumterrestre; Fisica applicata (a beni culturali, ambientali, biologia e medicina); Didattica e storia della fisica; Informatica; Sistemi di elaborazione delle informazioni; Logica matematica; Algebra; Geometria; Matematiche complementari; Analisi matematica; Probabilità e statistica matematica; Fisica matematica; Analisi numerica; Ricerca operativa; Statistica medica; Statistica per la ricerca sperimentale e tecnologica.	66
	Discipline biologiche	Fisiologia; Anatomia umana; Zoologia; Biologia applicata; Biologia farmaceutica.	
	Discipline chimiche	Chimica analitica; Chimica generale e inorganica; Chimica organica; Chimica fisica.	
	Discipline mediche	Microbiologia generale; Patologia generale; Patologia clinica; Microbiologia e microbiologia clinica; Endocrinologia; Igiene generale e applicata; Scienze tecniche dietetiche applicate.	
Caratterizzanti	Discipline Chimiche, Farmaceutiche e Tecnologiche	Chimica farmaceutica; Farmaceutico tecnologico applicativo; Chimica degli alimenti.	117
	Discipline Biologiche e Farmacologiche	Biochimica; Biologia molecolare; Farmacologia; Biologia farmaceutica.	
Altre (affini e integrative; a scelta dello studente; prova finale; conoscenza della lingua inglese ecc.)			117

Il profilo professionale di farmacista è quello di un operatore sanitario che nell'ambito delle sue competenze scientifiche e tecnologiche multidisciplinari (chimiche, biologiche, farmaceutiche, farmacologiche, tossicologiche, legislative e deontologiche) contribuisce al raggiungimento degli obiettivi posti dal servizio sanitario nazionale, per rispondere adeguatamente alle mutevoli esigenze della società in campo sanitario.

In analogia ai processi formativi di altri paesi europei, i corsi di laurea magistrale della classe possono fornire anche la preparazione scientifica adeguata ad operare nell'ambito industriale, determinando una figura professionale che ha come applicazione elettiva il settore industriale farmaceutico, grazie all'insieme di conoscenze teoriche e pratiche in campo biologico e farmaceutico che permettono di affrontare l'intera sequenza del complesso processo multidisciplinare che, partendo dalla progettazione strutturale, porta alla produzione ed al controllo del farmaco secondo le norme codificate nelle farmacopee.

I laureati nei corsi di laurea magistrale della classe devono aver acquisito:

- la conoscenza della metodologia dell'indagine scientifica applicata in particolare alle tematiche del settore;
- le conoscenze multidisciplinari fondamentali per la comprensione del farmaco, della sua struttura ed attività in rapporto alla loro interazione con le biomolecole a livello cellulare e sistemico, nonché per le necessarie attività di preparazione e controllo dei medicamenti;
- le conoscenze chimiche e biologiche, integrate con quelle di farmacoeconomia e quelle riguardanti le leggi nazionali e comunitarie che regolano le varie attività del settore, proprio della figura professionale che, nell'ambito dei medicinali e dei prodotti per la salute in genere, può garantire i requisiti di sicurezza, qualità ed efficacia, richiesti dalle normative dell'OMS e dalle direttive nazionali ed europee;
- le conoscenze utili all'espletamento professionale del servizio farmaceutico nell'ambito del servizio sanitario nazionale; nonché ad interagire con le altre professioni sanitarie;
- una buona padronanza del metodo scientifico di indagine;
- essere in grado di utilizzare fluentemente, in forma scritta e orale, almeno una lingua dell'Unione europea oltre l'italiano, con riferimento anche ai lessici disciplinari.

Ai fini indicati, i *curricula* dei corsi di laurea magistrale della classe comprendono la conoscenza:

- delle nozioni di matematica, di informatica e fisica finalizzate all'apprendimento delle discipline del corso;
- della chimica generale e della chimica inorganica;
- dei principi fondamentali della chimica organica, del chimismo dei gruppi funzionali, della stereochimica e dei principali sistemi carbociclici ed eterociclici;
- delle nozioni fondamentali di chimica analitica utili all'espletamento ed alla valutazione dei controlli dei medicamenti;
- della cellula animale e delle strutture vegetali, degli apparati e organi animali;
- della morfologia del corpo umano in rapporto alla terminologia anatomica e medica;
- della fisiologia della vita di relazione e della vita vegetativa dell'uomo;
- della biochimica generale, della biochimica applicata e della biologia molecolare, al fine della comprensione delle molecole di interesse biologico, dei meccanismi delle attività metaboliche e dei meccanismi molecolari dei fenomeni biologici in rapporto all'azione dei farmaci e alla produzione e analisi di nuovi farmaci che simulano biomolecole o antagonizzano la loro azione;
- della chimica farmaceutica, delle principali classi di farmaci, delle loro proprietà chimico-fisiche, del loro meccanismo di azione, nonché dei rapporti struttura - attività;
- delle materie prime impiegate nelle formulazioni dei preparati terapeutici;
- delle nozioni di base e moderne della tecnologia farmaceutica;
- delle norme legislative e deontologiche utili nell'esercizio dei vari aspetti dell'attività professionale;
- della farmacologia, farmacoterapia e tossicologia, al fine di una completa conoscenza dei farmaci e degli aspetti relativi alla loro somministrazione, metabolismo, azione, tossicità;

- della analisi chimica dei medicinali, anche in matrici non semplici;
- della preparazione delle varie forme farmaceutiche e del loro controllo di qualità;
- degli elementi di microbiologia utili alla comprensione delle patologie infettive, alla loro terapia ed ai saggi di controllo microbiologico;
- delle nozioni utili di eziopatogenesi e di denominazione delle malattie umane, con conoscenza della terminologia medica;
- dei prodotti diagnostici e degli altri prodotti per la salute e del loro controllo di qualità;
- delle piante medicinali e dei loro principi farmacologicamente attivi.

La formazione è completata con insegnamenti che sviluppano la conoscenza dei presidi medico-chirurgici, dei prodotti dietetici, cosmetici, diagnostici e chimico-clinici, tenendo presenti anche le possibilità occupazionali offerte in ambito Comunitario.

I *curricula* dei corsi della classe, inoltre:

- si differenziano tra loro per perseguire maggiormente alcuni obiettivi rispetto ad altri, o per approfondire particolarmente alcuni settori;
- rispettano le direttive dell'Unione europea che pongono le clausole determinanti il riconoscimento dei titoli in ambito comunitario;
- prevedono nei diversi settori disciplinari attività pratiche di laboratorio;
- prevedono, in relazione a obiettivi specifici, attività esterne come tirocini formativi presso strutture pubbliche o private, nonché soggiorni di studio all'estero secondo accordi internazionali o convenzioni stabilite dagli atenei.

In osservanza alle direttive europee, i corsi di laurea magistrale della classe hanno la **durata di cinque anni**, e comprendono un periodo di almeno sei mesi di **tirocinio professionale** presso una farmacia aperta al pubblico, o in un ospedale sotto la sorveglianza del servizio farmaceutico, per non meno di 30 crediti formativi.

Relativamente alla definizione di *curricula* preordinati alla esecuzione delle attività previste dalla direttiva 85/432/CEE, i regolamenti didattici di ateneo si conformano alle prescrizioni del presente decreto e dell'art. 6, comma 3, del D.M. n. 509/99.

Classe LM - 41: Medicina e chirurgia

I laureati nel corso di laurea magistrale in Medicina e chirurgia dovranno essere dotati:

- delle basi scientifiche e della preparazione teorico-pratica necessarie all'esercizio della professione medica e della metodologia e cultura necessarie per la pratica della formazione permanente, nonché di un livello di autonomia professionale, decisionale e operativa derivante da un percorso formativo caratterizzato da un approccio olistico ai problemi di salute, delle persone sane o malate anche in relazione all'ambiente chimico-fisico, biologico e sociale che le circonda.[1] A tali fini il corso di laurea magistrale prevede 360 crediti complessivi, articolati su sei anni di corso, di cui almeno 60 da acquisire in attività formative volte alla maturazione di specifiche capacità professionali;
- delle conoscenze teoriche essenziali che derivano dalle scienze di base, nella prospettiva della loro successiva applicazione professionale; della capacità di rilevare e valutare criticamente da un punto di vista clinico, e in una visione unitaria, estesa anche nella dimensione socioculturale e di genere, i dati relativi allo stato di salute e di malattia del singolo individuo, interpretandoli alla luce delle conoscenze scientifiche di base, della fisiopatologia e delle patologie di organo e di apparato; delle abilità e l'esperienza, unite alla capacità di autovalutazione, per affrontare e risolvere responsabilmente i problemi sanitari prioritari dal punto di vista preventivo, diagnostico, prognostico, terapeutico e riabilitativo; della conoscenza delle dimensioni etiche e storiche della medicina; della capacità di comunicare con chiarezza e umanità con il paziente e con i familiari; della capacità di collaborare con le diverse figure professionali nelle attività sanitarie di gruppo; della capacità di applicare, nelle decisioni mediche, anche i principi dell'economia sanitaria; della capacità di riconoscere i problemi sanitari della comunità e di intervenire in modo competente.

1. Ai sensi della direttiva 75/363/CEE.

MEDICINA E CHIRURGIA

Attività formative	Ambiti disciplinari	Settori scientifico-disciplinari	CFU
Di base	Discipline generali per la formazione del medico	Biologia applicata; Fisica applicata (a beni culturali, ambientali, biologia e medicina); Psicologia generale; Statistica medica; Genetica medica.	60
	Morfologia umana	Anatomia umana; Istologia.	
	Struttura, funzione e metabolismo delle molecole d'interesse biologico	Biochimica; Biologia molecolare.	
	Funzioni biologiche integrate di organi, sistemi e apparati umani	Fisiologia; Bioingegneria industriale; Bioingegneria elettronica e informatica; Sistemi di elaborazione delle informazioni.	
Caratterizzanti	Patologia generale e molecolare, immunopatologia, fisiopatologia generale, microbiologia e parassitologia	Patologia generale; Microbiologia e microbiologia clinica.	180
	Fisiopatologia, metodologia clinica, propedeutica clinica e sistematica medico-chirurgica	Farmacologia; Psicologia clinica; Oncologia medica; Anatomia patologica; Medicina interna; Malattie dell'apparato respiratorio; Malattie dell'apparato cardiovascolare; Gastroenterologia; Endocrinologia; Nefrologia; Malattie del sangue; Reumatologia; Malattie infettive; Chirurgia generale; Urologia; Igiene generale e applicata.	
	Medicina di laboratorio e diagnostica integrata	Biochimica clinica e biologia molecolare clinica; Patologia clinica; Microbiologia e microbiologia clinica; Anatomia patologica; Diagnostica per immagini e radioterapia.	
	Clinica psichiatrica e discipline del comportamento	Farmacologia; Psicologia clinica; Psichiatria; Neuropsichiatria infantile.	
	Discipline neurologiche	Neurologia; Neurochirurgia; Medicina fisica e riabilitativa; Neuroradiologia.	
	Clinica delle specialità medico-chirurgiche	Farmacologia; Psicologia clinica; Genetica medica; Oncologia medica; Anatomia patologica; Malattie dell'apparato respiratorio; Malattie dell'apparato cardiovascolare; Gastroenterologia; Endocrinologia; Nefrologia; Malattie del sangue; Reumatologia; Malattie infettive; Chirurgia toracica; Chirurgia vascolare; Chirurgia cardiaca; Urologia.	
	Clinica medico-chirurgica degli organi di senso	Malattie odontostomatologiche; Malattie apparato visivo; Otorinolaringoiatria; Audiologia; Malattie cutanee e veneree.	
	Clinica medico-chirurgica dell'apparato locomotore	Malattie apparato locomotore; Medicina fisica e riabilitativa.	
	Clinica generale medica e chirurgica	Medicina interna; Chirurgia generale.	
	Farmacologia, tossicologia e principi di terapia medica	Farmacologia; Medicina interna; Chirurgia generale; Psichiatria.	
	Discipline pediatriche	Genetica medica; Chirurgia pediatrica e infantile; Pediatria generale e specialistica; Neuropsichiatria infantile.	
	Discipline ostetrico-ginecologiche, medicina della riproduzione e sessuologia medica	Biochimica clinica e biologia molecolare clinica; Genetica medica; Patologia clinica; Endocrinologia; Urologia; Ginecologia e ostetricia.	
	Discipline anatomo-patologiche e correlazioni anatomo-cliniche	Anatomia patologica; Medicina interna; Chirurgia generale.	
	Discipline radiologiche e radioterapiche	Oncologia medica; Medicina interna; Chirurgia generale; Diagnostica per immagini e radioterapia; Neuroradiologia.	
	Emergenze medico-chirurgiche	Farmacologia; Medicina interna; Chirurgia generale; Psichiatria; Malattie apparato locomotore; Anestesiologia.	
	Medicina e sanità pubblica e degli ambienti di lavoro e scienze medico legali	Igiene generale e applicata; Medicina legale; Medicina del lavoro.	
	Medicina di comunità	Medicina interna; Malattie infettive; Medicina fisica e riabilitativa; Pediatria generale e specialistica; Igiene generale e applicata.	

MEDICINA E CHIRURGIA		
Formazione clinica interdisciplinare: medicina basata sulle evidenze	Fisiologia; Farmacologia; Anatomia umana; Istologia; Genetica medica; Patologia generale; Patologia clinica; Oncologia medica; Microbiologia e microbiologia clinica; Anatomia patologica; Medicina interna; Malattie dell'apparato respiratorio; Malattie dell'apparato cardiovascolare; Gastroenterologia; Endocrinologia; Nefrologia; Malattie del sangue; Reumatologia; Malattie infettive; Chirurgia generale; Chirurgia plastica; Chirurgia pediatrica e infantile; Chirurgia toracica; Chirurgia vascolare; Chirurgia cardiaca; Urologia; Psichiatria; Neurologia; Neurochirurgia; Malattie odontostomatologiche; Chirurgia maxillofacciale; Malattie apparato visivo; Otorinolaringoiatria; Audiologia; Malattie apparato locomotore; Medicina fisica e riabilitativa; Malattie cutanee e veneree; Diagnostica per immagini e radioterapia; Neuroradiologia; Pediatria generale e specialistica; Neuropsichiatria infantile; Ginecologia e ostetricia; Anestesiologia; Igiene generale e applicata; Medicina legale; Medicina del lavoro; Scienze infermieristiche generali, cliniche e pediatriche; Scienze tecniche di medicina e di laboratorio; Scienze infermieristiche ostetrico-ginecologiche; Scienze infermieristiche e tecniche neuro-psichiatriche e riabilitative; Scienze tecniche dietetiche applicate; Scienze tecniche mediche applicate.	
Scienze umane, politiche della salute e management sanitario	Antropologia; Istituzioni di diritto pubblico; Discipline demoetnoantropologiche; Psicologia sociale; Storia della medicina; Igiene generale e applicata; Economia applicata; Economia aziendale; Organizzazione aziendale; Sociologia generale.	
Inglese scientifico e abilità linguistiche, informatiche e relazionali, pedagogia medica, tecnologie avanzate e a distanza di informazione e comunicazione	Informatica; Lingua e traduzione - lingua inglese; Pedagogia generale e sociale; Didattica e pedagogia speciale; Statistica medica; Storia della medicina.	
Altre (affini e integrative; a scelta dello studente; prova finale ecc.)		**120**

Il profilo professionale dei laureati magistrali dovrà comprendere la conoscenza di:

- organizzazione biologica fondamentale e processi cellulari di base degli organismi viventi; processi di base dei comportamenti individuali e di gruppo; meccanismi di trasmissione e di espressione dell'informazione genetica a livello cellulare e molecolare; nozioni fondamentali e metodologia di fisica e statistica utili per identificare, comprendere e interpretare i fenomeni biomedici; organizzazione strutturale del corpo umano, con le sue principali applicazioni di carattere anatomo-clinico, dal livello macroscopico a quello microscopico sino ai principali aspetti ultrastrutturali e i meccanismi attraverso i quali tale organizzazione si realizza nel corso dello sviluppo embrionale e del differenziamento; caratteristiche morfologiche essenziali dei sistemi, degli apparati, degli organi, dei tessuti, delle cellule e delle strutture subcellulari dell'organismo umano, nonché i loro principali correlati morfo-funzionali; meccanismi molecolari e biochimici che stanno alla base dei processi vitali delle cellule e le loro attività metaboliche; fondamenti delle principali metodiche di laboratorio applicabili allo studio qualitativo e quantitativo dei determinanti patogenetici e dei processi biologici significativi in medicina; modalità di funzionamento dei diversi organi del corpo umano, la loro integrazione dinamica in apparati e i meccanismi generali di controllo funzionale in condizioni normali; principali reperti funzionali nell'uomo sano; fondamenti delle principali metodologie della diagnostica per immagini e dell'uso delle radiazioni; principi delle applicazioni alla medicina delle tecnologie biomediche.

I laureati magistrali dovranno inoltre:

- avere acquisito e approfondito le interrelazioni esistenti tra i contenuti delle scienze di base e quelli delle scienze cliniche, nella dimensione della complessità che è propria dello stato di salute della persona sana o malata, avendo particolare riguardo alla inter-disciplinarietà della medicina;
- avere sviluppato e maturato un approccio fortemente integrato al paziente, valutandone criticamente non solo tutti gli aspetti clinici, ma anche dedicando una particolare attenzione agli aspetti relazionali, educativi, sociali ed etici coinvolti nella prevenzione, diagnosi e trattamento della malattia, nonché nella riabilitazione e nel recupero del più alto grado di benessere psicofisico possibile.

I laureati nei corsi di laurea magistrale in Medicina e chirurgia svolgeranno l'attività di medico-chirurgo nei vari ruoli e ambiti professionali clinici, sanitari e bio-medici.

Ai fini indicati i laureati della classe dovranno avere acquisito:

- la conoscenza delle cause delle malattie nell'uomo, interpretandone i meccanismi patogenetici e fisiopatologici fondamentali;
- la conoscenza dei meccanismi biologici fondamentali di difesa e quelli patologici del sistema immunitario e la conoscenza del rapporto tra microorganismi e ospite nelle infezioni umane, nonché i relativi meccanismi di difesa;

- la capacità di applicare correttamente le metodologie atte a rilevare i reperti clinici, funzionali e di laboratorio, interpretandoli criticamente anche sotto il profilo fisiopatologico, ai fini della diagnosi e della prognosi e la capacità di valutare i rapporti costi/benefici nella scelta delle procedure diagnostiche, avendo mente alle esigenze sia della corretta metodologia clinica sia dei principi della medicina basata sull'evidenza;
- una adeguata conoscenza sistematica delle malattie più rilevanti dei diversi apparati, sotto il profilo nosografico, eziopatogenetico, fisiopatologico e clinico, nel contesto di una visione unitaria e globale della patologia umana e la capacità di valutare criticamente e correlare tra loro i sintomi clinici, i segni fisici, le alterazioni funzionali rilevate nell'uomo con le lesioni anatomopatologiche, interpretandone i meccanismi di produzione e approfondendone il significato clinico;
- la capacità di ragionamento clinico adeguata ad analizzare e risolvere i più comuni e rilevanti problemi clinici sia di interesse medico sia chirurgico e la capacità di valutare i dati epidemiologici e conoscerne l'impiego ai fini della promozione della salute e della prevenzione delle malattie nei singoli e nelle comunità;
- la conoscenza dei principi su cui si fonda l'analisi del comportamento della persona e una adeguata esperienza, maturata attraverso approfondite e continue esperienze di didattica interattiva nel campo della relazione e della comunicazione medico-paziente, nella importanza, qualità e adeguatezza della comunicazione con il paziente e i suoi familiari, nonché con gli altri operatori sanitari, nella consapevolezza dei valori propri e altrui nonché la capacità di utilizzare in modo appropriato le metodologie orientate all'informazione, all'istruzione e all'educazione sanitaria e la capacità di riconoscere le principali alterazioni del comportamento e dei vissuti soggettivi, indicandone gli indirizzi terapeutici preventivi e riabilitativi;
- la capacità di riconoscere, mediante lo studio fisiopatologico, anatomopatologico e clinico, le principali alterazioni del sistema nervoso, fornendone l'interpretazione eziopatogenetica e indicandone gli indirizzi diagnostici e terapeutici;
- la capacità di riconoscere le più frequenti malattie otorinolaringoiatriche, cutanee, veneree, odontostomatologiche e del cavo orale, dell'apparato locomotore e di quello visivo, indicandone i principali indirizzi di prevenzione, diagnosi e terapia e la capacità di individuare le condizioni che, nell'ambito sopraindicato, necessita dell'apporto professionale dello specialista;
- la capacità e la sensibilità per inserire le problematiche specialistiche in una visione più ampia dello stato di salute generale della persona e delle sue esigenze generali di benessere e la capacità di integrare in una valutazione globale e unitaria dello stato complessivo di salute del singolo individuo adulto e anziano i sintomi, i segni e le alterazioni strutturali e funzionali dei singoli organi e apparati, aggregandoli sotto il profilo preventivo, diagnostico, terapeutico e riabilitativo;
- la capacità di analizzare e risolvere i problemi clinici di ordine internistico, chirurgico e oncologico, valutando i rapporti tra benefici, rischi e costi, anche alla luce dei principi della medicina basata sull'evidenza;
- l'abilità e la sensibilità per applicare nelle decisioni mediche i principi essenziali di economia sanitaria con specifico riguardo al rapporto costo/beneficio delle procedure diagnostiche e terapeutiche;
- la conoscenza dei concetti fondamentali delle scienze umane per quanto concerne l'evoluzione storica dei valori della medicina, compresi quelli etici;
- l'abilità e la sensibilità per valutare criticamente gli atti medici all'interno dell'équipe sanitaria;
- la conoscenza delle diverse classi dei farmaci e dei tossici, dei meccanismi molecolari e cellulari della loro azione, dei principi fondamentali della farmacodinamica e della farmacocinetica e la conoscenza degli impieghi terapeutici dei farmaci, la variabilità di risposta in rapporto a fattori genetici e fisiopatologici, le interazioni farmacologiche e i criteri di definizione degli schemi terapeutici, nonché la conoscenza dei principi e dei metodi della farmacologia clinica, compresa la farmacosorveglianza e la farmacoepidemiologia, degli effetti collaterali e della tossicità dei farmaci e delle sostanze d'abuso;

- la conoscenza, sotto l'aspetto preventivo, diagnostico e riabilitativo, delle problematiche relative allo stato di salute e di malattia nell'età neonatale, nell'infanzia e nell'adolescenza, per quanto di competenza del medico non specialista e la capacità di individuare le condizioni che necessitano dell'apporto professionale dello specialista e di pianificare gli interventi medici essenziali nei confronti dei principali problemi sanitari, per frequenza e per rischio, inerenti la patologia specialistica pediatrica;
- la conoscenza delle problematiche fisiopatologiche, psicologiche e cliniche (sotto il profilo preventivo, diagnostico e terapeutico), riguardanti la fertilità maschile e femminile, la procreazione, la gravidanza, la morbilità prenatale e il parto e la capacità di riconoscere le forme più frequenti di patologia andrologica e ginecologica, indicandone le misure preventive e terapeutiche fondamentali e individuando le condizioni che necessitino dell'apporto professionale dello specialista;
- la conoscenza dei quadri anatomopatologici nonché delle lesioni cellulari, tessutali e d'organo e della loro evoluzione in rapporto alle malattie più rilevanti dei diversi apparati e la conoscenza, maturata anche mediante la partecipazioni a conferenze anatomocliniche, dell'apporto dell'anatomopatologo al processo decisionale clinico, con riferimento alla utilizzazione della diagnostica istopatologica e citopatologica (compresa quella colpo- e onco-citologica) anche con tecniche biomolecolari, nella diagnosi, prevenzione, prognosi e terapia della malattie del singolo paziente, nonché la capacità di interpretare i referti anatomopatologici;
- la capacità di proporre, in maniera corretta, le diverse procedure di diagnostica per immagine, valutandone rischi, costi e benefici e la capacità di interpretare i referti della diagnostica per immagini nonché la conoscenza delle indicazioni e delle metodologie per l'uso di traccianti radioattivi e inoltre la capacità di proporre in maniera corretta valutandone i rischi e benefici, l'uso terapeutico delle radiazioni e la conoscenza dei principi di radioprotezione;
- la capacità di riconoscere, nell'immediatezza dell'evento, le situazioni cliniche di emergenza nell'uomo, ponendo in atto i necessari atti di primo intervento, onde garantire la sopravvivenza e la migliore assistenza consentita e la conoscenza delle modalità di intervento nelle situazioni di catastrofe;
- la conoscenza delle norme fondamentali per conservare e promuovere la salute del singolo e delle comunità e la conoscenza delle norme e delle pratiche atte a mantenere e promuovere la salute negli ambienti di lavoro, individuando le situazioni di competenza specialistica nonché la conoscenza delle principali norme legislative che regolano l'organizzazione sanitaria e la capacità di indicare i principi e le applicazioni della medicina preventiva nelle comunità locali;
- la conoscenza delle norme deontologiche e di quelle connesse alla elevata responsabilità professionale, valutando criticamente i principi etici che sottendono le diverse possibili scelte professionali e la capacità di sviluppare un approccio mentale di tipo interdisciplinare e transculturale, anche e soprattutto in collaborazione con altre figure dell'équipe sanitaria, approfondendo la conoscenza delle regole e dinamiche che caratterizzano il lavoro di gruppo nonché un'adeguata esperienza nell'organizzazione generale del lavoro, connessa a una sensibilità alle sue dinamiche, alla bioetica, all'epistemologia della medicina, alla relazione ed educazione del paziente, nonché verso le tematiche della medicina di comunità, acquisite anche attraverso esperienze dirette sul campo;
- la conoscenza dello sviluppo della società multietnica, con specifico riferimento alla varietà e diversificazione degli aspetti valoriali e culturali, anche in una prospettiva culturale e umanistica;
- un'approfondita conoscenza dello sviluppo tecnologico e biotecnologico della moderna medicina;
- un'adeguata esperienza nello studio indipendente e nella organizzazione della propria formazione permanente e la capacità di effettuare una ricerca bibliografica e di aggiornamento, la capacità di effettuare criticamente la lettura di articoli scientifici derivante anche dalla conoscenza di una lingua dell'Unione europea, oltre l'italiano, che consenta loro la comprensione della letteratura internazionale e l'aggiornamento;
- la competenza informatica utile alla gestione dei sistemi informativi dei servizi, e alla propria autoformazione;
- una adeguata conoscenza della medicina della famiglia e del territorio, acquisita anche mediante esperienze pratiche di formazione sul campo.

In particolare, specifiche professionalità nel campo della medicina interna, chirurgia generale, pediatria, ostetricia e ginecologia, nonché di specialità medico-chirurgiche, acquisite svolgendo attività formative professionalizzanti per una durata non inferiore ad almeno 60 CFU da svolgersi in modo integrato con le altre attività formative del corso presso strutture assistenziali universitarie.

La durata del corso per il conseguimento della laurea magistrale in Medicina e chirurgia è di 6 anni.

I regolamenti didattici di ateneo determinano la frazione dell'**impegno orario** complessivo riservato allo studio o alle altre attività formative di tipo individuale in funzione degli obiettivi specifici della formazione avanzata e dello svolgimento di attività formative a elevato contenuto sperimentale o pratico.[1]

Classe LM - 42: Medicina veterinaria

Il **corso di laurea** della classe in Medicina veterinaria è Medicina veterinaria.

I laureati nei corsi di laurea magistrale in Medicina veterinaria sono dotati delle basi scientifiche e della preparazione teorico-pratica necessarie all'esercizio della professione medico-veterinaria e in possesso delle basi metodologiche e culturali necessarie per la pratica della formazione permanente, nonché dei fondamenti metodologici della ricerca scientifica.

I laureati della classe devono possedere:

- le conoscenze teoriche essenziali che derivano dalle scienze di base, nella prospettiva della loro successiva applicazione professionale;
- la capacità di rilevare e valutare criticamente i dati relativi allo stato di salute, di benessere e di malattia dell'animale singolo e in allevamento, interpretandoli alla luce delle conoscenze scientifiche di base, della fisiopatologia e delle patologie di organo e di apparato e approntando interventi medici e chirurgici idonei a rimuovere lo stato di malattia;
- conoscenze di epidemiologia, diagnosi, profilassi, terapia e controllo delle malattie infettive e parassitarie degli animali;
- la capacità di rilevare e valutare criticamente lo stato di salubrità, l'igiene, la qualità e le eventuali alterazioni degli alimenti di origine animale che possono pregiudicare la salute dell'uomo; deve inoltre conoscere i processi produttivi e di trasformazione degli alimenti di origine animale;
- le conoscenze di nutrizione e alimentazione animale e delle tecnologie di allevamento;
- la capacità di rilevare e valutare criticamente l'impatto dell'allevamento animale sull'ambiente;
- la capacità di progettare, attuare e controllare i piani della sanità pubblica veterinaria;
- la capacità di gestire e controllare le filiere di produzione degli alimenti di origine animale e la loro sicurezza;
- la padronanza scritta e orale di almeno una lingua dell'Unione europea, oltre all'italiano.

I laureati della classe magistrale in Medicina veterinaria si occupano della tutela della salute degli animali e dell'uomo che viene a contatto con gli animali e che assume alimenti di origine animale e contribuisce alla tutela dell'ambiente. Oltre a esercitare un'attività libero-professionale, i laureati specialisti operano nel servizio sanitario nazionale, nell'industria pubblica e privata (zootecnica, farmaceutica, mangimistica, di trasformazione degli alimenti di origine animale) e negli enti di ricerca.

Le attività formative negli ambiti disciplinari relativi alla formazione di base prevedono l'approfondimento degli argomenti di chimica, biochimica, anatomia e fisiologia indispensabili per la comprensione dei fenomeni biologici.

I laureati magistrali della classe dovranno apprendere:

- le metodiche fisiche di specifico interesse nello studio dei sistemi biologici, gli strumenti per la formulazione di modelli matematici elementari nonché le applicazioni del calcolatore per la risoluzione numerica di problemi matematici;

1. Con riferimento all'articolo 5, comma 3, del decreto ministeriale 3 novembre 1999, n. 509. Relativamente alla definizione di *curricula* preordinati alla esecuzione delle attività previste dalla direttiva 75/363/CEE, i regolamenti didattici di ateneo si conformano alle prescrizioni del presente decreto e dell'articolo 6, comma 3, del decreto ministeriale 3 novembre 1999, n. 509.

- la chimica inorganica e organica con particolare riferimento alle macromolecole di interesse biologico, i concetti biochimici dell'organizzazione strutturale delle cellule e dei processi metabolici negli animali di interesse veterinario; deve inoltre possedere nozioni generali sui principi e sulle metodiche dell'analisi chimica e biochimica finalizzata anche al monitoraggio dell'inquinamento ambientale;
- i fondamenti di biologia vegetale e animale nonché della biologia molecolare;
- nozioni del livello macroscopico, microscopico e ultrastrutturale dell'organismo animale;
- i fondamenti della fisiologia cellulare e generale veterinaria.

Le attività formative in ambiti disciplinari caratterizzanti la classe devono essere volte a una formazione medica veterinaria di base; i laureati specialisti della classe dovranno essere in grado di operare nel campo della patologia, della clinica e della prevenzione delle malattie degli animali, nonché del controllo dell'igiene e della qualità degli alimenti di origine animale.

In particolare i laureati magistrali della classe in Medicina veterinaria devono acquisire le conoscenze utili ed indispensabili previste dai settori scientifico disciplinari compresi negli ambiti delle attività formative caratterizzanti della tabella ministeriale parte integrante della classe. Inoltre, lo studente completerà la propria formazione attingendo ad insegnamenti affini e integrativi utili alla professionalità del medico veterinario. Le attività formative relative alla preparazione della prova finale devono permettere la discussione di una tesi finalizzata alla dimostrazione della capacità speculativa su un argomento di interesse veterinario.

La durata complessiva del corso di laurea è di cinque anni. I laureati della classe magistrale potranno acquisire specifiche professionalità medico-veterinarie avendo svolto un tirocinio pratico, per un periodo non inferiore a 30 CFU, svolto in periodi prestabiliti dalla struttura didattica, ma preferibilmente nell'ultimo anno, presso università o in riconosciute strutture pubbliche (aziende sanitarie locali, istituti zooprofilattici) o private (accreditate dagli organi accademici competenti).

MEDICINA VETERINARIA

Attività formative	Ambiti disciplinari	Settori scientifico-disciplinari	CFU
Di base	Discipline applicate agli studi medico-veterinari	Chimica analitica; Chimica generale e inorganica; Chimica organica; Fisica (FIS/01-FIS/08); Matematica (MAT/01-MAT/09).	58
	Discipline biologiche e genetiche vegetali e animali	Genetica agraria; Zootecnica generale e miglioramento genetico; Botanica generale; Botanica ambientale e applicata; Zoologia.	
	Discipline della struttura, funzione e metabolismo delle molecole di interesse biologico	Biochimica; Biologia molecolare; Biochimica clinica e biologia molecolare clinica.	
	Discipline della struttura e funzione degli organismi animali	Anatomia degli animali domestici; Fisiologia veterinaria.	
Caratterizzanti	Discipline della zootecnia, allevamento e nutrizione animale	Zootecnica generale e miglioramento genetico; Nutrizione e alimentazione animale; Zootecnica speciale; Zoocolture.	130
	Discipline delle malattie infettive ed infestive	Malattie infettive degli animali domestici; Parassitologia e malattie parassitarie degli animali.	
	Discipline delle metodologie informatiche e statistiche	Informatica; Sistemi di elaborazione delle informazioni; Statistica per la ricerca sperimentale e tecnologica.	
	Discipline anatomo-patologiche e ispettive veterinarie	Patologia generale e anatomia patologica veterinaria; Ispezione degli alimenti di origine animale.	
	Discipline cliniche veterinarie	Farmacologia e tossicologia veterinaria; Clinica medica veterinaria; Clinica chirurgica veterinaria; Clinica ostetrica e ginecologia veterinaria.	
Altre (affini e integrative; a scelta dello studente; prova finale ecc.)			112

Classe LM - 46: Odontoiatria e protesi dentaria

I laureati nei corsi di laurea magistrale in Odontoiatria e protesi dentaria svolgono attività inerenti la prevenzione, la diagnosi e la terapia delle malattie e anomalie congenite e acquisite dei denti, della bocca, delle mascelle, delle articolazioni temporo-mandibolari e dei relativi tessuti, nonché la prevenzione e la riabilitazione odontoiatriche, prescrivendo tutti i medicamenti necessari all'esercizio della professione.

I laureati magistrali della classe possiedono un livello di autonomia professionale, culturale, decisionale e operativa tale da consentire loro un costante aggiornamento, avendo seguito un percorso formativo caratterizzato da un approccio olistico ai problemi di salute orale della persona sana o malata, anche in relazione all'ambiente fisico e sociale che lo circonda.

I laureati magistrali della classe dovranno essere dotati:

- delle conoscenze teoriche essenziali che derivano dalle scienze di base, nella prospettiva della loro successiva applicazione professionale, della capacità di rilevare e valutare criticamente, da un punto di vista clinico, e in una visione unitaria, estesa anche nella dimensione socio-culturale, i dati relativi allo stato di salute e di malattia dell'apparato stomatognatico del singolo individuo, interpretandoli alla luce delle conoscenze scientifiche di base, della fisiopatologia e delle patologie dell'apparato stomatognatico e sistemiche, della capacità di comunicare con chiarezza e umanità con il paziente e con i familiari, della capacità di organizzare il lavoro di équipe, di cui conosce le problematiche anche in tema di comunicazione e gestione delle risorse umane.

I laureati magistrali della classe dovranno, inoltre, avere maturato:

- la conoscenza delle basi per la comprensione qualitativa e quantitativa dei fenomeni biologici e fisiologici, la conoscenza dei principi dei processi biologici molecolari, la conoscenza delle scienze di base, biologiche, e comportamentali su cui si basano le moderne tecniche di mantenimento dello stato di salute orale e le terapie odontoiatriche, le elevate responsabilità etiche e morali del dentista riguardo la cura del paziente sia come individuo che come membro della comunità, le conoscenze di informatica applicata e di statistica, in modo utile a farne strumenti di ricerca, a scopo di aggiornamento individuale, la conoscenza dei principi e delle indicazioni della diagnostica per immagini e dell'uso clinico delle radiazioni ionizzanti e dei principi di radioprotezione.

I laureati magistrali della classe al termine degli studi saranno in grado di:

- praticare la gamma completa dell'odontoiatria generale nel contesto del trattamento globale del paziente senza produrre rischi aggiuntivi per il paziente e per l'ambiente;
- individuare le priorità di trattamento coerentemente ai bisogni, partecipando con altri soggetti alla pianificazione di interventi volti alla riduzione delle malattie orali nella comunità derivanti dalla conoscenza dei principi e la pratica della odontoiatria di comunità;
- apprendere i fondamenti della patologia umana, integrando lo studio fisiopatologico e patologico con la metodologia clinica e le procedure diagnostiche che consentono la valutazione dei principali quadri morbosi; apprendere i principali quadri correlazionistici e le procedure terapeutiche, mediche e chirurgiche complementari alla professione odontoiatrica, nonché essere introdotto alla conoscenza delle nozioni di base della cura e dell'assistenza secondo i principi pedagogici, della psicologia, della sociologia e dell'etica;
- conoscere i farmaci direttamente e indirettamente correlati con la pratica dell'odontoiatria e comprendere le implicazioni della terapia farmacologica di patologie sistemiche riguardanti le terapie odontoiatriche;
- conoscere la scienza dei biomateriali per quanto attiene la pratica dell'odontoiatria;
- controllare l'infezione crociata per prevenire le contaminazioni fisiche, chimiche e microbiologiche nell'esercizio della professione;
- applicare la gamma completa di tecniche di controllo dell'ansia e del dolore connessi ai trattamenti odontoiatrici (nei limiti consentiti all'odontoiatra);
- analizzare la letteratura scientifica e applicare i risultati della ricerca alla terapia in modo affidabile;
- conoscere gli aspetti demografici, la prevenzione e il trattamento delle malattie orali e dentali;
- sviluppare un approccio al caso clinico di tipo interdisciplinare, anche e soprattutto in collaborazione con altre figure dell'équipe sanitaria, approfondendo la conoscenza delle regole e delle dinamiche che caratterizzano il lavoro del gruppo degli operatori sanitari;
- approfondire le tematiche relative alla organizzazione generale del lavoro, alle sue dinamiche, alla bioetica, alla relazione col paziente e alla sua educazione, nonché le tematiche della odontoiatria di comunità, anche attraverso corsi monografici e seminari interdisciplinari;

- comunicare efficacemente col paziente e educare il paziente a tecniche di igiene orale appropriate ed efficaci;
- fornire al paziente adeguate informazioni, basate su conoscenze accettate dalla comunità scientifica, per ottenere il consenso informato alla terapia;
- interpretare correttamente la legislazione concernente l'esercizio dell'odontoiatria del paese dell'Unione europea in cui l'odontoiatra esercita e prestare assistenza nel rispetto delle norme medico-legali ed etiche vigenti nel paese in cui esercita;
- riconoscere i propri limiti nell'assistere il paziente e riconoscere l'esigenza di indirizzare il paziente ad altre competenze per terapia mediche;
- organizzare e guidare l'équipe odontoiatrica utilizzando la gamma completa di personale ausiliario odontoiatrico disponibile;
- approfondire le proprie conoscenze in ordine allo sviluppo della società multietnica, con specifico riferimento alla varietà e diversificazione degli aspetti valoriali e culturali, anche nella prospettiva umanistica;
- possedere la padronanza scritta e orale di almeno una lingua dell'Unione europea, oltre all'italiano.

I laureati specialisti della classe svolgeranno l'attività di odontoiatri nei vari ruoli e ambiti professionali clinici e sanitari.

Al fine del conseguimento degli obiettivi didattici sopraindicati i laureati della classe devono acquisire conoscenze fisiopatologiche e cliniche di medicina generale. Inoltre, il profilo professionale include anche l'aver effettuato, durante il corso di studi, le seguenti attività pratiche di tipo clinico, che devono essere state compiute con autonomia tecnico professionale, da primo operatore, sotto la guida di odontoiatri delle strutture universitarie e specificate dall'*Advisory Committee On Formation Of Dental Practitioners* dell'Unione europea:

- **esame del paziente e diagnosi:** rilevare un corretta anamnesi (compresa l'anamnesi medica), condurre l'esame obiettivo del cavo orale, riconoscere condizioni diverse dalla normalità, diagnosticare patologie dentali e orali, formulare un piano di trattamento globale ed eseguire le terapie appropriate o indirizzare il paziente ad altra competenza quando necessario. L'ambito diagnostico e terapeutico include le articolazioni temporo-mandibolari; riconoscere e gestire correttamente manifestazioni orali di patologie sistemiche o indirizzare il paziente ad altra competenza; valutare la salute generale del paziente e le relazioni fra patologia sistemica e cavo orale e modulare il piano di trattamento odontoiatrico in relazione alla patologia sistemica; svolgere attività di screening delle patologie orali compreso il cancro; diagnosticare e registrare le patologie orali e le anomalie di sviluppo secondo la classificazione accettata dalla comunità internazionale; diagnosticare e gestire il dolore dentale, orofacciale e craniomandibolare o indirizzare il paziente ad altra appropriata competenza; diagnosticare e gestire le comuni patologie orali e dentali compreso il cancro, le patologie mucose e ossee o indirizzare il paziente ad altra appropriata competenza; eseguire esami radiografici dentali con le tecniche di routine: (periapicali, bite-wing, extraorali proteggendo il paziente e l'équipe odontoiatrica dalle radiazioni ionizzanti); riconoscere segni radiologici di deviazione dalla norma;
- **terapia**: rimuovere depositi duri e molli che si accumulano sulle superfici dei denti e levigare le superfici radicolari; incidere, scollare e riposizionare un lembo mucoso, nell'ambito di interventi di chirurgia orale minore; praticare trattamenti endodontici completi su monoradicolati poliradicolati; condurre interventi di chirurgia periapicale in patologie dell'apice e del periapice; praticare l'exodontia di routine; praticare l'avulsione chirurgica di radici e denti inclusi, rizectomie; praticare biopsie incisionali ed escissionali; sostituire denti mancanti, quando indicato e appropriato, con protesi fisse, rimovibili (che sostituiscano sia denti che altri tessuti persi) e protesi complete. Conoscere le indicazioni alla terapia implantare, effettuarla o indirizzare il paziente ad altra opportuna competenza; restaurare tutte le funzioni dei denti utilizzando tutti i materiali disponibili e accettati dalla comunità scientifica; realizzare correzioni ortodontiche di problemi occlusali minori riconoscendo l'opportunità di indirizzare il paziente ad altre competenze in presenza di patologie più complesse;
- **emergenze mediche**: effettuare manovre di pronto soccorso e rianimazione cardio-polmonare.

Il corso di laurea magistrale prevede 360 (trecentosessanta) CFU complessivi articolati su 6 (sei) anni di corso, di cui almeno 90 (novanta) da acquisire in attività formative cliniche professionalizzanti da svolgersi in modo integrato con le altre attività formative presso strutture assistenziali universitarie. L'attività formativa professionalizzante è obbligatoria e necessaria per il conseguimento della laurea magistrale e viene pianificato dal regolamento didattico nell'ambito della durata complessiva del corso di studi.[1]

ODONTOIATRIA E PROTESI DENTARIA

Attività formative	Ambiti disciplinari	Settori scientifico-disciplinari	CFU
Di base	**Discipline generali per la formazione dell'odontoiatra**	Biologia applicata; Fisica applicata (a beni culturali, ambientali, biologia e medicina); Psicologia generale; Statistica medica.	**60**
	Struttura, funzione e metabolismo delle molecole d'interesse biologico	Biochimica; Biologia molecolare.	
	Morfologia umana, funzioni biologiche integrate degli organi e apparati umani	Fisiologia; Anatomia umana; Istologia.	
Caratterizzanti	**Discipline odontoiatriche e radiologiche**	Malattie odontostomatologiche; Chirurgia maxillofacciale; Diagnostica per immagini e radioterapia; Anestesiologia.	**180**
	Discipline mediche di rilevanza odontoiatrica	Farmacologia; Patologia generale; Anatomia patologica; Medicina interna; Neurologia; Malattie cutanee e veneree.	
	Diagnostica di laboratorio	Biochimica clinica e biologia molecolare clinica; Patologia clinica; Microbiologia e microbiologia clinica; Anatomia patologica.	
	Formazione interdisciplinare	Scienza e tecnologia dei materiali polimerici; Scienza e tecnologia dei materiali; Bioingegneria industriale; Bioingegneria elettronica e informatica; Storia della medicina; Malattie dell'apparato cardiovascolare; Malattie del sangue; Malattie infettive; Chirurgia generale; Chirurgia plastica; Psichiatria; Neurochirurgia; Otorinolaringoiatria; Igiene generale e applicata; Medicina legale; Scienze tecniche mediche applicate; Economia applicata; Economia aziendale; Organizzazione aziendale.	
	Inglese scientifico e abilità linguistiche, informatiche e relazionali, pedagogia medica, tecnologie avanzate e a distanza di informazione e comunicazione	Informatica; Lingua e traduzione - lingua inglese; Didattica e pedagogia speciale.	
Altre (affini e integrative; a scelta dello studente; prova finale ecc.)			**120**

Classe LM - 85 bis: Scienze della Formazione primaria

I laureati nel corso di laurea magistrale della classe LM - 85 bis devono aver acquisito solide conoscenze nei diversi ambiti disciplinari oggetto di insegnamento e la capacità di proporle nel modo più adeguato al livello scolastico, all'età e alla cultura di appartenenza degli allievi con cui entreranno in contatto. A questo scopo è necessario che le conoscenze acquisite dai futuri docenti nei diversi campi disciplinari siano fin dall'inizio del percorso strettamente connesse con la capacità di gestire la classe e di progettare il percorso educativo e didattico. Inoltre essi dovranno possedere conoscenze e capacità che li mettano in grado di aiutare l'integrazione scolastica di bambini con bisogni speciali.

In particolare devono:

- possedere conoscenze disciplinari relative agli ambiti oggetto di insegnamento (linguistico-letterari, matematici, di scienze fisiche e naturali, storici e geografici, artistici, musicali e motori);
- essere in grado di articolare i contenuti delle discipline in funzione dei diversi livelli scolastici e dell'età dei bambini e dell'assolvimento dell'obbligo di istruzione;
- possedere capacità pedagogico-didattiche per gestire la progressione degli apprendimenti adeguando i tempi e le modalità al livello dei diversi alunni;
- essere in grado di scegliere e utilizzare di volta in volata gli strumenti più adeguati al percorso previsto (lezione frontale, discussione, simulazione, cooperazione, mutuo aiuto, lavoro di gruppo, nuove tecnologie);

1. Con riferimento all'articolo 5, comma 3, del decreto ministeriale 3 novembre 1999, n. 509.

- possedere capacità relazionali e gestionali in modo da rendere il lavoro in classe fruttuoso per ciascun bambino, facilitando la convivenza di culture e religioni diverse, sapendo costruire regole di vita comuni riguardanti la disciplina, il senso di responsabilità, la solidarietà e il senso di giustizia;
- essere in grado di partecipare attivamente alla gestione della scuola e della didattica collaborando coi colleghi sia nella progettazione didattica, sia nelle attività collegiali interne ed esterne, anche in relazione alle esigenze del territorio in cui opera la scuola.

In coerenza con gli obiettivi indicati il corso di laurea magistrale prevede accanto alla maggioranza delle discipline uno o più laboratori pedagogico-didattici volti a far sperimentare agli studenti in prima persona la trasposizione pratica di quanto appreso in aula e, a partire dal secondo anno, attività obbligatorie di tirocinio indiretto (preparazione, riflessione e discussione delle attività, documentazione per la relazione finale di tirocinio) e diretto nelle scuole. Le attività di tirocinio, per complessive 600 ore pari a 24 crediti formativi universitari, devono svilupparsi ampliandosi via via dal secondo anno di corso fino al quinto e devono concludersi con una relazione obbligatoria.

Il tirocinio è seguito da insegnanti tutor e coordinato da tutor coordinatori e tutor organizzatori distaccati a tempo parziale e a tempo pieno presso il Corso di laurea. Prevede attività di osservazione, di lavoro in situazione guidata e di attività in cui lo studente sia pienamente autonomo. Il percorso va articolato prevedendo, dal secondo anno, una parte di tirocinio nella scuola dell'infanzia. La tesi di laurea verte su tematiche disciplinari collegate all'insegnamento che possono avere relazione con l'attività di tirocinio.

Al termine del percorso i laureati della classe conseguono l'abilitazione all'insegnamento per la scuola primaria. Il conseguimento del titolo è l'esito di una valutazione complessiva del curriculum di studi, della tesi di laurea e della relazione di tirocinio da parte di una commissione composta da docenti universitari integrati da due tutor e da un rappresentante ministeriale nominato dagli Uffici scolastici regionali.

SCIENZE DELLA FORMAZIONE PRIMARIA

Attività formative	Ambiti disciplinari	Settori scientifico-disciplinari	CFU
Di base	Pedagogia generale e sociale	Pedagogia generale e sociale	78
	Storia della pedagogia	Storia della pedagogia	
	Didattica e pedagogia speciale	Didattica e pedagogia speciale	
	Pedagogia sperimentale	Pedagogia sperimentale	
	Psicologia dello sviluppo e psicologia dell'educazione	Psicologia dello sviluppo e psicologia dell'educazione	
	Discipline sociologiche e antropologiche	Discipline demoetnoantropologiche; Sociologia dei processi culturali e comunicativi.	
Caratterizzanti	Discipline matematiche	Algebra; Geometria; Matematiche complementari; Probabilità e statistica matematica	176
	Discipline letterarie	Letteratura italiana; Letterature italiana contemporanea	
	Linguistica	Linguistica italiana	
	Discipline biologiche ed ecologiche	Botanica generale; Botanica ambientale e applicata; Zoologia; Anatomia comparata e citologia; Ecologia; Fisiologia	
	Discipline fisiche	Fisica sperimentale; Astronomia e astrofisica; Didattica e storia della fisica	
	Discipline chimiche	Chimica generale e inorganica; Chimica organica	
	Metodi e didattiche delle attività motorie	Metodi e didattiche delle attività motorie; Metodi e didattiche delle attività sportive	
	Discipline storiche	Storia greca; Storia romana; Storia medioevale; Storia moderna; Storia contemporanea	
	Discipline geografiche	Geografia; Geografia economico-politica	
	Discipline delle arti	Disegno; Storia dell'arte moderna; Storia dell'arte contemporanea; Cinema, fotografia e televisione	
	Musicologia e storia della musica	Musicologia e storia della musica	
	Letteratura per l'infanzia	Letteratura per l'infanzia	

SCIENZE DELLA FORMAZIONE PRIMARIA		
Psicologia dello sviluppo e psicologia dell'educazione	Psicologia dello sviluppo e psicologia dell'educazione	
Didattica e pedagogia speciale	Didattica e pedagogia speciale	
Psicologia clinica e discipline igenico-sanitarie	Neuropsichiatria infantile; Psicologia clinica	
Discipline giuridiche e igenico-sanitarie	Igiene generale e applicata; Istituzioni di diritto pubblico; Diritto amministrativo	
Altre (affini e integrative; a scelta dello studente; attività di tirocinio; prova finale ecc.)		46

Classe LMG - 01: Giurisprudenza

Per l'accesso alle scuole di specializzazione post-laurea per le professioni di Notaio, Avvocato e Magistrato occorre frequentare questo corso di laurea quinquennale a ciclo unico.

I laureati dei corsi della classe di laurea devono:

- aver conseguito elementi di approfondimento della cultura giuridica di base nazionale ed europea, anche con tecniche e metodologie casistiche, in rapporto a tematiche utili alla comprensione e alla valutazione di principi o istituti del diritto positivo;
- aver conseguito approfondimenti di conoscenze storiche che consentano di valutare gli istituti del diritto positivo anche nella prospettiva dell'evoluzione storica degli stessi;
- possedere capacità di produrre testi giuridici (normativi e/o negoziali e/o processuali) chiari, pertinenti ed efficaci in rapporto ai contesti di impiego, ben argomentati, anche con l'uso di strumenti informatici;
- possedere in modo approfondito le capacità interpretative, di analisi casistica, di qualificazione giuridica (rapportando fatti a fattispecie), di comprensione, di rappresentazione, di valutazione e di consapevolezza per affrontare problemi interpretativi ed applicativi del diritto;
- possedere in modo approfondito gli strumenti di base per l'aggiornamento delle proprie competenze.

I laureati dei corsi della classe, oltre ad indirizzarsi alle professioni legali ed alla magistratura, potranno svolgere attività ed essere impiegati, in riferimento a funzioni caratterizzate da elevata responsabilità, nei vari campi di attività sociale, socio-economica e politica ovvero nelle istituzioni, nelle pubbliche amministrazioni, nelle imprese private, nei sindacati, nel settore del diritto dell'informatica, nel settore del diritto comparato, internazionale e comunitario (giurista europeo), oltre che nelle organizzazione internazionali in cui le capacità di analisi, di valutazione e di decisione del giurista si rivelano feconde anche al di fuori delle conoscenze contenutistiche settoriali.

Ai fini indicati, i *curricula* dei corsi di laurea:

- attuano la completezza della formazione sia di base sia caratterizzante assumendo discipline da ciascuno dei settori scientifico-disciplinari di cui in tabella, ed attuano la coerenza complessiva della formazione orientando i contenuti in rapporto agli obiettivi formativi della classe; al tal fine, in particolare, utilizzeranno le discipline previste negli ambiti di materie affini e integrative per la predisposizione di indirizzi e/o piani di studio coerenti per la formazione dei diversi settori professionali cui la laurea dà accesso;
- assicurano la coerenza ad un progetto formativo che sviluppi i profili tecnici e metodologici idonei a contrastare la rapida obsolescenza, nonché a garantire una consistente fecondità, delle conoscenze e competenze acquisite;
- assicurano, per consentirne la loro utilizzazione nei corsi di formazione post-laurea per le professioni legali, mediante appositi insegnamenti caratterizzati da appropriate metodologie, l'acquisizione di adeguate conoscenze e consapevolezza:

a. degli aspetti istituzionali ed organizzativi degli ordinamenti giudiziari;
b. della deontologia professionale, della logica ed argomentazione giuridica e forense, della sociologia giuridica, dell'informatica giuridica;
c. del linguaggio giuridico di almeno una lingua straniera.

Obiettivi formativi specifici del corso e descrizione del percorso formativo

La laurea magistrale in Giurisprudenza si propone come obiettivo di fornire una approfondita e articolata formazione, di carattere sia sistematico che metodologico, nel campo delle istituzioni giuridiche, avendo riguardo alla loro dimensione nazionale e internazionale e nell'ambito di un ampio orizzonte culturale interdisciplinare. La laurea magistrale in Giurisprudenza è finalizzata all'avvio degli studenti sia alle professioni giuridiche classiche, quali l'avvocatura, la magistratura e il notariato, sia ad ogni altra attività professionale, autonoma o subordinata, per la quale sia necessaria una approfondita conoscenza del diritto.

Il conseguimento della laurea magistrale in Giurisprudenza costituisce l'unico titolo valido per l'accesso alla Scuola di specializzazione per le professioni legali.

Caratteristiche della prova finale

La prova finale del corso di laurea magistrale in Giurisprudenza consiste nella redazione, sotto la supervisione di un docente, di una tesi e nella sua discussione pubblica davanti a una commissione d'esame. La tesi di laurea consiste in una dissertazione nella quale lo studente dimostri padronanza di metodo e capacità di affrontare i problemi in modo autonomo e critico.

GIURISPRUDENZA

Attività formative	Ambiti disciplinari	Settori scientifico-disciplinari	CFU
Di base	Costituzionalistico	Diritto costituzionale; Istituzioni di diritto pubblico; Diritto ecclesiastico e diritto canonico.	86
	Filosofico-giuridico	Filosofia del diritto	
	Privatistico	Diritto privato	
	Storico-giuridico	Storia del diritto medievale e moderno; Diritto romano e diritti dell'antichità	
Caratterizzanti	Amministrativistico	Diritto amministrativo	130
	Commercialistico	Diritto commerciale	
	Comparatistico	Diritto pubblico comparato; Diritto privato comparato	
	Comunitaristico	Diritto dell'unione europea	
	Economico e pubblicistico	Economia politica; Diritto tributario	
	Internazionalistico	Diritto internazionale	
	Laburistico	Diritto del lavoro	
	Penalistico	Diritto penale	
	Processualcivilistico	Diritto processuale civile	
	Processualpenalistico	Diritto processuale penale	
Altre (affini e integrative; a scelta dello studente; attività di tirocinio; prova finale ecc.)			84

Classe LMR - 02: Conservazione e Restauro dei Beni Culturali

I laureati nei corsi magistrali della classe dovranno acquisire:

- le basi storiche, scientifiche e tecniche necessarie all'esercizio della professione di restauratore dei beni culturali;
- una solida preparazione pratica fondata su necessarie competenze e sulle abilità manuali;
- un elevato livello di autonomia professionale, decisionale ed operativa in ordine ai problemi di conservazione e restauro dei beni culturali;
- la capacità di partecipare secondo le proprie conoscenze e per la parte di competenza alla valutazione critica dei dati relativi alla tecnica e allo stato di conservazione del bene culturale interpretati alla luce delle conoscenze storiche e scientifiche per risolvere i problemi di prevenzione, di manutenzione e dell'intervento conservatorio;
- la capacità di intervenire nelle situazioni di emergenza del patrimonio culturale attivando le opportune azioni nelle situazioni di catastrofe;
- la capacità di gestire gli interventi e lo staff di lavoro anche sotto il profilo giuridico ed economico;
- la competenza anche informatica utile alla gestione della documentazione relativa al bene culturale;
- la capacità di collaborare con le figure professionali specifiche del settore e di comunicare con chiarezza i risultati dell'indagine svolta;
- la conoscenza dei principi deontologici e delle ragioni etiche che sottendono alle scelte operative;

- la consapevolezza degli orientamenti più aggiornati a scala internazionale in materia di restauro;
- la padronanza scritta e orale di almeno una lingua dell'Unione europea, oltre all'italiano.

A tali fini il corso di laurea magistrale prevede 300 CFU complessivi, di cui almeno 90 CFU da maturare nei laboratori e cantieri di restauro previsti dagli ordinamenti di studio.

L'accesso al corso di laurea magistrale è subordinato alla verifica dell'idoneità dei candidati mediante specifiche prove. Data la specificità delle problematiche inerenti alle diverse tipologie dei beni culturali, il corso di laurea in restauro sarà orientato, attraverso un'opportuna selezione degli insegnamenti e delle attività pratiche di laboratorio, secondo uno o più dei seguenti percorsi formativi professionalizzanti a ciascuno dei quali devono essere attribuiti non meno di 90 CFU nel loro complesso.

Attività formative	Percorsi formativi	Contenuti sintetici	CFU
Discipline tecniche del restauro	1	Materiali lapidei e derivati; superfici decorate dell'architettura	90
	2	Manufatti dipinti su supporto ligneo e tessile Manufatti scolpiti in legno Arredi e strutture lignee Manufatti in materiali sintetici lavorati, assemblati e/o dipinti	
	3	Materiali e manufatti tessili e pelle	
	4	Materiali e manufatti ceramici e vitrei Materiali e manufatti in metallo e leghe	
	5	Materiali librario e archivistico Manufatti cartacei Materiale fotografico, cinematografico e digitale	
	6	Strumenti musicali Strumentazioni e strumenti scientifici e tecnici	
Totale			90

Tali attività saranno effettuate nell'ambito delle attività formative previste dall'articolo 10, comma 5d) del D.M. n. 270/2004. Le attività pratiche di laboratorio saranno accompagnate dal supporto di specifici insegnamenti teorici, dedicati ad approfondire, a seconda dell'orientamento prescelto, alcune problematiche fondamentali, relative ad esempio alle tecniche di esecuzione dei manufatti, alle tecniche storiche del restauro, alla fenomenologia del deterioramento dei manufatti, ai metodi e materiali dei trattamenti conservativi e di restauro, alla tecnologia degli strumenti scientifici, all'archeologia del libro, alla storia della legatura, alla tecnologia degli strumenti musicali.

CONSERVAZIONE E RESTAURO DEI BENI CULTURALI

Attività formative	Ambiti disciplinari	Settori scientifico-disciplinari	CFU
Di base	Formazione scientifica	Botanica generale; Botanica ambientale e applicata; Chimica generale e inorganica; Chimica organica; Chimica farmaceutica; Chimica dell'ambiente e dei beni culturali; Fisica sperimentale; Fisica della materia; Fisica applicata (ai beni culturali, ambientali, biologia e medicina); Mineralogia; Disegno; Informatica; Sistemi di elaborazione delle informazioni.	50
	Formazione storica e storico-artistica	Archeologia classica; Archeologia classica e medioevale; Storia dell'arte medioevale; Storia dell'arte moderna; Museologia e critica artistica e del restauro; Preistoria e protostoria; Storia romana; Storia medioevale; Storia moderna; Storia contemporanea; Archivistica bibliografia e biblioteconomia.	
Caratterizzanti	Metodologie per la conservazione e il restauro	Metodologie della ricerca archeologica; Museologia e critica artistica e del restauro; Archivistica bibliografia e biblioteconomia; Restauro.	58
	Scienze e tecnologie per la conservazione e il restauro	Tecnologia del legno e utilizzazioni forestali; Entomologia; Patologia vegetale; Microbiologia agraria; Chimica analitica; Chimica fisica; Chimica industriale; Chimica dell'ambiente e dei beni culturali; Botanica ambientale e applicata; Zoologia; Ecologia; Antropologia; Biochimica; Microbiologia generale; Fisica nucleare; Fisica applicata (ai beni culturali, ambientali, biologia e medicina); Mineralogia; Petrologia e petrografia; Georisorse minerarie e applicazioni mineralogico-petrografiche per l'ambiente e i beni culturali; Tecnologia dell'architettura; Architettura degli interni e allestimento; Fisica tecnica ambientale; Metallurgia; Scienza e tecnologia dei materiali.	
	Beni culturali	Preistoria e protostoria; Papirologia; Etruscologia e antichità italiche; Storia dell'arte contemporanea; Cinema fotografia e televisione; Musicologia e storia della musica; Etnomusicologia; Storia del diritto medioevale e moderno; Storia dell'architettura; Discipline demoetnoantropologiche; Storia della scienza e delle tecniche; Archivistica bibliografia e biblioteconomia.	
	Formazione giuridica, economica e gestionale	Diritto amministrativo; Diritto dell'UE; Economia aziendale; Economia e gestione delle imprese; Sociologia dei processi culturali e comunicativi in Medicina del lavoro; Ingegneria economico-gestionale.	

4.4 | Le classi di laurea magistrale

Di seguito si riportano, a titolo puramente indicativo, le classi delle lauree magistrale attualmente attive in Italia.

Numerazione e denominazione delle classi di laurea magistrali

LM - 1	Antropologia culturale ed etnologia	LM - 51	Psicologia
LM - 2	Archeologia	LM - 52	Relazioni internazionali
LM - 3	Architettura del paesaggio	LM - 53	Scienza e ingegneria dei materiali
LM - 4	Architettura e ingegneria edile	LM - 54	Scienze chimiche
LM - 5	Archivistica e biblioteconomia	LM - 55	Scienze cognitive
LM - 6	Biologia	LM - 56	Scienze dell'economia
LM - 7	Biotecnologie agrarie	LM - 57	Scienze dell'educazione degli adulti e della formazione continua
LM - 8	Biotecnologie industriali	LM - 58	Scienze dell'universo
LM - 9	Biotecnologie mediche, veterinarie e farmaceutiche	LM - 59	Scienze della comunicazione pubblica, d'impresa e pubblicità
LM - 10	Conservazione dei beni architettonici e ambientali	LM - 60	Scienze della natura
LM - 11	Conservazione e restauro dei beni culturali	LM - 61	Scienze della nutrizione umana
LM - 12	Design	LM - 62	Scienze della politica
LM - 13	Farmacia e farmacia industriale	LM - 63	Scienze delle pubbliche amministrazioni
LM - 14	Filologia moderna	LM - 64	Scienze delle religioni
LM - 15	Filologia, letterature e storia dell'antichità	LM - 65	Scienze dello spettacolo e produzione multimediale
LM - 16	Finanza	LM - 66	Sicurezza informatica
LM - 17	Fisica	LM - 67	Scienze e tecniche delle attività motorie preventive e adattate
LM - 18	Informatica	LM - 68	Scienze e tecniche dello sport
LM - 19	Informazione e sistemi editoriali	LM - 69	Scienze e tecnologie agrarie
LM - 20	Ingegneria aerospaziale e astronautica	LM - 70	Scienze e tecnologie alimentari
LM - 21	Ingegneria biomedica	LM - 71	Scienze e tecnologie della chimica industriale
LM - 22	Ingegneria chimica	LM - 72	Scienze e tecnologie della navigazione
LM - 23	Ingegneria civile	LM - 73	Scienze e tecnologie forestali ed ambientali
LM - 24	Ingegneria dei sistemi edilizi	LM - 74	Scienze e tecnologie geologiche
LM - 25	Ingegneria dell'automazione	LM - 75	Scienze e tecnologie per l'ambiente e il territorio
LM - 26	Ingegneria della sicurezza	LM - 76	Scienze economiche per l'ambiente e la cultura
LM - 27	Ingegneria delle telecomunicazioni	LM - 77	Scienze economico-aziendali
LM - 28	Ingegneria elettrica	LM - 78	Scienze filosofiche
LM - 29	Ingegneria elettronica	LM - 79	Scienze geofisiche
LM - 30	Ingegneria energetica e nucleare	LM - 80	Scienze geografiche
LM - 31	Ingegneria gestionale	LM - 81	Scienze per la cooperazione allo sviluppo
LM - 32	Ingegneria informatica	LM - 82	Scienze statistiche
LM - 33	Ingegneria meccanica	LM - 83	Scienze statistiche attuariali e finanziarie
LM - 34	Ingegneria navale	LM - 84	Scienze storiche
LM - 35	Ingegneria per l'ambiente e il territorio	LM - 85	Scienze pedagogiche
LM - 36	Lingue e letterature dell'Africa e dell'Asia	LM - 85 bis	Formazione primaria
LM - 37	Lingue e letterature moderne europee e americane	LM - 86	Scienze zootecniche e tecnologie animali
LM - 38	Lingue moderne per la comunicazione e la cooperazione internazionale	LM - 87	Servizio sociale e politiche sociali
LM - 39	Linguistica	LM - 88	Sociologia e ricerca sociale
LM - 40	Matematica	LM - 89	Storia dell'arte
LM - 41	Medicina e chirurgia	LM - 90	Studi europei
LM - 42	Medicina veterinaria	LM - 91	Tecniche e metodi per la società dell'informazione
LM - 43	Metodologie informatiche per le discipline umanistiche	LM - 92	Teorie della comunicazione
LM - 44	Modellistica matematico-fisica per l'ingegneria	LM - 93	Teorie e metodologie dell'e-learning e della media education
LM - 45	Musicologia e beni musicali	LM - 94	Traduzione specialistica e interpretariato
LM - 46	Odontoiatria e protesi dentaria	Ds/S	Scienze della difesa e della sicurezza
LM - 47	Organizzazione e gestione dei servizi per lo sport e le attività motorie	LM/SNT01	Scienze infermieristiche e ostetriche
LM - 48	Pianificazione territoriale, urbanistica e ambientale	LM/SNT02	Scienze delle professioni sanitarie della riabilitazione
LM - 49	Progettazione e gestione dei sistemi turistici	LM/SNT03	Scienze delle professioni sanitarie tecniche
LM - 50	Programmazione e gestione dei servizi educativi	LM/SNT04	Scienze delle professioni sanitarie della prevenzione

5 | La mappa dell'università in Italia

5.1 | Introduzione alla lettura della mappa

Il presente capitolo offre un'ampia panoramica su tutti gli atenei italiani, sia statali sia privati. Ciascuno di essi è presentato attraverso **alcuni cenni storici e due schede tecniche**. La prima fornisce i recapiti delle strutture universitarie più utili per il futuro studente: sede centrale, sedi decentrate, ufficio orientamento, ufficio per il sostegno agli studenti disabili, ufficio relazioni internazionali, centro universitario sportivo (CUS). La seconda, invece, propone una fotografia dell'università basata su **alcuni dati essenziali** (gli ultimi ufficiali resi disponibili dal Ministero) **per conoscere e confrontare l'offerta dei diversi atenei**: corsi attivi nel 2019/2020;[1] docenti e ricercatori in ruolo; studenti iscritti e matricole; laureati e percentuale degli studenti laureati regolarmente negli anni di corso previsti.

Per completare la descrizione della singola università, seguono le informazioni relative a tutti i corsi di studio attivati (classe di appartenenza,[2] sede di svolgimento delle lezioni, presenza o meno del numero programmato e numero dei posti a bando). In particolare, nella colonna relativa all'accesso, il simbolo del lucchetto chiuso (🔒) indica che il corso prevede posti limitati e un test di ingresso selettivo; di fianco a tale simbolo si riporta, quando disponibile, il numero di posti programmato (dall'ateneo o a livello nazionale) relativo ai cittadini italiani, comunitari e non comunitari legalmente soggiornanti in Italia (L.n. 189/2002 art.26). Qualora sia prevista una prova di valutazione delle conoscenze in ingresso non selettiva (orientativa), così come nel caso in cui non sia prevista alcuna prova in ingresso, le tabelle riportano il simbolo del lucchetto aperto (🔓).[3]

È da segnalare infine che tutte le università statali a partire dall'anno accademico 2012/2013 hanno provveduto a una riorganizzazione dell'offerta formativa per ottemperare alla legge n. 240, "Legge Gelmini", che prevede la soppressione delle facoltà in favore dei dipartimenti. Le informazioni di seguito descrivono una percorso realizzato con tempi e modalità diverse tra ateneo e ateneo, passibile di modifiche su breve termine.

5.1.1 | Le fonti informative

I dati riportati nelle tabelle si avvalgono delle informazioni più recenti rese disponibili dal sito del MIUR, da universitaly.it, e dai siti delle singole università aggiornati al momento della stampa della presente guida.

Ci si è avvalsi inoltre dei dati, sempre ufficiali, diffusi via internet dall'Ufficio di Statistica del Ministero (statistica.miur.it), in particolare di quelli relativi agli iscritti e ai laureati nell'anno accademico 2017-2018 (ultimo aggiornamento: novembre 2018) e ai docenti per ateneo (ultimo aggiornamento: dicembre 2018). Per quanto riguarda infine le percentuali sui laureati regolari si è fatto riferimento al rapporto dell'ANVUR, Agenzia nazionale di valutazione del sistema universitario e della ricerca, del 2018 (anvur.org).

I dati sul numero programmato a livello nazionale sono stati tratti dai siti dedicati all'Offerta formativa sopra citati, nonché dai bandi di ammissione pubblicati dagli atenei.

---

1. Pubblicati sul sito del MIUR e su universitaly.it, che presentano l'offerta formativa ufficiale di tutte le università italiane, o sui siti web dei rispettivi atenei al momento della stampa della presente guida.
2. Si rimanda al Capitolo 4 della Seconda parte per la descrizione delle classi di appartenenza e l'elenco delle classi di laurea magistrale.
3. A oggi la situazione a livello nazionale non è ancora uniforme: ci sono alcune università che, sebbene abbiano definito le conoscenze di base richieste nei regolamenti didattici dei singoli corsi di studio, non hanno ancora stabilito forme di verifica delle conoscenze in ingresso; altre in cui sono previste prove di verifica in ingresso solo per alcuni corsi. Ulteriori e più approfondite informazioni sul numero chiuso e i test orientativi si trovano nel Capitolo 2 della Terza parte.

Si è invece fatto riferimento costante ai singoli siti delle università per le informazioni relative alle sedi, all'ufficio orientamento, all'ufficio per il sostegno agli studenti disabili e all'ufficio relazioni internazionali. Per quanto riguarda il centro universitario sportivo (CUS), oltre che ai siti delle università, si è fatto riferimento al sito dei CUS italiani (cusi.it). Nei casi di irreperibilità di alcune informazioni sui siti, si è provveduto a contattare telefonicamente le università (le segreterie studenti, i numeri verdi o i centri di orientamento).

Si è utilizzata la dicitura «n.d.» in tutti i casi di *non disponibilità* dei dati nelle fonti sopra indicate al momento della stampa di questo volume.

Si invita comunque il lettore a verificare direttamente presso l'ateneo e le altre fonti ufficiali quanto di suo interesse.

5.1.2 | Come leggere le schede degli atenei

Questo è lo spazio per il nome dell'Università

Qui compare lo stemma dell'ateneo

Sede centrale Qui sono specificati i riferimenti necessari a entrare in contatto con la sede o le sedi principali delle università: indirizzo, numero di telefono, fax e sito.

Ente per il diritto allo studio Il diritto allo studio è gestito da enti sotto il diretto controllo delle Regioni o delle stesse università e offre una molteplicità di interventi (borse di studio, prestiti, contributi alla mobilità) al fine di permettere agli studenti particolarmente meritevoli, ma privi di mezzi, di proseguire il proprio percorso formativo. In questa sezione vi sono tutti riferimenti necessari per entrare in contatto con la segreteria dell'Ente.

Ufficio orientamento L'Ufficio orientamento coordina le iniziative di informazione riguardo l'offerta formativa degli Atenei, offrendo servizi di consulenza individuale e di orientamento agli studi universitari. Qui vengono indicati indirizzo, numeri utili, e-mail ed eventuale sito web.

Ufficio per il sostegno agli studenti disabili Alcune università hanno iniziato un percorso volto alla progressiva rimozione degli ostacoli che si frappongono tra gli studenti disabili e la vita universitaria, cercando di migliorare la possibilità di partecipazione attiva all'insieme delle sue attività e delle sue strutture, come previsto dalla Legge. Qui sono indicate tutte le informazioni indispensabili per entrare in contatto con gli uffici o con i referenti delegati dai Rettori.

Ufficio relazioni internazionali Le attività internazionali (progetto Socrates/Erasmus, progetto Leonardo ecc.) sono gestite e promosse dall'Ufficio relazioni internazionali, che si occupa anche dell'ammissione degli studenti stranieri ai corsi di laurea triennale e magistrale e del riconoscimento di titoli accademici esteri. In questa sezione sono riportati i riferimenti necessari a entrare in contatto con tali uffici.

CUS I CUS sono presenti in ben 48 città sedi di Ateneo e sono federati all'Ente di Promozione Sportiva riconosciuto a livello nazionale che è il CUSI (Centro Universitario Sportivo Italiano) e per mezzo di quest'ultimo alla FISU (Federazione Internazionale Sport Universitari), che presiede l'attività sportiva degli studenti universitari di tutto il mondo. Qui sono indicati recapiti e sito internet.

In questa sezione statistiche e numeri per farsi un'idea dell'Università che si intende frequentare

Corsi numero dei corsi di laurea, di laurea magistrale e a ciclo unico attivi nel 2019/2020

Docenti numero dei docenti ordinari, associati e dei ricercatori in ruolo al 31 dicembre 2018

Studenti numero complessivo degli studenti iscritti alla data del 30 novembre 2018, numero di donne iscritte e studenti immatricolati nell'anno accademico 2017/2018

Laureati numero dei laureati nell'anno solare 2018 e, nello specifico, delle donne laureate

Laureati regolari percentuale dei laureati in corso al 30 novembre 2018

Dipartimento	Classe di laurea	Sede del corso	Accesso: libero o programmato?	Posti a bando
Corso di laurea (triennale)				
Nome del corso di laurea	vedi il capitolo 4	una o più città in cui l'ateneo tiene i suoi corsi	🔒 simbolo dell'accesso programmato	numero posti messi a bando per l'a.a. 2019/2020
Corso di laurea magistrale (biennale) o a ciclo unico				
Nome del corso di laurea magistrale o magistrale a ciclo unico	vedi il capitolo 4	una o più città in cui l'ateneo tiene i suoi corsi	🔓 o simbolo dell'accesso libero	

6 | Le università e i corsi attivi in Italia

6.1 | Ancona

L'**Università Politecnica delle Marche,** con sede ad Ancona, è di istituzione relativamente recente, sebbene la città possieda una tradizione di studi, in particolare nel campo del diritto, che risale al Medioevo. Il processo di fondazione dell'università, iniziato dopo la prima guerra mondiale, si compie nel 1960 con il riconoscimento legale e nel 1971 con la definitiva istituzione dell'università statale. Le strutture logistiche dell'ateneo – aule, segreterie, uffici amministrativi – sono ubicate in tre poli differenti, cui fanno riferimento rispettivamente i corsi dell'area scientifico-tecnologica, biologico-sanitaria e umanistico-economica.

Università Politecnica delle Marche

Sede centrale	Piazza Roma 22, 60121 Ancona, tel.: 071 2201, fax: 071 2203023, sito: univpm.it
Sedi decentrate	Ascoli Piceno, Fermo, Macerata, Pesaro, San Benedetto del Tronto
Ente per il diritto allo studio	Via Saffi 22 (angolo Vicolo della Serpe, 60121 Ancona, tel.: 071 2274282, fax: 071 57516, e-mail: diritto.studio@ersu-ancona.it, sito: ersu-ancona.it
Ufficio orientamento	Piazza Roma 22, 60121 Ancona, tel.: 071 2202238, fax: 071 2202303, e-mail: orientamento@univpm.it
Ufficio per il sostegno agli studenti disabili	Via Brecce Bianche, 60131 Ancona, tel. / fax: 071 2202234, e-mail: g.romanazzi@univpm.it, a.montesanto@univpm.it
Ufficio relazioni internazionali	Via Oberdan (ingresso via Palestro), 60121 Ancona, tel.: 071 2202293, fax: 071 2202303, e-mail relazioni.internazionali@univpm.it, international.mobility@univpm.it
CUS	Via Grotte 19/A, 60126 Ancona, tel. / fax: 071 44213 e-mail: segreteria@cusancona.it; sito: cusancona.it

I numeri dell'Università

Corsi	29 di laurea, 24 di laurea magistrale e 3 a ciclo unico
Docenti	ordinari: 155; associati: 211; ricercatori: 173
Studenti	15123 iscritti (di cui 6861 donne, 11177 studenti in corso e 2522 matricole)
Laureati	2977 (di cui 1429 donne)
Laureati regolari	31,6 %

Area di Agraria	Classe	Sede	Accesso	Posti a bando
Corsi di laurea				
Scienze e tecnologie agrarie	L.25	Ancona	🔒	30
Scienze e tecnologie alimentari	L-26	Ancona	🔓	
Scienze forestali e ambientali	L-25	Ancona	🔓	
Sistemi agricoli innovativi	L-25	Ascoli Piceno	🔓	
Corsi di laurea magistrale				
Scienze agrarie e del territorio	LM-69	Ancona	🔓	
Scienze forestali, dei suoli e del paesaggio	LM-73	Ancona	🔓	
Food and beverage innovation and management (in corso di accreditamento)	LM-70	Ancona	🔓	

Area di Economia	Classe	Sede	Accesso	Posti a bando
Corsi di laurea				
Economia aziendale	L-18 / L-33	San Benedetto del Tronto	🔓	
Economia e commercio	L-33	Ancona	🔓	
Corsi di laurea magistrale			🔓	
Economia e management	LM-77	Ancona	🔓	
International economics and commerce	LM-56	Ancona	🔓	
Management pubblico e dei sistemi socio-sanitari	LM-77	San Benedetto del Tronto	🔓	
Scienze economiche e finanziarie	LM-16	Ancona	🔓	
Data science per l'economia e l'impresa	LM-56/LM-91	Ancona	🔓	
Management della sostenibilità ed economia circolare	LM-77	Ancona	🔓	

Area di Ingegneria	Classe	Sede	Accesso	Posti a bando
Corsi di laurea				
Ingegneria biomedica	L-8	Ancona	🔓	
Ingegneria civile e ambientale	L-7	Ancona	🔓	
Ingegneria edile	L-23	Ancona	🔓	
Ingegneria elettronica	L-8	Ancona	🔓	
Ingegneria informatica e dell'automazione	L-8	Ancona	🔓	
Ingegneria meccanica	L-9	Ancona	🔓	
Ingegneria gestionale	L-8, L-9	Fermo	🔓	
Sistemi industriali e dell'informazione	L-9	Pesaro	🔓	
Tecniche della costruzione e gestione del territorio	L-P01	Ancona	🔒	30
Corsi di laurea magistrale				
Biomedical engineering	LM-21	Ancona	🔓	
Ingegneria civile	LM-23	Ancona	🔓	
Ingegneria edile	LM-24	Ancona	🔓	
Ingegneria elettronica	LM-29	Ancona	🔓	

Area di Ingegneria	Classe	Sede	Accesso	Posti a bando
Ingegneria informatica e dell'automazione	LM-32	Ancona	🔓	
Ingegneria meccanica	LM-33	Ancona	🔓	
Environmental Engineering	LM-35	Ancona	🔓	
Ingegneria gestionale	LM-31	Fermo	🔓	
Corsi di laurea magistrale a ciclo unico				
Ingegneria edile/Architettura	LM-4	Ancona	🔒	70

Area di Medicina	Classe	Sede	Accesso	Posti a bando
Corsi di laurea				
Educatore professionale	L/SNT2	Ancona	🔒	30
Fisioterapia	L/SNT2	Ancona	🔒	35
Igiene dentale	L/SNT3	Ancona	🔒	20
Infermieristica	L/SNT1	Ancona, Ascoli Piceno, Fermo, Macerata, Pesaro	🔒	390
Logopedia	L/SNT2	Ancona	🔒	20
Tecniche della prevenzione nell'ambiente e nei luoghi di lavoro	L/SNT4	Ancona	🔒	20
Tecniche di laboratorio biomedico	L/SNT3	Ancona	🔒	15
Tecniche di radiologia medica, per immagini e radioterapia	L/SNT3	Ancona	🔒	15
Ostetricia	L/SNT1	Ancona	🔒	15
Dietistica	L/SNT3	Ancona	🔒	15
Assistenza sanitaria	L/SNT4	Ancona	🔒	25
Terapia della neuro e psicomotricità dell'età evolutiva	L/SNT2	Macerata	🔒	20
Corsi di laurea magistrale				
Scienze infermieristiche e ostetriche	LM/SNT1	Ancona	🔒	30
Scienze delle professioni sanitarie tecniche assistenziali	LM/SNT3	Ancona	🔒	30
Scienze delle professioni sanitarie tecniche diagnostiche	LM/SNT3	Ancona	🔒	30
Scienze riabilitative delle professioni sanitarie	LM/SNT2	Pesaro	🔒	30
Corsi di laurea magistrale a ciclo unico				
Medicina e chirurgia	LM-41	Ancona	🔒	215
Odontoiatria e protesi dentaria	LM-46	Ancona	🔒	20

Area di Scienze	Classe	Sede	Accesso	Posti a bando
Corsi di laurea				
Scienze ambientali e protezione civile	L-32	Ancona	🔓	
Scienze biologiche	L-13	Ancona	🔓	
Corsi di laurea magistrale				
Biologia marina	LM-6	Ancona	🔓	
Biologia molecolare e applicata	LM-6	Ancona	🔓	
Rischio ambientale e protezione civile	LM-75	Ancona	🔓	

6.2 | Aosta

Nel 1997 la legge Bassanini *bis*[1] prevedeva l'istituzione di un'università non statale nella Regione Valle d'Aosta, promossa o gestita da enti e da privati. Tre anni dopo il Comitato promotore, che definisce le linee generali dell'ateneo, e il Comitato scientifico, che fornisce le conoscenze e le competenze necessarie alla stesura del progetto, hanno presentato il piano definitivo dell'istituzione dell'università valdostana. Il 18 settembre del 2000 la Giunta regionale ha di fatto istituito l'**Università della Valle d'Aosta – Université de la Vallée d'Aoste** e il 31 ottobre il ministro dell'Università e della Ricerca scientifica ha emanato il Decreto di autorizzazione al rilascio dei titoli aventi valore legale che è stato pubblicato sulla Gazzetta Ufficiale del 13/11/2000.

Università della Valle d'Aosta

Sede centrale	Strada Cappuccini 2/A, 11100 Aosta, tel.: 0165 306711, fax: 0165 306749, sito: univda.it
Sedi decentrate	Saint Christophe
Ufficio per il diritto allo studio	Loc. Grand Chemin 73/75, 11020 Saint Christophe (AO) tel.: 0165 066704/22, e-mail: orientamento@univda.it
Ufficio orientamento	Strada dei Cappuccini 2/A, 11100 Aosta, tel. 0165 066730/5, fax: 0165 066748, e-mail: u-orientamento@univda.it.
Ufficio per il sostegno agli studenti disabili	Rivolgersi all'Ufficio per il diritto allo studio
Ufficio relazioni internazionali	Loc. Grand Chemin 73/75, 11020 Saint Christophe (AO), tel.: 0165 066712/34, fax: 0165 066748, e-mail: u-mobilita@univda.it
CUS	n.d.
	I numeri dell'Università
Corsi	4 di laurea, 2 di laurea magistrale
Docenti	ordinari: 12; associati: 17; ricercatori: 20
Studenti	1054 iscritti (di cui 752 donne, 227 matricole)
Laureati	256 (di cui 187 donne)
Laureati regolari	38,5 %

Dipartimento di Scienze Economiche e Politiche	Classe	Sede	Accesso	Posti a bando
Corsi di laurea				
Scienze dell'economia e della gestione aziendale	L-18	Saint Christophe	🔒	93
Scienze politiche e delle relazioni internazionali	L-36	Saint Christophe	🔒	93
Corsi di laurea magistrale				
Economia e politiche del territorio e dell'impresa	LM-56	Saint Christophe	🔓	

Dipartimento di Scienze Umane e Sociali	Classe	Sede	Accesso	Posti a bando
Corsi di laurea				
Lingue e comunicazione per l'impresa e il turismo	L-12	Aosta	🔒	93
Scienze e tecniche psicologiche	L-24	Aosta	🔒	93
Corsi di laurea magistrale				
Lingue e Culture per la promozione delle aree montane	LM-37	Aosta	🔓	

1. Legge 15 maggio 1997, n. 127 (*Misure urgenti per lo snellimento dell'attività amministrativa e dei procedimenti di decisione e controllo*).

6.3 | Bari

La città di Bari costituisce un punto di riferimento per gli studenti dell'intera Puglia e delle regioni limitrofe. Ospita infatti due atenei: l'Università degli Studi di Bari e, per le materie tecnico-scientifiche, il Politecnico. Nel 1581 il Collegio della Compagnia di Gesù avviò un corso di studi universitari filosofico-umanistico che nel tempo subì molte trasformazioni, fino a quando, nel 1924, sulle fondamenta delle Scuole Universitarie di Farmacia e Notariato istituite nei primi anni dell'Unità d'Italia, nacque l'**Università degli Studi di Bari**. Oggi l'ateneo barese si segnala come centro di studi aperto a scambi culturali e scientifici con importanti enti e organizzazioni internazionali ed è inoltre sede del Consorzio delle Università del Mediterraneo (CUM), riconosciuto dall'UNESCO, al quale fanno riferimento ben 158 atenei.

Università degli Studi di Bari "Aldo Moro"

Sede centrale	P.zza Umberto I 1, Palazzo Ateneo, 70121 Bari, numero verde 800 88 30 46, sito: uniba.it
Sedi decentrate	Brindisi, Taranto
Ente per il diritto allo studio	Via G. Fortunato 4/G, 70125 Bari, tel.: 080 5438111, 080 5438065, fax: 080 5576028, e-mail: info.bari@adisupuglia.it, sito: web.adisupuglia.it/sede-di-bari.html
Ufficio orientamento	P.zza Umberto I 1, tel.: 080 571 4248 / 4287 / 4874, fax: 080 5714316 e-mail: orientamentoaglistudi@uniba.it
Ufficio per il sostegno agli studenti disabili	Piazza Umberto I 1, tel.: 080 5714058/60, e-mail: diversabili@ateneo.uniba.it
Ufficio relazioni internazionali	Piazza Umberto I 1, tel.: 080 5714095, fax: 080 5714631, e-mail: lucia.cioce@uniba.it
CUS	Lungomare Starita 1/A-B, 70123 Bari, tel.: 080 5341779, e-mail: informazioni@cusbari.it, sito: cusbari.it

I numeri dell'Università

Corsi	60 di laurea, 54 di laurea magistrale e 10 a ciclo unico
Docenti	ordinari: 261; associati: 480; ricercatori: 639
Studenti	43.271 iscritti (di cui 27.026 donne e 6.668 matricole)
Laureati	7.551 (di cui 4909 donne)
Laureati regolari	22,3 %

Dipartimento di Biologia	Classe	Sede	Accesso	Posti a bando
Corsi di laurea				
Scienze biologiche	L-13	Bari	🔒	200
Scienze della natura	L-32	Bari	🔓	
Scienze ambientali	L-32	Taranto	🔓	
Scienze animali	L-38	Valenzano	🔓	
Corsi di laurea magistrale				
Biologia ambientale	LM-6	Bari	🔓	
Biologia cellulare e molecolare	LM-6	Bari	🔓	
Scienze biosanitarie	LM-6	Bari	🔓	
Scienze della natura e dell'ambiente	LM-60, LM-75	Bari	🔓	

Dipartimento di Bioscienze, Biotecnologie e Biofarmaceutica	Classe	Sede	Accesso	Posti a bando
Corsi di laurea				
Biotecnologie industriali per lo sviluppo sostenibile	L-2	Bari	🔒	103
Biotecnologie mediche e farmaceutiche	L-2	Bari	🔒	103
Corsi di laurea magistrale				
Biotecnologie industriali ed ambientali	LM-8	Bari	🔓	
Biotecnologie mediche e medicina molecolare	LM-9	Bari	🔓	
Biotecnologie per la qualità e la sicurezza dell'alimentazione	LM-7	Bari	🔓	

Dipartimento di Chimica	Classe	Sede	Accesso	Posti a bando
Corsi di laurea				
Chimica	L-27	Bari	🔒	100
Scienza e tecnologia dei materiali (interateneo con Fisica)	L-30	Bari	🔓	
Corsi di laurea magistrale				
Scienza e tecnologie dei materiali	LM-53	Bari	🔓	
Scienze chimiche	LM-54	Bari	🔓	

Dipartimento di Farmacia-Scienze del Farmaco	Classe	Sede	Accesso	Posti a bando
Corsi di laurea				
Scienze e tecnologie erboristiche e dei prodotti per la salute	L-29	Bari	🔒	75
Corsi di laurea magistrale a ciclo unico				
Chimica e tecnologia farmaceutica	LM-13	Bari	🔒	100
Farmacia	LM-13	Bari	🔒	265

Dipartimento di Filosofia, Letteratura, Storia e Scienze Sociali	Classe	Sede	Accesso	Posti a bando
Corsi di laurea				
Filosofia	L-5	Bari	🔓	
Storia	L-42	Bari	🔓	
Corsi di laurea magistrale				
Scienze filosofiche	LM-78	Bari	🔓	
Scienze storiche e sociali	LM-84	Bari	🔓	

Dipartimento di Fisica	Classe	Sede	Accesso	Posti a bando
Corsi di laurea				
Fisica	L-30	Bari	🔓	
Corsi di laurea magistrale				
Physics (in inglese)	LM-17	Bari	🔓	

Dipartimento di Giurisprudenza	Classe	Sede	Accesso	Posti a bando
Corsi di laurea				
Scienze dei servizi giuridici	L-14	Bari	🔓	
Consulente del lavoro e operatore d'impresa	L-14	Bari	🔓	
Scienze politiche, economiche e amministrative	L-16	Bari	🔓	

Dipartimento di Giurisprudenza	Classe	Sede	Accesso	Posti a bando
Scienze giuridiche per l'immigrazione, i diritti umani e l'intercultralità	L-14	Taranto	🔓	
Corsi di laurea magistrale a ciclo unico				
Giurisprudenza	LMG-01	Bari, Taranto	🔓	

Dipartimento di Informatica	Classe	Sede	Accesso	Posti a bando
Corsi di laurea				
Informatica	L-31	Bari	🔓	
Informatica e tecnologie per la produzione del software	L-31	Bari	🔓	
Informatica e comunicazione digitale	L-31	Taranto	🔓	
Corsi di laurea magistrale				
Data science	LM-91	Bari	🔓	
Computer science (in inglese)	LM-18	Bari	🔓	
Sicurezza informatica	LM-66	Taranto	🔓	

Dipartimento di Lettere, Lingue, Arti. Italianistica e Culture Comparate	Classe	Sede	Accesso	Posti a bando
Corsi di laurea				
Lettere	L-10	Bari	🔓	
Lingue, culture e letterature moderne	L-11	Bari	🔓	
Lingue e culture per il turismo e la mediazione internazionale	L-12	Bari	🔓	
Corsi di laurea magistrale				
Filologia moderna	LM-14	Bari	🔓	
Lingue e letterature moderne	LM-37	Bari	🔓	
Scienze dello spettacolo	LM-65	Bari	🔓	
Storia dell'arte	LM-89	Bari	🔓	
Traduzione specialistica	LM-94	Bari	🔓	

Dipartimento di Matematica	Classe	Sede	Accesso	Posti a bando
Corsi di laurea				
Matematica	L-35	Bari	🔓	
Corsi di laurea magistrale				
Matematica	LM-40	Bari	🔓	

Dipartimento di Scienze Agro-Ambientali e Territoriali	Classe	Sede	Accesso	Posti a bando
Corsi di laurea				
Scienze e tecnologie agrarie	L-25	Bari	🔒	135
Scienze e tecnologie alimentari	L-26	Bari	🔒	125
Scienze e tecnologie del territorio e dell'ambiente agro-forestale	L-25	Bari	🔓	
Scienze e gestione delle attività marittime	L-28	Taranto	🔓	
Tecniche per l'agricoltura sostenibile	LP-02	Bari	🔒	100
Corsi di laurea magistrale				
Scienze della nutrizione per la salute umana	LM-61	Bari	🔓	
Innovation development in agri-food systems	LM-69	Bari	🔓	
Sicurezza degli alimenti di origine animale e salute	LM-86	Valenzano	🔓	

Dipartimento di Scienze della Formazione, Psicologia e Comunicazione	Classe	Sede	Accesso	Posti a bando
Corsi di laurea				
Scienze della comunicazione	L-20	Bari,	🔒	250
Scienze dell'educazione e della formazione	L-19	Bari	🔒	250
Scienze e tecniche psicologiche	L-24	Bari	🔒	250
Corsi di laurea magistrale				
Psicologia	LM-51	Bari	🔒	150
Scienze pedagogiche	LM-85	Bari	🔒	150
Patrimonio digitale, musei, archivi, biblioteche	LM-5, LM-43	Bari	🔓	
Corsi di laurea magistrale a ciclo unico				
Scienze della formazione primaria	LM-85 bis	Bari	🔒	177

Dipartimento di Scienze dell'Antichità e del Tardoantico	Classe	Sede	Accesso	Posti a bando
Corsi di laurea				
Scienze dei beni culturali	L-1	Bari	🔓	
Corsi di laurea magistrale				
Archeologia (interateneo)	LM-2	Bari	🔓	
Filologia, letterature e storia dell'antichità	LM-15	Bari	🔓	

Dipartimento di Scienze della Terra e Geoambientali	Classe	Sede	Accesso	Posti a bando
Corsi di laurea				
Scienze geologiche	L-34	Bari	🔓	
Corsi di laurea magistrale				
Scienze geologiche e geofisiche	LM-74 / LM-79	Bari	🔓	
Corsi di laurea magistrale a ciclo unico				
Conservazione e restauro dei beni culturali	LMR -02	Bari	🔒	10

Dipartimento di Scienze del Suolo, della Pianta e degli Alimenti	Classe	Sede	Accesso	Posti a bando
Corsi di laurea magistrale				
Medicina delle piante	LM-69	Bari	🔓	
Scienze e tecnologie alimentari	LM-70	Bari	🔓	
Scienze agro-ambientali e territoriali	LM-69/LM-73	Bari	🔓	

Dipartimento di Scienze Economiche e Metodi Matematici	Classe	Sede	Accesso	Posti a bando
Corsi di laurea				
Economia e commercio	L-33	Bari	🔓	
Scienze statistiche	L-41	Bari	🔓	
Corsi di laurea magistrale				
Economia e strategie per i mercati internazionali	LM-56	Bari	🔓	
Statistica e metodi per l'economia e la finanza	LM-83	Bari	🔓	
Strategie d'impresa e management	LM-77	Taranto	🔓	

Dipartimento di Scienze Politiche	Classe	Sede	Accesso	Posti a bando
Corsi di laurea				
Scienze del servizio sociale e sociologia	L-39	Bari	🔓	
Scienze politiche, economiche e amministrative	L-36	Bari	🔓	
Corsi di laurea magistrale				
Innovazione sociale e politiche di inclusione	LM-87	Bari	🔓	
Relazioni internazionali e studi europei	LM-52	Bari	🔓	
Scienze delle Amministrazioni	LM-63	Bari	🔓	
Innovazione, Governance e Sostenibilità	LM-77	Bari	🔓	
Scienze strategiche, marittimo-portuali (interateneo)	LM/DS	Bari	🔓	

Dipartimento di Studi Aziendali e Giusprivatistici	Classe	Sede	Accesso	Posti a bando
Corsi di laurea				
Economia aziendale	L-18	Bari, Brindisi	🔓	
Marketing e comunicazione d'azienda	L-18	Bari	🔓	
Economia e amministrazione delle aziende	L-18	Bari	🔓	
Corsi di laurea magistrale				
Consulenza professionale per le aziende	LM-77	Bari	🔓	
Economia degli intermediari e dei mercati finanziari	LM-77	Bari	🔓	
Economia e management	LM-77	Bari	🔓	
Progettazione e management dei sistemi turistici e culturali	LM-49	Bari	🔓	
Economia, finanza e impresa	LM-56	Bari	🔓	
Scienze della comunicazione pubblica, sociale e d'impresa	LM-59	Bari	🔓	
Diritto dello sviluppo sostenibile	IUS-13	Bari	🔓	

Scuola di Medicina	Classe	Sede	Accesso	Posti a bando
Corsi di laurea				
Assistenza sanitaria	L/SNT4	Bari	🔒	20
Dietistica	L/SNT3	Bari	🔒	15
Educazione professionale	L/SNT2	Bari	🔒	30
Fisioterapia	L/SNT2	Bari, Brindisi, Taranto	🔒	120
Igiene dentale	L/SNT3	Bari	🔒	15
Infermieristica	L/SNT1	Acquaviva delle Fonti, Bari, Brindisi, Lecce, Taranto, Tricase	🔒	591
Logopedia	L/SNT2	Bari, Lecce	🔒	25
Ortottica e assistenza oftalmologica	L/SNT2	Bari	🔒	11
Ostetricia	L/SNT1	Bari	🔒	20
Scienze delle attività motorie e sportive	L-22	Bari	🔒	178
Tecnica della riabilitazione psichiatrica	L/SNT2	Bari	🔒	20
Tecniche audiometriche	L/SNT3	Bari	🔒	10
Tecniche audioprotesiche	L/SNT3	Bari	🔒	20
Tecniche della prevenzione nell'ambiente e nei luoghi di lavoro	L/SNT4	Bari, Taranto	🔒	25
Tecniche di fisiopatologia cardiocircolatoria e perfusione cardiovascolare	L/SNT3	Bari	🔒	10

Scuola di Medicina	Classe	Sede	Accesso	Posti a bando
Tecniche di laboratorio biomedico	L/SNT3	Bari	🔒	21
Tecniche di radiologia medica, per immagini e radioterapia	L/SNT3	Bari	🔒	25
Tecniche ortopediche	L/SNT3	Bari	🔒	10
Tecniche di neurofisiopatologia	L/SNT3	Bari	🔒	10
Corsi di laurea magistrale				
Scienze delle professioni sanitarie della prevenzione	LM/SNT4	Bari	🔒	20
Scienze e tecniche dello sport	LM-68	Bari	🔒	120
Scienze infermieristiche e ostetriche	LM/SNT1	Bari	🔒	20
Scienze riabilitative delle professioni sanitarie	LM/SNT2	Bari	🔒	20
Scienze delle professioni sanitarie tecniche diagnostiche	LM/SNT3	Bari	🔒	20
Scienze delle attività motorie, preventive ed adattate	LM-67	Bari	🔒	20
Corsi di laurea magistrale a ciclo unico				
Medicina e chirurgia	LM-41	Bari, Taranto	🔒	301
Medicina e chirurgia (in lingua inglese)	LM-41	Bari	🔒	51
Odontoiatria e protesi dentaria	LM-46	Bari	🔒	32
Medicina veterinaria	LM-42	Valenzano	🔒	85
Farmacia (interateneo)	LM-13	Bari	🔒	275

Attivo dall'anno accademico 1991/1992, il **Politecnico di Bari** è sorto con l'obiettivo di rispondere alla richiesta di formazione universitaria tecnico-scientifica emergente dallo sviluppo della Puglia e delle regioni circostanti (Abruzzo, Basilicata, Calabria e Molise).

Politecnico di Bari

Sede centrale Via Amendola 126/B, 70126 Bari, tel.: 080 59621111, sito: poliba.it

Sedi decentrate Taranto, Foggia

Ente per il diritto allo studio Via G. Fortunato 4/G, 70125 Bari, tel.: 080 5438111, 080 5438065, fax: 080 5576028, e-mail: info.bari@adisupuglia.it, sito: web.adisupuglia.it/sede-di-bari.html

Ufficio orientamento Via Orabona 4, 70125 Bari, tel.: 080 596 3859/60, e-mail: CentroOrientamento@poliba.it

Ufficio per il sostegno agli studenti disabili Rivolgersi all'Ente per il diritto allo studio

Referente per le relazioni internazionali Via Amendola 126/B, 70126 Bari, tel.: 080 5962536, e-mail: lucrezia.petolicchio@poliba.it

CUS Lungomare Starita 1/A-b, 70123 Bari, tel.: 080 5341779, e-mail: informazioni@cusbari.it, sito: cusbari.it

I numeri dell'Università

Corsi 11 di laurea, 13 di laurea magistrale, e 1 a ciclo unico

Docenti ordinari: 79; associati: 113; ricercatori: 97

Studenti 9.768 iscritti (di cui 3.048 donne, 6523 studenti in corso e 1569 matricole)

Laureati 1955 (di cui 663 donne)

Laureati regolari 11,8 %

Dipartimento di Ingegneria Civile, Ambientale, del Territorio, Edile e di Chimica	Classe	Sede	Accesso	Posti a bando
Corsi di laurea				
Ingegneria civile e ambientale	L-7	Bari	🔒	225
Ingegneria edile	L-23	Taranto	🔒	150
Costruzioni e gestione ambientale e territoriale	L-7		🔒	50
Corsi di laurea magistrale				
Ingegneria civile	LM-23	Bari	🔒	
Ingegneria dei sistemi edilizi	LM-24	Bari	🔒	
Ingegneria per l'ambiente e il territorio	LM-35	Bari, Taranto	🔒	
Ingegneria gestionale	LM-31	Bari	🔒	

Dipartimento di Ingegneria Elettrica e dell'Informazione	Classe	Sede	Accesso	Posti a bando
Corsi di laurea				
Ingegneria elettrica	L-9	Bari	🔒	150
Ingegneria elettronica e delle telecomunicazioni	L-8	Bari	🔒	150
Ingegneria informatica e dell'automazione	L-8	Bari	🔒	370
Ingegneria dei sistemi medicali	L-60	Bari	🔒	220
Corsi di laurea magistrale				
Ingegneria elettrica	LM-28	Bari	🔒	
Ingegneria elettronica	LM-29	Bari	🔒	
Ingegneria dei sistemi medicali	LM-21	Bari	🔒	
Telecommunications engineering (in inglese)	LM-27	Bari	🔒	
Ingegneria informatica	LM-32	Bari	🔒	

Dipartimento di Meccanica, Matematica e Management	Classe	Sede	Accesso	Posti a bando
Corsi di laurea				
Ingegneria dei sistemi aerospaziali	L-8 / L-9	Taranto	🔒	100
Ingegneria gestionale	L-9	Bari	🔒	250
Ingegneria meccanica	L-9	Bari	🔒	370
Corsi di laurea magistrale				
Ingegneria meccanica	LM-33	Bari, Taranto	🔒	
Automatic engineering (in inglese)	LM-25	Bari	🔒	
Mechanical engineering (in inglese)	LM-33	Bari	🔒	

Dipartimento di Scienze dell'Ingegneria Civile e dell'Architettura	Classe	Sede	Accesso	Posti a bando
Corsi di laurea				
Disegno industriale	L-4	Bari	🔒	120
Corsi di laurea magistrale a ciclo unico				
Architettura	LM-4	Bari	🔒	150
Industrial design (in inglese)	LM-12	Bari	🔒	100

La **Libera Università Jean Monnet (LUM)**, prima università privata del Sud Italia, è stata fondata nel 1995 ed è stata autorizzata al rilascio di titoli di studio aventi valore legale dal ministero dell'Università e della Ricerca Scientifica e Tecnologica con decreto ministeriale 10/04/2000. A partire dall'anno accademico 1996-1997 la LUM ha ottenuto il riconoscimento da parte dell'*Action Jean Monnet* – Commissione Europea Bruxelles – come sede di cattedre e corsi permanenti dell'Unione europea per diffondere la cultura di integrazione all'interno della comunità.

Libera Università "Jean Monnet"

Sede centrale S. Statale 100 km. 18, 70010 Casamassima (BA),
tel.: 080 6978213
sito: lum.it, email: info@lum.it

Ente per il diritto allo studio Via G. Fortunato 4/G, 70125 Bari, tel.: 080 5438111, 080 5438065,
fax: 080 5576028,
e-mail: info.bari@adisupuglia.it, sito: web.adisupuglia.it/sede-di-bari.html

Ufficio orientamento S. Statale 100 km 18, 70010 Casamassima (Ba)
tel.: 080-6977076, fax.: 080-6977599, e-mail: lumorienta@lum.it

Ufficio per il sostegno agli studenti disabili Rivolgersi alla segreteria studenti: tel.: 080 6978213, fax: 080 6977599,
e-mail: segreteria.studenti@lum.it

Ufficio relazioni internazionali Statale 100 km. 18, 70010 Casamassima (BA),
tel.: 080 6978323, fax: 080 6977122, e-mail: ufficio.erasmus@lum.it

CUS Lungomare Starita 1/A-b, 70123 Bari, tel.: 080 5341779,
e-mail: informazioni@cusbari.it, sito: cusbari.it

I numeri dell'Università

Corsi 4 di laurea, 2 di laurea magistrale e 1 a ciclo unico

Docenti ordinari: 17; associati: 11; ricercatori: 9

Studenti 1544 iscritti (di cui 601 donne, 969 studenti in corso e 255 matricole)

Laureati 264 (di cui 104 donne)

Laureati regolari 40,6 %

Facoltà di Economia	Classe	Sede	Accesso	Posti a bando
Corsi di laurea				
Economia ed organizzazione aziendale	L-18	Casamassima	🔓	
Ingegneria gestionale	L-9	Casamassima	🔓	
Enogastronomia di impresa	L/GASTR	Casamassima	🔓	
Corsi di laurea magistrale				
Economia e management	LM-77	Casamassima	🔓	
Medicina e chirurgia	LM-77	Casamassima	🔒	90

Facoltà di Giurisprudenza	Classe	Sede	Accesso	Posti a bando
Corsi di laurea				
Diritto ed Economia per l'Impresa e la Cooperazione Internazionale	L-14	Casamassima	🔓	
Corsi di laurea magistrale a ciclo unico				
Giurisprudenza	LMG-01	Casamassima	🔓	

6.4 | Benevento

L'**Università degli Studi del Sannio** nasce nel 1990 come sede distaccata dell'ateneo salernitano con l'attivazione delle Facoltà di Economia e Ingegneria e solo tre anni più tardi l'offerta didattica viene ampliata con la creazione della Facoltà di Scienze matematiche, fisiche e naturali. Dal primo gennaio 1998 ottiene lo *status* di ateneo autonomo andando così ad arricchire il quadro accademico della Campania.

Università degli Studi del Sannio

Sede centrale	Piazza Guerrazzi 1, 82100 Benevento, tel.:0824 305010, fax: 0824 23648, sito: unisannio.it
Ente per il diritto allo studio	Via Pellegrini, 82100 Benevento, tel.: 0824 21273, fax: 0824 4274196, e-mail: info@adisubenevento.com, sito: adisubenevento.com
Ufficio orientamento	Complesso Sant'Agostino-Via G. De Nicastro 13 tel.: 0824 305455/6 e.mail: orientamento@unisannio.it, sito: orientamento.unisannio.it
Referente per il sostegno agli studenti disabili	Delegato del Rettore: Prof. Guido Migliaccio, tel.: 0824 305835, e-mail: guido.migliaccio@unisannio.it, diversamenteabili@unisannio.itþþ
Ufficio relazioni internazionali	Complesso Sant'Agostino-Via G. De Nicastro 13 tel.: 0824 305451-53, fax 0824 23648 e.mail: erasmus@unisannio.it
CUS	Piazza Guerrazzi 1, 82100 Benevento, tel. 0824 305010, fax: 0824 23648, e-mail: cas@unisannio.it

I numeri dell'Università

Corsi	11 di laurea, 10 di laurea magistrale e 1 a ciclo unico
Docenti	ordinari: 42; associati: 85; ricercatori: 71
Studenti	4853 iscritti (di cui 2500 donne, 4720 studenti in corso e 779 matricole)
Laureati	861 (di cui 464 donne)
Laureati regolari	14,8 %

Dipartimento di Diritto, Economia, Management e Metodi Quantitativi	Classe	Sede	Accesso	Posti a bando
Corsi di laurea				
Economia aziendale	L-18	Benevento	🔓	
Economia bancaria e finanziaria	L-18	Benevento	🔓	
Scienze statistiche e attuariali	L-41	Benevento	🔓	

Dipartimento di Diritto, Economia, Management e Metodi Quantitativi	Classe	Sede	Accesso	Posti a bando
Corsi di laurea magistrale				
Economia e management	LM-77	Benevento	🔓	
Scienze statistiche e attuariali	LM-83	Benevento	🔓	
Corsi di laurea magistrale a ciclo unico				
Giurisprudenza	LMG-01	Benevento	🔓	

Dipartimento di Ingegneria	Classe	Sede	Accesso	Posti a bando
Corsi di laurea				
Ingegneria civile	L-7	Benevento	🔓	
Ingegneria elettronica per l'automazione e le telecomunicazioni	L-8	Benevento	🔓	
Ingegneria energetica	L-9	Benevento	🔓	
Ingegneria informatica	L-8	Benevento	🔓	
Corsi di laurea magistrale				
Ingegneria civile	LM-23	Benevento	🔓	
Ingegneria elettronica per l'automazione e le telecomunicazioni	LM-29	Benevento	🔓	
Ingegneria energetica	LM-30	Benevento	🔓	
Ingegneria informatica	LM-32	Benevento	🔓	

Dipartimento di Scienze e Tecnologie	Classe	Sede	Accesso	Posti a bando
Corsi di laurea				
Biotecnologie	L-2	Benevento	🔓	
Scienze biologiche	L-13	Benevento	🔓	
Geologia per la sostenibilità ambientale	L-34	Benevento	🔓	
Tecnologie alimentari per le produzioni dolciarie	L-26	Benevento	🔒	25
Corsi di laurea magistrale				
Biologia	LM-6	Benevento	🔓	
Biotecnologie genetiche e molecolari	LM-9	Benevento	🔒	25
Geotecnologie per le risorse, l'ambiente e i rischi	LM-74	Benevento	🔓	

6.5 | Bergamo

L'**Università degli Studi di Bergamo**, fondata nel 1968 come Istituto di Lingue e letterature straniere, diviene Libera Università nel 1991 con l'avvio di tre corsi di laurea: Economia, Ingegneria gestionale, Lingue e letterature straniere. L'ateneo bergamasco si distingue per il particolare impegno internazionale, favorendo continui interscambi degli studenti con numerose università europee. I programmi dell'università vengono altresì disegnati in base agli intensi rapporti con gli Enti Locali e prestando costantemente attenzione alle esigenze del mercato del lavoro, in un territorio nel quale l'alto tasso di occupazione facilita l'inserimento dei laureati.

Università degli Studi di Bergamo

Sede centrale Via Salvecchio 19, 24129 Bergamo, tel. 035 2052111, sito: unibg.it

Sedi decentrate Dalmine

Ente per il diritto allo studio Via dei Caniana 2, 24127 Bergamo, tel.: 035 2052870, fax: 035 2052887, e-mail: dirittoallostudio@unibg.it

Ufficio orientamento Via S. Bernardino 72/e, 24127 Bergamo, tel.: 035 2052271/2 / 3, fax: n.d., e-mail: orientamento@unibg.it, marco.lazzari@unibg.it

Ufficio per il sostegno agli studenti disabili Via dei Caniana 2, 24127 Bergamo, stanza S5, piano terra, tel. 035 2052595, fax: 035 2052836, e-mail: servizi.disabili@unibg.it, servizi.dsa@unibg.it

Ufficio relazioni internazionali Via San Bernardino 72/e, 24127 Bergamo, tel.: 035 2052830/831/832/833, fax: n.d., e-mail: relint@unibg.it

CUS Via Verdi, 56-24044 Dalmine (Bg) tel./fax: 035 372819, email: cus@unibg.it, sito: cusbergamo.it

I numeri dell'Università

Corsi 15 di laurea, 23 di laurea magistrale e 2 a ciclo unico

Docenti ordinari: 93; associati: 146; ricercatori: 127

Studenti 18.134 iscritti (di cui 11.162 donne, 9867 studenti in corso e 3.698 matricole)

Laureati 3.157 (di cui 2.110 donne)

Laureati regolari 33,0 %

Dipartimento di Giurisprudenza	Classe	Sede	Accesso	Posti a bando
Corsi di laurea				
Diritto per l'impresa nazionale e internazionale	L-14	Bergamo	🔒	200
Corsi di laurea magistrale				
Diritti dell'uomo, delle migrazioni e della cooperazione internazionale	LM-81	Bergamo	🔓	
Corsi di laurea magistrale a ciclo unico				
Giurisprudenza	LMG-01	Bergamo	🔓	
Giurisprudenza (riservato agli Allievi Ufficiali della Guardia di Finanza)	LMG-01	Bergamo	🔒	66

Dipartimento di Lettere e Filosofia, Comunicazione	Classe	Sede	Accesso	Posti a bando
Corsi di laurea				
Filosofia	L-5	Bergamo	🔓	
Lettere	L-10	Bergamo	🔓	
Scienze della comunicazione	L-20	Bergamo	🔒	500
Corsi di laurea magistrale				
Comunicazione, informazione, editoria	LM -19	Bergamo	🔓	
Culture moderne comparate	LM -14	Bergamo	🔓	
Filosofia e storia delle scienze naturali e umane	LM-78	Bergamo	🔓	

Dipartimento di Lingue, Letterature e Culture straniere	Classe	Sede	Accesso	Posti a bando
Corsi di laurea				
Lingue e letterature straniere moderne	L-11	Bergamo	🔒	800
Corsi di laurea magistrale				
Lingue moderne per la comunicazione e la cooperazione internazionale	LM-38	Bergamo	🔓	
Planning and Management of Tourism Systems (in inglese)	LM-49	Bergamo	🔓	
Intercultural studies in languages and literature (in inglese)	LM-37	Bergamo	🔓	

Dipartimento di Scienze Aziendali, Economiche e Metodi Quantitativi	Classe	Sede	Accesso	Posti a bando
Corsi di laurea				
Economia	L-33	Bergamo	🔒	250
Economia aziendale	L -18	Bergamo	🔒	800
Corsi di laurea magistrale				
Economia aziendale, direzione amministrativa e professione	LM-77	Bergamo	🔒	160
Economics and data analisis (in inglese)	LM-56	Bergamo	🔓	
Management, innovazione e finanza	LM-77	Bergamo	🔒	160
Geourbanistica	LM-48/LM-80	Bergamo	🔓	
Management, marketing and finance (in inglese)	LM-77	Bergamo	🔒	160
Economics and finance (in inglese)	LM-16	Bergamo	🔓	

Dipartimento di Scienze Umane e Sociali	Classe	Sede	Accesso	Posti a bando
Corsi di laurea				
Scienze dell'educazione	L-19	Bergamo	🔒	700
Scienze psicologiche	L-24	Bergamo	🔒	300
Scienze motorie e sportive	L-22	Bergamo	🔒	100
Corsi di laurea magistrale				
Psicologia clinica	LM-51	Bergamo	🔒	150
Scienze pedagogiche	LM-85	Bergamo	🔒	150
Corsi di laurea magistrale a ciclo unico				
Scienze della formazione primaria	LM-85 bis	Bergamo	🔒	160

Dipartimento di Ingegneria e Scienze Applicate	Classe	Sede	Accesso	Posti a bando
Corsi di laurea				
Ingegneria informatica	L-8	Dalmine	🔓	
Ingegneria gestionale	L-9	Dalmine	🔓	
Ingegneria delle tecnologie per la salute	L-9	Dalmine	🔓	

Dipartimento di Ingegneria e Scienze Applicate	Classe	Sede	Accesso	Posti a bando
Ingegneria meccanica	L-9	Dalmine	🔓	
Ingegneria delle tecnologie per l'edilizia	L-23	Dalmine	🔓	
Corsi di laurea magistrale				
Ingegneria delle costruzioni edili	LM-24	Dalmine	🔓	
Engineering and management for health	LM-31	Dalmine	🔓	
Ingegneria gestionale	LM-31	Dalmine	🔓	
Management Engineering	LM-31	Dalmine	🔓	
Ingegneria informatica	LM-32	Dalmine	🔓	
Ingegneria meccanica	LM-33	Dalmine	🔓	
Meccatronica e Smart Techonolgy Engineering	LM-33	Dalmine	🔓	

6.6 | Bologna

Alma Mater Studiorum Università di Bologna

Sede centrale Via Zamboni 33, 40126 Bologna, tel.: 051 2099111, sito: unibo.it

Sedi decentrate Cesena, Forlì, Ravenna, Rimini, Ozzano nell'Emilia

Ente per il diritto allo studio Via Belle Arti 42, 40126 Bologna, tel.: 051 6436711, fax: 051 235645 e-mail: milena.romagnoli@unibo.it, sito: unibo.it/it/ateneo/organizzazione/amministrazione-generale/730/2767/index.html

Ufficio orientamento Largo Trombetti 1, 40126 Bologna, tel.: 051 2099935 e-mail: orientamento@unibo.it, sito: almaorienta.unibo.it

Ufficio per il sostegno agli studenti disabili Via Belle Arti 42, 40126 Bologna, tel.: 051 2095941/2, fax: 051 2086164, e-mail: disabili@unibo.it

Ufficio relazioni internazionali Via Filippo Re, 4, 40126 Bologna- Palazzina della Viola, 40126 Bologna, tel.: 051 2088100, fax: 051 2086174, e-mail: erasmus@unibo.it, sito: unibo.it/it/internazionale/studiare-all-estero/erasmus/contatti-erasmus/contatti-uffici-amministrativi-relazioni-internazionali

CUS Via San Giacomo 9/2, 40124 Bologna, tel.: 051 4212612, fax: 051 4212620 e-mail: cusb.promo@unibo.it, sito: cusb.unibo.it

I numeri dell'Università

Corsi 89 di laurea, 119 di laurea magistrale e 11 a ciclo unico

Docenti Professori I fascia: 732, professori II: fascia 1.185, ricercatori: 885

Studenti 79.999 iscritti (di cui 44.359 donne, 37.419 studenti in corso e 12.984 matricole)

Laureati 17.906 (di cui 10.299 donne)

Laureati regolari 43,8 %

L'**Università degli Studi di Bologna**, con i suoi 900 anni di vita, è il più antico ateneo del mondo. Nata come aperto sodalizio di studenti e maestri per lo studio del diritto romano, ha sempre esercitato un ruolo di protagonista della cultura, accompagnando e spesso indirizzando lo sviluppo della società, tanto da risultare per lungo tempo il punto di riferimento di giovani e ricercatori di tutta l'Europa colta. Nel 1988, a riprova del prestigio di cui tuttora gode, ha ospitato la cerimonia di ratifica della *Magna Charta* delle università europee.

Scuola di Medicina Veterinaria	Classe	Sede	Accesso	Posti a bando
Corsi di laurea				
Acquacoltura e igiene delle produzioni ittiche	L-38	Cesenatico	🔓	
Corsi di laurea magistrale				
Biotecnologie animali	LM-9	Ozzano dell'Emilia	🔓	
Food and animal metabolism and management in the circular economy	LM-69	Bologna	🔓	
Sicurezza e qualità delle produzioni animali	LM-73	Bologna	🔓	
Corsi di laurea magistrale a ciclo unico				
Medicina veterinaria	LM-42	Ozzano dell'Emilia	🔒	87

Scuola di Economia e Management	Classe	Sede	Accesso	Posti a bando
Corsi di laurea				
Business and economics/Economia e gestione di impresa (in inglese)	L-18	Bologna	🔒	190
Economia aziendale	L-18	Bologna	🔒	230
Economia dell'impresa	L-18 / L-33	Rimini	🔒	230
Economia del turismo	L-33	Rimini	🔒	200
Economia e commercio	L-18	Rimini, Forlì	🔒	400
Economia, mercati e istituzioni	L-33	Bologna	🔒	200
Economics and finance (in inglese)	L-33	Bologna	🔓	
Economics, politics and social science	L-36	Bologna	🔒	75
Management e marketing	L-18	Bologna	🔓	
Corsi di laurea magistrale				
Amministrazione e gestione d'impresa	LM-77	Rimini	🔒	124
Direzione aziendale	LM-77	Bologna	🔒	133
Economia e commercio	LM-77	Forlì	🔓	
Economia e diritto	LM-56	Bologna	🔒	110
Economia e management	LM-77	Forlì	🔒	120
Economia e politica economica	LM-56	Bologna	🔓	
Economia e professione	LM-77	Bologna	🔒	75
Economics (in inglese)	LM-56	Bologna	🔓	
Finanza, intermediari e mercati	LM-16	Bologna	🔒	100
Innovation and organization of culture and the arts (in inglese)	LM-76	Bologna	🔒	36
Management dell'economia sociale	LM-77	Forlì	🔓	
Resource economics and sustainable development (in inglese)	LM-56	Rimini	🔓	
International politics and economics	LM-82	Bologna	🔒	
Turism economics and management (in inglese)	LM-56	Rimini	🔓	
Health economics and management	LM-56	Bologna	🔓	
International politics and markets	LM-56, LM-62	Forlì	🔒	66
Digital transformation management	LM-56	Cesena	🔒	60

Scuola di Farmacia e Biotecnologie	Classe	Sede	Accesso	Posti a bando
Corsi di laurea				
Biotecnologie	L-2	Bologna	🔒	104
Genomics (in inglese)	L-2	Rimini	🔒	60
Scienze farmaceutiche applicate	L-29	Imola	🔒	150
Corsi di laurea magistrale			🔓	
Biologia della salute	LM-6	Bologna	🔓	
Biologia molecolare e cellulare	LM-6	Bologna	🔓	
Biotecnologie molecolari e industriali	LM-8	Bologna	🔓	
Pharmacy (in inglese)	LM-13	Rimini	🔒	100
Pharmaceutical Biotechnology	LM-9	Bologna	🔓	
Bioinformatics	LM-8	Bologna	🔓	
Molecular and cell biology	LM-6	Bologna	🔒	100
Corsi di laurea magistrale a ciclo unico			🔓	
Chimica e tecnologia farmaceutiche	LM -13	Bologna	🔒	130
Farmacia	LM-13	Bologna	🔒	200

Scuola di Giurisprudenza	Classe	Sede	Accesso	Posti a bando
Corsi di laurea				
Consulente del lavoro e delle relazioni aziendali	L-14	Bologna	🔓	
Giurista d'impresa e delle amministrazioni pubbliche	L-14	Ravenna	🔓	
Corsi di laurea magistrale				
Legal studies	LM/SC-GIUR	Bologna	🔒	100
Corsi di laurea magistrale a ciclo unico				
Giurisprudenza	LMG-01	Bologna, Ravenna	🔓	

Scuola di Ingegneria e Architettura	Classe	Sede	Accesso	Posti a bando
Corsi di laurea				
Design del prodotto industriale	L-4	Bologna	🔒	130
Ingegneria Aerospaziale	L-9	Forlì	🔒	120
Ingegneria biomedica	L-8	Cesena	🔒	150
Ingegneria chimica e biochimica	L-9	Bologna	🔒	180
Ingegneria civile	L-7	Bologna	🔒	190
Ingegneria dell'automazione	L-8	Bologna	🔒	150
Ingegneria dell'energia elettrica	L-9	Bologna	🔒	150
Ingegneria edile	L-23	Ravenna	🔒	120
Ingegneria elettronica e telecomunicazioni	L-8	Bologna	🔒	150
Ingegneria elettronica per l'energia e l'informazione	L-8	Cesena	🔒	150
Ingegneria energetica	L-9	Bologna	🔒	200
Ingegneria gestionale	L-9	Bologna	🔒	283
Ingegneria informatica	L-8	Bologna	🔒	229

Scuola di Ingegneria e Architettura	Classe	Sede	Accesso	Posti a bando
Ingegneria e scienze informatiche	L-8/L-31	Bologna	🔒	244
Ingegneria meccanica	L-9	Bologna	🔒	229
Ingegneria per l'ambiente e il territorio	L-7	Bologna	🔒	150
Architettura-ingegneria	L-17	Bologna	🔒	80
Meccatronica	L-8	Bologna	🔒	80
Tecniche per l'edilizia e il territorio	L-P01	Bologna	🔒	80
Tecnologie dei sistemi informatici	L-31	Cesena	🔒	80
Corsi di laurea magistrale				
Advanced design	LM-12	Bologna	🔓	
Advanced automotive electronic engineering (in inglese)	LM-29	Bologna	🔒	30
Aerospace engineering (in inglese)	LM-20	Forlì	🔒	80
Automation engineering (in inglese)	LM-25	Bologna	🔓	
Architecture and creative practices for the city and landscape	LM-4	Bologna	🔒	80
Civil engineering	LM-23	Bologna	🔓	
Biomedical engineering	LM-21	Cesena	🔓	
Ingegneria chimica e di processo	LM-22	Bologna	🔓	
Ingegneria civile	LM-23	Bologna	🔓	
Ingegneria dei processi e dei sistemi edilizi (in inglese)	LM-24	Ravenna	🔓	
Ingegneria dell'energia elettrica	LM-28	Bologna	🔓	
Ingegneria edile-architettura	LM-4	Bologna	🔒	
Ingegneria elettronica	LM-29	Bologna	🔓	
Ingegneria elettronica e telecomunicazioni per l'energia	LM-29	Cesena	🔓	
Ingegneria elettronica e telecomunicazioni	LM-27	Bologna	🔒	80
Ingegneria energetica	LM-30	Bologna	🔓	
Ingegneria e scienze informatiche	LM-18 / LM-32	Cesena	🔓	
Ingegneria gestionale	LM-31	Bologna	🔓	
Ingegneria informatica	LM-32	Bologna	🔓	
Ingegneria meccanica	LM-33	Bologna, Forlì	🔒	80
Ingegneria per l'ambiente e il territorio	LM-35	Bologna	🔓	
Telecommunication engineering (in inglese)	LM-27	Bologna	🔓	
Artificial intelligence	LM-18/ LM-32	Cesena	🔓	
Offshore engineering	LM-22/ LM-35	Ravenna	🔓	
Digital transformation management	LM-91	Cesena	🔒	100
Ingegneria edile/Architettura	LM-4	Bologna	🔒	40
Electric vehicle engineering	LM-25	Bologna	🔒	20
Corsi di laurea magistrale a ciclo unico				
Architettura	LM-4	Cesena	🔒	100

Scuola di Studi umanistici	Classe	Sede	Accesso	Posti a bando
Corsi di laurea				
Antropologia, religioni, civiltà orientali	L-42	Bologna	🔓	
Beni culturali	L-1	Ravenna	🔓	
Culture e pratiche della moda	L-3	Rimini	🔒	250
DAMS–Discipline delle arti, della musica e dello spettacolo	L-3	Bologna	🔒	600

Scuola di Studi umanistici	Classe	Sede	Accesso	Posti a bando
Filosofia	L-5	Bologna	🔓	
Lettere	L-10	Bologna	🔓	
Scienze della comunicazione	L-20	Bologna	🔒	600
Storia	L-42	Bologna	🔓	
Società e culture del Mediterraneo	L-42	Bologna	🔓	
Corsi di laurea magistrale				
Antropologia culturale ed etnologia	LM-1	Bologna	🔓	
Archeologia e culture del mondo antico	LM-2	Bologna	🔓	
Arti visive	LM-89	Bologna	🔓	
Beni archeologici, artistici e del paesaggio: storia, tutela e valorizzazione	LM-2 / LM-89	Ravenna	🔓	
Cinema, televisione e produzione multimediale	LM-65	Bologna	🔓	
Discipline della musica e del teatro	LM-45 / LM-65	Bologna	🔓	
Fashion studies (in inglese)	LM-65	Rimini	🔓	
Filologia, letteratura e tradizione classica	LM-15	Bologna	🔓	
Geografia e processi territoriali	LM-80	Bologna	🔓	
Italianistica, culture letterarie europee, scienze linguistiche	LM-14	Bologna	🔓	
Scienze del libro e del documento	LM-5	Ravenna	🔓	
Scienze filosofiche	LM-78	Bologna	🔓	
Scienze storiche e orientalistiche	LM-84	Bologna	🔓	
Semiotica	LM-92	Bologna	🔓	
Informazione, cultura e organizzazione dei media	LM-19	Bologna	🔓	
Digital humanities and digital knowledge	LM-43	Bologna	🔒	100
International cooperation on human rights and intecultural heritage	LM-52	Bologna	🔓	
Corsi di laurea magistrale a ciclo unico				
Conservazione e restauro dei beni culturali	LMR-02	Ravenna	🔒	10

Scuola di Lingue e Letterature, Traduzione e Interpretazione	Classe	Sede	Accesso	Posti a bando
Corsi di laurea				
Lingue e letterature straniere	L-11	Bologna	🔒	460
Lingue, mercati e culture dell'Asia e dell'Africa mediterranea	L-11	Bologna	🔒	120
Mediazione linguistica interculturale	L-12	Forlì	🔒	182
Corsi di laurea magistrale				
Interpretazione	LM-94	Forlì	🔒	32
Language, society and communication (in inglese)	LM-38	Bologna	🔓	
Letterature moderne comparate e postcoloniali	LM-37	Bologna	🔓	
Lingua e cultura italiana per stranieri	LM-39	Bologna	🔓	
Specialized Translation (in inglese)	LM-94	Forlì	🔒	62

Scuola di Medicina e Chirurgia	Classe	Sede	Accesso	Posti a bando
Corsi di laurea				
Dietistica	L/SNT3	Bologna	🔒	12
Educazione professionale	L/SNT2	Imola	🔒	50
Fisioterapia	L/SNT2	Bologna	🔒	72
Igiene dentale	L/SNT3	Bologna	🔒	18
Infermieristica	L/SNT1	Bologna, Rimini, Ravenna	🔒	700
Logopedia	L/SNT2	Ravenna	🔒	15
Ostetricia	L/SNT1	Bologna	🔒	25
Podologia	L/SNT2	Bologna	🔒	13
Tecniche della prevenzione nell'ambiente e nei luoghi di lavoro	L/SNT4	Imola	🔒	23
Tecniche di laboratorio biomedico	L/SNT3	Bologna	🔒	16
Tecniche di neurofisiopatologia	L/SNT3	Bologna	🔒	11
Tecniche di radiologia medica per immagini e radioterapia	L/SNT3	Bologna, Rimini	🔒	26
Tecniche ortopediche	L/SNT3	Bologna	🔒	16
Corsi di laurea magistrale				
Medical Biotecnology (in inglese)	LM-9	Bologna	🔓	
Scienze infermieristiche e ostetriche	LM/SNT1	Bologna	🔒	25
Scienze delle professioni sanitarie della prevenzione	LM/SNT4	Imola	🔒	15
Corsi di laurea magistrale a ciclo unico				
Medicina e chirurgia	LM-41	Bologna, Forlì, Ravenna	🔒	564
Medicine and Surgery (in inglese)	LM-41	Bologna	🔒	90
Odontoiatria e protesi dentaria	LM-46	Bologna	🔒	39

Scuola di Psicologia	Classe	Sede	Accesso	Posti a bando
Corsi di laurea				
Scienze e tecniche psicologiche	L-24	Bologna	🔒	300
Corsi di laurea magistrale				
Neuroscienze e riabilitazione neuropsicologica	LM-51	Cesena	🔓	
Psicologia clinica	LM-51	Cesena	🔒	100
Psicologia cognitiva applicata	LM-51	Bologna	🔓	
Work, organisational and personnel psychology (in inglese)	LM-51	Cesena	🔓	
Psicologia scolastica e di comunità	LM-51	Cesena	🔓	
Psychology of welbeing and social inclusivity	LM-51	Bologna	🔓	

Scuola di Scienze dell'Educazione e della Formazione	Classe	Sede	Accesso	Posti a bando
Corsi di laurea				
Educatore nei servizi per l'infanzia	L-19	Bologna	🔒	300
Educatore sociale e culturale	L-19	Bologna, Rimini	🔒	530
Corsi di laurea magistrale				
Pedagogia	LM-85	Bologna	🔒	125
Progettazione e gestione dell'intervento educativo nel disagio sociale	LM-50	Bologna, Rimini	🔒	225
Scienze dell'educazione permanente e della formazione continua	LM-57	Bologna	🔓	
Corsi di laurea magistrale a ciclo unico				
Scienze della formazione primaria	LM-85 bis	Bologna	🔒	300

Scuola di Scienze	Classe	Sede	Accesso	Posti a bando
Corsi di laurea				
Astronomia	L-30	Bologna	🔒	75
Chimica e chimica dei materiali	L-27	Bologna	🔒	130
Chimica e tecnologie per l'ambiente e per i materiali	L-27	Ravenna, Rimini	🔒	92
Chimica industriale	L-27	Bologna	🔒	130
Fisica	L-30	Bologna	🔒	150
Informatica	L-31	Bologna	🔒	150
Informatica per il management	L-31	Bologna	🔒	150
Ingegneria e scienze informatiche	L-31	Cesena	🔓	
Matematica	L-35	Bologna	🔒	300
Scienze ambientali	L-32	Ravenna	🔓	
Scienze biologiche	L-13	Bologna	🔒	220
Scienze geologiche	L-34	Bologna	🔒	75
Scienze naturali	L-32	Bologna	🔒	75
Corsi di laurea magistrale				
Advanced cosmetics science	LM-54	Rimini	🔓	
Advanced methods in particle physics	LM-17	Bologna	🔓	
Advanced spectroscopy in chemistry	LM-71	Bologna	🔓	
Analisi e gestione dell'ambiente	LM-75	Ravenna	🔓	
Artificial intelligence	LM-32	Bologna	🔓	
Astrofisica e cosmologia	LM-58	Bologna	🔓	
Biodiversità ed evoluzione	LM-6	Bologna	🔓	
Bioinformatics (in inglelse)	LM-6	Bologna	🔓	
Biologia marina	LM-6	Ravenna	🔓	
Chemical innovation and regulation	LM-54	Bologna	🔒	80
Chimica	LM-54	Bologna	🔓	
Chimica industriale	LM-71	Bologna	🔓	
Digital transformation management	LM-91	Cesena	🔒	80
Physics	LM-17	Bologna	🔓	
Fisica del sistema Terra	LM-17	Bologna	🔓	
Geologia e territorio	LM-74	Bologna	🔓	
Informatica	LM-18	Bologna	🔓	
Ingegneria e scienze informatiche	LM-18, LM-32	Cesena	🔓	
Low carbon techonologies and sustainable chemistry	LM-71	Bologna	🔒	
Matematica	LM-40	Bologna	🔓	
Science for the conservation-Restoration of cultural heritage	LM-11	Ravenna	🔓	
Scienze e gestione della natura	LM-60	Bologna	🔓	
Scienze statistiche	LM-82	Bologna	🔒	100
Didattica e c comunicazione delle scienze naturali	LM-60	Bologna	🔓	
Photochemistry and molecular materials	LM-54	Bologna	🔓	

Scuola di Scienze agro-alimentari	Classe	Sede	Accesso	Posti a bando
Corsi di laurea				
Economia e marketing nel sistema agro-industriale	L-25	Bologna	🔒	87
Produzioni animali	L-38	Bologna	🔒	100
Tecnologie agrarie	L-25	Bologna	🔒	137
Tecnologie alimentari	L-26	Cesena	🔒	100
Scienze e tecnologie per il verde e il paesaggio	L-25	Bologna	🔓	
Viticoltura ed enologia	L-26	Cesena	🔒	78
Scienze e cultura della gastronomia	L-26	Cesena	🔓	
Tecnologie per il territorio e l'ambiente agro-forestale	L-25	Cesena	🔒	80
Corsi di laurea magistrale				
International horticultural science (in inglese)	LM-69	Bologna	🔓	
Progettazione e gestione degli ecosistemi agro-territoriali, forestali e del paesaggio	LM-73	Bologna	🔓	
Scienze e tecnologie agrarie	LM-69	Bologna	🔓	
Scienze e tecnologie alimentari	LM-70	Cesena	🔓	
Precise and sustainable agricolture	LM-69	Bologna	🔓	
Food safety and food risk management	LM-68	Bologna	🔓	

Scuola di Scienze Motorie	Classe	Sede	Accesso	Posti a bando
Corsi di laurea				
Scienze delle attività motorie e sportive	L-22	Rimini, Bologna	🔒	215
Corsi di laurea magistrale				
Management delle attività motorie e sportive	LM-47	Bologna	🔒	80
Nutrizione umana, benessere e salute	LM-61	Rimini	🔓	
Scienze e tecniche dell'attività motoria preventiva e adattata	LM-67	Rimini	🔒	100
Scienze e tecniche dell'attività sportiva	LM-68	Bologna	🔒	100

Scuola di Scienze Politiche	Classe	Sede	Accesso	Posti a bando
Corsi di laurea				
Scienze internazionali e diplomatiche	L-36	Forlì	🔒	480
Scienze politiche, sociali e internazionali	L-36	Bologna	🔒	640
Sviluppo e cooperazione internazionale	L-37	Bologna	🔒	200
Economics, politics and social sciences	LM-56, LM-62	Bologna	🔒	200
Corsi di laurea magistrale				
Comunicazione giornalistica, pubblica e d'impresa	LM-19, LM-59	Bologna	🔒	120
International cooperation on human rights and intercultural heritage (in inglese)	LM-81	Ravenna	🔓	
Interdisciplinary research and studies on Eastern Europe	LM-52	Forlì	🔒	50
Mass media e politica	LM-62	Forlì	🔒	50
Politica, amministrazione e organizzazione	LM-63	Bologna	🔒	100
International Relations (in inglese)	LM-52	Bologna	🔒	140
International Politics and Economics	LM-52	Forlì	🔒	120
Scienze internazionali e diplomatiche	LM-52	Forlì	🔒	120
Sviluppo locale e globale	LM-81	Bologna	🔒	80

Scuola di Scienze Statistiche	Classe	Sede	Accesso	Posti a bando
Corsi di laurea				
Finanza, assicurazioni e impresa	L-41	Rimini	🔒	200
Scienze statistiche	L-41	Bologna	🔒	200
Sviluppo e cooperazione internazionale	L-37	Bologna	🔒	200
Corsi di laurea magistrale				
Quantitative finance	LM-16	Bologna	🔓	
Scienze statistiche, finanziarie e attuariali	LM-83	Rimini	🔓	
Statistica, economia e impresa	LM-82	Bologna	🔓	50
Statistical sciences	LM-82	Bologna	🔓	50

Scuola di Sociologia	Classe	Sede	Accesso	Posti a bando
Corsi di laurea				
Servizio sociale	L-39	Bologna	🔒	200
Sociologia	L-40	Forlì	🔒	100
Corsi di laurea magistrale				
Scienze criminologiche per l'investigazione e la sicurezza	LM-88	Forlì	🔓	
Sociologia e servizio sociale	LM-87	Bologna	🔓	

6.7 | Bolzano

Libera Università di Bolzano

Sede centrale Piazza Università 1, 39100 Bolzano, tel.: 0471 011000, fax: 0471 011009, sito: unibz.it

Sedi decentrate Bressanone, Brunico

Ente per il diritto allo studio Via Andreas Hofer 18-Palazzo 7, 39100 Bolzano, tel.: 0471 412950/1, fax: 0471 412959, e-mail: diritto.studio@provincia.bz.it, sito: provincia.bz.it/diritto-allo-studio

Ufficio orientamento Piazza Università 1, 39100 Bolzano, tel.: 0471 012100, fax: 0471 012109, e-mail: study@unibz.it, sito: unibz.it/it/services/orientation/

Ufficio per il sostegno agli studenti disabili Rivolgersi all'Ufficio Orientamento sito: .unibz.it/it/services/orientation/studying-without-barriers/

Ufficio relazioni internazionali Piazza Università 1, 39100 Bolzano, tel.: 0471 012500, fax: 0471 012509, e-mail: international.relations@unibz.it

CUS S.C.U.B.-Sports Club University Bolzano, Piazza Università 1, tel.: 0471 012183, fax: 0471 012189, e-mail: scub@unibz.it, sito: scub.unibz.it

I numeri dell'Università

Corsi 11 di laurea, 15 di laurea magistrale e 1 a ciclo unico

Docenti Professori di prima fascia: 74; professori di seconda fascia: 45; ricercatori: 146

Studenti 3696 iscritti (di cui 2511 donne, 1842 studenti in corso e 550 matricole)

Laureati 608 (di cui 431 donne)

Laureati regolari 37,1 %

La **Libera Università di Bolzano** è stata ufficialmente istituita il 31 ottobre del 1997, grazie alla Provincia autonoma di Bolzano, l'Accademia europea di Bolzano, l'Associazione «Amici dell'Università» e altri istituti privati. Questo nuovo ateneo gode di riconoscimento statale e si configura come un centro di formazione mitteleuropeo di profilo internazionale, svolgendo un'importante funzione di ponte tra l'area culturale ed economica italiana e quella tedesca. Gran parte del corpo docente è di provenienza internazionale e l'attività didattica viene svolta in lingua italiana, tedesca e inglese.

Facoltà di Design e Arti	Classe	Sede	Accesso	Posti a bando
Corsi di laurea				
Design e arti (curriculum Design)	L-4	Bolzano	🔒	90
Corsi di laurea magistrale				
Design eco-social o	LM-12	Bolzano	🔒	22

Facoltà di Economia	Classe	Sede	Accesso	Posti a bando
Corsi di laurea				
Economia e management	L-18	Bolzano	🔒	155
Management del turismo, dello sport e degli eventi	L-18	Brunico	🔒	120
Scienze economiche e sociali	L-33	Bolzano	🔒	85
Corsi di laurea magistrale				
Politiche pubbliche e amministrazione	LM-63	Bolzano	🔒	55
Imprenditorialità e innovazione	LM-77	Bolzano	🔒	75
Linguistica applicata	LM-39	Bressanone	🔒	27
Accounting e finanza	LM-77	Bolzano	🔒	55

Facoltà di Scienze della Formazione	Classe	Sede	Accesso	Posti a bando
Corsi di laurea				
Educatore sociale	L-19	Bressanone	🔒	50
Scienze della comunicazione e cultura	L-20	Bressanone	🔒	40
Servizio sociale	L-39	Bressanone	🔒	44
Corsi di laurea magistrale				
Innovazione e ricerca per gli interventi socio-assistenziali-educativi	LM-87	Bressanone	🔒	20
Musicologia	LM-45	Bressanone, Trento	🔒	33
Corsi di laurea magistrale a ciclo unico				
Scienze della formazione primaria	LM-85 bis	Bressanone	🔒	348

Facoltà di Scienze e Tecnologie	Classe	Sede	Accesso	Posti a bando
Corsi di laurea				
Ingegneria industriale meccanica	L-9	Bolzano	🔒	64
Scienze agrarie, degli alimenti e dell'ambiente montano	L-25	Bolzano	🔒	74
Ingegneria del legno	L-9	Bolzano	🔒	20
Corsi di laurea magistrale				
Ingegneria energetica	LM-30	Bolzano	🔒	45
Gestione sostenibile dell'ambiente montano (in inglese)	LM-73	Bolzano, Innsbruck	🔒	35
Industrial mechanical engineering (in inglese)	LM-33	Bolzano	🔒	55
Food science for innovation and anuthenticity (in inglese)	LM-70	Bolzano	🔒	35

Facoltà di Scienze e Tecnologie Informatiche	Classe	Sede	Accesso	Posti a bando
Corsi di laurea				
Informatica	L-31	Bolzano	🔒	100
Informatica e management delle aziende digitali	L-31	Bolzano	🔒	40
Corsi di laurea magistrale				
Data Science Computazionale	LM-18	Bolzano	🔒	50
Ingegneria del software per i sistemi informativi	LM-18	Bolzano	🔒	50

6.8 | Brescia

L'**Università degli Studi di Brescia** deve la sua fondazione a un consorzio tra il Comune e la Provincia di Brescia, che, a partire dagli anni '60, intese rispondere alle esigenze formative e professionali del territorio. Attraverso accordi con il Politecnico di Milano e le Università degli Studi di Milano e Parma sono stati attivati numerosi corsi di laurea, con uno sviluppo più marcato nelle aree di Ingegneria e di Medicina.

Università degli Studi di Brescia

Sede centrale	Piazza del Mercato 15, 25121 Brescia, Numero verde: 800 904 081, tel.: 030 29881, fax: n.d., sito: unibs.it
Sedi decentrate	Cremona, Desenzano del Garda, Esine, Mantova
Ente per il diritto allo studio	Viale Europa 39, 25133 Brescia, tel.: 030 2016011, fax: 030-2008470, sito: unibs.it/didattica/diritto-allo-studio
Ufficio orientamento	Viale Europa 39, 25133 Brescia, tel.: 030 2016083, e-mail: orientamento@amm.unibs.it, sito: unibs.it/didattica/orientamento-e-ammissione
Ufficio per il sostegno agli studenti disabili	Via Valotti 3/B, 25121 Brescia, tel.: 030 2016060, e-mail: capd@unibs.it
Ufficio relazioni internazionali	Via San Faustino 74B, 25122 Brescia, tel. 030 2988771/3/8/9, e-mail: erasmus.outgoing@unibs.it
CUS	Viale Europa / Via Branze-Zona Mompieno, 25133 Brescia, tel.: 030 2008624, fax: 030 2009737, e-mail: info@cusbrescia.it, sito: cusbrescia.it

I numeri dell'Università

Corsi	26 di laurea, 19 di laurea magistrale e 5 a ciclo unico
Docenti	ordinari: 167; associati: 230; ricercatori: 108
Studenti	14113 iscritti (di cui 6634 donne, 10261 studenti in corso e 2396 matricole)
Laureati	2479 (di cui 1238 donne)
Laureati regolari	29,4%

Area di Economia	Classe	Sede	Accesso	Posti a bando
Corsi di laurea				
Banca e finanza	L-18	Brescia	🔓	
Economia e azienda digitale	L-33	Brescia	🔓	
Economia e gestione aziendale	L-18	Brescia	🔓	
Sistemi agricoli sostenibili	L-25	Brescia	🔓	
Scienze per la pace: trasformazione dei conflitti e cooperazione allo sviluppo	L-37	Brescia	🔓	
Corsi di laurea magistrale				
Consulenza aziendale e libera professione	LM-77	Brescia	🔓	
Management (in inglese)	LM-77	Brescia	🔓	
Moneta, finanza e risk management	LM-56	Brescia	🔓	
Economia sociale e imprese cooperative	LM-56	Brescia	🔒	11

Area di Giurisprudenza	Classe	Sede	Accesso	Posti a bando
Corsi di laurea				
Consulente del lavoro e giurista d'impresa	L-14	Brescia	🔓	
Corsi di laurea magistrale				
Scienze giuridiche dell'innovazione	LM/SC-GIUR	Brescia	🔓	
Corsi di laurea magistrale a ciclo unico				
Giurisprudenza	LMG-01	Brescia	🔓	

Area di Ingegneria	Classe	Sede	Accesso	Posti a bando
Corsi di laurea				
Ingegneria civile	L-7	Brescia	🔓	
Ingegneria dell'automazione industriale	L-8 / L-9	Brescia	🔓	
Ingegneria elettronica e delle telecomunicazioni	L-8	Brescia	🔓	
Ingegneria gestionale	L-9	Brescia	🔓	
Ingegneria informatica	L-8	Brescia	🔓	
Ingegneria meccanica e dei materiali	L-9	Brescia	🔓	
Ingegneria per l'ambiente e il territorio	L-7	Brescia	🔓	
Ingegneria delle tecnologie per l'impresa digitale	L-8	Brescia	🔓	
Corsi di laurea a orientamento professionale				
Tecniche dell'edilizia	L-P01	Brescia	🔒	48
Tecniche industriali di prodotto e processo	L-P03	Brescia	🔒	48
Corsi di laurea magistrale				
Civil and environmental engineering	LM-35	Brescia	🔓	
Communication technologies and multimedia	LM-27	Brescia	🔓	
Ingegneria civile	LM-23	Brescia	🔓	
Ingegneria dell'automazione industriale	LM-25	Brescia	🔓	

Area di Ingegneria	Classe	Sede	Accesso	Posti a bando
Ingegneria elettronica	LM-29	Brescia	🔓	
Ingegneria gestionale	LM-31	Brescia	🔓	
Ingegneria informatica	LM-32	Brescia	🔓	
Ingegneria meccanica	LM-33	Brescia	🔓	
Ingegneria per l'ambiente e il territorio	LM-35	Brescia	🔓	
Ingegneria per l'innovazione dei materiali e del prodotto	LM-33	Brescia	🔓	
Corsi di laurea magistrale a ciclo unico				
Ingegneria edile/Architettura	LM-4	Brescia	🔒	62

Area di Medicina e Chirurgia	Classe	Sede	Accesso	Posti a bando
Corsi di laurea				
Assistenza sanitaria	L/SNT4	Brescia, Cremona	🔒	52
Biotecnologie	L-2	Brescia	🔒	62
Dietistica	L/SNT3	Brescia	🔒	15
Educazione professionale	L/SNT2	Brescia, Mantova	🔒	80
Fisioterapia	L/SNT/2	Brescia, Cremona	🔒	103
Igiene dentale	L/SNT3	Brescia	🔒	20
Infermieristica	L/SNT1	Brescia, Cremona, Esine, Desenzano del Garda, Mantova, Chiari	🔒	345
Ostetricia	L/SNT1	Brescia	🔒	22
Scienze motorie	L-22	Brescia	🔒	124
Tecnica della riabilitazione psichiatrica	L/SNT2	Brescia	🔒	21
Tecniche della prevenzione negli ambienti e nei luoghi di lavoro	L/SNT4	Brescia	🔒	22
Tecniche di laboratorio biomedico	L/SNT3	Brescia	🔒	33
Tecniche di radiologia medica, per immagini e radioterapia	L/SNT3	Brescia	🔒	27
Corsi di laurea magistrale				
Biotecnologie mediche	LM-9	Brescia	🔒	42
Scienze infermieristiche e ostetriche	LM/SNT1	Brescia	🔒	22
Scienze e tecniche delle attività motorie, preventive e adattate	LM-67	Brescia	🔒	46
Corsi di laurea magistrale a ciclo unico				
Medicina e chirurgia	LM-41	Brescia	🔒	230
Odontoiatria e protesi dentaria	LM-46	Brescia	🔒	20
Farmacia	LM-13	Brescia	🔒	80

6.9 | Cagliari

L'**Università degli Studi di Cagliari** è sorta all'inizio del Seicento in seguito all'iniziativa di Filippo III di Spagna, che la fece realizzare secondo il modello delle università spagnole. Nel corso dell'Ottocento le sue attività di ricerca (fisiologia, anatomia patologica, chimica e botanica) ricevettero un notevole incremento. Alla competenza nel settore degli studi scientifici si è nel tempo affiancata quella nel campo degli studi umanistici.

Università degli Studi di Cagliari

Sede centrale Via Università 40, 09124 Cagliari, tel.: 070 6751, sito: unica.it

Sedi decentrate Nuoro, Oristano

Ente per il diritto allo studio Via Vittorio Emanuele II, 68, 09124 Cagliari, numero verde: 800 56 81 00, tel: 070/66206405, fax: 070/66206390, e-mail: ersucarisponde@gmail.com, sito: ersucagliari.it

Ufficio orientamento Via Università 40, 09124 Cagliari, tel.: 070 6752066, e-mail: orientamento@amm.unica.it

Ufficio per il sostegno agli studenti disabili Via S. Giorgio 12, 09124 Cagliari, tel.: 070 6756221/222/270, fax: 070 6756367, e-mail: tutor.sia@unica.it

Ufficio relazioni internazionali Via S. Giorgio 12/2-Campus Aresu, 09124 Cagliari, tel.: 070 6756533, fax: 070 6758450, e-mail: erasmus@unica.it

CUS Via Mirrionis 3/9, 09121 Cagliari, tel.: 070 283816, fax: 070 255325, e-mail: cus@unica.it, sito: cuscagliari.it

I numeri dell'Università

Corsi 40 di laurea, 36 di laurea magistrale e 6 a ciclo unico

Docenti ordinari: 218; associati: 393; ricercatori: 193

Studenti 25.053 iscritti (di cui 14.713 donne, 16580 studenti in corso e 3399 matricole)

Laureati 3.978 (di cui 2.433 donne)

Laureati regolari 24,1 %

Facoltà di Biologia e Farmacia	Classe	Sede	Accesso	Posti a bando
Corsi di laurea				
Biologia	L-13	Cagliari	🔒	300
Biotecnologie	L-2	Cagliari	🔒	100
Scienze ambientali e naturali	L-32	Cagliari	🔓	
Scienze tossicologiche e controllo di qualità	L-29	Cagliari	🔒	120
Corsi di laurea magistrale				
Bio-ecologia marina	LM-6	Cagliari	🔓	
Biologia cellulare e molecolare	LM-6	Cagliari	🔓	
Neuropsicobiologia	LM-6	Cagliari	🔓	
Scienze degli alimenti e della nutrizione	LM-61	Cagliari	🔒	70
Conservazione e gestione della natura e dell'ambiente	LM-60	Cagliari	🔓	
Attività motorie preventive e adattate	LM-67	Cagliari	🔒	50
Corsi di laurea magistrale a ciclo unico				
Chimica e tecnologia farmaceutiche	LM-13	Cagliari	🔒	100
Farmacia	LM-13	Cagliari	🔒	100

Facoltà di Ingegneria ed Architettura	Classe	Sede	Accesso	Posti a bando
Corsi di laurea				
Ingegneria biomedica	L-8 / L-9	Cagliari	🔒	180
Ingegneria chimica	L-9	Cagliari	🔓	
Ingegneria civile	L-7	Cagliari	🔒	180
Ingegneria elettrica, elettronica e informatica	L-8 / L-9	Cagliari	🔒	180
Ingegneria meccanica	L-9	Cagliari	🔒	180
Ingegneria per l'ambiente e il territorio	L-7	Cagliari	🔓	
Scienze dell'architettura	L-17	Cagliari	🔒	108
Corsi di laurea magistrale				
Architettura	LM-4	Cagliari	🔒	80
Ingegneria chimica e dei processi biotecnologici	LM-22	Cagliari	🔓	
Ingegneria civile	LM-23	Cagliari	🔓	
Ingegneria elettrica	LM-28	Cagliari	🔓	
Ingegneria elettronica	LM-29	Cagliari	🔓	
Ingegneria energetica	LM-30	Cagliari	🔓	
Ingegneria meccanica	LM-33	Cagliari	🔓	
Ingegneria per l'ambiente e il territorio	LM-35	Cagliari	🔓	
Ingegneria delle tecnologie per internet	LM-27	Cagliari	🔓	
Computer engineering , cybersecurity and artificial intelligence	LM-32	Cagliari	🔓	
Data science, business analytics e innovazione	LM-91	Cagliari	🔓	

Facoltà di Medicina e Chirurgia	Classe	Sede	Accesso	Posti a bando
Corsi di laurea				
Assistenza sanitaria	L/SNT4	Cagliari	🔒	32
Fisioterapia	L/SNT2	Cagliari	🔒	37
Educatore professionale	L/SNT2	Cagliari	🔒	27
Infermieristica	L/SNT1	Cagliari, Nuoro	🔒	144
Ostetricia	L/SNT1	Cagliari	🔒	22
Scienze delle attività motorie e sportive	L-22	Cagliari	🔒	82
Tecniche della prevenzione nell'ambiente e nei luoghi di lavoro	L/SNT4	Cagliari	🔒	32
Tecniche di radiologia medica, per immagini e radioterapia	L/SNT3	Cagliari	🔒	27
Tecniche di neurofisiopatologia	L/SNT3	Cagliari	🔒	27
Igiene dentale	L/SNT3	Cagliari	🔒	20
Corsi di laurea magistrale a ciclo unico		Cagliari		
Medicina e chirurgia	LM-41	Cagliari	🔒	243
Odontoiatria	LM-46	Cagliari	🔒	20

Facoltà di Scienze	Classe	Sede	Accesso	Posti a bando
Corsi di laurea				
Chimica	L-27	Cagliari	🔓	
Fisica	L-30	Cagliari	🔓	
Informatica	L-31	Cagliari	🔒	150
Informatica applicata e data analytics	L-31	Cagliari	🔒	100

Facoltà di Scienze	Classe	Sede	Accesso	Posti a bando
Matematica	L-35	Cagliari	🔓	
Geologia	L-34	Cagliari	🔓	
Corsi di laurea magistrale				
Fisica	LM-17	Cagliari	🔓	
Informatica	LM-18	Cagliari	🔒	40
Matematica	LM-40	Cagliari	🔓	
Scienze chimiche	LM-54	Cagliari	🔓	
Scienze e tecnologie geologiche	LM-74	Cagliari	🔓	

Facoltà di Scienze Economiche, Giuridiche e Politiche	Classe	Sede	Accesso	Posti a bando
Corsi di laurea			🔓	
Scienze dell'amministrazione e organizzazione	L-16	Cagliari	🔓	
Economia e finanza	L-33	Cagliari	🔓	
Economia e gestione aziendale	L-18	Cagliari	🔓	
Scienze dei servizi giuridici	L-14	Cagliari	🔓	
Scienze politiche	L-36	Cagliari	🔓	
Corsi di laurea magistrale				
Economia manageriale	LM-77	Cagliari	🔓	
Innovazione sociale e comunicazione	LM-59, LM-62	Cagliari	🔓	
Scienze delle pubbliche amministrazioni	LM-63	Cagliari	🔓	
Economia, finanza e scienze politiche pubbliche	LM-56	Cagliari	🔓	
Relazioni internazionali	LM-52	Cagliari	🔓	
Management a monitoraggio del turismo sostenibile	LM-76	Cagliari	🔓	
Corsi di laurea magistrale a ciclo unico				
Giurisprudenza	LMG -01	Cagliari	🔓	

Facoltà di Studi Umanistici	Classe	Sede	Accesso	Posti a bando
Corsi di laurea				
Beni culturali e spettacolo	L-1/L-3	Cagliari	🔓	
Filosofia	L-5	Cagliari	🔓	
Lettere	L-10	Cagliari	🔓	
Lingue e comunicazione	L-20	Cagliari	🔓	
Lingue e culture per la mediazione linguistica	L-11 / L-12	Cagliari	🔓	
Scienze della comunicazione	L-20	Cagliari	🔓	
Scienze dell'educazione e della formazione	L-19	Cagliari	🔒	230
Scienze e tecniche psicologiche	L-24	Cagliari	🔒	250
Scienze pedagogiche e dei servizi educativi	LM-50 / LM-85	Cagliari	🔒	230
Psicologia clinica e di comunità	LM-51	Cagliari	🔓	
Corsi di laurea magistrale				

Facoltà di Studi Umanistici	Classe	Sede	Accesso	Posti a bando
Archeologia e storia dell'arte	LM-2 / LM-89	Cagliari	🔓	
Filologie e letterature classiche e moderne	LM-14 / LM -15	Cagliari	🔓	
Filosofia e teorie della comunicazione	LM-78 / LM-92	Cagliari	🔓	
Lingue e letterature moderne europee e americane	LM-37	Cagliari	🔓	
Psicologia clinica e di comunità	LM-51	Cagliari	🔒	85
Scienze pedagogiche e dei servizi educativi	LM-50 / LM-85	Cagliari	🔒	150
Storia e società	LM-84	Cagliari	🔓	
Traduzione specialistica dei testi	LM-94	Cagliari	🔓	
Produzione multimediale	LM-65	Cagliari	🔓	
Lingue e letterature moderne europee e americane	LM-37	Cagliari	🔓	
Corsi di laurea magistrale a ciclo unico		Cagliari		
Scienze della formazione primaria	LM-85 bis	Cagliari	🔒	110

6.10 | Camerino

Università degli Studi di Camerino

Sede centrale Piazza Cavour 19/f, 62032 Camerino (MC),
Numero verde: 800 054 000,
sito: unicam.it

Sedi decentrate Ascoli Piceno, Matelica, San Benedetto del Tronto

Ente per il diritto allo studio Località Colle Paradiso 1-Le Mosse, 62032 Camerino (MC),
tel.: 0737 4911, fax: 0737 492573,
e-mail: ersu.camerino@ersucam.it, sito: ersucam.it

Ufficio orientamento c/o Campus UNICAM, via D'Accorso n. 16, 62032 Camerino (MC)
tel.: 0737 404606 , e-mail: orientamento@unicam.it

Ufficio per il sostegno agli studenti disabili c/o Campus UNICAM, via D'Accorso n. 16, 62032 Camerino (MC)
tel.: 0737 404602, e-mail: servizio.disabili@unicam.it

Ufficio relazioni internazionali Via Le Mosse 22, 62032 Camerino (MC),
tel.: 0737 404611/19, fax: 0737 404600,
e-mail: relazioni.internazionali@unicam.it

CUS Loc Le Calvie, 62032 Camerino (MC)
tel.: 0737 630047, e-mail: impiantisportivi@unicam.it, sito: cuscamerino.it

I numeri dell'Università

Corsi 16 di laurea, 10 di laurea magistrale e 4 a ciclo unico

Docenti ordinari: 57; associati: 111; ricercatori: 83

Studenti 6.846 iscritti (di cui 3.433 donne, 5224 studenti in corso e 947 matricole)

Laureati 1.020 (di cui 524 donne)

Laureati regolari 25,0 %

Di rinomata e storica tradizione, l'**Università degli Studi di Camerino** venne legittimata, negli anni dell'unità d'Italia, come libera università autofinanziata e nel 1958 ricevette il riconoscimento statale. L'ateneo ruota attorno alle aree di studio di Giurisprudenza, di Farmacia e di Scienze matematiche, fisiche e naturali alle quali afferiscono tre prestigiosi centri di ricerca. Recentemente sono stati attivati anche studi e percorsi di formazione nell'area medico-veterinaria e di architettura.

Scuola di Architettura e Design	Classe	Sede	Accesso	Posti a bando
Corsi di laurea				
Disegno industriale e ambientale	L-4	Ascoli Piceno	🔓	
Scienze dell'architettura	L-17	Ascoli Piceno	🔒	92
Corsi di laurea magistrale				
Architettura	LM-4	Ascoli Piceno	🔓	
Disegn per l'innovazione digitale	LM-12	Ascoli Piceno	🔓	

Scuola di Bioscienze e Medicina Veterinaria	Classe	Sede	Accesso	Posti a bando
Corsi di laurea				
Biologia della nutrizione	L-13	San Benedetto del Tronto	🔓	
Biosciences and biotechnology (in inglese)	L-2 / L-13	Camerino	🔓	
Tecnico del benessere animale e della produzione	L-38	Matelica	🔓	
Scienze gastronomiche	L/GASTR	Camerino	🔓	
Corsi di laurea magistrale				
Biological sciences (in inglese)	LM-6	Camerino	🔓	
Corsi di laurea magistrale a ciclo unico				
Medicina veterinaria	LM-42	Matelica	🔒	50

Scuola di Giurisprudenza	Classe	Sede	Accesso	Posti a bando
Corsi di laurea				
Scienze sociali per gli enti non-profit e la cooperazione internazionale	L-37	Camerino	🔓	
Corsi di laurea magistrale				
Gestione dei fenomeni migratori e politiche di integrazione nell'unione	LM-90	Camerino	🔓	
Corsi di laurea magistrale a ciclo unico				
Giurisprudenza	LMG-01	Camerino	🔓	

Scuola di Scienze del Farmaco e dei Prodotti della Salute	Classe	Sede	Accesso	Posti a bando
Corsi di laurea				
Informazione scientifica sul farmaco e scienze del fitness e dei prodotti della salute	L-29	Camerino	🔓	
Corsi di laurea magistrale a ciclo unico				
Chimica e tecnologia farmaceutiche	LM-13	Camerino	🔓	
Farmacia	LM-13	Camerino	🔓	

Scuola di Scienze e Tecnologie	Classe	Sede	Accesso	Posti a bando
Corsi di laurea				
Chimica	L-27	Camerino	🔓	
Fisica	L-30	Camerino	🔓	

Scuola di Scienze e Tecnologie	Classe	Sede	Accesso	Posti a bando
Informatica	L-31	Camerino	🔓	
Matematica e applicazioni	L-35	Camerino	🔓	
Ambiente e gestione sostenibile delle risorse naturali	L-32	Camerino	🔓	
Tecnologie innovative per i beni culturali	L-43	Ascoli Piceno	🔓	
Informatica per la comunicazione digitale	L-31	Camerino	🔓	
Scienze geologiche e tecnologie per l'ambiente	L-34	Camerino	🔓	
Corsi di laurea magistrale				
Chemistry and advanced chemical methodologies (in inglese)	LM-54	Camerino	🔓	
Informatica - Computer science (in inglese)	LM-18	Camerino	🔓	
Geoenvironmental resources and risks	LM-74	Camerino	🔓	
Matematica e applicazioni (in inglese)	LM-40	Camerino	🔓	
Physics (in inglese)	LM-17	Camerino	🔓	

6.11 | Campobasso

L'**Università degli Studi del Molise** fu istituita nel 1982 per rispondere alla necessità di fornire strutture universitarie e centri di formazione superiore nel territorio del Molise e della Basilicata, per lungo tempo rimasto privo di atenei. L'Università ha saputo inserirsi efficacemente nel tessuto sociale, sviluppando proficui rapporti con altri atenei nazionali.

Università degli Studi del Molise

Sede centrale	Via de Sanctis, 86100 Campobasso, numero verde: 800 588815, tel.: 0874 4041, sito: unimol.it
Sedi decentrate	Pesche, Termoli
Ente per il diritto allo studio	Via De Sanctis s.n.c., III edificio polifunzionale, 86100 Campobasso, tel.: 0874 698146 , fax: 0874 698147, e-mail: info@esu.molise.it, sito: esu.molise.it
Ufficio orientamento	Via De Sanctis s.n.c., III edificio polifunzionale, 86100 Campobasso, tel.: 0874 404390, e-mail: orientamento@unimol.it,
Ufficio per il sostegno agli studenti disabili	Via De Sanctis s.n.c., II edificio polifunzionale, 86100 Campobasso, tel. e fax: 0874 404842, e-mail: disabiliabili@unimol.it
Ufficio relazioni internazionali	Via De Sanctis s.n.c., III edificio polifunzionale,86100 Campobasso, tel. e fax: 0874 404842, e-mail: relazint@unimol.it
CUS	Via Gazzani snc, 86100 Campobasso, tel. e fax: 0874 412225, e-mail: segreteria@cusmolise.it, sito: cusmolise.it

I numeri dell'Università

Corsi	16 di laurea, 15 di laurea magistrale e 3 a ciclo unico
Docenti	ordinari: 78; associati: 132; ricercatori: 40
Studenti	6.927 iscritti (di cui 4.117 donne, 5752 studenti in corso e 984 matricole)
Laureati	1.056 (di cui 634 donne)
Laureati regolari	20,5 %

Dipartimento Agricoltura, Ambiente e Alimenti	Classe	Sede	Accesso	Posti a bando
Corsi di laurea				
Scienze e tecnologie agrarie e forestali	L-25	Campobasso	🔓	
Scienze e tecnologie alimentari	L-26	Campobasso	🔓	
Scienze e culture del cibo	L/GASTR	Termoli	🔒	40
Corsi di laurea magistrale				
Scienze e tecnologie agrarie	LM-69	Campobasso	🔓	
Scienze e tecnologie alimentari	LM-70	Campobasso	🔓	

Dipartimento Bioscienze e Territorio	Classe	Sede	Accesso	Posti a bando
Corsi di laurea				
Informatica	L-31	Pesche	🔓	
Scienze biologiche	L-13	Pesche	🔒	90
Scienze turistiche	L-15	Termoli	🔓	
Corsi di laurea magistrale				
Biologia	LM-6	Pesche	🔓	
Ingegneria civile	LM-23	Pesche	🔓	
Ingegneria biomedica	LM-21	Campobasso	🔓	
Scienze e tecnologie forestali e ambientali (interdipartimento con Agricoltura, Ambiente ed Alimenti)	LM-73	Campobasso	🔓	
Sicurezza dei sistemi software	LM-66	Campobasso	🔓	

Dipartimento Economia, Gestione, Società, Istituzioni	Classe	Sede	Accesso	Posti a bando
Corsi di laurea				
Economia aziendale	L-18	Campobasso	🔓	
Scienze del servizio sociale	L-39	Campobasso	🔓	
Corsi di laurea magistrale				
Management, imprenditorialità e innovazione	LM-77	Campobasso	🔓	
Scienze politiche e delle istituzioni europee	LM-62	Isernia	🔓	
Servizio sociale e politiche sociali	LM-87	Campobasso	🔓	

Dipartimento Giuridico	Classe	Sede	Accesso	Posti a bando
Corsi di laurea				
Scienze della politica e della amministrazione (interdipartimento con Economia, Gestione, Società, Istituzioni)	L-16 / L-36	Isernia	🔓	
Corsi di laurea magistrale a ciclo unico				
Giurisprudenza	LMG-01	Campobasso	🔓	

Dipartimento Medicina e Scienza della Salute	Classe	Sede	Accesso	Posti a bando
Corsi di laurea				
Infermieristica	L/SNT1	Campobasso	🔒	93
Scienze motorie e sportive	L-22	Campobasso	🔒	230

Dipartimento Medicina e Scienza della Salute	Classe	Sede	Accesso	Posti a bando
Tecniche della prevenzione nell'ambiente e nei luoghi di lavoro	L/SNT4	Campobasso	🔒	25
Fisioterapista	L/SNT2	Termoli	🔒	25
Ingegneria medica	L-9	Campobasso	🔓	
Corsi di laurea magistrale				
Scienze delle professioni sanitaria della prevenzione	LM/SNT4	Campobasso	🔒	25
Scienze e tecniche delle attività motorie preventive e adattate	LM-67	Campobasso	🔓	
Scienze infermieristiche e ostetriche	LM/SNT1	Campobasso	🔒	33
Corsi di laurea magistrale a ciclo unico				
Medicina e chirurgia	LM-41	Campobasso	🔒	99

Dipartimento Scienze Umanistiche, Sociali e della Formazione	Classe	Sede	Accesso	Posti a bando
Corsi di laurea				
Lettere e beni culturali	L-10 / L-1	Isernia	🔓	
Scienze della comunicazione	L-20	Campobasso	🔓	
Corsi di laurea magistrale				
Letteratura e storia dell'arte	LM-14 / LM-89	Campobasso	🔓	
Management del turismo e beni culturali	LM-49	Termoli	🔓	
Corsi di laurea magistrale a ciclo unico				
Scienze della formazione primaria	LM-85 bis	Campobasso	🔒	135

6.12 | Cassino

L'**Università degli Studi di Cassino** è sorta sul finire degli anni Sessanta per iniziativa di un gruppo di uomini di cultura e di imprenditori. Oggi è fortemente radicata sul territorio, collabora attivamente con antiche istituzioni culturali, quali l'Abbazia di Montecassino, ed è aperta verso i principali settori professionali e imprenditoriali della regione. Le dimensioni ridotte dell'ateneo consentono un'intensa attività di ricerca, articolata in progetti di ampio respiro grazie all'utilizzo di strutture e attrezzature all'avanguardia, con ripercussioni positive sulla didattica e sulla formazione.

Università degli Studi di Cassino e del Lazio Meridionale

Sede centrale Via Marconi 10, 03043 Cassino (FR), tel.: 0776 2991, fax: 0776 310562, sito: unicas.it

Sedi decentrate Frosinone, Sora

Ente per il diritto allo studio Campus Folcara, Via S. Angelo, 03043 Cassino (FR), tel.: 0776 3258201, fax: 0776 3258214, e-mail: urp@adisucassino.it, infocassino@laziodisu.it, sito: laziodisu.it

Ufficio orientamento Campus Folcara, Via S. Angelo, 03043 Cassino (FR), tel.: 0776 2994720, fax: 0776 2994843, e-mail: orientamento@unicas.it

Ufficio per il sostegno agli studenti disabili	Campus Folcara, Via S. Angelo, 03043 Cassino (FR), tel. e fax: 0776 2993823, e-mail: cudari@unicas.it
Ufficio relazioni internazionali	Viale dell' Università, 03043 Cassino (FR) tel.: 0776 299 4723, fax: 0776 2993905, e-mail: international.office@unicas.it
CUS	Via Spaventa 5, 03043 Cassino, tel. e fax: 0776 311142, e-mail: cuscassino@libero.it
	I numeri dell'Università
Corsi	11 di laurea, 17 di laurea magistrale e 1 a ciclo unico
Docenti	ordinari: 53; associati: 93; ricercatori: 87
Studenti	7.244 iscritti (di cui 3.891 donne, 6551 studenti in corso e 1277 matricole)
Laureati	1.279 (di cui 721 donne)
Laureati regolari	26,3 %

Dipartimento di Economia e Giurisprudenza	Classe	Sede	Accesso	Posti a bando
Corsi di laurea				
Economia aziendale	L-18	Cassino, Frosinone	🔓	
Economia e commercio	L-33	Cassino	🔓	
Servizi giuridici per le organizzazione pubbliche e dello sport	L-14	Cassino	🔓	
Corsi di laurea magistrale				
Economia e diritto d'impresa	LM-77	Cassino	🔓	
Economics and entrepreneurship (in inglese)	LM-56	Cassino	🔓	
Global economy and business (in inglese)	LM-56	Cassino	🔓	
Management	LM-77	Cassino	🔓	
Corsi di laurea magistrale a ciclo unico				
Giurisprudenza	LMG-01	Cassino	🔓	

Dipartimento di Ingegneria Civile e Meccanica	Classe	Sede	Accesso	Posti a bando
Corsi di laurea				
Ingegneria civile ed ambientale	L-7	Cassino, Frosinone	🔓	
Ingegneria industriale	L-9	Cassino, Frosinone	🔓	
Corsi di laurea magistrale				
Ingegneria civile, per l'ambiente e del territorio	LM-23, LM-35	Cassino	🔓	
Ingegneria gestionale	LM-31	Frosinone	🔓	
Ingegneria meccanica	LM-33	Cassino	🔓	
Mechanical engineering	LM-33	Cassino	🔓	

Dipartimento di Ingegneria Elettrica e dell'Informazione	Classe	Sede	Accesso	Posti a bando
Corsi di laurea				
Ingegneria informatica e delle telecomunicazioni	L-8	Cassino	🔓	
Corsi di laurea magistrale				
Ingegneria elettrica	LM-28	Cassino	🔓	

Dipartimento di Ingegneria Elettrica e dell'Informazione	Classe	Sede	Accesso	Posti a bando
Ingegneria informatica	LM-32	Cassino	🔓	
Telecommunications engineering (in inglese)	LM-27	Cassino	🔓	
Civil and environmental engineering	LM-23	Cassino	🔓	

Dipartimento di Lettere e Filosofia	Classe	Sede	Accesso	Posti a bando
Corsi di laurea				
Lettere	L-10	Cassino	🔓	
Corsi di laurea magistrale				
Lettere	LM-14	Cassino	🔓	

Dipartimento di Scienze Umane, Sociali e della Salute	Classe	Sede	Accesso	Posti a bando
Corsi di laurea				
Lingue e letterature moderne	L-11	Cassino	🔓	
Scienze dell'educazione e della formazione	L-19	Cassino	🔓	
Scienze motorie	L-22	Cassino	🔒	180
Servizio sociale	L-39	Cassino	🔓	
Corsi di laurea magistrale				
Lingue e letterature moderne per i servizi interculturali, la mediazione linguistica e la cooperazione internazionale	LM-37/ LM-38	Cassino	🔓	
Politiche sociali e servizio sociale	LM-87	Cassino	🔓	
Scienze e tecniche delle attività motorie preventive e adattative	LM-67	Cassino	🔒	75
Scienze pedagogiche	LM-85	Cassino	🔓	

6.13 | Castellanza

LIUC-Libero Istituto Universitario "Carlo Cattaneo"

Sede centrale	Corso Matteotti 22, 21053 Castellanza (VA), tel.: 0331 572111, e-mail: info@liuc.it, sito: liuc.it
Ente per il diritto allo studio	Corso Matteotti 22, 21053 Castellanza (VA), tel.: 0331 572426, fax: 0331 572452, e-mail dirstud@liuc.it
Ufficio orientamento	Corso Matteotti 22, 21053 Castellanza (VA), tel.: 0331 572300, e-mail: orientamento@liuc.it
Referente per il sostegno agli studenti disabili	Corso Matteotti 22, 21053 Castellanza (VA), tel.: 0331 572550, e-mail: eminelli@liuc.it, etosi@liuc.it, sito: cald.it
Ufficio relazioni internazionali	Corso Matteotti 22, 21053 Castellanza (VA), tel.: 0331 572544, e-mail: international@liuc.it
CUS	Corso Matteotti 22, 21053 Castellanza (VA), tel.: 0331 572322, e-mail: dboselli@liuc.it, extradidattiche@liuc.it
	I numeri dell'Università
Corsi	2 di laurea, 2 di laurea magistrale
Docenti	ordinari: 19; associati: 12; ricercatori: 5
Studenti	2.124 iscritti (di cui 748 donne, 1553 studenti in corso e 266 matricole)
Laureati	539 (di cui 2122 donne)
Laureati regolari	71,4 %

Nato nel 1991 per iniziativa dell'Unione degli Industriali della Provincia di Varese, il **Libero Istituto Universitario "Carlo Cattaneo"** si propone di fornire ai futuri dirigenti d'azienda, imprenditori e *manager* una preparazione culturale e tecnica polivalente. Il percorso di studi è fortemente orientato all'immediato inserimento nel mondo del lavoro ed è supportato dalla modernità ed efficienza delle strutture didattiche e di ricerca. Il Libero Istituto Carlo Cattaneo ha sede in un prestigioso edificio progettato dall'architetto Aldo Rossi.

Scuola di Economia e Management	Classe	Sede	Accesso	Posti a bando
Corsi di laurea				
Economia aziendale	L-18	Castellanza	🔓	
Corsi di laurea magistrale				
Economia aziendale e management	LM-77	Castellanza	🔓	

Scuola di Ingegneria industriale	Classe	Sede	Accesso	Posti a bando
Corsi di laurea				
Ingegneria gestionale	L-9	Castellanza	🔓	
Corsi di laurea magistrale				
Ingegneria gestionale	LM-31	Castellanza	🔓	

6.14 | Catania

Università degli Studi di Catania

Sede centrale Piazza dell'Università 2, 95131 Catania,
Numero verde: 800 644590-800 894327
sito: unict.it

Sedi decentrate Ragusa, Siracusa

Ente per il diritto allo studio Via Etnea 570, 95128 Catania, tel.: 095 7517910 ,
e-mail: urp@ersucatania.gov.it, sito: ersu.unict.it

Ufficio orientamento Via A. di Sangiuliano 197, 95125 Catania,
tel.: 095 7307033, fax: 095 312976,
e-mail: cof@unict.it, sito: cof.unict.it

Ufficio per il sostegno agli studenti disabili Via A. di Sangiuliano 259, 95125 Catania, tel.: 095 7307181/2/3,
e-mail: cinap1@unict.it, cinap2@unict.it

Ufficio relazioni internazionali Via S. Maria del Rosario 9, 95131 Catania, tel.: 095 7307474,
fax: 095 7307105, e-mail:uri@unict.it

CUS Viale A. Doria 6, 95125 Catania,
tel.: 095 336327, fax: 095 5336478,
e-mail: info@cuscatania.it, sito: cuscatania.it

I numeri dell'Università

Corsi 45 di laurea, 50 di laurea magistrale e 7 a ciclo unico

Docenti ordinari: 327; associati: 431; ricercatori: 180

Studenti 42.137 iscritti (di cui 24.483 donne, 24904 studenti in corso e 5.756 matricole)

Laureati 6.441 (di cui 3.907 donne)

Laureati regolari 19,5 %

Nata come *studium generale* nel 1434 con il benestare del re Alfonso d'Aragona, l'**Università degli Studi di Catania** è la più antica sede universitaria della Sicilia. Attualmente costituisce un importante polo universitario del Mezzogiorno e intrattiene molti rapporti con istituti e centri di ricerca del CNR, oltre a collaborare con numerosi atenei europei.

Dipartimento di Agricoltura, Alimentazione e Ambiente	Classe	Sede	Accesso	Posti a bando
Corsi di laurea				
Pianificazione e sostenibilità ambientale del territorio e del paesaggio	L-21	Catania	🔓	
Scienze e tecnologie agrarie	L-25	Catania	🔓	
Scienze e tecnologie alimentari	L-26	Catania	🔓	
Corsi di laurea magistrale				
Biotecnologie agrarie	LM-7	Catania	🔓	
Salvaguardia del territorio, dell'ambiente e del paesaggio	LM-75	Catania	🔓	
Scienze e tecnologie agrarie (in inglese)	LM-69	Catania	🔓	
Scienze e tecnologie alimentari	LM-70	Catania	🔓	

Dipartimento di Architettura	Classe	Sede	Accesso	Posti a bando
Corsi di laurea magistrale a ciclo unico				
Architettura	LM-4	Siracusa	🔒	100

Dipartimento di Economia e Impresa	Classe	Sede	Accesso	Posti a bando
Corsi di laurea				
Economia	L-33	Catania	🔒	260
Economia aziendale	L-18	Catania	🔒	555
Corsi di laurea magistrale				
Direzione aziendale	LM-77	Catania	🔓	
Economia e management del territorio e del turismo	LM-56	Catania	🔓	
Finanza aziendale	LM-77	Catania	🔓	
Data science for management (in inglese)	LM-91	Catania	🔒	65

Dipartimento di Fisica ed Astronomia	Classe	Sede	Accesso	Posti a bando
Corsi di laurea				
Fisica	L-30	Catania	🔓	
Corsi di laurea magistrale				
Physics (in inglese)	LM-17	Catania	🔓	

Dipartimento di Giurisprudenza	Classe	Sede	Accesso	Posti a bando
Corsi di laurea magistrale a ciclo unico				
Giurisprudenza	LMG-01	Catania	🔓	

Dipartimento di Ingegneria Civile e Architettura	Classe	Sede	Accesso	Posti a bando
Corsi di laurea				
Ingegneria civile e ambientale	L-7	Catania	🔓	
Corsi di laurea magistrale				
Ingegneria civile delle acque e dei trasporti	LM-23	Catania	🔓	
Ingegneria civile strutturale e geotecnica	LM-23	Catania	🔓	

Dipartimento di Ingegneria Civile e Architettura	Classe	Sede	Accesso	Posti a bando
Ingegneria per l'ambiente e il territorio	LM-35	Catania	🔓	
Corsi di laurea magistrale a ciclo unico				
Ingegneria edile-architettura	LM-4	Catania	🔒	100

Dipartimento di Ingegneria Elettrica, Elettronica e Informatica	Classe	Sede	Accesso	Posti a bando
Corsi di laurea				
Ingegneria elettronica	L-8	Catania	🔓	
Ingegneria informatica	L-8	Catania	🔓	
Corsi di laurea magistrale				
Automation engineering and control of complex systems	LM-25	Catania	🔓	
Elettrical engineering	LM-28	Catania	🔓	
Ingegneria delle telecomunicazioni	LM-27	Catania	🔓	
Elettronic engineering	LM-29	Catania	🔓	
Ingegneria informatica	LM-32	Catania	🔓	

Dipartimento di Ingegneria Industriale	Classe	Sede	Accesso	Posti a bando
Corsi di laurea				
Ingegneria industriale	L-9	Catania	🔓	
Corsi di laurea magistrale				
Chemical engineering for industrial sustainability	LM-22	Catania	🔓	
Ingegneria gestionale	LM-31	Catania	🔓	
Ingegneria meccanica (in inglese)	LM-33	Catania	🔓	

Dipartimento di Lingue e Letterature Straniere	Classe	Sede	Accesso	Posti a bando
Corsi di laurea				
Mediazione linguistica e interculturale	L-12	Ragusa	🔒	300
Corsi di laurea magistrale				
Lingue per la cooperazione internazionali	LM-38	Catania	🔓	

Dipartimento di Matematica e Informatica	Classe	Sede	Accesso	Posti a bando
Corsi di laurea				
Informatica	L-31	Catania	🔒	150
Matematica	L-35	Catania	🔓	
Corsi di laurea magistrale				
Informatica	LM-18	Catania	🔓	
Matematica	LM-40	Catania	🔓	

Dipartimento di Scienze Biologiche, Geologiche e Ambientali	Classe	Sede	Accesso	Posti a bando
Corsi di laurea				
Scienze ambientali e naturali	L-32	Catania	🔒	100
Scienze biologiche	L-13	Catania	🔒	300
Scienze geologiche	L-34	Catania	🔓	

Dipartimento di Scienze Biologiche, Geologiche e Ambientali	Classe	Sede	Accesso	Posti a bando
Corsi di laurea magistrale				
Biologia ambientale	LM-6	Catania	🔓	
Biologia sperimentale e applicata	LM-6	Catania	🔓	
Scienze geofisiche	LM-79	Catania	🔓	
Scienze geologiche	LM-74	Catania	🔓	

Dipartimento di Scienze Biomediche e Biotecnologiche	Classe	Sede	Accesso	Posti a bando
Corsi di laurea				
Biotecnologie	L-2	Catania	🔒	200
Scienze motorie	L-22	Catania	🔒	250
Corsi di laurea magistrale				
Biotecnologie mediche	LM-9	Catania	🔒	40

Dipartimento di Scienze Chimiche	Classe	Sede	Accesso	Posti a bando
Corsi di laurea				
Chimica	L-27	Catania	🔓	
Chimica industriale	L-27	Catania	🔓	
Corsi di laurea magistrale				
Scienze chimiche	LM-54	Catania	🔒	100

Dipartimento di Scienze del Farmaco	Classe	Sede	Accesso	Posti a bando
Corsi di laurea				
Scienze farmaceutiche applicate	L-29	Catania	🔒	190
Corsi di laurea magistrale a ciclo unico				
Chimica e tecnologia farmaceutiche	LM-13	Catania	🔒	130
Farmacia	LM-13	Catania	🔒	140

Dipartimento di Scienze della Formazione	Classe	Sede	Accesso	Posti a bando
Corsi di laurea				
Scienze del turismo	L-15	Catania	🔒	200
Scienze dell'educazione e della formazione	L-19	Catania	🔒	350
Scienze e tecniche psicologiche	L-24	Catania	🔒	350
Scienze e tecnologie per la ristorazione e distribuzione degli alimenti mediterranei	L-26	Catania	🔒	100
Corsi di laurea magistrale				
Psicologia	LM-51	Catania	🔒	100
Scienze pedagogiche e progettazione educativa	LM-85	Enna	🔒	100

Dipartimento di Scienze Politiche e Sociali	Classe	Sede	Accesso	Posti a bando
Corsi di laurea				
Scienze dell'amministrazione e dell'organizzazione	L-16	Catania	🔓	
Sociologia e servizio sociale	L-39 / L-40	Catania	🔒	250
Storia, politica e relazioni internazionali	L-36	Catania	🔓	
Corsi di laurea magistrale				
Global politics and euromediterranean relations (in inglese)	LM-62	Catania	🔓	

Dipartimento di Scienze Politiche e Sociali	Classe	Sede	Accesso	Posti a bando
Internazionalizzazione delle relazioni commerciali	LM-52	Catania	🔓	
Politiche e servizi sociali	LM-87	Catania	🔓	
Management della pubblica amministrazione	LM-63	Catania	🔓	
Sociologia delle reti, dell'informazione e dell'innovazione	LM-88	Catania	🔓	
Storia e cultura dei Paesi mediterranei	LM-84	Catania	🔓	

Dipartimento di Scienze Umanistiche	Classe	Sede	Accesso	Posti a bando
Corsi di laurea				
Beni culturali	L-1	Catania	🔒	265
Filosofia	L-5	Catania	🔒	150
Lettere	L-10	Catania	🔒	344
Lingue e culture europee euroamericane ed orientali	L-11	Catania	🔒	450
Scienze e lingue per la comunicazione	L-20	Catania	🔒	388
Corsi di laurea magistrale				
Archeologia	LM-2	Catania	🔓	
Comunicazione della cultura e dello spettacolo	LM-65	Catania	🔓	
Filologia classica	LM-15	Catania	🔓	
Filologia moderna	LM-14	Catania	🔓	
Lingue e letterature comparate	LM-37	Catania	🔓	
Scienze filosofiche	LM-78	Catania	🔓	
Storia dell'arte e beni culturali	LM-89	Siracusa	🔓	
Scienze linguistiche per l'intercultura e formazione	LM-39	Ragusa	🔓	
Scienze del testo per le professioni digitali	LM-43	Catania	🔒	50

Scuola di Medicina	Classe	Sede	Accesso	Posti a bando
Corsi di laurea				
Dietistica	L/SNT3	Catania	🔒	12
Fisioterapia	L/SNT2	Catania	🔒	36
Infermieristica	L/SNT1	Catania	🔒	200
Logopedia	L/SNT2	Catania	🔒	25
Ortottica ed assistenza oftalmologica	L/SNT2	Catania	🔒	13
Ostetricia	L/SNT1	Catania	🔒	26
Tecnica della riabilitazione psichiatrica	L/SNT2	Catania	🔒	16
Terapia occupazionale	L/SNT2	Troina	🔒	41
Tecniche audioprotesiche	L/SNT3	Catania	🔒	15
Tecniche di fisiopatologia cardiocircolatoria e perfusione cardiovascolare	L/SNT3	Catania	🔒	13
Tecniche di laboratorio biomedico	L/SNT3	Catania	🔒	16
Tecniche di radiologia medica, per immagini e radioterapia	L/SNT3	Catania	🔒	14
Corsi di laurea magistrale				
Scienze e tecniche delle attività motorie preventive e adattate	LM-67	Catania	🔒	53
Scienze infermieristiche ed ostetriche	LM/SNT1	Catania	🔒	65
Scienze riabilitative delle professioni sanitarie	LM/SNT2	Catania	🔒	40
Corsi di laurea magistrale a ciclo unico				
Medicina e chirurgia	LM-41	Catania	🔒	401
Odontoiatria e protesi dentaria	LM-46	Catania	🔒	26

6.15 | Catanzaro

L'**Università degli Studi di Catanzaro** è stata istituita con decreto ministeriale nel 1997 e nasce dalla divisione di alcune Facoltà dall'ateneo di Reggio Calabria. L'offerta didattica si basa sulle Facoltà di Farmacia, Medicina e chirurgia e Giurisprudenza.

Università degli Studi di Catanzaro "Magna Graecia"

Sede centrale Viale Europa, Loc. Germaneto, 88100 Catanzaro, tel.: 0961 3694001, numero verde; 800 453 444, sito: unicz.it

Sedi decentrate Roccelletta di Borgia

Ente per il diritto allo studio Via Alberghi 8, 88100 Catanzaro, tel.: 0961 3694508, e-mail: dirittoallostudio@fondazioneumg.it

Ufficio orientamento Viale Europa, Loc. Germaneto, 88100 Catanzaro, tel.: 0961 3696128/35, fax: 0961 3696120 e-mail: comunicazione.istituzionale@unicz.it

Ufficio per il sostegno agli studenti disabili Viale Europa, loc. Germaneto, 88100 Catanzaro, tel.: 0961 3695735, e-mail: rispoli@unicz.it

Ufficio relazioni internazionali Viale Europa, Località Germaneto, 88100 Catanzaro, tel.: 0961 3696074, fax: 0961 3696150, e-mail: socrates@unicz.it

CUS Viale Europa, Località Germaneto, 88100 Catanzaro, tel.: 389 1350370, e-mail: info@cuscatanzaro.it, sito: cuscatanzaro.it

I numeri dell'Università

Corsi 16 di laurea, 7 di laurea magistrale e 4 a ciclo unico

Docenti ordinari: 80; associati: 84; ricercatori: 49

Studenti 10.383 iscritti (di cui 6.277 donne, 6400 studenti in corso e 1589 matricole)

Laureati 1.549 (di cui 946 donne)

Laureati regolari 13,6 %

Dipartimento di Scienze Giuridiche, Storiche, Economiche e Sociali	Classe	Sede	Accesso	Posti a bando
Corsi di laurea				
Economia aziendale	L-18	Catanzaro	🔒	250
Organizzazione delle amministrazioni pubbliche e private	L-16	Catanzaro	🔒	200.
Sociologia	L-40	Catanzaro	🔒	250
Scienze delle investigazioni	L-14	Catanzaro	🔒	100
Corsi di laurea magistrale				
Economia aziendale e management	LM-77	Catanzaro	🔒	100
Scienze delle amministrazioni e delle organizzazioni complesse	LM-63	Catanzaro	🔒	100
Corsi di laurea magistrale a ciclo unico				
Giurisprudenza	LMG-01	Catanzaro	🔒	250

Scuola di Farmacia e Nutraceutica	Classe	Sede	Accesso	Posti a bando
Corsi di laurea				
Biotecnologie	L-2	Catanzaro	🔒	150
Scienze e tecnologie delle produzioni animali	L-38	Catanzaro	🔒	100
Corsi di laurea magistrale a ciclo unico				
Farmacia	LM-13	Catanzaro	🔒	100

Scuola di Medicina e Chirurgia	Classe	Sede	Accesso	Posti a bando
Corsi di laurea				
Fisioterapia	L /SNT2	Catanzaro	🔒	75
Infermieristica	L /SNT1	Catanzaro	🔒	375
Ingegneria informatica e biomedica	L-8	Catanzaro	🔒	180
Dietistica	L/SNT3	Catanzaro	🔒	40
Tecniche di radiologia medica, per immagini e radioterapia	L/SNT3	Catanzaro	🔒	180
Assistenza sanitaria	L /SNT4	Catanzaro	🔒	40
Scienze motorie e sportive	L-22	Catanzaro	🔒	180
Scienze e tecniche di psicologia cognitiva	L-24	Catanzaro	🔒	250
Tecniche di laboratorio biomedico	L/SNT3	Catanzaro	🔒	40
Tecniche della prevenzione nell'ambiente e nei luoghi di lavoro	L/SNT4	Catanzaro	🔒	180
Corsi di laurea magistrale				
Biotecnologie mediche, veterinarie e farmaceutiche	Catanzaro	LM-13	🔒	65
Ingegneria biomedica	Catanzaro	LM-21	🔒	80
Psicologia cognitiva e neuroscienze	Catanzaro	LM-51	🔒	100
Scienze infermieristiche e ostetriche	Catanzaro	LM/SNT1	🔒	100
Scienze e tecniche dello sport e delle attività motorie preventive e adattate	Catanzaro	LM-67, LM-68	🔓	
Corsi di laurea magistrale a ciclo unico				
Medicina e chirurgia	LM-41	Catanzaro	🔒	280
Odontoiatria e protesi dentaria	LM-26	Catanzaro	🔒	20

6.16 | Chieti e Pescara

Università degli Studi "Gabriele D'Annunzio"

Sede centrale Chieti: Via dei Vestini 31, 66013 Chieti Scalo (CH), tel.: 0871 3551, fax: 0871 3556031
Pescara: Viale Pindaro 42, 65127 Pescara, tel.: 085 45371, sito: unich.it

Ente per il diritto allo studio Viale Unità d'Italia 32/A, 66013 Chieti Scalo, tel.: 0871 561740 , fax: 0871 560062, sito: adsuch.it, e-mail: mario.vaccarili@adsuch.it

Ufficio orientamento Chieti: via dei Vestini 31, tel.: 0871 3556009, fax: 0871 3556038,
Pescara: viale Pindaro 42, tel. e fax: 085 4537003,
e-mail: orientamento@unich.it

Ufficio per il sostegno agli studenti disabili Via dei Vestini 31, 66013 Chieti Scalo (CH), Edificio Rettorato, tel.: 0871 3555214, fax: 0871 3555212, e-mail: info@unich.it

Ufficio relazioni internazionali	Via dei Vestini 31, 66013 Chieti Scalo (CH), tel. e fax: 0871 356052/53754, e-mail: uri1@unich.it
CUS	Viale Abruzzo 322, 66013 Chieti Scalo tel.: 0871 5871107, fax: 0871 560744, e-mail: cus@unich.it
	I numeri dell'Università
Corsi	35 di laurea, 23 di laurea magistrale e 5 a ciclo unico
Docenti	ordinari: 192; associati: 272; ricercatori: 150
Studenti	24.225 iscritti (di cui 15.410 donne, 22241 studenti in corso e 3.682 matricole)
Laureati	4.971 (di cui 3.391 donne)
Laureati regolari	30,8 %

L'Università degli Studi Gabriele D'Annunzio è stata costituita negli anni Settanta con corsi di laurea in Ingegneria, Scienze economiche, Scienze sociali e Fisica. L'ateneo ha carattere residenziale e la frequenza dei corsi è obbligatoria e controllata. A disposizione degli studenti e dei docenti c'è un campus organizzato in quartieri, che accoglie numerosi studenti provenienti da diverse regioni, quali la Puglia, le Marche, il Molise, la Campania, ma anche il Piemonte, la Lombardia e la Liguria.

Area Sanitaria	Classe	Sede	Accesso	Posti a bando
Corsi di laurea				
Assistenza sanitaria	L/SNT4	Chieti	🔒	40
Dietistica	L/SNT3	Chieti	🔒	16
Fisioterapia	L/SNT2	Chieti	🔒	44
Igiene dentale	L/SNT3	Chieti	🔒	16
Infermieristica	L/SNT1	Chieti, Pescara, Vasto	🔒	250
Ortottica e assistenza oftalmologica	L/SNT2	Chieti	🔒	23
Ostetricia	L/SNT1	Chieti	🔒	32
Tecniche della prevenzione nell'ambiente e nei luoghi di lavoro	L/SNT4	Chieti	🔒	19
Tecniche di fisiopatologia cardiocircolatoria e perfusione cardiovascolare	L/SNT/3	Chieti	🔒	25
Tecniche di laboratorio biomedico	L/SNT3	Chieti	🔒	16
Tecniche di radiologia medica, per immagini e radioterapia	L/SNT3	Chieti	🔒	37
Tecnologie eco-sostenibili e tossicologia ambientale	L-9	Chieti	🔒	25
Terapia occupazionale	L/SNT2	Chieti	🔒	25
Logopedia	L/SNT2	Chieti	🔒	26
Corsi di laurea magistrale				
Scienze infermieristiche ed ostetriche	LM/SNT1	Chieti	🔒	36
Corsi di laurea magistrale a ciclo unico				
Chimica e tecnologia farmaceutiche	LM-13	Chieti	🔒	100
Farmacia	LM-13	Chieti	🔒	180
Medicina e chirurgia	LM-41	Chieti	🔒	190
Odontoiatria e protesi dentaria	LM-46	Chieti	🔒	70

Area Scientifica	Classe	Sede	Accesso	Posti a bando
Corsi di laurea				
Design	L-4	Pescara	🔒	80
Ingegneria delle costruzioni	L-23	Pescara	🔓	
Scienze delle attività motorie e sportive	L-22	Chieti	🔒	430
Scienze geologiche	L-34	Chieti	🔓	
Ingegneria biomedica	L-9	Pescara	🔓	
Professioni tecniche per l'edilizia e il territorio	L-P01	Pescara	🔒	50
Scienze dell'habitat sostenibile	L-21	Pescara	🔒	80
Corsi di laurea magistrale				
Ingegneria delle costruzioni	LM-24	Pescara	🔓	
Eco-inclusive design	LM-12	Pescara	🔒	40
Scienze e tecnologie geologiche della Terra e dei pianeti	LM-74	Chieti	🔓	
Scienza dell'alimentazione e della salute	LM-61	Chieti	🔓	
Scienze a tecniche delle attività motorie preventive e adattate	LM-67	Chieti	🔓	
Corsi di laurea magistrale a ciclo unico				
Architettura	LM-4	Pescara	🔒	125

Area Sociale	Classe	Sede	Accesso	Posti a bando
Corsi di laurea				
Economia aziendale	L-18	Pescara	🔓	
Economia e commercio	L-33	Pescara	🔓	
Economia e managementþ	L-18	Pescara	🔓	
Economia e informatica per l'impresa	L-33	Pescara	🔓	
Economia, imprese e mercati finanziari	L-33	Pescara	🔓	
Scienze e tecniche psicologiche	L-24	Chieti	🔒	638
Servizio sociale	L-39	Chieti	🔓	
Servizi giuridici per l'impresa	L-14	Pescara	🔓	
Sociologia e criminologia	L-40	Chieti	🔓	
Corsi di laurea magistrale				
Economia aziendale	LM-77	Pescara	🔓	
Economia e commercio	LM-56	Pescara	🔓	
Economia e management	LM-77	Pescara	🔓	
Management, finanza e sviluppo	LM-56	Pescara	🔓	
Economics and behavioral sciences	LM-56	Pescara	🔓	
Economia e business analytics	LM-56	Pescara	🔓	
Politiche del management per il Welfare	LM-87	Chieti	🔓	
Psicologia	LM-51	Chieti	🔒	130

Area Sociale	Classe	Sede	Accesso	Posti a bando
Psicologia clinica e della salute	LM-51	Chieti	🔒	216
Ricerca sociale, politiche della sicurezza e criminalità	LM-88	Chieti	🔓	
Digital marketing	LM-77	Pescara	🔓	
Scienze giuridiche per l'internazionalizzazione e l'innovazione d'impresa	LM/SC-GIUR	Pescara	🔓	

Area Umanistica	Classe	Sede	Accesso	Posti a bando
Corsi di laurea				
Beni culturali	L-1	Chieti	🔓	
Filosofia e scienze dell'educazione	L-5 / L-19	Chieti	🔓	
Lettere	L -10	Chieti	🔓	
Lingue e letterature straniere	L -11	Pescara	🔓	
Mediazione linguistica e comunicazione interculturale	L -12	Pescara	🔓	
Corsi di laurea magistrale				
Beni archeologici e storico-artistici	LM-2 / LM-89	Chieti	🔓	
Filologia, linguistica e tradizioni letterarie	LM-14 /LM-15	Chieti	🔓	
Lingue, letterature e culture moderne	LM -37	Pescara	🔓	
Lingue straniere per l'impresa e la cooperazione internazionale	LM -38	Pescara	🔓	
Scienze filosofiche	LM-78	Chieti	🔓	

6.17 | Cosenza

Università degli Studi della Calabria

Sede centrale Via Pietro Bucci, 87036 Arcavacata di Rende (CS), tel.: 0984 4911, sito: unical.it

Sedi decentrate Crotone

Ente per il diritto allo studio Via A. Savinio, 87036 Arcavacata di Rende (CS), tel.: 0984 8325000, fax: 0984 837797, e-mail: dir.cresid@unical.it

Ufficio orientamento Via Pietro Bucci, 87036 Arcavacata di Rende (CS), tel.: 0984 493883, fax: 0984 493681, e-mail: orientamentostudenti@unical.it

Ufficio per il sostegno agli studenti disabili Via Pietro Bucci, 87036 Arcavacata di Rende (CS), Dip. Scienze dell'Educazione, Cubo 18/B tel.: 0984 493613, fax: 0984 494938, e-mail: ufficio.disabili@unical.it

Ufficio relazioni internazionali Via Pietro Bucci, 87036 Arcavacata di Rende (CS), Cubo 7-11/B tel.: 0984 493793, e-mail: relazioni.internazionali@unical.it

CUS Via P. Bucci, 87036 Arcavata di Rende (CS), tel.: 0984 401443, fax: 0984 401455, e-mail: cus@unical.it , sito: cuscosenza.it

I numeri dell'Università

Corsi 33 di laurea, 37 di laurea magistrale e 7 a ciclo unico

Docenti ordinari: 142; associati: 307; ricercatori: 344

Studenti 25.915 iscritti (di cui 14.999 donne, 18152 studenti in corso e 3678 matricole)

Laureati 4.481 (di cui 2.689 donne)

Laureati regolari 22,8 %

Per la maggiore efficacia della propria azione formativa, l'**Università degli Studi della Calabria** sorta nel 1968, nel rispetto della sua legge istitutiva, ha carattere residenziale e la frequenza dei suoi corsi è obbligatoria e controllata. La caratteristica che distingue l'ateneo calabrese è la possibilità per gli studenti (e per i docenti) di abitare nel centro residenziale, dotato di strutture sportive, ricreative, associative e sanitarie, a loro destinato. L'università svolge attività di ricerca scientifica in collaborazione con altri organismi pubblici e privati, internazionali e nazionali, oltre che con la Regione Calabria e i suoi enti locali, riservando una particolare attenzione al settore dell'informatica e della sistemistica.

Dipartimento di Biologia, Ecologia e Scienze della Terra	Classe	Sede	Accesso	Posti a bando
Corsi di laurea				
Biologia	L-13	Arcavata di Rende	🔒	110
Scienze e tecnologie biologiche	L-13 / L-2	Arcavata di Rende	🔒	65
Scienze geologiche	L-34	Arcavata di Rende	🔒	50
Scienze naturali	L-32	Arcavata di Rende	🔒	75
Corsi di laurea magistrale				
Biodiversità e sistemi naturali	LM-60	Arcavata di Rende	🔒	50
Biologia	LM-6	Arcavata di Rende	🔒	65
Biotecnologie per la salute	LM-9	Arcavata di Rende	🔒	40
Scienze geologiche	LM-74	Arcavata di Rende	🔒	50
Corsi di laurea magistrale a ciclo unico				
Conservazione e restauro dei beni culturali	LMR-02	Arcavata di Rende	🔒	5

Dipartimento di Chimica e Tecnologie Chimiche	Classe	Sede	Accesso	Posti a bando
Corsi di laurea				
Chimica	L-27	Arcavata di Rende	🔒	70
Corsi di laurea magistrale				
Chimica (in inglese)	LM-54	Arcavata di Rende	🔒	35

Dipartimento di Farmacia e Scienze della Salute e della Nutrizione	Classe	Sede	Accesso	Posti a bando
Corsi di laurea				
Informazione scientifica del farmaco e dei prodotti della salute	L-29	Arcavata di Rende	🔒	160
Scienza della nutrizione	L-29	Arcavata di Rende	🔒	150
Corsi di laurea magistrale				
Scienze della nutrizione	LM–61	Arcavata di Rende	🔒	65
Corsi di laurea magistrale a ciclo unico				
Chimica e tecnologie farmaceutiche	LM-13	Arcavata di Rende	🔒	100

Dipartimento di Farmacia e Scienze della Salute e della Nutrizione	Classe	Sede	Accesso	Posti a bando
Farmacia	LM-13	Arcavata di Rende	🔒	100
Medicina (interateneo)	LM-41	Arcavata di Rende	🔒	60

Dipartimento di Fisica	Classe	Sede	Accesso	Posti a bando
Corsi di laurea				
Fisica	L-30	Arcavata di Rende	🔒	75
Corsi di laurea magistrale				
Fisica (in inglese)	LM-17	Arcavata di Rende	🔒	75

Dipartimento di Ingegneria Civile	Classe	Sede	Accesso	Posti a bando
Corsi di laurea				
Ingegneria civile	L-7	Arcavata di Rende	🔒	150
Corsi di laurea magistrale				
Ingegneria civile	LM-23	Arcavata di Rende	🔒	140
Corsi di laurea magistrale a ciclo unico				
Ingegneria edile-Architettura	LM-4	Arcavata di Rende	🔒	100

Diaprtimento di Ingegneria Informatica, Modellistica, Elettronica e Sistemica	Classe	Sede	Accesso	Posti a bando
Corsi di laurea				
Ingegneria elettronica	L-8	Arcavata di Rende	🔒	100
Ingegneria informatica	L-8	Arcavata di Rende	🔒	240
Informatica	L-31	Arcavata di Rende	🔒	131
Corsi di laurea magistrale				
Robotics and Automation Engineering	LM-25	Arcavata di Rende	🔒	30
Ingegneria delle telecomunicazioni (in inglese)	LM-27	Arcavata di Rende	🔒	30
Ingegneria elettronica	LM-29	Arcavata di Rende	🔒	50
Ingegneria informatica	LM-32	Arcavata di Rende	🔒	50
Artificial Intelligence and Computer science (in inglese)	LM-18	Arcavata di Rende	🔒	60
Computer engineerng for the internet of things (in inglese)	LM-32	Arcavata di Rende	🔒	50

Dipartimento di Ingegneria Meccanica, Energetica e Gestionale	Classe	Sede	Accesso	Posti a bando
Corsi di laurea				
Ingegneria gestionale	L-8 / L-9	Arcavata di Rende	🔒	189
Ingegneria meccanica	L-9	Arcavata di Rende	🔒	189

Dipartimento di Ingegneria Meccanica, Energetica e Gestionale	Classe	Sede	Accesso	Posti a bando
Corsi di laurea magistrale				
Ingegneria energetica	LM-30	Arcavata di Rende		60
Ingegneria gestionale	LM-31	Arcavata di Rende		120
Ingegneria meccanica	LM-33	Arcavata di Rende		80
Intelligence e analisi del rischio	LM/DS	Arcavata di Rende		20

Dipartimento di Ingegneria per l'Ambiente e il Territorio e Ingegneria Chimica	Classe	Sede	Accesso	Posti a bando
Corsi di laurea				
Ingegneria per l'ambiente e la sicurezza del territorio	L-7	Arcavata di Rende		150
Ingegneria chimica	L-9	Arcavata di Rende		189
Corsi di laurea magistrale				
Ingegneria chimica	LM-22	Arcavata di Rende		40
Ingegneria per l'ambiente e il territorio	LM-35	Arcavata di Rende		80

Dipartimento di Lingue e Scienze dell'Educazione	Classe	Sede	Accesso	Posti a bando
Corsi di laurea				
Scienze dell'educazione	L-19	Arcavata di Rende		198
Mediazione linguistica	L-12	Arcavata di Rende		200
Corsi di laurea magistrale				
Gestione e conservazione dei documenti digitali	LM-43	Arcavata di Rende		20
Scienze pedagogiche	LM-85	Arcavata di Rende		100
Scienze della formazione primaria	LM-85 bis	Arcavata di Rende		220

Dipartimento di Matematica e Informatica	Classe	Sede	Accesso	Posti a bando
Corsi di laurea				
Matematica	L-35	Arcavata di Rende		75
Corsi di laurea magistrale				
Matematica (in inglese)	LM-40	Arcavata di Rende		50

Dipartimento di Scienze Aziendali e Giuridiche	Classe	Sede	Accesso	Posti a bando
Corsi di laurea				
Economia aziendale	L-18	Arcavata di Rende		320
Scienze turistiche	L-15	Arcavata di Rende		150
Corsi di laurea magistrale				

Dipartimento di Scienze Aziendali e Giuridiche	Classe	Sede	Accesso	Posti a bando
Economia aziendale e management	LM-77	Arcavata di Rende	🔒	200
Valorizzazione dei sistemi turistico-culturali	LM-49	Arcavata di Rende	🔒	50
Corsi di laurea magistrale a ciclo unico				
Giurisprudenza	LMG-01	Arcavata di Rende	🔒	198

Dipartimento di Economia, Statistica e Finanza	Classe	Sede	Accesso	Posti a bando
Corsi di laurea				
Economia	L-33	Arcavata di Rende	🔒	230
Statistica per data science	L-41	Arcavata di Rende	🔒	75
Corsi di laurea magistrale				
Economia e commercio	LM-56	Arcavata di Rende	🔒	100
Finance and insurance (in inglese)	LM-16	Arcavata di Rende	🔒	60
Data science per le strategie aziendali	LM-82	Arcavata di Rende	🔒	60

Dipartimento di Scienze Politiche e Sociali	Classe	Sede	Accesso	Posti a bando
Corsi di laurea				
Scienze dell'amministrazione	L-16	Arcavata di Rende	🔒	125
Scienze politiche	L-36	Arcavata di Rende	🔒	120
Servizio sociale	L-39	Arcavata di Rende	🔒	84
Media e società digitale	L-20	Arcavata di Rende	🔒	45
Corsi di laurea magistrale				
Scienze per la cooperazione e lo sviluppo	LM-81	Arcavata di Rende	🔒	35
Scienze politiche e istituzioni comparate	LM-62	Arcavata di Rende	🔒	45
Scienze delle politiche e dei servizi sociali	LM-87	Arcavata di Rende	🔒	63
Scienze delle pubbliche amministrazioni	LM-63	Arcavata di Rende	🔒	85

Dipartimento di Studi Umanistici	Classe	Sede	Accesso	Posti a bando
Corsi di laurea				
Comunicazione e DAMS	L-3 / L-20	Arcavata di Rende	🔒	120
Filosofia e storia	L-5 / L-42	Arcavata di Rende	🔒	90
Lettere e beni culturali	L-1/ L-10	Arcavata di Rende	🔒	180
Lingue e culture moderne	L-11	Arcavata di Rende	🔒	180
Corsi di laurea magistrale				
Comunicazione e tecnologie dell'informazione	LM-92	Arcavata di Rende	🔒	30

Dipartimento di Studi Umanistici	Classe	Sede	Accesso	Posti a bando
DAMS Cinema, fotografia e performance	LM-65 / LM-89	Arcavata di Rende	🔒	30
Filologia moderna	LM-14	Arcavata di Rende	🔒	60
Lingue e letterature moderne	LM-37	Arcavata di Rende	🔒	60
Scienze dell'antichità	LM-15	Arcavata di Rende	🔒	30
Scienze filosofiche	LM-78	Arcavata di Rende	🔒	30
Scienze storiche	LM-84	Arcavata di Rende	🔒	50

6.18 | Cuneo

Università degli studi di Scienze Gastronomiche

Sede centrale Piazza Vittorio Emanuele 9, Località Pollenzo, 12042 Bra (CN), tel.: 0172 458511, fax: 0172 458500, e-mail: segreteria@unisg.it, sito: unisg.it

Ente per il diritto allo studio Via S. Croce 7, 12100 Cuneo, tel.: 0171 456901, sito: edisu.piemonte.it

Ufficio orientamento Per tutti questi riferimenti rivolgersi alla Sede Centrale o scrivere all'indirizzomail: info_studenti@unisg.it

Ufficio per il sostegno agli studenti disabili

Ufficio relazioni internazionali

CUS Cuneo: P.zza Torino 3, 12100 Cuneo, tel.: 349 8432066, e-mail: sportuniversitario.cuneo@custorino.it, sito: custorino.it

I numeri dell'Università

Corsi 1 di laurea e 1 di laurea magistrale

Docenti ordinari: 2; associati: 8; ricercatori: 3

Studenti 333 iscritti (di cui 161 donne, 234 studenti in corso e 77 matricole)

Laureati 105 (di cui 53 donne).

Laureati regolari 87,4 %

L'**Università di Scienze Gastronomiche**, unica nel suo genere nel panorama mondiale, è nata nel 2004, promossa da Slow Food, con la collaborazione di due Regioni: Emilia-Romagna e Piemonte. L'Università di Scienze Gastronomiche, non statale ma legalmente riconosciuta, sul modello di altri prestigiosi atenei italiani realizza le sue attività didattiche con il supporto di un'associazione autonoma e senza scopo di lucro (Associazione Amici dell'Università di Scienze Gastronomiche), che si occupa degli aspetti organizzativi ed economici.

Facoltà di Scienze Gastronomiche	Classe	Sede	Accesso	Posti a bando
Corsi di laurea				
Scienze gastronomiche	L-26	Bra	🔒	104
Corsi di laurea magistrale				
Management e innovazione per l'impresa alimentare (in inglese)	LM-49	Bra	🔒	40

6.19 | Enna

La **Libera Università della Sicilia Centrale Kore** è attiva dal 1994, ma lo stato le ha conferito l'autonomia soltanto nel 2004. È la più recente delle università della Sicilia e nasce su iniziativa della Fondazione Kore, una ONLUS che è emanazione diretta del Consorzio Ennese Universitario. Negli ultimi anni gli atenei di Catania e Palermo vi hanno decentrato diversi corsi.

Università degli Studi di Enna "Kore"

Sede centrale	Cittadella Universitaria, 94100 Enna, tel.: 0935 536536, sito: unikore.it
Ente per il diritto allo studio	Via S. Mazza 1, 94100 Enna, tel.: 0935 5327111, fax: 0935 532777 e-mail: ersuenna@ersuenna.it, sito: ersuenna.it
Ufficio orientamento	Cittadella Universitaria, 94100 Enna, tel.: 0935 536997, e-mail: ukepass@unikore.it
Ufficio per il sostegno agli studenti disabili	Rivolgersi all'Ente per il diritto allo studio
Ufficio relazioni internazionali	Cittadella Universitaria, 94100 Enna, tel.: 0935 536342, fax: 0935 536948, e-mail: kiro@unikore.it
CUS	n.d.

I numeri dell'università

Corsi	11 di laurea, 5 di laurea magistrale e 4 a ciclo unico
Docenti	ordinari: 19; associati: 73; ricercatori: 15
Studenti	5.197 iscritti (di cui 3.334 donne, 4132 studenti in corso e 908 matricole)
Laureati	1.151 (di cui 751 donne)
Laureati regolari	17,7 %

Facoltà di Ingegneria e Architettura	Classe	Sede	Accesso	Posti a bando
Corsi di laurea				
Ingegneria aerospaziale	L-9	Enna	🔓	
Ingegneria dei rischi ambientali e delle infrastrutture	L-7	Enna	🔓	
Ingegneria informatica	L-8	Enna	🔓	
Tecnologie per il Costruito e la Sostenibilità Ambientale	L.P01	Enna	🔓	
Corsi di laurea magistrale				
Ingegneria dell'intelligenza artificiale e della sicurezza informatica	LM-32	Enna	🔓	
Corsi di laurea magistrale a ciclo unico				
Architettura	LM-4	Enna	🔒	68

Facoltà di Scienze Economiche e Giuridiche	Classe	Sede	Accesso	Posti a bando
Corsi di laurea				
Economia e management	L-18	Enna	🔓	
Scienze strategiche e della sicurezza	L-DS	Enna	🔓	
Corsi di laurea magistrale				
Economia e direzione delle imprese	LM-77	Enna	🔓	
Corsi di laurea magistrale a ciclo unico				
Giurisprudenza	LMG-01	Enna	🔓	

Facoltà di Scienze dell'Uomo e della Società	Classe	Sede	Accesso	Posti a bando
Corsi di laurea				
Scienze delle attività motorie e sportive	L-22	Enna	🔓	
Scienze e tecniche psicologiche	L-24	Enna	🔓	
Servizio sociale e scienze criminologiche	L-39	Enna	🔓	
Corsi di laurea magistrale				
Psicologia clinica	LM-51	Enna	🔓	
Scienze e tecniche delle attività motorie preventive e adattate	LM-67	Enna	🔓	
Corsi di laurea magistrale a ciclo unico				
Medicina	LM-41	Enna	🔒	60

Facoltà di Studi Classici, Linguistici e della Formazione	Classe	Sede	Accesso	Posti a bando
Corsi di laurea				
Lettere	L-10	Enna		
Lingue e culture moderne	L-11	Enna	🔓	
Corsi di laurea magistrale				
Lingue per la comunicazione interculturale	LM-38	Enna	🔓	
Corsi di laurea magistrale a ciclo unico				
Scienze della formazione primaria	LM-85 bis	Enna	🔒	268

6.20 | Ferrara

Università degli Studi di Ferrara

Sede centrale Via Savonarola 9, 44121 Ferrara, tel.: 0532 293111, fax: 0532 293031, sito: unife.it

Sedi decentrate Bolzano, Cento, Codigoro, Pieve di Cento, Rovereto, Rovigo

Ente per il diritto allo studio Via Ariosto 35-Residenza S. Lucia, 44121 Ferrara, tel.: 0532 688408, fax: 0532 688423, e-mail: info@er-go.it, sito: er-go.it

Ufficio orientamento Via Savonarola 9, 44100 Ferrara, tel.: 0532 293395 / 293396, fax: 0532 293333, e-mail: orientamento@unife.it

Ufficio per il sostegno agli studenti disabili Via Savonarola 9, 44121 Ferrara, tel.: 0532 293366 , fax: 0532 293368, e-mail: servizio.disabilita@unife.it

Ufficio relazioni internazionali Via Savonarola 9, 44121 Ferrara, tel.: 0532 293493, fax: 0532 293203, e-mail: mob_int@unife.it

CUS Via Gramicia 41, 44123 Ferrara, tel.: 0532 708520 / 708522, fax: 0532 708585, e-mail: cus@unife.it, sito: cusferrara.it

I numeri dell'Università

Corsi 33 di laurea, 26 di laurea magistrale e 6 a ciclo unico

Docenti ordinari: 160; associati: 277; ricercatori: 96

Studenti 18.465 iscritti (di cui 10.587 donne, 11815 studenti in corso e 2410 matricole)

Laureati 2.975 (di cui 1.692 donne)

Laureati regolari 32,3 %

L'**Università degli Studi di Ferrara** è un ateneo di grande tradizione storica, la cui fondazione risale al 1391 per opera del marchese Alberto V d'Este. Piccola, tanto da offrire una possibilità di studio quasi personalizzata ai propri studenti, oggi è dotata di moderni impianti. Molte le personalità illustri che vi hanno studiato: Ludovico Ariosto, Pico della Mirandola, Paracelso, Nicolò Copernico. Il prestigio dell'università è testimoniato anche dall'ubicazione di buona parte delle strutture didattiche, ospitate in palazzi dell'epoca rinascimentale di particolare pregio architettonico come il fastoso palazzo di Renata di Francia.

Dipartimento di Architettura	Classe	Sede	Accesso	Posti a bando
Corsi di laurea				
Design del prodotto industriale	L-4	Ferrara	🔒	100
Corsi di laurea magistrale a ciclo unico				
Architettura	LM-4	Ferrara	🔒	150

Dipartimento di Economia e Management	Classe	Sede	Accesso	Posti a bando
Corsi di laurea				
Economia	L-18 / L-33	Ferrara	🔓	
Manager degli itinerari culturali	L-15	Ferrara	🔓	
Corsi di laurea magistrale				
Economiccs, management and policies for global challenge (in inglese)	LM-56	Ferrara	🔓	
Economia e management per la creazione di valore	LM-77	Ferrara	🔓	

Dipartimento di Fisica e Scienze della Terra	Classe	Sede	Accesso	Posti a bando
Corsi di laurea				
Fisica	L-30	Ferrara	🔓	
Scienze geologiche	L-34	Ferrara	🔓	
Corsi di laurea magistrale				
Physics (in inglese)	LM-17	Ferrara	🔓	
Scienze geologiche, georisorse e territorio	LM-74	Ferrara	🔓	

Dipartimento di Giurisprudenza	Classe	Sede	Accesso	Posti a bando
Corsi di laurea				
Scienze giuridiche della sicurezza e della prevenzione	L-14	Ferrara	🔓	
Corsi di laurea magistrale a ciclo unico				
Giurisprudenza	LMG-01	Ferrara, Rovigo	🔓	

Dipartimento di Ingegneria	Classe	Sede	Accesso	Posti a bando
Corsi di laurea				
Ingegneria civile e ambientale	L-7	Ferrara	🔓	
Ingegneria elettronica ed informatica	L-8	Ferrara, Cento	🔓	
Ingegneria meccanica	L-9	Ferrara, Cento	🔓	
Corsi di laurea magistrale				
Ingegneria civile	LM-23	Ferrara	🔓	
Ingegneria elettronica per l'ITC	LM-29	Ferrara	🔓	
Ingegneria informatica e dell'automazione	LM-32	Ferrara, Cento	🔓	
Ingegneria meccanica	LM-33	Ferrara, Cento	🔓	

Dipartimento di Matematica e Informatica	Classe	Sede	Accesso	Posti a bando
Corsi di laurea				
Informatica	L-31	Ferrara	🔓	
Matematica	L-35	Ferrara	🔓	
Corsi di laurea magistrale				
Matematica	LM-40	Ferrara	🔓	

Dipartimento di Scienze della Vita e Biotecnologie	Classe	Sede	Accesso	Posti a bando
Corsi di laurea				
Biotecnologie	L-2	Ferrara	🔒	500
Biotecnologie mediche	L-2	Ferrara	🔒	800
Scienze biologiche	L- 13	Ferrara	🔒	720
Tecnologie agrarie e acquacoltura del Delta	L-25	Ferrara	🔓	
Corsi di laurea magistrale				
Biotecnologie per l'ambiente e per la salute	LM-8	Ferrara	🔒	130
Scienze biomolecolari e dell'evoluzione	LM-6	Ferrara	🔒	80
Biotecnologie per la medicina translazionale	LM-9	Ferrara	🔒	80
Biotecnologie agrarie per la filiera agro-alimentare	LM-7	Ferrara	🔓	
Corsi di laurea magistrale a ciclo unico				
Farmacia	LM -13	Ferrara	🔒	100

Dipartimento di Scienze Chimiche e Farmaceutiche	Classe	Sede	Accesso	Posti a bando
Corsi di laurea				
Chimica	L -27	Ferrara	🔒	130
Corsi di laurea magistrale				
Scienze chimiche	LM -54	Ferrara	🔓	
Corsi di laurea magistrale a ciclo unico				
Chimica e tecnologia farmaceutiche	LM -13	Ferrara	🔒	130

Dipartimento di Studi Umanistici	Classe	Sede	Accesso	Posti a bando
Corsi di laurea				
Lettere, arti e archeologia	L -10	Ferrara	🔓	
Lingue e letterature moderne	L-11	Ferrara	🔓	
Scienze e tecnologie della comunicazione	L-20	Ferrara	🔓	
Scienze filosofiche e dell'educazione	L-5 / L-19	Ferrara	🔓	
Corsi di laurea magistrale				
Culture e tradizioni del Medio Evo e del Rinascimento	LM-14	Ferrara	🔓	
Lingue e letterature straniere	LM-37	Ferrara	🔓	
Quaternario, preistoria e archeologia	LM-2	Ferrara	🔓	
Formazione, comunicazione e cittadinanza digitale	LM-93	Ferrara	🔓	

Scuola di Medicina	Classe	Sede	Accesso	Posti a bando
Corsi di laurea				
Dietistica	L/SNT3	Ferrara	🔒	25
Educazione professionale	L/SNT2	Rovereto	🔒	50
Fisioterapia	L/SNT2	Ferrara, Bolzano	🔒	79
Igiene dentale	L/SNT3	Ferrara	🔒	36
Infermieristica	L/SNT1	Adria, Ferrara, Pieve di Cento	🔒	351
Logopedia	L/SNT2	Ferrara	🔒	37
Ortottica e assistenza oftalmologica	L/SNT2	Ferrara	🔒	29
Ostetricia	L/SNT1	Ferrara	🔒	236
Scienze motorie	L-22	Ferrara	🔒	720
Tecnica della riabilitazione psichiatrica	L/SNT2	Ferrara	🔒	33
Tecniche di laboratorio biomedico	L/SNT3	Ferrara	🔒	26
Tecniche di radiologia medica, per immagini e radioterapia	L/SNT3	Ferrara	🔒	29
Corsi di laurea magistrale				
Scienze delle professioni sanitarie tecnico-diagnostiche	LM/SNT3	Ferrara	🔒	45
Scienze e tecniche dell'attività motoria preventiva e adattata	LM-67	Ferrara	🔒	160
Scienze infermieristiche e ostetriche	LM/SNT1	Ferrara	🔒	50
Scienze riabilitative delle professioni sanitarie	LM/SNT2	Ferrara	🔒	50
Corsi di laurea magistrale a ciclo unico				
Medicina e chirurgia	LM-41	Ferrara	🔒	600
Odontoiatria e protesi dentaria	LM-46	Ferrara	🔒	50

6.21 | Firenze

Università degli Studi di Firenze

Sede centrale Piazza San Marco 4, 50121 Firenze, tel.: 055 27571, fax: 055 2756040, sito: unifi.it

Sedi decentrate Borgo San Lorenzo, Calenzano, Empoli, San Giovanni Valdarno, Pistoia, Prato

Ente per il diritto allo studio Viale Gramsci 36, 50132 Firenze, tel.: 055 2261234 / 239, e-mail: info@dsu.toscana.it, sito: dsu.toscana.it

Ufficio orientamento Piazza San Marco 4, 50121 Firenze, tel.: 055 2757690, fax: 055 2757681, e-mail: orientamento@adm.unifi.it

Ufficio per il sostegno agli studenti disabili NIC-Largo Brambilla 3, 50134 Firenze, tel.: 055 7944203, e-mail: cespd@unifi.it,

Ufficio relazioni internazionali Piazza San Marco 4, 50121 Firenze, tel.: 055 2757443, fax: 055 2756344, e-mail: lorella.palla@unifi.it

CUS Palazzetto Universitario dello Sport, Via V. della Rovere 40, 50141 Firenze, tel.: 055 450244 / 451789 e-mail: cus@unifi.it, sito: cus.firenze.it

	I numeri dell'Università
Corsi	58 di laurea, 72 di laurea magistrale e 9 a ciclo unico
Docenti	ordinari: 371; associati: 780; ricercatori: 239
Studenti	51.715 iscritti (di cui 30.310 donne, 33385 studenti in corso e 8.420 matricole)
Laureati	7.886 (di cui 4.747 donne)
Laureati regolari	26,3 %

L'**Università degli Studi di Firenze**, nelle cui aule insegnò anche Giovanni Boccaccio, oltre a essere uno dei più antichi atenei italiani, può vantare un'offerta formativa tra le più ricche: sono infatti attivati numerosi corsi di laurea e l'integrazione con la vivace attività culturale di Firenze è testimoniata dalle 21 biblioteche e dai 6 musei in essa ospitati.

Scuola di Agraria	Classe	Sede	Accesso	Posti a bando
Corsi di laurea				
Scienze agrarie	L-25	Firenze	🔓	
Scienze faunistiche	L-38	Firenze	🔓	
Scienze forestali e ambientali	L-25	Firenze	🔓	
Scienze e tecnologie per la gestione degli spazi verdi e del paesaggio	L-25	Firenze	🔓	
Tecnologie alimentari	L-26	Firenze	🔓	
Viticoltura ed enologia	L-25 / L-26	Firenze	🔓	
Tecnologie e trasformazioni avanzate per il settore legno arredo edilizia	L-P02	Firenze	🔒	35
Corsi di laurea magistrale				
Natural resource management for tropical rural development (in inglese)	LM-69	Firenze	🔓	
Scienze e gestione delle risorse faunistico-ambientali	LM-86	Firenze	🔓	
Scienze e tecnologie agrarie	LM-69	Firenze	🔓	
Scienze e tecnologie alimentari	LM-70	Firenze	🔓	
Scienze e tecnologie dei sistemi forestali	LM-73	Firenze	🔓	
Biotecnologie per la gestione ambientale e l'agricoltura sostenibile	LM-7	Firenze	🔓	
Innovazione Sostenibile in Viticoltura ed Enologia Interateneo)	LM-70	Firenze	🔓	

Scuola di Architettura	Classe	Sede	Accesso	Posti a bando
Corsi di laurea				
Disegno industriale	L-4	Calenzano	🔒	224
Pianificazione della città, del territorio e del paesaggio	L-21	Empoli	🔓	
Scienze dell'architettura	L-17	Firenze	🔒	167
Corsi di laurea magistrale				
Architettura	LM-4	Firenze	🔓	
Architettura del paesaggio	LM -3 / LM-69	Firenze	🔓	
Design	LM-12	Firenze	🔓	
Design sistema moda	LM-12	Calenzano	🔓	
Pianificazione e progettazione della città e del territorio	LM-48	Empoli	🔓	
Corsi di laurea magistrale a ciclo unico				
Architettura	LM-4	Firenze	🔒	322

Scuola di Economia e Management	Classe	Sede	Accesso	Posti a bando
Corsi di laurea				
Economia aziendale	L-18	Firenze	🔓	
Economia e commercio	L-33	Firenze	🔓	
Statistica	L-41	Firenze	🔓	
Sviluppo economico, cooperazione internazionale, socio-sanitaria e gestione dei conflitti	L-37	Firenze	🔓	
Corso di laurea magistrale				
Accounting e libera professione	LM-77	Firenze	🔓	
Economics and development (in inglese)	LM-56	Firenze	🔓	
Design of sustainable turism system (in inglese)	LM-49	Firenze	🔓	
Finance and risk management (in inglese)	LM-16	Firenze	🔓	
Governo e direzione d'impresa	LM-77	Firenze	🔓	
Scienze dell'economia	LM-56	Firenze	🔓	
Statistica e data science	LM-82	Firenze	🔓	

Scuola di Giurisprudenza	Classe	Sede	Accesso	Posti a bando
Corsi di laurea				
Scienze dei servizi giuridici	L-14	Firenze	🔓	
Scienze giuridiche della sicurezza (riservato all'Arma dei Carabinieri)	L-14	Firenze	🔓	
Corsi di laurea magistrale a ciclo unico				
Giurisprudenza	LMG-01	Firenze	🔓	
Giurisprudenza italiana e tedesca	LMG-01	Firenze	🔒	30
Giurisprudenza italiana e francese	LMG-01	Firenze	🔒	25

Scuola di Ingegneria	Classe	Sede	Accesso	Posti a bando
Corsi di laurea				
Ingegneria civile, edile e ambientale	L-7	Firenze	🔓	
Ingegneria elettronica e delle telecomunicazioni	L-8	Firenze	🔓	
Ingegneria informatica	L-8	Firenze	🔓	
Ingegneria meccanica	L-9	Firenze	🔓	
Ingegneria gestionale	L-9	Firenze	🔓	
Ingegneria biomedica	L8 / L-9	Firenze	🔓	
Corsi di laurea magistrale				
Ingegneria biomedica	LM-21	Firenze	🔓	
Ingegneria civile	LM-23	Firenze	🔓	
Ingegneria artificiale	LM-32	Firenze	🔓	
Ingegneria edile	LM-24	Firenze	🔓	
Ingegneria elettrica e dell'automazione	LM -25 / LM -28	Firenze	🔓	
Ingegneria dei sistemi elettronici	LM-29	Firenze	🔓	
Ingegneria energetica	LM-30	Firenze	🔓	
Ingegneria informatica	LM-32	Firenze	🔓	
Ingegneria meccanica	LM-33	Firenze	🔓	
Ingegneria per la tutela dell'ambiente e del territorio	LM-35	Firenze	🔓	
Ingegneria gestionale	LM-31	Firenze	🔓	
Geoengineeerng	LM-35	Firenze	🔓	

Scuola di Psicologia	Classe	Sede	Accesso	Posti a bando
Corsi di laurea				
Scienze e tecniche psicologiche	L-24	Firenze	🔒	540
Corsi di laurea magistrale				
Psicologia del ciclo di vita e dei contesti	LM-51	Firenze	🔒	120
Psicologia clinica, della salute e neuropsicologia	LM-51	Firenze	🔒	240

Scuola di Scienze della Salute Umana	Classe	Sede	Accesso	Posti a bando
Corsi di laurea				
Assistenza sanitaria	L/SNT4	Firenze	🔒	27
Biotecnologie	L-2	Firenze	🔒	295
Dietistica	L/SNT3	Firenze	🔒	15
Educazione professionale	L/SNT2	Firenze	🔒	43
Fisioterapia	L/SNT2	Firenze, Empoli, Pistoia	🔒	65
Infermieristica	L/SNT1	Firenze	🔒	557
Logopedia	L/SNT2	Firenze	🔒	15
Ostetricia	L/SNT1	Firenze	🔒	22
Scienze farmaceutiche applicate-Controllo qualità	L-29	Firenze	🔒	122
Scienze motorie, sport e salute	L-22	Firenze	🔒	160
Tecniche della prevenzione nell'ambiente e nei luoghi di lavoro	L/SNT4	Empoli	🔒	20
Tecniche di laboratorio biomedico	L/SNT3	Firenze, Figline Valdarno	🔒	18
Tecniche di neurofisiopatologia	L/SNT3	Firenze	🔒	10
Tecniche di radiologia medica, per immagini e radioterapia	L/SNT3	Firenze, Empoli, Prato	🔒	27
Tecniche ortopediche	L/SNT3	Firenze, Prato	🔒	19
Corsi di laurea magistrale				
Biotecnologie mediche e farmaceutiche	LM-9	Firenze	🔓	
Scienze dell'alimentazione	LM-61	Firenze	🔓	
Scienze delle professioni sanitarie della prevenzione	LM/SNT4	Empoli	🔒	35
Scienze delle professioni sanitarie tecniche diagnostiche	LM/SNT3	Empoli	🔒	35
Scienze e tecniche dello sport e delle attività motorie preventive e adattative	LM-67 / LM-68	Firenze	🔓	
Scienze infermieristiche e ostetriche	LM/SNT1	Firenze	🔒	70
Scienze riabilitative delle professioni sanitarie	LM/SNT2	Firenze	🔒	25
Corsi di laurea magistrale a ciclo unico				
Chimica e tecnologia farmaceutiche	LM-13	Firenze	🔒	124
Farmacia	LM-13	Firenze	🔒	186
Medicina e chirurgia	LM-41	Firenze	🔒	385
Odontoiatria e protesi dentaria	LM-46	Firenze	🔒	35

Scuola di Scienze Matematiche, Fisiche e Naturali	Classe	Sede	Accesso	Posti a bando
Corsi di laurea				
Chimica	L-27	Firenze	🔓	
Diagnostica e materiali per la conservazione e il restauro	L-43	Firenze	🔓	
Fisica e astrofisica	L-30	Firenze	🔓	
Informatica	L-31	Firenze	🔓	

Scuola di Scienze Matematiche, Fisiche e Naturali	Classe	Sede	Accesso	Posti a bando
Matematica	L-35	Firenze	🔓	
Ottica e optometria	L-30	Vinci	🔓	
Scienze biologiche	L-13	Firenze	🔒	315
Scienze geologiche	L-34	Firenze	🔓	
Scienze naturali	L-32	Firenze	🔓	
Corsi di laurea magistrale				
Biologia dell'ambiente e del comportamento	LM-6	Firenze	🔓	
Biologia molecolare applicata	LM-6	Firenze	🔓	
Biotecnologie molecolari	LM-8	Firenze	🔓	
Informatica	LM-18	Firenze	🔓	
Matematica	LM-40	Firenze	🔓	
Scienze chimiche	LM-54	Firenze	🔓	
Scienze della natura e dell'uomo	LM-60	Firenze	🔓	
Scienze e materiali per la conservazione e il restauro	LM-11	Firenze	🔓	
Scienze e tecnologie geologiche	LM-74	Firenze	🔓	
Scienze fisiche e astrofisiche	LM-17	Firenze	🔓	
Advanced molecular sciences (in inglese)	LM-54	Firenze	🔓	

Scuola di Scienze Politiche	Classe	Sede	Accesso	Posti a bando
Corsi di laurea				
Scienze politiche	L-36	Firenze	🔓	
Servizio sociale	L-39	Firenze	🔓	
Corsi di laurea magistrale				
Disegno e gestione degli interventi sociali	LM-87	Firenze	🔓	
Relazioni internazionali e studi europei	LM-52 / LM-90	Firenze	🔓	
Politica, istituzioni e mercato	LM-62	Firenze	🔓	
Sociologia e sfide globali	LM-88	Firenze	🔓	
Strategia della comunicazione pubblica e politica	LM-59	Firenze	🔓	

Scuola di Studi Umanistici e della Formazione	Classe	Sede	Accesso	Posti a bando
Corsi di laurea				
Discipline delle arti, della musica e dello spettacolo	L-3	Firenze	🔓	
Filosofia	L-5	Firenze	🔓	
Lettere	L-10	Firenze	🔓	
Lingue, letterature e studi interculturali	L-11	Firenze	🔓	
Progettazione e gestione di eventi e imprese dell'arte e dello spettacolo	L-3	Prato	🔓	
Scienze dell'educazione e della formazione	L-19	Firenze	🔒	500
Scienze umanistiche per la comunicazione	L-20	Firenze	🔓	
Storia	L-42	Firenze	🔓	
Storia e tutela dei beni archeologici, artistici, archivistici e librari	L-1	Firenze	🔓	
Corsi di laurea magistrale				
Archeologia	LM-2	Firenze	🔓	
Dirigenza scolastica e pedagogia clinica	LM-50	Firenze	🔓	

Scuola di Studi Umanistici e della Formazione	Classe	Sede	Accesso	Posti a bando
Filologia, letteratura e storia dell'antichità	LM-15	Firenze	🔓	
Filologia moderna	LM-14	Firenze	🔓	
Lingue e civiltà dell'Oriente antico e moderno	LM-36	Firenze	🔓	
Lingue e letterature europee e americane	LM-37	Firenze	🔓	
Logica, filosofia e storia della scienza	LM-78	Firenze	🔓	
Scienze archivistiche e biblioteconomiche	LM-5	Firenze	🔓	
Scienze dell'educazione degli adulti, della formazione continua e scienze pedagogiche	LM-57 / LM-85	Firenze	🔓	
Scienze dello spettacolo	LM-65	Firenze	🔓	
Scienze filosofiche	LM-78	Firenze	🔓	
Scienze storiche	LM-84	Firenze	🔓	
Storia dell'arte	LM-89	Firenze	🔓	
Geography, spatial management, heritage for international cooperation	LM-80	Firenze	🔓	
Teorie della comunicazione	LM-92	Firenze	🔓	
Intermediazione culturale e religiosa	LM-64	Firenze	🔓	
Corsi di laurea magistrale a ciclo unico				
Scienze della formazione primaria	LM-85 bis	Firenze	🔒	350

6.22 | Foggia

Università degli Studi di Foggia

Sede centrale Via Gramsci 89/91, 71122 Foggia, tel.: 0881 338415/506/315, sito: unifg.it

Sedi decentrate Barletta, San Giovanni Rotondo, San Severo

Ente per il diritto allo studio Via Trieste 14, 71100 Foggia, tel.: 0881 568103, fax: 0881 708028, e-mail: info.foggia@adisupuglia.it, sito: adisupuglia.it

Ufficio orientamento Via Gramsci 89/91, 71122 Foggia, tel.: 0881 338312/456, fax: 0881 338458, e-mail: orientamento@unifg.it

Ufficio per il sostegno agli studenti disabili Via Gramsci 89/91, 71122 Foggia, tel.: 0881 338336/338/590, fax: 0881 338381, e-mail: serviziodisabilita@unifg.it

Ufficio relazioni internazionali Via Gramsci 89/91, 71122 Foggia, tel.: 0881 338378/531, fax: 0881 338545 e-mail: erasmus@unifg.it

CUS Via Napoli 109, 71100 Foggia, tel.: 0881 716923, fax: 0881 716908, e-mail: cusfoggia@libero.it, sito: cus.unifg.it

I numeri dell'Università

Corsi 19 di laurea, 10 di laurea magistrale e 3 a ciclo unico

Docenti ordinari: 94; associati: 127; ricercatori: 101

Studenti 10.174 iscritti (di cui 6.323 donne, 6805 studenti in corso e 1.889 matricole)

Laureati 1.510 (di cui 969 donne)

Laureati regolari 24,7 %

L'**Università degli Studi di Foggia** è stata istituita con il Decreto del 5 agosto 1999, promulgato su iniziativa del Ministero dell'Università e della Ricerca Scientifica e Tecnologica con l'intento di decongestionare il vicino ateneo barese. L'offerta didattica risulta ora composta da alcuni corsi di studio ereditati per scorporo, come Agraria, Economia e Giurisprudenza, e da corsi, come quelle di Lettere e filosofia e Medicina e chirurgia, create ex-novo nell'anno accademico 1999/2000. Enti locali e realtà economiche assicurano risorse finanziarie per corsi di laurea attivati in centri della provincia e per l'attivazione di dottorati di ricerca.

Dipartimento di Scienze Agrarie, degli Alimenti e dell'Ambiente	Classe	Sede	Accesso	Posti a bando
Corsi di laurea				
Scienze e tecnologie agrarie	L-25	Foggia	🔒	111
Scienze e tecnologie alimentari	L-26	Foggia	🔒	122
Scienze gastronomiche	L-26	Foggia	🔒	75
Corsi di laurea magistrale				
Scienze biotecnologiche, degli alimenti e della nutrizione umana	LM-9 / LM-61	Foggia	🔓	
Scienze e tecnologie agrarie	LM-69	Foggia	🔓	
Scienze e tecnologie alimentari	LM-70	Foggia	🔓	

Dipartimento di Economia	Classe	Sede	Accesso	Posti a bando
Corsi di laurea				
Economia	L-33	Foggia	🔓	
Economia aziendale	L-18	Foggia	🔓	
Ingegneria gestionale (interateneo)	L-9	Foggia	🔓	
Scienze dell'amministrazione e dell'organizzazione	L-16	Foggia	🔓	
Economia e management	L-33	Foggia	🔓	
Corsi di laurea magistrale				
Economia aziendale	LM-77	Foggia	🔓	
Imprenditorialità e management internazionale	LM-77	Foggia	🔓	
Banca, finanza e mercati	LM-56/ LM-77	Foggia	🔓	

Dipartimento di Giurisprudenza	Classe	Sede	Accesso	Posti a bando
Corsi di laurea				
Consulente del lavoro ed esperto di relazioni industriali	L-14	Foggia	🔓	
Scienze investigative	L-14	Foggia	🔓	
Corsi di laurea magistrale				
Scienze giuridiche della sicurezza	LM/SC-GIUR	Foggia	🔓	
Corsi di laurea magistrale a ciclo unico				
Giurisprudenza	LMG-01	Foggia	🔓	

Dipartimento di Studi Umanistici. Lettere, Beni Culturali, Scienze della Formazione	Classe	Sede	Accesso	Posti a bando
Corsi di laurea				
Lettere	L-10	Foggia	🔓	
Lingue e culture straniere	L-11	Foggia	🔓	
Patrimonio e turismo culturale	L-1	Foggia	🔓	
Scienze dell'educazione e della formazione	L-19	Foggia	🔓	
Corsi di laurea magistrale				
Filologia, letterature e storia	LM-14 / LM-15	Foggia	🔓	
Scienze pedagogiche e della progettazione educativa	LM-50 / LM-85	Foggia	🔓	
Innovazione digitale e comunicazione	LM-91	Foggia	🔓	

Dipartimento di Medicina Clinica e Sperimentale	Classe	Sede	Accesso	Posti a bando
Corsi di laurea				
Infermieristica	L/SNT1	Foggia	🔒	272
Fisioterapia	L/SNT2	Foggia	🔒	33
Scienze delle attività motorie e sportive	L-22	Foggia	🔒	180
Scienze e tecnologie biomolecolari	L-2	Foggia	🔒	50
Tecniche di laboratorio biomedico	L/SNT3	Foggia	🔒	40
Tecniche di radiologia medica, per immagini e radioterapia	L/SNT3	Foggia	🔒	32
Scienze e tecniche psicologiche	L-24	Foggia	🔒	40
Corsi di laurea magistrale				
Scienze e tecniche delle attività motorie, preventive e adattate	LM-67	Foggia	🔒	100
Scienze delle professioni sanitarie tecniche diagnostiche	LM/SNT3	Foggia	🔒	50
Corsi di laurea magistrale a ciclo unico				
Medicina e chirurgia	LM-41	Foggia	🔒	100
Odontoiatria e protesi dentaria	LM-46	Foggia	🔒	40

6.23 | Genova

L'**Università degli Studi di Genova** è stata fondata nel XVII secolo per opera dei Gesuiti, ma assunse un ruolo di primo piano soprattutto durante il periodo risorgimentale, al punto che fu chiusa per motivi di ordine pubblico durante i moti insurrezionali del 1821 e del 1830. Tra i suoi allievi si ricordano alcuni dei personaggi cardine della politica e della cultura italiane di quell'epoca: Giuseppe Mazzini, Giuseppe Garibaldi, Goffredo Mameli e Nino Bixio. Attualmente è un grande centro universitario che offre una vasta scelta di corsi di laurea nell'ambito sia degli studi umanistici sia di quelli scientifici.

Università degli Studi di Genova

Sede centrale Via Balbi 5, 16126 Genova,
tel.: 010 20991, fax: 010 2099227, sito: unige.it

Sedi decentrate Imperia, La Spezia, Savona

Ente per il diritto allo studio Via S. Vincenzo 4, 16121 Genova,
tel.: 010 24911, fax: 010 2491246,
e-mail: borsestudio@arssu.genova.it, sito: arssu.it

Ufficio orientamento Piazza della Nunziata, 6, 16124 Genova,
tel.: 010 2099690, fax: 010 209 9630, e-mail: orientamento@unige.it

Ufficio per il sostegno agli studenti disabili Via Bensa 1, 16124 Genova,
tel.: 010 20951964/6, e-mail: disabili@unige.it-dislessia@unige.it

Ufficio relazioni internazionali P.zza Nunziata 6,16124 Genova,
tel.: 010 209 9545, fax: 010 2095012, e-mail: coopint@unige.it

CUS Via Montezovetto 21/A, 16145 Genova,
tel.: 010 3623001, fax: 010 318126,
e-mail: segreteria@cusgenova.it, sito: cusgenova.it

I numeri dell'Università

Corsi 60 di laurea, 61 di laurea magistrale e 6 a ciclo unico

Docenti ordinari: 303; associati: 524; ricercatori: 193

Studenti 32.066 iscritti (di cui 17.520 donne, 22918 studenti in corso e 4.991 matricole)

Laureati 5.770 (di cui 3.309 donne)

Laureati regolari 34,7 %

Scuola Politecnica	Classe	Sede	Accesso	Posti a bando
Corsi di laurea				
Design del prodotto e della nautica	L-4	Genova	🔒	180
Ingegneria biomedica	L-8	Genova	🔓	
Ingegneria chimica e di processo	L-9	Genova	🔓	
Ingegneria civile e ambientale	L-7	Genova	🔓	
Ingegneria elettrica	L-9	Genova	🔓	
Ingegneria elettronica e tecnologie dell'informazione	L-8	Genova	🔓	
Ingegneria informatica	L-8	Genova	🔓	
Ingegneria meccanica	L-9	Genova, La Spezia	🔓	
Ingegneria meccanica - Energia e produzione	L-9	Savona	🔓	
Ingegneria nautica	L-9	La Spezia	🔓	
Ingegneria navale	L-9	Genova, Livorno	🔓	
Ingegneria gestionale	L-9	Genova	🔓	
Scienze dell'architettura	L-17	Genova	🔒	150
Maritime science and technology	L-28	Genova	🔒	45
Corsi di laurea magistrale				
Architettura	LM-4	Genova	🔒	80
Architectural composition (in inglese)	LM-4	Genova	🔒	30
Bioingegneria	LM-21	Genova	🔓	
Design del prodotto e dell'evento	LM-12	Genova	🔓	
Design navale e nautico	LM-12	La Spezia	🔒	40
Energy engineering	LM-30	Savona	🔓	
Ingegneria chimica e di processo	LM-22	Genova	🔓	
Ingegneria civile	LM-23	Genova	🔓	
Safety engineering for transport, logistics and production	LM-26	Genova	🔓	
Ingegneria edile-Architettura	LM-4	Genova	🔓	
Ingegneria elettrica	LM-28	Genova	🔓	
Ingegneria elettronica	LM-29	Genova	🔓	
Ingegneria gestionale	LM-31	Savona	🔓	
Computer engineering	LM-32	Genova	🔓	
Ingegneria meccanica-Energia e aeronautica	LM-33	Genova	🔓	
Ingegneria meccanica-Progettazione e produzione	LM- 33	Genova	🔓	
Ingegneria navale	LM-34	Genova	🔓	
Internet and Multimedial energy	LM-27	Genova	🔓	
Progettazione delle aree verdi e del paesaggio	LM-3	Genova	🔓	
Robotics engineering	LM -32	Genova	🔓	
Yacht Design	LM-34	La Spezia	🔓	
Engineering techonology for strategy and security	LM/DS	Genova	🔓	

Scuola di Scienze Matematiche, Fisiche e Naturali	Classe	Sede	Accesso	Posti a bando
Corsi di laurea				
Chimica e tecnologie chimiche	L-27	Genova	🔓	
Fisica	L-30	Genova	🔓	
Informatica	L-31	Genova	🔓	
Matematica	L-35	Genova	🔓	
Scienza dei materiali	L-30	Genova	🔓	
Scienze biologiche	L-13	Genova	🔓	

Scuola di Scienze Matematiche, Fisiche e Naturali	**Classe**	**Sede**	**Accesso**	**Posti a bando**
Scienze geologiche	L-34	Genova	🔓	
Statistica matematica e trattamento informatico dei dati	L-35	Genova	🔓	
Scienze ambientali e naturali	L-32	Genova	🔓	
Corsi di laurea magistrale				
Conservazione e gestione della natura	LM-60	Genova	🔓	
Chimica industriale	LM-71	Genova	🔓	
Digital humanities-Comunicazione e nuovi media	LM-92	Savona	🔓	
Fisica	LM-17	Genova	🔓	
Computer science (in inglese)	LM-18	Genova	🔓	
Matematica	LM-40	Genova	🔓	
Metodologie per la conservazione e il restauro dei beni culturali	LM -11	Genova	🔓	
Scienze chimiche	LM-54	Genova	🔓	
Scienza e ingegneria dei materiali	LM-53	Genova	🔓	
Scienze geologiche	LM-74	Genova	🔓	
Biologia ed ecologia marina	LM-6/ LM-75	Genova	🔓	
Engineering for building retrofitting	LM-24	Genova	🔓	
Engineering for natural risk management	LM-26	Savona	🔓	
Environmental engineering	LM-35	Genova	🔓	
Biotecnologia applicata e sperimentale	LM-6	Genova	🔓	

Scuola di Scienze Mediche e Farmaceutiche	**Classe**	**Sede**	**Accesso**	**Posti a bando**
Corsi di laurea				
Biotecnologie	L-2	Genova	🔒	64
Dietistica	L/SNT3	Genova	🔒	20
Educazione professionale	L/SNT2	Genova	🔒	25
Fisioterapia	L/SNT2	Genova, Chiavari La Spezia, Pietra Ligure	🔒	65
Igiene dentale	L/SNT3	Genova	🔒	31
Infermieristica	L/SNT1	Genova, Chiavari, Savona, La Spezia, Pietra Ligure	🔒	357
Infermieristica pediatrica	L/SNT1	Genova	🔒	17
Logopedia	L/SNT2	Genova	🔒	16
Ortottica e assistenza oftalmologica	L/SNT2	Genova	🔒	11
Ostetricia	L/SNT1	Genova	🔒	21
Podologia	L/SNT2	Genova	🔒	21
Scienze motorie, sport e salute	L-22	Genova	🔒	230
Tecnica della riabilitazione psichiatrica	L/SNT2	Genova	🔒	21
Tecniche della prevenzione nell'ambiente e nei luoghi di lavoro	L/SNT4	Genova	🔒	16
Tecniche di fisiopatologia cardiocircolatoria e perfusione cardiovascolare	L/SNT3	Genova	🔒	11
Tecniche di laboratorio biomedico	L/SNT3	Genova	🔒	18
Tecniche di radiologia medica per immagini e radioterapia	L/SNT3	Genova	🔒	17
Tecniche ortopediche	L/SNT3	Genova	🔒	13
Terapia della neuro e psicomotricità dell'età evolutiva	L/SNT2	Genova	🔒	17
Corsi di laurea magistrale				

Scuola di Scienze Mediche e Farmaceutiche	Classe	Sede	Accesso	Posti a bando
Medical-pharmaceutical biotecnologiy	LM-9	Genova	🔓	
Scienze e tecniche dell'attività motoria preventiva e adattata	LM-67	Genova	🔓	
Scienze e tecniche dello sport	LM-68	Genova	🔓	
Scienze infermieristiche e ostetriche	LM/SNT1	Genova	🔒	25
Scienze riabilitative delle professioni sanitarie	LM/SNT2	Genova	🔒	20
Scienze delle professioni sanitarie tecniche diagnostiche	LM/SNT3	Genova	🔒	20
Corsi di laurea magistrale a ciclo unico				
Chimica e tecnologia farmaceutiche	LM-13	Genova	🔓	
Farmacia	LM-13	Genova	🔒	110
Medicina e chirurgia	LM-41	Genova	🔒	248
Odontoiatria e protesi dentaria	LM-46	Genova	🔒	35

Scuola di Scienze Sociali	Classe	Sede	Accesso	Posti a bando
Corsi di laurea				
Economia aziendale	L-18	Genova, Imperia	🔓	
Economia delle aziende marittime, della logistica e dei trasporti	L-18	Genova	🔓	
Economia e commercio	L-33	Genova	🔓	
Servizi legali all'impresa e alla pubblica amministrazione	L-14	Genova	🔓	
Scienze della comunicazione	L-20	Savona	🔓	
Scienze del turismo: impresa, cultura e territorio	L-15	Imperia	🔓	
Scienze e tecniche psicologiche	L-24	Genova	🔒	184
Scienze internazionali e diplomatiche	L-36	Genova	🔓	
Scienze dell'educazione e della formazione	L-19	Genova	🔒	230
Scienze dell'amministrazione e della politica	L-16	Genova	🔓	
Servizio sociale	L-39	Genova	🔓	
Diritto ed economia delle imprese	L-14 / L-18	La Spezia	🔓	
Corsi di laurea magistrale				
Amministrazioni e politiche pubbliche	LM-63	Genova	🔓	
Amministrazione, finanza e controllo	LM-77	Genova	🔓	
Economics and data science	LM-56	Genova	🔓	
Economia e management marittimo e portuale	LM-77	Genova	🔓	
Informazione ed editoria	LM-19	Genova	🔓	
Management	LM-77	Genova	🔓	
Pedagogia, progettazione e ricerca educativa	LM-85	Genova	🔓	
Psicologia	LM-51	Genova	🔓	
Relazioni internazionali	LM-52	Genova	🔓	
Servizio sociale e politiche sociali	LM-87	Genova	🔓	
Corsi di laurea magistrale a ciclo unico				
Giurisprudenza	LMG-01	Genova, Imperia	🔓	
Scienze della formazione primaria	LM-85 bis	Genova	🔒	100

Scuola di Scienze Umanistiche	Classe	Sede	Accesso	Posti a bando
Corsi di laurea				
Conservazione dei beni culturali	L-1	Genova	🔓	
Filosofia	L-5	Genova	🔓	
Lettere	L-10	Genova	🔓	
Lingue e culture moderne	L-11	Genova	🔓	

Scuola di Scienze Umanistiche	Classe	Sede	Accesso	Posti a bando
Storia	L-42	Genova	🔓	
Teorie e tecniche della mediazione interlinguistica	L-12	Genova	🔒	106
Corsi di laurea magistrale				
Letterature e moderne e spettacolo	LM-14	Genova	🔓	
Lingue e letterature moderne per i servizi culturali	LM-37 / LM-38	Genova	🔓	
Metodologie filosofiche	LM-78	Genova	🔓	
Archeologie: professioni e saperi	LM-2	Genova	🔓	
Scienze storiche	LM-84	Genova	🔓	
Storia dell'arte e valorizzazione del patrimonio artistico	LM-89	Genova	🔓	
Traduzione e interpretariato	LM-94	Genova	🔓	
Filologia e scienze dell'antichità	LM-15	Genova	🔓	
Valorizzazione culturale del territorio e del paesaggio	LM-80	Genova	🔓	

6.24 | L'Aquila

La data di nascita ufficiale dell'**Università degli Studi dell'Aquila** è il 1964: in quell'anno, infatti, venne ufficialmente istituito l'ateneo aquilano attraverso la creazione delle Facoltà di Scienze e di Ingegneria a fianco della Facoltà di Magistero, già attiva. Attualmente l'università offre la possibilità di scelta fra un buon numero di corsi di laurea: sono stati infatti attivati anche i corsi dell'area medica, dell'area economica, dell'area sportiva e dell'area artistica. L'Università dell'Aquila si pone quindi come un punto di riferimento fondamentale per il tessuto sociale della Regione Abruzzo, garantendo un buon livello di formazione e specializzazione ai circa 19000 studenti che frequentano l'ateneo.

Università degli Studi dell'Aquila

Sede centrale	Via G. Di Vincenzo 16/B, 67100 L'Aquila, tel.: 0862 432019, fax: 0862 431270, sito: univaq.it
Ente per il diritto allo studio	Via XX Settembre 46/52, 67100 L'Aquila, Sede operativa: Ex Caserma Campomizzi, S. Antonio-Casermette, Palazzina D, 67100 L'Aquila tel.: 0862 32701, fax: 0862 312163, e-mail: info@adsuaq.org, sito: adsuaq.org
Ufficio orientamento	Piazzale San Tommasi 1, 67100 Coppito (AQ), tel.: 0862 432740, fax: 0862 431231 e-mail: orientamento.studenti@strutture.univaq.it
Ufficio per il sostegno agli studenti disabili	Via Vetoio (Coppito 2), 67100 Coppito (AQ), tel.: 0862 433401, e-mail: monica.mazza@cc.univaq.it
Ufficio relazioni internazionali	Via G. Di Vincenzo 16/B, 67100 Coppito (AQ), tel.: 0862 432762, fax: 0862 431217, e-mail: uri@strutture.univaq.it
CUS	S.S.17 Ovest, Località Centi Colella, 67100 L'Aquila, tel. e fax: 0862 319661, 0862 313116 sito: cuslaquila.org
	I numeri dell'Università
Corsi	30 di laurea, 35 di laurea magistrale e 4 a ciclo unico
Docenti	ordinari: 139; associati: 232; ricercatori: 107
Studenti	16.079 iscritti (di cui 9.060 donne, 15274 studenti in corso e 1.750 matricole)
Laureati	3.462 (di cui 2.018 donne)
Laureati regolari	18,4 %

Dipartimento di Ingegneria Civile, Edile-Architettura, Ambientale	Classe	Sede	Accesso	Posti a bando
Corsi di laurea				
Ingegneria civile e ambientale	L-7	L'Aquila	🔓	
Tecniche della protezione civile e sicurezza del territorio	L-7	L'Aquila	🔒	50
Corsi di laurea magistrale				
Ingegneria civile	LM-23	L'Aquila	🔓	
Ingegneria per l'ambiente e il territorio	LM-35	L'Aquila	🔓	
Corsi di laurea magistrale a ciclo unico				
Ingegneria edile-architettura	LM-4	L'Aquila	🔒	19

Dipartimento di Ingegneria e Scienze dell'Informazione e Matematica	Classe	Sede	Accesso	Posti a bando
Corsi di laurea				
Informatica	L-31	L'Aquila	🔓	
Ingegneria dell'informazione	L-8	L'Aquila	🔓	
Matematica	L-35	L'Aquila	🔓	
Corsi di laurea magistrale				
Informatica	LM-18	L'Aquila	🔓	
Ingegneria delle telecomunicazioni	LM-27	L'Aquila	🔓	
Ingegneria informatica e automatica	LM-32	L'Aquila	🔓	
Ingegneria matematica	LM-44	L'Aquila	🔓	
Matematica	LM-40	L'Aquila	🔓	
Mathematic modeling	LM-44	L'Aquila	🔓	
Data science applicata	LM-91	L'Aquila	🔓	

Dipartimento di Ingegneria Industriale e dell'Informazione e di Economia	Classe	Sede	Accesso	Posti a bando
Corsi di laurea				
Economia e amministrazione delle imprese	L-18	L'Aquila	🔓	
Ingegneria industriale	L-9	L'Aquila	🔓	
Operatore giuridico d'impresa	L-14	L'Aquila	🔓	
Corsi di laurea magistrale				
Amministrazione, economia e finanza	LM-77	L'Aquila	🔓	
Ingegneria chimica	LM-22	L'Aquila	🔓	
Ingegneria elettrica	LM-28	L'Aquila	🔓	
Ingegneria elettronica	LM-29	L'Aquila	🔓	
Ingegneria gestionale	LM-31	L'Aquila	🔓	
Ingegneria meccanica	LM-33	L'Aquila	🔓	

Dipartimento di Medicina Clinica, Sanità Pubblica, Scienze della Vita e dell'Ambiente	Classe	Sede	Accesso	Posti a bando
Corsi di laurea				
Fisioterapia	L/SNT2	L'Aquila	🔒	76
Igiene dentale	L/SNT3	L'Aquila	🔒	21
Infermieristica	L/SNT1	L'Aquila	🔒	135
Ortottica e assistenza oftalmologica	L/SNT2	L'Aquila	🔒	21
Ostetricia	L/SNT1	L'Aquila	🔒	21
Tecniche della prevenzione dell'ambiente e nei luoghi di lavoro	L/SNT4	L'Aquila	🔒	31
Scienze biologiche	L-13	L'Aquila	🔒	180
Scienze e tecnologie per l'ambiente	L-32	L'Aquila	🔒	
Tecnica della riabilitazione psichiatrica	L/SNT2	L'Aquila	🔒	32
Tecniche della prevenzione nell'ambiente e nei luoghi di lavoro	L/SNT4	L'Aquila	🔒	32
Tecniche di laboratorio biomedico	L/SNT3	L'Aquila	🔒	31
Tecniche di radiologia medica, per immagini e radioterapia	L/SNT3	L'Aquila	🔒	33
Terapia della neuro e psicomotricità dell'età evolutiva	L/SNT2	L'Aquila	🔒	31
Logopedia	L/SNT2	L'Aquila	🔒	40
Tecniche della protezione civile e sicurezza del territorio	L-7	L'Aquila	🔒	50
Corsi di laurea magistrale				
Biologia ambientale e gestione degli ecosistemi	LM-6 / LM-75	L'Aquila	🔓	
Biologia della salute e della nutrizione	LM-6	L'Aquila	🔓	
Biotecnologie molecolari e cellulari	LM-9	L'Aquila	🔓	
Atmosferic science and techonology (in inglese)	LM-17	L'Aquila	🔓	
Psicologia applicata, clinica e della salute	LM-51	L'Aquila	🔒	100
Scienze delle professioni sanitarie della prevenzione	LM/SNT4	L'Aquila	🔒	31
Scienze delle professioni sanitarie tecnico-assistenziali	LM/SNT3	L'Aquila	🔒	26
Scienze delle professioni sanitarie tecnico-diagnostiche	LM/SNT3	L'Aquila	🔒	27
Scienze infermieristiche e ostetriche	LM/SNT1	L'Aquila	🔒	50
Scienze riabilitative delle professioni sanitarie	LM/SNT2	L'Aquila	🔒	50
Corsi di laurea magistrale a ciclo unico				
Medicina e chirurgia	LM-41	L'Aquila	🔒	140
Odontoiatria e protesi dentaria	LM-46	L'Aquila	🔒	59

Dipartimento di Scienze Cliniche Applicate e Biotecnologie	Classe	Sede	Accesso	Posti a bando
Corsi di laurea				
Scienze motorie e sportive	L-22	L'Aquila	🔒	180
Biotecnologie	L-2	L'Aquila	🔒	100
Scienze psicologiche applicate	L-24	L'Aquila	🔒	250
Corsi di laurea magistrale				
Biotecnologie mediche	LM-9	L'Aquila	🔓	
Scienza e tecnica dello sport	LM-68	L'Aquila	🔓	
Scienze motorie preventive e adattative	LM-67	L'Aquila	🔓	

Dipartimento di Scienze Fisiche e Chimiche	Classe	Sede	Accesso	Posti a bando
Corsi di laurea				
Fisica	L-30	L'Aquila	🔓	
Scienze e tecnologie chimiche e dei materiali	L-27	L'Aquila	🔓	
Corsi di laurea magistrale				
Fisica	LM-17	L'Aquila	🔓	
Scienze chimiche	LM-54	L'Aquila	🔓	

Dipartimento di Scienze Umane	Classe	Sede	Accesso	Posti a bando
Corsi di laurea				
Filosofia e teoria dei processi comunicativi	L-5	L'Aquila	🔓	
Lettere	L-10	L'Aquila	🔓	
Mediazione linguistica e culturale	L-12	L'Aquila	🔓	
Scienze della formazione e del servizio sociale	L-19 / L-39	L'Aquila	🔓	
Corsi di laurea magistrale				
Beni culturali	LM-89	L'Aquila	🔓	
Filosofia	LM-78	L'Aquila	🔓	
Progettazione e gestione dei servizi e degli interventi sociali educativi	LM-87	L'Aquila	🔓	
Studi letterari e culturali	LM-14	L'Aquila	🔓	
Lingue e culture per la comunicazione e la cooperazione internazionale	LM-38	L'Aquila	🔓	
Corsi di laurea magistrale a ciclo unico				
Scienze della formazione primaria	LM-85 bis	L'Aquila	🔒	251

6.25 | Lecce

L'**Università degli Studi di Lecce** è nata nel 1955 da un consorzio privato ed è diventata statale nel 1967 con l'attivazione delle Facoltà di Lettere e filosofia, Magistero e Scienze matematiche, fisiche e naturali. In seguito l'offerta formativa dell'università si è arricchita con i corsi di laurea delle aree economica, ingegneristica e giuridica.

Università degli Studi del Salento

Sede centrale Piazza Tancredi 7, 73100 Lecce,
tel.: 0832 291111, sito: unisalento.it

Sedi decentrate Brindisi

Ente per il diritto allo studio Via Adriatica 8, 73100 Lecce, tel.: 0832 387311,
e-mail: info.lecce@adisupuglia.it, sito: adisupuglia.it

Ufficio orientamento Viale dell'Università-Palazzo Codacci, 73100 Lecce,
tel.: 0832 296016, fax: 0832 296460,
e-mail: cort@unisalento.it

Ufficio per il sostegno agli studenti disabili Via Stampacchia 45, 73100 Lecce,
tel.: 0832 294700, fax: 0832 294756
e-mail: centro.sostegno@unisalento.it

Ufficio relazioni internazionali Piazza Tancredi 7, 73100 Lecce,
tel.: 0832 293214, fax: 0832 293369,
e-mail: international.office@unisalento.it

CUS Palazzetto dello sport "Ing. Mario Stasi",
Superstrada Lecce-Brindisi,
tel.: 0832 309115, fax: 0832 256703,
e-mail: cuslecce@libero.it, sito: cusl.unisalento.it

I numeri dell'Università

Corsi 30 di laurea, 32 di laurea magistrale e 2 a ciclo unico

Docenti ordinari: 111; associati: 244; ricercatori: 139

Studenti 16.649 iscritti (di cui 10.417 donne, 11584 studenti in corso e 2.915 matricole)

Laureati 3.119 (di cui 2.094 donne)

Laureati regolari 25,4 %

Facoltà di Economia	Classe	Sede	Accesso	Posti a bando
Corsi di laurea				
Economia aziendale	L-18	Lecce	🔒	350
Economia e finanza	L-33	Lecce	🔒	230
Manager del turismo	L-15	Lecce	🔒	200
Management digitale (in inglese)	L-18	Lecce	🔒	250
Diritto e management dello sport	L-14	Lecce	🔓	
Corsi di laurea magistrale				
Economia finanza e assicurazioni	LM-16 / LM-56	Lecce	🔓	
Gestione delle attività turistiche e culturali	LM-49	Lecce	🔓	
Management aziendale	LM-77	Lecce	🔓	

Facoltà di Giurisprudenza	Classe	Sede	Accesso	Posti a bando
Corsi di laurea magistrale a ciclo unico				
Giurisprudenza	LMG-01	Lecce	🔓	

Facoltà di Ingegneria	Classe	Sede	Accesso	Posti a bando
Corsi di laurea				
Ingegneria civile	L-7	Lecce	🔓	
Ingegneria dell'informazione	L-8	Lecce	🔓	
Ingegneria industriale	L-9	Lecce, Brindisi	🔓	
Ingegneria biomedica	L-9	Lecce	🔓	
Corsi di laurea magistrale				
Aerospace engineering (in inglese)	LM-20	Brindisi	🔓	
Ingegneria delle telecomunicazioni (in inglese)	LM-27	Lecce	🔓	
Ingegneria informatica (in inglese)	LM-32	Lecce	🔓	
Ingegneria civile	LM-23	Lecce	🔓	
Ingegneria meccanica	LM-33	Lecce	🔓	
Management engineering (in inglese)	LM-31	Lecce	🔓	
Materials engineering and nanotechnology	LM-53	Lecce	🔓	
Progettazione e gestione dei sistemi produttivi audiovisivi e performativi	LM-65	Lecce	🔓	

Facoltà di Lettere e Filosofia, Lingue e Beni Culturale	Classe	Sede	Accesso	Posti a bando
Corsi di laurea				
Beni culturali	L-1	Lecce	🔓	
Filosofia	L-5	Lecce	🔓	
Lettere	L-10	Lecce	🔓	
Lingue, culture e letterature straniere	L-11	Lecce	🔓	
Scienze della comunicazione	L-20	Lecce	🔓	
Scienza e tecnica della mediazione linguistica	L-12	Lecce	🔒	150
Discipline delle arti, della musica e dello spettacolo	L-3	Lecce	🔓	
Viticoltura ed enologia	L-25	Lecce	🔓	
Corsi di laurea magistrale				
Digital Humanities	LM-43	Lecce	🔓	
Archeologia	LM-2	Lecce	🔓	
Lettere classiche	LM-15	Lecce	🔓	
Lettere moderne	LM-14	Lecce	🔓	
Lingue moderne, letterature e traduzione	LM-37	Lecce	🔓	
Scienze filosofiche	LM-78	Lecce	🔓	
Storia dell'arte	LM-89	Lecce	🔓	
Traduzione tecnico-scientifica e interpretariato	LM-94	Lecce	🔓	

Facoltà di Scienze della Formazione, Scienze Politiche e Sociali	Classe	Sede	Accesso	Posti a bando
Corsi di laurea				
Scienze politiche e delle relazioni internazionali	L-36	Lecce	🔓	
Scienze e tecniche psicologiche	L-24	Lecce	🔒	250
Servizio sociale	L-39	Lecce	🔓	
Sociologia	L-40	Lecce	🔓	
Educazione sociale e tecniche dell'intervento educativo	L-19	Lecce	🔓	
Corsi di laurea magistrale				
Consulenza pedagogica e progettazione dei processi formativi	LM-50	Lecce	🔒	110
Psicologia dell'intervento nei contesti relazionali e sociali	LM-51	Lecce	🔓	
Progettazione e gestione delle politiche e dei servizi sociali	LM-87	Brindisi	🔓	
Studi geopolitici e internazionali	LM-62	Lecce	🔓	
Sociologia e ricerca sociale	LM-88	Brindisi	🔓	
Comunicazione pubblica, economica e istituzionale	LM-59	Lecce	🔓	
Governance euromediterranea e delle politiche migratorie	LM-90	Lecce	🔓	
Scienze per la cooperazione internazionale	LM-81	Brindisi	🔓	
Corsi di laurea magistrale a ciclo unico				
Scienze della formazione primaria	LM-85 bis	Lecce	🔒	78

Facoltà di Scienze Matematiche, Fisiche e Naturali	Classe	Sede	Accesso	Posti a bando
Corsi di laurea				
Biotecnologie	L-2	Lecce	🔒	120
Fisica	L-30	Lecce	🔓	
Matematica	L-35	Lecce	🔓	
Ottica e optometria	L-30	Lecce	🔒	75
Scienze biologiche	L-13	Lecce	🔒	200
Scienze e tecnologie per l'ambiente	L-32	Lecce	🔒	100
Scienze motorie e dello sport	L-22	Lecce	🔒	180
Sviluppo sostenibile e cambiamenti climatici	L-32	Brindisi	🔓	
Corsi di laurea magistrale				
Biologia sperimentale e applicata	LM-6	Lecce	🔓	
Biotecnologie mediche e nanobiotecnologie	LM-9	Lecce	🔓	
Coastal and marine biology and ecology (in inglese)	LM-6	Lecce	🔓	
Fisica	LM-17	Lecce	🔓	
Matematica	LM-40	Lecce	🔓	
Scienze ambientali	LM-75	Lecce	🔓	
Scienze e tecniche delle attività motorie preventive e adattate	LM-67	Lecce	🔒	65
Corsi di laurea magistrale a ciclo unico				
Medicina e chirurgia	LM-41	Lecce	🔒	60

6.26 | Macerata

Università degli Studi di Macerata

Sede centrale Piaggia della Torre , 62100 Macerata,
tel.: 0733 2581, sito: unimc.it

Sedi decentrate Civitanova Marche, Fermo, Jesi, Spinetoli

Ente per il diritto allo studio Via Piave 35, 62100 Macerata,
tel.: 0733 56201, fax: 0733 5620264,
e-mail: ersumc@ersumc.it, sito: ersumc.it

Ufficio orientamento Via Don Minzoni, 17, 62100 Macerata,
Numero verde: 800 224 071, tel.: 0733 2586005,
e-mail: tutor.orientamento@unimc.it

Ufficio per il sostegno agli studenti disabili Via Don Minzoni, 17, 62100 Macerata,
tel.: 0733 2586005/6 , e-mail: servizio.disabili@unimc.it

Ufficio relazioni internazionali Via della Pescheria Vecchia, 62100 Macerata,
tel.: 0733 2586040/2, e-mail: cri@unimc.it

CUS Via Salvatore Valerio 69, 62100 Macerata, tel.: 0733 239450
e-mail: info@cusmacerata.it, sito: cusmacerata.it

I numeri dell'Università

Corsi 12 di laurea, 15 di laurea magistrale e 2 a ciclo unico

Docenti ordinari: 67; associati: 120; ricercatori: 69

Studenti 10.083 iscritti (di cui 7.301 donne, 7027 studenti in corso e 1.640 matricole)

Laureati 1.972 (di cui 1.493 donne)

Laureati regolari 31,2 %

La storia dell'**Università degli Studi di Macerata** ha inizio nel 1290 con la prima menzione certa e documentata di una Scuola di Diritto nella città. Nel 1919 con un Decreto Regio viene pareggiata alle altre Università e qualche anno più tardi prende il via il restauro della sede in concomitanza con la redazione di un nuovo Statuto. La tradizione la lega agli studi umanistici, in particolare all'area giuridica.

L'attuale offerta formativa rispecchia lo sviluppo storico dell'ateneo, arricchito da ampi e proficui rapporti con università e centri di studio stranieri, in particolare con i Paesi dell'Est europeo, con la Cina e con i Paesi dell'America Latina.

Dipartimento di Economia	Classe	Sede	Accesso	Posti a bando
Corsi di laurea				
Economia: banche, aziende e mercati	L-18	Macerata		
Economia, territorio e ambiente	L-33	Macerata		
Corsi di laurea magistrale				
Consulenza e direzione aziendale	LM-77	Macerata		
Mercati intermediari e finanziari	LM-77	Macerata		

Dipartimento di Giurisprudenza	Classe	Sede	Accesso	Posti a bando
Corsi di laurea				
Scienze per i servizi giuridici	L-14	Jesi	🔓	
Teorie, culture e tecniche per il servizio sociale	L-39	Macerata	🔓	
Corsi di laurea magistrale				
Politiche e programmazione dei servizi alla persona	LM-87	Macerata	🔓	
Scienze giuridiche per l'innovazione	LM/SC-GIUR	Macerata	🔓	
Corsi di laurea magistrale a ciclo unico				
Giurisprudenza	LMG-01	Macerata	🔓	

Dipartimento di Scienze della Formazione, dei Beni Culturali e del Turismo	Classe	Sede	Accesso	Posti a bando
Corsi di laurea				
Beni culturali e turismo	L-1/L-15	Macerata	🔓	
Scienze dell'educazione e della formazione	L-19	Macerata	🔓	
Corsi di laurea magistrale				
Management dei beni culturali	LM-89	Macerata	🔓	
International tourism and destination management (in inglese)	LM-49	Macerata	🔓	
Scienze pedagogiche	LM-85	Macerata	🔓	
Corsi di laurea magistrale a ciclo unico				
Scienze della formazione primaria	LM-85 bis	Macerata	🔒	235

Dipartimento di Scienze politiche, della Comunicazione e delle Relazioni internazionali	Classe	Sede	Accesso	Posti a bando
Corsi di laurea				
Scienze della comunicazione	L-20	Macerata	🔓	
Scienze politiche e relazioni internazionali	L-36	Macerata	🔓	
Corsi di laurea magistrale				
Comunicazione e culture digitali	LM-19	Macerata	🔓	
Politiche europee e relazioni euromediterranee	LM-62	Macerata	🔓	
International relations (in inglese)	LM-52	Macerata	🔓	

Dipartimento di Studi Umanistici	Classe	Sede	Accesso	Posti a bando
Corsi di laurea				
Discipline della mediazione linguistica	L-12	Macerata	🔓	
Filosofia	L-5	Macerata	🔓	
Lettere	L-10	Macerata	🔓	
Lingue e culture straniere occidentali e orientali	L-11	Macerata	🔓	
Corsi di laurea magistrale				
Filologia classica e moderna	LM-14 / LM-15	Macerata	🔓	
Lingue, culture e traduzione letteraria	LM-37	Macerata	🔓	
Lingue moderne per la comunicazione e la cooperazione internazionale	LM-38	Macerata	🔓	
Storia e archeologia per l'innovazione	LM-84	Macerata	🔓	
Scienze filosofiche	LM-78	Macerata	🔓	

6.27 | Messina

L'attività dell'**Università degli Studi di Messina** risale alla metà del XVI secolo, quando grazie all'interessamento del Pontefice Paolo III, venne istituita la locale *Studiorum Universitas*. Nei secoli successivi l'ateneo peloritano andò incontro a un periodo molto travagliato fino a che nel 1838 venne rifondato da re Ferdinando II. Dal 1911 in poi l'università visse un periodo di rapida espansione con la riapertura delle Facoltà di Scienze, Farmacia e Medicina.

Università degli Studi di Messina

Sede centrale	Piazza Pugliatti 1, 98122 Messina, numero verde: 800 230842, tel.: 090 6761, sito: unime.it
Sedi decentrate	Caltagirone, Enna, Gela, Modica, Noto, Priolo Gargallo, Siracusa
Ente per il diritto allo studio	ERSU-Via Ghibellina 146, 98123 Messina, tel.: 090 3718611/22/27/30, e-mail: info@ersu.me.it, sito: ersu.me.it
Ufficio orientamento	Palazzo Mariani-Via Consolato del Mare 41, 98122 Messina, tel. 090 6768664/5, e-mail: orientamento@unime.it
Ufficio per il sostegno agli studenti disabili	Palazzo Mariani-Via Consolato del Mare 41, 98122 Messina, tel.: 090 6768311, e-mail: ufficio.disabili@unime.it
Ufficio relazioni internazionali	Palazzo Mariani-Via Consolato del Mare 41, 98122 Messina, tel.: 090 6764278/9, e-mail: relint@unime.it
CUS	Viale Giovanni Palatucci 13, SS. Annunziata, 98168 Messina tel.: 090 356700, email: info@cusunime.it, sito: cusunime.it

I numeri dell'Università

Corsi	46 di laurea, 34 di laurea magistrale e 7 a ciclo unico
Docenti	ordinari: 267; associati: 3273; ricercatori: 274
Studenti	22.435 iscritti (di cui 13.995 donne, 19561 studenti in corso e 3.652 matricole)
Laureati	3.685 (di cui 2.422 donne)
Laureati regolari	25,9 %

Dipartimento di Civiltà Antiche e Moderne	Classe	Sede	Accesso	Posti a bando
Corsi di laurea				
Filosofia	L-5	Messina	🔓	
Lettere	L-10	Messina	🔓	
Lingue e letterature straniere e tecniche della mediazione linguistica	L-11 / L-12	Messina	🔒	250
Scienze dell'informazione: comunicazione pubblica e tecniche giornalistiche	L-20 / L-16	Messina	🔓	
Beni archeologici: territorio insediamenti cultura materiale	L-1	Noto	🔓	
Corsi di laurea magistrale				
Civiltà letteraria dell'Italia medievale e moderna	LM-14	Messina	🔓	
Filosofia contemporanea	LM-78	Messina	🔓	
Lingue moderne, letterature e scienze della traduzione	LM-37	Messina	🔓	

Dipartimento di Civiltà Antiche e Moderne	Classe	Sede	Accesso	Posti a bando
Metodi e linguaggi del giornalismo	LM-19	Messina	🔓	
Scienze storiche: società, culture e istituzioni d'Europa	LM-84	Messina	🔓	
Tradizione classica e archeologia del Mediterraneo	LM-2 / LM-15	Messina	🔓	

Dipartimento di Fisica e Scienze della Terra	Classe	Sede	Accesso	Posti a bando
Corsi di laurea				
Fisica	L-30	Messina	🔓	
Scienze e tecnologie della navigazione	L-28	Messina	🔓	
Corsi di laurea magistrale				
Fisica (in inglese)	LM-17	Messina	🔓	
Geophysical science for seismic risk	LM-79	Messina	🔓	

Dipartimento di Giurisprudenza	Classe	Sede	Accesso	Posti a bando
Corsi di laurea				
Consulente del lavoro e scienze dei servizi giuridici	L-14	Messina	🔓	
Corsi di laurea magistrale a ciclo unico				
Giurisprudenza	LMG-01	Priolo Gargallo	🔓	

Dipartimento di Ingegneria Civile, Informatica, Edile, Ambientale e Matematica Applicata	Classe	Sede	Accesso	Posti a bando
Corsi di laurea				
Ingegneria civile	L-7	Messina	🔓	
Ingegneria gestionale	L-9	Messina	🔓	
Corsi di laurea magistrale				
Ingegneria civile	LM-23	Messina	🔓	

Dipartimento di Ingegneria Elettronica, Chimica e Ingegneria Industriale	Classe	Sede	Accesso	Posti a bando
Corsi di laurea				
Ingegneria elettronica e informatica	L-8	Messina	🔓	
Ingegneria industriale	L-9	Messina	🔓	
Corsi di laurea magistrale				
Engineerng and computer science	LM-18 / LM-32	Messina	🔓	
Ingegneria meccanica	LM-33	Messina	🔓	
Scienze e logistica del trasporto marittimo e aereo	LM-72	Messina	🔓	

Dipartimento di Matematica e Informatica	Classe	Sede	Accesso	Posti a bando
Corsi di laurea				
Informatica	L-31	Messina	🔓	
Matematica	L-35	Messina	🔓	
Corsi di laurea magistrale				
Matematica	LM-40	Messina	🔓	

Dipartimento di Medicina Clinica e Sperimentale	Classe	Sede	Accesso	Posti a bando
Corsi di laurea magistrale a				
Psicologia clinica e della salute nel ciclo di vita	LM-51		🔒	116
Corsi di laurea magistrale a ciclo unico				
Medicina e chirurgia	LM-41	Messina	🔒	346
Medicine and surgery (in inglese)	LM-41	Messina	🔒	76

Dipartimento di Neuroscienze	Classe	Sede	Accesso	Posti a bando
Corsi di laurea				
Fisioterapia	L/SNT2	Messina	🔒	19
Tecniche della riabilitazione psichiatrica	L/SNT2	Messina	🔒	23
Tecniche di neurofisiopatologia	L/SN3	Messina	🔒	14

Dipartimento di Patologia Umana	Classe	Sede	Accesso	Posti a bando
Corsi di laurea				
Infermieristica	L/SNT1	Messina, Caltagirone	🔒	389

Dipartimento di Scienze Biologiche e Ambientali	Classe	Sede	Accesso	Posti a bando
Corsi di laurea				
Scienze ambientali, marine e terrestri	L-32	Messina	🔓	
Scienze nutraceutiche e alimenti funzionali	L-29	Messina	🔓	
Scienze, tecnologie e sicurezza delle produzioni animali	L-38	Messina	🔓	
Sostenibilità ed innovazione ambientale	L-27	Messina	🔓	
Ingegneria biomedica	L-8	Messina	🔓	
Corsi di laurea magistrale				
Biologia della salute, delle tecnologie applicate e della nutrizione	LM-6	Messina	🔓	
Biologia ed ecologia dell'ambiente marino costiero	LM-6	Messina	🔓	
Sicurezza e qualità delle produzioni animali	LM-86	Messina	🔓	

Dipartimento di Scienze Biomediche e delle Immagini Morfologiche e Funzionali	Classe	Sede	Accesso	Posti a bando
Corsi di laurea				
Biotecnologie	L-2	Messina	🔒	70
Scienze motorie, sport e salute	L-22	Messina	🔒	500
Tecniche di radiologia medica per immagini e radioterapia	L/SNT3	Messina	🔒	15
Corsi di laurea magistrale				
Biotecnologie mediche	LM-9	Messina	🔓	
Scienze e tecniche delle attività motorie preventive e adattate	LM-67	Messina	🔒	60

Dipartimento di Chimica	Classe	Sede	Accesso	Posti a bando
Corsi di laurea				
Chimica	L-27	Messina	🔓	
Corsi di laurea magistrale				
Chimica	LM-54	Messina	🔓	

Dipartimento di Scienze Cognitive, della Formazione e degli Studi Culturali	Classe	Sede	Accesso	Posti a bando
Corsi di laurea				
Scienze della formazione e della comunicazione	L -19 / L-20	Messina, Noto	🔓	
Scienze del turismo, della cultura e dell'impresa	L-15	Messina	🔓	
Disciplina delle arti, musica, spettacolo	L-3	Messina	🔓	
Corsi di laurea magistrale				
Scienze cognitive e teorie della comunicazione	LM-55 / LM-92	Messina	🔓	
Scienze pedagogiche	LM-85	Messina	🔓	
Turismo e spettacolo	LM-49 / LM-65	Messina	🔓	

Dipartimento di Scienze del Farmaco e Prodotti per la Salute	Classe	Sede	Accesso	Posti a bando
Corsi di laurea magistrale a ciclo unico				
Chimica e tecnologia farmaceutiche	LM-13	Messina	🔒	100
Farmacia	LM-13	Messina	🔒	100

Dipartimento di Scienze dell'Ambiente, della Sicurezza, del Territorio, degli Alimenti e della Salute	Classe	Sede	Accesso	Posti a bando
Corsi di laurea				
Scienze gastronomiche	L-26	Messina	🔓	
Tecniche della prevenzione nell'ambiente e nei luoghi di lavoro	L/SNT4	Messina	🔒	32
Tecniche di laboratorio biomedico	L/SNT3	Messina	🔒	35
Corsi di laurea magistrale				
Scienze delle professioni sanitarie tecniche diagnostiche	LM/SNT3	Messina	🔒	20
Scienze dell'alimentazione e nutrizione umana	LM-61	Messina	🔓	

Dipartimento di Scienze Economiche, Aziendali, Ambientali e Metodologie Quantitative	Classe	Sede	Accesso	Posti a bando
Corsi di laurea				
Economia aziendale	L-18	Messina	🔓	
Economia, banca e finanza	L-33	Messina	🔓	
Management d'impresa	L-18	Messina	🔓	
Corsi di laurea magistrale				

Dipartimento di Scienze Economiche, Aziendali, Ambientali e Metodologie Quantitative	Classe	Sede	Accesso	Posti a bando
Consulenza e gestione di impresa (in inglese)	LM-77	Messina	🔓	
Innovazione, imprenditorialità e turismo	LM-77	Messina	🔓	
Scienze economiche e finanziarie	LM-56	Messina	🔓	

Dipartimento di Scienze Giuridiche e Storia delle Istituzioni	Classe	Sede	Accesso	Posti a bando
Corsi di laurea				
Scienze politiche, amministrazione e servizi	L-16	Messina, Priolo Gargallo	🔓	

Dipartimento di Scienze Pediatriche, Ginecologiche, Microbiologiche e Biomediche	Classe	Sede	Accesso	Posti a bando
Corsi di laurea				
Infermieristica pediatrica	L/SNT1	Messina	🔒	33
Ostetricia	L/SNT1	Messina	🔒	33
Terapia della neuro e psicomotricità dell'età evolutiva	L/SNT2	Messina	🔒	36
Corsi di laurea magistrale				
Scienze infermieristiche e ostetriche	LM/SNT1	Messina	🔒	83

Dipartimento di Scienze Sperimentali Medico-Chirurgiche Specialistiche ed Odontostomatologiche	Classe	Sede	Accesso	Posti a bando
Corsi di laurea				
Logopedia	L/SNT2	Messina	🔒	19
Ortottica e assistenza oftalmologica	L/SNT2	Messina	🔒	19
Tecniche audioprotesiche	L/SNT3	Messina	🔒	16
Corsi di laurea magistrale				
Scienze riabilitative delle professioni sanitarie	LM/SNT2	Messina	🔒	51
Corsi di laurea magistrale a ciclo unico				
Odontoiatria e protesi dentaria	LM-46	Messina	🔒	45

Dipartimento di Scienze Umane e Sociali	Classe	Sede	Accesso	Posti a bando
Corsi di laurea				
Scienze del servizio sociale	L-39	Messina, Modica	🔓	
Scienze e tecniche psicologiche	L-24	Messina	🔒	500
Scienze e tecniche psicologiche cliniche e preventive	L-24	Messina	🔒	250
Scienze politiche e delle relazioni internazionali (in inglese)	L-36	Messina	🔓	
Corsi di laurea magistrale				
Psicologia e neuroscienze cognitive	LM-51	Messina	🔒	100

Dipartimento di Scienze Umane e Sociali	Classe	Sede	Accesso	Posti a bando
Relazioni internazionali e cooperazione allo sviluppo	LM-52	Messina	🔓	
Scienze delle pubbliche amministrazioni	LM-63	Messina	🔓	
Servizio sociale, politiche sociali e studi sociologici e ricerca sociale	LM-87 / LM-88	Messina	🔓	

Facoltà di Medicina Veterinaria	Classe	Sede	Accesso	Posti a bando
Corsi di laurea magistrale a ciclo unico				
Medicina veterinaria	LM-42	Messina	🔒	58

6.28 | Milano

Università degli Studi di Milano

Sede centrale Via Festa del Perdono 7, 20122 Milano, tel.: 02 503111, sito: unimi.it

Sedi decentrate Cernusco sul Naviglio, Crema, Edolo, Gargnano, Lodi, San Donato Milanese, Sesto San Giovanni, Segrate, Torrazza Coste

Ente per il diritto allo studio Via S.Sofia 9, 20122 Milano, tel.: 02 58207233, fax: 02 58207224, e-mail: staff@consorziocidis.it, sito: web.consorzocidis.it

Ufficio orientamento Via Santa Sofia 9/1, 20122 Milano, tel.: 02 5031 2113, fax: 02 5031 2146, e-mail: cosp@unimi.it

Ufficio per il sostegno agli studenti disabili Via Festa del Perdono 7, 20122 Milano, tel.:þ02 50312065, fax:þ02 50312253, e-mail: ufficiodisabili@unimi.it-serviziodsa@unimi.it

Ufficio relazioni internazionali Via S. Antonio 12, 20122 Milano, tel.: 02 50313505, fax: 02 50313503 e-mail: mobility.out@unimi.it

CUS Via Circonvallazione Est 11, 20090 Segrate (MI), tel.: 02 7021141, e-mail: segreteria@cusmilano.it cuspointstatale@cusmilano.it, sito: cusmilano.it

I numeri dell'Università

Corsi 67 di laurea, 62 di laurea magistrale e 9 a ciclo unico

Docenti ordinari: 591; associati: 827; ricercatori: 371

Studenti 60.592 iscritti (di cui 35.238 donne, 42129 studenti in corso e 10.350 matricole)

Laureati 11.435 (di cui 7.114 donne)

Laureati regolari 33,8 %

A Milano hanno la propria sede centrale ben sette atenei: l'Università degli Studi di Milano, il Politecnico di Milano, l'Università Cattolica del Sacro Cuore, la Libera Università di Lingue e Comunicazione (IULM), l'Università Commerciale Luigi Bocconi, l'Università Vita-Salute situata presso l'Ospedale San Raffaele e, ultima nata, la II Università degli Studi di Milano-Bicocca. La presenza di un numero così consistente di atenei consente di scegliere fra una vasta gamma di corsi in tutte le aree del sapere umano.

Il corpo centrale dell'**Università degli Studi di Milano** (fondata nel 1924) ha sede nell'antico «ospedale dei poveri» chiamato anche Cà Granda, commissionato da Francesco Sforza, duca di Milano, al Filarete nel XV secolo. L'edificio, situato in Via Festa del Perdono, ospita i locali dell'università dal 1949, quando iniziarono i lavori di ricostruzione dopo i bombardamenti della seconda guerra mondiale. Attualmente in questa sede si trovano gli uffici amministrativi e le strutture didattiche e di ricerca delle Facoltà umanistiche e giuridica; le strutture destinate agli studi dell'area politico-sociale si trovano invece in via Conservatorio. Per quanto riguarda le Facoltà scientifiche, esse trovano posto in zona «città studi», dove dispongono di strutture didattiche e di ricerca proprie. Per i corsi di area medico-sanitaria il percorso di studi prevede una stretta collaborazione con gli ospedali e i centri di ricerca cittadini.

Facoltà di Giurisprudenza	Classe	Sede	Accesso	Posti a bando
Corsi di laurea				
Scienze dei servizi giuridici	L-14	Milano	🔓	
Corsi di laurea magistrale				
Law and Sustainable development	LM/SC-GIUR	Milano	🔓	
Corsi di laurea magistrale a ciclo unico				
Giurisprudenza	LMG-01	Milano	🔓	

Scuola di Mediazione Linguistica e Culturale	Classe	Sede	Accesso	Posti a bando
Corsi di laurea				
Mediazione linguistica e culturale applicata all'ambito economico, giuridico e sociale	L-12	Sesto San Giovanni	🔒	700
Corsi di laurea magistrale				
Lingue e culture per la comunicazione e la cooperazione internazionale	LM-38	Sesto San Giovanni	🔓	

Facoltà di Medicina e Chirurgia	Classe	Sede	Accesso	Posti a bando
Corsi di laurea				
Assistenza sanitaria	L/SNT4	Milano	🔒	25
Biotecnologie mediche	L-2	Milano	🔒	120
Dietistica	L/SNT3	Milano	🔒	30
Educazione professionale	L/SNT2	Milano, Bosisio Parini	🔒	80
Fisioterapia	L/SNT2	Milano	🔒	95
Igiene dentale	L/SNT3	Milano	🔒	60
Infermieristica	L/SNT1	Milano, Busto Arsizio, Crema, Magenta, San Donato M.se, Cernusco sul Naviglio,Rho	🔒	630
Infermieristica pediatrica	L/SNT1	Milano	🔒	25
Logopedia	L/SNT2	Milano, Bosisio Parini, Mantova	🔒	75
Ortottica e assistenza oftalmologica	L/SNT2	Milano	🔒	15
Ostetricia	L/SNT1	Mantova, Milano	🔒	50
Podologia	L/SNT2	Milano	🔒	25

Facoltà di Medicina e Chirurgia	Classe	Sede	Accesso	Posti a bando
Tecnica della riabilitazione psichiatrica	L/SNT2	Milano	🔒	25
Tecniche audiometriche	L/SNT3	Milano	🔒	15
Tecniche audioprotesiche	L/SNT3	Milano	🔒	25
Tecniche della prevenzione nell'ambiente e nei luoghi di lavoro	L/SNT4	Milano	🔒	25
Tecniche di fisiopatologia cardiocircolatoria e perfusione cardiovascolare	L/SNT3	Milano	🔒	15
Tecniche di laboratorio biomedico	L/SNT3	Milano	🔒	40
Tecniche di neurofisiopatologia	L/SNT3	Milano	🔒	11
Tecniche di radiologia medica, per immagini e radioterapia	L/SNT3	Milano	🔒	40
Tecniche ortopediche	L/SNT3	Milano	🔒	20
Terapia della neuro e psicomotricità dell'età evolutiva	L/SNT2	Milano Bosisio Parini	🔒	50
Terapia occupazionale	L/SNT2	Milano	🔒	22
Corsi di laurea magistrale				
Scienze cognitive e processi decisionali	LM-55	Milano	🔒	100
Scienze delle professioni sanitarie della prevenzione	LM/SNT4	Milano	🔒	20
Scienze delle professioni sanitarie tecniche assistenziali	LM/SNT3	Milano	🔒	20
Scienze delle professioni sanitarie tecniche diagnostiche	LM/SNT3	Milano	🔒	20
Scienze infermieristiche e ostetriche	LM/SNT1	Milano	🔒	25
Scienze riabilitative delle professioni sanitarie	LM/SNT2	Milano	🔒	25
Biomedical omics	LM-9	Milano	🔒	40
Corsi di laurea magistrale a ciclo unico				
Medicina e chirurgia	LM-41	Milano	🔒	350
Medicina e chirurgia (in lingua inglese)	LM-41	Rozzano	🔒	110
Odontoiatria e protesi dentaria	LM-46	Milano	🔒	60

Facoltà di Medicina Veterinaria	Classe	Sede	Accesso	Posti a bando
Corsi di laurea				
Allevamento e benessere animale	L-38	Milano	🔒	220
Scienze delle produzioni animali	L-38	Milano	🔒	80
Corsi di laurea magistrale				
Scienze biotecnologiche veterinarie	LM-9	Milano	🔓	
Scienze e tecnologie delle produzioni animali	LM-86	Lodi	🔓	
Corsi di laurea magistrale a ciclo unico				
Medicina veterinaria	LM-42	Milano	🔒	83

Facoltà di Scienze Agrarie e Alimentari	Classe	Sede	Accesso	Posti a bando
Corsi di laurea				
Agrotecnologie per l'ambiente e il territorio	L-25	Milano	🔒	80
Biotecnologia	L-2	Milano	🔒	250
Produzione e protezione delle piante e dei sistemi del verde	L-25	Milano	🔒	80
Scienze e tecnologie agrarie	L-25	Milano	🔒	200
Scienze e tecnologie alimentari	L-26	Milano	🔒	180
Scienze e tecnologie della ristorazione	L-26	Milano	🔒	100
Valorizzazione e tutela dell'ambiente e del territorio montano	L-25	Edolo	🔒	75
Viticoltura ed enologia	L-25	Milano	🔒	80

Facoltà di Scienze Agrarie e Alimentari	Classe	Sede	Accesso	Posti a bando
Scienze e politiche ambientali	L-32	Milano	🔒	300
Corsi di laurea magistrale				
Bioinformatics for computational genomics	LM-8	Milano	🔒	50
Plant science (in inglese)	LM-6	Milano	🔒	10
Alimentazione e nutrizione umana	LM-61	Milano	🔒	150
Biotechnology for the bioeconomy (in inglese)	LM-7	Milano	🔓	
Environmental and food economics (in inglese)	LM-76	Milano	🔓	
Scienze agrarie	LM-69	Milano	🔓	
Scienze agroambientali	LM-73	MIlano	🔓	
Scienze della produzione e protezione delle piante	LM-69	Milano	🔓	
Scienze e tecnologie alimentari	LM-70	Milano	🔓	
Environmental change and global sustainability	LM-75	Milano	🔓	

Facoltà di Scienze del Farmaco	Classe	Sede	Accesso	Posti a bando
Corsi di laurea				
Scienze e sicurezza chimico-tossicologiche dell'ambiente	L-29	Milano	🔒	60
Scienze e tecnologie erboristiche	L-29	Milano	🔒	100
Corsi di laurea magistrale				
Biotecnologie del farmaco	LM-9	Milano	🔒	60
Medical biotechnology and molecular medicine (in inglese)	LM-9	Milano	🔒	65
Safety assessment of xenobiotics and biotechnological products (in inglese)	LM-9	Milano	🔓	
Corsi di laurea magistrale a ciclo unico				
Chimica e tecnologia farmaceutiche	LM-13	Milano	🔒	200
Farmacia	LM-13	Milano	🔒	300

Facoltà di Scienze e Tecnologie	Classe	Sede	Accesso	Posti a bando
Corsi di laurea				
Chimica	L-27	Milano	🔒	130
Chimica industriale	L-27	Milano	🔒	90
Fisica	L-30	Milano	🔓	
Informatica	L-31	Milano	🔒	250
Informatica musicale	L-31	Milano	🔒	150
Informatica per la comunicazione digitale	L-31	Milano	🔒	150
Matematica	L-35	Milano	🔓	
Scienze biologiche	L-13	Milano	🔒	250
Scienze e tecnologie per lo studio e la conservazione dei beni culturali e dei supporti dell'informazione	L-43	Milano	🔓	
Scienze geologiche	L-34	Milano	🔓	
Scienze naturali	L-32	Milano	🔒	100
Sicurezza dei sistemi e delle reti informatiche	L-31	Milano	🔒	150
Corsi di laurea magistrale				
Biodiversità ed evoluzione biologica	LM-6	Milano	🔓	
Biologia applicata alla ricerca biomedica	LM-6	Milano	🔓	
Biologia applicata alle scienze della nutrizione	LM-6	Milano	🔓	
Molecular biotechnology e bioniformatics (in inglese)	LM-8	Milano	🔓	

Facoltà di Scienze e Tecnologie	Classe	Sede	Accesso	Posti a bando
Fisica	LM-17	Milano	🔓	
Industrial chemistry (in inglese)	LM-71	Milano	🔓	
Informatica	LM-18	Milano	🔓	
Matematica	LM-40	Milano	🔓	
Molecolar biology of the cell (in inglese)	LM-6	Milano	🔓	
Scienze chimiche	LM-54	Milano	🔓	
Biogeoscienze: analisi degli ecosistemi e comunicazione delle scienze	LM-60	Milano	🔓	
Scienze della Terra	LM-74	Milano	🔓	
Scienze per la conservazione e la diagnostica dei beni culturali	LM-11	Milano	🔓	
Sicurezza informatica	LM-66	Milano	🔓	
Quantitative biology	LM-8	Milano	🔓	

Scuola di Scienze Motorie	Classe	Sede	Accesso	Posti a bando
Corsi di laurea				
Scienze motorie e sport e salute	L-22	Milano	🔒	290
Corsi di laurea magistrale				
Scienza dell'attività fisica per il benessere	LM-67	Milano	🔓	
Scienza, tecnica e didattica dello sport	LM-68	Milano	🔓	

Facoltà di Scienze Politiche, Economiche e Sociali	Classe	Sede	Accesso	Posti a bando
Corsi di laurea				
Comunicazione e società	L-20	Milano	🔒	250
Economia e management	L-18/L-33	Milano	🔒	250
Management pubblico e della sanità	L-16	Milano	🔒	120
Management delle organizzazioni e del lavoro,	L-16	Milano	🔒	210
Scienze internazionali e istituzioni europee	L-36	Milano	🔒	400
Scienze politiche	L-36	Milano	🔒	300
Scienze sociali per la globalizzazione	L-37	Milano	🔒	170
International politics, law and economics (in inglese)	L-36	Milano	🔒	125
Corsi di laurea magistrale				
Politics, phylosophy and public affairs (in inglese)	LM-62/LM-78	Milano	🔓	
Amministrazioni e politiche pubbliche	LM-63	Milano	🔓	
Comunicazione pubblica e d'impresa	LM-59	Milano	🔒	200
Management of innovation and entreprenuership (in inglese)	LM-77	Milano	🔓	
Economics and political science (in inglese)	LM-56 / LM-62	Milano	🔓	
Management delle aziende sanitarie e del settore salute	LM-77	Milano	🔓	
Management of human resources	LM-77	Milano	🔓	
Relazioni internazionali	LM-52	Milano	🔓	
Global politics and society (in inglese)	LM-62	Milano	🔓	
Scienze politiche e di governo	LM-62	Milano	🔓	
Finance and economics	LM-16	Milano	🔓	
Data science and economics (in inglese)	LM-91	Milano	🔓	

Facoltà di Studi Umanistici	Classe	Sede	Accesso	Posti a bando
Corsi di laurea				
Filosofia	L-5	Milano	🔓	
Lettere	L-10	Milano	🔓	
Lingue e letterature straniere	L-11	Milano	🔓	
Scienze dei beni culturali	L-1	Milano	🔓	
Scienze umane dell'ambiente, del territorio e del paesaggio	L-6	Milano	🔓	
Scienze umanistiche per la comunicazione	L-20	Milano	🔒	250
Storia	L-42	Milano	🔓	
Corsi di laurea magistrale				
Archeologia	LM-2	Milano	🔓	
Editoria, cultura della comunicazione e della moda	LM-92	Milano	🔓	
Filologia, letteratura e storia dell'antichità	LM-15	Milano	🔓	
Lettere moderne	LM-14	Milano	🔓	
Lingue e letterature europee ed extraeuropee	LM-37	Milano	🔓	
Scienze della musica e dello spettacolo	LM-45	Milano	🔓	
Scienze filosofiche	LM-78	Milano	🔓	
Scienze storiche	LM-84	Milano	🔓	
Storia e critica dell'arte	LM-89	Milano	🔓	

L'**Università degli Studi di Milano Bicocca** è stata istituita con decreto ministeriale a partire dal 10 giugno 1998. Nasce dalla separazione organica della prima Università, con l'intento di decongestionarla. La nuova università sorge all'interno dello storico complesso industriale della Bicocca.

Università degli Studi di Milano – Bicocca

Sede centrale Piazza dell'Ateneo Nuovo 1, 20126 Milano, tel.: 02 64481, sito: unimib.it

Sedi decentrate Bergamo, Cinisello Balsamo, Desio, Faedo Valtellino, Lecco, Monza, Sesto San Giovanni

Ente per il diritto allo studio Via Vizzola 5-Edificio U12, 20126 Milano, tel.: 02 64487058, e-mail: dsu@unimib.it

Ufficio orientamento Piazza dell'Ateneo Nuovo 1, 20126 Milano, tel.: 02 6446448, e-mail: orientamento@unimib.it

Ufficio per il sostegno agli studenti disabili Piazza dell'Ateneo Nuovo 1, edificio U6, 20126 Milano, tel.: 02 6448 6986, e-mail: info.disabili.dsa@unimib.it

Ufficio relazioni internazionali Piazzetta Difesa per le donne-Edificio U17, 20126 Milano, e-mail: info.erasmus@unimib.it, outgoing.erasmus@unimib.it,

CUS Via Circonvallazione Est 11, 20090 Segrate (MI), tel.: 02 7021141, e-mail: segreteria@cusmilano.it e-mail: cusbicocca@unimib.it, sito: cusmilano.it

I numeri dell'Università

Corsi 32 di laurea, 34 di laurea magistrale e 5 a ciclo unico

Docenti ordinari: 227; associati: 413; ricercatori: 168

Studenti 33.001 iscritti (di cui 20.108 donne, 24622 studenti in corso e 5.622 matricole)

Laureati 6.678 (di cui 4.274 donne)

Laureati regolari 33,9 %

Area Economico-Statistica	Classe	Sede	Accesso	Posti a bando
Corsi di laurea				
Economia delle banche, delle assicurazioni e degli intermediari finanziari	L-18	Milano	🔒	300
Economia e amministrazione delle imprese	L-18	Milano	🔒	350
Economia e commercio	L-33	Milano	🔒	300
Marketing, comunicazione aziendale e mercati globali	L-18	Milano	🔒	350
Scienze statistiche ed economiche	L-41	Milano	🔒	150
Statistica e gestione delle informazioni	L-41	Milano	🔓	
Corsi di laurea magistrale				
Biostatistica	LM-82	Milano	🔓	
Economia del turismo	LM-76	Milano	🔓	
Economia e finanza	LM-16	Milano	🔓	
Marketing e mercati globali	LM-77	Milano	🔒	150
International economics (in inglese)	LM-56	Milano	🔓	
Scienze economico-aziendali	LM-77	Milano	🔒	249
Scienze statistiche ed economiche	LM-82	Milano	🔓	

Area Giuridica	Classe	Sede	Accesso	Posti a bando
Corsi di laurea				
Scienze dei servizi giuridici	L-14	Milano	🔓	
Corsi di laurea magistrale				
Managent e design dei servizi (interarea con Sociologia)	LM-63	Milano	🔒	130
Diritto delle organizzazioni pubbliche e private	LM/SC-GIUR	Milano	🔓	
Corsi di laurea magistrale a ciclo unico				
Giurisprudenza	LM-01	Milano	🔓	

Area Medica	Classe	Sede	Accesso	Posti a bando
Corsi di laurea				
Fisioterapia	L/SNT2	Bergamo, Carate Brianza	🔒	51
Igiene dentale	L/SNT3	Monza	🔒	31
Infermieristica	L/SNT1	Monza,Bergamo, Lecco, Sondrio	🔒	265
Ostetricia	L/SNT1	Monza, Bergamo	🔒	41
Tecniche di laboratorio biomedico	L/SNT3	Desio	🔒	29
Tecniche di radiologia medica, per immagini e radioterapia	L/SN/3	Monza	🔒	26
Terapia della neuro e psicomotricità dell'età evolutiva	L/SNT2	Monza	🔒	31
Corsi di laurea magistrale				
Biotecnologie mediche	LM-9	Monza	🔓	
Scienze infermieristiche e ostetriche	LM/SNT1	Monza	🔒	35
Corsi di laurea magistrale a ciclo unico				
Medicina e chirurgia	LM-41	Monza	🔒	133
Odontoiatria e protesi dentaria	LM-46	Monza	🔒	26

Area Psicologica	Classe	Sede	Accesso	Posti a bando
Corsi di laurea				
Scienze psicosociali della comunicazione	L-20	Milano	🔒	120

Area Psicologica	Classe	Sede	Accesso	Posti a bando
Scienze e tecniche psicologiche	L-24	Milano	🔒	500
Corsi di laurea magistrale				
Psicologia clinica e neuropsicologia del ciclo di vita	LM-51	Milano	🔒	240
Psicologia sociale, economica e delle decisioni	LM-51	Milano	🔒	120
Psicologia dello sviluppo e dei processi educativi	LM-51	Milano	🔒	120
Applied experimental pshycological sciences	LM-51	Milano	🔒	60
Teoria e tecnologia della comunicazione (interarea con Scienze)	LM-92	Milano	🔓	

Area Formazione	Classe	Sede	Accesso	Posti a bando
Corsi di laurea				
Comunicazione interculturale	L-20	Milano	🔒	250
Scienze dell'educazione	L-19	Milano	🔒	670
Corsi di laurea magistrale				
Formazione e sviluppo delle risorse umane	LM-57	Milano	🔓	
Scienze pedagogiche	LM-85	Milano	🔒	250
Corsi di laurea magistrale a ciclo unico				
Scienze della formazione primaria	LM-85 bis	Milano	🔒	436

Area Scientifica	Classe	Sede	Accesso	Posti a bando
Corsi di laurea				
Biotecnologie	L-2	Milano	🔒	205
Fisica	L-30	Milano	🔓	
Informatica	L-31	Milano, Crema	🔒	380
Matematica	L-35	Milano	🔓	
Ottica e optometria	L-30	Milano	🔒	100
Scienze biologiche	L-13	Milano	🔒	215
Scienza dei materiali	L-27	Milano	🔒	100
Scienze e tecnologie chimiche	L-27	Milano	🔒	120
Scienze e tecnologie geologiche	L-34	Milano	🔓	
Scienze e tecnologie per l'ambiente	L-32	Milano	🔒	125
Corsi di laurea magistrale				
Astrofisica e fisica dello spazio (in inglese)	LM-58	Milano	🔓	
Biologia	LM-6	Milano	🔓	
Biotecnologie industriali	LM-8	Milano	🔓	
Fisica	LM-17	Milano	🔓	
Informatica	LM-18	Milano	🔓	
Matematica	LM-40	Milano	🔓	
Materials science (in inglese)	LM-53	Milano	🔓	
Scienze e tecnologie chimiche	LM-54	Milano	🔓	
Scienze e tecnologie geologiche	LM-74	Milano	🔓	
Scienze e tecnologie per l'ambiente e il territorio	LM-75	Milano	🔓	
Scienze antropologiche ed etnologiche	LM-1	Milano	🔓	
Marine sciences	LM-75	Milano	🔓	
Data science	LM-91	Milano	🔓	

Area Sociologica	Classe	Sede	Accesso	Posti a bando
Corsi di laurea				
Scienze dell'organizzazione	L-16	Monza	🔒	240
Scienze del turismo e comunità locale	L-15	Milano	🔒	200
Servizio sociale	L-39	Milano	🔒	130
Sociologia	L-40	Milano	🔒	385
Corsi di laurea magistrale				
Programmazione e gestione delle politiche e dei servizi sociali	LM-87	Milano	🔒	85
Analisi dei processi sociali	LM-88	Milano	🔓	
Turismo territorio e sviluppo locale	LM-49	Milano	🔓	

Fondato nel 1863, il **Politecnico di Milano** è la prima scuola italiana di Ingegneria. Dal 1927 ha sede in piazza Leonardo da Vinci e dal 1933 comprende anche la Facoltà di Architettura.

Politecnico di Milano

Sede centrale Piazza Leonardo da Vinci 32, 20133 Milano,
numero verde: 800 420470, fax: 02 23992256
sito: polimi.it

Sedi decentrate Como, Cremona, Mantova, Lecco, Piacenza

Ufficio per il diritto allo studio Via Golgi 42, 20133 Milano,
e-mail: dirittoallostudio@polimi.it

Ufficio orientamento Piazza Leonardo da Vinci 32, 20133 Milano,
tel.: 02 2399 2277, fax: 02 2399 2279
e-mail: ufficio.orientamento@polimi.it,
sito: poliorientami.polimi.it

Ufficio per il sostegno agli studenti disabili Via Golgi 42, Edificio 22-piano terra, 20133 Milano,
tel.: 02 23996951, fax: 02 23992265, e-mail: multichance@polimi.it

Ufficio relazioni internazionali Via Golgi 42, 20133 Milano,
tel.: 02 23994488, e-mail: exchange@polimi.it

CUS Via Circonvallazione Est 11, 20090 Segrate (MI),
tel.: 02 7021141, e-mail: segreteria@cusmilano.it
e-mail: cittastudi@cusmilano.org, sito: cusmilano.it

I numeri dell'Università

Corsi 24 di laurea, 41 di laurea magistrale e 1 a ciclo unico

Docenti ordinari: 403; associati: 653; ricercatori: 240

Studenti 43.670 iscritti (di cui 14.496 donne, 27631 studenti in corso e 7.008 matricole)

Laureati 11.040 (di cui 4.036 donne)

Laureati regolari 49,8 %

Scuola di Architettura Civile	Classe	Sede	Accesso	Posti a bando
Corsi di laurea				
Progettazione dell'architettura (interscuola con Architettura e Società)	L-17	Milano, Mantova, Piacenza	🔒	1044
Corsi di laurea magistrale				
Architettura-Ambiente Costruito-Interni	LM-4	Milano		400

Scuola di Architettura Civile	Classe	Sede	Accesso	Posti a bando
Architettura-Architettura delle costruzioni	LM-4	Milano	🔒	160
Architectural design and history	LM-4	Mantova	🔒	100

Scuola di Architettura e Società	Classe	Sede	Accesso	Posti a bando
Corsi di laurea				
Ingegneria edile e delle costruzioni	L-23	Milano	🔒	150
Urbanistica: città ambiente paesaggio	L-21	Milano	🔒	130
Corsi di laurea magistrale				
Architettura e disegno urbano	LM-4	Milano	🔒	360
Landscape architecture. Land landscape heritage	LM-3	Milano	🔒	80
Management of built environment	LM-24	Milano	🔒	100
Sustainable architecture and landscape design	LM-4	Piacenza	🔒	120
Urban planning and policy design	LM-48	Milano	🔒	80
Mobility engineering	LM-26	Milano		70

Scuola del Design	Classe	Sede	Accesso	Posti a bando
Corsi di laurea				
Design degli interni	L-4	Milano	🔒	300
Design della comunicazione	L-4	Milano	🔒	180
Design della moda	L-4	Milano	🔒	150
Design del prodotto industriale	L-4	Milano	🔒	300
Corsi di laurea magistrale				
Design & Engineering (in inglese)	LM-12	Milano	🔒	100
Design della comunicazione	LM-12	Milano	🔒	120
Design for the fashion system (in inglese)	LM-12	Milano	🔒	70
Digital and interaction design (in inglese)	LM-12	Milano	🔒	50
Integrated product design (in inglese)	LM-12	Milano	🔒	90
Interior and spatial design (in inglese)	LM-12	Milano	🔒	120
Product service system design (in inglese)	LM-12	Milano	🔒	80

Scuola di Ingegneria Civile, Ambientale e Territoriale	Classe	Sede	Accesso	Posti a bando
Corsi di laurea				
Ingegneria per l'ambiente e il territorio	L-7	Milano	🔒	210
Ingegneria civile	L-7	Milano	🔒	300
Corsi di laurea magistrale				
Civil engineering	LM-23	Milano	🔒	220
Civil engineering for risk mitigation	LM-23	Lecco	🔒	70
Geoinformatics engineering	LM-32/ LM-35	Milano	🔒	50
Environmental and land planning engineering	LM-35	Milano	🔒	160
Music and acoustic engineering	LM-32	Milano	🔒	80
Food engineering	LM-22	Milano	🔒	70
Agricultural engineering	LM-26	Cremona	🔒	50

Scuola di Architettura Urbanistica Ingegneria delle costruzioni	Classe	Sede	Accesso	Posti a bando
Corsi di laurea magistrale				
Building and architectural engineering	LM-24	Milano, Lecco	🔒	140
Ingegneria dei sistemi edilizi	LM-24	Milano	🔒	100
Corsi di laurea magistrale a ciclo unico				
Ingegneria edile / Architettura	LM-4	Lecco	🔒	110

Scuola di Ingegneria Industriale e dell'Informazione	Classe	Sede	Accesso	Posti a bando
Corsi di laurea				
Ingegneria aerospaziale	L-9	Milano	🔒	490
Ingegneria biomedica	L-8 / L-9	Milano	🔒	490
Ingegneria chimica	L-9	Milano	🔒	224
Ingegneria dei materiali e delle nanotecnologie	L-9	Milano	🔒	240
Ingegneria della produzione industriale	L-9	Lecco	🔒	110
Ingegneria dell'automazione	L-8 / L-9	Milano	🔒	310
Ingegneria elettrica	L-9	Milano	🔒	168
Ingegneria elettronica	L-8	Milano	🔒	180
Ingegneria energetica	L-9	Milano	🔒	350
Ingegneria fisica	L-8 / L-9	Milano	🔒	185
Ingegneria gestionale	L-8 / L-9	Milano, Cremona	🔒	820
Ingegneria informatica	L-8	Milano, Como, Cremona	🔒	1010
Ingegneria matematica	L-8 / L-9	Milano	🔒	945
Ingegneria meccanica	L-9	Milano,Piacenza	🔒	746
Ingegneria civile per la mitigazione del rischio	L-7	Lecco	🔒	90
Corsi di laurea magistrale				
Aeronautical engineering	LM-20	Milano	🔒	225
Automation and control engineering	LM-25	Milano	🔒	200
Biomedical engineering	LM-21	Milano	🔒	500
Chemical engineering	LM-22	Milano	🔒	150
Computer science and engineering	LM-32	Milano, Como	🔒	400
Electrical engineering	LM-28	Milano	🔒	150
Electronics engineering	LM-29	Milano	🔒	150
Energy engineering	LM-30	Milano	🔒	320
Engineering physics	LM-44	Milano	🔒	110
Ingegneria della prevenzione e della sicurezza nell'industria di processo	LM-26	Milano	🔒	70
Management engineering	LM-31	Milano	🔒	750
Materials engineering and nanotechnology	LM-53	Milano	🔒	240
Mathematical engineering	LM-44	Milano	🔒	200
Mechanical engineering	LM-33	Milano, Lecco	🔒	430

Scuola di Ingegneria Industriale e dell'Informazione	Classe	Sede	Accesso	Posti a bando
Nuclear engineering	LM-30	Milano	🔒	80
Space engineering	LM-20	Milano	🔒	115
Telecommunication engineering	LM-27	Milano	🔒	120

L'**Università Cattolica di Milano** è stata inaugurata su iniziativa di Padre Agostino Gemelli il 7 dicembre 1921. Ai 68 studenti iscritti il primo anno alle due Facoltà originarie di Filosofia e Scienze Sociali si sono negli anni aggiunte migliaia di matricole provenienti da tutta Italia per frequentare i numerosi corsi attualmente offerti. L'Ateneo del "Sacro Cuore" si caratterizza da sempre per l'impegno profuso da docenti e amministratori nel tentativo di mantenere fede alla vocazione originaria del fondatore: coniugare al massimo grado l'aspetto scientifico-culturale e l'anima profonda della spiritualità Cattolica.

Università Cattolica del Sacro Cuore

Sede centrale	Largo A. Gemelli 1, 20123 Milano, tel.: 02 72341 / 199 147014, sito: unicatt.it
Sedi decentrate	Brescia, Campobasso, Cremona, Piacenza, Roma
Ente per il diritto allo studio	Largo A. Gemelli 1, 20123 Milano, tel.: 02 72342416, fax: 02 87181067, e-mail: info.dsu@educatt.it, sito: educatt.it
Ufficio orientamento	Largo A. Gemelli 1, 20123 Milano, numero verde: 800 209902, tel.: 02 72348530, fax: 02 72348540 e-mail: servizio.orientamento@unicatt.it
Ufficio per il sostegno agli studenti disabili	Largo A. Gemelli 1, 20123 Milano, tel.: 02 72343851/52, fax: 02 72342767/2369, e-mail: segreteria.disabili@unicatt.it-segreteria.dsa@unicatt.it
Ufficio relazioni internazionali	Via Carducci 28/30, 20123 Milano, tel.: 02 72345801, fax: 02 72345806, e-mail: rel.internazionali@unicatt.it
CUS	Via Circonvallazione Est 11, 20090 Segrate (MI), tel.: 02 7021141, fax: 02 7560633, e-mail: segreteria@cusmilano.it, sito: cusmilano.it

I numeri dell'Università[a]

Corsi	42 di laurea, 55 di laurea magistrale e 7 a ciclo unico
Docenti	ordinari: 335; associati: 365; ricercatori: 230
Studenti	38.464 iscritti (di cui 24.997 donne, 31090 studenti in corso e 7.539 matricole)
Laureati	9.960 (di cui 6.565 donne)
Laureati regolari	55,2 %

a. I dati disponibili includono anche le altre sedi

Facoltà di Economia	Classe	Sede	Accesso	Posti a bando
Corsi di laurea				
Economia e gestione aziendale	L-18	Milano	🔓	
Economia e legislazione d'impresa	L-18	Milano	🔓	
Economia e gestione dei beni culturali e dello spettacolo	L-18	Milano	🔓	
Economia delle imprese e dei mercati	L-33	Milano	🔓	
Economics and management	L-18	Milano	🔓	
Scienze turistiche e valorizzazione del territorio	L-15	Brescia	🔓	
Economia dei mercati e degli intermediari finanziari	L-18	Milano	🔓	
Economia aziendale	L-18	Cremona, Piacenza	🔓	
Corsi di laurea magistrale				
Comunicazione per l'impresa, i media e le organizzazioni complesse	LM -19 / LM -59	Milano	🔓	
Direzione e consulenza aziendale	LM-77	Milano	🔓	
Economia dei mercati e degli intermediari finanziari	LM-77	Milano	🔓	
Economia e gestione dei beni culturali e dello spettacolo	LM-76	Milano		
Economia e legislazione d'impresa	LM-77	Milano	🔓	
Management	LM-77	Piacenza	🔓	
Management per l'impresa	LM-77	Piacenza	🔓	
Mercati e strategie d'impresa	LM-77	Milano	🔓	
Statistical and actuarial sciences	LM-83	Milano	🔓	
Economia	LM-56	Milano	🔓	
Banking a consulting	LM-77	Piacenza	🔓	
Gestione d'azienda	LM-77	Piacenza	🔓	
Global business management (in inglese)	LM-77	Piacenza	🔓	
Innovation and technology management	LM-77	Milano	🔓	
Innovazione e imprenditorialità digitale	LM-77	Cremona	🔓	
Data analytics for business	LM-82	Milano	🔓	
European studies in investor relations and financial communication	LM-90	Milano	🔓	

Facoltà di Giurisprudenza	Classe	Sede	Accesso	Posti a bando
Corsi di laurea				
Servizi giuridici	L-14	Milano	🔒	330
Corsi di laurea magistrale a ciclo unico				
Giurisprudenza	LMG-01	Milano, Piacenza	🔓	

Facoltà di Lettere e Filosofia	Classe	Sede	Accesso	Posti a bando
Corsi di laurea				
Filosofia	L-5	Milano	🔒	150
Lettere	L-10	Brescia, Milano	🔒	460
Linguaggi dei media	L-20	Milano	🔒	230
Scienze dei beni culturali	L-1	Milano	🔒	230
Discipline delle arti, dei media e dello spettacolo	L-3	Brescia	🔒	230
Corsi di laurea magistrale				
Archeologia e storia dell'arte	LM-2 / LM-89	Milano	🔓	
Filologia moderna	LM-14	Brescia, Milano	🔓	

Facoltà di Lettere e Filosofia	Classe	Sede	Accesso	Posti a bando
Filosofia (interfacoltà con Scienze della formazione)	LM-78	Milano	🔓	
Gestione di contenuti digitali per i media, le imprese e i patrimoni culturali	LM-19	Brescia	🔓	
Scienze dell'antichità	LM-15	Milano	🔓	
Media education	LM-93	Milano	🔓	

Facoltà di Psicologia	Classe	Sede	Accesso	Posti a bando
Corsi di laurea				
Scienze e tecniche psicologiche	L-24	Brescia, Milano	🔒	620
Corsi di laurea magistrale				
Psicologia clinica e promozione della salute: persona, relazioni familiari e di comunità	LM-51	Milano	🔓	
Psicologia degli interventi clinici nei contesti sociali	LM-51	Brescia	🔓	
Psicologia dello sviluppo e della comunicazione	LM-51	Milano	🔓	
Psicologia per il benessere: empowerment, riabilitazione e tecnologia positiva	LM-51	Milano	🔓	
Psicologia per le organizzazioni: risorse umane, marketing e comunicazione	LM-51	Milano	🔓	

Facoltà di Scienze agrarie, alimentari e ambientali	Classe	Sede	Accesso	Posti a bando
Corsi di laurea				
Scienze e tecnologie agrarie	L-25	Piacenza	🔓	
Scienze e tecnologie alimentari	L-26	Cremona, Piacenza	🔓	
Food production manmagement	L-25/ L-26	Piacenza	🔓	
Corsi di laurea magistrale				
Agricoltural and food economics (in inglese)	LM-69 / LM-70	Cremona	🔒	50
Food marketing e strategie commerciali (interfacoltà con Economia)	LM-77	Piacenza	🔓	
Agricoltura sostenibile e di precisione	LM-69	Piacenza	🔓	
Scienze e tecnologie alimentari	LM-70	Piacenza	🔒	450
Livestock and agro-green innovation	LM-70	Cremona	🔓	
	LM-70	Cremona	🔓	

Facoltà di Scienze bancarie, finanziarie e assicurative	Classe	Sede	Accesso	Posti a bando
Corsi di laurea magistrale				
Banking and finance (in inglese)	LM-77	Milano	🔓	
Economia dei mercati e degli intermediari finanziari	LM-77	Milano	🔓	
Applied data sceince for banking and finance	LM-91	Brescia	🔓	

Facoltà di Scienze della Formazione	Classe	Sede	Accesso	Posti a bando
Corsi di laurea				
Scienze dell'educazione e della formazione	L-19	Brescia, Piacenza, Milano	🔒	580
Scienze motorie e dello sport (interfacoltà con Medicina e chirurgia)	L-22	Milano	🔒	230
Corsi di laurea magistrale				
Consulenza pedagogica per la disabilità e la marginalità	LM-50	Milano	🔓	
Progettazione pedagogica e formazione delle risorse umane	LM-50	Brescia	🔓	

Facoltà di Scienze della Formazione	Classe	Sede	Accesso	Posti a bando
Progettazione pedagogica nei servizi per i minori	LM-50	Piacenza	🔓	
Scienze e tecniche delle attività motorie preventive e adattate (interfacoltà con Medicina e chirurgia)	LM-67	Milano	🔓	
Scienze pedagogiche e servizi alla persona	LM-85	Milano	🔓	
Corsi di laurea magistrale a ciclo unico				
Scienze della formazione primaria	LM-85 bis	Brescia, Milano	🔒	450

Facoltà di Scienze linguistiche e letterature straniere	Classe	Sede	Accesso	Posti a bando
Corsi di laurea				
Scienze linguistiche	L-12	Brescia, Milano	🔒	870
Scienze linguistiche per le relazioni internazionali (interfacoltà con Scienze politiche e sociali)	L-12	Milano	🔒	300
Corsi di laurea magistrale				
Lingue, letterature e culture straniere	LM-37	Brescia, Milano	🔓	
Scienze linguistiche	LM -38	Milano	🔓	

Facoltà di Scienze matematiche, fisiche e naturali	Classe	Sede	Accesso	Posti a bando
Corsi di laurea				
Matematica	L-35	Brescia	🔓	
Infermieristica	L/SNT1	Brescia, Torino, Marsicovetere, Campobasso, Roma, Potenza	🔒	443
Corsi di laurea magistrale				
Fisica	LM-17	Brescia	🔓	
Matematica	LM-40	Brescia	🔓	

Facoltà di Scienze politiche e sociali	Classe	Sede	Accesso	Posti a bando
Corsi di laurea				
Comunicazione e società	L-20	Milano	🔒	100
Scienze del servizio sociale	L-39	Brescia, Milano	🔒	150
Scienze politiche e delle relazioni internazionali	L-36	Brescia, Milano	🔒	340
Sociologia	L-40	Milano	🔒	150
Corsi di laurea magistrale				
Gestione del lavoro e comunicazione per le organizzazioni	LM -88	Milano	🔓	
Lavoro sociale e servizi per le famiglie, i minori e le comunità	LM -87	Milano	🔓	
Politiche europee e internazionali	LM-52	Milano	🔓	
Politiche per la cooperazione internazionale allo sviluppo	LM-81	Milano	🔓	
Politiche pubbliche	LM-63	Milano	🔓	

Sorta nell'ambito dell'attività della Fondazione Centro San Raffaele del Monte Tabor, l'**Università Vita-Salute** completa l'offerta formativa della Fondazione, affiancandosi al Liceo Classico e Scientifico, al Dipartimento di Medicina e Scienze umane, a quello di Scienze Cognitive, al Centro di Etica degli Affari delle Professioni e della Politica e al *Phd* in Biologia molecolare e cellulare, che fanno dell'ospedale milanese un polo di ricerca avanzatissimo nel panorama italiano. L'intento di questo complesso di attività è la cura della persona nella sua globalità, per la quale la ricerca deve costituire l'orizzonte privilegiato di riferimento.

Università Vita-Salute San Raffaele

Sede centrale Via Olgettina 58, 20132 Milano,
Numero verde: 800 339 033,
tel.: 02 91751 561, fax: 02 91751453
sito: unisr.it

Ente per il diritto allo studio Via Olgettina 58, 20132 Milano,
tel: 02 91751 556, fax: 02 91971 453, e-mail: segreteria.studenti@unisr.it

Ufficio orientamento Via Olgettina 58, 20132 Milano
tel: 02 91751 556, fax: 02 91971 453, e-mail: orientamento@unisr.it

Ufficio per il sostegno agli studenti disabili Via Olgettina 58, 20132 Milano
tel.: 02 91751 557, fax: 02 91971 453
e-mail: dsa.sd@unisr.it

Ufficio relazioni internazionali Via Olgettina 58,20132 Milano,
tel.: 02 91751 543/4, fax: 02 91751 453
e-mail: international.office@unisr.it, erasmus@unisr.it

CUS Via Circonvallazione Est 11, 20090 Segrate (MI),
tel.: 02 7021141, fax: 02 7560633,
e-mail: segreteria@cusmilano.it, sito: cusmilano.it

I numeri dell'Università

Corsi 7 di laurea, 8 di laurea magistrale e 3 a ciclo unico

Docenti ordinari: 67; associati: 60; ricercatori: 1

Studenti 2.600 iscritti (di cui 1.577 donne, 1821 studenti in corso e 399 matricole)

Laureati 529 (di cui 334 donne)

Laureati regolari 69,9 %

Facoltà di Filosofia	Classe	Sede	Accesso	Posti a bando
Corsi di laurea				
Filosofia	L-5	Milano	🔒	80
Scienze politiche e strategiche globali	L-36	Milano	🔒	100
Corsi di laurea magistrale				
Filosofia del mondo contemporaneo	LM-78	Milano	🔒	80
Teoria e storia delle arti e dell'immagine	LM-89	Milano	🔒	40

Facoltà di Medicina e Chirurgia	Classe	Sede	Accesso	Posti a bando
Corsi di laurea				
Ricerca biotecnologica in medicina	L-2	Milano	🔒	40
Fisioterapia	L/SNT2	Milano	🔒	38
Igiene dentale	L/SNT3	Milano	🔒	37
Infermieristica	L/SNT1	Milano	🔒	115
Ostetricia	L/SNT1	Milano	🔒	30
Corsi di laurea magistrale				
Biotechnologiy and medical biology (in inglese)	LM-9	Milano	🔒	60
Scienze riabilitative delle professioni sanitarie	LM/SNT2	Milano	🔒	30
Scienze infermieristiche e ostetriche	LM/SNT1	Milano	🔒	40
Corsi di laurea magistrale a ciclo unico				
Medicina e chirurgia	LM-41	Milano	🔒	300
Medicine and Surgery (in inglese)	LM-41	Milano	🔒	110
Odontoiatria e protesi dentaria	LM-46	Milano	🔒	50

Facoltà di Psicologia	Classe	Sede	Accesso	Posti a bando
Corsi di laurea				
Scienze e tecniche psicologiche	L -24	Milano	🔒	80
Corsi di laurea magistrale				
Cognitive psychology in health communication	LM-51	Milano	🔒	30
Psicologia	LM-51	Milano	🔒	90

L'**Università Commerciale Luigi Bocconi** è stata fondata a Milano nel 1902 con l'obiettivo di fungere da «presenza attiva e dinamica, al più alto livello scientifico, nella formazione, qualificazione e diffusione della cultura economica». Nella sua ultracentenaria attività, la Bocconi ha acquisito grande prestigio e l'ateneo partecipa a programmi scientifici e didattici concordati con università americane, europee e giapponesi. Tutti i corsi della Bocconi sono già da molti anni a numero programmato.

Università Commerciale Luigi Bocconi

Sede centrale	Via Sarfatti 25, 20136 Milano, tel.: 02 58363434, sito: unibocconi.it
Ente per il diritto allo studio	Piazza Sraffa 11, 20136 Milano, tel.: 02 58362147, e-mail: isuborse@unibocconi.it
Ufficio orientamento	Piazza Sraffa 11, 20136 Milano, tel.: 02 58365820, fax: 02 58365822, e-mail: orienta.trienni@unibocconi.it
Referente per il sostegno agli studenti disabili	Rivolgersi al prof. Elio Borgonovi: elio.borgonovi@unibocconi.it tel.: 02 58366113
Ufficio relazioni internazionali	Piazza Sraffa 11, 20136 Milano, tel.: 02 58362248 / 58363483, fax: 02 58362238, e-mail: exchange@unibocconi.it
CUS	Via Circonvallazione Est 11, 20090 Segrate (MI), tel.: 02 7021141, fax: 02 7560633, e-mail: segreteria@cusmilano.it, sito: cusmilano.it

I numeri dell'Università

Corsi 10 di laurea, 13 di laurea magistrale e 1 a ciclo unico

Docenti ordinari: 113; associati: 97; ricercatori: 79

Studenti 13.427 iscritti (di cui 5.909 donne, 11748 studenti in corso e 2.683 matricole)

Laureati 4.500 (di cui 2.179 donne)

Laureati regolari 78,9 %

Scuola Universitaria	Classe	Sede	Accesso	Posti a bando
Corsi di laurea				
Economia aziendale e management	L-18	Milano	🔒	secondo classi attivate
Economia e finanza	L-18	Milano	🔒	secondo classi attivate
Economia e management per arte, cultura e comunicazione	L-18	Milano	🔒	secondo classi attivate
Economics, management and computer science	L-33	Milano	🔒	secondo classi attivate
Economic and social sciences	L-33	Milano	🔒	secondo classi attivate
International economics and finance	L-33	Milano	🔒	secondo classi attivate
International economics and management	L-18	Milano	🔒	secondo classi attivate
International politics and government	L-36	Milano	🔒	secondo classi attivate
World bachelor in Business	L-18	Milano	🔒	secondo classi attivate
Mathematic and computing sciences for artificial intelligence	L-35	Milano	🔒	secondo classi attivate

Scuola Superiore Universitaria	Classe	Sede	Accesso	Posti a bando
Corsi di laurea magistrale				
Amministrazione, finanza aziendale e controllo (italiano/inglese)	LM-77	Milano	🔒	secondo classi attivate
Finanza	LM-16	Milano	🔒	secondo classi attivate
Economia e legislazione per l'impresa	LM-77	Milano	🔒	secondo classi attivate
Economics and management in arts, culture, media and entertainment	LM-77	Milano	🔒	secondo classi attivate
Economics and management of government and international organizations	LM-77	Milano	🔒	secondo classi attivate
Economics and management of innovation and technology	LM-56	Milano	🔒	secondo classi attivate
Economic and social science	LM-56	Milano	🔒	secondo classi attivate
International management (in inglese)	LM-77	Milano	🔒	secondo classi attivate
Management (italiano/inglese)	LM-77	Milano	🔒	secondo classi attivate
Marketing management (italiano/inglese)	LM-77	Milano	🔒	secondo classi attivate
Politics and policy analysis	LM-56	Milano	🔒	secondo classi attivate
Data science and business analytics	LM-82	Milano	🔒	secondo classi attivate
Cyber risk strategy and governance	LM-91	Milano	🔒	secondo classi attivate

Scuola di Giurisprudenza	Classe	Sede	Accesso	Posti a bando
Corsi di laurea magistrale a ciclo unico				
Giurisprudenza	LMG-01	Milano	🔒	secondo classi attivate

Libera Università di Lingue e Comunicazione – IULM

Indirizzo Via Carlo Bo 1, 20143 Milano,
tel.: 02 891411,
sito: iulm.it

Sedi decentrate Roma

Ente per il diritto allo studio Via Carlo Bo 1, 20143 Milano,
tel.: 02 891412851, fax: 02 891416990
e-mail: dirittoallostudio@iulm.it

Ufficio orientamento Via Carlo Bo 1, 20143 Milano,
numero verde: 800 363 363, tel.: 02 89141 2386,
fax: 02 891414000, e-mail: infopoint@iulm.it-orientamento@pec.iulm.it

Ufficio per il sostegno agli studenti disabili Via Carlo Bo 1, 20143 Milano,
tel.: 02 891412200, e-mail: diversamente@iulm.it

Ufficio relazioni internazionali Via Carlo Bo 1, 20143 Milano,
tel.: 02 89141 2493/4/5, fax: 02 891412266,
e-mail: relazioni.internazionali@iulm.it; international.office@iulm.it,
erasmus@iulm.it

CUS Via Circonvallazione Est 11, 20090 Segrate (MI),
tel.: 02 7021141, fax: 02 7560633,
e-mail: segreteria@cusmilano.it, sito: cusmilano.it

I numeri dell'Università

Corsi 7 di laurea e 7 di laurea magistrale

Docenti ordinari: 21; associati: 43; ricercatori: 14

Studenti 5.741 iscritti (di cui 4.069 donne, 3339 studenti in corso e 1.433 matricole)

Laureati 1.262 (di cui 955 donne)

Laureati regolari 51,9 %

La **Libera Università di Lingue e Comunicazione – IULM** è stata fondata nel 1968 per iniziativa della Scuola Superiore di Interpreti e Traduttori di Milano con l'intento di offrire agli studenti un'ampia conoscenza delle lingue straniere e una formazione letteraria a livello dei corsi di laurea della Facoltà di Lettere. I corsi si avvalgono di strutture e supporti multimediali avanzati che contribuiscono a elevare il livello dell'offerta formativa.

Facoltà di Arti, turismo e mercati	Classe	Sede	Accesso	Posti a bando
Corsi di laurea				
Arti, spettacolo eventi culturali	L-3	Milano	🔓	
Turismo, management e territorio	L-15	Milano	🔓	
Moda e industrie creative	L-3	Milano	🔓	
Corsi di laurea magistrale				
Arti, valorizzazione e mercato	LM-89	Milano	🔓	
Management dell'ospitalità e del turismo (in inglese)	LM-49	Milano	🔓	

Facoltà di Comunicazione, relazioni pubbliche e pubblicità	Classe	Sede	Accesso	Posti a bando
Corsi di laurea				
Comunicazione, media e pubblicità	L-20	Milano	🔓	
Comunicazione d'impresa e relazioni pubbliche	L-20	Milano	🔓	

Corso	Classe	Sede	Accesso	Posti a bando
Corsi di laurea magistrale				
Marketing, consumi e comunicazione	LM-59	Milano	🔓	
Comunicazione strategica (in inglese)	LM-59	Milano	🔓	
Televisione, cinema e new media	LM-65	Milano	🔓	
Intelligenza artificiale, impresa e società	LM-91	Milano	🔓	

Facoltà di Interpretariato, traduzione e studi linguistici e culturali	Classe	Sede	Accesso	Posti a bando
Corsi di laurea				
Interpretariato e comunicazione	L-12	Milano	🔓	
Lingue moderne per le Digital Humanities	L-11	Milano	🔓	
Corsi di laurea magistrale				
Traduzione specialistica e interpretariato di conferenza	LM-94	Milano	🔓	

La **Humanitas Huniversity** è un nuovo Ateneo dedicato alle Scienze Mediche, con sede presso l'Istituto Clinico Humanitas di Milano. Fondati su più di 10 anni di esperienza nella didattica universitaria, i corsi di Laurea in Medicina e in Infermieristica di Humanitas offrono una formazione di carattere internazionale grazie a metodi di insegnamento all'avanguardia e a una stretta integrazione con medici e ricercatori..

HUMANITAS UNIVERSITY

Indirizzo Humanitas University
via Rita Levi Montalcini 4, 20090
Pieve Emanuele (MI)
Italia

I numeri dell'Università

Corsi 2 di laurea e 3 di laurea magistrale

Docenti ordinari: 24; associati: 29; ricercatori: 1

Studenti 724 iscritti (di cui 438 donne; 194 matricole)

Laureati 15 (di cui 12donne)

Laureati regolari n.d.

Life science	Classe	Sede	Accesso	Posti a bando
Corsi di laurea				
Infermieristica	L/SNT1	Bergamo, Pieve Emanuele	🔒	130
Fisioterapia	L/SNT2	Pieve Emanuele	🔒	47
Corsi di laurea magistrale				
Medicina (in inglese)	LM-41	Pieve Emanuele	🔒	180
Scienze infermieristiche e ostetriche	LM/SNT1	Pieve Emanuele	🔒	40

6.29 | Modena e Reggio Emilia

L'**Università degli Studi di Modena** prende vita grazie allo sviluppo storico dello *Studium* modenese e al recupero, avvenuto nel 1998, della tradizione dello *Studium* reggiano. Nel XII secolo il Comune di Modena, con la chiamata di Pillio da Medicina, e il Comune di Reggio Emilia, con la chiamata di Jacopo da Mandra, quali lettori di diritto, fondarono due strutture accademiche separate, che ebbero un diverso destino nei secoli. Entrambi gli Atenei incrementarono la loro attività e le loro dimensioni fino a raggiungere il periodo di massimo splendore nel Settecento (vi studiarono, tra gli altri, il Muratori e il Goldoni).

Università degli Studi di Modena e Reggio Emilia

Sedi
Modena: via Università 4, 41121 Modena,
tel.: 059 2056511, fax: 059 245156
Reggio Emilia: viale Allegri 9, 42121 Reggio Emilia,
tel.: 0522 523041, fax: 0522 523045
e-mail: urp@unimore.it, sito: unimore.it

Ente per il diritto allo studio
Modena: Strada Vignolese 671,
tel.: 051 413711,fax: 059 413750
Reggio Emilia: via Mazzini 6, tel.: 0522 406333,
fax: 0522 540498 e-mail: info@er-go.it
sito: er-go.it, servizi.studenti@unimore.it

Ufficio orientamento
Modena: Via Università 4,
tel.: 059 2057091, fax: 059 2057099
Reggio Emilia: viale Allegri 15,
tel.: 0522 522011, fax: 0522 522199,
e-mail:orientamento@unimore.it, informastudenti@unimore.it

Ufficio per il sostegno agli studenti disabili
Modena: Strada Vignolese 671
Reggio Emilia: viale Allegri 15
tel.: 059 2058311, fax: 059 2058309,
e-mail: disabilita@unimore.it, sito: asd.unimore.it

Ufficio relazioni internazionali
Modena: via Università 4,
tel.: 059 2056568, fax: 059 2056566
Reggio Emilia: viale Allegri 15, tel.: 0522 522029, fax: 0522 522199
e-mail: studentmobility@unimore.it

CUS
Via Campi 161, 41100 Modena, tel.: 059 2058125, fax: 059 2058132,
e-mail: cus@unimore.it, sito: cus.unimore.it

I numeri dell'Università

Corsi 44 di laurea, 39 di laurea magistrale e 6 a ciclo unico

Docenti ordinari: 215; associati: 358; ricercatori: 133

Studenti 23.806 iscritti (di cui 12.547 donne, 13523 studenti in corso e 4.986 matricole)

Laureati 4.222 (di cui 2.442 donne)

Laureati regolari 38,0 %

Area Salute	Classe	Sede	Accesso	Posti a bando
Corsi di laurea				
Dietistica	L/SNT3	Modena	🔒	18
Fisioterapia	L/SNT2	Reggio Emilia	🔒	32
Igiene dentale	L/SNT3	Modena	🔒	20
Infermieristica	L/SNT1	Modena, Reggio Emilia	🔒	315
Logopedia	L/SNT2	Reggio Emilia	🔒	24
Ostetricia	L/SNT1	Modena	🔒	24

Area Salute	Classe	Sede	Accesso	Posti a bando
Tecnica della riabilitazione psichiatrica	L/SNT2	Reggio Emilia	🔒	26
Tecniche di fisiopatologia cardiocircolatoria e perfusione cardiovascolare	L/SNT3	Modena	🔒	17
Tecniche di laboratorio biomedico	L/SNT3	Modena	🔒	24
Tecniche di radiologia medica per immagini e radioterapia	L/SNT3	Modena	🔒	30
Terapia occupazionale	L/SNT2	Reggio Emilia	🔒	30
Corsi di laurea magistrale				
Scienze infermieristiche e ostetriche	LM/SNT1	Reggio Emilia	🔒	28
Corsi di laurea magistrale a ciclo unico				
Medicina e chirurgia	LM-41	Modena	🔒	180
Odontoiatria e protesi dentaria	LM-46	Modena	🔒	20

Area Scienze	Classe	Sede	Accesso	Posti a bando
Corsi di laurea				
Chimica	L-27	Modena	🔒	96
Fisica	L-30	Modena	🔓	
Informatica	L-31	Modena	🔒	180
Matematica	L-35	Modena	🔓	
Scienze geologiche	L-34	Modena	🔓	
Scienze naturali	L-32	Modena	🔓	
Corsi di laurea magistrale				
Matematica	LM-40	Modena	🔓	
Physics (in inglese)	LM-17	Modena	🔓	
Scienze chimiche	LM-54	Modena	🔓	
Geoscienze, georischi e georisorse	LM-74	Modena	🔓	
Didattica e comunicazione delle scienze	LM-60	Modena	🔓	
Informatica	LM-18	Modena	🔓	
Quaternario, preistoria e archeologia (interateneo)	LM-2	Modena	🔓	

Area Società e cultura	Classe	Sede	Accesso	Posti a bando
Corsi di laurea				
Economia aziendale e management	L-18	Modena	🔒	230
Economia e finanza	L-33	Modena	🔒	200
Economia e marketing internazionale	L-18	Modena	🔒	230
Lingue e culture europee	L-12	Modena	🔒	215
Marketing e organizzazione d'impresa	L-18	Reggio Emilia	🔒	527
Scienze della comunicazione	L-20	Reggio Emilia	🔒	300
Scienze dell'educazione per il nido e le professioni socio-pedagogiche	L-19	Reggio Emilia	🔒	560
Scienze e tecnologie psicologiche	L-24	Reggio Emilia	🔒	300
Scienze giuridiche dell'impresa e della pubblica amministrazione	L-14	Modena	🔓	
Scienze strategiche (riservato agli allievi ufficiali dell'esercito)	L/DS	Modena	🔒	108

Area Società e cultura	Classe	Sede	Accesso	Posti a bando
Digital marketing	L-18	Reggio Emilia	🔒	80
Digital education	L-19	Reggio Emilia	🔓	
Storia e culture contemporanee	L-42	Modena	🔓	
Corsi di laurea magistrale				
Analisi, consulenza e gestione finanziaria	LM-16 / LM-77	Modena	🔓	
Antropologia e storia del mondo contemporaneo	LM-1 / LM-84	Modena	🔓	
Direzione e consulenza d'impresa	LM-77	Modena	🔓	
Economia e politiche pubbliche (in inglese)	LM-56	Modena	🔓	
International management (in inglese)	LM-77	Modena	🔓	
Languages for communication in international enterprises and organization (in inglese)	LM-38	Modena	🔒	170
Lingue, culture, comunicazione	LM-37	Modena	🔓	
Management e comunicazione di impresa	LM-77	Reggio Emilia	🔓	
Pubblicità, comunicazione digitale e creatività d'impresa	LM-59	Reggio Emilia	🔓	
Relazioni di lavoro	LM-77	Modena	🔓	
Scienze pedagogiche	LM-85	Reggio Emilia	🔓	
Economia e diritto per le imprese e le pubbliche amministrazioni	LM-63/LM-77	Reggio Emilia	🔓	
Filosofia (interateneo)	LM-78	Modena	🔓	
Media education per le discipline letterarie e l'economia	LM-43	Modena	🔓	170
Corsi di laurea magistrale a ciclo unico				
Giurisprudenza	LMG-01	Modena	🔓	
Scienze della formazione primaria	LM-85 bis	Reggio Emilia	🔒	230

Area Tecnologia	Classe	Sede	Accesso	Posti a bando
Corsi di laurea				
Ingegneria civile e ambientale	L-7	Modena	🔓	
Ingegneria elettronica	L-8	Modena	🔓	
Ingegneria gestionale	L-8 / L-9	Reggio Emilia	🔓	
Ingegneria informatica	L-8	Modena, Mantova	🔓	
Ingegneria meccanica	L-9	Modena	🔓	
Ingegneria del veicolo	L-9	Modena	🔒	299
Ingegneria meccatronica	L-8 / L-9	Reggio Emilia	🔓	
Tecnologia per l'industria intelligente	L-9	Reggio Emilia	🔒	50
Costruzioni e gestione del territorio	L-7	Modena	🔒	50
Ingegneria dei sistemi medicali per la persona (interateneo)	L-8	Modena	🔓	
Corsi di laurea magistrale				
Advanced automotive engineering	LM-33	Modena	🔒	120

Area Tecnologia	Classe	Sede	Accesso	Posti a bando
Electronics engineering	LM-29	Modena	🔓	
Ingegneria civile e ambientale	LM-23/ LM-35	Modena	🔓	
Ingegneria dei materiali	LM-53	Modena	🔓	
Ingegneria gestionale	LM-31	Reggio Emilia	🔓	
Ingegneria informatica	LM-32	Modena	🔓	
Ingegneria meccanica	LM-33	Modena	🔓	
Ingegneria meccatronica	LM-33	Reggio Emilia	🔓	
Advanced automotive electronic engineering (interateneo)	LM-29	Modena	🔒	120
Electronic vehicle engineering (interateneo)	LM-28	Modena	🔒	120
Ingegneria del veicolo	LM-35	LM-33	🔓	

Area Vita	Classe	Sede	Accesso	Posti a bando
Corsi di laurea				
Biotecnologie	L-2	Modena	🔒	75
Scienze biologiche	L-13	Modena	🔒	120
Scienze e tecnologie agrarie e degli alimenti	L-25 / L-26	Reggio Emilia	🔒	75
Corsi di laurea magistrale				
Biologia sperimentale e applicata	LM-6	Modena	🔒	170
Biotecnologie industriali	LM-8	Modena	🔓	
Biotecnologie mediche	LM-9	Modena	🔒	120
Controllo e sicurezza degli alimenti	LM-70	Reggio Emilia	🔒	120
Food safety and risk management	LM-70	Modena	🔓	
Sostenibilità integrata dei sistemi agricoli	LM-69	Modena	🔓	
Corsi di laurea magistrale a ciclo unico				
Chimica e tecnologie farmaceutiche	LM-13	Modena	🔒	100
Farmacia	LM-13	Modena	🔒	100

6.30 | Napoli

Le possibilità di istruzione universitaria offerte dalla città di Napoli sono numerose e differenziate. Ben cinque sono gli atenei partenopei: Federico II, Seconda Università, Istituto Universitario Orientale, Istituto Universitario Navale e Istituto Universitario Suor Orsola Benincasa. Le università di Napoli servono in realtà un bacino di utenza molto più ampio anche se, negli ultimi anni, la nascita e lo sviluppo di atenei nelle regioni limitrofe hanno contribuito ad alleggerire il sovraffollamento che le affligge. L'**Università Federico II di Napoli**, frutto delle idee di Federico II che vi volle formare i quadri dirigenti del suo Regno, è tra le più antiche del mondo. In età moderna l'ateneo federiciano ha svolto il ruolo di unica istituzione universitaria del Mezzogiorno italiano. La sua attività ha avuto notevole impulso grazie all'intervento di Francesco De Sanctis che vi ha insegnato letterature comparate. Attualmente, considerato l'altissimo numero di studenti che la frequentano, è uno dei maggiori centri universitari d'Italia.

Università degli Studi di Napoli Federico II

Sede centrale Corso Umberto I 40, 80138 Napoli,
tel.: 081 2531111/676799, sito: unina.it

Sedi decentrate Avellino, Bellizzi, Portici

Ente per il diritto allo studio Via Alcide De Gasperi 45, 80133 Napoli,
tel.: 081 7603111, fax: 081 7603203,
e-mail: assistenza@adisufederico2.it

Ufficio orientamento Via Partenope 36, 80121 Napoli,
tel.: 081 2469332, fax : 0812469331
sito: orientamento.unina.it

Ufficio per il sostegno agli studenti disabili Via Cinthia, 4-Complesso Univ. di Monte S. Angelo, Edificio 1, 80126 Napoli
tel.: 081 679946, fax: 081 676768, e-mail: accoglienza.sinapsi@unina.it,
sito: sinapsi.unina.it

Ufficio relazioni internazionali Corso Umberto I 40, 80138 Napoli,
tel.: 081 2537100/101, fax: 081 2537110,
e-mail: international@unina.it, sito: international.unina.it

CUS Via Campegna 267, 80124 Napoli, tel.: 081 7621295, fax: 081 19362277,
e-mail: cusnapoli@cusnapoli.org, sito: cusnapoli.org

I numeri dell'Università

Corsi 85 di laurea, 70 di laurea magistrale e 10 a ciclo unico

Docenti ordinari: 638; associati: 908; ricercatori: 577

Studenti 74.732 iscritti (di cui 41.198 donne, 51163 studenti in corso e 11.932 matricole)

Laureati 12.867 (di cui 7.274 donne)

Laureati regolari 20,4 %

Area didattica di Agraria	Classe	Sede	Accesso	Posti a bando
Corsi di laurea				
Scienze agrarie, forestali e ambientali	L-25	Portici	🔓	
Tecnologie alimentari	L-26	Portici	🔓	
Viticoltura ed enologia	L-25	Avellino	🔒	40
Scienze gastronomiche mediterranee	L/GASTR	Napoli	🔒	50
Corsi di laurea magistrale				
Biotecnologie agro-ambientali ed alimentari	LM-7	Napoli	🔓	
Scienze enologiche	LM-69	Avellino	🔒	25
Scienze e tecnologie agrarie	LM-69	Portici	🔓	
Scienze e tecnologie alimentari	LM-70	Portici	🔓	
Scienze forestali ed ambientali	LM-73	Portici	🔓	

Area didattica di Architettura	Classe	Sede	Accesso	Posti a bando
Corsi di laurea				
Scienze dell'architettura	L-17	Napoli	🔒	250
Urbanistica	L-21	Napoli	🔒	120
Corsi di laurea magistrale				

Area didattica di Architettura	Classe	Sede	Accesso	Posti a bando
Architettura-Progettazione architettonica	LM-4	Napoli	🔓	
Pianificazione territoriale urbanistica e paesaggistico-ambientale	LM-48	Napoli	🔒	80
Architecture and Heritage	LM-4	Napoli	🔓	
Design per l'ambiente costruito	LM-12	Napoli	🔓	
Corsi di laurea magistrale a ciclo unico				
Architettura	LM-4	Napoli	🔒	253

Area didattica di Economia	Classe	Sede	Accesso	Posti a bando
Corsi di laurea				
Economia aziendale	L-18	Napoli	🔓	
Economia delle imprese finanziarie	L-18	Napoli	🔓	
Economia e commercio	L-33	Napoli	🔓	
Scienze del turismo ad indirizzo manageriale	L-15	Napoli	🔓	
Hospitality management	L-18	Napoli	🔒	50
Statistica per l'impresa e la società	L-41	Napoli	🔓	
Corsi di laurea magistrale				
Economia aziendale	LM-77	Napoli	🔓	
Economia e commercio	LM-56	Napoli	🔓	
Economics and finance	LM-56	Napoli	🔓	
Finanza	LM-16	Napoli	🔓	

Area didattica di Farmacia	Classe	Sede	Accesso	Posti a bando
Corsi di laurea				
Controllo di qualità	L-29	Napoli	🔒	100
Scienze nutraceutiche	L-29	Napoli	🔒	100
Scienze erboristiche	L-29	Napoli	🔒	100
Informazione scientifica sul farmaco e sui prodotti diagnostici	L-29	Napoli	🔒	100
Corsi di laurea magistrale				
Tossicologia chimica e ambientale	LM-75	Napoli	🔒	80
Corsi di laurea magistrale a ciclo unico				
Chimica e tecnologia farmaceutiche	LM-13	Napoli	🔒	120
Farmacia	LM-13	Napoli	🔒	300

Area didattica di Giurisprudenza	Classe	Sede	Accesso	Posti a bando
Corsi di laurea				
Scienze dei servizi giuridici	L-14	Napoli	🔓	200
Corsi di laurea magistrale a ciclo unico				
Giurisprudenza	LMG-01	Napoli	🔓	

Area didattica di Ingegneria	Classe	Sede	Accesso	Posti a bando
Corsi di laurea				
Ingegneria aerospaziale	L-9	Napoli	🔓	
Ingegneria biomedica	L-8, L-9	Napoli	🔓	
Ingegneria chimica	L-9	Napoli	🔓	
Ingegneria civile	L-7	Napoli	🔓	
Ingegneria dell'automazione	L-8	Napoli	🔓	
Ingegneria delle infrastrutture e dei servizi	L-7	Napoli	🔓	
Ingegneria delle telecomunicazioni e dei media digitali	L-8	Napoli	🔓	

Area didattica di Ingegneria	Classe	Sede	Accesso	Posti a bando
Ingegneria edile	L-23	Napoli	🔓	
Ingegneria elettrica	L-9	Napoli	🔓	
Ingegneria elettronica	L-8	Napoli	🔓	
Ingegneria gestionale della logistica e della produzione	L-9	Napoli	🔓	
Ingegneria informatica	L-8	Napoli	🔓	
Ingegneria meccanica	L-9	Napoli	🔓	
Ingegneria meccatronica	L-8	Napoli	🔒	50
Ingegneria navale	L-9	Napoli	🔓	
Ingegneria per l'ambiente e il territorio	L-7	Napoli	🔓	
Scienza e ingegneria dei materiali	L-9	Napoli	🔓	
Scienze aeronautiche (riservato esclusivamente ai cadetti dell'Accademia Aeronautica)	DS/1	Napoli		
Corsi di laurea magistrale				
Ingegneria aerospaziale	LM-20	Napoli	🔓	
Ingegneria biomedica	LM-21	Napoli	🔓	
Ingegneria chimica	LM-22	Napoli	🔓	
Ingegneria dei materiali	LM-53	Napoli	🔓	
Ingegneria dei sistemi idraulici e di trasporto	LM-23	Napoli	🔓	
Ingegneria dell'automazione	LM-25	Napoli	🔓	
Ingegneria delle telecomunicazioni	LM -27	Napoli	🔓	
Ingegneria edile	LM-24	Napoli	🔓	
Ingegneria elettrica	LM-28	Napoli	🔓	
Ingegneria elettronica	LM-29	Napoli	🔓	
Ingegneria gestionale	LM-31	Napoli	🔓	
Ingegneria informatica	LM-32	Napoli	🔓	
Ingegneria meccanica	LM-33	Napoli	🔓	
Ingegneria navale	LM-34	Napoli	🔓	
Ingegneria per l'ambiente e il territorio	LM-35	Napoli	🔓	
Ingegneria strutturale e geotecnica	LM-23	Napoli	🔓	
Transportation Engineering and Mobility	LM-23	Napoli	🔓	
Corsi di laurea magistrale a ciclo unico				
Ingegneria edile/Architettura	LM-4	Napoli	🔒	76

Area didattica di Medicina e Chirurgia	Classe	Sede	Accesso	Posti a bando
Corsi di laurea				
Dietistica	L/SNT3	Napoli	🔒	25
Fisioterapia	L/SNT2	Napoli, Benevento	🔒	70
Igiene dentale	L/SNT3	Napoli	🔒	20
Infermieristica	L/SNT1	Napoli	🔒	420
Infermieristica pediatrica	L/SNT1	Napoli	🔒	36
Logopedia	L/SNT2	Napoli	🔒	32
Ortottica e assistenza oftalmologica	L/SNT2	Napoli	🔒	18
Ostetricia	L/SNT1	Napoli	🔒	60
Tecniche audiometriche	L/SNT3	Napoli	🔒	10
Tecniche audioprotesiche	L/SNT3	Napoli	🔒	15
Tecniche della prevenzione nell'ambiente e nei luoghi di lavoro	L/SNT4	Napoli	🔒	35

Area didattica di Medicina e Chirurgia	Classe	Sede	Accesso	Posti a bando
Tecniche di fisiopatologia cardiocircolatoria e perfusione cardiovascolare	L/SNT3	Napoli	🔒	18
Tecniche di laboratorio biomedico	L/SNT3	Napoli	🔒	50
Tecniche di neurofisiopatologia	L/SNT3	Napoli	🔒	12
Tecniche di radiologia medica per immagini e radioterapia	L/SNT3	Napoli, Benevento	🔒	35
Tecniche ortopediche	L/SNT3	Napoli	🔒	15
Corsi di laurea magistrale				
Scienze della nutrizione umana	LM-61	Napoli	🔒	60
Scienze delle professioni sanitarie della prevenzione	LM/SNT4	Napoli	🔒	15
Scienze delle professioni sanitarie tecniche assistenziali	LM/SNT3	Napoli	🔒	10
Scienze delle professioni sanitarie tecniche diagnostiche	LM/SNT3	Napoli	🔒	25
Scienze infermieristiche e ostetriche	LM/SNT1	Napoli	🔒	50
Scienze riabilitative delle professioni sanitarie	LM/SNT2	Napoli	🔒	30
Corsi di laurea magistrale a ciclo unico				
Medicina e chirurgia	LM-41	Napoli	🔒	557
Medicina e chirurgia in lingua inglese	LM-41	Napoli	🔒	40
Medicina a indirizzo tecnologico	LM-41	Napoli	🔒	50
Odontoiatria e protesi dentaria	LM-46	Napoli	🔒	60

Area didattica di Medicina Veterinaria	Classe	Sede	Accesso	Posti a bando
Corsi di laurea				
Tecnologie delle produzioni animali	L-38	Napoli	🔓	
Corsi di laurea magistrale				
Scienze e tecnologie delle produzioni animali	LM-86	Napoli	🔓	
Corsi di laurea magistrale a ciclo unico				
Medicina veterinaria	LM-42	Napoli	🔒	63

Area didattica di Scienze Biotecnologiche	Classe	Sede	Accesso	Posti a bando
Corsi di laurea				
Biotecnologie biomolecolari e industriali	L-2	Napoli	🔒	120
Biotecnologie per la salute	L-2	Napoli	🔒	450
Corsi di laurea magistrale				
Biotecnologie del farmaco	LM-9	Napoli	🔓	
Biotecnologie mediche	LM-9	Napoli	🔓	
Biotecnologie molecolari e industriali	LM-8	Napoli	🔓	

Area didattica di Scienze Matematiche, Fisiche e Naturali	Classe	Sede	Accesso	Posti a bando
Corsi di laurea				
Biologia	L-13	Napoli	🔒	900
Chimica	L-27	Napoli	🔒	150
Chimica industriale	L-27	Napoli	🔓	
Fisica	L-30	Napoli	🔓	
Informatica	L-31	Napoli	🔓	
Matematica	L-35	Napoli	🔓	
Ottica e optometria	L-30	Napoli	🔓	

Area didattica di Scienze Matematiche, Fisiche e Naturali	Classe	Sede	Accesso	Posti a bando
Scienze geologiche	L-34	Napoli	🔓	
Scienze per la natura e l'ambiente	L-32	Napoli	🔓	
Corsi di laurea magistrale				
Biologia	LM-6	Napoli	🔓	
Biologia delle produzioni e degli ambienti acquatici	LM-6	Napoli	🔓	
Biologia ed ecologia dell'ambiente marino ed uso sostenibile delle sue risorse	LM-6	Napoli	🔒	50
Biologia marina e acquacoltura	LM-6	Napoli	🔓	
Biology of extreme environment	LM-6	Napoli	🔓	
Fisica	LM-17	Napoli	🔓	
Geologia e geologia applicata	LM-74	Napoli	🔓	
Informatica	LM-18	Napoli	🔓	
Matematica	LM-40	Napoli	🔓	
Scienze biologiche	LM-6	Napoli	🔓	
Scienze chimiche	LM-54	Napoli	🔓	
Scienze e tecnologie della chimica industriale	LM-71	Napoli	🔓	
Scienze naturali	LM-60	Napoli	🔓	

Area didattica di Scienze Politiche	Classe	Sede	Accesso	Posti a bando
Corsi di laurea				
Scienze politiche	L-36	Napoli	🔓	
Scienze dell'amministrazione e dell'organizzazione	L-16	Napoli	🔓	
Servizio sociale	L-39	Napoli	🔒	150
Corsi di laurea magistrale				
Relazioni internazionali ed analisi di scenario	LM-52	Napoli	🔓	
Scienze della pubblica amministrazione	LM-63	Napoli	🔓	
Scienze statistiche per le decisioni	LM-82	Napoli	🔓	
Innovazione sociale	LM-88	Napoli	🔓	
Scienze Politiche dell'Europa e Strategie di Sviluppo	LM-90	Napoli	🔓	

Area didattica di Sociologia	Classe	Sede	Accesso	Posti a bando
Corsi di laurea				
Culture digitali e della comunicazione	L-40	Napoli	🔒	85
Sociologia	L-40	Napoli	🔒	256
Corsi di laurea magistrale				
Comunicazione pubblica, sociale e politica	LM-88	Napoli	🔓	
Politiche sociali e del territorio	LM-88	Napoli	🔓	

Area didattica di Studi Umanistici	Classe	Sede	Accesso	Posti a bando
Corsi di laurea				
Archeologia e storia delle arti e scienze e del patrimonio culturale	L-1	Napoli	🔓	
Filosofia	L-5	Napoli	🔓	
Lettere classiche	L-10	Napoli	🔓	
Lettere moderne	L-10	Napoli	🔓	
Lingue, culture e letterature moderne europee	L-11	Napoli	🔓	
Scienze e tecniche psicologiche	L-24	Napoli	🔒	400
Storia	L-42	Napoli	🔓	

Area didattica di Studi Umanistici	Classe	Sede	Accesso	Posti a bando
Corsi di laurea magistrale				
Archeologia e storia dell'arte	LM-2 / LM-89	Napoli	🔓	
Coordinamento dei Servizi Educativi per la Prima infanzia e per il Disagio Sociale	LM-50	Napoli	🔓	
Filologia, letterature e civiltà del mondo antico	LM-15	Napoli	🔓	
Filologia moderna	LM-14	Napoli	🔓	
Filosofia	LM-78	Napoli	🔓	
Lingue e letterature per ilm plurilinguismo europeo	LM-37	Napoli	🔓	
Management del patrimonio culturale	LM-76	Napoli	🔓	
Psicologia	LM-51	Napoli	🔒	120
Storia	LM-84	Napoli	🔓	

Nata sul finire degli anni Ottanta con lo scopo di alleggerire il sovraffollamento dell'Università Federico II, la Seconda Università degli Studi di Napoli, oggi **Università degli studi della Campania Luigi Vanvitelli**, è una struttura di grandi dimensioni con la caratteristica, piuttosto rara in Italia, di un dislocamento su tutto il territorio regionale.

Università degli Studi della Campania Luigi Vanvitelli

Sede centrale Viale Beneduce 10, 81100 Caserta,
numero verde: 800 252420, tel.: 081 2531111, sito: unina2.it

Sedi decentrate Aversa, Capua, Napoli, Santa Maria Capua Vetere

Ente per il diritto allo studio Corso P. Giannone 44, 81100 Caserta,
tel.: 0823 450248, fax: 0823 424433,
e-mail: borsedistudio@adisun.it, sito: adisun.it

Ufficio orientamento Viale Lincoln 5-Palazzina A, 81100 Caserta,
tel.: 0823 274128, fax: 0823 442168,
e-mail: orientasun@unina2.it

Ufficio per il sostegno agli studenti disabili Via Vivaldi 43, 81100 Caserta,
tel.: 0823 274402, e-mail: disabili@unina2.it

Ufficio relazioni internazionali Viale Lincoln 5, 81100 Caserta,
tel.: 0823 275006, fax: 0823 274298,
e-mail: erasmus@unina2.it-ui@unina2.it

CUS Viale Campegna 267, 81100 Caserta, tel.: 081 7621295, fax: 081 19362277
e-mail: cusnapoli@cusnapoli.org, sito: cusnapoli.org

I numeri dell'Università

Corsi 35 di laurea, 26 di laurea magistrale e 7 a ciclo unico

Docenti ordinari: 253; associati: 372; ricercatori: 205

Studenti 24.754 iscritti (di cui 14.345 donne, 18549 studenti in corso e 3.195 matricole)

Laureati 4.702 (di cui 2.846 donne)

Laureati regolari 28,1 %

Dipartimento di Architettura e Disegno Industriale	Classe	Sede	Accesso	Posti a bando
Corsi di laurea				
Disegn e comunicazione	L-4	Aversa	🔒	180
Disegn per la moda	L-4	Aversa	🔒	150
Scienze e tecniche per l'edilizia	L-7	Aversa	🔒	50

Dipartimento di Architettura e Disegno Industriale	Classe	Sede	Accesso	Posti a bando
Corsi di laurea magistrale				
Architettura-Progettazione degli interni e per l'autonomia (in inglese)	LM-4	Aversa	🔒	50
Design per l'innovazione	LM-12	Aversa	🔓	
Planet life disegn	LM-12	Aversa	🔓	
Corsi di laurea magistrale a ciclo unico				
Architettura	LM-4	Aversa	🔒	150

Dipartimento di Economia	Classe	Sede	Accesso	Posti a bando
Corsi di laurea				
Economia aziendale	L-18	Capua	🔓	
Economia e commercio	L-33	Capua	🔓	
Corsi di laurea magistrale				
Economia e management	LM-77	Capua	🔓	
Economia, finanza e mercati	LM-56	Capua	🔓	

Dipartimento di Giurisprudenza	Classe	Sede	Accesso	Posti a bando
Corsi di laurea				
Scienze dei servizi giuridici	L-14	Santa Maria Capua Vetere	🔓	
Corsi di laurea magistrale a ciclo unico				
Giurisprudenza	LMG-01	Santa Maria Capua Vetere	🔓	

Dipartimento di Ingegneria	Classe	Sede	Accesso	Posti a bando
Corsi di laurea				
Ingegneria aerospaziale, meccanica, energetica	L-9	Aversa	🔓	
Ingegneria civile, edile e ambientale	L-7	Aversa	🔓	
Tecniche per l'edilizia, il territorio, l'ambiente	L-23	Aversa	🔒	100
Ingegneria elettronica e informatica		Aversa	🔓	
Corsi di laurea magistrale				
Ingegneria aerospaziale	LM-20	Aversa	🔓	
Ingegneria civile	LM-23	Aversa	🔓	
Ingegneria per l'energia e l'ambiente	LM-30/ LM-35	Aversa	🔓	
Ingegneria elettronica	LM-29	Aversa	🔓	
Ingegneria gestionale	LM-31	Aversa	🔓	
Ingegneria informatica	LM-32	Aversa	🔓	
Ingegneria meccanica	LM-33	Aversa	🔓	

Dipartimento di Lettere e Beni Culturali	Classe	Sede	Accesso	Posti a bando
Corsi di laurea				
Conservazione dei beni culturali	L-1	Santa Maria Capua Vetere	🔓	
Lettere	L-10	Santa Maria Capua Vetere	🔓	
Corsi di laurea magistrale				

Dipartimento di Lettere e Beni Culturali	Classe	Sede	Accesso	Posti a bando
Archeologia e storia dell'arte	LM-2 / LM-89	Santa Maria Capua Vetere	🔓	
Filologia classica e moderna	LM-14 / LM-15	Santa Maria Capua Vetere	🔓	

Area di Medicina	Classe	Sede	Accesso	Posti a bando
Corsi di laurea				
Infermieristica	L/SNT1	Napoli, Avellino, Aversa, Caserta, Ariano Irpino	🔒	432
Infermieristica pediatrica	L/SNT1	Napoli	🔒	37
Fisioterapia	L/SNT2	Napoli, Avellino, Grottaminardai	🔒	100
Igiene dentale	L/SNT3	Napoli	🔒	15
Ortottica e assistenza oftalmologica	L/SNT2	Napoli	🔒	10
Logopedia	L/SNT2	Napoli, Grottaminarda	🔒	60
Tecnica della riabilitazione psichiatrica	L/SNT2	Napoli	🔒	20
Tecniche della prevenzione nell'ambiente e nei luoghi di lavoro	L/SNT2	Napoli	🔒	20
Terapia della neuro e psicomotricità dell'età evolutiva	L/SNT2	Napoli, Grottaminarda	🔒	55
Tecniche di laboratorio biomedico	L/SNT3	Marcianise, Napoli	🔒	50
Tecniche di radiologia medica, per immagini e radioterapia	L/SNT3	Napoli, Avellino, Caserta	🔒	42
Nursing (in inglese)	L/SNT1	Napoli	🔒	20
Ostetricia	L/SNT/1	Napoli, Caserta	🔒	40
Corsi di laurea magistrale				
Scienze infermieristiche ed ostetriche	LM/SNT1	Napoli	🔒	50
Corsi di laurea magistrale a ciclo unico				
Medicina e chirurgia	LM-41	Napoli, Caserta	🔒	330
Medicina e chirurgia in lingua inglese	LM-41	Napoli	🔒	80
Odontoiatria e protesi dentaria	LM-46	Napoli	🔒	35

Dipartimento di Psicologia	Classe	Sede	Accesso	Posti a bando
Corsi di laurea				
Scienze e tecniche psicologiche	L-24	Caserta	🔒	250
Corsi di laurea magistrale				
Psicologia applicata ai contesti istituzionali	LM-51	Caserta	🔒	100
Psicologia clinica	LM-51	Caserta	🔒	100
Psicologia dei processi cognitivi	LM-51	Caserta	🔒	60

Dipartimento di Scienze e Tecnologie Ambientali, Biologiche e Farmaceutiche	Classe	Sede	Accesso	Posti a bando
Corsi di laurea				
Biotecnologie	L-2	Caserta	🔒	144
Scienze ambientali	L-32	Caserta	🔓	
Scienze biologiche	L-13	Caserta	🔒	199

Dipartimento di Scienze e Tecnologie Ambientali, Biologiche e Farmaceutiche	Classe	Sede	Accesso	Posti a bando
Scienze agrarie e forestali	L-25	Caserta	🔓	
Corsi di laurea magistrale				
Biologia	LM-6	Caserta	🔓	
Molecular biotechnology	LM-9	Caserta	🔓	
Scienze degli alimenti e della nutrizione umana	LM-61	Caserta	🔓	
Scienze e tecnologie per l'ambiente e il territorio	LM-75	Caserta	🔓	
Corsi di laurea magistrale a ciclo unico				
Farmacia	LM-13	Napoli	🔒	146

Dipartimento di Matematica e Fisica	Classe	Sede	Accesso	Posti a bando
Corsi di laurea				
Fisica	L-30	Caserta	🔓	
Matematica	L-35	Caserta	🔓	
Data analytics	L-41	Caserta	🔓	
Corsi di laurea magistrale				
Matematica	LM-40	Caserta	🔓	
Physics (in inglese)	LM-17	Caserta	🔓	

Dipartimento di Scienze Politiche	Classe	Sede	Accesso	Posti a bando
Corsi di laurea				
Scienze politiche	L-16 / L-36	Caserta	🔓	
Scienze del turismo	L-15	Caserta	🔓	
Corsi di laurea magistrale				
Relazioni e organizzazioni internazionali	LM-52	Caserta	🔓	
Scienze della politica	LM-62	Caserta	🔓	
Scienze e tecniche delle amministrazioni pubbliche	LM-63	Caserta	🔓	

La storia dell'**Università degli Studi Parthenope** si svolge tutta nel corso di questo secolo: nel 1919, su richiesta del vice ammiraglio Leonardi Cattolica, il Regio Istituto di incoraggiamento di Napoli faceva voti al governo perché, d'intesa e con il concorso degli enti locali, si fondasse, in Napoli, un Istituto superiore navale, con funzioni di «centro superiore di cultura».

Nel 1920 iniziano le attività dell'Istituto superiore navale, con le sezioni di Magistero, per formare docenti di discipline nautiche, e di Armamento, per la formazione dei dirigenti armatoriali, assicuratori marittimi, curatori di avarie e ufficiali dei ruoli delle capitanerie di porto. Infine nel 1929, l'Istituto passa dalle dipendenze del ministero della Marina alle dipendenze del ministero della Pubblica Istruzione, che lo trasformerà in Istituto Universitario Navale. Attualmente sono attivi corsi universitari dell'area economica, con particolare interesse nei confronti del mondo del turismo e delle discipline nautiche.

Università degli Studi di Napoli Parthenope

Sede centrale	Via Ammiraglio Ferdinando Acton 38, 80133 Napoli, tel.: 081 5475111, fax: 081 5521485, sito: uniparthenope.it
Sedi decentrate	Afragola, Torre Annunziata
Ente per il diritto allo studio	Via Ponte di Tappia 62, 80133 Napoli, tel.: 081 5520327, fax: 081 5510092, e-mail: info@adisuparthenope.org-segreteria@adisuparthenope.org, sito: adisupartenope.org
Ufficio orientamento	Via Ammiraglio Ferdinando Acton 38, 80133 Napoli, tel.: 081 5475136/5248, fax: 081 5475137, e-mail: orientamento.tutorato@uniparthenope.it
Ufficio per il sostegno agli studenti disabili	Rivolgersi all'Ufficio orientamento
Ufficio relazioni internazionali	Via Ammiraglio Ferdinando Acton 38, 80133 Napoli, tel.: 081 5475207, fax: 081 5521485, e-mail: erasmus@uniparthenope.it
CUS	Via Campegna 267, 80124 Napoli, tel.: 081 7621295, fax: 081 19362277, e-mail: cusnapoli@cusnapoli.org, sito: cusnapoli.org

I numeri dell'Università

Corsi	15 di laurea, 16 di laurea magistrale e 1 a ciclo unico
Docenti	ordinari: 98; associati: 115; ricercatori: 57
Studenti	11.941 iscritti (di cui 5.160 donne, 11140 studenti in corso e 1.702 matricole)
Laureati	2.268 (di cui 1.010 donne)
Laureati regolari	15,2 %

Area Economica	Classe	Sede	Accesso	Posti a bando
Corsi di laurea				
Economia aziendale	L-18	Napoli, Torre Annunziata	🔓	
Economia e commercio	L-33	Napoli	🔒	n.d
Management delle imprese internazionali	L-18	Napoli	🔓	
Management delle imprese turistiche	L-18	Napoli	🔓	
Scienze dell'amministrazione e dell'organizzazione	L-16	Napoli	🔓	
Statistica e informatica per l'azienda, la finanza e le assicurazioni	L-41	Napoli	🔓	
Economia e management	L-33	Nola	🔓	
Corsi di laurea magistrale				
Amministrazione, finanza e consulenza aziendale	LM-77	Napoli	🔓	
Management pubblico	LM-63	Napoli	🔓	
Marketing e management internazionale	LM-77	Napoli	🔓	
Metodi quantitativi per le decisioni aziendali	LM-83	Napoli	🔓	
Scienze economiche, finanziarie e internazionali	LM-56	Napoli	🔓	
Economia del mare	LM-77	Napoli	🔓	
Progettazione dei servizi educativi , formativi, media education e tecnologie per l'inclusione nei contesti formativi e non formativi	LM-50/ LM-93	Napoli	🔓	
Management della moda, dell'arte e del cibo	LM-77	Napoli	🔓	

Area Giuridica	Classe	Sede	Accesso	Posti a bando
Corsi di laurea magistrale a ciclo unico				
Giurisprudenza	LMG-01	Napoli	🔓	

Area Ingegneria	Classe	Sede	Accesso	Posti a bando
Corsi di laurea				
Ingegneria civile e ambientale per la mitigazione dei rischi	L-7	Napoli	🔓	
Ingegneria gestionale	L-9	Afragola	🔓	
Ingegneria informatica, biomedica e delle telecomunicazioni	L-8	Napoli	🔓	
Corsi di laurea magistrale				
Ingegneria civile e per la tutela dell'ambiente costiero	LM-23/ LM-35	Napoli	🔓	
Ingegneria della sicurezza dei dati e delle comunicazioni	LM-27	Napoli	🔓	
Ingegneria gestionale	LM-31 / LM-33	Afragola	🔓	

Area Scienze e Tecnologie	Classe	Sede	Accesso	Posti a bando
Corsi di laurea				
Informatica	L-31	Napoli	🔓	
Scienze biologiche	L-13	Napoli	🔒	150
Scienze nautiche, aeronautiche e meteo-oceanografiche	L-28	Napoli	🔒	150
Conduzione del mezzo navale	L-28	Napoli	🔒	30
Corsi di laurea magistrale				
Informatica applicata	LM-18	Napoli	🔓	
Scienze e tecnologie della navigazione	LM-72	Napoli	🔓	
Biologia per la sostenibilità	LM-6	Napoli	🔓	

Area Scienze Motorie	Classe	Sede	Accesso	Posti a bando
Corsi di laurea				
Scienze motorie	L-22	Napoli	🔒	540
Corsi di laurea magistrale				
Scienze e management dello sport e delle attività motorie	LM-47 / LM-68	Napoli	🔒	120
Scienze motorie per la prevenzione e il benessere	LM-67	Napoli	🔒	100

L'**Istituto Universitario Orientale** ha origine dalla Scuola dei Cinesi fondata a Napoli da Matteo Ripa, erudito missionario. Con il tempo, il collegio precisò le proprie funzioni, orientandosi verso la formazione dei giovani di origine asiatica, con il fine di promuovere sia il cattolicesimo sia gli interessi commerciali del Regno di Napoli in Asia. Oggi l'Istituto Universitario Orientale costituisce la più antica scuola europea di orientalistica, con una predilezione di interessi, didattici e di ricerca, verso le tematiche che riguardano l'Oriente e l'Africa senza però trascurare le culture espresse dall'Europa occidentale.

Università degli Studi di Napoli "L'Orientale"

Sede centrale Via Partenope, 10/A, ingresso Via Chiatamone 61/62, 80121 Napoli, tel.: 081 6909111/6909250, fax: 081 6909371/2, sito: unior.it

Ente per il diritto allo studio Via Nuova Marina 5, 80133 Napoli, tel.: 081 7909011, fax: 081 7909014, e-mail: info@adisulorientale.gov.it; pec: adisulorientale@legalmail.it sito: adisulorientale.gov.it

Ufficio orientamento Via Nuova Marina 59, Palazzo del Mediterraneo, 80133 Napoli, tel.: 081 6909303/6909228, e-mail: tutor@unior.it

Ufficio per il sostegno agli studenti disabili Largo San Giovanni Maggiore 30, Palazzo Giusso, 80134 Napoli, tel.: 081 6909549 fax: 081 6909451, e-mail: sod@unior.it

Ufficio relazioni internazionali Via Nuova Marina 59, Palazzo del Mediterraneo, 80133 Napoli tel.: 081 6909313 fax: 081 6909232, e-mail: relint@unior.it

CUS Via Campegna 267, 80124 Napoli, tel.: 081 7621295, fax: 081 19362277, e-mail: cusnapoli@cusnapoli.org, sito: cusnapoli.it

I numeri dell'Università

Corsi 6 di laurea e 9 di laurea magistrale

Docenti ordinari: 52; associati: 93; ricercatori: 12

Studenti 11.151 iscritti (di cui 8.796 donne, 5704 studenti in corso e 1937 matricole)

Laureati 1875 (di cui 1.534 donne)

Laureati regolari 25,8%

Dipartimento Asia, Africa e Mediterraneo	Classe	Sede	Accesso	Posti a bando
Corsi di laurea triennale				
Civiltà antiche e archeologia: Oriente e Occidente	L-1	Napoli	🔓	
Lingue e culture orientali e africane	L-11	Napoli	🔓	
Corsi di laurea magistrale				
Lingue e culture dell'Asia e dell'Africa	LM-36	Napoli	🔓	

Dipartimento Scienze Umane e Sociali	Classe	Sede	Accesso	Posti a bando
Corsi di laurea triennale				
Scienze politiche e relazioni internazionali	L-36	Napoli	🔓	
Corsi di laurea magistrale				
Lingue e comunicazione interculturale in area euromediterranea	LM-38	Napoli	🔓	
Relazioni e istituzioni dell'Asia e dell'Africa	LM-52	Napoli	🔓	
Relazioni internazionali	LM-52	Napoli	🔓	

Dipartimento Studi Letterari, Linguistici e Comparati	Classe	Sede	Accesso	Posti a bando
Corsi di laurea triennale				
Lingue e culture comparate	L-11	Napoli	🔓	

Dipartimento Studi Letterari, Linguistici e Comparati	Classe	Sede	Accesso	Posti a bando
Lingue, letterature e culture dell'Europa e delle Americhe	L-11	Napoli	🔓	
Mediazione linguistica e culturale	L-12	Napoli	🔓	
Corsi di laurea magistrale				
Letterature e culture comparate	LM-37	Napoli	🔓	
Archeologia: Oriente e Occidente	LM-2	Napoli	🔓	
Lingua e cultura italiana per stranieri	LM-14	Napoli	🔓	
Lingue e letterature europee e americane	LM-37	Napoli	🔓	
Traduzione specialistica	LM-94	Napoli	🔓	

L'**Istituto Universitario Suor Orsola Benincasa**, fondato nel 1600 all'interno della cittadella monastica di Suor Orsola Benincasa, è attualmente una libera università autofinanziata, pubblica ma non statale. Questo centro di studi deve il prestigio di cui gode, per quanto riguarda sia la ricerca sia l'aspetto didattico-formativo, alle numerose iniziative culturali che in esso si svolgono e che comprendono l'organizzazione di numerosi seminari e corsi di perfezionamento di livello internazionale, la cura di un vasto fondo cartaceo e librario cinquecentesco e seicentesco, con oltre 15.000 stampe del XVII e del XVIII secolo e circa 600 quadri del Seicento e del Settecento napoletano.

Istituto Universitario "Suor Orsola Benincasa"

ISTITUTO UNIVERSITARIO PAREGGIATO DI MAGISTERO
SUOR ORSOLA BENINCASA

Sede centrale	Corso Vittorio Emanuele 292, 80135 Napoli, tel.: 081 2522350, sito: unisob.na.it
Sedi decentrate	Salerno
Ente per il diritto allo studio	Corso Vittorio Emanuele 278, 80135 Napoli, tel.: 081.421379 e-mail: info@adisusob.it, sito: adisusob.it
Ufficio orientamento	Corso Vittorio Emanuele 292, 80135 Napoli, tel. e fax: 081 2522350, e-mail: orientamento@unisob.na.it
Ufficio per il sostegno agli studenti disabili	Corso Vittorio Emanuele 292, 80135 Napoli, tel.: 081 2522205/371, e-mail: saad@unisob.na.it
Ufficio relazioni internazionali	Via S. Caterina da Siena 37, tel. e fax: 081 2522300, e-mail: llperasmus@unisob.na.it
CUS	Via Campegna 267, 80124 Napoli, tel.: 081 7621295, fax: 081 19362277, e-mail: cusnapoli@cusnapoli.org, sito: cusnapoli.org
	I numeri dell'Università
Corsi	6 di laurea, 8 di laurea magistrale e 3 a ciclo unico
Docenti	ordinari: 28; associati: 42; ricercatori: 10
Studenti	8.311 iscritti (di cui 7.086 donne, 5716 studenti in corso e 1.362 matricole)
Laureati	1.754 (di cui 1.530 donne)
Laureati regolari	34,1%

Facoltà di Giurisprudenza	Classe	Sede	Accesso	Posti a bando
Corsi di laurea triennale				
Economia aziendale e green economy	L-18	Napoli	🔓	
Corsi di laurea magistrale				
Economia, management e sostenibilità	LM-77	Napoli	🔓	
Corsi di laurea magistrale a ciclo unico				
Giurisprudenza	LMG-01	Napoli	🔓	

Facoltà di Lettere	Classe	Sede	Accesso	Posti a bando
Corsi di laurea triennale				
Scienze dei beni culturali: turismo, arte e archeologia	L-1	Napoli	🔓	
Lingue e culture moderne	L-11	Napoli	🔓	
Corsi di laurea magistrale				
Archeologia e storia dell'arte	LM-2 / LM-89	Napoli	🔓	
Lingue moderne per la comunicazione e la cooperazione internazionale	LM-38	Napoli	🔓	
Scienze dello spettacolo e dei media. Linguaggi, Interpretazione e Visioni del Reale	LM-65	Napoli	🔓	
Corsi di laurea magistrale a ciclo unico				
Conservazione e restauro dei beni culturali	LMR/02	Napoli	🔓	

Facoltà di Scienze della Formazione	Classe	Sede	Accesso	Posti a bando
Corsi di laurea triennale				
Scienze della comunicazione	L-20	Napoli	🔓	
Scienze dell'educazione	L-19	Napoli	🔓	
Scienze e tecniche di psicologia cognitiva	L-24	Napoli	🔓	
Corsi di laurea magistrale				
Comunicazione pubblica e d'impresa	LM-59	Napoli	🔓	
Consulenza pedagogica	LM-57 / LM-85	Napoli	🔓	
Programmazione, amministrazione e gestione delle politiche e dei servizi sociali	LM-87	Napoli	🔓	
Psicologia: risorse umane, ergonomia cognitiva, neuroscienze cognitive	LM-51	Napoli	🔓	
Corsi di laurea magistrale a ciclo unico				
Scienze della formazione primaria	LM-85 bis	Salerno	🔒	360

6.31 | Padova

L'**Università degli Studi di Padova** è fra i più antichi atenei della penisola: le prime notizie certe sull'attività dello *Studium* patavino risalgono al 1222, allorché iniziò la libera attività di trasmissione di conoscenza a opera di un gruppo di professori provenienti, con gli allievi, da Bologna. Le dottrine giuridiche e teologiche furono il nucleo a partire dal quale gli interessi didattici e di ricerca si estesero a tutte le aree del sapere. Sin dagli ultimi anni del 1300, infatti, Padova era un centro di studi e formazione noto anche per i cultori delle "arti": vi si potevano quindi studiare, per esempio, la medicina, le scienze, la filosofia. Tra i grandi personaggi dei più svariati campi del sapere che si formarono o insegnarono a Padova, si ricordano Copernico, Pico della Mirandola, Leon Battista Alberti, Tasso, Paolo Sarpi, Telesio, Galileo. L'Università degli Studi di Padova conserva questa vocazione multidisciplinare, mantenendo attivi numerosi corsi di laurea e di laurea magistrale ed elevati standard di ricerca e di didattica, queste ultime svolte anche attraverso collaborazioni internazionali.

Università degli Studi di Padova

Sede centrale Via VIII Febbraio 2, 35122 Padova,
tel.: 049 8275111/049 8273131
sito: unipd.it

Sedi decentrate Castelfranco Veneto, Chioggia, Conegliano, Feltre, Mestre, Mirano-Dolo, Este-Monselice, Montecchio Precalcino, Portogruaro, Rovigo, Santorso, Treviso, Venezia, Verona, Vicenza

Ente per il diritto allo studio Via Portello 31, 35129 Padova,
tel.: 049 8273131, fax: 049 8275030,
e-mail: service.studenti@unipd.it

Ufficio orientamento Riviera Tito Livio 6, Palazzo Storione, 35122 Padova,
tel.: 049 8273312, fax: 049 8273339,
e-mail: orienta@unipd.it

Ufficio per il sostegno agli studenti disabili Via Portello 25, 35129 Padova,
tel.: 049 8275038, fax: 049 8275040,
e-mail: serv.disabilita@unipd.it-dislessia.unipd.it

Ufficio relazioni internazionali Via VIII Febbraio 2, 35122 Padova,
tel.: 049 8273061/3090/3743, fax: 049 8273060,
e-mail: relazioni.internazionali@unipd.it

CUS Via Giordano Bruno 27, 35100 Padova,
tel.: 049 685222, fax: 049 681761
e-mail: info@cuspadova.it, sito: cuspadova.it

I numeri dell'Università

Corsi 85 di laurea, 100 di laurea magistrale e 10 a ciclo unico

Docenti ordinari: 547; associati: 1007; ricercatori: 298

Studenti 57.927 iscritti (di cui 30.677 donne, 40597 studenti in corso e 10.093 matricole)

Laureati 12.688 (di cui 7.207 donne)

Laureati regolari 40,4%

Scuola di Agraria e Medicina Veterinaria	Classe	Sede	Accesso	Posti a bando
Corsi di laurea triennale				
Riassetto del territorio e tutela del paesaggio	L-21	Legnaro	🔒	110
Scienze e cultura della gastronomia e della ristorazione	L-GASTR	Legnaro	🔓	
Scienze e tecnologie agrarie	L-25	Legnaro	🔒	110

Scuola di Agraria e Medicina Veterinaria	Classe	Sede	Accesso	Posti a bando
Scienze e tecnologie alimentari	L-26	Legnaro	🔒	110
Scienze e tecnologie animali	L-38	Legnaro	🔒	110
Scienze e tecnologie viticole ed enologiche	L-25	Conegliano	🔒	75
Sicurezza igienico-sanitaria degli alimenti	L-26 / L-38	Vicenza	🔒	100
Tecnologie forestali e ambientali	L-25	Legnaro	🔒	120
Animal care (in inglese)	L-38	Legnaro	🔒	43
Corsi di laurea magistrale				
Forest science (in inglese)	LM-73	Legnaro	🔓	
Italian food and wine (in inglese)	LM-70	Legnaro	🔓	
Sustainable agricolture (in inglese)	LM- 69	Legnaro	🔓	
Biotecnologie per l'alimentazione	LM-9	Legnaro	🔓	
Scienze e tecnologie agrarie	LM-69	Legnaro	🔓	
Scienze e tecnologie alimentari	LM-70	Legnaro	🔓	
Scienze e tecnologie animali	LM-86	Legnaro	🔓	
Scienze e tecnologie per l'ambiente e il territorio	LM-75	Legnaro	🔓	
Scienze forestali e ambientali	LM-73	Legnaro	🔓	
Food and Health	LM-61	Legnaro	🔓	
Corsi di laurea magistrale a ciclo unico				
Medicina veterinaria	LM-42	Legnaro	🔒	80

Scuola di Economia e Scienze Politiche	Classe	Sede	Accesso	Posti a bando
Corsi di laurea triennale				
Diritto dell'economia	L-14	Rovigo	🔓	
Economia	L-18	Padova	🔒	560
Scienze politiche, relazioni internazionali, diritti umani	L-36	Padova	🔓	
Scienze politiche,	L-36	Padova	🔓	
Servizio sociale	L-39	Padova	🔒	95
Corsi di laurea magistrale				
Business administration (in inglese)	LM-77	Padova	🔓	
Economia e diritto	LM-77	Padova	🔓	
Economics and finance (in inglese)	LM-56	Padova	🔓	
Entrepreneurship and innovation (in inglese)	LM-77	Padova	🔓	
Human rights and multi-level governance(in inglese)	LM-52	Padova	🔓	
Relazioni internazionali e diplomazia	LM-52	Padova	🔓	
Scienze del governo e politiche pubbliche	LM-63	Padova	🔓	
Innovazione e servizio sociale	LM-87	Padova	🔓	
European global studies (in inglese)	LM-90	Padova	🔓	

Scuola di Giurisprudenza	Classe	Sede	Accesso	Posti a bando
Corsi di laurea triennale				
Consulente del lavoro	L-14	Padova	🔓	
Diritto e tecnologia	L-14	Padova	🔓	
Giurista del terzo settore	L-14	Padova	🔓	
Corsi di laurea magistrale a ciclo unico				
Giurisprudenza	LMG-01	Padova, Treviso	🔓	

Scuola di Ingegneria	Classe	Sede	Accesso	Posti a bando
Corsi di laurea triennale				
Ingegneria aerospaziale	L-9	Padova	🔓	
Ingegneria biomedica	L-8	Padova	🔒	407
Ingegneria chimica e dei materiali	L-9	Padova	🔓	
Ingegneria civile	L-7	Padova	🔓	
Ingegneria dell'energia	L-9	Padova	🔓	
Ingegneria dell'informazione	L-8	Padova	🔒	348
Ingegneria dell'innovazione del prodotto	L-9	Padova	🔓	
Ingegneria elettronica	L-8	Padova	🔒	131
Ingegneria gestionale	L-9	Vicenza	🔓	
Ingegneria informatica	L-8	Padova,	🔒	347
Ingegneria meccanica	L-9	Vicenza	🔓	
Ingegneria meccatronica	L-8	Vicenza	🔓	
Ingegneria per l'ambiente	L-7	Padova	🔓	
Tecnologie digitali per l'edilizia e il territorio	L-23	Padova	🔒	50
Corsi di laurea magistrale				
Bioingegneria	LM-21	Padova	🔓	
Enviromental engineering (in inglese)	LM-35	Padova	🔓	
Ict for internet and multimedia-ingegneria per le comunicazioni multimediali e internet	LM-27	Padova	🔓	
Ingegneria aerospaziale	LM-20	Padova	🔓	
Ingegneria chimica e dei processi industriali	LM-22	Padova	🔓	
Ingegneria civile	LM-23	Padova	🔓	
Scienza dei materiali	LM-53	Padova	🔓	
Ingegneria dell'energia elettrica	LM-28	Padova	🔓	
Ingegneria della sicurezza civile e industriale	LM-26	Padova	🔓	
Ingegneria dell'innovazione del prodotto	LM-33	Vicenza	🔓	
Ingegneria elettronica	LM-29	Padova	🔓	
Ingegneria dei materiali	LM-53	Padova	🔓	
Ingegneria gestionale	LM-31	Vicenza	🔓	
Ingegneria informatica (in inglese)	LM-32	Padova	🔓	
Ingegneria meccanica	LM-33	Padova	🔓	
Ingegneria meccatronica	LM-25	Padova	🔓	
Mathematical Engineering	LM-44	Padova	🔓	
Control ssystems engineering	LM-25	Padova	🔓	
Cyber security	LM-66	Padova	🔓	
Corsi di laurea magistrale a ciclo unico				
Ingegneria edile-architettura	LM-4	Padova	🔒	100

Scuola di Medicina e Chirurgia	Classe	Sede	Accesso	Posti a bando
Corsi di laurea triennale				
Assistenza sanitaria	L/SNT4	Conegliano	🔒	50
Dietistica	L/SNT3	Padova	🔒	32
Educazione professionale	L/SNT2	Rovigo	🔒	54

Scuola di Medicina e Chirurgia	Classe	Sede	Accesso	Posti a bando
Fisioterapia	L/SNT2	Padova, Conegliano, Santorso, Venezia	🔒	112
Tecnica della riabilitazione psichiatrica	L/SNT2	Rovigo	🔒	26
Igiene dentale	L/SNT3	Treviso	🔒	45
Infermieristica	L/SNT1	Padova, Feltre, Monselice, Venezia Montecchio Precalcino, Portogruaro, Rovigo, Treviso	🔒	684
Logopedia	L/SNT2	Padova	🔒	31
Ortottica e assistenza oftalmologica	L/SNT2	Padova	🔒	16
Ostetricia	L/SNT1	Padova, Treviso, Vicenza	🔒	43
Scienze farmaceutiche applicate	L-29	Padova	🔒	75
Scienze motorie	L-22	Padova	🔒	172
Tecniche audioprotesiche	L/SNT3	Padova, Treviso	🔒	77
Tecniche audiometriche	L/SNT3	Venezia	🔒	25
Tecniche della prevenzione nell'ambiente e nei luoghi di lavoro	L/SNT4	Feltre, Padova	🔒	36
Tecniche di laboratorio biomedico	L/SNT3	Padova	🔒	24
Tecniche di neurofisiopatologia	L/SNT3	Padova	🔒	9
Tecniche di radiologia medica per immagini e radioterapia	L/SNT3	Padova, Rovigo, Treviso, Vicenza	🔒	72
Terapia della neuro e psicomotricità dell'età evolutiva	L/SNT2	Padova	🔒	18
Terapia occupazionale	L/SNT2	Conegliano	🔒	31
Corsi di laurea magistrale				
Medical biotechnologies (in inglese)	LM-9	Padova	🔒	39
Pharmaceutical biotechnologies (in inglese)	LM-9	Padova	🔒	56
Scienze delle professioni sanitarie della prevenzione	LM/SNT4	Padova	🔒	21
Scienze delle professioni sanitarie tecniche diagnostiche	LM/SNT3	Padova	🔒	28
Scienze e tecniche dell'attività motoria preventiva e adattata	LM-67	Padova	🔓	
Scienze infermieristiche ed ostetriche	LM/SNT1	Padova	🔒	20
Scienze riabilitative delle professioni sanitarie	LM/SNT2	Padova	🔒	25
Corsi di laurea magistrale a ciclo unico				
Chimica e tecnologia farmaceutiche	LM-13	Padova	🔒	95
Farmacia	LM-13	Padova	🔒	165
Medicina e chirurgia	LM-41	Padova, Treviso	🔒	400
Medicine and surgery (in inglese)	LM-41	Padova	🔒	63
Odontoiatria e protesi dentaria	LM-46	Padova	🔒	27

Scuola di Psicologia	Classe	Sede	Accesso	Posti a bando
Corsi di laurea triennale				
Psychological science (in inglese)	L-24	Padova	🔒	90
Scienze e tecniche psicologiche	L-24	Padova	🔒	212
Scienze psicologiche cognitive e psicobiologiche	L-24	Padova	🔒	200
Scienze psicologiche dello sviluppo, della personalità e delle relazioni interpersonali	L-24	Padova	🔒	312
Scienze psicologiche sociali e del lavoro	L-24	Padova	🔒	212

Scuola di Psicologia	Classe	Sede	Accesso	Posti a bando
Corsi di laurea magistrale				
Cognitive neuroscience and clinical neuropsychology (in inglese)	LM-51	Padova	🔒	42
Neuroscienze e riabilitazione neuropsicologica	LM-51	Padova	🔒	130
Psicologia clinica	LM-51	Padova	🔒	125
Psicologia clinica dello sviluppo	LM-51	Padova	🔒	130
Psicologia clinico-dinamica	LM-51	Padova	🔒	175
Psicologia cognitiva applicata	LM-51	Padova	🔒	120
Psicologia dello sviluppo e dell'educazione	LM-51	Padova	🔒	125
Psicologia di comunità, della promozione del benessere e del cambiamento sociale	LM-51	Padova	🔒	125
Psicologia sociale, del lavoro e della comunicazione	LM-51	Padova	🔒	120
Clinical, social and intercultural psychology	LM-51	Padova	🔒	30
Techincs and methods in psycological science	LM-51	Padova	🔒	30

Scuola di Scienze	Classe	Sede	Accesso	Posti a bando
Corsi di laurea triennale				
Astronomia	L-30	Padova	🔓	
Biologia	L-13	Padova	🔒	145
Biologia molecolare	L-13	Padova	🔒	105
Biotecnologie	L-2	Padova	🔒	155
Chimica	L-27	Padova	🔒	105
Chimica industriale	L-27	Padova	🔒	65
Fisica	L-30	Padova	🔒	205
Informatica	L-31	Padova	🔒	185
Matematica	L-35	Padova	🔓	
Ottica e optometria	L-30	Padova	🔒	44
Scienza dei materiali	L-27	Padova	🔒	64
Scienze e tecnologie per l'ambiente e il territorio	L-32	Padova	🔒	105
Scienze geologiche	L-34	Padova	🔓	
Scienze naturali	L-32	Padova	🔒	125
Statistica per l'economia e l'impresa	L-41	Padova	🔓	
Statistica per le tecnologie e le scienze	L-41	Padova	🔓	
Produzioni biologiche vegetali	L-25	Padova	🔒	50
Corsi di laurea magistrale				
Biologia evoluzionistica	LM-6	Padova	🔓	
Energy engineering	LM-30	Padova	🔓	
Marine Biology	LM-6	Chioggia	🔓	
Molecular Biology (in inglese)	LM-6	Padova	🔒	45
Biologia sanitaria	LM-6	Padova	🔒	45
Biotecnologie industriali	LM-8	Padova	🔓	
Chimica	LM-54	Padova	🔓	
Chimica industriale	LM-71	Padova	🔓	

Scuola di Scienze	Classe	Sede	Accesso	Posti a bando
Physics (in inglese)	LM-17	Padova	🔓	
Computer engineering	LM-32	Padova	🔓	
Physics of data (in inglese)	LM-17	Padova	🔓	
Geologia ambientale e dinamica della Terra	LM-74	Padova	🔓	
Informatica	LM-18	Padova	🔓	
Matematica	LM-40	Padova	🔓	
Scienze della natura	LM-60	Padova	🔓	
Scienze statistiche	LM-82	Padova	🔓	
Astrophysics and cosmology	LM-17/LM-58	Padova	🔓	
Tecniche, patrimonio, territori dell'industria	LM-84	Padova	🔒	35
Data Science	LM-91	Padova	🔓	
Geophysics for natural risks and resources	LM-79	Padova	🔓	
Scienze per il paesaggio	LM-80	Padova	🔓	
Water and Geological Risk Engineering	LM-35	Padova	🔓	
Sustainable chemistry	LM-71	Padova	🔓	
Biotecnologie per l'alimentazione	LM-9	Padova	🔓	

Scuola di Scienze Umane, Sociali e del Patrimonio Culturale	Classe	Sede	Accesso	Posti a bando
Corsi di laurea triennale				
Archeologia	L-1	Padova	🔓	
Comunicazione	L-20	Padova	🔒	174
DAMS – Discipline dell'arte, della musica e dello spettacolo	L-3	Padova	🔓	
Italian Medieval and Rainessance Studies	L-10	Padova	🔓	
Filosofia	L-5	Padova	🔓	
Lettere	L-10	Padova	🔓	
Lingue, letterature e mediazione culturale	L-11	Padova	🔓	
Progettazione e gestione del turismo culturale	L-15	Padova	🔓	
Scienze dell'educazione e della formazione	L-19	Padova, Rovigo	🔒	185
Scienze sociologiche	L-40	Padova	🔒	250
Storia	L-42	Padova	🔓	
Storia e tutela dei beni artistici e musicali	L-1	Padova	🔓	
Corsi di laurea magistrale				
Antropologia culturale, etnologia, etnolinguistica	LM-01	Padova	🔓	
Filologia moderna (francesistica e italianistica)	LM-14	Padova	🔓	
Filologia moderna	LM-14	Padova	🔓	
Lettere classiche e storia antica	LM-15	Padova	🔓	
Lingue e letterature europee e americane	LM-37	Padova	🔓	
Lingue moderne per la comunicazione e la cooperazione internazionale	LM-38	Padova	🔓	

Scuola di Scienze Umane, Sociali e del Patrimonio Culturale	Classe	Sede	Accesso	Posti a bando
Linguistica	LM-39	Padova	🔓	
Local development	LM-81	Padova	🔓	
Management dei servizi educativi e formazione continua	LM-50/ LM-57	Rovigo	🔓	
Scienze archeologiche	LM-2	Padova	🔓	
Scienze delle religioni	LM-64	Padova	🔓	
Scienze dello spettacolo e della produzione multimediale	LM-65	Padova	🔓	
Scienze filosofiche	LM-78	Padova	🔓	
Scienze storiche	LM-84	Padova	🔓	
Storia dell'arte	LM-89	Padova	🔓	
Strategie di comunicazione	LM-92	Padova	🔓	
Sustainable territorial development (in inglese)	LM-81	Padova	🔓	
Turismo, cultura e sostenibilità	LM-76	Padova	🔓	
Pedagogia	LM-85	Padova	🔓	
Pluralismo culturale, mutamento sociale e migrazioni	LM-88	Padova	🔓	
Corsi di laurea magistrale a ciclo unico				
Scienze della formazione primaria	LM-85 bis	Padova	🔒	250

6.32 | Palermo

L'**Università degli Studi di Palermo** nasce nel 1805 al posto della Settecentesca Reale Accademia, mettendo finalmente la città alla pari con Catania e Messina, già da tempo provviste di un loro ateneo. Anche se priva per secoli di una università vera e propria, Palermo ha una lunga tradizione di studi che, a partire dall'epoca d'oro dell'isola ai tempi di Federico II, si esprime nelle scuole domenicane prima e dei gesuiti poi, raggiungendo i massimi livelli di prestigio con, appunto, la creazione dell'Accademia (gestita dai Padri Teatini) nel 1779. L'ateneo ha, nel corso degli anni, ampliato il numero degli insegnamenti e delle strutture, fino alle attuali sedici.

Università degli Studi di Palermo

Sede centrale Piazza Marina 61, 90133 Palermo,
tel.: 091 238 86472, sito: unipa.it
pec: pec@cert.unipa.it

Sedi decentrate Agrigento, Caltanissetta, Trapani, Marsala

Ente per il diritto allo studio Viale delle Scienze, edificio 1, 90128 Palermo,
tel.: 091 654111, e-mail: info@ersupalermo.it,
sito: ersupalermo.it

Ufficio orientamento COT-Centro Orientamento e tutorato
Viale delle Scienze, edificio 2, 90128 Palermo,
tel.: 091 23863206/65514, fax: 091 60685,
e-mail: orientamento@unipa.it

Ufficio per il sostegno agli studenti disabili Via G. Argento 32, 90128 Palermo, tel.: 091 6459017/18/21/22,
fax: 091 6459016, e-mail: cud@unipa.it

Ufficio relazioni internazionali	Piazza Marina 61, 90133 Palermo, tel.: 091 23825375, fax: 091 6111820, e-mail: relinter@unipa.it
CUS	Via Altofonte 80, 90129 Palermo, tel.: 091 422750, fax: 091 423917, e-mail: infosegreteria@libero.it, sito: cuspalermo.it
	I numeri dell'Università
Corsi	64 di laurea, 62 di laurea magistrale e 8 a ciclo unico
Docenti	ordinari: 351; associati: 565; ricercatori: 171
Studenti	39.561 iscritti (di cui 22.949, 29905 studenti in corso e 6.557 matricole)
Laureati	7.238 (di cui 4.418 donne)
Laureati regolari	21,4%

Architettura	Classe	Sede	Accesso	Posti a bando
Corsi di laurea triennale				
Architettura e progetto nel costruito	L-23	Agrigento	🔓	
Disegno industriale	L-4	Palermo	🔓	
Urbanistica e scienze della città	L-21	Palermo	🔓	
Corsi di laurea magistrale				
Architettura per il progetto sostenibile dell'esistente	LM-4	Palermo	🔓	
Design e cultura del territorio	LM-12	Palermo	🔓	
Pianificazione territoriale, urbanistica e ambientale	LM-48	Palermo	🔓	
Corsi di laurea magistrale a ciclo unico				
Architettura	LM-4	Palermo	🔒	162

Biomedicina, neuroscienze e diagnostica avanzata	Classe	Sede	Accesso	Posti a bando
Corsi di laurea triennale				
Fisioterapia	L/SNT2	Palermo	🔒	25
Logopedia	L/SNT2	Palermo	🔒	25
Ortottica	L/SNT2	Palermo	🔒	10
Tecnica Della Riabilitazione Psichiatrica	L/SNT2	Palermo	🔒	20
Tecniche Audioprotesiche	L/SNT3	Palermo	🔒	15
Tecniche di Laboratorio Biomedico	L/SNT3	Palermo	🔒	25
Tecniche di Radiologia Medica, per Immagini e Radioterapia	L/SNT3	Palermo	🔒	20
Corsi di laurea magistrale				
Biotecnologie Mediche e Medicina Molecolare		Palermo	🔒	33
Neuroscienze		Palermo	🔒	25
Scienze Riabilitative delle Professioni Sanitarie		Palermo	🔒	35
Corsi di laurea magistrale a ciclo unico				
Medicina		Palermo	🔒	420
Medicina- indirizzo tecnologico		Palermo	🔒	?

Culture e società	Classe	Sede	Accesso	Posti a bando
Corsi di laurea triennale				
Beni Culturali: Conoscenza, Gestione, Valorizzazione	L-1	Palermo	🔓	
Scienze della Comunicazione per i Media e le Istituzioni	L-20	Palermo	🔓	
Scienze della Comunicazione per le Culture e le Arti	L-20	Palermo	🔓	

Culture e società	Classe	Sede	Accesso	Posti a bando
Servizio Sociale	L-39	Palermo	🔓	
Studi Globali. Storia, Politiche, Culture	L-42	Palermo	🔓	
Corsi di laurea magistrale				
Archeologia	LM-2	Palermo	🔓	
Comunicazione del Patrimonio Culturale	LM-92	Palermo	🔓	
Comunicazione Pubblica, d'impresa e Pubblicità	LM-59	Palermo	🔓	
Cooperazione, Sviluppoe Migrazioni	LM-81	Palermo	🔓	
Religioni e Culture	LM-64	Palermo	🔓	
Scienze dell'antichità	LM-15	Palermo	🔓	
Servizio Sociale, Diseguaglianze e Vulnerabilità Sociale	LM-87	Palermo	🔒	102
Storia dell'arte	LM-89	Palermo	🔓	
Studi Storici, Antropologici e Geografici	LM-84	Palermo	🔓	

Discipline Chirurgiche, Oncologiche e Stomatologiche	Classe	Sede	Accesso	Posti a bando
Corsi di laurea triennale				
Igiene dentale	L/SNT3	Palermo	🔒	16
Corsi di laurea magistrale a ciclo unico				
Odontoiatria	LM-46	Palermo	🔒	26

Fisica e Chimica	Classe	Sede	Accesso	Posti a bando
Corsi di laurea triennale				
Ottica e Optometria	L-30	Palermo	🔒	16
Scienze Fisiche	L-30	Palermo	🔓	
Corsi di laurea magistrale				
Chimica	LM-54	Palermo	🔓	
Fisica	LM-17	Palermo	🔓	
Corsi di laurea magistrale a ciclo unico				
Conservazione e Restauro dei Beni Culturali	LMR/02	Palermo	🔒	30

Giurisprudenza	Classe	Sede	Accesso	Posti a bando
Corsi di laurea triennale				
Consulente giuridico d'impresa	L-14	Palermo	🔓	16
Corsi di laurea magistrale				
Migrazioni, Diritti, Integrazione	LM-90	Palermo	🔓	
Corsi di laurea magistrale a ciclo unico				
Giurisprudenza	LMG/01	Palermo, Trapani	🔓	

Ingegneria	Classe	Sede	Accesso	Posti a bando
Corsi di laurea triennale				
Ingegneria Ambientale	L-7	Palermo	🔓	
Ingegneria Biomedica	L-9	Palermo	🔓	
Ingegneria Chimica E Biochimica	L-9	Palermo	🔓	
Ingegneria Cibernerica	L-8	Palermo	🔓	
Ingegneria Civile	L-7	Palermo	🔓	
Ingegneria dell'energia e delle Fonti Rinnovabili	L-9	Palermo	🔓	

Ingegneria	Classe	Sede	Accesso	Posti a bando
Ingegneria dell'innovazione per le Imprese Digitali	L-8	Palermo	🔓	
Ingegneria delle Tecnologie per il Mare	L-9	Palermo	🔓	
Ingegneria Edile, Innovazione e Recupero del Costruito	L-23	Palermo	🔓	
Ingegneria Elettrica per la E-Mobility	L-9	Palermo	🔓	
Ingegneria Elettronica e delle Telecomunicazioni	L-8	Palermo	🔓	
Ingegneria Gestionale	L-9	Palermo	🔓	
Ingegneria Informatica	L-8	Palermo	🔓	
Ingegneria Meccanica	L-9	Palermo	🔓	
Corsi di laurea magistrale				
Electronics And Telecommunications Engineering	LM-27, LM-29	Palermo	🔓	
Electronics Engineering	LM-29	Palermo	🔓	
Ingegneria Aerospaziale	LM-20	Palermo	🔓	
Ingegneria Biomedica	LM-21	Palermo	🔓	
Ingegneria Chimica	LM-22	Palermo	🔓	
Ingegneria Civile	LM-23	Palermo	🔓	
Ingegneria dei Sistemi Ciber-Fisici per L'industria	LM-25	Palermo	🔓	
Ingegneria dei Sistemi Edilizi	LM-24	Palermo	🔓	
Ingegneria e Tecnologie Innovative per L'ambiente	LM-35	Palermo	🔓	
Ingegneria Elettrica	LM-28	Palermo	🔓	
Ingegneria Energetica e Nucleare	LM-30	Palermo	🔓	
Ingegneria Informatica	LM-32	Palermo	🔓	
Ingegneria Meccanica	LM-33	Palermo	🔓	
Management Engineering	LM-31	Palermo	🔓	
Management Engineering (In Teledidattica)	LM-31	Palermo	🔓	

Matematica e Informatica	Classe	Sede	Accesso	Posti a bando
Corsi di laurea triennale				
Informatica	L-31	Palermo	🔓	
Matematica	L-35	Palermo	🔓	
Corsi di laurea magistrale				
Informatica	LM-18	Palermo	🔓	
Matematica	LM-40	Palermo	🔓	

Promozione della salute	Classe	Sede	Accesso	Posti a bando
Corsi di laurea triennale				
Assistenza Sanitaria	L/SNT4	Palermo	🔒	21
Dietistica	L/SNT3	Palermo	🔒	75
Infermieristica	L/SNT1	Palermo	🔒	310
Nursing	L/SNT1	Palermo	🔒	50
Ostetricia	L/SNT1	Palermo	🔒	20
Tecniche della Prevenzione nell'ambiente e nei luoghi di lavoro	L/SNT4	Palermo	🔒	21
Corsi di laurea magistrale				
Scienze Infermieristiche e Ostetriche	LM/SNT1	Palermo	🔒	41

Scienze agrarie, alimentari e forestali	Classe	Sede	Accesso	Posti a bando
Corsi di laurea triennale				
Agroingegneria	L-25	Palermo	🔓	
Propagazione e Gestione Vivaistica in Ambiente Mediterraneo	L-P02	Palermo	🔒	19
Scienze e Tecnologie Agroalimentari	L-26	Palermo	🔓	
Scienze e Tecnologie Agrarie	L-25	Palermo	🔓	
Scienze Forestali ed Ambientali	L-25	Palermo	🔓	
Viticoltura ed Enologia	L-25	Palermo	🔓	
Corsi di laurea magistrale				
Architettura del Paesaggio	LM-3	Palermo	🔓	
Imprenditorialità e Qualità per il Sistema Agroalimentare	LM-69	Palermo	🔓	
Mediterranean Food Science And Technology	LM-70	Palermo	🔓	
Scienze delle Produzioni e delle Tecnologie Agrarie	LM-69	Palermo	🔓	
Scienze e Tecnologie Agroingegneristiche e Forestali	LM-69, LM-73	Palermo	🔓	

Scienze della Terra e del Mare	Classe	Sede	Accesso	Posti a bando
Corsi di laurea triennale				
Scienze della Natura e dell'ambiente	L-32	Palermo	🔓	
Scienze Geologiche	L-34	Palermo	🔓	
Corsi di laurea magistrale				
Analisi e Gestione Ambientale	LM-75	Palermo	🔓	
Biologia Marina	LM-6	Palermo	🔓	
Georischi e Georisorse	LM-74	Palermo	🔓	
Scienze della Natura	LM-60	Palermo	🔓	

Scienze e Tecnologie Biologiche, Chimiche e Farmaceutiche	Classe	Sede	Accesso	Posti a bando
Corsi di laurea triennale				
Biotecnologie	L-2	Palermo	🔒	100
Chimica	L-27	Palermo	🔒	75
Scienze Biologiche	L-13	Palermo	🔒	300
Corsi di laurea magistrale				
Biodiversità e Biologia Ambientale	LM-6	Palermo	🔓	
Biologia della Conservazione	LM-6	Palermo	🔒	
Biologia Molecolare e della Salute	LM-6	Palermo	🔓	70
Biotecnologie per l'industria e per la Ricerca Scientifica	LM-8	Palermo	🔓	
Scienze dell'alimentazione e della Nutrizione Umana	LM-61	Palermo	🔒	25
Corsi di laurea magistrale a ciclo unico		Palermo		
Chimica e Tecnologia Farmaceutiche	LM-13	Palermo	🔒	100
Farmacia	LM-13	Palermo	🔒	120

Scienze Economiche e Statistiche	Classe	Sede	Accesso	Posti a bando
Corsi di laurea triennale				
Economia e Amministrazione Aziendale	L-18	Palermo	🔒	550
Economia e Finanza	L-22	Palermo	🔓	

Scienze Economiche e Statistiche	Classe	Sede	Accesso	Posti a bando
Scienze del Turismo	L-15	Palermo	🔓	
Statistica per l'analisi dei Dati	L-41	Palermo	🔓	
Sviluppo Economico, Cooperazione Internazionale e Migrazioni	L-37	Palermo	🔓	
Corsi di laurea magistrale				
Scienze Economiche e Finanziarie	LM-56	Palermo	🔓	
Scienze Economico-Aziendali	LM-77	Palermo	🔓	
Statistica e Data Science	LM-82	Palermo	🔓	
Tourism Systems And Hospitality Management	LM-49	Palermo	🔓	

Scienze Politiche e delle Relazioni Internazionali	Classe	Sede	Accesso	Posti a bando
Corsi di laurea triennale				
Scienze dell'amministrazione, dell'organizzazione e consulenza del Lavoro	L-16	Palermo	🔓	
Scienze Politiche e delle Relazioni Internazionali	L-36	Palermo	🔓	
Corsi di laurea magistrale				
International Relations / Relazioni Internazionali	LM-52	Palermo	🔓	
International Relations, Politics & Trade	LM-52	Palermo	🔓	
Management dello Sport e delle Attività Motorie	LM-47	Palermo	🔓	
Scienze Delle Amministrazioni e delle Organizzazioni Complesse	LM-63	Palermo	🔓	

Scienze pedagogiche, psicologiche, dell'esercizio fisico e della formazione	Classe	Sede	Accesso	Posti a bando
Corsi di laurea triennale				
Scienze dell'educazione	L-19	Palermo	🔓	
Scienze delle Attività Motorie e Sportive	L-22	Palermo	🔒	330
Scienze e Tecniche Psicologiche	L-24	Palermo	🔒	485
Corsi di laurea magistrale				
Psicologia Clinica	LM-51	Palermo	🔓	
Psicologia del Ciclo di Vita	LM-51	Palermo	🔓	
Psicologia Sociale, del Lavoro e delle Organizzazioni	LM-51	Palermo	🔓	
Scienze e Tecniche delle Attività Motorie Preventive e Adattate e delle Attività Sportive	LM-67, LM-68	Palermo	🔓	
Scienze Pedagogiche	LM-85	Palermo	🔓	
Corsi di laurea magistrale a ciclo unico		Palermo		
Scienze della Formazione Primaria	LM-85 bis	Palermo	🔒	311

Scienze umanistiche	Classe	Sede	Accesso	Posti a bando
Corsi di laurea triennale				
Discipline delle Arti, della Musica e dello Spettacolo	L-3	Palermo	🔓	
Lettere	L-10	Palermo	🔓	
Lingue e Letterature - Studi Interculturali	L-11, L-12	Palermo	🔓	
Studi Filosofici e Storici	L-5			
Corsi di laurea magistrale				
Italianistica	LM-14	Palermo	🔓	

Scienze umanistiche	Classe	Sede	Accesso	Posti a bando
Lingue e Letterature: Interculturalità e Didattica	LM-37, LM-39	Palermo	🔓	
Lingue Moderne e Traduzione per le Relazioni Internazionali	LM-38	Palermo	🔓	
Musicologia e Scienze dello Spettacolo	LM-45, LM-65	Palermo	🔓	
Scienze Filosofiche e Storiche	LM-78	Palermo	🔓	
Transnational German Studies	LM-37	Palermo	🔒	n.d.

6.33 | Parma

La storia dell'**Università degli Studi di Parma** affonda le sue radici nell'epoca della rinascita carolingia, quando, grazie all'incontro tra Carlo Magno e il monaco Alcuino, videro la luce le prime Scuole Palatine. In seguito, lo *Studium* seguì le vicende della città che lo ospitava, passando da momenti di grande splendore a fasi in cui, soprattutto in corrispondenza dei periodi di massimo potere del ducato di Milano, l'attività accademica subì un forte rallentamento. Nel Settecento a Parma studiarono i fratelli Verri e Cesare Beccaria. In seguito ai moti rivoluzionari del 1831, l'attività didattica fu sospesa, per riprendere a pieno regime solo sul finire del secolo. Dopo la seconda guerra mondiale, l'università parmense ha ampliato il numero delle Facoltà e degli insegnamenti, fondando, tra l'altro, nel 1991, il Collegio europeo per la formazione di esperti in vari settori dell'attività dell'Unione europea.

Università degli Studi di Parma

Sede centrale Via Università 12, 43121 Parma, numero verde: 800 904084, tel.: 0521 902111, sito: unipr.it; email: protocollo@pec.unipr.it

Ente per il diritto allo studio Vicolo Grossardi 4, 43125 Parma, tel.: 0521 2139, fax: 0521 213620, e-mail: info@er-go.it, sito: er-go.it

Ufficio orientamento Vicolo Grossardi 4, 43125 Parma, tel.: 0521 034033/39/42, e-mail: orienta@unipr.it

Ufficio per il sostegno agli studenti disabili Vicolo dei Mulini, 5, 43100 Parma, tel.: 0521 033572, e-mail: dis-abile@unipr.it

Ufficio relazioni internazionali Piazzale San Francesco 3, 43121 Parma, tel.: 0521 904203, e-mail: incoming@unipr.it

CUS Parco Area delle Scienze 105, 43124 Parma, tel.: 0521 905532, fax: 0521 905530, e-mail: segreteria@cusparma.it, sito: cusparma.it

I numeri dell'Università

Corsi 37 di laurea, 39 di laurea magistrale e 6 a ciclo unico

Docenti ordinari: 202; associati: 397; ricercatori: 139

Studenti 24.876 iscritti (di cui 14.045 donne, 18061 studenti in corso e 4.539 matricole)

Laureati 4.584 (di cui 2.608 donne)

Laureati regolari 25,6%

Ambito agroalimentare	Classe	Sede	Accesso	Posti a bando
Corsi di laurea triennale				
Scienze e tecnologie alimentari	L -26	Parma	🔒	123
Scienze gastronomiche	L-GASTR	Parma	🔓	
Sistema alimentare	L-18	Parma	🔓	

Ambito agroalimentare	Classe	Sede	Accesso	Posti a bando
Corsi di laurea magistrale				
Scienze e tecnologie alimentari	LM-70	Parma	🔒	119
Food safety and food risk management (in inglese)	LM-70	Parma	🔓	
Produzioni animali innovative e sostenibili	LM-86	Parma	🔓	
Scienze della Nutrizione Umana	LM-61	Parma	🔓	
Gestione dei Sistemi Alimentari di Qualità e della Gastronomia	LM-77 LM/GASTR	Parma	🔓	

Ambito economico	Classe	Sede	Accesso	Posti a bando
Corsi di laurea triennale				
Economia e management	L-18	Parma	🔓	
Corsi di laurea magistrale				
Amministrazione e direzione aziendale	LM-77	Parma	🔓	
Finanza e Risk Management	LM-77	Parma	🔓	
International Business and Development (in inglese)	LM-77	Parma	🔓	
Trade and consume marketing	LM-77	Parma	🔒	199

Ambito farmaceutico	Classe	Sede	Accesso	Posti a bando
Corsi di laurea magistrale a ciclo unico				
Chimica e tecnologie farmaceutiche	LM-13	Parma	🔒	133
Farmacia	LM-13	Parma	🔒	179

Ambito giuridico e politologico	Classe	Sede	Accesso	Posti a bando
Corsi di laurea triennale				
Scienze politiche e delle relazioni internazionali	L-36	Parma	🔓	
Servizio sociale	L-39	Parma	🔓	
Corsi di laurea magistrale				
Programmazione e gestione dei servizi sociali	LM-87	Parma	🔓	
Relazioni internazionali ed europee	LM-52	Parma	🔓	
Corsi di laurea magistrale a ciclo unico				
Giurisprudenza	LMG-01	Parma	🔓	

Ambito ingegneria e architettura	Classe	Sede	Accesso	Posti a bando
Corsi di laurea triennale				
Ingegneria civile e ambientale	L-7	Parma	🔓	
Ingegneria gestionale	L-9	Parma	🔓	
Ingegneria informatica, elettronica e delle telecomunicazioni	L-8	Parma	🔓	
Ingegneria meccanica	L-9	Parma	🔓	
Ingegneria dei sistemi informativi	L-8	Parma	🔓	
Architettura rigenerazione sostenibilità	L-17	Parma	🔒	123
Costruzioni, Infrastrutture e Territorio	L-7	Parma	🔒	50
Corsi di laurea magistrale				
Architettura e città sostenibili	LM-4	Parma	🔓	
Communication Engineering (in inglese)	LM-27	Parma	🔓	
Ingegneria civile	LM-23	Parma	🔓	
Ingegneria elettronica	LM-29	Parma	🔓	

Ambito ingegneria e architettura	Classe	Sede	Accesso	Posti a bando
Ingegneria gestionale	LM-31	Parma	🔓	
Ingegneria informatica	LM-32	Parma	🔓	
Ingegneria meccanica	LM-33	Parma	🔓	
Ingegneria per l'ambiente e il territorio	LM-35	Parma	🔓	
Ingegneria degli impianti e delle macchine dell'industria alimentare	LM-33	Parma	🔓	
Scienze informatiche	LM-18	Parma	🔓	

Ambito medico-chirurgico	Classe	Sede	Accesso	Posti a bando
Corsi di laurea triennale				
Fisioterapia	L/SNT-2	Parma	🔒	43
Infermieristica	L/SNT-1	Parma	🔒	275
Logopedia	L/SNT-2	Parma	🔒	11
Ortottica e assistenza oftalmologica	L/SNT-2	Parma	🔒	13
Ostetricia	L/SNT-1	Parma	🔒	19
Tecniche audioprotesiche	L/SNT-3	Parma	🔒	20
Tecniche della prevenzione nell'ambiente e nei luoghi di lavoro	L/SNT-4	Parma	🔒	24
Tecniche di laboratorio biomedico	L/SNT-3	Parma	🔒	21
Tecniche di radiologia medica, per immagini e radioterapia	L/SNT-3	Parma	🔒	13
Scienze motorie, sport e salute	L-22	Parma	🔒	251
Corsi di laurea magistrale				
Biotecnologie mediche, veterinarie e farmaceutiche	LM-9	Parma	🔒	70
Psicobiologia e neuroscienze cognitive	LM-51	Parma	🔓	
Scienze infermieristiche e ostetriche	L/SNT-1	Parma	🔒	30
Scienze Biomediche Traslazionali	LM-6	Parma	🔒	
Corsi di laurea magistrale a ciclo unico				
Medicina e chirurgia	LM-41	Parma	🔒	260
Odontoiatria e protesi dentaria	LM-46	Parma	🔒	30

Ambito medico-veterinario	Classe	Sede	Accesso	Posti a bando
Corsi di laurea triennale				
Scienze zootecniche e tecnologie delle produzioni animali	L-38	Parma	🔒	188
Corsi di laurea magistrale a ciclo unico				
Medicina veterinaria	LM-42	Parma	🔒	60

Ambito Scienze MM. FF. NN.	Classe	Sede	Accesso	Posti a bando
Corsi di laurea triennale				
Biologia	L-13	Parma	🔒	199
Biotecnologie	L-2	Parma	🔒	110
Chimica	L-27	Parma	🔒	144
Fisica	L-30	Parma	🔓	
Informatica	L-31	Parma	🔓	
Matematica	L-35	Parma	🔓	
Scienze della natura e dell'ambiente	L-32	Parma	🔓	

Ambito Scienze MM. FF. NN.	Classe	Sede	Accesso	Posti a bando
Scienze geologiche	L-34	Parma	🔓	
Corsi di laurea magistrale				
Scienze biomolecolari, genomiche, cellulari	LM-6	Parma	🔓	
Biotecnologie genomiche, molecolari e industriali	LM-8	Parma	🔓	
Chimica	LM-54	Parma	🔓	
Chimica industriale	LM-71	Parma	🔓	
Ecologia ed etologia per la conservazione della natura	LM-6	Parma	🔓	
Fisica	LM-17	Parma	🔓	
Matematica	LM-40	Parma	🔓	
Scienze e tecnologie geologiche	LM-74	Parma	🔓	
Scienze e tecnologie per l'ambiente e le risorse	LM-75	Parma	🔓	
Scienze Geologiche Applicate alla Sostenibilità Ambientale	LM-74	Parma	🔓	

Ambito umanistico e delle scienze umane	Classe	Sede	Accesso	Posti a bando
Corsi di laurea triennale				
Beni artistici e dello spettacolo	L-1	Parma	🔓	
Civiltà e lingue straniere moderne	L-11	Parma	🔓	
Comunicazione e media contemporanei per le industrie creative	L-20	Parma	🔓	
Lettere	L-10	Parma	🔓	
Scienze dell'educazione e dei processi formativi	L-19	Parma	🔓	
Studi filosofici	L-5	Parma	🔓	
Corsi di laurea magistrale				
Filosofia	LM-78	Parma	🔓	
Giornalismo e cultura editoriale	LM-19	Parma	🔓	
Lettere classiche e moderne	LM-14/LM-15	Parma	🔓	
Progettazione e coordinamento dei servizi educativi	LM-50	Parma	🔓	
Psicologia dell'intervento clinico e sociale	LM-51	Parma	🔓	
Storia e critica delle arti e dello spettacolo	LM-89	Parma	🔓	

6.34 | Pavia

La tradizione dell'**Università degli Studi di Pavia** risale all'epoca longobarda. In particolare, Pavia è sempre stata un centro di primo piano per lo studio del diritto e della medicina. Nei secoli vi si sono avvicendate, come studenti o docenti, eminenti personalità della cultura italiana: Nicola Cusano, Lorenzo Valla, Vincenzo Monti e Ugo Foscolo, nonché illustri medici e scienziati come Carlo Forlanini, Camillo Golgi e Alessandro Volta. L'attività didattica dell'ateneo è tuttora all'altezza della sua fama, con particolare attenzione agli scambi con l'Europa. In molti aderiscono al programma Erasmus, agevolati dalla città di Pavia che ha tutte le strutture per ospitare chi viene da fuori, grazie all'abbondanza e all'efficienza di collegi universitari di lunga tradizione.

Università degli Studi di Pavia

Sede centrale Strada Nuova 65, 27100 Pavia,
tel.: 0382 9811,fax: 0382 989898,
sito: unipv.eu

Sedi decentrate Cremona, Lodi, Mantova, Vigevano, Voghera

Ente per il diritto allo studio	Via Sant'Ennodio 26, 27100 Pavia, tel.: 0382 305011, fax: 0382 29045, e-mail: segre@edisu.pv.it, sito: edisu.pv.it
Ufficio orientamento	Via Sant'Agostino 8, 27100 Pavia, tel.: 0382 984218, e-mail: corinfo@unipv.it, sito: cor.unipv.it
Ufficio per il sostegno agli studenti disabili	Piazza Leonardo da Vinci 16, 27100 Pavia, tel.: 0382 986944, fax: 0382 984954, e-mail: disabili@unipv.it, sito: http://saisd.unipv.it/
Ufficio relazioni internazionali	Via Sant'Agostino 1, 27100 Pavia, tel.: 0382 984302, fax: 0382 984314, e-mail: erasmus@unipv.it
CUS	Via Bassi 9/a, 27100 Pavia, tel.: 0382 422134, fax: 0382 423556, e-mail: cuspavia@unipv.it, sito: cuspavia.it

I numeri dell'Università

Corsi	41 di laurea, 42 di laurea magistrale e 8 a ciclo unico
Docenti	ordinari: 213; associati: 374; ricercatori: 182
Studenti	22.104 iscritti (di cui 12.217 donne, 16.226 studenti in corso e 4.169 matricole)
Laureati	4.417 (di cui 2.524 donne)
Laureati regolari	46%

Area di Economia	Classe	Sede	Accesso	Posti a bando
Corsi di laurea triennale				
Amministrazione, controllo e finanza aziendale	L-18	Pavia	🔒	215
Economia	L-33	Pavia	🔒	195
Management	L-18	Pavia	🔒	235
Corsi di laurea magistrale				
Economia e gestione delle imprese	LM-77	Pavia	🔓	
Economia e legislazione d'impresa	LM-77	Pavia	🔓	
Economics, finance and international integration (in inglese)	LM-56	Pavia	🔓	
International business and economics (in inglese)	LM-77	Pavia	🔒	95

Area di Farmacia e CTF	Classe	Sede	Accesso	Posti a bando
Corsi di laurea magistrale a ciclo unico				
Chimica e tecnologia farmaceutiche	LM-13	Pavia	🔒	120
Farmacia	LM-13	Pavia	🔒	240

Area di Giurisprudenza	Classe	Sede	Accesso	Posti a bando
Corsi di laurea triennale				
Scienze dei servizi giuridici	L-14	Pavia	🔓	
Scienze giuridiche della prevenzione e della sicurezza	L-14	Pavia	🔓	
Corsi di laurea magistrale a ciclo unico				
Giurisprudenza	LMG/01	Pavia	🔓	

Area di Ingegneria	Classe	Sede	Accesso	Posti a bando
Corsi di laurea triennale				
Bioingegneria	L-8	Pavia	🔒	300
Ingegneria civile e ambientale	L-7	Pavia	🔓	
Ingegneria elettronica e informatica	L-8	Pavia	🔒	300
Ingegneria industriale	L-9	Pavia	🔓	
Corsi di laurea magistrale				
Bioingegneria	LM-21	Pavia	🔓	
Civil Engineering for mitigation of risk from natural hazards (in inglese)	LM-23	Pavia	🔓	
Computer engineering (in inglese)	LM-32	Pavia	🔓	
Electronic engineering (in inglese)	LM-29	Pavia	🔓	
Industrial automation engineering (in inglese)	LM-25	Pavia	🔓	
Ingegneria civile	LM-23	Pavia	🔓	
Ingegneria elettrica (in inglese)	LM-28	Pavia	🔓	
Ingegneria per l'ambiente e il territorio	LM-35	Pavia	🔓	
Corsi di laurea magistrale a ciclo unico				
Ingegneria edile-architettura	LM-4	Pavia	🔒	67

Area di Lettere, Filosofia, Lingue e Psicologia	Classe	Sede	Accesso	Posti a bando
Corsi di laurea triennale				
Filosofia	L-5	Pavia	🔓	
Lettere	L-10	Pavia	🔓	
Lingue e culture moderne	L-11	Pavia	🔓	
Scienze e tecniche psicologiche	L-24	Pavia	🔒	150
Corsi di laurea magistrale				
Antichità classiche e orientali	LM-15	Pavia	🔓	
Filologia moderna	LM-14	Pavia	🔓	
Filosofia	LM-78	Pavia	🔓	
Letterature europee e americane	LM-37	Pavia	🔓	
Linguistica teorica, applicata e delle lingue moderne	LM-39	Pavia	🔓	
Psiychology, Neuroscience and Human Sciences	LM-51	Pavia	🔒	80
Storia e valorizzazione dei beni culturali	LM-89	Pavia, Cremona	🔓	
Storia globale della civiltà e dei territori	LM-84	Pavia	🔓	
Psicologia	LM-51	Pavia	🔒	120
The ancient mediterranean world, history, archeology and art (in inglese)	LM-2	Pavia	🔓	

Area di Medicina e Chirurgia	Classe	Sede	Accesso	Posti a bando
Corsi di laurea triennale				
Dietistica	L/SNT3	Pavia	🔒	17
Fisioterapia	L/SN/2	Pavia	🔒	40
Igiene dentale	L/SNT3	Pavia	🔒	18
Infermieristica	L/SNT1	Pavia, Vigevano	🔒	203

Area di Medicina e Chirurgia	Classe	Sede	Accesso	Posti a bando
Logopedia	L/SNT2	Pavia	🔒	26
Ostetricia	L/SNT1	Pavia	🔒	20
Tecnica della riabilitazione psichiatrica	L/SNT2	Pavia	🔒	15
Tecniche della prevenzione nell'ambiente e nei luoghi di lavoro	L/SNT4	Pavia	🔒	25
Tecniche di fisiopatologia circolatoria e perfusione cardiovascolare	L/SNT3	Pavia	🔒	15
Tecniche di laboratorio biomedico	L/SNT3	Pavia	🔒	27
Tecniche di neurofisiopatologia	L/SNT3	Pavia	🔒	12
Tecniche di radiologia medica, per immagini e radioterapia	L/SNT3	Pavia	🔒	27
Tecniche ortopediche	L/SNT3	Pavia	🔒	16
Terapia della neuro e psicomotricità dell'età evolutiva	L/SNT2	Pavia	🔒	16
Terapia occupazionale	L/SNT2	Pavia	🔒	15
Corsi di laurea magistrale				
Scienze infermieristiche e ostetriche	LM/SNT1	Pavia	🔒	20
Biotecnologie mediche e farmaceutiche	LM -9	Pavia	🔓	
Corsi di laurea magistrale a ciclo unico				
Medicina e chirurgia	LM-41	Pavia	🔒	246
Medicina e chirurgia in lingua inglese	LM-41	Pavia	🔒	110
Odontoiatria e protesi dentaria	LM- 46	Pavia	🔒	27

Area di Musicologia	Classe	Sede	Accesso	Posti a bando
Corsi di laurea triennale				
Scienze letterarie e dei beni culturali	L-1 / L-10	Cremona	🔓	
Musicologia	L-1	Cremona	🔓	
Corsi di laurea magistrale				
Musicologia	LM-45	Cremona	🔓	
Corsi di laurea magistrale a ciclo unico				
Conservazione e restauro dei beni culturali	LMR/02	Pavia	🔒	5

Area di Scienze MM. FF. NN.	Classe	Sede	Accesso	Posti a bando
Corsi di laurea triennale				
Biotecnologie	L-2	Pavia	🔒	167
Chimica	L -27	Pavia	🔒	96
Fisica	L-30	Pavia	🔓	
Matematica	L -35	Pavia	🔓	
Scienze biologiche	L -13	Pavia	🔒	280
Scienze e tecnologie per la natura	L -32	Pavia	🔓	
Scienze geologiche	L -34	Pavia	🔓	
Artificial intelligence	L-31	Pavia	🔒	180
Corsi di laurea magistrale				
Biologia sperimentale e applicata	LM-6	Pavia	🔓	
Biotecnologie avanzate	LM-8	Pavia	🔓	
Biotecnologie mediche e farmaceutiche	LM-9	Pavia	🔓	
Chimica	LM-54	Pavia	🔓	
Matematica	LM-40	Pavia	🔓	
Molecular biology and genetics	LM-6	Pavia	🔓	
Neurobiologia	LM-6	Pavia	🔓	

Area di Scienze MM. FF. NN.	Classe	Sede	Accesso	Posti a bando
Scienze della natura	LM-60	Pavia	🔓	
Scienze fisiche	LM-17	Pavia	🔓	
Geoscienze per lo sviluppo sostenibile	LM-74	Pavia	🔓	

Area di Scienze Politiche	Classe	Sede	Accesso	Posti a bando
Corsi di laurea triennale				
Scienze politiche e delle relazioni internazionali	L-36	Pavia	🔓	
Corsi di laurea magistrale				
Sviluppo economico e relazioni internazionali	LM-52	Pavia	🔓	
Governo e politiche pubbliche	LM-63	Pavia	🔓	
Studi dell'Africa e dell'Asia	LM-52	Pavia	🔓	
World politics and international relations (in inglese)	LM-62	Pavia	🔓	

Area di Scienze Motorie	Classe	Sede	Accesso	Posti a bando
Corsi di laurea triennale				
Scienze motorie	L-22	Pavia, Voghera	🔒	238
Corsi di laurea magistrale				
Scienze e tecniche delle attività motorie preventive e adattate	LM-67	Pavia	🔓	
Scienze e tecniche dello sport	LM-68	Pavia	🔓	

Area di Scienze della Comunicazione	Classe	Sede	Accesso	Posti a bando
Corsi di laurea triennale				
Comunicazione, innovazione, multimedialità	L-20	Pavia	🔒	305
Corsi di laurea magistrale				
Comunicazione digitale	LM-59	Pavia	🔓	
Scritture e progetti per le arti visive e performative	LM-65	Pavia	🔓	

L'**Istituto Universitario di Studi Superiori di Pavia (IUSS)** offre corsi ordinari a carattere avanzato e interdisciplinare agli allievi più meritevoli dell'Università degli Studi di Pavia, integrando i *curricula* dell'Università con insegnamenti che il Comitato scientifico valuta particolarmente idonei a favorire negli allievi lo sviluppo delle capacità critiche. Oltre agli insegnamenti obbligatori, articolati nelle quattro classi accademiche di Scienze Umane, Scienze Sociali, Scienze e Tecnologie e Scienze Biomediche, i corsi ordinari prevedono annualmente una serie di attività volontarie, ma curriculari, fra le quali seminari di ricerca.

Istituto Universitario di Studi Superiori di Pavia

Sede centrale Piazza della Vittoria 5-Palazzo del Broletto, 27100 Pavia,
tel.: 0382 375811, Fax: 0382 375899,
e-mail: info@iusspavia.it,
sito: iusspavia.it

6.35 | Perugia

In questa città hanno sede due centri universitari: l'Università degli Studi di Perugia e l'Università per Stranieri di Perugia. Iniziata nel Trecento per volontà di Papa Clemente V, l'attività dell'**Università degli Studi di Perugia** si specializzò velocemente nelle tre principali discipline del diritto, della medicina e della teologia. Con l'unità d'Italia, l'Ateneo fu dichiarato "aperto" per diventare, nel 1926, statale. In questo modo le Facoltà poterono essere ampliate e l'Ateneo conobbe una fase di grande espansione. Attualmente sono operanti, nell'ambito dell'università perugina, alcuni centri di studio di alta specializzazione tra cui il centro di studi umbri di Gubbio, il centro interuniversitario di studi francescani di Assisi, il centro di studi sulla spiritualità medievale di Todi, il centro di studi sul turismo di Assisi.

Università degli Studi di Perugia

Sede centrale Piazza Università 1, 06123 Perugia,
tel.: 075 5851, sito: unipg.it, pec: protocollo@cert.unipg.it

Sedi decentrate Assisi, Foligno, Terni

Ente per il diritto allo studio Via Benedetta 14, 0613 Perugia,
tel.: 075 4693000, fax: 075 4693318,
e-mail: adisu@pec.it, sito: adisupg.gov.it

Ufficio orientamento Via Z. Faina 4, 06100 Perugia,
tel. e fax: 075 5737542, e-mail: servizio.orientamento@unipg.it

Ufficio per il sostegno agli studenti disabili Via Z. Faina 4, 06100 Perugia,
tel.: 0755852190, e-mail: servizio.disabilita@unipg.it

Ufficio relazioni internazionali Piazza Università 1, 06100 Perugia,
tel.: 075 56852106, fax: 075 573380,
e-mail: area.relint@unipg.it

CUS Via Tuderte 10, 06126 Perugia,
tel.: 075 32120, e-mail: segreteria@cusperugia.it,
sito: cusperugia.it

I numeri dell'Università

Corsi 40 di laurea, 43 di laurea magistrale e 8 a ciclo unico

Docenti ordinari: 183; associati: 427; ricercatori: 106

Studenti 22.925 iscritti (di cui 13.057 donne, 18908 studenti in corso e 3.986 matricole)

Laureati 4.165 (di cui 2.404 donne)

Laureati regolari 30%

Dipartimento di Chimica, Biologia e Biotecnologie	Classe	Sede	Accesso	Posti a bando
Corsi di laurea triennale				
Biotecnologie	L-2	Perugia	🔓	
Chimica	L-27	Perugia	🔓	
Scienze biologiche	L-13	Perugia	🔓	
Corsi di laurea magistrale				
Biotecnologie molecolari e industriali	LM-8	Perugia	🔓	
Scienze chimiche	LM-54	Perugia	🔓	
Scienze e tecnologie naturalistiche e ambientali	LM-60	Perugia	🔓	
Biologia	LM-6	Perugia	🔓	

Dipartimento di Economia	Classe	Sede	Accesso	Posti a bando
Corsi di laurea triennale				
Economia aziendale	L-18	Perugia, Terni	🔓	
Economia del turismo	L-18	Assisi	🔓	
Corsi di laurea magistrale				
Amministrazione aziendale	LM-77	Perugia	🔓	

Dipartimento di Economia	Classe	Sede	Accesso	Posti a bando
Economia e direzione aziendale	LM-77	Terni	🔓	
Economia e management internazionale	LM-77	Perugia	🔓	
Finanza e metodi quantitativi per l'economia	LM-16 / LM -83	Perugia	🔓	

Dipartimento di Filosofia, Scienze Sociali, Umane e della Formazione	Classe	Sede	Accesso	Posti a bando
Corsi di laurea triennale				
Scienze dell'educazione	L-19	Perugia	🔓	
Filosofia e scienze e tecniche psicologiche	L-5 / L-24	Perugia	🔓	
Scienze per l'investigazione e la sicurezza	L-40	Narni	🔓	
Corsi di laurea magistrale				
Consulenza pedagogica e coordinamento di interventi formativi	LM-85	Perugia	🔓	
Filosofia ed etica delle relazioni	LM-78	Perugia	🔓	
Scienze socioantropologiche per l'integrazione e la sicurezza sociale	LM-1 / LM-88	Perugia	🔓	
Valutazione del funzionamento individuale in psicologia clinica e della salute	LM-51	Perugia	🔓	
Corsi di laurea magistrale a ciclo unico				
Scienze della formazione primaria	LM-85 bis	Perugia	🔒	150

Dipartimento di Fisica e Geologia	Classe	Sede	Accesso	Posti a bando
Corsi di laurea triennale				
Fisica	L-30	Perugia	🔓	
Geologia	L-34	Perugia	🔓	
Corsi di laurea magistrale				
Fisica	LM-17	Perugia	🔓	
Geology for Energy Resources	LM-74	Perugia	🔓	
Scienze della Terra per la Gestione dei Rischi e dell'Ambiente	LM-74	Perugia	🔓	

Dipartimento di Giurisprudenza	Classe	Sede	Accesso	Posti a bando
Corsi di laurea triennale				
Scienze dei servizi giuridici	L-14	Perugia	🔓	
Corsi di laurea magistrale				
Integrazione giuridica europea e diritti umani	LM-90	Perugia	🔓	
Corsi di laurea magistrale a ciclo unico				
Giurisprudenza	LMG-01	Perugia	🔓	

Dipartimento di Ingegneria	Classe	Sede	Accesso	Posti a bando
Corsi di laurea triennale				
Ingegneria industriale	L-9	Terni	🔓	
Ingegneria informatica ed elettronica	L-8	Perugia	🔓	
Ingegneria meccanica	L-9	Perugia	🔓	

Dipartimento di Ingegneria	Classe	Sede	Accesso	Posti a bando
Corsi di laurea magistrale				
Ingegneria elettronica per l'internet-of-things	LM-29	Perugia	🔓	
Ingegneria industriale	LM-33	Terni	🔓	
Ingegneria informatica e robotica	LM-32	Perugia	🔓	
Ingegneria meccanica	LM-33	Perugia	🔓	
Ingegneria della Sicurezza per il Territorio e il Costruito	LM-26	Foligno	🔓	

Dipartimento di Ingegneria Civile e Ambientale	Classe	Sede	Accesso	Posti a bando
Corsi di laurea triennale				
Ingegneria civile e ambientale	L-7	Perugia	🔓	
Design	L-4	Perugia	🔓	
Corsi di laurea magistrale				
Ingegneria civile	LM-23	Perugia	🔓	
Ingegneria per l'ambiente e il territorio	LM-35	Perugia	🔓	
Planet life design	LM-12	Assisi	🔓	
Ingegneria dei materiali e dei processi sostenibili	LM-53	Terni	🔓	
Corsi di laurea magistrale a ciclo unico				
Ingegneria edile-architettura	LM-4	Perugia	🔒	80

Dipartimento di Lettere-Lingue, Letterature e Civiltà Antiche e Moderne	Classe	Sede	Accesso	Posti a bando
Corsi di laurea triennale				
Beni culturali	L-1	Perugia	🔓	
Lettere	L-10	Perugia	🔓	
Lingue e culture straniere	L-11	Perugia	🔓	
Corsi di laurea magistrale				
Archeologia e storia dell'arte	LM-2 / LM-89	Perugia	🔓	
Studi italiani, classi e storia europea	LM -14	Perugia	🔓	
Lingue e letterature comparate e traduzione interculturale	LM-37	Perugia	🔓	

Dipartimento di Matematica e Informatica	Classe	Sede	Accesso	Posti a bando
Corsi di laurea triennale				
Informatica	L-31	Perugia	🔓	
Matematica	L-35	Perugia	🔓	
Corsi di laurea magistrale				
Informatica	LM-18	Perugia	🔓	
Matematica	LM-40	Perugia	🔓	

Dipartimento di Medicina	Classe	Sede	Accesso	Posti a bando
Corsi di laurea triennale				
Infermieristica (interdipartimento con Medicina Sperimentale)	L/SNT1	Perugia, Terni, Foligno	🔒	388
Logopedia	L/SNT2	Perugia	🔒	25
Tecniche della prevenzione nell'ambiente e nei luoghi di lavoro	L/SNT4	Perugia	🔒	27
Tecniche di laboratorio biomedico	L/SNT3	Perugia	🔒	22
Fisioterapia	L/SNT2	Foligno	🔒	37
Ostetricia	L/SNT1	Perugia	🔒	32
Tecniche di radiologia medica per immagini e radioterapia	L/SNT3	Perugia	🔒	25
Scienze motorie e sportive	L-22	Perugia	🔓	
Ottica e optometria	L-30	Terni	🔓	
Corsi di laurea magistrale				
Scienze infermieristiche e ostetriche	LM/SNT1	Perugia	🔒	42
Scienze riabilitative delle professioni sanitarie	LM/SNT2	Perugia	🔒	32
Corsi di laurea magistrale a ciclo unico				50
Medicina	LM-41	Perugia, Terni	🔒	320
Odontoiatria e protesi dentaria	LM-46	Perugia	🔒	32

Dipartimento di Medicina veterinaria	Classe	Sede	Accesso	Posti a bando
Corsi di laurea triennale				
Produzioni animali	L-38	Perugia	🔓	
Corsi di laurea magistrale a ciclo unico				
Medicina veterinaria	LM-42	Perugia	🔒	80

Dipartimento di Scienze agrarie, alimentari e ambientali	Classe	Sede	Accesso	Posti a bando
Corsi di laurea triennale				
Economia e cultura dell'alimentazione	L-26	Perugia	🔓	
Scienze agrarie e ambientali	L-25	Perugia	🔓	
Scienze e tecnologie agro-alimentari	L-26	Perugia	🔓	
Corsi di laurea magistrale				
Biotecnologie agrarie e ambientali	LM-7	Perugia	🔓	
Scienze zootecniche	LM-86	Perugia	🔓	
Agricoltura sostenibile	LM-69	Perugia	🔓	
Tecnologie e biotecnologie degli alimenti	LM-70	Perugia	🔓	
Scienze della Alimentazione e della Nutrizione Umana	LM-61	Perugia	🔓	
Scienze biotecnologiche mediche, veterinarie e forensi	LM-9	Perugia	🔓	

Dipartimento di Scienze farmaceutiche	Classe	Sede	Accesso	Posti a bando
Corsi di laurea magistrale				
Biotecnologie farmaceutiche	LM-9	Perugia	🔓	
Corsi di laurea magistrale a ciclo unico				
Chimica e tecnologie farmaceutiche	LM-13	Perugia	🔓	
Farmacia	LM-13	Perugia	🔓	

Dipartimento di Scienze Politiche	Classe	Sede	Accesso	Posti a bando
Corsi di laurea triennale				
Scienze della comunicazione	L-20	Perugia	🔓	
Scienze politiche e relazioni internazionali	L-36	Perugia	🔓	
Servizio sociale	L-39	Perugia	🔓	
Corsi di laurea magistrale				
Comunicazione pubblica, digitale e d'impresa	LM-59	Perugia	🔓	
Relazioni internazionali	LM-52	Perugia	🔓	
Politica, amministrazione e territorio	LM-62 / LM-63	Perugia	🔓	
Politiche e servizi sociali	LM -87	Perugia	🔓	

La principale finalità dell'**Università per stranieri di Perugia** è diffondere la conoscenza della cultura italiana in tutti i suoi aspetti. L'Università è aperta a stranieri di tutte le nazionalità e impartisce corsi specialistici di lingua e cultura italiana nonché corsi di aggiornamento per insegnanti di italiano all'estero.

Università per Stranieri di Perugia

Sede centrale Piazza Fortebraccio 4, Palazzo Gallenga, 06122 Perugia, tel.: 075 57461, sito: unistrapg.it

Ente per il diritto allo studio Via Benedetta 14, 06124 Perugia, tel.: 075 4693000, fax: 075 4693318, e-mail: adisu@pec.it, sito: adisupg.gov.it

Ufficio orientamento Piazza Fortebraccio 4, 06123 Perugia, tel.: 075 5746296, fax: 075 5746295, e-mail: orientamento@unistrapg.it

Ufficio per il sostegno agli studenti disabili Piazza Fortebraccio 4, 06123 Perugia, tel.: 075 5746210, e-mail: disab@unistrapg.it

Ufficio relazioni internazionali Piazza Fortebraccio 4, 06123 Perugia, tel.: 075 5746301/266/303, fax: 075 5746302, e-mail: erasmus@unistrapg.it

CUS Via Tuderte 10, 06127 Perugia, tel.: 075 32120, e-mail: segreteria@cusperugia.it, sito: cusperugia.it

I numeri dell'Università

Corsi	4 di laurea e 3 di laurea magistrale
Docenti	ordinari: 10; associati: 20; ricercatori: 10
Studenti	944 iscritti (di cui 618 donne, 880 studenti in corso e 111 matricole)
Laureati	217 (di cui 138 donne)
Laureati regolari	32,3%

Area Comunicazione e Relazioni Internazionali	Classe	Sede	Accesso	Posti a bando
Corsi di laurea triennale				
Comunicazione internazionale e pubblicitaria	L-20	Perugia	🔓	
Made in Italy, cibo e ospitalità	L-15/ L-GASTR	Perugia	🔓	
Studi Internazionali per la Sostenibilità e la Sicurezza Sociale	LM-37	Perugia	🔓	
Corsi di laurea magistrale				
Comunicazione pubblicitaria, storytelling e cultura d'immagine	LM-92	Perugia	🔓	
Relazioni internazionali e cooperazione allo sviluppo	LM-52/ LM-81	Perugia	🔓	

Area Didattica e Promozione della Lingua Italiana	Classe	Sede	Accesso	Posti a bando
Corsi di laurea triennale				
Digital Humanities per l'italiano	L-10	Perugia	🔓	
Corsi di laurea magistrale				
Italiano per l'insegnamento agli stranieri	LM-14	Perugia	🔓	

6.36 | Pisa

Università degli Studi di Pisa

Sede centrale	Lungarno Pacinotti 43 56126 Pisa, numero verde: 800 018 600, tel.: 050 2212111, fax: 050 40834, sito: unipi.it, pec: protocollo@pec.unipi.it
Sedi decentrate	Carrara, Cecina, Livorno, Lucca, Massa, Ponteder, Sarzana
Ente per il diritto allo studio	Lungarno Pacinotti 32, 56126 Pisa, numero verde: 800 110346, tel.: 050 567111 e-mail: dsutoscana@postacert.toscana.it, sito: dsu.toscana.it
Ufficio orientamento	Largo Bruno Pontecorvo 3, 56127 Pisa, tel.: 050 2212014, fax: 050 2212001, e-mail: orientamento@adm.unipi.it
Ufficio per il sostegno agli studenti disabili	Largo Bruno Pontecorvo 3, 56127 Pisa, tel.: 050 2213609/608, fax: 050 22106610, e-mail: usid@adm.unipi.it
Ufficio relazioni internazionali	Lungarno Pacinotti 44, 56126 Pisa, tel.: 050 2212249, e-mail: cooperations@unipi.it
CUS	Via Federico Chiarugi 5, 56123 Pisa, tel.: 050 2211263, fax: 050 2211268, e-mail: segreteria@cuspisa.it, sito: cuspisa.it

I numeri dell'Università	
Corsi	59 di laurea, 72 di laurea magistrale e 9 a ciclo unico
Docenti	ordinari: 421; associati: 650; ricercatori: 199
Studenti	44.240 iscritti (di cui 22.628 donne, 28801 studenti in corso e 6.367 matricole)
Laureati	7.042 (di cui 3.659 donne)
Laureati regolari	19,9%

La Scuola Normale Superiore e la Scuola Superiore di Studi e Perfezionamento Sant'Anna arricchiscono il panorama universitario pisano, affiancandosi agli insegnamenti dell'Università degli Studi. Questi due particolari Atenei, a struttura collegiale, hanno il comune e tradizionale scopo di formare alla ricerca scientifica e all'insegnamento giovani studiosi particolarmente dotati.

L'**Università degli Studi di Pisa**, nata nel Trecento, ha visto avvicendarsi nelle sue aule illustri docenti e studenti: Galileo Galilei, Marcello Malpighi, Giovanni Gentile, Enrico Fermi e Carlo Rubbia. Particolare sviluppo hanno avuto gli studi scientifici: nell'Ottocento vi si tenne il primo congresso degli scienziati italiani, mentre, recentemente, si sono fatti intensi i rapporti con il Consiglio Nazionale delle Ricerche. L'Università di Pisa accoglie oggi quasi 50000 studenti (tra cui è elevato il numero di stranieri).

Area di Agraria e Veterinaria	Classe	Sede	Accesso	Posti a bando
Corsi di laurea				
Scienze agrarie	L-25	Pisa	🔓	
Scienze dei prodotti erboristici e della salute (interarea con Medicina e farmacia)	L-29	Pisa	🔓	
Scienze e tecnologie delle produzioni animali	L-38	Pisa	🔒	75
Tecniche di allevamento animale ed educazione cinofila	L-38	Pisa	🔒	75
Viticoltura ed enologia	L-26	Pisa	🔓	
Corsi di laurea magistrale				
Biosicurezza e qualità degli alimenti	LM-7 / LM-70	Pisa	🔓	
Biotecnologie vegetali e microbiche	LM-7	Pisa	🔓	
Produzioni agroalimentari e gestione degli agroecosistemi	LM-69	Pisa	🔓	
Progettazione e gestione del verde urbano e del paesaggio	LM-69	Pisa	🔓	
Scienze e tecnologie delle produzioni animali	LM-86	Pisa	🔓	
Corsi di laurea magistrale a ciclo unico				
Medicina veterinaria	LM-42	Pisa	🔒	61

Area di Discipline umanistiche	Classe	Sede	Accesso	Posti a bando
Corsi di laurea				
Discipline dello spettacolo e della comunicazione	L-3 / L-20	Pisa	🔓	
Filosofia	L-5	Pisa	🔓	
Informatica umanistica (interarea con Scienze matematiche, fisiche e della natura)	L-10	Pisa	🔓	
Lettere	L-10	Pisa	🔓	
Lingua e cultura italiana per stranieri	L-10	Pisa	🔓	
Lingue e letterature straniere	L-11	Pisa	🔒	455

Area di Discipline umanistiche	Classe	Sede	Accesso	Posti a bando
Scienze dei beni culturali	L-1	Pisa	🔓	
Scienze del turismo (interarea con Scienze giuridiche, economiche e sociali)	L-15	Lucca	🔒	75
Scienze per la pace: cooperazione internazionale e trasformazione dei conflitti (interarea con Scienze giuridiche, economiche e sociali, Scienze matematiche, fisiche e della natura)	L-37	Pisa	🔓	
Storia	L-42	Pisa	🔓	
Corsi di laurea magistrale				
Archeologia	LM-2	Pisa	🔓	
Filologia e storia dell'antichità	LM-15	Pisa	🔓	
Filosofia e forme del sapere	LM-78	Pisa	🔓	
Informatica umanistica (interarea con Scienze matematiche, fisiche e della natura)	LM-43	Pisa	🔓	
Italianistica	LM-14	Pisa	🔓	
Lingue, letterature e filologie euro-americane	LM-37	Pisa	🔓	
Linguistica e traduzione	LM-39	Pisa	🔓	
Orientalistica: Egitto, vicino e medio oriente	LM-2	Pisa	🔓	
Progettazione e gestione dei sistemi turistici mediterranei (interarea con Scienze giuridiche, economiche e sociali)	LM-49	Pisa	🔓	
Scienze per la pace: trasformazione dei conflitti e cooperazione allo sviluppo (interarea con Scienze giuridiche, economiche e sociali, Scienze matematiche, fisiche e della natura)	LM-81	Pisa	🔓	
Storia e civiltà	LM-84	Pisa	🔓	
Storia e forme delle arti visive, dello spettacolo e dei nuovi media	LM-65 / LM-89	Pisa	🔓	
Scienze della formazione primaria	LM-85 bis	Pisa	🔒	64

Area di Ingegneria	Classe	Sede	Accesso	Posti a bando
Corsi di laurea				
Ingegneria aerospaziale	L-9	Pisa	🔒	225
Ingegneria biomedica	L-8	Pisa	🔒	237
Ingegneria chimica	L-9	Pisa	🔓	
Ingegneria civile, ambientale e edile	L-7 / L-23	Pisa	🔓	
Ingegneria dell'energia	L-9	Pisa	🔓	
Ingegneria delle telecomunicazioni	L-8	Pisa	🔓	
Ingegneria elettronica	L-8	Pisa	🔓	
Ingegneria gestionale	L-9	Pisa	🔓	
Ingegneria informatica	L-8	Pisa	🔒	240
Ingegneria meccanica	L-9	Pisa	🔒	232

Area di Ingegneria	Classe	Sede	Accesso	Posti a bando
Scienze marittime e navali (interarea con Scienze giuridiche, economiche e sociali)	L/DS	Livorno	🔒	10
Ingegneria per il design industriale	L-4/ L-9	Pisa	🔒	50
Corsi di laurea magistrale				
Bionics engineering (in inglese)	LM-21	Pisa	🔒	25
Computer engineering (in inglese)	LM-32	Pisa	🔓	
Ingegneria aerospaziale	LM-20	Pisa	🔓	
Ingegneria biomedica	LM-21	Pisa	🔓	
Ingegneria chimica	LM-22	Pisa	🔓	
Ingegneria dei veicoli	LM-33	Pisa	🔓	
Ingegneria delle telecomunicazioni	LM-27	Pisa	🔓	
Ingegneria strutturale ed edile	LM-24 / LM-23	Pisa	🔓	
Ingegneria elettrica	LM-28	Pisa	🔓	
Ingegneria elettronica	LM-29	Pisa	🔓	
Ingegneria energetica	LM-30	Pisa	🔓	
Ingegneria gestionale	LM-31	Pisa	🔓	
Ingegneria delle infrastrutture civili e dell'ambiente	LM-23	Pisa	🔓	
Ingegneria meccanica	LM-33	Pisa	🔓	
Ingegneria nucleare (in inglese)	LM-30	Pisa	🔓	
Ingegneria robotica e dell'automazione	LM-25	Pisa	🔓	
Materials and Nanotechnology (in inglese)	LM-53	Pisa	🔒	26
Data science and business informatics (in inglese)	LM-18	Pisa	🔓	
Artificial intelligence and data engineering	LM-32	Pisa	🔓	
Tecnologia e produzione della carta e del cartone (in inglese)	LM-33	Pisa	🔓	
Cybersecurity	LM-66	Pisa	🔓	
Scienze del governo e dell'amministrazione del mare (interarea con Scienze giuridiche, economiche e sociali)	LM/DS	Livorno	🔓	
Scienze marittime e navali (interarea con Scienze giuridiche, economiche e sociali)	LM/DS	Livorno	🔓	
Corsi di laurea magistrale a ciclo unico				
Ingegneria edile-architettura	LM-4	Pisa	🔒	74

Area di Medicina e Farmacia	Classe	Sede	Accesso	Posti a bando
Corsi di laurea				
Dietistica	L/SNT3	Pisa	🔒	13
Fisioterapia	L/SNT2	Pisa	🔒	25
Igiene dentale	L/SNT3	Pisa	🔒	16

Area di Medicina e Farmacia	Classe	Sede	Accesso	Posti a bando
Infermieristica	L/SNT1	Pisa, Livorno, Lucca, Massa Carrara, Pontedera	🔒	340
Logopedia	L/SNT2	Pisa	🔒	17
Ostetricia	L/SNT1	Pisa	🔒	19
Podologia	L/SNT2	Pisa	🔒	22
Scienze e tecniche di psicologia clinica e della salute	L-24	Pisa	🔒	104
Scienze motorie	L-22	Pisa	🔒	150
Tecnica della riabilitazione psichiatrica	L/SNT2	Pisa	🔒	18
Tecniche audioprotesiche	L/SNT3	Pisa, Siena	🔒	22
Tecniche della prevenzione nell'ambiente e nei luoghi dj lavoro	L/SNT4	Pisa	🔒	22
Tecniche di laboratorio biomedico	L/SNT3	Pisa	🔒	15
Tecniche di radiologia medica, per immagini e radioterapia	L/SNT3	Pisa	🔒	13
Terapia della neuro e psicomotricità dell'età evolutiva	L/SNT2	Pisa	🔒	15
Corsi di laurea magistrale				
Psicologia clinica e della salute	LM-51	Pisa	🔒	63
Scienze della nutrizione umana	LM-61	Pisa	🔓	
Scienze e tecniche delle attività motorie preventive e adattate	LM-67	Pisa	🔒	75
Scienze infermieristiche e ostetriche	LM/SNT1	Pisa	🔒	22
Scienze riabilitative delle professioni sanitarie	LM/SNT2	Pisa	🔒	16
Corsi di laurea magistrale a ciclo unico				
Chimica e tecnologia farmaceutiche	LM-13	Pisa	🔒	100
Farmacia	LM-13	Pisa	🔒	100
Medicina e chirurgia	LM-41	Pisa	🔒	288
Odontoiatria e protesi dentaria	LM-46	Pisa	🔒	17

Area di Scienze giuridiche, economiche e sociali	Classe	Sede	Accesso	Posti a bando
Corsi di laurea				
Banca, finanza e mercati finanziari	L-18	Pisa	🔓	
Diritto dell'impresa, del lavoro e della pubblica amministrazione	L-14	Pisa	🔓	
Economia aziendale	L-18	Pisa	🔓	
Economia e commercio	L-33	Pisa	🔓	
Economia e legislazione dei sistemi logistici	L-18	Livorno	🔓	
Scienze del servizio sociale	L-39	Pisa	🔓	
Scienze politiche	L-36	Pisa	🔓	
Management for business and economics (in inglese)	L-18	Pisa	🔒	130
Corsi di laurea magistrale				
Banca, finanza aziendale e mercati finanziari	LM-77	Pisa	🔓	
Comunicazione di impresa e politica delle risorse umane	LM-59	Pisa	🔓	
Consulenza professionale alle aziende	LM-77	Pisa	🔓	
Economics (in inglese)	LM-56	Pisa	🔓	
Marketing e ricerche di mercato	LM-77	Pisa	🔓	
Scienze delle pubbliche amministrazioni	LM-63	Pisa	🔓	
Sociologia e management dei servizi sociali	LM-87 / LM-88	Pisa	🔓	

Area di Scienze giuridiche, economiche e sociali	Classe	Sede	Accesso	Posti a bando
Strategie management e controllo	LM-77	Pisa	🔓	
Studi internazionali	LM-52	Pisa	🔓	
Diritto dell'innovazione per l'impresa e le istituzioni	LM/SC-GIUR	Pisa	🔓	
Management e ricerche di mercato	LM-77	Pisa		
Corsi di laurea magistrale a ciclo unico				
Giurisprudenza	LMG-01	Pisa	🔓	
Giurisprudenza (presso Accademia Navale)	LMG-01	Livorno	🔒	3

Area di Scienze matematiche, fisiche e della natura	Classe	Sede	Accesso	Posti a bando
Corsi di laurea				
Biotecnologie	L-2	Pisa	🔒	75
Chimica	L-27	Pisa	🔒	115
Chimica per l'industria e l'ambiente	L-27	Pisa	🔒	71
Fisica	L-30	Pisa	🔓	
Informatica	L-31	Pisa	🔓	
Matematica	L-35	Pisa	🔓	
Scienze biologiche	L-13	Pisa	🔒	350
Scienze geologiche	L-34	Pisa	🔓	
Scienze naturali e ambientali	L-32	Pisa	🔓	
Corsi di laurea magistrale				
Biologia applicata alla biomedicina	LM-6	Pisa	🔓	
Biologia marina	LM-6	Pisa	🔓	
Biologia molecolare e cellulare	LM-6	Pisa	🔓	
Biotecnologie molecolari	LM -8	Pisa	🔓	
Chimica	LM -54	Pisa	🔓	
Chimica industriale	LM -71	Pisa	🔓	
Conservazione ed evoluzione	LM-6, LM-60	Pisa	🔓	
Fisica	LM-17	Pisa	🔓	
Applied and exploration geophysics	LM -79	Pisa	🔓	
Computer science (in inglese)	LM-18	Pisa	🔓	
Computer science and networking (in inglese)	LM-18	Pisa	🔓	
Matematica	LM-40	Pisa	🔓	
Neuroscienze	LM-6	Pisa	🔓	
Scienze ambientali	LM-75	Pisa	🔓	
Scienze e tecnologie geologiche	LM-74	Pisa	🔓	
Innovazione sostenibile in viticoltura ed enologia	LM-70	Pisa	🔒	70

La **Scuola Normale di Pisa** nasce con un decreto napoleonico del 18 ottobre 1810 ufficialmente come succursale dell'*Ecole Normale* di Parigi. Acquisito nel 1862 carattere nazionale, andò via via assumendo, accanto alla funzione di collegio universitario, quello di istituto superiore di formazione scientifica e di ricerca. L'autonomia amministrativa è raggiunta nel 1932. Numerosissimi sono i *normalisti* che hanno insegnato e insegnano in università italiane e all'estero, che hanno partecipato alla vita nazionale come parlamentari o dirigenti di altissimo livello. Tra essi i Premi Nobel E. Fermi, C. Rubbia e G. Carducci e l'ex presidente della Repubblica G. Gronchi. Alla Scuola Normale Superiore si insegnano discipline scientifiche e umanistiche e l'intera organizzazione didattica e scientifica è articolata nelle classi di Lettere e di Scienze. La Scuola Normale non sostituisce l'università, ma la affianca contribuendo all'alta qualità del percorso universitario e offrendo, per alcuni corsi, particolari occasioni formative. Si è ammessi per concorso nazionale, sostenendo un apposito esame, in base ai posti annualmente stabiliti per le due Classi in cui è organizzata. Una volta ammessi, gli allievi sono tenuti a iscriversi e a frequentare i corrispondenti corsi di laurea delle Facoltà di Lettere e filosofia e di Scienze matematiche, fisiche e naturali dell'Università di Pisa e a sostenere i relativi esami, riportando in ogni singolo esame il punteggio di almeno 24/30 e una media annuale di almeno 27/30. Hanno inoltre l'obbligo di frequentare i seminari proposti e ottenere il giudizio di idoneità nei colloqui interni.

Scuola Normale Superiore di Pisa

Sede centrale	Piazza dei Cavalieri 7, 56126 Pisa, tel.: 050 509111, fax: 050 563513, sito: sns.it, email: protocollo@pec.sns.it
Ente per il diritto allo studio	Lungarno Pacinotti 32, 56126 Pisa, numero verde: 800 110346, tel.: 050 567111 e-mail: dsutoscana@postacert.toscana.it, sito: dsu.toscana.it
Ufficio orientamento	Piazza dei Cavalieri 7, 56126 Pisa, tel.: 050 509057, 050 509307 e-mail: orientamento@sns.it
Ufficio per il sostegno agli studenti disabili	Rivolgersi all'Ufficio orientamento
Ufficio per le relazioni internazionali	Piazza dei Cavalieri 7, 56126 Pisa, tel.: 050 509319, e-mail: mobility@sns.it
CUS	Via Federico Chiarugi 5, 56123 Pisa, tel.: 050 2211263, fax: 050 2211268 e-mail: segreteria@cuspisa.it, sito: cuspisa.it

I numeri dell'Università

Docenti	ordinari: 26; associati: 14; ricercatori: 15

La **Scuola Superiore di Studi Universitari e di Perfezionamento Sant'Anna** di Pisa è stata istituita il 14 febbraio 1987 per affiancare l'opera della Scuola Normale Superiore ed estenderne l'attività da essa svolta a un numero maggiore di facoltà. La Scuola accoglie studenti dell'Università degli Studi di Pisa iscritti alle facoltà di Agraria, Ingegneria, Medicina, Economia, Giurisprudenza e Scienze politiche. L'Ateneo opera con una struttura collegiale che ha come finalità la formazione di giovani altamente qualificati, attraverso programmi didattici appositi, scambi con l'estero e stage presso enti o aziende. L'organizzazione didattica e scientifica della Scuola si articola in due rami: classe di Scienze sociali e classe di Scienze sperimentali.

Scuola Superiore di Studi Universitari e di Perfezionamento "S. Anna di Pisa"

Sede centrale	Piazza Martiri della Libertà 33, 56127 Pisa, tel.: 050 883111, fax: 050 883225, sito: santannapisa.it, email: protocollo@sssup.legalmailpa.it
Ente per il diritto allo studio	Lungarno Pacinotti 32, 56126 Pisa, numero verde: 800 110346, tel.: 050 567111 e-mail: dsutoscana@postacert.toscana.it, sito: dsu.toscana.it
Ufficio orientamento	Piazza Martiri della Libertà 33, 56126 Pisa, tel.: 050 883271/73, e-mail: orientamento@sssup.it
Ufficio per il sostegno agli studenti disabili	Rivolgersi all'Ufficio orientamento
Ufficio per le relazioni internazionali	Piazza Martiri della Libertà 33, 56126 Pisa, tel.: 050 883718, fax: 050 883234, e-mail: p.tonutti@santannapisa.it, erasmus@santannapisa.it
CUS	Via Federico Chiarugi 5, 56123 Pisa, tel.: 050 2211263, fax: 2211268 e-mail: segreteria@cuspisa.it, sito: cuspisa.it

I numeri dell'Università

Docenti	ordinari: 51; associati: 31; ricercatori: 60

6.37 | Potenza

La recente costituzione dell'**Università degli Studi della Basilicata**, avvenuta sul finire degli anni Settanta, ha fornito una risposta alle esigenze formative degli studenti di questa regione e del Molise, che vi si sono iscritti in misura sempre crescente.

Oltre al funzionamento delle tradizionali Facoltà è da rilevare la presenza di una scuola di specializzazione in Archeologia e di alcuni centri interdipartimentali altamente specializzati, come quello di analisi funzionale della teoria dell'approssimazione o delle tecnologie educative e dei sistemi multimediali.

Università degli Studi della Basilicata

Sede centrale	Via Nazario Sauro 85, 85100 Potenza, numero verde: 800 641641, tel.: 0971 202011, sito: unibas.it, email: protocollo@pec.unibas.it
Sedi decentrate	Matera
Ente per il diritto allo studio	Corso Umberto I 28, 85100 Potenza, tel.: 0971 418211, fax: 0971 418217, e-mail: protocollo@pec.ardsubasilicata.it, info@ardsubasilicata.it, sito: ardsubasilicata.it
Ufficio orientamento	Viale dell'Ateneo Lucano 10, 85100 Potenza, numero verde: 800 641641, e-mail: caos@unibas.it, caos@pec.unibas.it
Ufficio per il sostegno agli studenti disabili	Via Nazario Sauro 85, 85100 Potenza, tel.: 0971 202473/477, fax: 0971 202102, e-mail: diversabili@unibas.it
Ufficio relazioni internazionali	Via Nazario Sauro 85, 85100 Potenza, tel.: 0971 202158, fax: 0971 202197, mobint@unibas.it, relint@pec.unibas.it
CUS	Via dell'Ateneo Lucano, 85100 Potenza, tel.: 0971 205007, e-mail: cuspotenza@hotmail.it, sito: cuspotenza.com

I numeri dell'Università

Corsi	16 di laurea, 16 di laurea magistrale e 3 a ciclo unico
Docenti	ordinari: 51; associati: 139; ricercatori: 96
Studenti	6.541 iscritti (di cui 3.739 donne, 4519 studenti in corso e 897 matricole)
Laureati	867 (di cui 495 donne)
Laureati regolari	12,3%

Dipartimento delle Culture Europee e del Mediterraneo: architettura, ambiente, patrimoni culturali	Classe	Sede	Accesso	Posti a bando
Corsi di laurea				
Operatore dei beni culturali	L-1	Matera	🔓	
Paesaggio, ambiente e verde urbano	L-21	Matera	🔓	
Corsi di laurea magistrale				
Scienze antropologiche e geografiche per i patrimoni culturali	LM-1/ LM-80	Matera	🔓	
Corsi di laurea magistrale a ciclo unico				
Architettura	LM-4	Matera	🔒	85

Dipartimento di Matematica, Informatica e Economia	Classe	Sede	Accesso	Posti a bando
Corsi di laurea				
Economia aziendale	L-18	Potenza	🔓	
Matematica	L-35	Potenza	🔓	
Scienze e tecnologie informatiche	L-31	Potenza	🔓	
Corsi di laurea magistrale				
Matematica	LM-40	Potenza	🔓	
Economia e management	LM-56	Potenza	🔓	

Dipartimento di Scienze	Classe	Sede	Accesso	Posti a bando
Corsi di laurea				
Biotecnologie	L-2	Potenza	🔒	90
Chimica	L-27	Potenza	🔓	
Scienze geologiche	L-34	Potenza	🔓	
Corsi di laurea magistrale				
Biotecnologie per la diagnostica medica, farmaceutiche e veterinaria	LM-9	Potenza	🔓	
Geologia, ambiente e rischi	LM-74	Potenza	🔓	
Scienze chimiche	LM-54	Potenza	🔓	
Corsi di laurea magistrale a ciclo unico				
Farmacia	LM-13	Potenza	🔒	100

Dipartimento di Scienze Umane	Classe	Sede	Accesso	Posti a bando
Corsi di laurea				
Studi umanistici	L-10	Potenza	🔓	
Scienze dell'educazione e della formazione	L-19	Potenza	🔒	250
Corsi di laurea magistrale				
Archeologia e storia dell'arte	LM-2 / LM -89	Potenza	🔓	
Storia e civiltà europee	LM-84	Potenza	🔓	
Filologia classica e moderna	LM-14/ LM-15	Potenza	🔓	
Corsi di laurea magistrale a ciclo unico				
Scienze della formazione primaria	LM-85 bis	Matera	🔒	150

Scuola di Ingegneria	Classe	Sede	Accesso	Posti a bando
Corsi di laurea				
Ingegneria civile e ambientale	L-7	Potenza	🔓	
Ingegneria meccanica	L-9	Potenza	🔓	
Tecniche per l'edilizia e la gestione del territorio	L-23	Potenza	🔒	40
Corsi di laurea magistrale				
Ingegneria civile	LM-23	Potenza	🔓	
Ingegneria informatica e delle tecnologie dell'informazione	LM-32	Potenza	🔓	
Ingegneria meccanica	LM-33	Potenza	🔓	
Ingegneria per l'ambiente e il territorio	LM-35	Potenza	🔓	

Scuola di Scienze Agrarie, Forestali, Alimentari e Ambientali	Classe	Sede	Accesso	Posti a bando
Corsi di laurea				
Scienze forestali e ambientali	L-25	Potenza	🔓	
Tecnologie agrarie	L-25	Potenza,	🔓	
Tecnologie alimentari	L-26	Potenza	🔓	
Corsi di laurea magistrale				
Scienze e tecnologie agrarie	LM-69	Potenza	🔓	
Scienze e tecnologie alimentari	LM-70	Potenza	🔓	
Scienze forestali e ambientali	LM-73	Potenza	🔓	

6.38 | Reggio Calabria

L'**Università degli Studi di Reggio Calabria** è nata nel 1968 riservando particolare attenzione agli studi di architettura e con lo scopo dichiarato di approfondire lo studio dei fenomeni sismici. Dopo un periodo iniziale travagliato, anche a causa dell'esiguità dei finanziamenti, l'Istituto Universitario Statale di Architettura che, accanto al corso di Architettura, aveva visto l'attivazione del corso di Urbanistica, nel 1982 viene trasformato in Università statale, con il conseguente ampliamento dell'offerta formativa anche ad altre aree di studio.

La difficoltà relativa alla mancanza di strutture si è negli ultimi anni risolta con la costruzione di un polo universitario realizzato in tempi brevissimi.

Università degli Studi Mediterranea di Reggio Calabria

Sede centrale	Salita Melissari, 89124 Reggio Calabria, tel.: 0965 3695500, fax: 0965 332201, sito: unirc.it
Sedi decentrate	Lamezia Terme
Ente per il diritto allo studio	Salita Melissari-Torre 1, 89124 Reggio Calabria, tel.: 0965 3695451/454/375, e-mail: dirittoallostudio@unirc.it
Ufficio orientamento	Salita Melissari, 89124 Reggio Calabria, tel.: 0965 3695324, e-mail: elvira.calogero@unirc.it
Ufficio per il sostegno agli studenti disabili	Salita Melissari, 89124 Reggio Calabria, tel.: 0965 3695337, e-mail: sportello.diversabile@unirc.it
Ufficio relazioni internazionali	Salita Melissari, 89124 Reggio Calabria, tel.: 0965 872910, fax: 0965 332201, e-mail: erasmus@unirc.it
CUS	Via Baracca traversa de Salvo 8/C, 89123 Reggio Calabria, tel. e fax: 0965 891162, e-mail: segreteria@cusreggiocalabria.it, sito: cusreggiocalabria.it

I numeri dell'Università

Corsi	11 di laurea, 11 di laurea magistrale e 2 a ciclo unico
Docenti	ordinari: 54; associati: 87; ricercatori: 118
Studenti	5.289 iscritti (di cui 2.634 donne, 5393 studenti in corso e 626 matricole)
Laureati	928 (di cui 441 donne)
Laureati regolari	22,8%

Dipartimento di Agraria	Classe	Sede	Accesso	Posti a bando
Corsi di laurea				
Scienze e tecnologie agrarie	L-25	Reggio Calabria	🔓	
Scienze e tecnologie alimentari	L-26	Reggio Calabria	🔓	
Scienze forestali e ambientali	L-25	Reggio Calabria	🔓	
Corsi di laurea magistrale				
Scienze forestali e ambientali	LM-73	Reggio Calabria	🔓	
Scienze e tecnologie agrarie	LM-69	Reggio Calabria	🔓	
Scienze e tecnologie alimentari	LM-70	Reggio Calabria	🔓	

Dipartimento di Architettura e Territorio	Classe	Sede	Accesso	Posti a bando
Corsi di laurea				
Tecniche per l'edilizia e il territorio	L-P01	Reggio Calabria	🔓	
Corsi di laurea magistrale a ciclo unico				
Architettura	LM-4	Reggio Calabria	🔒	100

Dipartimento di Giurisprudenza ed Economia	Classe	Sede	Accesso	Posti a bando
Corsi di laurea				
Scienze economiche	L-33	Reggio Calabria	🔓	
Scienze dell'educazione e della formazione	L-19	Reggio Calabria	🔓	
Corsi di laurea magistrale				
Economia	LM-56	Reggio Calabria	🔓	
Scienze della formazione primaria	LM-85 bis	Reggio Calabria	🔒	230
Corsi di laurea magistrale a ciclo unico				
Giurisprudenza	LMG-01	Reggio Calabria	🔓	

Dipartimento di Ingegneria civile, dell'Energia, dell'Ambiente e dei Materiali	Classe	Sede	Accesso	Posti a bando
Corsi di laurea				
Ingegneria civile-ambientale per lo sviluppo sostenibile	L-7	Reggio Calabria	🔓	
Ingegneria industriale	L-9	Reggio Calabria	🔓	
Corsi di laurea magistrale				
Ingegneria civile	LM-23	Reggio Calabria	🔓	
Ingegneri a per la gestione sostenibile dell'ambiente e dell'energia	LM-30, LM-35	Reggio Calabria	🔓	

Dipartimento di Ingegneria dell'Informazione, delle Infrastrutture e dell'Energia Sostenibile	Classe	Sede	Accesso	Posti a bando
Corsi di laurea				
Ingegneria dell'informazione	L-8	Reggio Calabria	🔓	
Corsi di laurea magistrale				
Ingegneria elettronica	LM-29	Reggio Calabria	🔓	
Ingegneria informatica e dei sistemi per le telecomunicazioni	LM-27	Reggio Calabria	🔓	
Ingegneria elettrica e elettronica	LM-29	Reggio Calabria	🔓	

Dipartimento di Patrimonio, Architettura e Urbanistica	Classe	Sede	Accesso	Posti a bando
Corsi di laurea				
Scienze dell'architettura	L-17	Reggio Calabria	🔒	80
Design	L-4	Reggio Calabria	🔓	

L'**Università per stranieri "Dante Alighieri"** è il secondo ateneo della città di Reggio Calabria. Fu fondato ne 1984 su iniziativa del comitato reggino della Società Dante Alighieri, con l'intento di contribuire non solo alla conoscenza della lingua e della cultura italiana, ma anche dell'affermazione delle stesse attraverso l'incontro ed il confronto di esperienze di diverse latitudini nel reciproco rispetto della più antica comprensione tra i popoli.

Il 2 agosto 2006 l'Università "Dante Alighieri" ha ottenuto dal MIUR il decreto che ne prevede l'istituzione come università non statale legalmente riconosciuta (G.U. n.269 08/11/2006) e il 22 maggio 2007 il Comitato Nazionale Universitario ha approvato il Regolamento didattico con cui all'interno dell'Università sono state istituite la Scuola superiore di orientamento e alta formazione in lingua e cultura italiana per stranieri e la Facoltà di Scienze della Formazione d'Area Mediterranea.

Università per stranieri "Dante Alighieri"

Sede centrale	Via del Torrione 95, 89125 Reggio Calabria, tel.: 0965 3696411/12, sito: unistrada.it
Ente per il diritto allo studio	Rivolgersi alla Sede Centrale
Ufficio orientamento	Rivolgersi alla Sede Centrale
Ufficio per il sostegno agli studenti disabili	Via del Torrione 95, 89125 Reggio Calabria e-mail: pariopportunita@unistrada.it
Ufficio relazioni internazionali	Via del Torrione 95, 89125 Reggio Calabria tel.: 0965 3696305, fax: 0965 3696299, e-mail: relint@unistrada.it
CUS	Via Baracca traversa de Salvo 8/C, 89123 Reggio Calabria, tel. e fax: 0965 891162, e-mail: segreteria@cusreggiocalabria.it, sito: cusreggiocalabria.it

I numeri dell'Università

Corsi	2 di laurea, 2 di laurea magistrale
Docenti	ordinari: 57
Studenti	863 iscritti (di cui 709 donne, 360 studenti in corso e 117 matricole)
Laureati	218 (di cui 177 donne)
Laureati regolari	45,6%

Facoltà di Scienze della Società e della Formazione d'Area Mediterranea	Classe	Sede	Accesso	Posti a bando
Corsi di laurea				
Mediatori per l'intercultura e la coesione sociale in Europa	L-39	Reggio Calabria	🔓	
Scienze e tecniche psicologiche	L-24	Reggio Calabria	🔓	
Corsi di laurea magistrale				
Lingue e traduzione per la comunicazione internazionale	LM-94	Reggio Calabria	🔒	n.d.
Politiche e per l'innovazione e l'inclusione sociale	LM-87	Reggio Calabria	🔓	

6.39 | Roma

La città di Roma presenta l'offerta formativa più ampia del panorama italiano: accanto a quattro università statali vi si trovano infatti anche alcuni atenei privati, che contribuiscono a rispondere alle esigenze degli studenti romani e di tutti coloro che, da ogni parte d'Italia e del mondo, giungono a Roma per studiare. La nascita della principale università romana risale al Trecento, sotto il pontificato di Bonifacio VIII, e ha seguito nei secoli le vicende dei papi romani. Dopo un periodo in tono minore, nel 1744, sotto Benedetto XIV si procede a una riforma globale dell'università che torna a essere un vero centro propulsore della cultura del tempo: vengono aperte nuove Facoltà scientifiche, tra cui quelle di clinica medica e clinica chirurgica con 12 posti riservati agli uomini e, fatto anomalo per l'epoca, ben 6 posti per le donne. Nel 1870, da università pontificia, "**La Sapienza**" diventa Università degli Studi di Roma.

Università degli Studi "La Sapienza"

Sede centrale	Piazzale Aldo Moro 5, 00185 Roma, tel.: 06 49911, fax: 06 49910382 sito: uniroma1.it
Sedi decentrate	Latina, Rieti
Ente per il diritto allo studio	Via Cesare De Lollis 24/b, 00185 Roma, tel.: 06 4970241, fax: 06 4970210, e-mail: urp@laziodisu.it, sito: laziodisu.it
Ufficio orientamento	Piazzale Aldo Moro 5, 00185 Roma, tel.: 06 49912794, fax:06 4991748, e-mail: servizio.orientamento@uniroma1.it
Ufficio per il sostegno agli studenti disabili	Piazzale Aldo Moro 5, 00185 Roma, numero verde: 800 410960, tel.: 06 49910400, e-mail: sportello@uniroma1.it
Ufficio relazioni internazionali	Corso Vittorio Emanuele II 244, 00186 Roma, tel.: 06 49910745, fax: 06 49910978, e-mail: relint@uniroma1.it
CUS	Piazzale del Verano 27, 00185 Roma, tel.: 06 4462226, fax: 06 4957291 Viale delle fornaci di Tor di Quinto 64, 00191 Roma, tel.: 06 89027311/01, fax: 06 89027350, e-mail: info@cusroma.net, sito: cusroma.net

I numeri dell'Università

Corsi	109 di laurea, 113 di laurea magistrale e 15 a ciclo unico
Docenti	ordinari: 761; associati: 1245; ricercatori: 1391
Studenti	100.155 iscritti (di cui 57.176 donne, 75521 studenti in corso e 14229 matricole)
Laureati	18.392 (di cui 10.986 donne)
Laureati regolari	29,4%

Facoltà di Architettura	Classe	Sede	Accesso	Posti a bando
Corsi di laurea				
Design	L-4	Roma	🔒	185
Gestione del processo edilizio-Project management	L-23	Roma	🔓	
Scienze dell'architettura	L-17	Roma	🔒	150
Tecniche per l'edilizia e il territorio per la professione del geometra	L-23	Roma	🔒	50
Pianificazione e progettazione del paesaggio e dell'ambiente	L-21	Roma	🔓	
Corsi di laurea magistrale				
Architettura (restauro)	LM-4	Roma	🔓	
Architettura del paesaggio	LM-3	Roma	🔓	
Design, comunicazione visiva e multimediale	LM-12 / LM-19	Roma	🔒	80
Product design	LM-12	Roma	🔒	65
Architettura - rigenerazione urbana	LM-4	Roma	🔓	
Corsi di laurea magistrale a ciclo unico				
Architettura	LM-4	Roma	🔒	315

Facoltà di Economia	Classe	Sede	Accesso	Posti a bando
Corsi di laurea				
Management e diritto d'impresa	L-18	Latina	🔓	
Scienze aziendali	L-18	Roma	🔓	
Scienze economiche	L-33	Roma	🔓	
Corsi di laurea magistrale				
Analisi economica delle istituzioni internazionali	LM-56	Roma	🔓	
Economia aziendale	LM-77	Roma	🔓	
Economics and communication for management and innovation (in inglese)	LM-77	Roma	🔓	
Economia, management e diritto d'impresa	LM-77	Latina	🔓	
Economia politica	LM-56	Roma	🔓	
Finanza e assicurazioni	LM-16	Roma	🔓	
Intermediari, finanza internazionale e risk management	LM-77	Roma	🔓	
Management delle imprese	LM-77	Roma	🔓	
Management delle tecnologie, innovazione e sostenibilità	LM-77	Roma	🔓	
Tecnologie gestione dell'innovazione	LM-77	Roma	🔓	
Turismo e gestione delle risorse ambientali	LM-76	Roma	🔓	
Health economics	LM-56	Roma	🔓	

Facoltà di Farmacia e Medicina	Classe	Sede	Accesso	Posti a bando
Corsi di laurea				
Biotecnologie	L-2	Roma	🔒	130
Dietistica	L/SNT3	Roma	🔒	17
Scienze farmaceutiche applicate	L-29	Roma	🔓	
Nursing	L/SNT1	Roma	🔒	15

Facoltà di Farmacia e Medicina	Classe	Sede	Accesso	Posti a bando
Corsi di laurea magistrale				
Biochemistry	LM-9	Roma	🔒	50
Biotecnologie farmaceutiche	LM-9	Roma	🔓	
Biotecnologie mediche	LM-9	Roma	🔓	
Comunicazione scientifica biomedica	LM-9 / LM-59	Roma	🔓	
Scienze delle professioni sanitarie della prevenzione	LM/SNT4	Roma	🔒	12
Scienze delle professioni sanitarie tecniche diagnostiche	LM/SNT3	Roma, Viterbo	🔒	52
Scienze infermieristiche e ostetriche	LM/SNT1	Roma, Latina	🔒	145
Scienze riabilitative delle professioni sanitarie	LM/SNT2	Roma	🔒	27
Scienze delle professioni sanitarie tecniche assistenziali	LM/SNT3	Roma	🔒	32
Management delle scienze gastronomiche per il benessere	LM/GASTR	Roma	🔒	60
Corsi di laurea magistrale a ciclo unico				
Chimica e tecnologia farmaceutiche	LM-13	Roma	🔒	250
Farmacia	LM-13	Roma	🔒	300

Facoltà di Giurisprudenza	Classe	Sede	Accesso	Posti a bando
Corsi di laurea				
Diritto e amministrazione pubblica	L-14	Roma	🔓	
Corsi di laurea magistrale				
Studi europei (in inglese)	LM-90	Roma	🔓	
Risorse umane, scienze del lavoro e innovazione	LM/SC-GIUR	Roma	🔓	
Corsi di laurea magistrale a ciclo unico				
Giurisprudenza	LMG-01	Roma	🔓	

Facoltà di Ingegneria Civile e Industriale	Classe	Sede	Accesso	Posti a bando
Corsi di laurea				
Ingegneria aerospaziale	L-9	Roma	🔒	250
Ingegneria chimica	L-9	Roma	🔒	400
Ingegneria civile	L-7	Roma	🔓	
Ingegneria ambientale e industriale	L-7 / L-9	Latina	🔓	
Ingegneria clinica	L-9	Roma	🔓	
Ingegneria elettrotecnica	L-9	Roma	🔓	
Ingegneria energetica	L-9	Roma	🔒	180
Ingegneria meccanica	L-9	Roma	🔒	260
Ingegneria per l'ambiente e il territorio	L-7	Roma	🔓	
Sustainable building engineering (in inglese)	L-23	Rieti	🔓	
Corsi di laurea magistrale				
Ingegneria aeronautica	LM-20	Roma	🔓	
Ingegneria biomedica	LM-21	Roma	🔓	

Facoltà di Ingegneria Civile e Industriale	Classe	Sede	Accesso	Posti a bando
Ingegneria chimica	LM-22	Roma	🔓	
Ingegneria civile	LM-23	Roma	🔓	
Transport systems engineering (in inglese)	LM-23	Roma	🔓	
Ingegneria dell'ambiente per lo sviluppo sostenibile	LM-35	Latina	🔓	
Ingegneria della sicurezza e protezione civile	LM-26	Roma	🔓	
Gestione del progetto e della costruzione dei sistemi edilizi	LM-24	Rieti	🔒	80
Ingegneria delle nanotecnologie	LM-53	Roma	🔓	
Ingegneria elettrotecnica	LM-28	Roma	🔓	
Ingegneria energetica	LM-30	Roma	🔓	
Ingegneria meccanica	LM-33	Roma	🔓	
Ingegneria per l'ambiente e il territorio	LM-35	Roma	🔓	
Ingegneria spaziale e astronautica	LM-20	Roma	🔓	
Environmental and Sustainable Building Engineering	LM-24	Rieti	🔓	
Product and service design	LM-12	Roma	🔒	70
Sustainable trasportation and electrical power systems (in inglese)	LM-28	Roma	🔓	
Corsi di laurea magistrale a ciclo unico				
Ingegneria edile-architettura	LM-4	Roma	🔒	106

Facoltà di Ingegneria dell'informazione, Informatica e Statistica	Classe	Sede	Accesso	Posti a bando
Corsi di laurea				
Informatica	L-31	Roma	🔒	320
Ingegneria dell'informazione	L-8	Latina	🔓	
Ingegneria delle comunicazioni	L-8	Roma	🔓	
Ingegneria elettronica	L-8	Roma	🔓	
Ingegneria gestionale	L-8	Roma	🔒	350
Ingegneria informatica e automatica	L-8	Roma	🔒	350
Statistica, economia e società	L-41	Roma	🔓	
Statistica, economia, finanza e assicurazioni	L-41	Roma	🔓	
Statistica gestionale	L-41	Roma	🔓	
Applied Computer Science and Artificial Intelligence	L-31	Roma	🔒	180
Corsi di laurea magistrale				
Atmospheric science and technology	LM-17	Roma	🔓	
Artificial intelligence and robotics (in inglese)	LM-32	Roma	🔓	
Computer science (in inglese)	LM-18	Roma	🔓	
Data science (in inglese)	LM- 91	Roma	🔓	
Engineering in computer science(in inglese)	LM-32	Roma	🔓	
Control Engineering (in inglese)	LM-25	Roma	🔓	
Ingegneria delle comunicazioni	LM-27	Roma	🔓	
Ingegneria elettronica	LM-29	Roma	🔓	
Ingegneria gestionale	LM-31	Roma	🔓	
Scienze attuariali e finanziarie	LM-83	Roma	🔓	
Statistical methods and applications (in inglese)	LM-82	Roma	🔓	
Scienze statistiche	LM-82	Roma	🔓	

Facoltà di Ingegneria dell'informazione, Informatica e Statistica	Classe	Sede	Accesso	Posti a bando
Scienze statistiche e decisionali	LM-82	Roma	🔓	
Scienze statistiche, demografiche ed economiche	LM-82	Roma	🔓	
Cybersecurity	LM-66	Roma	🔓	

Facoltà di Lettere e Filosofia	Classe	Sede	Accesso	Posti a bando
Corsi di laurea				
Arti e scienze dello spettacolo	L-3	Roma	🔓	
Filosofia	L-5	Roma	🔓	
Letteratura, musica e spettacolo	L-10	Roma	🔓	
Lettere classiche	L-10	Roma	🔓	
Lettere moderne	L-10	Roma	🔓	
Lingue e civiltà orientali	L-11	Roma	🔒	465
Lingue, culture, letterature e traduzione	L-11	Roma	🔓	
Mediazione linguistica e interculturale	L-12	Roma	🔒	280
Scienze archeologiche	L-1	Roma	🔓	
Scienze del turismo	L-15	Roma	🔓	
Scienze della moda e del costume	L-3	Roma	🔓	
Scienze geografiche per l'ambiente e la salute	L-6	Roma	🔓	
Storia, antropologia e religioni	L-42	Roma	🔓	
Studi storico-artistici	L-1	Roma	🔓	
Scienze, culture e politiche gastronomiche per il benessere	L/GASTR	Roma	🔒	100
Classics	L-1	Roma	🔓	
Global Humanities	L-42	Roma	🔓	
Corsi di laurea magistrale				
Archeologia	LM-2	Roma	🔓	
Archaeological materials science	LM-11	Roma	🔒	30
Archivistica e biblioteconomia	LM-5	Roma	🔓	
Discipline etno-antropologiche	LM-1	Roma	🔓	
Editoria e scrittura	LM-19	Roma	🔓	
Filologia moderna	LM-14	Roma	🔓	
Filologia, letterature e storia del mondo antico	LM-15	Roma	🔓	
Filosofia	LM-78	Roma	🔓	
Gestione e valorizzazione del territorio	LM-80	Roma	🔓	
Lingue e civiltà orientali	LM-36	Roma	🔓	
Linguistica	LM-39	Roma	🔓	
Musicologia	LM-45	Roma	🔓	
Mediterranean archaeology	LM-2	Roma	🔓	
Fashion studies (in inglese)	LM-65	Roma	🔓	
Scienze della moda	LM-65	Roma	🔓	
Scienze linguistiche, letterarie e della traduzione	LM-37	Roma	🔓	
Scienze storiche. Medioevo, Età Moderna, Età Contemporanea	LM-84	Roma	🔓	
Culture e religioni	LM-64	Roma	🔓	
Storia dell'arte	LM-89	Roma	🔓	
Scritture e produzioni dello spettacolo e dei media (Teatro, Cinema, Danza)	LM-65	Roma	🔓	
English Anglo-American studies	LM-37	Roma	🔓	

Facoltà di Medicina e Odontoiatria	Classe	Sede	Accesso	Posti a bando
Corsi di laurea				
Assistenza sanitaria	L/SNT4	Roma	🔒	32
Fisioterapia	L/SNT2	Roma, Ariccia, Rieti, Bracciano, Latina, Pozzilli	🔒	296
Igiene dentale	L/SNT3	Roma, Cassino, Latina	🔒	106
Infermieristica	L/SNT1	Roma, Civitavecchia, Nettuno, Bracciano, Rieti, Viterbo, Frosinone, Cassino, Latina, Isernia, Terracina, Gaeta, Colleferro, Pozzilli	🔒	2331
Infermieristica pediatrica	L/SNT1	Roma	🔒	37
Logopedia	L/SNT2	Ariccia, Roma	🔒	42
Ortottica e assistenza oftalmologica	L/SNT2	Roma	🔒	17
Ostetricia	L/SNT1	Roma	🔒	69
Tecnica della riabilitazione psichiatrica	L/SNT2	Roma	🔒	60
Tecniche audiometriche	L/SNT3	Roma	🔒	17
Tecniche audioprotesiche	L/SNT3	Roma	🔒	17
Tecniche della prevenzione nell'ambiente e nei luoghi di lavoro	L/SNT4	Frosinone, Rieti, Roma	🔒	144
Tecniche di fisiopatologia cardiocircolatoria e perfusione cardiovascolare	L/SNT3	Roma	🔒	16
Tecniche di laboratorio biomedico	L/SNT3	Roma, Rieti, Latina, Pozzilli	🔒	192
Tecniche di neurofisiopatologia	L/SNT3	Roma	🔒	16
Tecniche di radiologia medica, per immagini e radioterapia	L/SNT3	Latina, Frosinone, Rieti, Roma, Sora, Viterbo	🔒	262
Terapia della neuro e psicomotricità dell'età evolutiva	L/SNT2	Roma, Latina	🔒	33
Terapia occupazionale	L/SNT2	Roma	🔒	72
Corsi di laurea magistrale a ciclo unico				
Medicina e chirurgia	LM-41	Roma	🔒	1090
Medicina e chirurgia in lingua inglese	LM-41	Roma	🔒	48
Odontoiatria e protesi dentaria	LM-46	Roma	🔒	87

Facoltà di Medicina e Psicologia	Classe	Sede	Accesso	Posti a bando
Corsi di laurea				
Podologia	L/SNT2	Roma	🔒	20
Psicologia e processi sociali	L-24	Roma	🔒	285
Psicologia e salute	L-24	Roma	🔒	285
Scienze dell'educazione e della formazione	L-19	tecniceRoma	🔒	150
Servizio sociale	L-39	Roma	🔒	55
Tecniche ortopediche	L/SNT3	Roma, Latina	🔒	47
Scienze e tecniche psicologiche	L-24	Roma	🔒	115
Corsi di laurea magistrale				
Neuroscienze cognitive e riabilitazione psicologica	LM-51	Roma	🔒	120
Pedagogia e scienze dell'educazione e della formazione	LM-85	Roma	🔒	55

Facoltà di Medicina e Psicologia	Classe	Sede	Accesso	Posti a bando
Psicologia applicata ai contesti della salute, del lavoro e giuridico-forense	LM-51	Roma	🔒	80
Psicologia clinica	LM-51	Roma	🔒	145
Psicologia della comunicazione e del marketing	LM-51	Roma	🔒	80
Psicologia della salute per i contesti clinici e sanitari	LM-51	Roma	🔒	60
Psicologia delle risorse umane	LM-51	Roma	🔒	60
Psicologia dello sviluppo tipico e atipico	LM-51	Roma	🔒	120
Psicopatologia dinamica dello sviluppo	LM-51	Roma	🔒	120
Clinical psychosexology (in inglese)	LM-51	Roma	🔒	60
Cognitive neuroscience (in inglese)	LM-51	Roma	🔒	40
Psicologia giuridica, forense e criminologica	LM-51	Roma	🔒	70

Facoltà di Scienze Matematiche, Fisiche e Naturali	Classe	Sede	Accesso	Posti a bando
Corsi di laurea				
Biotecnologie agroindustriali	L-2	Roma	🔒	260
Biotecnologie agroalimentari e industriali	L-2	Roma	🔒	130
Bioinformatics (in inglese)	L-2	Roma	🔒	50
Scienze chimiche	L-27	Roma	🔓	
Fisica	L-30	Roma	🔓	
Matematica	L-35	Roma	🔓	
Scienze ambientali	L-32	Roma	🔓	
Scienze biologiche	L-13	Roma	🔒	400
Scienze geologiche	L-34	Roma	🔓	
Scienze naturali	L-32	Roma	🔓	
Tecnologie per la conservazione e il restauro dei beni culturali	L-43	Roma	🔓	
Corsi di laurea magistrale				
Astronomia e astrofisica	LM-58	Roma	🔓	
Biologia e tecnologie cellulari	LM-6	Roma	🔓	
Biotecnologie genomiche, industriali e ambientali	LM-8	Roma	🔓	
Biotecnologie e genomica per l'industria e ambiente	LM-8	Roma	🔓	
Chimica	LM-54	Roma	🔓	
Chimica analitica	LM-54	Roma	🔓	
Chimica industriale	LM-71	Roma	🔓	
Ecobiologia	LM-6	Roma	🔒	70
Fisica	LM-17	Roma	🔓	
Genetica e biologia molecolare nella ricerca di base e biomedica	LM-6	Roma	🔒	120
Geologia applicata all'ingegneria, al territorio e ai rischi	LM-74	Roma	🔓	
Geologia di esplorazione	LM-74	Roma	🔓	

Facoltà di Scienze Matematiche, Fisiche e Naturali	Classe	Sede	Accesso	Posti a bando
Matematica	LM-40	Roma	🔓	
Matematica applicata	LM-40	Roma	🔓	
Monitoraggio e riqualificazione ambientale	LM-75	Roma	🔓	
Neurobiologia	LM-6	Roma	🔒	60
Physics	LM-17	Roma	🔒	
Scienze della natura	LM-60	Roma	🔓	
Scienze e tecnologie per la conservazione dei beni culturali	LM-11	Roma	🔓	
Scienze e tecnologie alimentari	LM-70	Roma	🔓	

Facoltà di Scienze Politiche, Sociologia, Comunicazione	Classe	Sede	Accesso	Posti a bando
Corsi di laurea				
Comunicazione pubblica e d'impresa	L-20	Roma	🔓	
Comunicazione, tecnologie e culture digitali	L-20	Roma	🔓	
Cooperazione internazionale e sviluppo	L-37	Roma	🔓	
Relazioni economiche internazionali	L-33	Roma	🔓	
Scienze dell'amministrazione e dell'organizzazione	L-16	Roma	🔓	
Scienze e tecniche del servizio sociale	L-39	Roma	🔓	
Scienze politiche e relazioni internazionali	L-36	Roma	🔓	
Sociologia	L-40	Roma	🔓	
Corsi di laurea magistrale				
Analisi economica delle istituzioni internazionali	LM-56	Roma	🔓	
Comunicazione, valutazione e ricerca sociale e per le organizzazioni	LM-59 / LM-88	Roma	🔓	
Media, comunicazione digitale e giornalismo	LM-19	Roma	🔓	
Organizzazione e marketing per la comunicazione d'impresa	LM-59	Roma	🔓	
Progettazione, gestione e valutazione dei servizi sociali	LM-87	Roma	🔓	
Progettazione Sociale per la sostenibilità, l'innovazione e l'inclusione di genere	LM-88	Roma	🔓	
Relazioni internazionali	LM-52	Roma	🔓	
Scienze della politica	LM-62	Roma	🔓	
Scienze delle amministrazioni e delle politiche pubbliche	LM-63	Roma	🔓	
Scienze dello sviluppo e della cooperazione internazionale	LM-81	Roma	🔓	
Scienze sociali applicate	LM-88	Roma	🔓	
Corsi di laurea magistrale a ciclo unico				
Scienze della formazione primaria	LM-85 bis	Roma	🔒	90

L'**Università degli Studi di Roma Tor Vergata** è in funzione dal 1982. La sua attività è fortemente caratterizzata da piani di ricerca scientifica e si svolge in una cornice di strutture moderne (biblioteche, centri di elaborazione dati e centri interdisciplinari) in grado di fornire servizi adeguati a oltre trentamila studenti.

Università degli Studi "Tor Vergata"

Sede centrale Via Orazio Raimondo 8, 00173 Roma,
tel.: 06 7231941, sito: uniroma2.it

Sedi decentrate Colleferro, Marino, Sora, Tivoli

Ente per il diritto allo studio Via Cambridge 115, 00133 Roma,
tel.: 06 204101, fax: 06 204101307,
e-mail: urp@laziodisu.it, sito: laziodisu.it

Ufficio orientamento Via Orazio Raimondo 8, 00173 Roma,
tel.: 06 72592099, fax: 06 725922500
e-mail: cort@uniroma2.it

Ufficio per il sostegno agli studenti disabili Via del Politecnico 1, 00133 Roma, tel.: 06 2022876, fax: 06 72597483,
e-mail: l.104@uniroma2.it

Ufficio relazioni internazionali Via Orazio Raimondo 8, 00173 Roma,
tel.: 06 72592556, fax: 06 7236605,
e-mail: relazioni.internazionali@uniroma2.it

CUS Piazzale del Verano 27, 00185 Roma, tel.: 06 4462226, fax: 06 4957291
Viale delle fornaci di Tor di Quinto 64, 00191 Roma,
tel.: 06 89027311/01, fax: 06 89027350,
e-mail: info@cusroma.net, sito: cusroma.net

I numeri dell'Università

Corsi 54 di laurea, 51 di laurea magistrale e 7 a ciclo unico

Docenti ordinari: 322; associati: 436; ricercatori: 409

Studenti 28.538 iscritti (di cui 14.703 donne, 26644 studenti in corso e 4.427 matricole)

Laureati 5.925 (di cui 3.039 donne)

Laureati regolari 27,2%

Area di Economia	Classe	Sede	Accesso	Posti a bando
Corsi di laurea				
Business Administration and Economics	L-18 / L-33	Roma	🔒	200
Economia e finanza	L-33	Roma	🔒	250
Economia e management	L-18	Roma	🔒	500
Global governance	L-16	Roma	🔒	204
Scienze dall'amministrazione e delle relazioni internazionali	L-36	Roma	🔓	
Corsi di laurea magistrale				
Business administration	LM-77	Roma	🔓	
Economia dei mercati e degli intermediari finanziari	LM-56	Roma	🔓	
Economia e management	LM-77	Roma	🔓	
Economics	LM-56	Roma	🔓	

Area di Economia	Classe	Sede	Accesso	Posti a bando
European economy and business law	LM-90	Roma	🔓	
Finance and banking-Finanza e banca	LM-16	Roma	🔓	

Area di Giurisprudenza	Classe	Sede	Accesso	Posti a bando
Corsi di laurea magistrale a ciclo unico				
Giurisprudenza	LMG-01	Roma	🔓	

Area di Ingegneria	Classe	Sede	Accesso	Posti a bando
Corsi di laurea				
Engineering sciences	L-9	Roma	🔓	
Ingegneria civile e ambientale	L-7	Roma	🔓	
Ingegneria dell'edilizia	L-23	Roma	🔓	
Ingegneria di internet	L-8	Roma	🔓	
Ingegneria elettronica	L-8	Roma	🔓	
Ingegneria per l'energia e l'ambiente	L-9	Roma	🔓	
Ingegneria gestionale (anche modalità teledidattica)	L-9	Roma	🔓	
Ingegneria informatica (anche modalità teledidattica)	L-8	Roma	🔓	
Ingegneria meccanica	L-9	Roma	🔓	
Ingegneria medica	L-9	Roma	🔓	
Professioni tecniche per l'edilizia e il territorio	L.P01	Roma	🔒	50
Corsi di laurea magistrale				
Ingegneria civile	LM-23	Roma	🔓	
Ingegneria dell'automazione	LM-25	Roma	🔓	
ICT and internet Engineering	LM-27	Roma	🔓	
Ingegneria elettronica	LM-29	Roma	🔓	
Ingegneria energetica	LM-30	Roma	🔓	
Ingegneria e tecniche del costruire	LM-24	Roma	🔓	
Ingegneria gestionale	LM-31	Roma	🔓	
Ingegneria informatica	LM-32	Roma	🔓	
Ingegneria meccanica	LM-33	Roma	🔓	
Ingegneria medica	LM-21	Roma	🔓	
Ingegneria per l'ambiente e il territorio	LM-35	Roma	🔓	
Mechatronics engineering	LM-29	Roma	🔓	
Chemical nano-engineering	LM-71	Roma	🔓	
Corsi di laurea magistrale a ciclo unico				
Ingegneria edile-architettura	LM-4	Roma	🔒	63

Area di Lettere e Filosofia	Classe	Sede	Accesso	Posti a bando
Corsi di laurea				
Beni culturali (archeologici, artistici, musicali e dello spettacolo)	L-1	Roma	🔓	
Filosofia	L-5	Roma	🔓	
Lettere	L-10	Roma	🔓	
Lingue e letterature moderne	L -11	Roma	🔓	
Lingue nella società dell'informazione	L-11	Roma	🔓	
Scienze del turismo	L -15	Roma	🔓	

Area di Lettere e Filosofia	Classe	Sede	Accesso	Posti a bando
Scienze dell'educazione e della formazione (anche modalità teledidattica)	L-19	Roma	🔓	
Scienze della comunicazione	L-20	Roma	🔓	
Turismo enogastronomico	L-15	Roma	🔒	50
Corsi di laurea magistrale				
Archeologia, filologia, letterature e storia dell'antichità	LM-2/ LM-15	Roma	🔓	
Cultural Heritage in the Near and Middle East and in Africa	LM-2	Roma	🔓	
Filosofia	LM-78	Roma	🔓	
Letteratura italiana, filologia moderna e linguistica	LM-14, LM-39	Roma	🔓	
Lingue e letterature europee e americane	LM-37	Roma	🔓	
Musica e spettacolo	LM-45, LM-65	Roma	🔓	
Progettazione e gestione dei sistemi turistici	LM-49	Roma	🔓	
Scienze dell'informazione, della comunicazione e dell'editoria	LM-19	Roma	🔓	
Scienze della storia e del documento	LM-84	Roma	🔓	
Scienze pedagogiche (anche modalità teledidattica)	LM-85	Roma	🔓	
Storia dell'arte	LM-89	Roma	🔓	
Lingua e cultura italiana per stranieri per l'accoglienza e l'internazionalizzazione	LM-39	Roma	🔓	
Art history in Rome, from late Antiquity to the present	LM-89	Roma	🔓	
Turism strategy, cultural heritage and made in Italy (in inglese)	LM-49	Roma	🔓	
Corsi di laurea magistrale a ciclo unico				
Conservazione e restauro dei beni culturali	LMR-2	Roma	🔒	10

Area di Medicina e Chirurgia	Classe	Sede	Accesso	Posti a bando
Corsi di laurea				
Dietistica	LSNT/3	Roma	🔒	35
Educazione professionale	LSNT/2	Roma	🔒	55
Fisioterapia	LSNT/2	Roma	🔒	88
Igiene dentale	LSNT/3	Roma	🔒	35
Infermieristica	LSNT/1	Tivoli. Frascati, Sora. Roma	🔒	696
Infermieristica pediatrica	LSNT/1	Roma	🔒	40
Logopedia	LSNT/2	Roma	🔒	88
Ortottica e assistenza oftalmologica	LSNT/2	Roma	🔒	30
Ostetricia	LSNT/1	Roma	🔒	60
Podologia	LSNT/2	Roma	🔒	30
Tecnica della riabilitazione psichiatrica	LSNT/2	Roma	🔒	25
Tecniche audioprotesiche	LSNT/3	Roma	🔒	44
Tecniche della prevenzione nell'ambiente e nei luoghi di lavoro	LSNT/4	Roma	🔒	40
Tecniche di fisiopatologia cardiocircolatoria e perfusione cardiovascolare	LSNT/3	Roma	🔒	25
Tecniche di laboratorio biomedico	LSNT/3	Roma	🔒	55
Tecniche di neurofisiopatologia	LSNT/3	Roma	🔒	25
Tecniche ortopediche	LSNT/3	Roma	🔒	25
Terapia della neuro e psicomotricità dell'età evolutiva	LSNT/2	Grottaferrata	🔒	60
Tecniche di radiologia medica, per immagini e radioterapia	LSNT/3	Roma	🔒	55
Scienze motorie	L-22	Roma	🔒	211
Corsi di laurea magistrale				

Area di Medicina e Chirurgia	Classe	Sede	Accesso	Posti a bando
Physical activity and health promotion (in inglese)	LM-68	Roma	🔓	
Scienze della nutrizione umana (interarea con Scienze matematiche, fisiche, naturali)	LM-61	Roma	🔒	73
Scienze delle professioni sanitarie tecniche diagnostiche	LM/SNT3	Roma	🔒	40
Scienze delle professioni sanitarie della prevenzione	LM/SNT4	Roma	🔒	40
Scienze infermieristiche e ostetriche	LM/SNT/1	Roma	🔒	80
Scienze riabilitative delle professioni sanitarie	LM/SNT/2	Roma	🔒	60
Scienze e tecniche delle attività motorie preventive e adattate	LM-67	Roma	🔓	
Scienze e tecniche dello sport	LM-68	Roma	🔓	
Corsi di laurea magistrale a ciclo unico				
Medicina e chirurgia	LM-41	Roma	🔒	227
Medicina e chirurgia in lingua inglese	LM-41	Roma	🔒	35
Odontoiatria e protesi dentaria	LM-46	Roma	🔒	44
Pharmacy (in inglese)	LM-13	Roma	🔒	80

Facoltà di Scienze Matematiche, Fisiche e Naturali	Classe	Sede	Accesso	Posti a bando
Corsi di laurea				
Biotecnologie	L-2	Roma	🔒	80
Chimica	L-27	Roma	🔓	
Chimica applicata	L-27	Ceccano	🔓	
Fisica	L-30	Roma	🔓	
Informatica	L-31	Roma	🔓	
Matematica	L-35	Roma	🔓	
Scienze biologiche	L-13	Roma	🔒	300
Scienze dei materiali	L-30	Roma	🔓	
Scienze e tecnologie per i media	L-35	Roma	🔓	
Corsi di laurea magistrale				
Bioinformatica	LM-6	Roma	🔓	
Biologia cellulare e molecolare e scienze biomediche	LM-6	Roma	🔓	
Biologia evoluzionistica, ecologia e antropologia applicata	LM-6	Roma	🔓	
Biotecnologie mediche	LM-9	Roma	🔓	
Chimica	LM-54	Roma	🔓	
Fisica	LM-17	Roma	🔓	
Informatica	LM-18	Roma	🔓	
Biotecnology (in inglese)	LM-8	Roma	🔓	
Matematica pura e applicata	LM-40	Roma	🔓	
Scienza e tecnologia dei materiali	LM-53	Roma	🔓	

La Terza Università di Roma, ufficialmente **Università degli Studi Roma Tre**, è sorta nel 1991 allo scopo di alleggerire il sovraffollamento dei mega-atenei italiani, con particolare riferimento a "La Sapienza". La maggior parte delle sue Facoltà deriva infatti da uno sdoppiamento di quelle ospitate dalla più grande università di Roma. La costruzione del complesso universitario ha, tra l'altro, contribuito al miglioramento urbanistico della zona in cui sorge, l'area Marconi-Ostiense.

Università degli Studi Roma Tre

Sede centrale Via Ostiense 159, 00154 Roma,
tel.: 06 57332100, sito: uniroma3.it

Ente per il diritto allo studio Via della Vasca Navale 79, 00146 Roma,
tel.: 06 55340729, fax: 06 559385,
e-mail: info@adisu.uniroma3.it,
sito: laziodisu.it

Ufficio orientamento Via Ostiense 169, 00154 Roma,
fax: 06 57332480, e-mail: orientamento@uniroma3.it

Ufficio per il sostegno agli studenti disabili Via Ostiense 169, 00154 Roma,
tel.: 06 57332703, fax: 06 57332702,
e-mail: ufficio.disabili@uniroma3.it

Ufficio relazioni internazionali Via Ostiense 159, 00154 Roma,
Tel: 06 5733 2404/2139 Fax: 06 5733 2300
e-mail: international.relations@uniroma3.it

CUS Viale di Tor di Quinto 64, 00191 Roma,
tel.: 06 89027311/01, fax: 06 89027350,
e-mail: info@cusroma.net, sito: cusroma.net

I numeri dell'Università

Corsi 32 di laurea, 49 di laurea magistrale e 2 a ciclo unico

Docenti ordinari: 291; associati: 342; ricercatori: 132

Studenti 31.879 iscritti (di cui 18.796 donne,
22704 studenti in corso e 5.398 matricole)

Laureati 6.326 (di cui 3.886 donne)

Laureati regolari 25%

Dipartimento di Architettura	Classe	Sede	Accesso	Posti a bando
Corsi di laurea				
Scienze dell'architettura	L-17	Roma	🔒	194
Scienze umane per l'ambiente	L-19	Roma	🔓	
Corsi di laurea magistrale				
Architettura – Progettazione architettonica	LM-4	Roma	🔒	120
Architettura – Progettazione urbana	LM-4	Roma	🔒	40
Architettura – Restauro	LM-4	Roma	🔒	40

Dipartimento di Economia	Classe	Sede	Accesso	Posti a bando
Corsi di laurea				
Economia	L-33	Roma	🔓	
Economia e big data	L-33	Roma	🔓	

Dipartimento di Economia	Classe	Sede	Accesso	Posti a bando
Corsi di laurea magistrale				
Economia dell'ambiente e dello sviluppo	LM-56	Roma	🔓	
Mercato del lavoro, relazioni industriali, sistemi di Welfare	LM-56	Roma	🔓	
Scienze economiche	LM-56	Roma	🔓	

Dipartimento di Filosofia, Comunicazione e Spettacolo	Classe	Sede	Accesso	Posti a bando
Corsi di laurea				
DAMS – Discipline delle arti, della musica e dello spettacolo	L-3	Roma	🔓	
Filosofia	L-5	Roma	🔓	
Scienze della comunicazione	L-20	Roma	🔓	
Corsi di laurea magistrale				
Cinema, televisione e produzione multimediale	LM-65	Roma	🔓	
DAMS: teatro, musica, danza	LM-65	Roma	🔓	
Informazione, editoria, giornalismo	LM-19	Roma	🔓	
Scienze cognitive della comunicazione e dell'azione	LM-92	Roma	🔓	
Scienze filosofiche	LM-78	Roma	🔓	
E-learning e media education	LM-93	Roma	🔒	50
Teatro, cinema, danza e arti digitali	LM-65	Roma	🔓	

Dipartimento di Giurisprudenza	Classe	Sede	Accesso	Posti a bando
Corsi di laurea				
Scienze dei servizi giuridici	L-14	Roma	🔓	
Scienze dei servizi giuridici per la sicurezza territoriale e informatica	L-14	Roma	🔓	
Corsi di laurea magistrale a ciclo unico				
Giurisprudenza	LMG/01	Roma	🔓	

Dipartimento di Ingegneria	Classe	Sede	Accesso	Posti a bando
Corsi di laurea				
Ingegneria civile	L-7	Roma	🔓	
Ingegneria elettronica	L-8	Roma	🔓	
Ingegneria informatica	L-8	Roma	🔓	
Ingegneria meccanica	L-9	Roma	🔓	
Ingegneria delle tecnologie per il mare	L-9	Roma	🔓	
Corsi di laurea magistrale				
Biomedical engineering (in inglese)	LM-21	Roma	🔓	
Ingegneria aeronautica	LM-20	Roma	🔓	
Ingegneria civile per la protezione dai rischi naturali	LM-23	Roma	🔓	
Ingegneria delle infrastrutture viarie e trasporti	LM-23	Roma	🔓	
Ingegneria delle tecnologie della comunicazione e dell'informazione	LM-27	Roma	🔓	
Ingegneria elettronica per l'industria e l'innovazione	LM-29	Roma	🔓	
Ingegneria gestionale e dell'automazione	LM-32	Roma	🔓	
Ingegneria informatica	LM-32	Roma	🔓	

Dipartimento di Ingegneria	Classe	Sede	Accesso	Posti a bando
Ingegneria meccanica	LM-33	Roma	🔓	
Ingegneria meccanica per le risorse marine	LM-33	Roma	🔓	

Dipartimento di Lingue, Letterature e Culture Straniere	Classe	Sede	Accesso	Posti a bando
Corsi di laurea				
Lingue e mediazione linguistico-culturale	L-12	Roma	🔒	360
Corsi di laurea magistrale				
Lingue e letterature per la didattica e la traduzione	LM-37	Roma	🔓	
Lingue moderne per la comunicazione internazionale	LM-38	Roma	🔓	
Didattica dell'italiano come seconda lingua	LM-39	Roma	🔓	

Dipartimento di Matematica e Fisica	Classe	Sede	Accesso	Posti a bando
Corsi di laurea				
Fisica	L-30	Roma	🔓	
Matematica	L-35	Roma	🔓	
Corsi di laurea magistrale				
Fisica	LM-17	Roma	🔓	
Matematica	LM-40	Roma	🔓	

Dipartimento di Scienze	Classe	Sede	Accesso	Posti a bando
Corsi di laurea				
Ottica e optometria	L-30	Roma	🔓	
Scienze biologiche	L-13	Roma	🔒	150
Scienze e culture enogastronomiche	L-26	Roma	🔒	100
Scienze geologiche	L-34	Roma	🔓	
Scienze per la protezione della natura e la sostenibilità ambientale	L-32	Roma	🔒	75
Corsi di laurea magistrale				
Biodiversità e gestione degli ecosistemi	LM-6	Roma	🔒	30
Biologia per la ricerca molecolare, cellulare e fisiopatologica	LM-6	Roma	🔒	80
Geologia del territorio e delle risorse	LM-74	Roma	🔓	
Scienze computazionali	LM-40	Roma	🔓	
Sustainable coastal and ocean engineering	LM-23	Roma	🔓	

Dipartimento di Scienze della Formazione	Classe	Sede	Accesso	Posti a bando
Corsi di laurea				
Scienze dell'educazione (anche teledidattica)	L-19	Roma	🔓	
Servizio sociale e sociologia	L-39 / L-40	Roma	🔓	
Educatore di asilo nido e di servizi per l'infanzia	L-19	Roma	🔓	
Scienze dell'educazione per educatori e formatori	L-19	Roma	🔓	
Corsi di laurea magistrale				
Coordinatore dei servizi educativi	LM-50 / LM-87	Roma	🔓	
Scienze pedagogiche e Scienze dell'educazione degli adulti e formazione continua	LM-57 / LM-85	Roma	🔓	
Corsi di laurea magistrale a ciclo unico				
Scienze della formazione	LM-85 bis	Roma	🔒	300

Dipartimento di Scienze Politiche	Classe	Sede	Accesso	Posti a bando
Corsi di laurea				
Scienze politiche	L-36	Roma	🔓	
Politiche, la cooperazione e lo sviluppo	L-37	Roma	🔓	
Corsi di laurea magistrale				
Relazioni internazionali	LM-52	Roma	🔓	
Amministrazioni e politiche pubbliche	LM-63	Roma	🔓	
International studies (in inglese)	LM-52	Roma	🔓	
Politiche per la sicurezza globale: ambiente, energia e conflitti	LM-52	Roma	🔓	
Scienze politiche per la società digitale	LM-62	Roma	🔓	

Dipartimento di Studi Aziendali	Classe	Sede	Accesso	Posti a bando
Corsi di laurea				
Economia e gestione aziendale	L-18	Roma	🔓	
Corsi di laurea magistrale				
Economia aziendale	LM-77	Roma	🔓	
Economia e management	LM-77	Roma	🔓	
Finanza e impresa	LM -16 / LM-77	Roma	🔓	

Dipartimento di Studi Umanistici	Classe	Sede	Accesso	Posti a bando
Corsi di laurea				
Lettere	L-10	Roma	🔓	
Lingue e letterature per la comunicazione interculturale	L-11	Roma	🔓	
Storia, territorio e società globale	L-42	Roma	🔓	
Archeologia e storia dell'arte	L-1	Roma	🔓	
Corsi di laurea magistrale				
Filologia, letterature e storia dell'antichità	LM-15	Roma	🔓	
Italianistica	LM-14	Roma	🔓	
Archeologia	LM-2	Roma	🔓	
Religioni, culture, storia	LM-64	Roma	🔓	
Storia dell'arte	LM-89	Roma	🔓	
Storia e società	LM-84	Roma	🔓	

Fondata nel 1978 su una precedente struttura universitaria da un gruppo di imprenditori italiani, tra cui Guido Carli e Umberto Agnelli, la **Luiss** si propone di formare studenti con una solida preparazione di base affiancata dall'attenzione costante al mondo del lavoro. Rilevante è il fenomeno dell'inserimento nelle aziende produttive e di servizi, nella pubblica amministrazione e nelle organizzazioni internazionali, in qualità di imprenditori o di *manager*. Punto focale della proposta formativa della Luiss è l'apprendimento linguistico e informatico. Tutti i corsi della Luiss sono già da molti anni a numero programmato.

Libera Università Internazionale degli Studi Sociali "Guido Carli"

Sede centrale Viale Pola 12, 00198 Roma, tel.: 06 852251, sito: luiss.it

Ente per il diritto allo studio Viale Gorizia 17, 00198 Roma, Sportello Viale Romania 32, tel.: 06 85225410, fax: 06 85225404, e-mail: diritto.studio@luiss.it

Ufficio orientamento Viale Romania 32, 00197 Roma, tel.: 06 85225354 e-mail: orientamento @luiss.it

Referente per il sostegno agli studenti disabili Rivolgersi alla segreteria studenti: viale Romania 32, 00197 Roma tel.: 06 85225263/270, fax: 06 85225920, e-mail: segreteria@luiss.it

Ufficio relazioni internazionali Viale Romania 32, 00197 Roma, tel.: 06 85225642/722, e-mail: relint@luiss.it

CUS Viale Gorizia 17, 00198 Roma, tel.: 06 85225400, e-mail: sport@luiss.it

I numeri dell'Università

Corsi 5 di laurea, 12 di laurea magistrale e 1 a ciclo unico

Docenti ordinari: 64; associati: 26; ricercatori: 20

Studenti 9.080 iscritti (di cui 4.158 donne, 6327 studenti in corso e 1385 matricole)

Laureati 2.393 (di cui 1.114 donne)

Laureati regolari 77,5%

Dipartimento di Economia e Finanza	Classe	Sede	Accesso	Posti a bando
Corsi di laurea				
Economics and business (in inglese)	L-33	Roma	libero	
Corsi di laurea magistrale				
Economia e finanza- Financial economics	LM-56	Roma	libero	
Corporate Finance (con Dipartimento di Impresa e Management)	LM-77	Roma	libero	

Dipartimento di Impresa e Management	Classe	Sede	Accesso	Posti a bando
Corsi di laurea				
Economia e management	L-18	Roma	libero	
Mangement and computer science	L-18	Roma	libero	
Corsi di laurea magistrale				
Amministrazione, finanza e controllo	LM-77	Roma	libero	
Management	LM-77	Roma	libero	
Marketing	LM-77	Roma	libero	
Global management and politics	LM-77	Roma	libero	
Strategic management	LM-77	Roma	libero	
Data science and management	LM-91	Roma	libero	

Dipartimento di Giurisprudenza	Classe	Sede	Accesso	Posti a bando
Corsi di laurea magistrale				
Law, diogital innovation and sustainibility	LM/SC-GIUR	Roma	libero	

Dipartimento di Giurisprudenza	Classe	Sede	Accesso	Posti a bando
Corsi di laurea magistrale a ciclo unico				
Giurisprudenza	LMG-01	Roma	🔓	

Dipartimento di Scienze Politiche	Classe	Sede	Accesso	Posti a bando
Corsi di laurea				
Scienze politiche	L-36	Roma	🔓	
Politics: Philosophy and Eonomics	L-36	Roma	🔓	
Corsi di laurea magistrale				
Governo, amministrazione e politica	LM-62	Roma	🔓	
Relazioni internazionali (in inglese)	LM-52	Roma	🔓	
Policies and governance in Europe	LM-62	Romq	🔓	

La **Libera Università "Maria SS. Assunta" di Roma (LUMSA)** è sorta nel maggio 1991 per trasformazione giuridica dell'omonimo istituto universitario pareggiato di Magistero, fondato nel 1939. Suo scopo iniziale era di formare le religiose destinate all'insegnamento, per le esigenze delle quali né le Università Pontificie né l'Università Cattolica fornivano soluzioni adeguate. Negli anni la LUMSA si è progressivamente aperta anche alla formazione dei laici d'ambo i sessi, in particolare nelle discipline umanistiche, senza rinunciare ai principi della tradizione cattolica.

Libera Università degli Studi "Maria SS. Assunta"

Sede centrale Via della Traspontina 21, 00193 Roma,
tel.: 06 684221, fax: 06 6878357,
sito: lumsa.it

Sedi decentrate Palermo, Taranto

Ente per il diritto allo studio Piazza delle Vaschette 101, 00193 Roma,
tel.: 06 68422919, fax: 06 68422909/920,
e-mail: dirittoallostudio@lumsa.it

Ufficio orientamento Via Pompeo Magno 22, 00193 Roma, tel.: 06 68422486, fax: 06 68422493,
Borgo Sant'Angelo 13, 00193 Roma tel.: 06 68422243, fax: 06.68.422.243
Piazza delle Vaschette 101, 00193 Roma, tel.: 06 68422330, fax: 06 68422329
e-mail: orientamento.roma@lumsa.it
Via Filippo Parlatore 65, 90145 Palermo, tel.: 091 681.07.61, fax: 091 6816569
e-mail: orientamento.palermo@lumsa.it

Ufficio per il sostegno agli studenti disabili Via Pompeo Magno 22, 00193 Roma,
tel.: 0668422486, e-mail: dsa@lumsa.it, disabilita@lumsa.it

Ufficio relazioni internazionali Borgo Sant'Angelo 13, 00193 Roma,
tel.: 06 68422219/211, fax: 06 68422256,
e-mail: international@lumsa.it

CUS Piazzale del Verano 27, 00185 Roma,
tel.: 06 4462226, fax: 06 4957291
Viale delle fornaci di Tor di Quinto 64, 00191 Roma,
tel.: 06 89027311/01, fax: 06 89027350,
e-mail: info@cusroma.net, sito: cusroma.net

I numeri dell'Università

Corsi	9 di laurea, 10 di laurea magistrale e 2 a ciclo unico
Docenti	ordinari: 40; associati: 45; ricercatori: 4
Studenti	5.687 iscritti (di cui 3.924 donne, 5434 studenti in corso e 851 matricole)
Laureati	1.273 (di cui 1.273 donne)
Laureati regolari	56%

Facoltà di Giurisprudenza	Classe	Sede	Accesso	Posti a bando
Corsi di laurea				
Economia e commercio	L-33	Palermo	🔓	
Scienze del servizio sociale e del non profit	L-39	Roma, Palermo, Taranto	🔓	
Tecniche informatiche per la gestione dei dati	L-31	Roma	🔒	50
Corsi di laurea magistrale				
Programmazione e gestione delle politiche e dei servizi sociali	LM-87	Roma	🔓	
Corsi di laurea magistrale a ciclo unico			🔓	
Giurisprudenza	LMG/01	Palermo, Roma	🔓	

Facoltà di Scienze economiche, politiche e delle lingue moderne	Classe	Sede	Accesso	Posti a bando
Corsi di laurea				
Economia e gestione aziendale	L-18	Roma	🔓	
Mediazione linguistica e culturale	L-12	Roma	🔓	
Scienze politiche e internazionali	L-36	Roma	🔓	
Corsi di laurea magistrale				
Relazioni internazionali	LM-52	Roma	🔓	
Economia e managemet	LM-77	Palermo	🔓	
Management and finance	LM-77	Roma	🔓	
Politiche, amministrazione e innovazione	LM-62	Roma	🔓	
Comunicazione, innovazione ed experience design	LM-91	Roma	🔓	

Facoltà di Scienze umane-Comunicazione, Formazione, Psicologia	Classe	Sede	Accesso	Posti a bando
Corsi di laurea				
Scienze dell'educazione	L -19	Roma	🔓	
Scienze della comunicazione, marketing e digital media	L-20	Roma	🔓	
Scienze e tecniche psicologiche	L-24	Roma	🔓	
Corsi di laurea magistrale				
Marketing and digital comunication	LM-59	Roma	🔓	
Progettazione e gestione dei servizi educativi e formativi	LM-50	Roma,	🔓	
Psicologia	LM-51	Roma	🔓	
Psicologia del lavoro e del benessere organizzativo	LM-51	Roma		
Corsi di laurea magistrale a ciclo unico				
Scienze della formazione	LM-85 bis	Roma	🔒	183

La sede romana dell'**Università Cattolica del Sacro Cuore** accoglie la Facoltà di Medicina e chirurgia, istituita, alla fine degli anni Cinquanta, da Padre Agostino Gemelli, fondatore dell'ateneo milanese. È stata la prima università a servirsi del numero programmato delle iscrizioni e a dotarsi di reparti ospedalieri *ad hoc*, raggruppati nel Policlinico Agostino Gemelli attivo dal 1964. A Roma la Cattolica ha sede sulle pendici del Monte Mario e si presenta come un moderno campus di tipo anglosassone, dotato di strutture didattiche efficienti e di collegi e residenze per gli studenti, nonché di numerosi servizi per ogni tipo di attività. Alla Facoltà di Medicina e chirurgia si è recentemente affiancata la Facoltà di Economia.

Università Cattolica del Sacro Cuore

(Per "I numeri dell'Università" si veda anche la tabella della sede di Milano della Cattolica)

Sede centrale	Largo Francesco Vito 1, 00168 Roma, tel.: 06 30151, sito: roma.unicatt.it
Sedi decentrate	Brescia, Milano, Piacenza-Cremona
Ente per il diritto allo studio	Largo Gemelli 1, 20123 Milano, tel.: 02.86.45.07.40, fax: 02.8718.1067, e-mail: info.dsu@educatt.it, sito: educatt.unicatt.it
Ufficio orientamento	Largo Francesco Vito 1, 00168 Roma, tel.: 06 30155720, fax: 06 30155722, e-mail: orientamento-rm@unicatt.it
Ufficio per il sostegno agli studenti disabili	Largo Francesco Vito 1, 00168 Roma, tel.: 06 3015 4751, e-mail: segreteria.disabili-rm@unicatt.it, segreteria.dsa-rm@unicatt.it
Ufficio relazioni internazionali	Largo Francesco Vito 1, 00168 Roma, tel.: 06 30155819 e-mail: sdast@rm.unicatt.it
CUS	Viale di Tor di Quinto 64, 00191 Roma tel: 06 89027301, 06 89027311 Email: info@cusroma.net sito: cusroma.net

Facoltà di Medicina e Chirurgia	Classe	Sede	Accesso	Posti a bando
Corsi di laurea triennale				
Dietistica	L/SNT3	Roma, Bolzano	🔒	16
Fisioterapia	L/SNT2	San Martino al Cimino, Roma, Campobasso	🔒	75
Igienista dentale	L/SNT3	Roma, Bolzano	🔒	38
Infermieristica	L/SNT1	Roma, Brescia, Campobasso, Potenza, Torino	🔒	443
Logopedia	L/SNT2	Roma	🔒	50
Ostetricia	L/SNT1	Potenza, Bolzano, Roma	🔒	50
Scienze e tecnologie cosmetologiche	L-29	Roma	🔒	30
Tecniche audioprotesiche	L/SNT3	Roma	🔒	10
Tecniche ortopediche	L/SNT3	Roma	🔒	10
Tecniche della prevenzione nell'ambiente e nei luoghi di lavoro	L/SNT4	Roma, Moliterno	🔒	10
Tecniche di radiologia medica, per immagini e radioterapia	L/SNT3	Roma, Potenza	🔒	26
Terapia occupazionale	L/SNT2	Roma, Moncrivello, Bolzano	🔒	36
Ortottica e assistenza oftalmologica	L/SNT2	Roma	🔒	30

Facoltà di Medicina e Chirurgia	Classe	Sede	Accesso	Posti a bando
Terapia della neiro e psicomotricità dell'età evolutiva	L/SNT2	Roma	🔒	30
Tecniche di laboratorio biomedico	L/SNT3	Roma, Bolzano	🔒	75
Corsi di laurea magistrale				
Biotecnologie per la medicina personalizzata	LM-9	Roma	🔒	30
Scienze infermieristiche e ostetriche	LM/SNT1	Roma, Torino	🔒	50
Scienze riabilitative delle professioni sanitarie	LM/SNT2	Roma, Vercelli	🔒	30
Corsi di laurea magistrale e a ciclo unico				
Farmacia	LM-13	Roma	🔒	100
Medicina e chirurgia	LM-41	Roma	🔒	300
Medicine and surgery	LM-41	Roma	🔒	80
Odontoiatria e protesi dentaria	LM-46	Roma	🔒	25

Facoltà di Economia	Classe	Sede	Accesso	Posti a bando
Corsi di laurea triennale				
Economia e gestione dei servizi	L-18	Roma	🔓	
Corsi di laurea magistrale				
Management dei servizi	LM-77	Roma	🔓	

L'**Università Campus Bio-Medico** di Roma è un ateneo non statale centrato sulle scienze per la cura dell'uomo, autorizzato dal Ministero a rilasciare titoli di studio con valore legale. Promuove strutture integrate di ricerca scientifica, insegnamento universitario e assistenza medico-sanitaria, per formare professionisti che sappiano fare del proprio lavoro un autentico servizio all'uomo.

Comprende 2 Facoltà, 26 scuole di specializzazione in area medica, un Policlinico Universitario, un Centro Interdisciplinare di Ricerca e la Scuola di Formazione Continua per la realizzazione di Master e corsi di aggiornamento.

Università Campus Bio Medico

Sede centrale Via Álvaro del Portillo 21, 00128 Roma, tel.: 06 225411, fax: 06 22541456, sito: unicampus.it

Ufficio diritto allo studio Via Álvaro del Portillo 21, 00128 Roma, tel.: 06 225419040, fax: 06 225141957, e-mail: a.tarquilio@unicampus.it

Ufficio orientamento Via Álvaro del Portillo 21, 00128 Roma, tel.: 06 225419056, fax: 06 22541456, e-mail: orientamento@unicampus.it

Ufficio per il sostegno agli studenti disabili Rivolgersi all'Ufficio Diritto allo Studio

Ufficio relazioni internazionali Via Álvaro del Portillo 21, 00128 Roma, tel.: 06 225418887, fax: 06 225418124, e-mail: relazioni.internazionali@unicampus.it

CUS Viale di Tor di Quinto 64, 00191 Roma tel: 06 4455294, 06 4462226 Email: info@cusroma.net sito: cusroma.net

	I numeri dell'Università
Corsi	5 di laurea triennali, 5 di laurea magistrale e 2 di laurea magistrale a ciclo unico
Docenti	ordinari: 40; associati: 55; ricercatori: 14
Studenti	1786 iscritti (di cui 1090 donne e 291 matricole)
Laureati	406 (di cui 258 donne)
Laureati regolari	n.d.

Facoltà di Medicina e Chirurgia	Classe	Sede	Accesso	Posti a bando
Corsi di laurea triennale				
Fisioterapia	L/SNT2	Roma	🔒	55
Infermieristica	L/SNT1	Roma	🔒	75
Scienze dell'alimentazione e della nutrizione umana	L-13	Roma	🔒	100
Tecniche di radiologia medica, per immagini e radioterapia	L/SNT3	Roma	🔒	50
Corsi di laurea magistrale				
Scienze dell'alimentazione e della nutrizione umana	LM -61	Roma	🔒	65
Scienze e tecnologie alimentari e gestione di filiera	LM-70	Roma	🔒	65
Corsi di laurea magistrale a ciclo unico				
Medicina e chirurgia	LM-41	Roma	🔒	142
Medicine and Surgery	LM-41	Roma	🔒	90

Facoltà di Ingegneria	Classe	Sede	Accesso	Posti a bando
Corsi di laurea triennale				
Ingegneria industriale	L-9	Roma	🔒	123
Corsi di laurea magistrale				
Ingegneria biomedica	LM-21	Roma	🔒	110
Ingegneria chimica per lo sviluppo sostenibile	LM-22	Roma	🔒	80
Ingegneria dei sistemi intelligenti	LM-32	Roma	🔒	30

La **Libera Università degli Studi San Pio V (UNINT)**ha cominciato la sua attività con la Facoltà di Scienze politiche, nel 1998 è stata poi attivata anche la Facoltà di Lingue e letterature straniere e, con l'anno accademico 2001-2002, in concomitanza con l'aggiornamento richiesto dalla riforma universitaria, sono iniziati anche i corsi della terza Facoltà, quella di Economia.

	Libera Università degli Studi "San Pio V"- Università degli Studi Internazionali di Roma
Sede centrale	Via Colombo 200-Via delle Sette Chiese 139, 00145 Roma, tel.: 06 5107771, fax: 06 5122416, sito: unint.eu
Ufficio per il diritto allo studio	Via Colombo 200-Via delle Sette Chiese 139, 00145 Roma, tel.: 06 510777232, fax: 06 510777270, e-mail: dirittoallostudio@unint.eu
Ufficio orientamento	Via Colombo 200-Via delle Sette Chiese 139, 00145 Roma, tel.: 06 510777409, fax: 06 510777270, e-mail: orientamento@unint.eu
Referente per il sostegno agli studenti disabili	Rivolgersi all'Ufficio per il diritto allo studio

Ufficio relazioni internazionali	Via Colombo 200-Via delle Sette Chiese 139, 00145 Roma, tel. e fax: 06 510777 248, e-mail: erasmus@unint.eu
CUS	Viale di Tor di Quinto 64, 00191 Roma tel: 06 89027301, 06 89027311 Email: info@cusroma.net sito: cusroma.net

I numeri dell'Università

Corsi	3 di laurea triennali e 4 di laurea magistrale
Docenti	ordinari: 9; associati: 17; ricercatori: 4
Studenti	1306 iscritti (di cui 1006 donne e 130 matricole)
Laureati	443 (di cui 353 donne)
Laureati regolari	n.d.

Facoltà di Economia	Classe	Sede	Accesso	Posti a bando
Corsi di laurea triennale				
Economia e management d'impresa	L-18	Roma	🔓	
Corsi di laurea magistrale				
Economia e management internazionale	LM-77	Roma	🔓	

Facoltà di Interpretariato e Traduzione	Classe	Sede	Accesso	Posti a bando
Corsi di laurea triennale				
Lingue per l'interpretariato e la traduzione	L-12	Roma	🔓	
Corsi di laurea magistrale				
Interpretariato e traduzione	LM-94	Roma	🔓	
Lingue e didattica innovativa	LM-37	Roma	🔓	

Facoltà di Scienze Politiche	Classe	Sede	Accesso	Posti a bando
Corsi di laurea				
Scienze politiche per la sicurezza e le relazioni internazionali	L-36	Roma	🔓	
Corsi di laurea magistrale				
Investigazione, criminalità e sicurezza internazionale	LM-52	Roma	🔓	

Con il Decreto Legislativo dell'8 maggio 1998 nasce, all'interno del Foro Italico, l'**Istituto Universitario di Scienze motorie,** erede dell'Istituto Superiore di Educazione Fisica. Lo IUSM è l'unico ateneo in Italia specifico per il settore sportivo e dotato di tutte le strutture e le attrezzature necessarie a fornire la cultura scientifica e tecnica utili alla formazione di personale specializzato nel campo sportivo.

Università degli studi di Roma "Foro Italico"- IUSM Italian University Sport and Movement

Sede centrale	Piazza Lauro De Bosis 15, 00135 Roma, tel.: 06 36733599, sito: uniroma4.it
Ufficio diritto allo studio	Piazza Lauro De Bosis 15, 00135 Roma, fax: 06 6733583, e-mail: diritto.studio@uniroma4.it
Referente per l'Ufficio orientamento	Piazza Lauro De Bosis 15, 00135 Roma, tel.: 06 36733243, e-mail: stefania.sabatini@uniroma4.it

Referente per il sostegno agli studenti disabili	Piazza Lauro De Bosis 15, 00135 Roma, tel.: 06 36733328/74, fax: 06 36733339, e-mail: lucia.deanna@uniroma4.it
Ufficio relazioni internazionali	Piazza Lauro De Bosis 15, 00135 Roma, tel.: 06 36733385,fax: 06 36733222, e-mail: relazioni.internazionali@uniroma4.it
CUS	Viale di Tor di Quinto 64, 00191 Roma tel: 06 89027301, 06 89027311 Email: info@cusroma.net sito: cusroma.net

I numeri dell'Università

Corsi	1 di laurea e 4 di laurea magistrale
Docenti	ordinari: 13; associati: 27; ricercatori: 20
Studenti	2189 iscritti (di cui 576 donne e 332 matricole)
Laureati	509 (di cui 167 donne)
Laureati regolari	n.d.

Facoltà di Scienze Motorie	Classe	Sede	Accesso	Posti a bando
Corsi di laurea triennale				
Scienze motorie e sportive	L-22	Roma	🔒	600
Corsi di laurea magistrale				
Attività motorie preventive e adattate	LM-67	Roma	🔒	65
Health and physical activity	LM-67	Roma	🔒	38
Management dello sport	LM-47	Roma	🔒	80
Scienza e tecnica dello sport	LM-68	Roma	🔒	60

L'**Università Europea di Roma**, non statale, è stata legalmente riconosciuta con il decreto del Ministero Istruzione e Ricerca del 4 maggio 2005. L'Ente promotore è la Congregazione dei Legionari di Cristo, da sempre attivamente impegnata nell'ambito della formazione, e gestisce 22 istituzioni di formazione di livello universitario, di cui 18 università e 158 scuole, presentando una forte vocazione internazionale.

Università europea di Roma

Sede centrale	Via degli Aldobrandeschi 190, 00163 Roma, tel.: 06 665431, sito: universitaeuropeadiroma.it

I numeri dell'Università

Corsi	3 di laurea, 2 di laurea magistrale e 2 a ciclo unico
Docenti	ordinari: 14; associati: 23; ricercatori: 4
Studenti	1013 iscritti (di cui 669 donne, 595 e 200 matricole)
Laureati	165 (di cui 106 donne)
Laureati regolari	n.d.

Facoltà di Economia	Classe	Sede	Accesso	Posti a bando
Corsi di laurea triennale				
Economia e gestione aziendale	L-18	Roma	🔓	
Corsi di laurea magistrale				
Economia e management dell'innovazione (in inglese)	LM-56	Roma	🔓	

Facoltà di Giurisprudenza	Classe	Sede	Accesso	Posti a bando
Corsi di laurea magistrale a ciclo unico				
Giurisprudenza	LMG-01	Roma	🔓	

Facoltà di Psicologia	Classe	Sede	Accesso	Posti a bando
Corsi di laurea triennale				
Scienze e tecniche psicologiche	L-24	Roma	🔓	
Corsi di laurea magistrale				
Psicologia	LM-51	Roma	🔓	

Facoltà di Turismo	Classe	Sede	Accesso	Posti a bando
Corsi di laurea triennale				
Turismo e valorizzazione del territorio	L-15	Roma	🔓	

Facoltà di Scienze della formazione primaria	Classe	Sede	Accesso	Posti a bando
Corsi di laurea magistrale				
Scienze della formazione primaria	LM -8 5bis	Roma	🔒	210

Il **Link Campus University di Roma**, non statale, è nato a Roma nel 1999 e successivamente si è trasferito presso il Casale di San Pio V, a pochi passi dal Vaticano. Propone corsi afferenti alle aree di economia, giurisprudenza, comunicazione e DAMS, Studi internazionali e strategici.

Link Campus University di Roma

Sede centrale Via del Casale di San Pio V, 44 - 00165 Roma
tel.: +39 06 94802270 sito: www.unilink.it

I numeri dell'Università

Corsi 5 di laurea, 4 di laurea magistrale e 1 a ciclo unico

Docenti ordinari: 5; associati: 10; ricercatori: 3

Studenti 1902 iscritti (di cui 536 donne, 324 matricole)

Laureati 438 (di cui 147 donne)

Laureati regolari n.d.

Facoltà di Scienze della formazione primaria	Classe	Sede	Accesso	Posti a bando
Corsi di laurea				
DAMS - Produzione audiovisiva e teatrale	L-3	Roma	🔓	
Scienze della Politica e dei Rapporti Internazionali	L-16, L-36	Roma	🔓	
International Business Administration	L-18	Roma	🔓	
Innovative Technologies for Digital Communication	L-20	Roma	🔓	
Scienze della difesa e della sicurezza	L/DS	Roma	🔓	
Corsi di laurea magistrale				
Studi Strategici e Scienze Diplomatiche	LMG/01	Roma	🔓	
Consulenza del lavoro e sistemi di workfare	LM.52, LM-62	Roma	🔓	
Tecnologie e Linguaggi della Comunicazione	LM-56	Roma	🔓	
Business Management - Gestione Aziendale	LM-59	Roma	🔓	
Corsi di laurea magistrale a ciclo unico				
Giurisprudenza	LM-77	Roma	🔓	

La **Saint Camillus International University of Health Sciences** (UniCamillus), è un'università privata, attiva dal 2017 con sede a Roma, promossa dalla Fondazione Progetto Salute.

SAINT CAMILLUS INTERNATIONAL UNIVERSITY OF HEALTH SCIENCES

Sede centrale Via di Sant'Alessandro, 8, 00131 Roma
tel.: +39 06 40 06 40 sito: www.unicamillus.org/it/homepage/
info@unicamillus.org

I numeri dell'Università

Corsi 5 di laurea, 1 di laurea magistrale, 2 di laurea magistrale a ciclo unico

Docenti associati: 16; ricercatori: 10

Studenti n.d.

Laureati n.d.

Laureati regolari n.d.

Facoltà di Scienze della formazione primaria	Classe	Sede	Accesso	Posti a bando
Corsi di laurea				
Infermieristica	L/SNT1	Roma	🔒	75
Ostetricia	L/SNT1	Roma	🔒	75
Fisioterapia	L/SNT2	Roma	🔒	75
Tecniche di laboratorio biomedico	L/SNT3	Roma	🔒	75
Tecniche di radiologia medica, per immagini e radioterapia	L/SNT3	Roma	🔒	75

Facoltà di Scienze della formazione primaria	Classe	Sede	Accesso	Posti a bando
Corsi di laurea magistrale				
Scienze della nutrizione umana	LM-61	Roma	🔓	
Corsi di laurea magistrale a ciclo unico				
Medicina e chirurgia	LM-41	Roma	🔒	300
Odontoiatria e protesi dentaria	LM-46	Roma	🔒	60

6.40 | Salerno

L'**Università degli Studi di Salerno** si innesta sulla salda tradizione della *Schola medica salernitana*. Dopo la statalizzazione, avvenuta nel 1968, dalla Facoltà di Magistero hanno preso le mosse le altre Facoltà umanistiche e, in seguito, quelle scientifiche, incluse le Facoltà di Economia e Farmacia. Recente è il trasferimento della sede universitaria a Fisciano (a 15 chilometri da Salerno).

Università degli Studi di Salerno

Sede centrale Via Giovanni Paolo II, 132, 84084 Fisciano (SA), tel.: 089 961111, sito: unisa.it

Sedi decentrate Baronissi

Ente per il diritto allo studio Via Giovanni Paolo II, 132, 84084 Fisciano (SA), tel.: 089 966305, e-mail: dirstu@unisa.it, sito: adisu.sa.it

Ufficio orientamento Via Giovanni Paolo II, 132, 84084 Fisciano (SA), tel.: 089 966417, fax: 089 966305, e-mail: orientamento@unisa.it, sito: orientamento.unisa.it

Ufficio per il sostegno agli studenti disabili Rivolgersi all'Ufficio per il diritto allo studio

Ufficio relazioni internazionali Via Giovanni Paolo II, 132, 84084 Fisciano (SA), tel.: 089 962368, fax: 089 962487, e-mail: erasmus@unisa.it

CUS Via Giovanni Paolo II, 132, 84084 Fisciano (SA), tel.: 089 950066, fax: 089 9501815, e-mail: info@cussalerno.com, sito: cussalerno.com

I numeri dell'Università

Corsi 36 di laurea, 39 di laurea magistrale, 7 di laurea magistrale a ciclo unico di 5 anni e 2 di laurea magistrale a ciclo unico di 6 anni

Docenti ordinari: 239; associati: 408; ricercatori: 196

Studenti 35537 iscritti, di cui 20187 donne e 5535 matricole

Laureati 5217 (di cui 3199 donne)

Laureati regolari n.d.

Dipartimento di Chimica e Biologia	Classe	Sede	Accesso	Posti a bando
Corsi di laurea triennale				
Chimica	L-27	Fisciano	🔓	
Scienze biologiche	L-13	Fisciano	🔒	150
Scienze ambientali	L-32	Fisciano	🔓	

Dipartimento di Chimica e Biologia	Classe	Sede	Accesso	Posti a bando
Corsi di laurea magistrale				
Biologia	LM-6	Fisciano	🔓	
Chimica	LM-54	Fisciano	🔓	
Scienze ambientali	LM-75	Fisciano	🔓	
Digital Health and Bioinformatic Engineering	LM-32	Fisciano	🔓	

Dipartimento di Farmacia	Classe	Sede	Accesso	Posti a bando
Corsi di laurea triennale				
Gestione e valorizzazione delle risorse agrarie e delle aree protette	L-25	Fisciano	🔓	
Tecniche erboristiche	L-29	Fisciano	🔓	
Corsi di laurea magistrale				
Innovazioni per le produzioni agrarie mediterranee	LM-69	Fisciano	🔓	
Corsi di laurea magistrale a ciclo unico				
Chimica e tecnologia farmaceutiche	LM-13	Fisciano	🔒	100
Farmacia	LM-13	Fisciano	🔒	200

Dipartimento di Fisica	Classe	Sede	Accesso	Posti a bando
Corsi di laurea triennale				
Fisica	L-30	Fisciano	🔓	
Corsi di laurea magistrale				
Fisica	LM-17	Fisciano	🔓	

Dipartimento di Informatica	Classe	Sede	Accesso	Posti a bando
Corsi di laurea triennale				
Informatica	L-31	Fisciano	🔓	
Corsi di laurea magistrale				
Informatica	LM-18	Fisciano	🔓	
Data Science and Innovation Management	LM-91	Fisciano	🔓	

Dipartimento di Ingegneria Civile	Classe	Sede	Accesso	Posti a bando
Corsi di laurea triennale				
Ingegneria civile	L-7	Fisciano	🔓	
Ingegneria civile per l'ambiente e il territorio	L-7	Fisciano	🔓	
Corsi di laurea magistrale				
Ingegneria civile	LM-23	Fisciano	🔓	
Ingegneria per l'ambiente e il territorio	LM-35	Fisciano	🔓	
Corsi di laurea magistrale a ciclo unico				
Ingegneria edile – Architettura	LM-4	Fisciano	🔒	60

Dipartimento di Ingegneria dell'Informazione, Ingegneria elettrica e Matematica applicata	Classe	Sede	Accesso	Posti a bando
Corsi di laurea triennale				
Ingegneria informatica	L-8	Fisciano	🔓	
Corsi di laurea magistrale				
Ingegneria informatica	LM-32	Fisciano	🔓	

Dipartimento di Ingegneria Industriale	Classe	Sede	Accesso	Posti a bando
Corsi di laurea triennale				
Ingegneria chimica	L-9	Fisciano	🔓	
Ingegneria elettronica	L-8	Fisciano	🔓	
Ingegneria gestionale	L-9	Fisciano	🔓	
Ingegneria meccanica	L-9	Fisciano	🔓	
Corsi di laurea magistrale				
Ingegneria alimentare-Food Engineering	LM-22	Fisciano	🔓	
Ingegneria chimica	LM-22	Fisciano	🔓	
Ingegneria elettronica	LM-29	Fisciano	🔓	
Ingegneria gestionale	LM-31	Fisciano	🔓	
Smart industry engineering	LM-33	Fisciano	🔒	25
Ingegneria meccanica	LM-33	Fisciano	🔓	

Dipartimento di Matematica	Classe	Sede	Accesso	Posti a bando
Corsi di laurea triennale				
Matematica	L-35	Fisciano	🔓	
Corsi di laurea magistrale				
Matematica	LM-40	Fisciano	🔓	

Dipartimento di Medicina e Chirurgia	Classe	Sede	Accesso	Posti a bando
Corsi di laurea triennale				
Fisioterapia	L/SNT2	Baronissi	🔒	45
Infermieristica	L/SNT1	Salerno, Baronissi	🔒	150
Ostetricia	L/SNT1	Salerno	🔒	35
Tecniche di radiologia medica, per immagini e e radioterapia	L/SNT3	Salerno	🔒	15
Corsi di laurea magistrale a ciclo unico				
Medicina e chirurgia	LM-41	Baronissi	🔒	158
Odontoiatria e protesi dentaria	LM-46	Baronissi	🔒	30

Dipartimento di Scienze Economiche e Statistiche	Classe	Sede	Accesso	Posti a bando
Corsi di laurea triennale				
Economia aziendale	L-18	Fisciano	🔒	230
Economia e commercio	L-33	Fisciano	🔒	230
Scienze dell'amministrazione e dell'organizzazione	L-16	Fisciano	🔓	
Statistica per i Big Data	L-41	Fisciano	🔒	80
Corsi di laurea magistrale				
Economia	LM-56	Fisciano	🔒	135
Economia governo e amministrazione	LM-56/LM-63	Fisciano	🔓	
Scienze statistiche per la finanza	LM-83	Fisciano	🔓	

Dipartimento di Scienze del Patrimonio culturale	Classe	Sede	Accesso	Posti a bando
Corsi di laurea triennale				
Scienze dei beni culturali	L-1	Fisciano	🔓	
Filosofia	L-5	Fisciano	🔓	
Discipline delle arti visive, della musica e dello spettacolo	L-3	Fisciano	🔓	

Dipartimento di Scienze del Patrimonio culturale	Classe	Sede	Accesso	Posti a bando
Corsi di laurea magistrale				
Archeologia e culture antiche	LM-2	Fisciano	🔓	
Filosofia	LM-78	Fisciano	🔓	
Gestione e conservazione del patrimonio archivistico e librario	LM-5	Fisciano	🔓	
Scienze dello spettacolo e della produzione multimediale	LM-65	Fisciano	🔓	
Storia e critica d'arte	LM-89	Fisciano	🔓	

Dipartimento di Scienze Giuridiche	Classe	Sede	Accesso	Posti a bando
Corsi di laurea				
Giurista d'impresa e delle nuove tecnologie	L-14	Fisciano	🔓	
Corsi di laurea magistrale a ciclo unico				
Giurisprudenza	LMG-01	Fisciano	🔓	

Dipartimento di Scienze Politiche, Sociali e della Comunicazione	Classe	Sede	Accesso	Posti a bando
Corsi di laurea triennale				
Scienze della comunicazione	L-20	Fisciano	🔒	200
Scienze politiche e delle relazioni internazionali	L-36	Fisciano	🔓	
Sociologia	L-40	Fisciano	🔓	
Studi diplomatici, internazionali e sulla sicurezza globale	L-36	Fisciano	🔓	
Corsi di laurea magistrale				
Corporate communication e media	LM-59/LM-92	Fisciano	🔓	
Sociologia e politiche per il territorio	LM-88	Fisciano	🔓	

Dipartimento di Scienze Umane, Filosofiche e della Formazione	Classe	Sede	Accesso	Posti a bando
Corsi di laurea triennale				
Scienze delle attività motorie, sportive e dell'educazione psicomotoria	L-22	Fisciano	🔒	320
Scienze dell'educazione	L-19	Fisciano	🔒	300
Corsi di laurea magistrale				
Scienze dell'educazione permanente e della formazione continua	LM-57	Fisciano	🔓	
Scienze della valutazione motorio-sportiva e tecniche di analisi e progettazione dello sport per disabili	LM-68	Fisciano	🔒	100
Psicologia di comunità per i contesti formativi, per il benessere e lo sport	LM-51	Fisciano	🔒	300
Management delle attività sportive e motorie per il il benessere sociale	LM-47	Fisciano	🔓	
Scienze pedagogiche	LM-85	Fisciano	🔓	
Corsi di laurea magistrale a ciclo unico				
Scienze della formazione primaria	LM-85 bis	Fisciano	🔒	300

Dipartimento di Scienze aziendali-Management & Innovation systems	Classe	Sede	Accesso	Posti a bando
Corsi di laurea triennale				
Economia e management	L-18	Fisciano	🔒	650
Corsi di laurea magistrale				
Consulenza e management aziendale	LM-77	Fisciano	🔓	

Dipartimento di Studi Umanistici	Classe	Sede	Accesso	Posti a bando
Corsi di laurea triennale				
Lettere	L-10	Fisciano	🔓	
Lingue e culture straniere	L-11	Fisciano	🔒	330
Corsi di laurea magistrale				
Filologia, letterature e storia dell'antichità	LM-15	Fisciano	🔓	
Filologia moderna	LM-14	Fisciano	🔓	
Lingue e letterature moderne	LM-37	Fisciano	🔓	
Linguistica e didattica dell'italiano nel contesto internazionale	LM-14	Fisciano	🔒	20
Global studies and EU	LM-52	Fisciano	🔓	
Politiche Territoriali e Cooperazione Internazionale	LM-60	Fisciano	🔓	

6.41 | Sassari

Le origini dell'**Università degli Studi di Sassari** risalgono al 1558, quando la Compagnia di Gesù ereditò da Alessio Fontana la disponibilità economica per la fondazione di un collegio. In seguito, la gestione dell'università passò nelle mani dei sovrani spagnoli e, più tardi, della casa dei Savoia. Attualmente l'ateneo accoglie un museo anatomico e un museo di botanica farmaceutica con un erbario risalente ai primi dell'Ottocento.

Università degli Studi di Sassari

Sede centrale	Piazza Università 21, 07100 Sassari, tel.: 079 228211, fax: 079 228816, sito: uniss.it
Sedi decentrate	Alghero, Nuoro, Olbia, Oristano
Ente per il diritto allo studio	Via Coppino 18, 07100 Sassari, numero verde 800 446999, tel.: 079 9940002, fax: 079/272118 e-mail:dirstudio@ersusassari.it, sito: ersusassari.it
Ufficio orientamento	Via Arborea, 40/b, 07100 Sassari, numero verde: 800 882994, e-mail: orientamento@uniss.it
Ufficio per il sostegno agli studenti disabili	Piazza Università 21, 07100 Sassari, e-mail: disabilita@uniss.it
Ufficio relazioni internazionali	Via Macao 32, 07100 Sassari, tel.: 079 229757, fax: 079 229979, e-mail: relint@uniss.it
CUS	Via S. Pietro d'Ottava-Regione S. Giovanni, 07100 Sassari, Segreteria studenti: Largo Porta Nuova, tel.: 079 229973, fax: 079 228993,e-mail: cus@uniss.it

I numeri dell'Università

Corsi	31 di laurea triennale, 22 di laurea magistrale e 6 a ciclo unico
Docenti	ordinari: 116; associati: 291; ricercatori: 93
Studenti	13117 iscritti (di cui 8324 donne e 2077 matricole)
Laureati	2039 (di cui 1318 donne)
Laureati regolari	n.d.

Dipartimento di Agraria	Classe	Sede	Accesso	Posti a bando
Corsi di laurea triennale				
Scienze agro-zootecniche	L-25	Sassari	🔓	
Scienze e tecnologie agrarie	L-25	Sassari	🔓	
Scienze forestali e ambientali	L-25	Nuoro	🔓	
Tecnologie viticole, enologiche, alimentari	L-26	Oristano	🔒	75
Corsi di laurea magistrale				
Scienze delle produzioni zootecniche	LM-86	Sassari	🔓	
Sistemi agrari	LM-69	Sassari	🔓	
Sistemi forestali e ambientali	LM-73	Nuoro	🔓	
Qualità e sicurezza dei prodotti alimentari	LM-70	Oristano	🔒	15

Dipartimento di Architettura, Design e Urbanistica	Classe	Sede	Accesso	Posti a bando
Corsi di laurea triennale				
Scienze dell'architettura e del progetto	L-17	Alghero	🔒	70
Urbanistica. pianificazione della città, del territorio, dell'ambiente e del paesaggio	L-21	Alghero	🔓	
Corsi di laurea magistrale				
Architettura	LM-4	Alghero	🔒	50
Pianificazione e politiche per la città, l'ambiente e il paesaggio	LM-48	Alghero	🔒	38

Dipartimento di Chimica e Farmacia	Classe	Sede	Accesso	Posti a bando
Corsi di laurea triennale				
Chimica	L-27	Sassari	🔓	
Corsi di laurea magistrale				
Scienze chimiche	LM-54	Sassari	🔓	
Corsi di laurea magistrale a ciclo unico				
Chimica e tecnologia farmaceutiche	LM-13	Sassari	🔒	100
Farmacia	LM-13	Sassari	🔒	100

Dipartimento di Giurisprudenza	Classe	Sede	Accesso	Posti a bando
Corsi di laurea triennale				
Scienze dei servizi giuridici	L-14	Sassari	🔓	
Sicurezza e cooperazione internazionale	L/DS	Sassari	🔓	
Corsi di laurea magistrale a ciclo unico				
Giurisprudenza	LMG-01	Sassari	🔓	

Dipartimento di Medicina Veterinaria	Classe	Sede	Accesso	Posti a bando
Corsi di laurea magistrale				
Biotecnologie sanitarie mediche e veterinarie	LM-9	Sassari	🔓	
Corsi di laurea magistrale a ciclo unico				
Medicina veterinaria	LM-42	Sassari	🔒	50

Dipartimento di Scienze Biomediche	Classe	Sede	Accesso	Posti a bando
Corsi di laurea triennale				
Biotecnologie	L-2	Sassari	🔒	75
Scienze biologiche	L-13	Sassari	🔒	150
Corsi di laurea magistrale				
Biologia	LM-6	Sassari	🔓	

Dipartimento di Scienze Chirurgiche, Microchirurgiche e Mediche	Classe	Sede	Accesso	Posti a bando
Corsi di laurea triennale				
Infermieristica	L/SNT1	Sassari	🔒	200
Tecniche di laboratorio biomedico	L/SNT3	Sassari	🔒	35
Tecniche di radiologia medica, per immagini e radioterapia	L/SNT3	Sassari	🔒	40
Fisioterapia	L/SNT2	Sassari	🔒	35
Logopedia	L/SNT2	Sassari	🔒	35
Scienze motorie, sportive e benessere dell'uomo	L-22	Sassari	🔒	80
Corsi di laurea magistrale				
Scienze dell'alimentazione, salute e benessere dell'uomo	LM-61	Sassari	🔓	
Corsi di laurea magistrale a ciclo unico				
Medicina e chirurgia	LM-41	Sassari	🔒	143
Odontoiatria e protesi dentaria	LM-46	Sassari	🔒	30

Dipartimento di Scienze della Natura e del Territorio	Classe	Sede	Accesso	Posti a bando
Corsi di laurea triennale				
Scienze naturali	L-32	Sassari	🔓	
Corsi di laurea magistrale				
Gestione dell'ambiente e del territorio	LM-75	Sassari	🔓	
Wildlife Management, Conservation, and Control	LM-86	Sassari		

Dipartimento di Scienze Economiche e Aziendali	Classe	Sede	Accesso	Posti a bando
Corsi di laurea triennale				
Economia e management	L-18	Sassari	🔓	
Economia e management del turismo	L-18	Olbia	🔓	
Corsi di laurea magistrale				
Economia	LM-56	Sassari	🔓	
Economia aziendale	LM-77	Sassari	🔓	
Innovation management for sustainable tourism	LM-77	Olbia		

Dipartimento di Scienze politiche, Scienze della Comunicazione e Ingegneria dell'Informazione	Classe	Sede	Accesso	Posti a bando
Corsi di laurea triennale				
Comunicazione pubblica e professioni dell'informazione	L-20	Sassari	🔓	

Dipartimento di Scienze politiche, Scienze della Comunicazione e Ingegneria dell'Informazione	Classe	Sede	Accesso	Posti a bando
Scienze politiche	L-36	Sassari	🔓	
Ingegneria informatica	L-8	Sassari	🔒	100
Corsi di laurea magistrale				
Scienze politiche e giuridiche per l amministrazione	LM-62, LM/SC-GIUR	Sassari	🔓	
Gestione dei flussi migratori	LM-81	Sassari	🔒	50

Dipartimento di Scienze umanistiche e sociali	Classe	Sede	Accesso	Posti a bando
Corsi di laurea triennale				
Mediazione linguistica a culturale	L-12	Sassari	🔓	
Lingue, culture e tecniche per il turismo	L-15	Sassari	🔓	
Progettazione, Gestione e Promozione Turistica di Itinerari della Cultura e dell'Ambiente	L-6	Nuoro		
Scienze e tecniche psicologiche dei processi cognitivi	L- 24	Sassari	🔒	125
Servizio sociale	L-39		🔒	80
Corsi di laurea magistrale				
Lettere, filologia moderna e industria culturale	LM-14	Sassari	🔓	
Lingue e letterature straniere per la mediazione culturale e la valorizzazione del territorio	LM-38	Sassari	🔓	
Servizio sociale e politiche sociali	LM-87	Sassari	🔓	

Dipartimento di Storia, Scienze dell'uomo della Formazione	Classe	Sede	Accesso	Posti a bando
Corsi di laurea triennale				
Lettere	L-10	Sassari	🔓	
Scienze dell'educazione	L-19	Sassari	🔒	175
Scienze dei beni culturali	L-1	Sassari	🔓	
Corsi di laurea magistrale				
Archeologia	LM-2	Sassari	🔓	
Scienze storiche e filosofiche	LM-78/LM-84	Sassari	🔓	

6.42 | Siena

L'**Università degli Studi di Siena** vanta una lunga tradizione che risale al Trecento. A quei tempi le sue note scuole di medicina, diritto e grammatica accoglievano studenti provenienti anche da Spagna, Portogallo, Germania e Borgogna. Attualmente l'ateneo senese conta nove Facoltà, inclusa la nuova seconda Facoltà di Lettere e filosofia con sede ad Arezzo, con un'ampia scelta di corsi di laurea umanistici e scientifici.

Università degli Studi di Siena

Sede centrale Via Banchi di Sotto 55, 53100 Siena, numero verde: 800 221644, tel: 0577 235555, sito: unisi.it

Sedi decentrate Arezzo, San Giovanni Valdarno, Grosseto

Ente per il diritto allo studio Via Bandini 25, 53100 Siena, tel.: 0577 292818/232421, e-mail: borse.si@dsu.toscana.it, - borse.premi@unisi.it, sito: dsu.toscana.it

Ufficio orientamento Via Banchi di Sotto 55, 53100 Siena, tel.: 0577 232423, fax: 0577 232353, e-mail: orientamento@unisi.it

Ufficio per il sostegno agli studenti disabili Via Banchi di Sotto 55, 53100 Siena, tel.: 0577 232250, fax: 0577 232042, e-mail: uffdisabili@unisi.it

Ufficio relazioni internazionali Via S. Vigilio 6, 53100 Siena, tel.: 0577 52341, fax: 0577 232392, e-mail: uri@unisi.it

CUS Via Luciano Banchi 3, 53100 Siena, tel.: 0577 52341, fax: 0577 52324, e-mail: info@cussiena.it, cussiena.it

I numeri dell'Università

Corsi 33 di laurea, 36 di laurea magistrale e 5 a ciclo unico

Docenti ordinari: 178; associati: 274; ricercatori: 83

Studenti 15819 iscritti (di cui 9187 donne e 2373 matricole)

Laureati 2775 (di cui 1614 donne)

Laureati regolari n.d.

Dipartimento di Economia Politica e Statistica	Classe	Sede	Accesso	Posti a bando
Corsi di laurea triennale				
Scienze economiche e bancarie	L-33	Siena	🔓	
Economics and management	L-18	Siena	🔓	
Corsi di laurea magistrale				
Economia per l'ambiente e la sostenibilità	LM-56	Siena	🔓	
Economics	LM-56	Siena	🔓	
Finance	LM-16	Siena	🔓	
International accounting and management	LM-77	Siena	🔓	
Scienze statistiche per le indagini campionarie	LM-82	Siena	🔓	
Management and governance	LM-77	Siena	🔓	
Sostenibilità sociale e management del welfare	LM-87	Siena	🔓	

Dipartimento di Giurisprudenza	Classe	Sede	Accesso	Posti a bando
Corsi di laurea triennale				
Servizi giuridici	L-14	Siena	🔓	
Corsi di laurea magistrale a ciclo unico				
Giurisprudenza	LMG-01	Siena	🔓	

Dipartimento di Scienze Politiche e Internazionali	Classe	Sede	Accesso	Posti a bando
Corsi di laurea triennale				
Scienze politiche	L-36	Siena	🔓	
Corsi di laurea magistrale				
Public and Cultural Diplomacy	LM-81	Siena	🔓	
Scienze delle amministrazioni	LM-63	Siena	🔓	
Scienze internazionali	LM-52	Siena	🔓	

Dipartimento di Studi Aziendali e Giuridici	Classe	Sede	Accesso	Posti a bando
Corsi di laurea triennale				
Economia e commercio	L-18	Siena	🔓	
Corsi di laurea magistrale				
Economia e gestione degli intermediari finanziari	LM-77	Siena	🔓	

Dipartimento di Filologia e Critica delle Letterature antiche e moderne	Classe	Sede	Accesso	Posti a bando
Corsi di laurea triennale				
Studi letterari e filosofici	L-10	Siena	🔓	
Corsi di laurea magistrale				
Lettere classiche	LM-15	Siena	🔓	
Lettere moderne	LM-14	Siena	🔓	

Dipartimento di Scienze della Formazione, Scienze Umane e della Comunicazione Interculturale	Classe	Sede	Accesso	Posti a bando
Corsi di laurea triennale				
Lingue per la comunicazione interculturale e d'impresa	L-11	Arezzo	🔓	
Scienze dell'educazione e della formazione	L-19	Arezzo	🔓	
Corsi di laurea magistrale				
Scienze per la formazione e la consulenza pedagogica nelle organizzazioni	LM-85	Arezzo	🔓	

Dipartimento di Scienze Sociali, Politiche e Cognitive	Classe	Sede	Accesso	Posti a bando
Corsi di laurea triennale				
Scienze della comunicazione	L-20	Siena	🔓	
Scienze del servizio sociale	L-39	Siena	🔓	
Corsi di laurea magistrale				
Antropologia e linguaggi dell'immagine	LM-1	Siena	🔓	
Language and mind: linguistics and cognitive studies	LM-39	Siena	🔓	
Strategie e tecniche della comunicazione	LM-92	Siena	🔓	

Dipartimento di Scienze Storiche e del Beni Culturali	Classe	Sede	Accesso	Posti a bando
Corsi di laurea triennale				
Scienze storiche e del patrimonio culturale	L-1	Siena	🔓	
Corsi di laurea magistrale				
Archeologia	LM-2	Siena	🔓	

Dipartimento di Scienze Storiche e del Beni Culturali	Classe	Sede	Accesso	Posti a bando
Storia dell'arte	LM-89	Siena	🔓	
Storia e filosofia	LM-78 / LM-84	Siena, Arezzo	🔓	

Dipartimento di Biotecnologie Mediche	Classe	Sede	Accesso	Posti a bando
Corsi di laurea triennale				
Igiene dentale	L/SNT3	Siena	🔒	7
Tecniche di fisiopatologia cardiocircolatoria e perfusione cardiovascolare	L/SNT3	Siena	🔒	11
Tecniche di laboratorio biomedico	L/SNT3	Siena, Arezzo	🔒	22
Corsi di laurea magistrale				
Medical Biotechnologies	LM-9	Siena	🔓	

Dipartimento di Medicina Molecolare e Sviluppo	Classe	Sede	Accesso	Posti a bando
Corsi di laurea triennale				
Biotecnologie	L-2	Siena	🔒	74
Tecniche della prevenzione nell'ambiente e nei luoghi di lavoro	L/SNT4	Siena	🔒	26
Corsi di laurea magistrale				
Biologia sanitaria	LM/6	Siena	🔓	
Biotechnologies of human reproduction	LM/9	Siena	🔓	
Scienze infermieristiche e ostetriche	LM/SNT1	Siena	🔒	22

Dipartimento di Scienze Mediche, Chirurgiche e Neuroscienze	Classe	Sede	Accesso	Posti a bando
Corsi di laurea triennale				
Ostetricia	L/SNT1	Siena	🔒	17
Dietistica	L/SNT3	Siena	🔒	22
Fisioterapia	L/SNT2	Siena	🔒	26
Infermieristica	L/SNT1	Siena	🔒	250
Logopedia	L/SNT2	Siena	🔒	21
Ortottica e assistenza di oftalmologica	L/SNT2	Siena	🔒	16
Tecniche di radiologia medica, per immagini e radioterapia	L/SNT3	Siena	🔒	14
Tecniche audioprotesiche	L/SNT3	Siena	🔒	16
Corsi di laurea magistrale				
Scienze riabilitative delle professioni sanitarie	LM/SNT2	Siena	🔒	20
Corsi di laurea magistrale a ciclo unico				
Dentistry and Dental Prosthodontics	LM-46	Siena	🔒	43
Medicina e chirurgia	LM-41	Siena	🔒	246

Dipartimento di Biotecnologie, Chimica e Farmacia	Classe	Sede	Accesso	Posti a bando
Corsi di laurea triennale				
Scienze chimiche	L-27	Siena	🔓	
Corsi di laurea magistrale				
Chemistry	LM-54	Siena	🔓	
Sustainable Industrial Pharmaceutical Biotechnology	LM-80	Siena	🔓	

Dipartimento di Biotecnologie, Chimica e Farmacia	Classe	Sede	Accesso	Posti a bando
Corsi di laurea magistrale a ciclo unico				
Chimica e tecnologia farmaceutiche	LM-13	Siena	🔒	120
Biodiversity conservation and environmental quality	LM-6	Siena	🔓	
Farmacia	LM-13	Siena	🔒	100

Dipartimento di Ingegneria dell'Informazione e Scienze Matematiche	Classe	Sede	Accesso	Posti a bando
Corsi di laurea triennale				
Ingegneria gestionale	L-8	Siena	🔓	
Ingegneria informatica e dell'informazione	L-8	Siena	🔓	
Matematica	L-35	Siena	🔓	
Corsi di laurea magistrale				
Artificial Intelligence and Automation Engineering	LM-32	Siena	🔓	
Electronics and communications engineering	LM-27	Siena	🔓	
Engineering management	LM-31	Siena	🔓	
Applied Mathematics	LM-40	Siena	🔓	

Dipartimento di Scienze della Vita	Classe	Sede	Accesso	Posti a bando
Corsi di laurea triennale				
Scienze biologiche	L-13	Siena	🔒	200
Corsi di laurea magistrale				
Biologia	LM-6	Siena	🔓	
Genetic Counsellors	LM-9	Siena	🔓	

Dipartimento di Scienze Fisiche, della Terra e dell'Ambiente	Classe	Sede	Accesso	Posti a bando
Corsi di laurea triennale				
Fisica e tecnologie avanzate	L-30	Siena	🔓	
Scienze ambientali e naturali	L-32	Siena	🔓	
Scienze geologiche	L-34	Siena	🔓	
Agrobusiness	L-25	Siena	🔒	20
Corsi di laurea magistrale				
Ecotossicologia e sostenibilità ambientale	LM-75	Siena	🔓	
Scienze e tecnologie geologiche	LM-74	Siena	🔓	

School of Economics and Management	Classe	Sede	Accesso	Posti a bando
Corsi di laurea magistrale				
Management and Governance	LM-77	Siena	🔓	
Engineering management	LM-31	Siena	🔓	
Sostenibilità sociale e management del welfare	LM-87	Siena	🔓	

L'**Università per Stranieri di Siena** è una università statale a ordinamento speciale che svolge attività di insegnamento e di ricerca scientifica finalizzate alla conoscenza e alla diffusione della lingua e della cultura italiana. L'Ateneo si rivolge anche al corpo insegnante attraverso un'ampia offerta di corsi di formazione, aggiornamento e perfezionamento (presso la sede di Siena o organizzati all'estero) per docenti italiani e stranieri.

Università per Stranieri di Siena

Sede centrale Piazza Carlo Rosselli, 27/28, 53100 Siena, tel.: 0577 240100/11, fax: 0577 281030, sito: unistrasi.it

Ente per il diritto allo studio Via Bandini 25, 53100 Siena, tel.: 0577 292818/232421, e-mail: borse.si@dsu.toscana.it,-borse.premi@unisi.it, sito: dsu.toscana.it

Ufficio orientamento Piazza Carlo Rosselli, 27/28, 53100 Siena, tel.: 0577 240150/166, fax: 0577 240148, e-mail: orientamento@unistrasi.it

Referente per il sostegno agli studenti disabili Piazza Carlo Rosselli, 27/28, 53100 Siena, tel.: 0577 240112/159, e-mail: disabilita@unistrasi.it

Referente per le relazioni internazionali Piazza Carlo Rosselli, 27/28, 53100 Siena, tel.: 0577 240155/162, fax: 0577 270630, e-mail: relazioni.internazionali@unistrasi.it, bagna@unistrasi.it

CUS Via Luciano Banchi 3, 53100 Siena, tel.: 0577 52341, fax: 0577 52324, e-mail: info@cussiena.it, cussiena.it

I numeri dell'Università

Corsi 3 di laurea triennale e 2 di laurea magistrale

Docenti ordinari: 13; associati: 22; ricercatori: 5

Studenti 2072 iscritti (di cui 1670 donne e 529 matricole)

Laureati 299 (di cui 256 donne)

Laureati regolari n.d.

Facoltà di Lingua e Cultura Italiana	Classe	Sede	Accesso	Posti a bando
Corsi di laurea triennale				
Lingua e cultura italiana per l'insegnamento agli stranieri e per la scuola	L-10	Siena	🔓	
Lingua, letteratura, arti italiane in prospettiva internazionale	L-19	Siena	🔓	
Mediazione linguistica e culturale	L-12	Siena	🔓	
Corsi di laurea magistrale				
Competenze testuali per l'editoria, l'insegnamento e la promozione turistica	LM-14	Siena	🔓	
Scienze linguistiche e comunicazione interculturale	LM-39	Siena	🔓	

6.43 | Teramo

L'**Università degli Studi di Teramo** è nata nel 1991 dallo scorporo di alcune Facoltà dell'Università di Chieti ed è autonoma dal 1993. Si segnala come una realtà in forte crescita e accoglie, unico esempio in Italia e in Europa, un corso di perfezionamento in Diritto ed economia dello sport.

Università degli Studi di Teramo

Sede centrale Campus "Aurelio Saliceti", Via R. Balzarini, 1, 64100 Teramo, numero verde: 800 414165, tel: 0861 266235, fax: 0861 245350, sito: unite.it

Sedi decentrate Atri, Avezzano, Mosciano Sant'Angelo

Ente per il diritto allo studio Via Delfico 73, 64100 Teramo, tel.: 0861 26311, fax: 0861 241272, sito: adsuteramo.it, link allo sportello: https://adsute-ol.dirittoallostudio.it/istud/

Ufficio orientamento Via R. Balzarini-Campus di Coste Sant'Agostino, 64100 Teramo, tel.: 0861 266548, e-mail: orienta@unite.it

Ufficio per il sostegno agli studenti disabili tel.: 0861 266253, e-mail: serviziodisabili@unite.it

Ufficio mobilità e relazioni internazionali Via R. Balzarini-Campus di Coste Sant'Agostino, 64100 Teramo, tel.: 0861 266291, fax: 0861 266328, e-mail: gcacciatore@unite.it

CUS Campus di Coste Sant'Angelo, 64100 Teramo, tel.: 0861 266793

I numeri dell'Università

Corsi 10 di laurea, 9 di laurea magistrale e 2 a ciclo unico

Docenti ordinari: 53; associati: 84; ricercatori: 73

Studenti 5564 iscritti (di cui 3165 donne e 893 matricole)

Laureati 1015 (di cui 595 donne)

Laureati regolari n.d.

Facoltà di Bioscienze e Tecnologie Agro-Alimentari e Ambientali	Classe	Sede	Accesso	Posti a bando
Corsi di laurea triennale				
Biotecnologie	L-2	Teramo	🔓	
Scienze e tecnologie alimentari	L-26	Teramo	🔓	
Viticoltura ed enologia	L-26	Teramo	🔓	
Scienze e culture gastronomiche per la sostenibilità	L/GASTR	Teramo	🔓	
Corsi di laurea magistrale				
Food Science and Techology	LM-70	Teramo	🔓	
Reproductive Biotechnologies	LM-9	Teramo	🔓	
Biotecnologie avanzate	LM-9	Teramo	🔓	

Facoltà di Giurisprudenza	Classe	Sede	Accesso	Posti a bando
Corsi di laurea triennale				
Servizi giuridici	L-14	Teramo	🔓	
Corsi di laurea magistrale				
Diritto, economia e strategia d'impresa	LM-77, LM/SC-GIUR	Teramo	🔓	

Facoltà di Giurisprudenza	Classe	Sede	Accesso	Posti a bando
Corsi di laurea magistrale a ciclo unico				
Giurisprudenza	LMG-01	Avezzano, Teramo	🔓	

Facoltà di Medicina Veterinaria	Classe	Sede	Accesso	Posti a bando
Corsi di laurea triennale				
Tutela e benessere animale	L-38	Teramo	🔓	
Corsi di laurea magistrale				
Scienze delle produzioni animali sostenibili	LM-86	Teramo		
Corsi di laurea magistrale a ciclo unico				
Medicina veterinaria	LM-42	Teramo	🔒	65

Facoltà di Scienze della Comunicazione	Classe	Sede	Accesso	Posti a bando
Corsi di laurea triennale				
DAMS: Discipline delle arti, della musica e dello spettacolo	L-3	Teramo	🔓	
Scienze della comunicazione	L-20	Teramo	🔓	
Economia	L-18	Teramo	🔓	
Corsi di laurea magistrale				
Media, arti e culture	LM-65	Teramo	🔓	
Comunicazione per la gestione delle organizzazioni	LM-59	Teramo	🔓	

Facoltà di Scienze Politiche	Classe	Sede	Accesso	Posti a bando
Corsi di laurea triennale				
Turismo sostenibile	L-18	Teramo	🔓	
Scienze politiche	L-36	Teramo	🔓	
Corsi di laurea magistrale				
Scienza delle amministrazioni	LM-63	Teramo	🔓	
Scienze Politiche internazionali	LM-62	Teramo	🔓	

6.44 | Torino

Il capoluogo piemontese ospita due atenei, l'Università degli Studi e il Politecnico di Torino, che hanno compiuto, negli ultimi anni, un notevole sforzo di decentramento in molte città della regione, risolvendo, almeno in parte, il cronico sovraffollamento che caratterizzava l'attività della sede centrale e diventando un punto di riferimento efficiente per gli studenti piemontesi e delle regioni vicine. L'**Università degli Studi di Torino** venne fondata nei primi anni del Quattrocento, ma nel XIX secolo subì profonde trasformazioni in seguito alla politica di rafforzamento delle istituzioni dello Stato sabaudo. Nell'Ottocento assunse un ruolo cruciale quale Ateneo della capitale del Regno e, nonostante la città perdesse nel 1870 la sua centralità politica a favore di Roma, per numero di studenti continuò a lungo a rimanere seconda solo a Napoli.

Università degli Studi di Torino

Sede centrale	Via Verdi 8, 10124 Torino, tel.: 011 6706111, sito: unito.it
Sedi decentrate	Alessandria, Novara, Vercelli
Ente per il diritto allo studio	Via Giulia di Barolo, 3/bis - 10124 Torino, tel.: 011 6522701, sito: edisu.piemonte.it
Ufficio orientamento	Via Verdi 8, 10124 Torino, tel.: 011 6704933, fax: 011 2361039, e-mail: orientamento@unito.it
Ufficio per il sostegno agli studenti disabili	Via Po 29/31, 10124 Torino, tel.: 011 6704282/3/4, e-mail: ufficio.disabili@unito.it, ufficio.dsa@unito.it
Ufficio relazioni internazionali	Via Bogino 9, 10123 Torino, tel.: 011 6704397, fax: 011 6704436, e-mail: internationalaffairs@unito.it
CUS	Via Paolo Braccini 1, 10141 Torino, tel.: 011 388307, fax: 011 3827394, e-mail: segreteria@custorino.it, sito: custorino.it

I numeri dell'Università

Corsi	69 di laurea, 79 di laurea magistrale e 9 a ciclo unico
Docenti	ordinari: 452; associati: 868; ricercatori: 374
Studenti	70862 iscritti (di cui 43039 donne e 12806 matricole)
Laureati	12373 (di cui 7717 donne)
Laureati regolari	n.d.

Department of Clinical and Biological Sciences	Classe	Sede	Accesso	Posti a bando
Corsi di laurea magistrale a ciclo unico				
Medicine and Surgery	LM-41	Orbassano	🔒	102

Dipartimento di i Biotecnologie molecolari e Scienze per la Salute	Classe	Sede	Accesso	Posti a bando
Corsi di laurea triennale				
Biotecnologie	L-2	Torino	🔒	300
Corsi di laurea magistrale				
Molecular Biotechnology	LM-9	Torino	🔓	

Dipartimento di Chimica	Classe	Sede	Accesso	Posti a bando
Corsi di laurea triennale				
Chimica e tecnologie chimiche	L-27	Torino	🔓	
Scienza e tecnologia dei materiali	L-27	Torino	🔓	
Corsi di laurea magistrale				
Chimica	LM-54	Torino	🔓	
Chimica clinica, forense e dello sport	LM-54	Torino	🔓	
Chimica dell'ambiente	LM-54	Torino	🔓	
Chimica industriale	LM-71	Torino	🔓	
Material Science	LM-53	Torino	🔓	

Dipartimento di Culture, Politica e Società	Classe	Sede	Accesso	Posti a bando
Corsi di laurea triennale				
Comunicazione interculturale	L-20	Torino	🔓	
Innovazione sociale, comunicazione, nuove tecnologie	L-20	Torino	🔓	
Scienze internazionali, dello sviluppo e della cooperazione	L-36	Torino	🔓	
Scienze politiche e sociali	L-36	Torino	🔓	
Scienze strategiche	L/DS	Torino, Modena	🔒	108
Scienze strategiche e della sicurezza	L/DS	Torino	🔒	64
Servizio sociale	L-39	Torino, Biella	🔓	
Corsi di laurea magistrale				
Antropologia culturale ed etnologia	LM-1	Torino	🔓	
Comunicazione pubblica e politica	LM-59	Torino	🔓	
Comunicazione, ICT e media	LM-59	Torino	🔓	
Politiche e servizi sociali	LM-87	Torino	🔓	
Scienze del governo	LM-62	Torino	🔓	
Scienze internazionali	LM-52	Torino	🔓	
Sociologia	LM-88	Torino	🔓	

Dipartimento di Economia e Statistica	Classe	Sede	Accesso	Posti a bando
Corsi di laurea triennale				
Economia e statistica per le organizzazioni	L-33	Torino	🔓	
Business and nanagement	L-18	Torino	🔒	250
Corsi di laurea magistrale				
Economia dell'ambiente, della cultura e del territorio	LM-56	Torino	🔓	
Metodi statistici ed economici per le decisioni	LM-82	Torino	🔓	
Business administration	LM-77	Torino	🔓	

Dipartimento di Filosofia e Scienze dell'Educazione	Classe	Sede	Accesso	Posti a bando
Corsi di laurea triennale				
Filosofia	L-5	Torino	🔓	
Scienze dell'educazione	L-19	Torino, Savigliano	🔒	640
Corsi di laurea magistrale				
Comunicazione e culture dei media	LM-92	Torino	🔓	
Filosofia	LM-78	Torino	🔓	
Programmazione e gestione dei servizi educativi e formativi	LM-50	Torino	🔓	
Scienze dell'educazione motoria e delle attività adattate	LM-67	Torino	🔒	100
Corsi di laurea magistrale a ciclo unico				
Scienze della formazione primaria	LM-85 bis	Savigliano, Collegno	🔒	350

Dipartimento di Fisica	Classe	Sede	Accesso	Posti a bando
Corsi di laurea triennale				
Fisica	L-30	Torino	🔓	
Ottica e optometria	L-30	Torino	🔓	

Dipartimento di Fisica	Classe	Sede	Accesso	Posti a bando
Corsi di laurea magistrale				
Fisica	LM-17	Torino	🔓	
Fisica dei sistemi complessi	LM-17	Torino	🔓	

Dipartimento di Giurisprudenza	Classe	Sede	Accesso	Posti a bando
Corsi di laurea triennale				
Consulenza del lavoro e gestione delle risorse umane	L-16	Torino	🔓	
Diritto per le imprese e le istituzioni	L-14	Torino	🔓	
Global Law and Transnational Legal Studies	L-14	Torino	🔓	
Scienze dell'amministrazione	L-16	Torino	🔓	
Diritto agroalimentare	L-14	Torino	🔓	
Corsi di laurea magistrale a ciclo unico				
Giurisprudenza	LMG/01	Torino	🔓	
Corsi di laurea magistrale				
European Legal Studies	LM-90	Torino	🔓	
Scienze amministrative e giuridiche delle organizzazioni pubbliche e private	LM-63	Torino	🔓	

Dipartimento di Informatica	Classe	Sede	Accesso	Posti a bando
Corsi di laurea triennale				
Informatica	L-31	Torino	🔓	
Corsi di laurea magistrale				
Informatica	LM-18	Torino	🔓	
Scienze strategiche e militari	LM/DS	Torino	🔓	

Dipartimento Interateneo di Scienze, Progetto e Politiche del Territorio	Classe	Sede	Accesso	Posti a bando
Corsi di laurea magistrale				
Geografia e scienze territoriali	LM-80	Torino	🔓	

Dipartimento di Lingue, Letterature Straniere e Culture Moderne	Classe	Sede	Accesso	Posti a bando
Corsi di laurea triennale				
Lingue e culture per il turismo	L-15	Torino	🔓	
Lingue e letterature moderne	L-11	Torino	🔓	
Scienze della mediazione linguistica	L-12	Torino	🔓	
Corsi di laurea magistrale				
Comunicazione internazionale per il turismo	LM-38	Torino	🔓	
Lingue e letterature moderne	LM-37	Torino	🔓	
Lingue straniere per la comunicazione internazionale	LM-38	Torino	🔓	
Traduzione	LM-94	Torino	🔓	

Dipartimento di Management	Classe	Sede	Accesso	Posti a bando
Corsi di laurea triennale				
Amministrazione aziendale	L-18	Torino	🔓	
Economia aziendale	L-18	Torino, Cuneo	🔒	1000
Management dell'informazione e della comunicazione aziendale	L-18	Torino	🔒	250

Dipartimento di Management	Classe	Sede	Accesso	Posti a bando
Corsi di laurea magistrale				
Amministrazione e controllo aziendale	LM-77	Torino	🔓	
Direzione d'impresa, marketing e strategia	LM-77	Torino	🔓	
Finanza aziendale e mercati finanziari	LM-77	Torino	🔓	
Professioni contabili	LM-77	Torino	🔓	
Amministrazione e gestione digitale delle aziende	LM-77	Torino	🔓	

Dipartimento di Matematica	Classe	Sede	Accesso	Posti a bando
Corsi di laurea triennale				
Matematica	L-35	Torino	🔓	
Matematica per la finanza e l'assicurazione	L-35	Torino	🔓	
Corsi di laurea magistrale				
Matematica	LM-40	Torino	🔓	
Stochastics and data science	LM-40	Torino	🔓	

Dipartimento di Neuroscienze	Classe	Sede	Accesso	Posti a bando
Corsi di laurea triennale				
Tecniche di neurofisiopatologia	L/SNT3	Torino	🔒	14

Dipartimento di Oncologia	Classe	Sede	Accesso	Posti a bando
Corsi di laurea triennale				
Tecniche di radiologia medica, per immagini e radioterapia	L/SNT3	Torino, Cuneo	🔒	29

Dipartimento di Psicologia	Classe	Sede	Accesso	Posti a bando
Corsi di laurea triennale				
Scienze e tecniche psicologiche	L-24	Torino	🔒	410
Corsi di laurea magistrale				
Psicologia clinica	LM-51	Torino	🔒	276
Psicologia criminologica e forense	LM-51	Torino	🔒	154
Psicologia del lavoro e del benessere nelle organizzazioni	LM-51	Torino	🔓	
Scienze del corpo e della mente	LM-51	Torino	🔓	

Dipartimento di Scienze e Tecnologia del Farmaco	Classe	Sede	Accesso	Posti a bando
Corsi di laurea triennale				
Tecniche erboristiche	L-29	Savigliano	🔓	
Corsi di laurea magistrale a ciclo unico				
Chimica e tecnologie farmaceutiche	LM-13	Torino	🔒	90
Farmacia	LM-13	Torino	🔒	175

Dipartimento di Scienze Agrarie, Forestali e Alimentari	Classe	Sede	Accesso	Posti a bando
Corsi di laurea triennale				
Scienze e tecnologie agrarie	L-25	Grugliasco	🔓	
Scienze forestali e ambientali	L-25	Grugliasco	🔓	
Tecnologie alimentari	L-26	Grugliasco	🔒	202
Viticoltura ed enologia	L -26	Grugliasco	🔒	78

Dipartimento di Scienze Agrarie, Forestali e Alimentari	Classe	Sede	Accesso	Posti a bando
Corsi di laurea magistrale				
Biotecnologie vegetali	LM-6/LM-7	Grugliasco	🔓	
Scienze agrarie	LM-69	Grugliasco	🔓	
Scienze e tecnologie alimentari	LM-70	Cuneo	🔓	
Scienze e tecnologie dei sistemi e territori forestali	LM-73	Grugliasco	🔓	
Scienze viticole ed enologiche	LM-70	Asti	🔓	
Scienze animali	LM-86	Grugliasco	🔓	

Dipartimento di Scienze chirurgiche	Classe	Sede	Accesso	Posti a bando
Corsi di laurea triennale				
Fisioterapia	L/SNT2	Torino	🔒	52
Igiene dentale	L/SNT3	Torino	🔒	29
Logopedia	L/SNT2	Torino	🔒	30
Ortottica ed assistenza oftalmologica	L/SNT2	Torino	🔒	10
Ostetricia	L/SNT1	Torino	🔒	32
Tecniche audiometriche	L/SNT3	Torino	🔒	13
Tecniche audioprotesiche	L/SNT3	Torino	🔒	25
Corsi di laurea magistrale a ciclo unico				
Odontoiatria e protesi dentaria	LM-46	Torino	🔒	44

Dipartimento di Scienze cliniche e biologiche	Classe	Sede	Accesso	Posti a bando
Corsi di laurea triennale				
Infermieristica	L/SNT1	Aosta, Asti, Ivrea, Cuneo, Orbassano, Torino	🔒	729
Tecnica della riabilitazione psichiatrica	L/SNT2	Orbassano	🔒	25
Corsi di laurea magistrale				
Scienze riabilitative delle professioni sanitarie	LM/SNT2	Orbassano	🔒	18

Dipartimento di Scienze della Sanità pubblica e Pediatriche	Classe	Sede	Accesso	Posti a bando
Corsi di laurea triennale				
Educazione professionale	L/SNT2	Torino, Savigliano	🔒	112
Infermieristica pediatrica	L/SNT1	Torino	🔒	28
Tecniche della prevenzione nell'ambiente e nei luoghi di lavoro	L/SNT4	Collegno	🔒	32
Tecniche di laboratorio biomedico	L/SNT3	Torino, Cuneo	🔒	44
Terapia della neuro e psicomotricità dell'età evolutiva	L/SNT2	Torino	🔒	16
Corsi di laurea magistrale				
Scienze delle professioni sanitarie della prevenzione	LM/SNT4	Torino	🔒	15
Scienze delle professioni sanitarie tecniche diagnostiche	LM/SNT3	Torino	🔒	16
Scienze infermieristiche e ostetriche	LM/SNT1	Torino	🔒	25

Dipartimento di Scienze della Terra	Classe	Sede	Accesso	Posti a bando
Corsi di laurea triennale				
Scienze geologiche	L-34	Torino	🔓	
Corsi di laurea magistrale				
Scienze geologiche applicate	LM-74	Torino	🔓	

Dipartimento di Scienze della Vita e Biologia dei sistemi	Classe	Sede	Accesso	Posti a bando
Corsi di laurea triennale				
Scienze biologiche	L-13	Torino	🔒	300
Scienze delle attività motorie e sportive	L-22	Torino, Asti, Cunei	🔒	685
Scienze naturali	L-32	Torino	🔓	
Corsi di laurea magistrale				
Biologia dell'ambiente	LM-6	Torino	🔓	
Biotecnologie industriali	LM-8	Torino	🔓	
Cellular and molecular biology-Biologia cellulare e molecolare	LM-6	Torino	🔓	
Evoluzione del comportamento animale e dell'uomo	LM-60	Torino	🔓	
Scienze degli alimenti e della nutrizione umana	LM-61	Torino	🔒	22
Scienze dei sistemi naturali	LM-60	Torino	🔓	
Monitoraggio ambientale, tutela e ripristino	LM-75	Torino	🔓	
Biotechnology for neuroscience	LM-9	Torino	🔓	

Dipartimento di Scienze economico-sociale matematico-statistiche	Classe	Sede	Accesso	Posti a bando
Corsi di laurea triennale				
Economia	L-33	Torino	🔒	395
Corsi di laurea magistrale				
Economia e management	LM-56	Torino	🔓	
Economics	LM-56	Torino	🔓	
Quantitative finance and insurance	LM-83	Torino	🔓	
Economic analisys and policy	LM-56	Torino	🔓	

Dipartimento di Scienze Mediche	Classe	Sede	Accesso	Posti a bando
Corsi di laurea triennale				
Dietistica	L/SNT3	Torino	🔒	22
Corsi di laurea magistrale a ciclo unico				
Medicina e chirurgia	LM-41	Torino	🔒	450
Corsi di laurea magistrale		Torino	🔓	
Biotecnologie mediche	LM-9	Torino	🔓	
Scienze e tecniche avanzate dello sport	LM-68	Torino	🔒	100

Dipartimento di Scienze Veterinarie	Classe	Sede	Accesso	Posti a bando
Corsi di laurea triennale				
Produzioni e gestione degli animali in allevamento e selvatici	L-38	Grugliasco	🔓	
Corsi di laurea magistrale a ciclo unico				
Medicina Veterinaria	LM-42	Torino	🔒	120

Dipartimento di Studi storici	Classe	Sede	Accesso	Posti a bando
Corsi di laurea triennale				
Beni culturali	L-1	Torino	🔓	
Storia	L-42	Torino	🔓	
Corsi di laurea magistrale a ciclo unico				
Conservazione e restauro dei beni culturali	LMR/02	Torino	🔒	20

Dipartimento di Studi storici	Classe	Sede	Accesso	Posti a bando
Corsi di laurea magistrale				
Archeologia e storia antica	LM-2	Torino	🔓	
Scienze storiche	LM-84	Torino	🔓	
Storia dell'arte	LM-89	Torino	🔓	

Dipartimento di Studi umanistici	Classe	Sede	Accesso	Posti a bando
Corsi di laurea triennale				
Culture e letterature del mondo moderno	L-10	Torino	🔓	
DAMS (Discipline delle arti, della musica e dello spettacolo)	L-2	Torino	🔓	
Lettere	L-10	Torino	🔓	
Lingue e culture dell'Asia e dell'Africa	L-112	Torino	🔓	
Scienze della comunicazione	L-20	Torino	🔓	
Corsi di laurea magistrale				
CAM - Cinema, Arti della scena, Musica e Media	LM-65	Torino	🔓	
Culture moderne comparate	LM-14	Torino	🔓	
Filologia, letterature e storia dell'antichità	LM-15	Torino	🔓	
Letteratura, filologia e linguistica italiana	LM-14	Torino	🔓	
Lingue dell'Asia e dell'Africa per la comunicazione e la cooperazione internazionale	LM-38	Torino	🔓	
Scienze linguistiche	LM-39	Torino	🔓	
Scienze del libro, del documento, del patrimonio culturale	LM-5	Torino	🔓	
Scienze delle religioni	LM-64	Torino	🔓	
Area & global studies for international cooperation	LM-81	Torino	🔓	
Scienze pedagogiche	LM-85	Torino	🔓	

Il **Politecnico di Torino** nasce nel 1906 dalla fusione di due distinte istituzioni nate nel 1859: la Regia Scuola di applicazione per ingegneri e il Museo industriale, che si occupavano rispettivamente della formazione di ingegneri e architetti e della preparazione dei professori delle scuole tecniche. Attualmente il Politecnico ha due facoltà di Architettura (di cui una a Mondovì) e numerose segreterie decentrate. È inoltre da segnalare l'attività della Scuola di Ingegneria aerospaziale, con sede a Torino.

Politecnico di Torino

Sede centrale: Corso Duca degli Abruzzi 24, 10129 Torino, call center: 011 0906254, tel.: 011 0906100, fax: 011 0907959, sito: polito.it

Ente per il diritto allo studio: Via Giulia di Barolo 3bis,þ10124 Torino, tel.: 011 6522701, e-mail: edisu@edisu-piemonte.it, sito: edisu.piemonte.it

Ufficio orientamento: Corso Duca degli Abruzzi 24, 10129 Torino, tel.:011 0906254, e-mail: orienta@polito.it

Ufficio per il sostegno agli studenti disabili: Corso Castelfidardo 39, 10129 Torino, tel: 011 0906254, e-mail: orienta@polito.it-sostegno.disabili@polito.it

Ufficio relazioni internazionali: Corso Duca degli Abruzzi 24, 10129 Torino, tel.: 011 0908680/81, fax: 011 0908644, e-mail: international.relations@polito.it

CUS: Via Paolo Braccini 1, 10141 Torino, tel.: 011 388307, fax: 011 3827394, e-mail: segreteria@custorino.it, sito: custorino.it

I numeri dell'Università

Corsi	24 di laurea e 33di laurea magistrale
Docenti	ordinari: 269; associati: 400; ricercatori: 81
Studenti	31528 iscritti (di cui 8896 donne e 4763 matricole)
Laureati	6673 (di cui 2073 donne)

Area di Architettura	Classe	Sede	Accesso	Posti a bando
Corsi di laurea triennale				
Architettura-Architecture	L-17	Torino	🔒	500
Disegn e comunicazione	L-4	Torino	🔒	250
Pianificazione territoriale, urbanistica e paesaggistico-ambientale	L-21	Torino	🔒	85
Corsi di laurea magistrale				
Architettura Costruzione e città	LM-4	Torino	🔓	
Architettura per il patrimonio	LM-4	Torino	🔓	
Architettura per la sostenibilità	LM-4	Torino	🔓	
Design sistemico	LM-12	Torino	🔓	
Digital skills for sustainable societal transition	LM-91	Torino	🔓	
Economia dell'ambiente, della cultura, del territorio	LM-56	Torino	🔓	
Geografia e scienze territoriali	LM-89	Torino	🔓	
Pianificazione territoriale urbanistica e paesaggistico-ambientale	LM-48	Torino	🔓	
Progettazione delle aree verdi e del paesaggio	LM-3	Torino	🔓	

Area di Ingegneria	Classe	Sede	Accesso	Posti a bando
Corsi di laurea triennale				
Electronic and communications engineering	L-8	Torino	🔒	110
Ingegneria della produzione industriale	L-9	Torino, Nizza		
Ingegneria aerospaziale	L-9	Torino	🔒	355
Ingegneria biomedica	L-9	Torino	🔒	335
Ingegneria chimica e alimentare	L-9	Torino	🔒	180
Ingegneria civile	L-7	Torino	🔒	160
Ingegneria dei materiali	L-9	Torino	🔒	130
Ingegneria del cinema e dei mezzi di comunicazione	L-8	Torino	🔒	140
Ingegneria dell'autoveicolo-Automotive engineering	L-9	Torino	🔒	190
Ingegneria della produzione industriale	L-9	Torino	🔒	85
Ingegneria edile	L-23	Torino	🔒	120
Ingegneria elettrica	L-9	Torino	🔒	120
Ingegneria elettronica	L-8	Torino	🔒	230
Ingegneria energetica	L-9	Torino	🔒	295
Ingegneria fisica	L-8	Torino	🔒	180
Ingegneria gestionale	L-8 / L-9	Torino	🔒	495
Ingegneria informatica	L-8	Torino	🔒	495
Ingegneria meccanica	L-9	Torino	🔒	745
Ingegneria per l'ambiente e il territorio	L-7	Torino	🔒	140
Matematica per l'ingegneria	L-35	Torino	🔒	180
Tecnologie per l'industria manifatturiera	L-9	Torino	🔒	50
Corsi di laurea magistrale				
Automotive engineering	LM-33	Torino	🔓	

Area di Ingegneria	Classe	Sede	Accesso	Posti a bando
Communications and computer networks engineering	LM-27	Torino	🔓	
ICT for Smart Societies	LM-27	Torino	🔓	
Ingegneria aerospaziale	LM-20	Torino	🔓	
Ingegneria biomedica	LM-21	Torino	🔓	
Ingegneria chimica e dei processi sostenibili	LM-22	Torino	🔓	
Ingegneria civile	LM-23	Torino	🔓	
Ingegneria dei materiali	LM-53	Torino	🔓	
Ingegneria del cinema e dei mezzi di comunicazione	LM-32	Torino	🔓	
Ingegneria della produzione industriale e dell'innovazione tecnologica	LM-33	Torino	🔓	
Ingegneria edile	LM-24	Torino	🔓	
Ingegneria elettrica	LM-28	Torino	🔓	
Ingegneria elettronica	LM-29	Torino	🔓	
Ingegneria energetica e nucleare	LM-30	Torino	🔓	
Ingegneria gestionale	LM-31	Torino	🔓	
Ingegneria informatica	LM-32	Torino	🔓	
Ingegneria matematica	LM-44	Torino	🔓	
Ingegneria meccanica	LM-33	Torino	🔓	
Ingegneria per l'ambiente e il territorio	LM-35	Torino	🔓	
Mechatronic engineering	LM-25	Torino	🔓	
Nanotechnologies for ICTs	LM-29	Torino	🔓	
Petroleum and mining engineering	LM-35	Torino	🔓	
Physics of Complex Systems	LM-44	Torino	🔓	
Data science	LM-32	Torino	🔓	

6.45 | Trento

L'**Università degli Studi di Trento** è stata istituita nel 1982 sulle basi dell'Istituto Superiore di Scienze Sociali (fondato nel 1962 e poi trasformato in Libera Università degli Studi di Trento) e dotata, in linea con l'intera Provincia di Trento, di un alto grado di autonomia amministrativa.

Università degli Studi di Trento

Sede centrale: Via Calepina 14, 38122 Trento, tel.: 0461 281111, fax: 0461 881247, sito: unitn.it

Sedi decentrate: Mattarello, Povo, Rovereto

Ente per il diritto allo studio: Via S. Margherita 13, 38122 Trento, tel.: 0461 217455, fax: 0461 217405, e-mail: info@operauni.tn.it, sito: operauni.tn.it

Ufficio orientamento: Via Verdi 6, 38122 Trento, tel.: 0461 883206/07/08, fax: 0461 883222, e-mail: orienta@unitn.it

Referente per il sostegno agli studenti disabili: Via Santa Margherita 13, 38122 Trento, tel.: 0461 217407, email: inclusione.studente@unitn.it

Ufficio relazioni internazionali	Via Verdi 6, 38122 Trento, tel.: 0461 283232, e-mail: international@unitn.it
CUS	Via Prati 10, 38122 Trento, tel.: 0461 281855/6, fax: 0461 281859, e-mail: custn@unitn.it, sito: unitrentosport.unitn.it

I numeri dell'Università

Corsi	22 di laurea, 38 di laurea magistrale e 3 di laurea magistrale a ciclo unico
Docenti	ordinari: 198; associati: 314; ricercatori: 34
Studenti	16379 iscritti (di cui 8227 donne e 2811 matricole)
Laureati	3527 (di cui 1838 donne)
Laureati regolari	n.d.

Corsi di laurea triennale	Classe	Sede	Accesso	Posti a bando
Amministrazione aziendale e diritto	L-18	Trento	🔒	140
Beni culturali	L-1	Trento	🔒	100
Economia e management	L-18, L-33	Trento	🔒	235
Filosofia	L-5	Trento	🔒	125
Fisica	L-30	Trento	🔒	90
Gestione aziendale	L-18	Trento	🔒	250
Informatica	L-31	Trento	🔒	175
Ingegneria civile	L-7	Trento	🔒	130
Ingegneria Informatica, delle Comunicazioni ed Elettronica	L-8	Trento	🔒	175
Ingegneria per l'ambiente e il territorio	L-7	Trento	🔒	130
Ingegneria industriale	L-9	Trento	🔒	300
Interfacce e tecnologie della comunicazione	L-20	Rovereto	🔒	70
Lingue moderne	L-11	Trento	🔒	230
Matematica	L-35	Trento	🔒	99
Scienze e tecniche di psicologia cognitiva	L-24	Rovereto	🔒	230
Scienze e tecnologie biomolecolari	L-2	Trento	🔒	75
Servizio sociale	L-39	Trento	🔒	60
Sociologia	L-40	Trento	🔒	150
Studi internazionali	L-36	Trento	🔒	200
Studi storici e filologico-letterari	L-10	Trento	🔒	150
Viticoltura ed Enologia (interateneo con l'Univ. di Udine)	L-25	San Michele all'Adige	🔒	72
Comparative european and international legal studies	L-14	Trento	🔒	50

Corsi di laurea magistrale a ciclo unico	Classe	Sede	Accesso	Posti a bando
Giurisprudenza	LMG/01	Trento	🔒	500
Ingegneria edile/architettura	LM-4 C.U.	Trento	🔒	75
Medicina e chirurgia	M-41	Trento	🔓	

Corsi di laurea magistrale	Classe	Sede	Accesso	Posti a bando
Behavioural and applied Economics	LM-56	Trento	🔒	30
Biologia quantitativa e computazionale	LM-8	Trento	🔒	45
Biotecnologie cellulari e molecolari	LM-9	Trento	🔒	60
Cognitive Science	LM-55	Rovereto	🔒	50
Data Science	LM-91	Trento	🔒	56

Corsi di laurea magistrale	Classe	Sede	Accesso	Posti a bando
Economia e legislazione d'impresa	LM-77	Trento	🔒	55
Environmental Meteorology	LM-75	Trento	🔒	30
European and international studies	LM-52	Trento	🔒	50
Filologia e critica letteraria	LM-14	Trento	🔓	
Filosofia e linguaggi della modernità	LM-78	Trento	🔓	
Finanza	LM-16	Trento	🔒	55
Fisica	LM-17	Trento	🔓	
Organizzazione, società e tecnologia	LM-88	Trento	🔓	
Human Computer Interaction	LM-55	Rovereto	🔒	30
Informatica	LM-18	Trento	🔒	105
Ingegneria civile	LM-23	Trento	🔓	
Ingegneria per l'ambiente e il territorio	LM-35	Trento	🔓	
Ingegneria meccatronica (in inglese)	LM-33	Trento	🔓	
Ingegneria dell'informazione e delle comunicazioni	LM-27	Trento	🔒	80
Innovation Management (in collaborazione con la Scuola Superiore di Studi Universitari e Perfezionamento "S. Anna" di Pisa)	LM-77	Trento	🔒	28
International Management	LM-77	Trento	🔒	35
Security, Intelligence and Strategic Studies	LM-52	Trento	🔒	25
Letterature euroamericane, traduzione e critica letteraria	LM-37	Trento	🔓	
Management	LM-77	Trento	🔒	150
Management della sostenibilità e del turismo	LM-77	Trento	🔒	55
Management and industrial system engineering	LM-31	Trento	🔓	
Matematica	LM-40	Trento	🔓	
Mathematics	LM-40	Trento	🔓	
Materials and production engineering	LM-22	Trento	🔓	
Mediazione linguistica, turismo e culture	LM-49	Trento	🔓	
Metodologia, organizzazione e valutazione dei servizi sociali	LM-87	Trento	🔓	
Psicologia	LM-51	Rovereto	🔒	100
Sociology and social research	LM-88	Trento	🔓	
Artificial Intelligence Systems	M-32	Trento	🔓	
International Security Studies (in collaborazione con Sant'Anna di Pisa)	LM-52	Trento	🔒	25
Global and Local Studies	M-62	Trento	🔓	
Scienze storiche	LM-84	Trento	🔓	
Agrifood Innovation Mangement	LM-69	Trento	🔒	25

6.46 | Trieste

Nata nel primo ventennio di questo secolo come Regia Università degli Studi Economici e Commerciali, l'**Università degli Studi di Trieste** è attualmente un importante polo universitario e riveste un ruolo centrale nel quadro della ricerca scientifica italiana. Vi trovano infatti posto un Centro internazionale di Fisica teorica e l'area scientifica *Science Park*, che ospita apparecchiature all'avanguardia nel campo della fisica delle particelle e che vanta la collaborazione del premio Nobel Carlo Rubbia.In connessione con l'Università opera inoltre la Scuola Internazionale di Studi Avanzati (SISSA) per i laureati in discipline fisiche e matematiche, un laboratorio di biologia marina e un osservatorio geofisico sperimentale.

Università degli Studi di Trieste

Sede centrale Piazzale Europa 1, 34127 Trieste, tel.: 040 5587111, fax: 040 5583100, sito: units.it

Sedi decentrate Gorizia, Pordenone, Portogruaro

Ente per il diritto allo studio Salita Monte Valerio 3, 34127 Trieste, tel.: 040 3595203/205, fax: 040 3595352, e-mail: info.trieste@ardiss.fvg.it, sito: ardiss.fvg.it

Ufficio orientamento Piazzale Europa 1, 34127 Trieste, tel.: 040 3473787, 040 558 3553 fax: 040 662182, e-mail: orientamento@units.it

Ufficio per il sostegno agli studenti disabili Piazzale Europa 1, 34127 Trieste, tel.: 040 5582570/7663, fax: 040 5583288, e-mail: disabili@units.it-dislessia@units.it

Ufficio relazioni internazionali Piazzale Europa 1, 34127 Trieste, tel.: 040 5582991/2558, e-mail: mobilita.outgoing@amm.units.it

CUS Via A.Valerio 8/3, 34127 Trieste, tel.: 040 5587651, fax: 040 5587653, e-mail: cus@units.it, sito: cus.units.it

I numeri dell'Università

Corsi 31 di laurea, 28 di laurea magistrale e 6 a ciclo unico

Docenti ordinari: 115; associati: 317; ricercatori: 137

Studenti 15179 iscritti (di cui 8466 donne e 2660 matricole)

Laureati 2838 (di cui 1674 donne)

Laureati regolari

Area di Scienze sociali e umanistiche	Classe	Sede	Accesso	Posti a bando
Corsi di laurea triennale				
Comunicazione interlinguistica applicata	L-12	Trieste	🔒	180
Comunicazione interlinguistica applicata alle professioni giuridiche	L-12	Trieste	🔒	60
Discipline storiche e filosofiche	L-5/L-42	Trieste	🔓	
Economia e gestione aziendale	L-18	Trieste	🔓	
Economia internazionale e mercati finanziari	L-33	Trieste	🔓	
Lettere antiche e moderne, arti, comunicazione	L-10	Trieste	🔓	
Lingue e letterature straniere	L-11	Trieste	🔓	
Scienze dell'educazione	L-19	Portogruaro	🔒	230
Scienze internazionali e diplomatiche	L-36	Gorizia	🔒	120
Scienze politiche e dell'amministrazione	L-16/L-36	Trieste	🔓	
Servizio sociale	L-39	Trieste	🔒	60
Corsi di laurea magistrale				
Diplomazia e cooperazione internazionale	LM-52/LM-81	Gorizia	🔓	
Economia dei settori produttivi e dei mercati internazionali	LM-56	Trieste	🔓	

Area di Scienze sociali e umanistiche	Classe	Sede	Accesso	Posti a bando
Filosofia	LM-78	Trieste	🔓	
Giurisprudenza	LMG/01	Trieste	🔓	
Lingue, letterature straniere e turismo culturale	LM-37	Trieste	🔓	
Scienze del governo e politiche pubbliche	LM-62/LM-63	Trieste	🔓	
Servizio sociale, politiche sociali, programmazione e gestione dei servizi	LM-87	Trieste	🔓	
Strategia e consulenza aziendale	LM-77	Trieste	🔓	
Studi storici dall'Antico al Contemporanea	LM-84	Trieste	🔓	
Traduzione specialistica e interpretazione di conferenza	LM-94	Trieste	🔓	
Coordinamento e gestione dei servizi educativi	LM-50	Trieste	🔓	

Area tecnologica-scientifica	Classe	Sede	Accesso	Posti a bando
Corsi di laurea triennale				
Chimica	L-27	Trieste	🔒	50
Fisica	L-30	Trieste	🔓	
Geologia	L-34	Trieste	🔓	
Ingegneria civile e ambientale	L-7	Trieste	🔓	
Ingegneria elettronica e informatica	L-8	Trieste	🔓	
Ingegneria industriale	L-9	Trieste	🔓	
Ingegneria navale	L-9	Trieste	🔓	
Matematica	L-35	Trieste	🔓	
Scienze e tecnologie per l'ambiente e la natura	L-32	Trieste	🔒	100
Statistica e informatica per l'azienda, la finanza e l'assicurazione	L-41	Trieste	🔓	
Intelligenza artificiale e data analytics	L-31	Trieste	🔓	
Corsi di laurea magistrale				
Chimica	LM-54	Trieste	🔓	
Ecologia dei cambiamenti globali	LM-6	Trieste	🔓	
Fisica	LM-17	Trieste	🔓	
Geoscienze	LM-74	Trieste	🔓	
Ingegneria clinica	LM-21	Trieste	🔓	
Ingegneria elettronica e informatica	LM-32	Trieste	🔓	
Ingegneria dell'energia elettrica e dei sistemi	LM-28	Trieste	🔓	
Ingegneria meccanica	LM-33	Trieste	🔓	
Ingegneria navale	LM-34	Trieste	🔓	
Ingegneria di processo e dei materiali	LM-22/LM-53	Trieste	🔓	
Ingegneria civile	LM-23	Trieste	🔓	
Matematica	LM-40	Trieste	🔓	
Production engeneering and management	LM-31	Trieste	🔒	20
Scienze statistiche e attuariali	LM-83	Trieste	🔓	
Data science and scientific computing	LM-44	Trieste	🔒	60
Corsi di laurea magistrale a ciclo unico				
Architettura	LM-4	Gorizia	🔒	48

Area di Scienze della Vita e della Salute	Classe	Sede	Accesso	Posti a bando
Corsi di laurea triennale				
Fisioterapista	L/SNT2	Trieste	🔒	30
Igiene dentale	L/SNT3	Trieste	🔒	30
Infermieristica	L/SNT1	Trieste	🔒	120
Logopedia	L/SNT2	Trieste	🔒	21
Tecnica della riabilitazione psichiatrica	L/SNT2	Trieste	🔒	16
Ostetricia	L/SNT1	Trieste	🔒	20
Assistenza sanitaria	L/SNT4	Trieste	🔒	20
Tecniche della prevenzione nell'ambiente e nei luoghi di lavoro	L/SNT4	Trieste	🔒	20
Scienze e tecniche psicologiche	L-24	Trieste	🔒	180
Scienze e tecnologie biologiche	L-2/L-13	Trieste	🔒	150
Corsi di laurea magistrale				
Biotecnologie mediche	LM-9	Trieste	🔓	
Genomica funzionale	LM-6	Trieste	🔓	
Neuroscienze	LM-6	Trieste	🔓	
Psicologia	LM-51	Trieste	🔒	60
Scienze infermieristiche e ostetriche	LM/SNT1	Trieste	🔒	30
Corsi di laurea magistrale a ciclo unico				
Chimica e tecnologie farmaceutiche	LM-13	Trieste	🔒	60
Farmacia	LM-13		🔒	85
Medicina e chirurgia	LM-41	Trieste	🔒	180
Odontoiatria e protesi dentaria	LM-46	Trieste	🔒	40

6.47 | Udine

L'**Università degli Studi di Udine** è stata istituita nel 1978 e rappresenta una risorsa formativa molto importante per gli studenti del Friuli, fino ad allora costretti a far riferimento all'università di Trieste. I due atenei non sono però in competizione, anzi, l'istituzione dell'ateneo udinese completa l'offerta dei corsi universitari presenti a Trieste. Particolarmente intensi sono gli scambi dell'ateneo friulano con i paesi dell'est europeo, che si inseriscono in una lunga tradizione di rapporti culturali, e con l'Università della California.

Università degli Studi di Udine

Sede centrale Via Palladio 8, Palazzo Florio, 33100 Udine, Numero verde: 800 241 433, tel.: 0432 556111, fax: 0432 507715, sito: uniud.it

Sedi decentrate Gorizia, Pordenone

Ente per il diritto allo studio Viale Ungheria 39/B, 33100 Udine, tel.: 0432 245772, fax: 0432 245777, e-mail: info.udine@ardiss.fvg.it, sito: ardiss.fvg.it

Ufficio orientamento Via Gemona, 92, 33100 Udine, tel.: 0432 556215, e-mail: cort@amm.uniud.it

Ufficio per il sostegno agli studenti disabili	Viale Ungheria 45, 33100 Udine, tel.: 0432 556804, fax: 0432 556809, e-mail: servizi.disabili@uniud.it
Ufficio relazioni internazionali	Via Petacco 8-Palazzo Antonini, 33100 Udine, tel.: 0432 556218, e-mail: iis@uniud.it,
CUS	Via delle Scienze 100, 33100 Udine, tel.: 0432 421761, fax: 0432 425166, e-mail: cus@uniud.it, sito: cusudine.org

I numeri dell'Università

Corsi	34 di laurea, 30 di laurea magistrale e 3 a ciclo unico
Docenti	ordinari: 169; associati: 271; ricercatori: 157
Studenti	14942 iscritti (di cui 7739 donne e 2610 matricole)
Laureati	2828 (di cui 1579 donne)
Laureati regolari	n.d.

Area di Agraria	Classe	Sede	Accesso	Posti a bando
Corsi di laurea triennale				
Allevamento e salute animale	L-38	Udine	🔓	
Scienze agrarie	L-25	Udine	🔓	
Scienze e tecnologie alimentari	L-26	Udine	🔓	
Scienze per l'ambiente e la natura	L-32	Udine	🔓	
Viticoltura ed enologia	L-25	Udine	🔓	
Corsi di laurea magistrale				
Allevamento e benessere animale	LM-86	Udine	🔓	
Analisi e gestione dell'ambiente	LM-75	Udine	🔓	
Scienze e tecnologie agrarie	LM-69	Udine	🔓	
Scienze e tecnologie alimentari	LM-70	Udine	🔓	
Viticoltura, enologia e mercati vitivinicoli	LM-69	Udine	🔓	

Area di Biotecnologie	Classe	Sede	Accesso	Posti a bando
Corsi di laurea triennale				
Biotecnologie	L-2	Udine	🔒	64
Corsi di laurea magistrale				
Biotecnologie molecolari	LM-7/LM-9	Udine	🔓	

Area Umanistica e della Formazione	Classe	Sede	Accesso	Posti a bando
Corsi di laurea triennale				
Relazioni pubbliche	L-20	Gorizia	🔓	
Scienza e Cultura del Cibo	L/GASTR	Udine	🔓	
Corsi di laurea magistrale				

Area Umanistica e della Formazione	Classe	Sede	Accesso	Posti a bando
Comunicazione integrata per le imprese e le organizzazioni	LM-59	Gorizia	🔓	
Corsi di laurea magistrale a ciclo unico				
Scienze della formazione primaria	LM-85 bis	Udine	🔒	152

Area di Economia	Classe	Sede	Accesso	Posti a bando
Corsi di laurea triennale				
Banca e finanza	L-18	Pordenone	🔒	110
Economia aziendale	L-18	Udine	🔒	250
Economia e commercio	L-33	Udine	🔒	200
Corsi di laurea magistrale				
Banca e finanza	LM-77	Pordenone	🔓	
Economia aziendale	LM-77	Udine	🔓	
Economics	LM-56	Udine	🔓	
International Marketing, Management and Organization	LM-77	Udine	🔓	

Area di Giurisprudenza	Classe	Sede	Accesso	Posti a bando
Corsi di laurea magistrale				
Diritto per l'Innovazione di Imprese e Pubbliche Amministrazioni	LM-63	Udine	🔓	
Corsi di laurea magistrale a ciclo unico				
Giurisprudenza	LMG/01	Udine	🔓	

Area di Ingegneria e Architettura	Classe	Sede	Accesso	Posti a bando
Corsi di laurea triennale				
Ingegneria civile e ambientale	L-7	Udine	🔓	
Ingegneria elettronica	L-8	Udine	🔓	
Ingegneria gestionale	L-8/L-9	Udine	🔓	
Ingegneria meccanica	L-9	Udine	🔓	
Scienze dell'architettura	L-17	Udine	🔒	100
Ingegneria Industriale per la Sostenibilità Ambientale	L-9	Udine	🔓	
Tecniche dell'edilizia e del territorio	L-23	Udine	🔒	50
Ingegneria industriale per la sostenibilità ambientale	L-9	Udine	🔓	
Corsi di laurea magistrale				
Architettura	LM-4	Udine	🔒	80
Ingegneria civile	LM-23	Udine	🔓	
Ingegneria elettronica	LM-29	Udine	🔓	

Area di Ingegneria e Architettura	Classe	Sede	Accesso	Posti a bando
Ingegneria gestionale	LM-31	Udine	🔓	
Ingegneria meccanica	LM-33	Udine	🔓	
Ingegneria per l'ambiente, il territorio e la protezione civile	LM-35	Udine	🔓	

Area di Lettere e Beni Culturali	Classe	Sede	Accesso	Posti a bando
Corsi di laurea triennale				
Beni culturali	L-1	Udine	🔓	
DAMS – Discipline della musica , del cinema e dello spettacolo	L-3	Gorizia	🔓	
Lettere	L-10	Udine	🔓	
Scienze e tecniche del turismo culturale	L -15	Udine	🔓	
Corsi di laurea magistrale				
Gestione del turismo culturale e degli eventi	LM-49	Udine	🔓	
Italianistica	LM-14	Udine	🔓	
Archeologia e culture dell'antichità	LM-15/LM-2	Udine	🔓	
Scienze del patrimonio audiovisivo e dell'educazione ai media	LM-65	Gorizia	🔓	
Storia dell'arte e conservazione dei beni storico-artistici	LM-89	Udine	🔓	

Area di Lingue e Letterature Straniere	Classe	Sede	Accesso	Posti a bando
Corsi di laurea triennale				
Lingue e letterature straniere	L-11	Udine	🔓	
Mediazione culturale	L-12	Udine	🔒	134
Corsi di laurea magistrale				
Lingue e letterature europee ed extraeuropee	LM-37	Udine	🔓	
Traduzione e mediazione culturale	LM-94	Udine	🔓	

Area di Medicina	Classe	Sede	Accesso	Posti a bando
Corsi di laurea triennale				
Educazione professionale	L/SNT2	Udine	🔒	52
Fisioterapia	L/SNT2	Udine	🔒	28
Infermieristica	L/SNT1	Pordenone, Udine	🔒	142
Scienze motorie	L-22	Gemona del Friuli	🔒	90
Tecniche di laboratorio biomedico	L/SNT3	Udine	🔒	50
Tecniche di radiologia medica	L/SNT1	Udine	🔒	40

Area di Medicina	Classe	Sede	Accesso	Posti a bando
Corsi di laurea magistrale				
Scienza dello sport	LM-68	Udine	🔒	46
Corsi di laurea magistrale a ciclo unico				
Medicina e chirurgia	LM-41	Udine	🔒	150

Area di Scienze Matematiche, Informatiche e Multimediali	Classe	Sede	Accesso	Posti a bando
Corsi di laurea triennale				
Informatica	L-31	Udine	🔓	
Internet of Things, Big Data & Web	L-31	Udine	🔓	
Matematica	L-35	Udine	🔓	
Scienze e tecnologie multimediali	L-20/L-31	Pordenone	🔓	
Corsi di laurea magistrale				
Artificial Intelligence & Cybersecurity	LM-18	Udine	🔓	
Comunicazione multimediale e tecnologie dell'informazione	LM-18/19	Pordenone	🔓	
Informatica	LM-18	Udine	🔓	
Matematica	LM-40	Udine	🔓	

6.48 | Urbino

La fondazione dell'**Università degli Studi di Urbino** risale al 1506 quando, per volere del duca di Urbino, fu istituito il Collegio dei dottori, specializzato nello studio della giustizia penale e civile. Il collegio continuò a crescere fino a che nel 1923 la legge Gentile conferì all'ateneo lo *status* di libera università.

Università degli Studi di Urbino "Carlo Bo"

Sede centrale Via Saffi 2, 61029 Urbino,
numero verde: 800 462446, tel.: 0722 3051,
sito: uniurb.it, email: informazioni@uniurb.it

Sedi decentrate Fano, Pesaro

Ente per il diritto allo studio Via Veneto 45, 61029 Urbino, tel.: 0722 350709, fax: 0722 377231,
e-mail: dirittostudiourbino@erdis.it, sito: erdis.it

Ufficio orientamento Via Saffi 2, 61029 Urbino,
tel.: 0722 305311, fax: 0722 305282, e-mail: orientamento@uniurb.it

Ufficio per il sostegno agli studenti disabili tel.: 0722 305311, fax: 0722 305282
email: diversamenteabili@uniurb.it

Ufficio relazioni internazionali Via Saffi 1, 61029 Urbino,
tel.: 0722 305330,fax: 0722 304409, e-mail: uborse@uniurb.it

CUS Via Pellipario 43, 61029 Urbino,
tel. e fax: 0722 4893, e-mail: cusurbino@uniurb.it, sito: cusurbino.it

I numeri dell'Università

Corsi 15 di laurea, 17 di laurea magistrale e 5 a ciclo unico

Docenti ordinari: 78; associati: 113; ricercatori: 92

Studenti 13973 iscritti (di cui 8623 donne e 2560 matricole)

Laureati 2362 (di cui 1548 donne)

Laureati regolari n.d.

Dipartimento di Economia, Società, Politica	Classe	Sede	Accesso	Posti a bando
Corsi di laurea triennale				
Economia e management	L-18	Urbino, Fano	🔓	
Scienze politiche, economiche e del governo	L-36	Urbino	🔓	
Sociologia e servizio sociale	L-39 / L-40	Urbino	🔓	
Corsi di laurea magistrale				
Economia e management	LM-77	Urbino	🔓	
Gestione delle politiche, dei servizi sociali e della mediazione interculturale	LM-87	Urbino	🔓	
Marketing e comunicazione per le aziende	LM-77	Urbino	🔓	
Politica società economia internazionali	LM-62	Urbino	🔓	

Dipartimento di Giurisprudenza	Classe	Sede	Accesso	Posti a bando
Corsi di laurea triennale				
Scienze giuridiche per la consulenza del lavoro e la sicurezza dei lavoratori	L-14	Urbino	🔓	
Corsi di laurea magistrale a ciclo unico				
Giurisprudenza	LMG/01	Urbino	🔓	

Dipartimento di Scienze Biomolecolari	Classe	Sede	Accesso	Posti a bando
Corsi di laurea triennale				
Biotecnologie	L-2	Fano	🔓	
Scienza della nutrizione	L-29	Urbino	🔓	
Scienze motorie, sportive e della salute	L-22	Urbino	🔓	
Corsi di laurea magistrale				
Biologia molecolare, sanitaria e della nutrizione	LM-6	Urbino	🔓	
Biotecnologie mediche per la diagnostica	LM-9	Urbino	🔓	
Scienze dello sport	LM-68	Urbino	🔓	
Scienze motorie per la prevenzione e la salute	LM-67	Urbino	🔓	
Corsi di laurea magistrale a ciclo unico				
Chimica e tecnologia farmaceutiche	LM-13	Urbino	🔓	
Farmacia	LM-13	Urbino	🔓	

Dipartimento di Scienze Pure e Applicate	Classe	Sede	Accesso	Posti a bando
Corsi di laurea triennale				
Informatica applicata	L-31	Urbino	🔓	
Scienze biologiche	L-13	Urbino	🔓	
Scienze geologiche e pianificazione territoriale	L-34, L-21	Urbino	🔓	
Corsi di laurea magistrale				
Filosofia dell'informazione. Teoria e gestione della conoscenza	LM-78	Urbino	🔓	
Geologia ambientale e gestione del territorio	LM-74	Urbino	🔓	
Informatica applicata	LM-18	Urbino	🔓	
Corsi di laurea magistrale a ciclo unico				
Conservazione e restauro dei beni culturali	LMR/02	Urbino	🔒	10

Dipartimento di Studi Umanistici	Classe	Sede	Accesso	Posti a bando
Corsi di laurea triennale				
Scienze dell'educazione	L-19	Urbino	🔓	
Scienze e tecniche psicologiche	L-24	Urbino	🔓	
Informazione, media, pubblicità	L-20	Urbino	🔓	
Lingue e culture moderne	L-11	Urbino	🔓	
Scienze umanistiche. Discipline letterarie, artistiche e filosofiche	L-10	Urbino	🔓	
Corsi di laurea magistrale				
Psicologia clinica	LM-51	Urbino	🔒	120
Comunicazione e pubblicità per le organizzazioni	LM-59	Pesaro	🔓	
Lettere classiche e moderne	LM-14 / LM-15	Urbino	🔓	
Storia dell'arte	LM-89	Urbino	🔓	
Lingue moderne e interculturalità	LM-37	Urbino	🔓	
Pedagogia	LM-85	Urbino	🔓	
Corsi di laurea magistrale a ciclo unico				
Scienze della formazione primaria	LM-85 bis	Urbino	🔒	230

6.49 | Varese e Como

L'**Università degli Studi dell'Insubria** è stata istituita con il decreto ministeriale del 14 luglio 1998, mediante lo scorporo delle Facoltà, dei corsi di laurea e di laurea magistrale delle Università degli Studi di Pavia e di Milano istituiti presso le sedi di Varese e Como, ed è tra le prime in Italia a sperimentare un nuovo modello organizzativo a "rete", con due poli principali ai quali si affiancano alcune sedi decentrate.

Università degli Studi dell'Insubria

Sedi principali: Varese: via Ravasi 2, tel.: 0332 2119342
Como: via Valleggio 11, tel.: 031 2386001
numero verde: 800 011398, sito: uninsubria.it

Sedi decentrate: Busto Arsizio, Saronno

Ente per il diritto allo studio: Varese: via Ravasi 2, tel.: 0332 219067, fax: 02 70039930,
Como: via Valleggio 11, tel.: 031 2389988, fax: 02 70039930,
sito: uninsubria.it/la-didattica/diritto-allo-studio

Ufficio orientamento: Varese: via Ravasi 2, tel.: 0332 219988, fax: 0332 219348
Como: via Valleggio 11, tel.: 031 3383216, fax: 031 3383219
e-mail: orientamento@uninsubria.it

Ufficio per il sostegno agli studenti disabili: Varese: via Ravasi 2, tel.: 0332 219031, fax: 0332 219039
Como: via S. Abbondio 12, tel.: 0332 2384326, fax: 0332 2384318,
e-mail: disabilita@uninsubria.it

Ufficio relazioni internazionali: Via Ravasi 2, 21100 Varese, tel.: 0332 219340/1, fax: 0332 219349,
Via Valleggio 11, 22100 Como, tel.: 031 3383210, fax: 031 219349,
e-mail: erasmus@uninsubria.it

CUS: Via Monte Genoroso 2, 21100 Varese,
tel.: 0332 219895, e-mail: cus@uninsubria.it, sito: cusdeilaghi.it

I numeri dell'Università	
Corsi	22 di laurea, 12 di laurea magistrale e 3 a ciclo unico
Docenti	ordinari: 88; associati: 173; ricercatori: 68
Studenti	10066 iscritti (di cui 5406 donne e 2397 matricole)
Laureati	1627 (di cui 977 donne)
Laureati regolari	n.d.

Dipartimento di Biotecnologie e Scienze della Vita	Classe	Sede	Accesso	Posti a bando
Corsi di laurea triennale				
Biotecnologie	L-2	Varese	🔒	140
Corsi di laurea magistrale				
Biotechnology for the bio-based nad health industry	LM-8	Varese	🔓	

Dipartimento di Diritto, Economia e Culture	Classe	Sede	Accesso	Posti a bando
Corsi di laurea triennale				
Scienze della mediazione interlinguistica e interculturale	L-12	Como	🔒	250
Scienze del turismo	L-15	Como	🔓	
Storia e Storie del Mondo Contemporaneo	L-42	Varese	🔓	
Corsi di laurea magistrale				
Lingue moderne per la comunicazione e la cooperazione internazionale	LM-38	Como	🔓	
Corsi di laurea magistrale a ciclo unico				
Giurisprudenza	LMG/01	Como, Varese	🔓	

Dipartimento di Economia	Classe	Sede	Accesso	Posti a bando
Corsi di laurea triennale				
Economia e management	L-33	Varese	🔒	640
Corsi di laurea magistrale				
Economia, diritto e finanza d'impresa	LM-77	Varese	🔓	
Global entrepreneurship economics and management	LM-77	Varese	🔓	

Dipartimento di Scienza e Alta Tecnologia	Classe	Sede	Accesso	Posti a bando
Corsi di laurea triennale				
Chimica e chimica industriale	L-27	Como	🔒	159
Fisica	L-30	Como	🔓	
Ingegneria per la sicurezza del lavoro e dell'ambiente	L-7	Varese	🔓	
Matematica	L-35	Como	🔓	
Corsi di laurea magistrale				
Chimica	LM-54	Como	🔓	
Fisica	LM-17	Como	🔓	
Matematica	LM-40	Como	🔓	
Scienze ambientali	LM-75	Como	🔓	
Ingegneria ambientale e per la sostenibilità degli ambienti di lavoro	LM-35	Varese	🔓	

Dipartimento di Scienze Teoriche e Applicate	Classe	Sede	Accesso	Posti a bando
Corsi di laurea triennale				
Informatica	L-31	Varese	🔓	
Scienze dell'ambiente e della natura	L-32	Como, Varese	🔓	
Scienze della comunicazione	L-20	Varese	🔓	
Scienze biologiche	L-13	Varese	🔒	275
Corsi di laurea magistrale				
Biomedical sciences	LM-6	Busto Arsizio	🔓	
Informatica	LM-18	Varese	🔓	
Scienze e tecniche della comunicazione	LM-92	Varese	🔓	

Scuola di Medicina	Classe	Sede	Accesso	Posti a bando
Corsi di laurea triennale				
Educazione professionale	L/SNT2	Varese	🔒	61
Fisioterapia	L/SNT2	Varese	🔒	39
Igiene dentale	L/SNT3	Varese	🔒	19
Infermieristica	L/SNT1	Como, Varese	🔒	150
Ostetricia	L/SNT1	Varese	🔒	20
Tecniche di fisiopatologia cardiocircolatoria e perfusione cardiovascolare	L/SNT3	Varese	🔒	16
Tecniche di laboratorio biomedico	L/SNT3	Varese	🔒	16
Tecniche di radiologia medica, per immagini e radioterapia	L/SNT3	Varese	🔒	16
Scienze motorie	L-22	Varese	🔒	121
Corsi di laurea magistrale a ciclo unico				
Medicina e chirurgia	LM-41	Varese	🔒	150
Odontoiatria e protesi dentaria	LM-46	Varese	🔒	21
Scienze delle attività motorie preventive e adattate	LM-67	Varese	🔒	20

6.50 | Venezia

L'**Università "Cà Foscari" di Venezia** nasce dalla scuola Superiore di Commercio, istituita nel 1868 da Luigi Luzzatti, distinguendosi da subito in ambito italiano ed europeo per la qualità delle strutture e della formazione. La sede dell'Università degli Studi di Venezia è rimasta negli anni il palazzo che fu, nel Quattrocento, la dimora del Doge Francesco Foscari, pregevole esempio di architettura gotica veneziana.

Università degli Studi di Venezia "Cà Foscari"

Sede centrale Dorsoduro 3246, 30123 Venezia, tel.: 041 2348111, sito: unive.it

Sedi decentrate Treviso

Ufficio per il diritto allo studio Dorsoduro 3246, 30123 Venezia, tel.: 041 2347575, fax: 041 2347579, e-mail: dirittoallostudio@unive.it

Ufficio orientamento Dorsoduro 3246, 30123 Venezia tel.: 041 2347575/40, fax: 041 2347946, e-mail: orienta@unive.it

Ufficio per il sostegno agli studenti disabili Dorsoduro 3246, 30123 Venezia, tel.: 041 2437961, fax: 041 2348210, e-mail: disabilita@unive.itþþ

Ufficio relazioni internazionali Dorsoduro 3246, 30123 Venezia, tel.: 041 2347575, fax: 041 2347969, e-mail: welcome@unive.it

CUS Fondamenta dei Cereri, Dorsoduro 2407, 30123 Venezia, tel.: 041 5200144, fax: 041 5246619, e-mail: venescus@unive.it, sito: cusvenezia.it

I numeri dell'Università

Corsi 19 di laurea e 34di laurea magistrale

Docenti ordinari: 136; associati: 239; ricercatori: 66

Studenti 20326 iscritti (di cui 13102 donne e 3813 matricole)

Laureati 4729 (di cui 3199 donne)

Laureati regolari n.d.

Dipartimento di Economia	Classe	Sede	Accesso	Posti a bando
Corsi di laurea triennale				
Commercio estero e turismo	L-33	Treviso	🔒	340
Economia e commercio	L-33	Venezia	🔒	420
Hospitality Innovation and e-Tourism	L-15	Venezia	🔒	50
Corsi di laurea magistrale				
Economia e finanza	LM-56	Venezia	🔓	
Global development and entrepreneurship	LM-56	Treviso	🔓	
Governance delle organizzazioni pubbliche	LM-63	Venezia	🔓	
Sviluppo interculturale dei sistemi turistici	LM-49	Venezia	🔓	

Dipartimento di Filosofia e Beni Culturali	Classe	Sede	Accesso	Posti a bando
Corsi di laurea triennale				
Conservazione e gestione dei beni e delle attività culturali	L-1	Venezia	🔓	
Filosofia	L-5	Venezia	🔒	150
Philosophy, international and economic studies	L-5	Venezia	🔒	150
Scienze della società e del servizio sociale	L-39	Venezia	🔒	115
Corsi di laurea magistrale				
Scienze filosofiche	LM-78	Venezia	🔓	
Economia e gestione delle arti e delle attività culturali	LM-76	Venezia	🔓	
Lavoro, cittadinanza sociale, interculturalità	LM-87	Venezia	🔓	
Storia delle arti e conservazione dei beni artistici	LM-89	Venezia	🔓	

Dipartimento di Management	Classe	Sede	Accesso	Posti a bando
Corsi di laurea triennale				
Digital management	L-18	Roncade	🔒	120
Economia aziendale	L-18	Venezia	🔒	600

Dipartimento di Management	Classe	Sede	Accesso	Posti a bando
Corsi di laurea magistrale				
Amministrazione, finanza e controllo	LM-77	Venezia	🔒	180
Economia e gestione delle aziende	LM-77	Venezia	🔒	100
Marketing e comunicazione	LM-77	Venezia	🔒	100
Management	LM-77	Venezia	🔒	210

Dipartimento di Scienze Ambientali Informatica e Statistica	Classe	Sede	Accesso	Posti a bando
Corsi di laurea triennale				
Informatica	L-31	Venezia	🔓	
Scienze ambientali	L-32	Venezia	🔓	
Ingegneria Fisica	L-8	Venezia	🔒	100
Corsi di laurea magistrale				
Computer science	LM-18	Venezia	🔓	
Conservation science and technology for cultural heritage	LM-11	Venezia	🔓	
Scienze ambientali	LM-75	Venezia	🔓	
Environmental Humanities	LM-1	Venezia	🔒	70
Biotecnologie per l'ambiente e lo sviluppo sostenibile	LM-8	Treviso	🔓	
Digital and Public Humanities	LM-43	Venezia	🔒	50
Data Analytics for Business and Society	LM-91	Venezia	🔒	65

Dipartimento di Scienze Molecolari e Nanosistemi	Classe	Sede	Accesso	Posti a bando
Corsi di laurea triennale				
Chimica e tecnologie sostenibili	L-27	Venezia	🔒	90
Scienze e Tecnologie per i Beni Culturali	L-43	Venezia	🔓	
Corsi di laurea magistrale				
Chimica e tecnologie sostenibili	LM-54	Venezia	🔓	
Science and technology of bio and nanomaterials	LM-54	Venezia	🔓	

Dipartimento di Studi Linguistici e Culturali Comparati	Classe	Sede	Accesso	Posti a bando
Corsi di laurea triennale				
Lingue, civiltà e scienze del linguaggio	L-11	Venezia	🔒	850
Mediazione linguistica e culturale	L-12	Venezia	🔒	77
Corsi di laurea magistrale				
Lingue e letterature europee, americane e postcoloniali	LM-37	Venezia	🔓	
Scienze del linguaggio	LM-39	Venezia	🔓	
Relazioni internazionali comparate	LM-52	Venezia	🔓	

Dipartimento di Studi sull'Asia e sull'Africa Mediterranea	Classe	Sede	Accesso	Posti a bando
Corsi di laurea triennale				
Lingue, culture e società dell'Asia e dell'Africa mediterranea	L-11	Venezia	🔒	880

Dipartimento di Studi sull'Asia e sull'Africa Mediterranea	Classe	Sede	Accesso	Posti a bando
Corsi di laurea magistrale				
Lingue e civiltà dell'Asia e dell'Africa Mediterranea	LM-36	Venezia	🔓	
Crossing the Mediterranean: towards Investment and Integration (MIM)	LM-81	Venezia	🔒	33
Interpretariato e traduzione editoriale, settoriale	LM-94	Treviso	🔒	100
Lingue, economie e istituzioni dell'Asia e dell'Africa mediterranea	LM-38	Venezia	🔒	110

Dipartimento di Studi Umanistici	Classe	Sede	Accesso	Posti a bando
Corsi di laurea triennale				
Lettere	L-10	Venezia	🔓	
Storia	L-42	Venezia	🔓	
Corsi di laurea magistrale				
Antropologia culturale, etnologia, etnolinguistica	LM-1	Venezia	🔓	
Filologia e letteratura italiana	LM-14	Venezia	🔓	
Scienze dell'antichità: letterature, storia e archeologia	LM-2 / LM-15	Venezia	🔓	
Storia dal medioevo all'età contemporanea	LM-84	Venezia	🔓	
Scienze archivistiche e biblioteconomiche	LM-5	Venezia	🔓	

Scuola in Studi Asiatici e Gestione Aziendale	Classe	Sede	Accesso	Posti a bando
Corsi di laurea magistrale				
Language and Management to China	LM-38	Venezia	🔒	70

L'**Istituto Superiore di Architettura di Venezia (IUAV)** è stato fondato, con decreto ufficiale, nel 1926, per diventare successivamente, nel '36, Istituto Universitario.

Istituto Universitario di Architettura di Venezia

Sede centrale Santa Croce 191, Tolentini, 30135 Venezia, tel.: 041 2571111, fax: 041 2571760/738, sito: iuav.it

Sede decentrata Mestre, San Marino, Treviso

Ente per il diritto allo studio Santa Croce 601 Campo della Lana, 30135 Venezia, tel.: 041 2571869, fax: 041 2571002, e-mail: front-office@iuav.it

Ufficio orientamento Santa Croce 601 Campo della Lana, 30135 Venezia, tel.: 041 2571779, fax: 041 2571002, e-mail: inforientamento@iuav.it

Ufficio per il sostegno agli studenti disabili Santa Croce 601 Campo della Lana, 30135 Venezia, tel.: 041 2571869, fax: 041 2571002, e-mail: front-office@iuav.it

Ufficio relazioni internazionali Santa Croce 601 Campo della Lana, 30135 Venezia, tel.: 041 2571720/19, fax: 041 2571760, e-mail: international@iuav.it

CUS Fondamenta dei Cereri 2407, Dorsoduro , 30135 Venezia, tel.: 041 5200144, fax: 041 5246619, e-mail: venescus@unive.it, sito: cusvenezia.it

	I numeri dell'Università
Corsi	4 di laurea e 7 di laurea magistrale
Docenti	ordinari: 47; associati: 73; ricercatori: 8
Studenti	3995 iscritti (di cui 2099 donne e 630 matricole)
Laureati	1295 (di cui 703 donne)
Laureati regolari	n.d.

Dipartimento di Architettura, Costruzione, Conservazione	Classe	Sede	Accesso	Posti a bando
Corsi di laurea triennale				
Architettura	L-17	Venezia	🔒	360
Corsi di laurea magistrale				
Architecture	LM-4	Venezia	🔒	60
Architettura	LM-4	Venezia	🔒	360

Dipartimento di Culture del Progetto	Classe	Sede	Accesso	Posti a bando
Corsi di laurea triennale				
Design della moda e arti multimediali	L-4	Venezia	🔒	210
Design del prodotto, della comunicazione visiva e degli interni	L-4	Venezia	🔒	180
Corsi di laurea magistrale				
Arti visive e moda	LM-65	Venezia	🔒	86

Dipartimento di Progettazione e Pianificazione in Ambienti Complessi	Classe	Sede	Accesso	Posti a bando
Corsi di laurea triennale				
Urbanistica e pianificazione del territorio	L-21	Venezia	🔓	
Corsi di laurea magistrale				
Urbanistica e pianificazione del territorio	LM-48	Venezia	🔓	
Design del prodotto e della comunicazione visiva	LM-12	Venezia, San Marino	🔒	80
Urbanistica e pianificazione del territorio	LM-21	Venezia	🔓	
Teatro e arti performative	LM-65	Venezia	🔒	29

6.51 | Vercelli, Alessandria e Novara

L'**Università degli Studi del Piemonte Orientale** nasce dalla progressiva scorporazione di alcune Facoltà dall'Università degli Studi di Torino. Nel 1998 l'Ateneo si è reso completamente autonomo.

	Università degli Studi del Piemonte Orientale "Amedeo Avogadro"
Sede centrale	Via Duomo 6, 13100 Vercelli, tel.: 0161 261579, sito: uniupo.it
Sedi decentrate	Alessandria, Novara
Ente per il diritto allo studio	Via Q. Sella 5, 13100 Vercelli, tel.: 0161 276511, call center: 0116522701, e-mail: edisu@edisu-piemonte.it, sito: edisu.piemonte.it
Ufficio orientamento	Via Duomo 6, 13100 Vercelli, tel.: 0161 261527, fax: 0161 219382, e-mail: orientamento@uniupo.it

Ufficio per il sostegno agli studenti disabili e-mail: servizi.studenti@uniupo.it

Ufficio relazioni internazionali Via Duomo 6, 13100 Vercelli, tel.: 0161 261584, fax: 0161 211358, e-mail: erasmus@uniupo.it

CUS Via Duomo 6, 13100 Vercelli, tel.: 339 2324432, fax: 0161 1735156 e-mail: segreteria@cuspio.it

I numeri dell'Università

Corsi 17 di laurea, 14 di laurea magistrale e 4 a ciclo unico

Docenti ordinari: 98; associati: 154; ricercatori: 71

Studenti 12153 iscritti (di cui 7396 donne e 2570 matricole)

Laureati 1824 (di cui 1165 donne)

Laureati regolari n.d.

Dipartimento di Giurisprudenza e Scienze Politiche, Economiche e Sociali	Classe	Sede	Accesso	Posti a bando
Corsi di laurea triennale				
Scienze politiche, economiche e sociali e dell'amministrazione	L-16 / L-36	Alessandria	🔓	
Servizio sociale	L-39	Asti	🔓	
Corsi di laurea magistrale				
Economia, management e istituzioni	LM-56 / LM-76	Alessandria	🔓	
Società e sviluppo locale	LM-87 / LM-88	Alessandria	🔓	
Corsi di laurea magistrale a ciclo unico				
Giurisprudenza	LMG-01	Alessandria	🔓	

Dipartimento di Studi per l'Economia e per l'Impresa	Classe	Sede	Accesso	Posti a bando
Corsi di laurea triennale				
Economia aziendale	L-18	Novara	🔓	
Promozione e gestione del turismo	L-15	Novara	🔓	
Corsi di laurea magistrale				
Amministrazione controllo e professione	LM-77	Novara	🔓	
Management e finanza	LM-77	Novara	🔓	

Dipartimento di Scienze e Innovazione Tecnologica	Classe	Sede	Accesso	Posti a bando
Corsi di laurea triennale				
Chimica	L-27	Alessandria	🔓	
Informatica	L-31	Alessandria	🔓	
Scienze biologiche	L-13	Alessandria	🔓	

Dipartimento di Scienze e Innovazione Tecnologica	Classe	Sede	Accesso	Posti a bando
Chimica verde	L-27	Vercelli	🔓	
Corsi di laurea magistrale				
Biologia	LM-6	Alessandria	🔓	
Informatica	LM-18	Alessandria	🔓	
Scienze chimiche	LM-54	Alessandria	🔓	

Dipartimento di Scienze del Farmaco	Classe	Sede	Accesso	Posti a bando
Corsi di laurea magistrale				
Biotecnologie farmaceutiche	LM-9	Novara	🔒	35
Corsi di laurea magistrale a ciclo unico				
Chimica e tecnologia farmaceutiche	LM-13	Novara	🔓	
Farmacia	LM-13	Novara	🔓	

Dipartimento di Studi Umanistici	Classe	Sede	Accesso	Posti a bando
Corsi di laurea triennale				
Filosofia e comunicazione	L-5	Vercelli	🔓	
Lettere	L-10	Alessandria, Vercelli	🔓	
Lingue straniere moderne	L-11	Vercelli	🔓	
Corsi di laurea magistrale				
Filologia moderna, classica e comparata	LM-14	Vercelli	🔓	
Filosofia	LM-78	Vercelli	🔓	
Lingue, Culture, Turismo	LM-37/LM-49	Vercelli	🔓	

Scuola di Medicina/ Dipartimento di Medicina Traslazionale / Dipartimento di Scienze della Salute	Classe	Sede	Accesso	Posti a bando
Corsi di laurea triennale				
Biotecnologie	L-2	Novara	🔓	
Fisioterapia	L/SNT2	Novara, Fossano, Verbania	🔒	75
Igiene dentale	L/SNT3	Novara	🔒	25
Infermieristica	L/SNT1	Alessandria, Biella, Novara Verbania, Vercelli	🔒	360
Tecniche di laboratorio biomedico	L/SNT3	Novara	🔒	30
Tecniche di radiologia medica per immagini e radioterapia	L/SNT3	Novara	🔒	20

Scuola di Medicina/ Dipartimento di Medicina Traslazionale / Dipartimento di Scienze della Salute	Classe	Sede	Accesso	Posti a bando
Corsi di laurea magistrale				
Medical biotechnology	LM-9	Novara	🔓	
Scienze infermieristiche e ostetriche	LM/SNT1	Novara	🔒	60
Food Health and envirnonment	LM-60	Vercelli	🔒	
Corsi di laurea magistrale a ciclo unico				
Medicina e chirurgia	LM -41	Novara	🔒	200

6.52 | Verona

L'**Università degli Studi di Verona** è stata istituita solo nel 1982, ma in realtà ha cominciato la sua attività già nel 1959 come sede distaccata dell'Università di Padova. A partire dal 1989 alle tre Facoltà iniziali (Economia e commercio, Magistero, Medicina e chirurgia) se ne sono aggiunte altre, ma l'Ateneo scaligero continua a trarre forza dalle sue dimensioni contenute, che gli consentono di rispondere con servizi di grande efficienza alle esigenze degli studenti.

Università degli Studi di Verona

Sede centrale Via dell'Artigliere 8, Palazzo Giuliari, 37129 Verona, tel.: 045 8098111/253, fax: 045 8098255, sito: univr.it

Segreterie decentrate Ala, Bolzano, Canazei, Legnago, Rovereto, S. Pietro in Cariano, Trento, Vicenza

Ente per il diritto allo studio Via Vipacco 7, 37129 Verona, tel.: 045 8028711, e-mail: uffico.dirittostudio@ateneo.univr.it

Ufficio orientamento Via San Francesco 22, 37129 Verona, tel.: 045 8028588, fax: 045 8028396, e-mail: servizio.orientamento@ateneo.univr.it

Ufficio per il sostegno agli studenti disabili Via San Francesco 22, 37129 Verona, tel.: 045 8028786/593, fax: 045 8028786, e-mail:inclusione.accessibilita@ateneo.univr.it

Ufficio relazioni internazionali Via Giardino Giusti 2, 37129 Verona, tel.: 045 8028596/043, fax: 045 8028411, e-mail: admissions@ateneo.univr.it

CUS Viale dell'Università 4, 37129 Verona, tel.: 045 595533, e-mail: cusverona@tiscali.it, sito: cusverona.it

I numeri dell'Università

Corsi 33 di laurea, 29 di laurea magistrale e 4 a ciclo unico

Docenti ordinari: 185; associati: 324; ricercatori: 112

Studenti 23535 iscritti (di cui 15165 donne e 4293 matricole)

Laureati 4811 (di cui 3202 donne)

Laureati regolari n.d.

Dipartimento di Biotecnologie	Classe	Sede	Accesso	Posti a bando
Corsi di laurea triennale				
Biotecnologie	L-2	Verona	🔒	170
Scienze e tecnologie viticole ed enologiche	L-25	San Pietro in Cariano	🔒	70
Corsi di laurea magistrale				
Biotecnologie agro-alimentari	LM-7	Verona	🔓	
Biotecnologie per le biorisorse e lo sviluppo ecosostenibile	LM-8	Verona	🔓	
Molecular and medical biotechnology	LM-9	Verona	🔓	

Dipartimento di Economia Aziendale	Classe	Sede	Accesso	Posti a bando
Corsi di laurea triennale				
Economia aziendale e management	L-18	Verona,	🔒	300
Economia e commercio	L-33	Verona, Vicenza	🔒	300

Dipartimento di Filologia, Letteratura e Linguistica	Classe	Sede	Accesso	Posti a bando
Corsi di laurea triennale				
Lettere	L-10	Verona	🔓	
Scienze della comunicazione	L-20	Verona	🔒	300
Corsi di laurea magistrale				
Editoria e giornalismo	LM-19	Verona	🔓	
Linguistics	LM-39	Verona	🔓	
Tradizione e interpretazione dei testi letterari	LM-14	Verona	🔓	

Dipartimento di Scienze Umane	Classe	Sede	Accesso	Posti a bando
Corsi di laurea triennale				
Filosofia	L-5	Verona	🔓	
Scienze dell'educazione	L-19	Verona	🔒	300
Scienze psicologiche per la formazione	L-24	Verona	🔒	300
Scienze del servizio sociale	L-39	Verona	🔒	75
Corsi di laurea magistrale				
Psicologia per la formazione	LM-51	Verona	🔓	
Scienze filosofiche	LM-78	Verona	🔓	
Scienze pedagogiche	LM-85	Verona	🔒	100
Servizio sociale in ambiti complessi	LM-87	Verona	🔓	
Corsi di laurea magistrale a ciclo unico				
Scienze della formazione primaria	LM-85 bis	Verona	🔒	100

Dipartimento di Informatica	Classe	Sede	Accesso	Posti a bando
Corsi di laurea triennale				
Bioinformatica	L-31	Verona	🔓	
Informatica	L-31	Verona	🔓	
Matematica applicata	L-35	Verona	🔓	

Dipartimento di Informatica	Classe	Sede	Accesso	Posti a bando
Corsi di laurea magistrale				
Ingegneria e scienze informatiche	LM-18 / LM-32	Verona	🔓	
Mathematics	LM-40	Verona	🔓	
Medical bioinformatics	LM-18	Verona	🔓	
Computer Engineering for Robotics and Smart Industry	LM-32	Verona	🔓	
Data science	LM-91	Verona	🔓	

Dipartimento di Lingue e Letterature Straniere	Classe	Sede	Accesso	Posti a bando
Corsi di laurea triennale				
Lingue e culture per il turismo e il commercio internazionale	L-12	Verona	🔒	600
Lingue e letterature per l'editoria e i media digitali	L-11	Verona	🔒	250
Lingue e letterature straniere	L-11	Verona	🔒	250
Corsi di laurea magistrale				
Comparative european and non-european languages and literatures	LM-37	Verona	🔓	
Lingue per la comunicazione turistica e commerciale	LM-38	Verona	🔓	

Dipartimento di Scienze Economiche	Classe	Sede	Accesso	Posti a bando
Corsi di laurea triennale				
Economia, Imprese e Mercati Internazionali	L-33	Vicenza	🔒	165
Economia e innovazione aziendale	L-18	Vicenza	🔒	165
Corsi di laurea magistrale				
Banca e finanza	LM-16	Verona	🔒	125
Economics and Data Analysis	LM-56	Verona	🔓	
International economics and business management	LM-56	Vicenza	🔓	
Management e strategia d'impresa	LM-77	Vicenza	🔓	
Marketing e comunicazione d'impresa	LM-77	Verona	🔓	
Governance e amministrazione d'impresa	LM-77	Verona	🔓	

Dipartimento di Scienze Giuridiche	Classe	Sede	Accesso	Posti a bando
Corsi di laurea triennale				
Scienze dei servizi giuridici	L-14	Verona	🔓	
Corsi di laurea magistrale				
Governance dell'emergenza	LM-62	Verona	🔓	
Diritto e tecnologie per l'innovazione sostenibile	LMSC-GIUR	Verona	🔓	
Corsi di laurea magistrale a ciclo unico				
Giurisprudenza	LMG-01	Verona	🔓	

Dipartimento di Neuroscienze, Biomedicina e Movimento	Classe	Sede	Accesso	Posti a bando
Corsi di laurea triennale				
Scienze delle attività motorie e sportive	L-22	Verona	🔒	310

Dipartimento di Neuroscienze, Biomedicina e Movimento	Classe	Sede	Accesso	Posti a bando
Corsi di laurea magistrale				
Scienze dello sport e della prestazione fisica	LM-68	Verona	🔒	110
Scienze motorie preventive ed adattate	LM-67	Verona	🔒	70

Dipartimento di Culture e Civiltà	Classe	Sede	Accesso	Posti a bando
Corsi di laurea triennale				
Beni culturali	L-1	Verona	🔓	
Corsi di laurea magistrale				
Arte	LM-89	Verona	🔓	

Scuola di Medicina	Classe	Sede	Accesso	Posti a bando
Corsi di laurea triennale				
Fisioterapia	L/SNT2	Rovereto, Verona, Vicenza	🔒	75
Igiene dentale	L/SNT3	Verona, Rovereto	🔒	34
Infermieristica	L/SNT1	Bolzano, Legnago, Trento, Verona, Vicenza	🔒	726
Logopedia	L/SNT2	Verona	🔒	32
Ostetricia	L/SNT1	Verona	🔒	25
Tecnica della riabilitazione psichiatrica	L/SNT2	Rovereto	🔒	20
Tecniche della prevenzione negli ambienti e nei luoghi di lavoro	L/SNT4	Trento	🔒	20
Tecniche di fisiopatologia cardiocircolatoria e perfusione cardiovascolare	L/SNT3	Verona	🔒	15
Tecniche di laboratorio biomedico	L/SNT3	Verona	🔒	28
Tecniche di radiologia medica, per immagini e radioterapia	L/SNT3	Verona	🔒	20
Tecniche ortopediche	L/SNT3	Verona	🔒	10
Corsi di laurea magistrale				
Scienze infermieristiche e ostetriche	LM/SNT1	Verona	🔒	65
Ingegneria dei sistemi medicali	L-8	Verona		🔓
Scienze riabilitative delle professioni sanitarie	LM/SNT2	Verona	🔒	27
Corsi di laurea magistrale a ciclo unico				
Medicina e chirurgia	LM-41	Verona	🔒	200
Odontoiatria e protesi dentaria	LM-46	Verona	🔒	25

6.53 | Viterbo

Presso l'**Università degli Studi della Tuscia** è particolarmente rilevante l'attività didattica e di ricerca in campo agrario e biologico, rivolta soprattutto all'impatto ambientale delle tecnologie e al ruolo delle agrotecnologie per la protezione dell'ambiente. L'Ateneo tesse importanti rapporti con il mondo agricolo ed è in stretto contatto con il CNR, l'ENEA e numerosi enti internazionali.

Università degli Studi della Tuscia

Sede centrale Via Santa Maria in Gradi 4, 01100 Viterbo, numero verde: 800 007464, tel.: 0761 3571, sito: unitus.it

Ente per il diritto allo studio Via Cardarelli 75, 01100 Viterbo, tel.: 0761 270610/11, fax: 0761 274666, e-mail: laziodisuviterbo@laziodisu.it, sito: laziodisu.it

Ufficio orientamento Via Santa Maria in Gradi 4, 01100 Viterbo, tel.: 0761 357912/939, fax: 0761 357963, e-mail: capuani@unitus.it

Ufficio per il sostegno agli studenti disabili Via Santa Maria in Gradi 4, 01100 Viterbo, e-mail: infodisabili@unitus.it

Ufficio relazioni internazionali Via Santa Maria in Gradi 4, 01100 Viterbo, tel.: 0761 357918, e-mail: erasmus@initus.it

CUS Via San Camillo De Lellis s.n.c., fax: 0761 352746, e-mail: cusviterbo@libero.it, sito: cusviterbo.it

I numeri dell'Università

Corsi 18 di laurea, 18 di laurea magistrale e 2 a ciclo unico

Docenti ordinari: 76; associati: 133; ricercatori: 48

Studenti 8078 iscritti (di cui 3941 donne e 1474 matricole)

Laureati 1329 (di cui 592 donne)

Laureati regolari n.d.

DAFNE-Scienze e Tecnologie per l'Agricoltura, le Foreste, la Natura e l'Energia	Classe	Sede	Accesso	Posti a bando
Corsi di laurea triennale				
Scienze agrarie e ambientali	L-25	Viterbo	🔓	
Scienze delle foreste e della natura	L-25	Viterbo	🔓	
Scienze della montagna	L-25	Rieti	🔓	
Corsi di laurea magistrale				
Biotecnologie industriali per la salute e il benessere	LM-7	Viterbo	🔓	
Biotecnologie per la sicurezza e la qualità agro-alimentare	LM-7	Viterbo		
Conservazione e restauro dell'ambiente e delle foreste	LM-73	Viterbo	🔓	
Scienze agrarie e ambientali	LM-69	Viterbo	🔓	
Scienze forestali e ambientali (in inglese)	LM-73	Viterbo	🔓	

DEB-Dipartimento di Scienze Ecologiche e Biologiche	Classe	Sede	Accesso	Posti a bando
Corsi di laurea triennale				
Scienze biologiche ambientali	L-13	Civitavecchia	🔓	
Scienze naturali e ambientali	L-32	Viterbo	🔓	
Scienze biologiche	L-13	Viterbo	🔓	
Corsi di laurea magistrale				
Biologia cellulare e molecolare	LM-6	Viterbo	🔓	
Biologia ed ecologia marina	LM-6	Viterbo	🔓	

DEIM-Dipartimento di Economia ed Impresa	Classe	Sede	Accesso	Posti a bando
Corsi di laurea triennale				
Economia aziendale	L-18	Viterbo	🔓	
Ingegneria industriale	L-9	Viterbo	🔒	150
Scienze politiche e delle relazioni internazionali	L-36	Viterbo	🔓	
Design per l'industria sostenibile e il territorio	L-4	Viterbo	🔓	
Corsi di laurea magistrale				
Amministrazione, finanza e controllo	LM-77	Viterbo	🔓	
Scienze della politica, della Sicurezza Internazionale, e della comunicazione pubblica	LM-62	Viterbo	🔓	
Ingegneria meccanica	LM-33	Viterbo	🔓	
Marketing e qualità	LM-77	Viterbo	🔓	
Economia circolare (in inglese)	LM-76	Civitavecchia	🔓	

DIBAF-Dipartimento di Sistemi Biologici, Agroalimentari e Forestali	Classe	Sede	Accesso	Posti a bando
Corsi di laurea triennale				
Biotecnologie	L-2	Viterbo	🔓	
Pianificazione e progettazione del paesaggio e dell'ambiente	L-21	Viterbo	🔓	
Tecnologie alimentari	L-26	Viterbo	🔓	
Produzione sementiera e vivaismo	L-25	Viterbo	🔓	
Corsi di laurea magistrale				
Scienze e tecnologie alimentari	LM-70	Viterbo	🔓	

DISBEC-Dipartimento di Scienze dei Beni Culturali	Classe	Sede	Accesso	Posti a bando
Corsi di laurea triennale				
Scienze dei beni culturali	L-1	Viterbo	🔓	
Corsi di laurea magistrale				
Archeologia e storia dell'arte tutela e valorizzazione	LM-2 / LM-89	Viterbo	🔓	
Corsi di laurea magistrale a ciclo unico				
Conservazione e restauro dei beni culturali	LMR-02	Viterbo	🔒	10

DISTU-Dipartimento di Istituzioni Linguistico-Letterarie, Comunicazionali e Storico-Giuridiche dell'Europa	Classe	Sede	Accesso	Posti a bando
Corsi di laurea triennale				
Comunicazione, tecnologie e culture digitali	L-20	Viterbo	🔓	
Lingue e culture moderne	L-11	Viterbo	🔓	
Corsi di laurea magistrale				
Lingue e culture per la comunicazione internazionale	LM-37	Viterbo	🔓	
Informazione digitale	LM-91	Viterbo	🔓	
Security and human rights	LM-90	Viterbo	🔓	

DISTU-Dipartimento di Istituzioni Linguistico-Letterarie, Comunicazionali e Storico-Giuridiche dell'Europa	Classe	Sede	Accesso	Posti a bando
Corsi di laurea magistrale a ciclo unico				
Giurisprudenza	LMG-01	Viterbo	🔓	

DUSUCOM-Dipartimento di Scienze Umanistiche, della Comunicazione e del Turismo	Classe	Sede	Accesso	Posti a bando
Corsi di laurea triennale				
Scienze umanistiche	L-10	Viterbo	🔓	
Corsi di laurea magistrale				
Filologia moderna	LM-14	Viterbo	🔓	

6.54 | Le università telematiche

Frequentare una università telematica è equivalente – dal punto di vista legale – a frequentare l'università "tradizionale", con la differenza che i corsi sono erogati con modalità a distanza, sincrona o asincrona, mediante tecnologie informatiche. La formazione a distanza si rivolge principalmente a:

- chi desidera gestire autonomamente il proprio percorso di studi;
- studenti lavoratori;
- residenti in località lontane dalle sedi universitarie.

Spesso queste università prevedono agevolazioni economiche per studenti diversamente abili.

In Italia sono attualmente attive e riconosciute dal ministero 8 università interamente telematiche:

Università telematica Giustino Fortunato

Sede centrale	Viale R. Delcogliano 12, 82100 Benevento, numero verde: 800 719595, tel.: 0824 316057, fax: 0824 351887, e-mail: segreteria@pec.unifortunato.eu, sito: unifortunato.eu
Corsi di laurea	Diritto ed economia delle imprese (L-14, L-18); Scienze dell'educazione (L-19); Scienze e tecniche psicologiche (L-24); Scienze e Tecnologie dei Trasporti (L-28)
Corsi di laurea magistrale	Psicologia Comportamentale e Cognitiva Applicata (LM-51); Economia aziendale (LM-77)
Corsi di laurea magistrale a ciclo unico	Giurisprudenza (LMG-01)

Università telematica Leonardo da Vinci

Sede centrale Piazza San Rocco, 66010 Torrevecchia Teatina (CH), numero verde: 800 404122, tel. e fax: 0871 361658, e-mail: info@unidav.it, sito: unidav.it

Corsi di laurea Economia aziendale e management (L-18); Scienze dell'educazione e della formazione (L-19)

Corsi di laurea magistrale n.d.

Corsi di laurea magistrale a ciclo unico Giurisprudenza (LMG-01)

Università telematica e-Campus

Sede centrale Via Isimbardi 10, 22060 Novedrate (CO), tel.: 031 7942500/5, fax: 031 792631, e-mail: info@uniecampus.it, sito: uniecampus.it

Corsi di laurea Design e discipline della moda (L-3); Economia (L-33); Ingegneria civile e ambientale (L-7); Ingegneria industriale (L-9); Ingegneria informatica e dell'automazione (L-8); Letteratura, arte, musica e spettacolo (L-10); Lingue e culture europee e del resto del mondo (L-11); Scienze delle attività motorie e sportive (L -22); Scienze della comunicazione (L-20); Scienze dell'educazione e della formazione (L-19); Scienze politiche e sociali (L-36); Servizi giuridici (L-14); Scienze e tecniche psicologiche (L-24); Scienze biologiche (L-13)

Corsi di laurea magistrale Letterature, lingua e cultura italiana (LM-14); Ingegneria civile (LM-23); Ingegneria industriale (LM-33); Ingegneria informatica e dell'automazione (LM-32); Lingue, letterature moderne e traduzione interculturale (LM-38); Psicologia (LM-51); Scienze dell'economia (LM-56); Scienze pedagogiche (LM-85); Scienze della nutrizione umana (LM-61); Scienze dell'esercizio fisico per il benessere e la salute (LM-67)

Corsi di laurea magistrale a ciclo unico Giurisprudenza (LMG-01)

Università telematica IUL

Sede centrale Via M. Buonarroti 10, 50122 Firenze, tel.: 055 2380568, fax: 055 2380395, e-mail: segreteria@iuline.it, sito: iuline.it

Corsi di laurea Scienze e tecniche dell'educazione e dei servizi per l'infanzia (L-19); Comunicazione innovativa, multimediale e digitale (L-20); Scienze motorie, pratica e gestione delle attività sportive (L-22); Scienze psicologiche delle risorse umane, delle organizzazioni e delle imprese (L-24); Economia, management e mercati internazionali (L-33)

Corsi di laurea magistrale Innovazione educativa e apprendimento permanente nella formazione degli adulti in contesti nazionali e internazionali (LM-57)

Corsi di laurea magistrale a ciclo unico Giurisprudenza (LMG/01)

Università telematica San Raffaele

Sede centrale Milano: Via F. Daverio 7, 20138 Milano,
tel.: 02 36696110, Roma: Via di Val Cannuta 247, 00161 Roma
tel.: 06 52252552, fax: 0236696112, sito: unisanraffaele.gov.it

Corsi di laurea Biotecnologie (L-2); Moda e design industriale (L-4); Scienza dell'amministrazione e dell'organizzazione (L-16); Scienze dell'alimentazione e gastronomia (L-26); Scienze motorie (L-22)

Corsi di laurea magistrale Scienze della nutrizione umana (LM-61); Scienze delle attività motorie preventive e adattate (LM-67); Management e Consulenza Aziendale (LM-77)

Università Telematica Pegaso

Sede centrale Piazza Trento e Trieste 48, 80132 Napoli,
numero verde: 800 185095, tel.: 081 19137500,
e-mail: orientamento@unipegaso.it, unipegaso.it

Corsi di laurea Economia aziendale (L-18); Ingegneria civile (L-7); Scienze dell'educazione e della formazione (L-19); Scienze motorie (L-22); Scienze turistiche (L-15); Lettere, sapere umanistico e formazione (L-10)

Corsi di laurea magistrale Management dello sport e delle attività motorie (LM-47); Scienze economiche (LM-56); Scienze pedagogiche (LM-85); Ingegneria della sicurezza (LM-26); Linguistica moderna (LM-39)

Corsi di laurea magistrale a ciclo unico Giurisprudenza (classe LMG-01)

Università telematica Guglielmo Marconi

Sede centrale Via Plinio 44, 00193 Roma,
tel.: 06 377251, fax: 06 37725214,
e-mail: info@unimarconi.it, sito: unimarconi.it

Corsi di laurea Ingegneria civile (L-7); Ingegneria industriale (L-9); Ingegneria informatica (L-8); Lettere (L-10); Scienze dei servizi giuridici (L-14); Scienze dell'educazione e della formazione (L-19); Scienze economiche (L-33); Scienze e tecniche psicologiche (L-24); Scienze politiche e delle relazioni internazionali (L-36)

Corsi di laurea magistrale Ingegneria civile (LM-23); Ingegneria energetica e nucleare (LM-30); Ingegneria industriale (LM-33); Ingegneria informatica (LM-32); Filologia e letterature moderne (LM-14); Lingue moderne per la comunicazione internazionale (LM-38); Pedagogia (LM- 85); Psicologia (LM-51); Scienze dell'economia (LM-56); Scienze politiche (LM-62)

Corsi di laurea magistrale a ciclo unico Giurisprudenza (LMG-01)

Università telematica UNITELMA

Sede centrale Viale Regina Elena 295, 00161 Roma,
tel. 06 81100288, e-mail: segreteriastudenti@unitelma.it,
sito: unitelma.it

Corsi di laurea Scienze dell'economia aziendale (L-18); Scienze dell'amministrazione e della sicurezza (L-16)

Corsi di laurea magistrale Economia e management aziendale (LM-77); Management delle organizzazioni pubbliche e sanitarie (LM-65); Classical Archaeology (LM-2)

Corsi di laurea magistrale a ciclo unico Giurisprudenza (classe LMG-01)

Università degli Studi Niccolò Cusano-Telematica Roma

Sede centrale Via Don Carlo Gnocchi, 00166 Roma,
numero verde: 800 987373, tel.: 06 45678350 / 0670307312, fax: 06 45678379, e-mail: info@unicusano.it, sito: unicusano.it

Corsi di laurea Economia aziendale e management (L-18); Ingegneria civile (L-7); Ingegneria industriale (L-9); Ingegneria Elettronica e Informatica (L-8); Scienze dell'educazione e della formazione (L-19); Scienze e tecniche psicologiche (L-24); Scienze politiche e delle relazioni internazionali (L-36); Biologia generale e applicata (L-13); Comunicazione digitale e social media (L-20); Scienze motorie (L-22); Scienze sociali (L-40)

Corsi di laurea magistrale Ingegneria civile (LM-23); Ingegneria elettronica (LM-29); Ingegneria meccanica (LM-33); Psicologia (LM-51); Scienze economiche (LM-56); Relazioni internazionali (LM-52); Biologia Molecolare e Cellulare Applicata(LM-6); Comunicazione Digitale (LM-19); Ingegneria Gestionale (LM-31); Ingegneria Informatica (LM-32); SCIENZA E TECNICA DELLO SPORT (LM-68); Scienze pedagogiche (LM-85); Sociologia e ricerca sociale (LM-88)

Corsi di laurea magistrale a ciclo unico Giurisprudenza (classe LMG-01)

Università Telematica "Universitas Mercatorum"

Sede centrale Via Appia Pignatelli 62, 00178 Roma,
tel.: 06 78052327, fax: 06 7842136,
e-mail: segreteria@unimercatorum.it,
sito: unimercatorum.it

Corsi di laurea Gestione d'impresa (L-18); Scienze del Turismo (L-15); Scienze e tecnologie delle arti, dello spettacolo e del cinema (L-3); Design del prodotto e della moda (L-4); Ingegneria informatica (L-8); Comunicazione e multimedialità (L-20); Ingegneria gestionale (L-9); Lingue e mercati (L-12); Scienze giuridiche (L-14); Scienze e tecniche psicologiche (L-24); Scienze politiche e relazioni internazionali (L-36); Sociologia dell'innovazione (L-40); Gastronomia, ospitalità e territori (L/GASTR)

Corsi di laurea magistrale Ingegneria gestionale (LM-31); Psicologia del lavoro e delle organizzazioni (LM-51); Relazioni internazionali per lo sviluppo economico (LM-52); Management (LM-77)

6.54.1 | Il Consorzio Nettuno

Il consorzio Nettuno, a differenza degli atenei telematici appena elencati, è una associazione senza fini di lucro che fa da tramite tra università e aziende, promossa dal ministero dell'Istruzione e della Ricerca Scientifica per la realizzazione di corsi universitari a distanza.[1] Sono soci fondatori il Politecnico di Torino, l'Università di Napoli "Federico II", la RAI, la Confindustria, Telecom Italia, e soci ordinari il Politecnico di Bari, l'Università Politecnica delle Marche, e le Università di Bologna, Camerino, Cassino, Ferrara, Firenze, Genova, l'Aquila, Lecce, Messina, Milano, Milano-Bicocca, Modena e Reggio Emilia, II Università di Napoli, Padova, Palermo, Parma, Perugia, Pisa, Roma "La Sapienza", San Marino, Siena, Teramo, Torino, Trento, Trieste, Udine, IUAV Venezia, IULM Milano, IUSM Roma, IGM Istituto Geografico Militare, LUMSA Napoli, OU UK Open University of United Kingdom, il Centro Nazionale Formazione a Distanza di Tirana (Albania), AFPA-Association pour la Formation Professionnelle des Adultes, Sirian Virtual University, UNAD-Universidad nacional abierta y distancia (Colombia), Université Virtuelle de Tunis, Fundacion Universitaria "Manuela Beltran" (Colombia), National Technical University of Ukraine "KPI". Le università aderenti al consorzio Nettuno offrono corsi a distanza agli studenti che, per ragioni diverse non possono o non vogliono frequentare i corsi tradizionali.

Consorzio Nettuno	Classe	Sede	Accesso	Posti a bando
Corsi di laurea triennale				
Conservazione e valorizzazione dei Beni Culturali	L-1		🔓	
Ingegneria civile e ambientale	L-7		🔓	
Ingegneria Informatica	L-8		🔓	
Ingegneria gestionale	L-9		🔓	
Diritto dell'impresa, del lavoro e delle nuove tecnologie	L-14		🔓	
Scienze della comunicazione	L-20		🔓	
Discipline psicosociali	L-24		🔓	
Economia e gestione delle imprese	L-18		🔓	
Corsi di laurea magistrale			🔓	
Ingegneria Civile	LM-23		🔓	
Ingegneria Gestionale	LM-31		🔓	
Ingegneria Informatica	LM-32		🔓	
Processi Cognitivi e Tecnologie	LM-51		🔓	
Gestione d'impresa e tecnologie digitali	LM-77		🔓	

La **metodologia** dell'università a distanza è caratterizzata dall'uso di strumenti audiovisivi per veicolare le lezioni, dall'impiego di internet e del canale satellitare RAI NETTUNO SAT per la diffusione di materiali didattici e per la comunicazione docente-allievo e dalla presenza di tutor a distanza con i quali gli studenti possono comunicare per avere spiegazioni e aiuto nel corso degli studi.

Il **titolo** che si ottiene è del tutto equivalente, anche ai fini legali, in Italia e all'estero, a quello che si ottiene con il metodo tradizionale. Prevede lo stesso piano di studi, gli stessi crediti formativi, viene rilasciato

1. In attuazione dell'articolo 11, comma terzo della legge 19 novembre 1990, n. 341 di riforma degli ordinamenti didattici universitari: «Nell'ambito del piano di sviluppo dell'università può essere previsto il sostegno finanziario a iniziative di istruzione universitaria a distanza attuate dalle università anche in forma consortile con il concorso di altri enti pubblici e privati, nonché a programmi e a strutture nazionali di ricerca relativi al medesimo settore. Tali strutture possono essere costituite con decreto del ministro dell'Università e della Ricerca Scientifica e Tecnologica di concerto con il ministro del Tesoro».

dall'università ed è riconosciuto totalmente o parzialmente ai fini della prosecuzione degli studi presso un'università "tradizionale" per il conseguimento di una laurea affine.

Centro Nazionale Network per l'Università Ovunque Nettuno

Corso Vittorio Emanuele II 39, 00186 Roma,
numero verde: 800 298827, numero di telefono: 06 6920761,
fax: 06 69207621,
e-mail: info@uninettuno.it, sito: consorzionettuno.it

Iscrizione e costi

L'iscrizione avviene direttamente su internet effettuando il pagamento delle tasse mediante carta di credito o bonifico.

Il costo delle tasse universitarie per l'a.a. 2013/2014 è stato fissato a euro 2.000,00 di cui 1.000,00 sono da versare con la prima rata di al momento dell'immatricolazione.

Didattica

L'università a distanza usa il "modello didattico misto". Si tratta di una modalità che unisce attività "a distanza" in cui lo studente studia da solo e lavora e interagisce con il docente per mezzo di tecnologie audiovisive, a momenti di interazione diretta con il docente (per esempio, per gli esami che avvengono "faccia a faccia").

La didattica in pratica prevede: videolezioni; esercitazioni pratiche su internet anche tramite laboratori virtuali; tutorato a distanza tramite chat video e audio, forum e videoconferenze.

Parte terza

ISCRIVERSI

1 | Notizie pratiche

1.1 | L'iscrizione

Per iscriversi all'università occorre essere in possesso di un diploma di *Istituto o Scuola d'istruzione secondaria superiore* (o titolo straniero equivalente). Gli studenti che hanno compiuto studi superiori di durata quadriennale possono comunque avere accesso a tutti i corsi di laurea dopo aver frequentato il quinto anno integrativo della scuola superiore. È vietata l'iscrizione contemporanea a diverse università e a diversi istituti di istruzione superiore, a diverse facoltà o scuole della stessa università o dello stesso istituto o a diversi corsi di laurea della stessa facoltà o scuola.

Gli studenti del quinto anno hanno l'opportunità di effettuare una *preiscrizione* all'università, compilando un apposito form disponibile online (*http://universitaly.it/index.php/preiscrizioni/cerca*). Sebbene non sia vincolante (si può cambiare idea successivamente), tale preiscrizione serve al Ministero e alle stesse università per programmare al meglio l'accoglienza delle future matricole: è dunque interesse di tutti che la scelta sia espressa consapevolmente e dopo avere effettuato un opportuno percorso di orientamento.

Il periodo dell'iscrizione vera e propria all'università va, di regola, dai primi giorni di agosto agli inizi di novembre, con differenze anche significative nelle scadenze a seconda del corso. Per conoscere nel dettaglio modalità e tempi di iscrizione è quindi necessario informarsi per tempo presso la segreteria dell'università o sul sito internet dell'ateneo. In linea di massima comunque, i documenti da presentare per potersi immatricolare sono:

- la domanda di immatricolazione, il cui modulo da compilare può essere ritirato presso le segreterie studenti o scaricato dal sito dell'università d'interesse;
- il diploma di superamento dell'esame di Stato conclusivo del corso di studio in originale o un certificato provvisorio sostitutivo (presso alcuni atenei è sufficiente presentare un'autocertificazione);
- un numero variabile, a seconda della sede presso la quale si compie l'iscrizione, di fotografie formato tessera;
- un certificato di nascita su carta legale;
- fotocopia del documento d'identità e del codice fiscale;
- la ricevuta del versamento che attesti il pagamento della prima rata della tassa di iscrizione.

1.1.1 | Le tasse di iscrizione

Ciascuna università fissa la tassa di iscrizione in base al reddito, alle condizioni effettive del nucleo famigliare e al merito degli studenti. Le università stabiliscono inoltre ulteriori contributi finalizzati al miglioramento della didattica e dei servizi erogati.

Gli studenti possono ottenere, a determinate condizioni, l'esonero dal pagamento delle tasse e dei contributi.

1.2 | Aiuti finanziari

Il sistema di aiuti è gestito dalle università e dagli enti per il diritto allo studio.

Gli aiuti economici prestati agli studenti possono essere suddivisi in due categorie:

- **aiuto diretto**, rivolto di norma a studenti che possiedono particolari requisiti di età, di reddito e di merito, sotto forma di borse di studio, prestiti, esonero totale o parziale dalle tasse universitarie (si veda, a titolo di esempio, la tabella seguente) ecc.;
- **aiuto indiretto** sotto forma di servizi (alloggi, mense, attività culturali, sportive ecc.) offerti a un prezzo inferiore al costo di mercato e, in alcune regioni, differenziato per fasce di reddito; in quest'ultimo caso, per accedere ai servizi, gli studenti devono possedere anche determinati requisiti di età e dimostrare la regolarità negli studi.

Poiché per alcune tipologie di aiuto l'offerta è nettamente inferiore alla domanda, l'ammissione ai benefici da parte degli studenti viene regolata da stretti criteri di selezione.

Tabella 1: Esempio di modulo di richiesta esonero tasse

Compilare in stampatello REG. N.
UNIVERSITÀ DEGLI STUDI
RICHIESTA ESONERO TASSE – Anno Accademico 2016/2017
AVVERTENZA: Prima di compilare la domanda di esonero leggere attentamente le norme allegate; l'omissione di qualcuno dei dati o documenti richiesti può pregiudicare l'accoglimento della domanda stessa. La domanda va inoltrata presso l'Ufficio Tasse e Contributi, Esoneri e Premi, previa richiesta tramite terminali, entro e non oltre il giorno 30 NOVEMBRE 2016.
Al Magnifico Rettore
Matricola n.
Il/La sottoscritto/a .nato/a
il iscritto/a per l'a.a. 2016/2017 al
anno di corso della laurea/laurea magistrale in
CHIEDE
di beneficiare del seguente tipo di esonero dal pagamento della tassa di iscrizione e del contributo universitario nella misura stabilita per ciascuna tipologia (***barrare la casella che interessa e non più di una per modulo***):
☐ totale, per beneficiari di borsa di studio del ministero degli Affari Esteri;
☐ parziale (nella misura del 50%), per reddito;
☐ per merito, del pagamento della tassa di iscrizione;
☐ totale, per studenti portatori di handicap (come da certificato allegato);
☐ parziale (nella misura del 30%), per studenti "fuori corso" finale o che si iscrivono al I anno per la prima volta, che svolgono attività lavorativa "dipendente" o, "autonoma" o, come "prestatore d'opera";
☐ dal pagamento da scalare dalla tassa di iscrizione e dal contributo universitario dovuto.
FIRMA DEL RICHIEDENTE

Indirizzo dello studente: Via n.
C.A.P. Città Prov. Tel.
Indirizzo della famiglia: Via n.
C.A.P. Città Prov. Tel.
Spazio riservato all'Ufficio per la valutazione

1.2.1 | Da parte dell'università

Come in parte anticipato, i principali benefici erogati generalmente dagli atenei sono di quattro tipi:

- borse di studio. Le borse sono di vario genere, tra cui, per esempio, quelle riservate alle matricole fuori sede;
- esoneri. I motivi dell'esonero possono essere molti. Di seguito alcuni esempi:
  - esonero totale delle tasse, dei contributi universitari e del contributo regionale per studenti vincitori e/o idonei di borse università/ente per il diritto allo studio;
  - esonero dei contributi di facoltà per studenti fuori corso cui resta solo da discutere la tesi;
  - esonero parziale dei contributi di seconda rata in base al reddito;
  - esonero parziale dei contributi di laboratorio per studenti fuori corso da 1 o 2 anni;
  - esonero parziale dei contributi di facoltà per studenti fuori corso dal 3° anno in poi;
  - esonero della tassa di iscrizione per matricole diplomate con 100/100;
  - esonero totale per gli studenti disabili con grave invalidità;

- possibilità di accedere ad attività a tempo parziale retribuite (concorso riservato agli studenti iscritti agli anni successivi al primo);
- rimborso forfettario agli studenti laureati in corso.

Le borse di studio erogate dall'università sono assegnate per concorso. I bandi sono pubblicati sulla «Gazzetta Ufficiale».

1.2.2 | Da parte dell'ente per il diritto allo studio

Gli aiuti finanziari da parte dell'ente per il diritto allo studio sono di varia natura; essenzialmente prevedono l'erogazione di borse di studio e di prestiti d'onore.

- **Borse di studio**: forniscono agli studenti capaci e meritevoli, e privi di mezzi, un aiuto economico per mantenersi negli studi. Possono essere erogate in denaro e in servizi. Le borse di studio possono essere conferite anche in una formula mista. Gli studenti portatori di handicap che fruiscono di questi benefici godono, in alcuni casi, di incrementi.
  Le borse di studio sono attribuite annualmente per concorso agli studenti iscritti all'università in possesso dei requisiti di merito e di reddito previsti dal bando di concorso. I benefici sono attribuibili per un numero di anni pari alla durata legale dei corsi di studio più uno, con riferimento all'anno di prima immatricolazione. Si tenga però presente che ogni anno decine di migliaia di studenti non ricevono la borsa di studio, pur avendone fatto richiesta, per mancanza di fondi.
- **Prestito d'onore**: consiste in un finanziamento a condizioni agevolate dato allo studente per pagare i suoi studi; il prestito viene rimborsato dallo studente gradualmente dopo gli studi, con l'ingresso nell'attività lavorativa. I prestiti sono concessi ai richiedenti risultati idonei secondo l'ordine cronologico di presentazione delle richieste fino alla concorrenza del fondo stanziato.

Oltre alle borse di studio e all'esonero tasse possono essere concessi agli studenti **ulteriori aiuti economici** quali: sussidi straordinari, fondi per viaggi e corsi di studio in Italia e all'estero, premi di incoraggiamento, contributi per l'alloggio, per l'acquisto di libri di testo e per la preparazione di tesi di laurea.

Possono concorrere al conferimento della borsa di studio anche gli **studenti stranieri**, gli studenti apolidi e i rifugiati politici iscritti all'università. Gli studenti stranieri devono dimostrare anche il possesso dei requisiti economici e famigliari previsti dal bando mediante apposita documentazione rilasciata dalle competenti autorità del Paese ove i redditi sono stati prodotti e tradotta in lingua italiana dalle autorità diplomatiche italiane competenti per il territorio.

Altri aiuti finanziari (prestiti, borse, premi e contributi) sono offerti da enti pubblici e privati, istituti di credito, fondazioni, aziende ecc. Spesso questa tipologia di aiuti è intitolata a una figura che ha contribuito in modo significativo allo sviluppo di una determinata disciplina. Generalmente ne possono usufruire solo gli studenti che studiano tale disciplina. Sono quindi forme di finanziamento molto settoriali: spesso l'intento di enti o fondazioni è quello di sviluppare alcune ricerche.

Le informazioni non sono sempre facili da reperire e spesso occorre svolgere una ricerca mirata, poiché un unico ufficio a cui rivolgersi per queste forme di finanziamento non esiste. Tuttavia chiedere all'ufficio per il Diritto allo Studio della propria università può essere molto utile.

1.2.3 | Servizi abitativi

Gli studenti fuori sede possono concorrere all'assegnazione di posti nelle seguenti strutture.

- **Case dello studente** o alloggi gestiti dagli enti regionali per il diritto allo studio o dalle opere universitarie in tutte le sedi universitarie italiane. Il prezzo medio mensile di una camera nelle case dello studente varia a seconda della regione. Si possono incontrare costi più alti nelle strutture abitative di alcune università private legalmente riconosciute.
- **Collegi universitari** statali o legalmente riconosciuti. I collegi offrono, oltre alla pensione completa, la possibilità di usufruire di impianti sportivi, biblioteche, emeroteche, sale di musica, sale di studio e aule polifunzionali. Al loro interno si svolgono attività culturali come conferenze, gruppi di studio, seminari e concerti aperti anche agli studenti esterni. In molti collegi vengono tenuti corsi di meto-

dologia dello studio, sia per studenti universitari sia per maturandi: sono approfonditi, oltre alle tecniche dell'apprendimento, il significato e il valore dello studio.

L'ammissione ai collegi avviene per concorso o in base a una selezione, che tiene conto del reddito della famiglia e del merito dello studente. Anche il costo della retta varia in rapporto alle condizioni economiche; un certo numero di posti-alloggio è riservato a studenti meritevoli e non dotati di adeguate possibilità economiche.

L'elenco aggiornato dei Collegi universitari legalmente riconosciuti è disponibile sul sito MIUR[1]. Per "posti a concorso" si intende il numero di posti che viene reso disponibile in media ogni anno rispetto al totale dei "posti" di cui dispone il collegio, previo superamento di una selezione.

Tabella 2: Collegi universitari legalmente riconosciuti.

Città	Denominazione e recapiti	Sezione
Bari	Residenza Del Levante, via Salvatore Matarrese 41, tel.: 080/5045433, fax: 080/5042154, info@residenzadellevante.it, dellevante.it	maschile
Bologna	Camplus Alma Mater, via G. A. Sacco 12, tel.: 051/6088311, fax: 051/6088444, n. verde: 800 302008, info@camplus.it, camplus.it	mista
	Camplus Bonomia, Via Sante Vincenzi 49/51, tel.: 051/0393535, fax: 051/0393577, n. verde: 800 032 008 info@camplus.it, camplus.it	mista
	Torleone, via Sant'Isaia 79, tel.: 051/2234, fax: 051/6492234, torleone@fondazionerui.it, torleone.org	maschile
	Camplus San Felice, Via San Felice 113, tel.: 051/5288911, fax: 051/0393577, n. verde: 800 032 008 info@camplus.it, camplus.it	mista
Catania	Alcantara, Via Caronda 129, tel.: 095/7169638, fax: 095/7169639, alcantara@arces.it, arces.it	maschile
	Camplus d'Aragona, Via Monsignor Ventimiglia 184, tel.: 095/7460311, fax: 095/7360377 n. verde: 800 032 008 info@camplus.it, camplus.it	misto

1. All'indirizzo miur.it/0002Univer/0324Colleg/index_cf2.htm, nella sezione dedicata all'Università.

Città	Denominazione e recapiti	Sezione
Genova	Delle Peschiere, via Parini 5, tel. e fax: 010/3623510, info@peschiere.it, peschiere.it	maschile
	Capodifaro, via E. Ravasco 12, tel.: 010/580484 info@capodifaro.it, capodifaro.it	femminile
Milano	Collegio di Milano, Via San Vigilio 10, tel.: 02/87397000, 02/8135341, fax: 02/8137481 info@collegiodimilano.it collegiodimilano.it	misto
	Camplus Città Studi, via Ampère 3, tel.: 02/70641777, fax: 02/70641788, n. verde: 800 302008, info@camplus.it, camplus.it	misto
	Torrescalla, via C. Golgi 36, tel.: 02/2364023, fax: 02/70630850, torrescalla@fondazionerui.it, torrescalla.it	maschile
	Torriana, via Elba 21, tel.: 02/4692131, fax: 0243982301, torriana@fondazionerui.it, torriana.rui.it	femminile
	Residenza Viscontea, via Lamarmora 17, tel.e fax: 02/55181434, viscontea@fondazionerui.it, collegioviscontea.it/	femminile
	Camplus Turro, Via Stamina D'Ancona, 25 tel.: 02/97689 111, fax: 02/97689 555, n. verde: 800 302 008 milano.college@camplus.it, camplus.it	mista
	Camplus Gorla, via Stefanardo da Vimercate 8 tel.: tel: 02/87284610, fax: 02/87398019 milano.college@camplus.it, camplus.it	mista
	Camplus Living Rubattino, Via Caduti di Marcinelle 2, tel.: 02/210859, fax: 02/210852222, info.rubattino@campusliving.it, campusliving.it/	mista
Modena	Fondazione Collegio San Carlo, via San Carlo 5, tel.: 059/421211, fax: 059/421260 collegio@fondazionesancarlo.it, fondazionesancarlo.it	misto

Città	Denominazione e recapiti	Sezione
Napoli	Monterone, via F. Crispi 112, tel.e fax: 081/669831, info@monterone.it, monterone.it	maschile
	Villalta, via G. Martucci 35h, tel.: 081/665678, tel./fax: 081/2486133 collegio.villalta@tiscali.it, villalta.it	femminile
Padova	Don Giuseppe Tosi, via dei Savonarola 176, tel.: 049/8734411, fax: 049/8719477, gtosi@collegiomazza.it, collegiomazza.it	maschile
	Isabella Scopoli, via Pietro Canal 14, tel.: 049/8732210, fax: 049/8732251, iscopoli@collegiomazza.it, collegiomazza.it	femminile
Palermo	Mediterranea, Largo J. Escrivá 1, tel.: 091/6822710, fax: 091/6813834 rume@fondazionerui.it, rui.it	femminile
	Segesta, via Gaetano Daita 11, tel.: 091/323552, fax: 091/6118293, segesta@arces.it, arces.it	maschile
Pavia	Almo Collegio Borromeo, piazza Borromeo 9, tel.: 0382/3951, fax: 0382/395360, amm@collegioborromeo.it, collegioborromeo.eu	maschile
	Alma Collegio Borromeo (sezione laureati e sede scuole), via Darsena 5, tel.: 0382/3951, amm@collegioborromeo.it, collegioborromeo.it	mista
	Collegio S. Caterina, via San Martino 17/a, tel.: 0382/375099, fax: 0382/24108, collscat@unipv.it, collsantacaterina.it	femminile
	Ghislieri, piazza Ghislieri 5, tel.: 0382/3786217, fax: 0382/23752, amministrazione@ghislieri.it, ghislieri.it	mista
	Ghislieri (sezione laureati), via Buozzi 4, tel.: 0382/513711	mista
	Collegio Nuovo, Fondazione Mattei, via Abbiategrasso 404, tel.: 0382/5471, fax: 0382/423235, rettrice.collegionuovo@unipv.it, colnuovo.unipv.it	femminile
	Collegio Nuovo (sezione laureati), Fondazione Mattei, via E. Tibaldi 4, tel.: 0382/513911, fax: 0382/423235, colnuovo.unipv.it	mista

Città	Denominazione e recapiti	Sezione
Roma	Celimontano, Via Palestro 5/7, tel.: 06/48905902, fax: 06/483863 celimontano@fondazionerui.it, http://celimontano.it/	femminile
	Cuir, via Anicia 13, tel.: 06/3200074, fax: 06/3230730, cuir@mclink.it	maschile
	Don Nicola Mazza, via di Trasone 56/58, tel.: 06/8622361, fax: 06/86328886, trasone@collegiomazza.it collegiomazza.it	maschile
	Porta Nevia, via Laurentina 86/Q, tel. e fax: 06/594721, portanevia@fondazionerui.it, collegioportanevia.it	femminile
	Residenza universitaria internazionale, via Sierra Nevada 10, tel.: 06/54210796, fax: 06/5926867 rui@fondazionerui.it, collegiorui.it	maschile
	Villa Nazareth, via Domenico Tardini 33/35, tel. e fax: 06/666871,l. ftardini@tiscali.it http://villanazareth.org/	mista
	Villa delle Palme, lungotevere delle Armi 12/13, tel.: 06/3214947, fax: 06/3215447 villadellepalme@fondazionerui.it	femminile
Torino	Collegio Universitario di Torino "Renato Einaudi", via Maria Vittoria 39 tel.: 011/8126853, fax: 011/8171008 info@collegioeinaudi.it, collegioeinaudi.it	mista
Verona	Clivia, via Tirapelle 2, tel.: 045/8349637, fax: 045/8302797, clivia@fondazionerui.it, rui.it	femminile
	Don Nicola Mazza, via Campofiore 15, tel.: 045/594780, fax: 045/590275, campofiore@collegiomazza.it, collegiomazza.it	femminile
	Don Nicola Mazza, via San Carlo 5, tel.: 045/8348536, fax: 045/8349089, sancarlo@collegiomazza.it, collegiomazza.it	maschile
	Pontenavi, via San Giusto 9, tel.: 045/8007254, fax: 045/591139 pontenavi@fondazionerui.it pontenavi.it	maschile

1.2.4 | Collaborazioni part-time

Ogni anno alcune università bandiscono dei concorsi per il conferimento di incarichi retribuiti a tempo parziale. Si tratta di collaborazioni presso i servizi resi dall'università: biblioteche, segreterie studenti, centri di calcolo, laboratori linguistici, case dello studente e mense. Tra i compiti più richiesti vi sono il servizio informazioni, le attività di orientamento, la sorveglianza delle aule e degli spazi didattici, la collaborazione negli scambi internazionali e l'assistenza a studenti disabili. Per legge gli studenti sono esclusi da attività di docenza, dallo svolgimento degli esami e in lavori che implichino l'assunzione di una responsabilità amministrativa.

Solitamente possono fare domanda gli studenti iscritti almeno al secondo anno e a un anno non successivo al primo fuori corso e che abbiano superato due quinti degli esami previsti dal piano di studi. I posti vengono assegnati in base a requisiti di merito e di reddito. A parità di merito sono privilegiati gli studenti più disagiati e coloro che, pur essendo stati giudicati idonei a fruire di una borsa di studio, non abbiano potuto riceverla per insufficienza di fondi. Le attività di collaborazione studentesche non possono superare le 150 ore nell'arco dell'anno accademico. Su richiesta viene rilasciata agli studenti una dichiarazione che attesti l'attività svolta. La collaborazione è esente da imposte, non configura in alcun modo un rapporto di lavoro subordinato e pertanto non costituisce titolo preferenziale per i concorsi pubblici. Gli studenti interessati devono concorrere, presentando regolare domanda, ai posti banditi ogni anno centralmente dagli atenei o, nelle università più grandi, dalle singole facoltà. Le scadenze sono diverse per ogni ateneo, ma in linea di massima le domande si presentano in coincidenza con l'apertura dell'anno accademico o all'inizio dell'anno solare. I parametri appena elencati sono considerati criteri minimi che i bandi possono modificare a seconda delle esigenze.

1.3 | Studenti stranieri

I **cittadini comunitari ovunque residenti** e **i cittadini non comunitari regolarmente soggiornanti in Italia** possono presentare domanda di iscrizione direttamente presso l'ateneo prescelto nei modi e nei termini stabiliti da ogni università su indicazioni del MIUR.

Per i **cittadini non comunitari residenti all'estero** l'ammissione ai corsi di studio è condizionata al superamento di un test (prova di lingua italiana e di cultura generale) e al numero di posti loro riservato.

I **cittadini comunitari e non comunitari soggiornanti in Italia** devono affrontare una prova di ammissione che attesta il grado di preparazione della lingua italiana (la stessa prevista per i cittadini non comunitari residenti all'estero), che non è però vincolante per l'iscrizione.

Per accedere ai corsi di studio ad accesso limitato gli **studenti comunitari ovunque residenti e gli studenti non comunitari legalmente soggiornanti in Italia** sono ammessi direttamente all'esame di ammissione previsto per gli studenti italiani e imputati allo stesso contingente. L'idoneità conseguita nella prova di concorso è valida anche come prova di lingua italiana e cultura generale.

I candidati stranieri beneficiari di borse di studio del Governo italiano o del Governo del Paese di provenienza non sottostanno alle suddette disposizioni.

Presentazione della domanda

Gli studenti stranieri in possesso di uno dei titoli di studio validi per l'accesso all'università consegnano alla rappresentanza italiana nel Paese di provenienza la domanda di iscrizione al corso universitario prescelto tra quelli per i quali le singole università riservano uno specifico "contingente" di posti (gli elenchi che riportano i posti messi a disposizione sono esposti all'albo sia delle università sia delle rappresentanze italiane all'estero).

Gli studenti in possesso di diploma di maturità italiana (anche quadriennale, se conseguito presso le scuole italiane all'estero) oppure di uno dei titoli finali di scuola secondaria (diplomi di maturità italiani o titoli di studio di scuole straniere o internazionali che consentono condizioni di accesso agevolate) devono presentare la domanda di iscrizione, al di fuori dello specifico contingente riservato dalle università, alla rappresentanza italiana all'estero, almeno un mese prima della scadenza prevista per la presentazione diretta all'università da parte dei candidati italiani.

Documentazione

La domanda dovrà essere corredata dai seguenti documenti:

- originale del titolo di studi secondari o attestato sostitutivo a tutti gli effetti di legge;
- certificato attestante l'eventuale superamento della prova di idoneità accademica all'università del paese di provenienza;
- certificato attestante gli studi accademici parziali già compiuti, qualora il titolo degli studi secondari sia stato conseguito al termine di un periodo inferiore a 12 anni di scolarità;
- documento di identità;
- per i cittadini comunitari e fotocopia del permesso di soggiorno in corso di validità per i non comunitari legalmente soggiornanti in Italia;
- diplomi di lingua e cultura italiana;
- due fotografie.

Tutti i documenti redatti in lingua straniera vanno corredati di traduzione ufficiale in lingua italiana. La traduzione deve essere fatta eseguire a cura degli interessati e, nel caso di traduzioni rilasciate da traduttori locali, è confermata dalla rappresentanza italiana competente per territorio, alla quale i candidati possono rivolgersi per ogni informazione.

Visto di ingresso

A partire da fine luglio di ogni anno, il candidato che risulti inserito negli elenchi degli ammessi alle prove, anche se "con riserva", può richiedere alla rappresentanza italiana competente per territorio il visto d'ingresso per motivi di "studio", al fine di poter sostenere l'esame di ammissione all'università.

A coloro che risultino ammessi "con riserva", il visto d'ingresso potrà essere concesso solo dopo avere presentato il diploma degli studi secondari oppure l'attestato sostitutivo a tutti gli effetti di legge e, se necessario, l'attestato di idoneità accademica.

Titoli di studio esteri validi per l'accesso alle università

Di seguito sono elencati i titoli di studio esteri riconosciuti validi per accedere all'università in Italia, in base a quanto stabilito dal ministero.

- Titoli conseguiti al termine di un periodo scolastico di almeno 12 anni. Tali titoli sono validi per l'accesso ai corsi di laurea presso le università italiane purché consentano l'accesso a un corso analogo presso le università del Paese al cui ordinamento si riferiscono. Nel computo dei dodici anni va considerato, ove ricorra, l'anno prescolare a condizione che:
  - la frequenza di tale anno sia obbligatoria e parte integrante del curriculum;
  - il programma preveda l'insegnamento della lettura e della scrittura della lingua materna e i primi elementi del calcolo aritmetico;
  - tale anno si collochi non prima del compimento del sesto anno di età.
- Titoli conseguiti al termine di un periodo scolastico inferiore ai 12 anni. Gli studenti dovranno presentare, oltre al diploma originale degli studi secondari, anche la certificazione accademica attestante il superamento di tutti gli esami previsti:
  - per il primo anno di studi universitari, nel caso di sistema scolastico locale di undici anni;
  - per i primi due anni accademici, nel caso di sistema scolastico locale di dieci anni.

  Tale certificazione accademica complementare a titoli di scuola secondaria conseguiti con meno di dodici anni di scolarità consente in Italia solo l'immatricolazione al primo anno accademico e non l'iscrizione con abbreviazione di corso. Il titolo finale di studi post-secondari conseguito in un Istituto superiore non universitario può essere accettato quale titolo integrativo del percorso scolastico inferiore ai 12 anni.
- Titoli rilasciati da istituti universitari di studi ecclesiastici in Italia approvati dalla Santa Sede. Tali titoli dovranno essere vidimati soltanto dalle competenti autorità ecclesiastiche e legalizzati dalla prefettura di Roma (ufficio bollo). I candidati in possesso dei titoli così vidimati e legalizzati, presentano all'università o alla rappresentanza competente solo la fotocopia del titolo e producono l'originale dopo le prove di ammissione, al momento dell'eventuale effettiva iscrizione.

- Titolo statunitense di *high school*. Ai fini dell'immatricolazione al primo anno accademico, tale titolo deve essere integrato: da due anni completi del corso ulteriore di *college* e dalla conseguita idoneità per il passaggio al terzo anno, ovvero da un anno completo del corso ulteriore di *college* con la conseguita idoneità per il passaggio al secondo anno e il superamento di quattro *advanced placements* statunitensi, in materie diverse attinenti al corso di studio universitario richiesto. Se uno degli *advanced placements* è in italiano è da ritenersi valido per tutti i corsi accademici. Per iscriversi alla facoltà di Medicina e chirurgia è necessario:
  - essere in possesso del diploma di *bachelor of arts* oppure *bachelor of science*;
  - aver studiato durante il corso quadriennale di un *college* determinate materie propedeutiche (*pre-medical*);
  - aver conseguito le votazioni richieste per l'ammissione alle *medical schools* statunitensi.

  L'*Institute of International Education* di New York è abilitato a rilasciare la indispensabile dichiarazione di ammissione di cui sopra.
- Titoli britannici. Tali titoli consentono l'iscrizione se attestano almeno sei promozioni in materie diverse, di cui almeno tre a livello avanzato (*A level*) attinenti al corso di laurea o di diploma universitario richiesto (*course requirements*). Se una promozione a livello avanzato è in "italiano", la medesima è valida per tutti i corsi accademici.

1.4 | Studiare all'estero

1.4.1 | Programma Socrates

Il programma Socrates permette agli studenti di trascorrere un soggiorno di studio all'estero. Si tratta di uno fra i principali programmi di mobilità accademica promosso dalla Unione europea per la cooperazione nel settore dell'istruzione. Il programma riguarda, oltre ai 28 Stati membri, Paesi dello Spazio economico europeo (Islanda, Liechtenstein e Norvegia), la Turchia, come Paese aderente al programma, anche se per l'anno accademico 2016-2017 molti atenei hanno sospeso la mobilità verso questo Paese. L'obiettivo del programma è di incrementare la cooperazione universitaria europea e stimolare la mobilità studentesca. Agli studenti beneficiari è garantita una borsa di studio per le spese di mobilità (viaggio e costi aggiuntivi derivanti dalla permanenza all'estero) per un periodo di studio non inferiore a tre mesi e non superiore ai dodici, riconosciuto dall'università di appartenenza, nonché l'esonero dal pagamento delle tasse universitarie presso l'istituzione ospitante. Gli studenti disabili possono beneficiare di un contributo di importo maggiore.
L'università di appartenenza si impegna a riconoscere, in tutto o in parte, gli studi compiuti all'estero; si consiglia in ogni caso agli studenti di rivolgersi direttamente ai docenti responsabili per stabilire insieme i corsi da seguire all'estero.

Possono partecipare al programma Socrates/Erasmus gli studenti iscritti almeno al secondo anno di corsi di laurea triennale o magistrale, anche all'interno dell'Alta Formazione Artistica e Musicale (accademie di belle arti, conservatori, istituti musicali pareggiati, istituti superiori per le industrie artistiche) o delle Scuole per Mediatori Linguistici (le ex scuole superiori per interpreti e traduttori accreditate dal Ministero). Possono partecipare anche studenti che intendono svolgere attività di ricerca per tesi di laurea e di dottorato, oppure corsi di specializzazione e di perfezionamento.
Poiché ciascun ateneo indica la scadenza dei bandi autonomamente è bene che gli studenti interessati si rivolgano direttamente agli uffici preposti per richiedere informazioni specifiche.

Nell'ambito del programma Socrates/Erasmus vengono inoltre attivati gli ILPC (*Intensive Language Preparation Courses*), ossia corsi promossi dalla Commissione europea al fine di facilitare l'apprendimento delle lingue europee meno parlate e meno insegnate, insieme alla cultura del rispettivo Paese. Hanno una durata variabile dalle quattro alle otto settimane e sono tenuti durante l'estate precedente l'inizio dell'anno accademico. La partecipazione è gratuita.

1.4.2 | Per partecipare al programma Socrates/Erasmus

Per conoscere nel dettaglio tutte le modalità da seguire e per reperire **le informazioni ufficiali** per iscriversi a un programma Socrates/Erasmus, **si faccia sempre riferimento all'ufficio preposto all'interno dell'ateneo**. Di seguito alcune informazioni di base.

Requisiti di ammissibilità

Possono partecipare al concorso gli studenti regolarmente iscritti ai corsi dell'università in qualità di:

- cittadini di uno degli Stati membri dell'Unione europea o equiparati;
- cittadini di altri Paesi, a patto che siano residenti permanenti o siano registrati come apolidi o godano dello status di rifugiati politici nel Paese partecipante da cui desiderano recarsi all'estero nell'ambito del programma Socrates;
- iscritti al secondo anno di corso e successivi;
- specializzandi, dottorandi e iscritti a corsi di perfezionamento;
- studenti non beneficiari di borsa Erasmus;
- studenti non beneficiari di altre borse comunitarie.

Presentazione della domanda

Lo studente che intende seguire un periodo di studio all'estero deve presentare presso l'ufficio relazioni esterne o internazionali della propria università i seguenti documenti:

- modulo di candidatura per la partecipazione alla selezione (da consegnare entro una data stabilita dall'università);
- autocertificazione che attesti l'iscrizione alla facoltà, gli esami superati e la relativa votazione (nel caso di laureati, anche del voto di laurea);
- fototessera (nel numero richiesto).

Per Erasmus, il periodo del soggiorno va da 3 a 12 mesi dell'anno successivo; la frequenza dei corsi è obbligatoria. Per le richieste di assegnazione di una borsa Socrates per ricerca relativa alla tesi di laurea è necessario allegare alla domanda, oltre all'autocertificazione o al certificato attestante gli esami superati, una lettera di presentazione del docente relatore della tesi, comprovante la necessità per il laureando di un periodo di ricerca presso l'istituzione estera. I dottorandi, gli specializzandi e gli iscritti a corsi di perfezionamento dovranno accludere rispettivamente, oltre all'autocertificazione o al certificato di laurea, una lettera del coordinatore del dottorato, del direttore della scuola di specializzazione e della scuola di perfezionamento.

Valutazione della candidatura

Un'apposita commissione della facoltà di appartenenza è chiamata alla selezione delle domande presentate dai candidati per l'assegnazione della borsa di studio. Normalmente sono valutati:

- il curriculum di studio;
- la congruità del piano di studi presentato;
- la competenza linguistica nella lingua del Paese di destinazione;
- le motivazioni addotte dallo studente.

La possibilità di studiare in un'università straniera deve essere considerata con serietà, poiché l'impegno previsto è notevole, non solo sotto l'aspetto dello studio. Il piano di studi del candidato ha valore nella misura in cui egli avrà programmato il proprio soggiorno di studi, le lezioni da seguire e gli esami da sostenere sulla base dello stesso. Prima di scegliere il Paese in cui studiare, il candidato deve inoltre riflettere sulla reale conoscenza della lingua di quel Paese; la competenza linguistica, infatti, deve essere tale da potersi esprimere con sicurezza in più ambiti: quello burocratico, quello quotidiano, quello tecnico specifico dei propri studi. Infine, le motivazioni addotte devono essere convincenti e ragionate: bisogna essere consapevoli del valore del soggiorno non solo dal punto di vista del curriculum di studi, ma anche culturale, linguistico, di esperienza di vita, di incontro e apprendimento di altre forme di cultura, del superamento di pregiudizi.

Per ottenere tutte le informazioni utili alla propria mobilità (data inizio corsi, partenze, programmi di studio), lo studente deve rivolgersi al docente *tutor* responsabile, mentre per quanto concerne gli aspetti amministrativi e finanziari viene assistito dall'ufficio relazioni esterne o internazionali dell'università presso il quale è istituito un apposito sportello Socrates/Erasmus.

Assegnazione della borsa

Gli studenti ai quali viene assegnato un periodo di mobilità godono dello status di studente Erasmus che, indipendentemente dall'assegnazione della borsa di mobilità (legata alla disponibilità economica), comporta:

- l'esenzione dal pagamento delle tasse universitarie (per iscrizione a corsi o a esami, utilizzo di laboratori, biblioteche ecc.) presso l'università ospitante;
- la fruizione dei servizi (mense, collegi ecc.), se disponibili, presso l'università ospitante;
- l'estensione all'estero della copertura assicurativa normalmente prevista per gli studenti;
- la partecipazione ai corsi di preparazione linguistica eventualmente organizzati dall'università ospitante;
- il riconoscimento dell'attività svolta all'estero da parte della struttura didattica competente dell'università di appartenenza.

Gli studenti assegnatari di borsa che, per giustificati motivi, intendono rinunciare alla stessa, dovranno comunicarlo per iscritto all'ufficio relazioni esterne e al docente tutor entro le date stabilite dall'università. L'inosservanza di quanto sopra e la mancata sottoscrizione del contratto, nei termini sopra indicati, autorizzano l'ufficio a considerare rinunciatari gli studenti assegnatari di borsa.

I contributi erogati

L'importo della borsa di studio varia da università a università in relazione al contributo stabilito dall'Unione europea di anno in anno. La borsa Erasmus viene erogata dall'università con fondi appositamente assegnati dalla Commissione europea attraverso l'agenzia nazionale Socrates Italia.

L'università di appartenenza può decidere di erogare **contributi integrativi** alla borsa di mobilità concessa con fondi della Commissione europea. Le finalità e le condizioni per la fruizione sono identiche a quelle previste per la borsa di mobilità. Le modalità di erogazione dell'integrazione sono indicate nell'accordo finanziario. La Commissione europea offre allo studente **portatore di handicap** la possibilità di ottenere l'aiuto economico necessario ad affrontare il periodo di soggiorno all'estero, in base alle esigenze personali dello studente.

In alcuni casi lo studente può avvalersi della qualifica di studente Socrates/Erasmus **senza finanziamento**, presentando domanda al docente tutor per l'area disciplinare prescelta soltanto dopo l'assegnazione ufficiale delle borse e unicamente in casi particolari. Le università estere, infine, non richiedono agli studenti tasse di iscrizione universitaria, ma possono chiedere contributi per assicurazioni, utilizzo di materiali e prodotti di laboratorio così come accade agli studenti locali.

Accettazione della borsa e documentazione da preparare

Superata la selezione o ottenuta l'assegnazione della borsa, lo studente deve compilare i seguenti moduli:

- modulo di accettazione/rinuncia/variazione del periodo di mobilità;
- modulo per richiesta modalità di pagamento borsa;
- programma di studio all'estero.

Un passo importantissimo da compiere è la definizione del piano di studi da seguire presso l'università ospitante. Bisogna tenere in considerazione il programma di studi seguito fino al momento della partenza e il curriculum completo della propria facoltà. Naturalmente devono essere considerati anche i propri interessi e la pertinenza con gli studi insieme al docente responsabile del progetto Erasmus. Inoltre, bisogna essere al corrente di quali discipline siano attivate presso l'università nel periodo in cui viene effettuato il soggiorno. Esistono elenchi di esami equipollenti già predisposti, ma si può recuperare il programma del corso dal sito internet dell'università estera, dalla guida dei corsi eventualmente disponibile presso l'ufficio relazioni internazionali e chiederne l'equipollenza scritta al professore titolare dell'insegnamento.

Il **programma di studio** all'estero viene quindi concordato con il docente responsabile Erasmus di facoltà, al quale va consegnato per l'approvazione. Egli lo sottopone per l'autorizzazione preventiva al consiglio di corso di laurea o di facoltà; successivamente, viene comunicata all'università straniera la partecipazione dello studente al programma di mobilità. In seguito, tali dichiarazioni devono essere presentate all'ufficio relazioni internazionali (insieme a un documento di identità e gli estremi del conto corrente bancario personale o di un congiunto) per la firma del contratto. In mancanza del programma di studio all'estero regolarmente approvato, l'attività svolta all'estero non potrà essere riconosciuta. Lo studente avrà cura di farsi rilasciare una copia del programma approvato.

Prima della partenza, inoltre, gli studenti dovranno sottoscrivere e ritirare i seguenti **documenti**, indispensabili per la partenza:

- accordo finanziario, con i relativi allegati, tra cui il *modello per la relazione individuale degli studenti Socrates/Erasmus*;
- scheda studenti in partenza (*outgoing student*).

Lo studente riceverà anche i seguenti moduli, che dovrà utilizzare durante il soggiorno all'estero e al rientro in Italia:

- variazione del programma di studio all'estero;
- attestazione periodo di studio (*statement period of study*);
- richiesta di convalida dell'attività svolta all'estero.

Quanto alle **competenze linguistiche**, alcune università possono decidere di organizzare corsi di preparazione linguistica per gli studenti Erasmus o intenzionati a candidarsi al fine di fornire competenze linguistiche per la comunicazione quotidiana.

Alcune università straniere richiedono l'invio di un modulo di iscrizione (*application form*), dell'elenco dei corsi che si intende seguire (*learning agreement*) e di un modulo per la richiesta dell'alloggio (*accomodation form*).

Presso l'università ospitante

Giunto presso la sede ospitante, lo studente deve presentarsi all'ufficio Erasmus o delle relazioni internazionali per la registrazione e gli adempimenti richiesti. Lo studente dovrà prendere visione dei programmi dei corsi che intende seguire, nel rispetto del Programma di studio stabilito, e mettersi in contatto con il docente tutor presso l'università ospitante. **Prima di rientrare** definitivamente in Italia lo studente dovrà recarsi presso l'ufficio Erasmus o delle relazioni internazionali dell'università ospitante e richiedere:

- un *attestato di frequenza* con data di rilascio non antecedente alla data di fine periodo di studio;
- l'*attestazione del periodo di studio* (*statement period of study*) che confermi l'effettivo svolgimento del programma convenuto, gli esami sostenuti, la votazione e una relazione sull'attività svolta. Gli attestati dovranno essere due: uno relativo alla didattica (esami, laboratori ecc.), l'altro alla permanenza all'estero con indicazione del periodo di frequenza. La data di rilascio deve coincidere con la data di partenza.

Gli studenti che svolgono attività per la preparazione della tesi, invece della certificazione attestante i risultati conseguiti, dovranno farsi rilasciare una dichiarazione del docente che li ha guidati in ricerche, laboratori e attività, da cui risulti il tipo di attività svolta e le sue finalità.

Riconoscimento del periodo di studio e convalida degli esami

Concluso il periodo di studio all'estero lo studente deve esibire all'Ufficio Erasmus i seguenti documenti:

- una certificazione rilasciata dell'università ospitante che attesti il periodo di studio svolto, l'effettivo svolgimento del programma convenuto e l'equivalenza del carico didattico sostenuto all'estero (*attestato di frequenza*);
- il modulo *attestazione periodo di studio* (*statement period of study*), compilato, datato e firmato come richiesto;
- la *richiesta di convalida dell'attività svolta all'estero*, debitamente compilata, sottoscritta e bollata;
- la *relazione individuale* compilata e sottoscritta (redatta utilizzando il modello allegato all'accordo finanziario);
- una certificazione dell'università ospitante contenente i risultati conseguiti durante il periodo all'estero e/o, per chi ha svolto attività per la preparazione della tesi, la dichiarazione del docente che lo ha guidato nello svolgimento dell'attività.

Il consiglio di corso di laurea o il consiglio di facoltà definiscono l'approvazione e l'equipollenza dei voti, deliberando quindi il riconoscimento dell'attività svolta.

2 | Il numero chiuso e i sistemi di selezione in ingresso

Con l'espressione **numero chiuso** o **programmato**, in relazione ai corsi universitari, si intende un sistema articolato che regolamenta le immatricolazioni degli studenti, tenendo conto di fattori quali:

- il rapporto fra il numero degli studenti e la qualità del servizio offerto dall'università;
- la necessità di investire sugli studenti più capaci e meritevoli;
- l'opportunità di adeguare il numero dei laureati alle effettive esigenze del mondo del lavoro nei diversi settori professionali;
- la necessità di ridurre il tasso di abbandono negli studi universitari e, conseguentemente, di aumentare la produttività del sistema formativo universitario;
- la necessità di adeguare il sistema formativo italiano alle direttive dell'Unione europea.

Nonostante il fenomeno coinvolga ogni anno centinaia di migliaia di studenti, il significato, le motivazioni e le implicazioni del numero chiuso, unitamente alle modalità di selezione adottate dai singoli atenei, sono ancora poco conosciuti da molti studenti al termine delle scuole superiori.

2.1 | La normativa in Italia sul numero programmato

L'accesso ai corsi universitari è materia disciplinata dalla legge n° 264 del 1999, sotto riportata.

LEGGE 2 agosto 1999, n. 264
NORME IN MATERIA DI ACCESSI AI CORSI UNIVERSITARI

Art. 1

1. Sono programmati a livello nazionale gli accessi:

a) ai corsi di laurea in medicina e chirurgia, in medicina veterinaria, in odontoiatria e protesi dentaria, in architettura, nonché ai corsi di diploma universitario, ovvero individuati come di primo livello in applicazione dell'articolo 17, comma 95, della legge 15 maggio 1997, n.127, e successive modificazioni, concernenti la formazione del personale sanitario infermieristico, tecnico e della riabilitazione ai sensi dell'articolo 6, comma 3, del decreto legislativo 30 dicembre 1992, n.502, e successive modificazioni, in conformità alla normativa comunitaria vigente e alle raccomandazioni dell'Unione europea che determinano standard formativi tali da richiedere il possesso di specifici requisiti;

b) ai corsi di laurea in scienza della formazione primaria e alle scuole di specializzazione per l'insegnamento secondario, di cui, rispettivamente, all'articolo 3, comma 2, e all'articolo 4, comma 2, della legge 19 novembre 1990, n.341;

c) ai corsi di formazione specialistica dei medici, disciplinati ai sensi del decreto legislativo 8 agosto 1991, n.257;

d) alle scuole di specializzazione per le professioni legali, disciplinate ai sensi dell'articolo 16 del decreto legislativo 17 novembre 1997, n.398;

e) ai corsi universitari di nuova istituzione o attivazione, su proposta delle università e nell'ambito della programmazione del sistema universitario, per un numero di anni corrispondente alla durata legale del corso.

Art. 2

1. Sono programmati dalle università gli accessi:

a) ai corsi di laurea per i quali l'ordinamento didattico preveda l'utilizzazione di laboratori ad alta specializzazione, di sistemi informatici e tecnologici o comunque di posti-studio personalizzati;

b) ai corsi di diploma universitario, diversi da quelli di cui all'articolo 1, comma 1, lettera a), per i quali l'ordinamento didattico prevede l'obbligo di tirocinio come parte integrante del percorso formativo, da svolgere presso strutture diverse dall'ateneo;

c) ai corsi o alle scuole di specializzazione individuate dai decreti attuativi delle disposizioni di cui all'articolo 17, comma 95, della legge 15 maggio 1997, n.127, e successive modificazioni.

2. Sono programmati dall'università di Trieste gli accessi al corso di laurea in scienze internazionali e diplomatiche con sede in Gorizia, in ragione dei particolari compiti di collaborazione transfrontaliera e internazionale adempiuti da tale corso.

Art. 3

1. Il Ministro dell'università e della ricerca scientifica e tecnologica, nell'emanazione e nelle modificazioni del regolamento di cui all'articolo 9, comma 4, della legge 19 novembre 1990, n.341, come modificato dall'articolo 17, comma 116, della legge 15 maggio 1997, n.127, si conforma alle disposizioni di cui agli articoli 1 e 2 della presente legge e si attiene ai seguenti principi e criteri direttivi:

a) determinazione annuale, per i corsi di cui all'articolo 1, comma 1, lettere a) e b), del numero di posti a livello nazionale con decreto del Ministro dell'università e della ricerca scientifica e tecnologica, sentiti gli altri Ministri interessati, sulla base della valutazione dell'offerta potenziale del sistema universitario, tenendo anche conto del fabbisogno di professionalità del sistema sociale e produttivo;

b) ripartizione dei posti di cui alla lettera a) tra le università, con decreto del Ministro dell'università e della ricerca scientifica e tecnologica, tenendo conto dell'offerta potenziale comunicata da ciascun ateneo e dell'esigenza di equilibrata attivazione dell'offerta formativa sul territorio;

c) determinazione da parte delle università dei posti relativi ai corsi di cui all'articolo 1, comma 1, lettera e), nonché di cui all'articolo 2, previa valutazione della propria offerta potenziale;

d) previsione di attività di informazione e orientamento degli studenti da parte degli atenei e del Ministero dell'università e della ricerca scientifica e tecnologica, introduzione graduale dell'obbligo di preiscrizione alle università, monitoraggio e valutazione da parte del citato Ministero dell'offerta potenziale degli atenei.

2. La valutazione dell'offerta potenziale, al fine di determinare i posti disponibili di cui alle lettere a), b) e c) del comma 1, è effettuata sulla base:

a) dei seguenti parametri:

1) posti nelle aule;
2) attrezzature e laboratori scientifici per la didattica;
3) personale docente;
4) personale tecnico;
5) servizi di assistenza e tutorato;

b) del numero dei tirocini attivabili e dei posti disponibili nei laboratori e nelle aule attrezzate per le attività pratiche, nel caso di corsi di studio per i quali gli ordinamenti didattici prevedono l'obbligo di tirocinio come parte integrante del percorso formativo, di attività tecnico-pratiche e di laboratorio;

c) delle modalità di partecipazione degli studenti alle attività formative obbligatorie, delle possibilità di organizzare, in più turni, le attività didattiche nei laboratori e nelle aule attrezzate, nonché dell'utilizzo di tecnologie e metodologie per la formazione a distanza.

Art. 4

1. L'ammissione ai corsi di cui agli articoli 1 e 2 è disposta dagli atenei previo superamento di apposite prove di cultura generale, sulla base dei programmi della scuola secondaria superiore, e di accertamento della predisposizione per le discipline oggetto dei corsi medesimi, con pubblicazione del relativo bando almeno sessanta giorni prima della loro effettuazione, garantendo altresì la comunicazione dei risultati entro i quindici giorni successivi allo svolgimento delle prove stesse. Per i corsi di cui all'articolo 1, comma 1, lettere a) e b), il Ministro dell'università e della ricerca scientifica e tecnologica determina con proprio decreto modalità e contenuti delle prove di ammissione, senza oneri aggiuntivi per il bilancio dello Stato.

2. I requisiti di ammissione alle tipologie di corsi e titoli universitari, da istituire con le procedure di cui all'articolo 17, comma 95, della legge 15 maggio 1997, n.127, e successive modificazioni, in aggiunta o in sostituzione a quelli previsti dagli articoli 1, 2, 3, comma 1, e 4, comma 1, della legge 19 novembre 1990, n.341, sono determinati dai decreti di cui al citato articolo 17, comma 95, della legge n.127 del 1997, i quali comunque non possono introdurre fattispecie di corsi ad accesso programmato ulteriori rispetto a quanto previsto dalla presente legge.

Art. 5

1. Sono regolarmente iscritti ai corsi universitari per il rilascio dei titoli di cui all'articolo 1, comma 1, lettere a) e b), della legge 19 novembre 1990, n.341, gli studenti nei confronti dei quali i competenti organi di giurisdizione amministrativa, anteriormente alla data di entrata in vigore della presente legge, abbiano emesso ordinanza di sospensione dell'efficacia di atti preclusivi della iscrizione ai predetti corsi. Sono validi ai sensi e per gli effetti della legislazione universitaria gli esami sostenuti dagli studenti di cui al presente articolo.

2. Sono altresì regolarmente iscritti ai corsi universitari di cui al comma 1 gli studenti che siano stati comunque ammessi dagli atenei alla frequenza dei corsi dell'anno accademico 1998-1999 entro il 31 marzo 1999.

3. Le disposizioni di cui all'articolo 1, comma 1, lettera e), acquistano efficacia a decorrere dall'anno accademico 2000-2001.

4. Fino alla data di entrata in vigore di specifiche modificazioni del regolamento adottato con decreto del Ministro dell'università e della ricerca scientifica e tecnologica 21 luglio 1997, n.245, pubblicato nella Gazzetta Ufficiale n.175 del 29 luglio 1997, le università determinano i posti per i corsi di cui all'articolo 2, comma 1, lettera a), e comma 2, conformandosi ai criteri di cui all'articolo 3, comma 2, e disponendo prove d'ammissione ai sensi dell'articolo 4, comma 1.

Secondo l'articolo 4 di questa legge, dunque, il **numero di posti disponibili** per l'immatricolazione ai singoli corsi universitari deve essere reso noto da ciascun ateneo, attraverso la pubblicazione di apposito **bando**, almeno **sessanta giorni prima** della data di svolgimento della prova.

Inoltre, come indicato nel comma 1 dello stesso articolo, il **Ministero definisce** annualmente con proprio **decreto** le **modalità** e i **contenuti delle prove di ammissione regolate a livello nazionale.** A titolo indicativo si riporta il **D.M. del 25 giugno 2021** relativo all'anno accademico 2021/2022 con il relativo allegato A contenente i **programmi di studio**, per l'ammissione a **Medicina, Odontoiatria, Veterinaria e Corsi triennali dell'area sanitaria.**

Modalità di svolgimento dei test per i corsi di laurea a ciclo unico ad accesso programmato a.a. 2021/22

Articolo 1

(Disposizioni generali)

1. Per l'anno accademico 2021/2022 l'ammissione dei candidati dei paesi UE e dei paesi non UE di cui all'art. 39, comma 5, d.lgs. 25 luglio 1998, n. 286, nonché dei paesi non UE residenti all'estero ai corsi laurea magistrale a ciclo unico di medicina e chirurgia, odontoiatria e protesi dentaria, medicina veterinaria e corsi di laurea delle professioni sanitarie, di cui all'articolo 1, comma 1, lettera a), della legge 2 agosto 1999, n. 264, avviene a seguito di superamento di apposita prova d'esame disciplinata dal presente decreto.
2. In considerazione delle recenti misure in materia di contenimento e gestione dell'emergenza epidemiologica da COVID-19, applicabili sull'intero territorio nazionale, citate in premessa, le università devono assicurare, sia nella fase di accesso ai locali adibiti allo svolgimento delle prove sia nelle fasi successive, il distanziamento fisico e sociale tra i candidati stessi nonché l'adozione, da parte dei candidati e di tutti gli altri soggetti presenti, delle misure igieniche personali e ambientali di cui alla normativa emergenziale citata in premessa.

Articolo 2

(Prova di ammissione ai corsi di laurea magistrale a ciclo unico in Medicina e Chirurgia e in Odontoiatria e Protesi dentaria)

1. La prova di ammissione ai corsi di laurea magistrale a ciclo unico in medicina e chirurgia e in odontoiatria e protesi dentaria, alla quale partecipano i candidati dei paesi UE e dei paesi non UE di cui all'art. 39, comma 5, d.lgs. 25 luglio 1998, n. 286, nonché i candidati dei paesi non UE residenti all'estero, è unica per entrambi i corsi ed è di contenuto identico in tutte le sedi in cui si svolge la prova come da programmi di cui all'allegato A del presente decreto. Essa è predisposta dal Ministero dell'università e della ricerca avvalendosi di una commissione di esperti con comprovata competenza in materia, individuati nel rispetto dei principi di imparzialità, trasparenza e riservatezza, tenuti al più rigoroso rispetto del segreto professionale e d'ufficio.
2. La prova di ammissione consiste nella soluzione di sessanta quesiti che presentano cinque opzioni di risposta, tra cui il candidato deve individuarne una soltanto, scartando le conclusioni errate, arbitrarie o meno probabili, su argomenti di: cultura generale e ragionamento logico; biologia; chimica; fisica e matematica. Sulla base dei programmi di cui al citato Allegato A, vengono predisposti: dodici (12) quesiti di cultura generale; dieci (10) di ragionamento logico; diciotto (18) di biologia; dodici (12) di chimica; otto (8) di fisica e matematica.
3. La prova di ammissione ha inizio alle ore 13:00 e per il suo svolgimento è assegnato un tempo di 100 minuti.
4. Le procedure connesse allo svolgimento della prova sono disciplinate nell'Allegato 1, che costituisce parte integrante del presente decreto.
5. I candidati allievi della Scuola superiore Sant'Anna di Pisa che intendono avvalersi della riserva di posti prevista nella convenzione stipulata con l'Università di Pisa devono superare la prova di ammissione al corso di laurea magistrale in Medicina e chirurgia in una delle sedi universitarie statali con un punteggio pari o superiore a quello dell'ultimo avente titolo all'immatricolazione nell'Università di Pisa all'atto del primo scorrimento della graduatoria.
6. Per il corso di laurea magistrale in Medicina e chirurgia e Odontoiatria e protesi dentaria le università presenti nel territorio italiano presso le quali sono attivi i corsi di laurea di cui al presente articolo possono erogare corsi di preparazione al test tenendo conto dei programmi di cui all'allegato A del presente decreto.
7. Le modalità di svolgimento dei corsi di cui al precedente comma 6 sono definite da ciascun ateneo e pubblicate sul relativo sito web dedicato.

Articolo 3

(Corsi di laurea magistrale in Medicina e Chirurgia e Odontoiatria e Protesi dentaria in lingua inglese)

1. Le modalità, i contenuti della prova di accesso e i posti disponibili per i corsi di laurea magistrale a ciclo unico in Medicina e chirurgia e Odontoiatria e protesi dentaria in lingua inglese sono definiti con specifico decreto del Ministro dell'università e della ricerca.

Articolo 4

(Prova di ammissione ai corsi di laurea magistrale a ciclo unico in Medicina Veterinaria)

1. La prova di ammissione ai corsi di laurea magistrale a ciclo unico in Medicina veterinaria, alla quale partecipano i candidati dei paesi UE e dei paesi non UE di cui all'art. 39, comma 5, d.lgs. 25 luglio 1998, n. 286 nonché i candidati dei paesi non UE residenti all'estero, è unica ed è di contenuto identico in tutte le sedi di prova. Essa è predisposta dal Ministero dell'università e della ricerca avvalendosi di una commissione di esperti con comprovata competenza in materia, individuati nel rispetto dei principi di imparzialità, trasparenza e riservatezza, tenuti al più rigoroso rispetto del segreto professionale e d'ufficio.
2. La prova di ammissione consiste nella soluzione di sessanta quesiti che presentano cinque opzioni di risposta, tra cui il candidato deve individuarne una soltanto, scartando le conclusioni errate, arbitrarie o meno probabili, su argomenti di: cultura generale e ragionamento logico; biologia; chimica; fisica e matematica. Sulla base dei programmi di cui all'Allegato A, che costituisce parte integrante del presente decreto, vengono predisposti: dodici (12) quesiti di cultura generale; 10 (dieci) di ragionamento logico; sedici (16) di biologia; sedici (16) di chimica; sei (6) di fisica e matematica.
3. La prova di ammissione ha inizio alle ore 13:00 e per il suo svolgimento è assegnato un tempo di 100 minuti.
4. Le procedure connesse allo svolgimento della prova sono disciplinate nell'Allegato 1, che costituisce parte integrante del presente decreto.
5. Per il corso di laurea magistrale a ciclo unico in medicina veterinaria le università presenti nel territorio italiano presso le quali sono attivi i corsi di laurea di cui al presente articolo possono erogare corsi di preparazione al test tenendo conto dei programmi di cui all'allegato A del presente decreto.
6. Le modalità di svolgimento dei corsi di cui al precedente comma 5 sono definite da ciascun Ateneo e pubblicate sul relativo sito web dedicato.

Articolo 5

(Prova di ammissione ai corsi di laurea delle Professioni Sanitarie)

1. La prova di ammissione ai corsi di laurea delle professioni sanitarie, alla quale partecipano i candidati dei paesi UE e dei paesi non UE di cui all'art. 39, comma 5, d.lgs. 25 luglio 1998, n. 286 nonché i candidati dei paesi non UE residenti all'estero, è predisposta da ciascuna università ed è identica per l'accesso a tutte le tipologie dei corsi attivati presso il medesimo ateneo.
2. La prova di ammissione verte sugli argomenti di cui al precedente articolo 2, comma 2 ed è definita sulla base dei programmi di cui all'Allegato A.
3. La prova di ammissione ha inizio alle ore 13:00 e per il suo svolgimento è assegnato un tempo di 100 minuti.
4. Ciascun ateneo assicura lo svolgimento della prova in conformità ai principi generali di cui all'Allegato 1 del presente decreto.

5. Ciascun ateneo è tenuto a definire procedure idonee a consentire ai candidati di esprimere l'ordine di preferenza per i corsi di laurea per la cui ammissione hanno sostenuto la prova.

Articolo 6
(Accademie Militari)

1. Le disposizioni di cui agli articoli 2 e 4 del presente decreto non si applicano ai candidati dell'Accademia navale di Livorno, dell'Accademia militare di Modena e dell'Accademia aeronautica di Pozzuoli che intendono avvalersi della riserva di posti prevista rispettivamente dalle Università di Pisa, di Bologna e di Modena - Reggio Emilia e di Napoli "Federico II", tenuto conto che i relativi bandi di concorso, secondo le intese intercorse con il Ministero dell'istruzione, dell'università e della ricerca, prevedono la somministrazione di quesiti a risposta multipla individuati con decreto interdirigenziale del Ministero della difesa 29 dicembre 2020, M D GMIL REG 2020 n. 0502832 con riferimento ai programmi previsti dall'Allegato A del presente decreto e che, in quanto tali, soddisfano le condizioni per l'accesso ai corsi di laurea magistrale previsti dalla normativa che li disciplina.

Articolo 7
(Calendario delle prove di ammissione)

1. Le prove di ammissione ai corsi di cui agli articoli 2, 3, 4 e 5 si svolgono presso le sedi universitarie secondo il seguente calendario.

Corso di studio	Data svolgimento prova
Corsi di laurea magistrale a ciclo unico in Medicina Veterinaria	mercoledì 1 settembre 2021
Corsi di laurea magistrale a ciclo unico in Medicina e chirurgia e in Odontoiatria e protesi dentaria erogati in lingua italiana	venerdì 3 settembre 2021
Corsi di laurea delle Professioni sanitarie	martedì 7 settembre 2021
Corsi di laurea magistrale a ciclo unico in Medicina e chirurgia e in Odontoiatria e protesi dentaria erogati in lingua inglese	giovedì 9 settembre 2021

Articolo 8
(Graduatorie, soglia di punteggio minimo e valutazione delle prove)

1. Nell'ambito dei posti disponibili per le immatricolazioni, sono ammessi ai corsi di laurea magistrale di cui agli articoli 2 e 4 i candidati dei paesi UE e dei paesi non UE di cui all'art. 39, comma 5, d.lgs. 25 luglio 1998, n. 286, nonché, nell'ambito della relativa riserva di posti, i candidati dei paesi non UE residenti all'estero, secondo l'ordine decrescente del punteggio ottenuto nella prova di cui ai medesimi articoli 2 e 4.

2. . I candidati dei paesi UE e dei paesi non UE di cui all'art. 39, comma 5 d.lgs. 25 luglio 1998, n.286 sono idonei all'ammissione ai corsi di laurea di cui agli articoli 2 e 4 del presente decreto se abbiano ottenuto, nella rispettiva prova, un punteggio minimo pari a venti (20) punti; i candidati non idonei non sono inseriti in graduatoria.

3. Ai candidati di cui all'art. 5 del presente decreto non si applica la soglia minima di idoneità di cui al precedente comma 2.
I candidati di cui all'art. 5 sono idonei solamente se hanno ottenuto un punteggio superiore a zero (0) punti. Non sono inseriti in graduatoria i candidati che non hanno fornito nessuna risposta a nessun quesito.

4. In conformità con gli orientamenti dell'Unione Europea sull'accesso di studenti stranieri all'istruzione universitaria e in coerenza con le esigenze di politica estera culturale di cui all'art. 46 del d.P.R. n. 394/1999, con riferimento alla riserva di posti destinati ai candidati dei paesi non UE residenti all'estero non si applica la soglia minima di idoneità di cui al precedente comma 2.
I candidati dei paesi non UE residenti all'estero sono idonei solamente se hanno ottenuto un punteggio superiore a zero (0). Non sono inseriti in graduatoria i candidati dei paesi non UE residenti all'estero che non hanno fornito nessuna risposta a nessun quesito.

5. Per la valutazione delle prove di cui agli articoli 2, 4 e 5 sono attribuiti al massimo novanta (90) punti, tenendo conto dei seguenti criteri:
- 1,5 punti per ogni risposta esatta
- meno 0,4 (– 0,4) punti per ogni risposta errata
- 0 punti per ogni risposta omessa

6. Per i corsi di cui agli articoli 2 e 4, è redatta, sulla base del punteggio ottenuto da ciascun candidato calcolato secondo i criteri di cui al comma 5, la rispettiva graduatoria unica nazionale relativa ai candidati dei paesi UE e dei paesi non UE di cui all'art. 39, comma 5, d.lgs. 25 luglio 1998, n. 286 secondo le procedure di cui all'Allegato 2 che costituisce parte integrante del presente decreto.

7. La graduatoria riservata ai candidati dei paesi non UE residenti all'estero è definita dalle università.

8. Per i corsi di cui all'articolo 5, le università, sulla base del punteggio ottenuto alla prova calcolato secondo i criteri di cui al comma 5, redigono due distinte graduatorie, una per i candidati dei paesi UE e dei paesi non UE di cui all'art. 39, comma 5, d.lgs. 25 luglio 1998, n. 286 e l'altra, riservata ai candidati dei Paesi non UE residenti all'estero.

9. In caso di parità di punteggio, si applicano i seguenti criteri:
a) per la graduatoria dei corsi di laurea magistrale in Medicina e chirurgia e in Odontoiatria e protesi dentaria e per le graduatorie dei corsi di laurea delle professioni sanitarie prevale, in ordine decrescente, il punteggio ottenuto dal candidato nella soluzione, rispettivamente, dei quesiti relativi agli argomenti di ragionamento logico e cultura generale, biologia, chimica, fisica e matematica;
b) per la graduatoria del corso di laurea magistrale in Medicina veterinaria prevale, in ordine decrescente, il punteggio ottenuto dal candidato nella soluzione, rispettivamente, dei quesiti relativi agli argomenti di ragionamento logico e cultura generale, chimica, biologia, fisica e matematica;
c) in caso di parità tra uno o più candidati invalidi in possesso di certificato di invalidità uguale o superiore al 66% o disabili con certificazione di cui alla legge n. 104 del 1992 art. 3, comma 3, e uno o più candidati non rientranti nelle predette categorie, viene preferito il candidato/i invalido/i in possesso di certificato di invalidità uguale o superiore al 66% o disabile con certificazione di cui alla legge n. 104 del 1992 art. 3, comma 3;
d) al di fuori dell'ipotesi di cui alla lettera c) del punto 9, in caso di ulteriore parità, prevale il candidato anagraficamente più giovane.

10. La condizione di idoneo all'ammissione ai corsi di laurea di cui agli articoli 2 e 4 del presente decreto si riferisce alla sola procedura selettiva in atto; da essa non scaturisce alcun diritto in relazione all'accesso ai corsi di cui al presente decreto in anni successivi a quello in cui si è sostenuta la prova.

Articolo 9
(Candidati con disabilità e candidati con diagnosi di DSA)

1. Le prove di cui al presente decreto sono organizzate dagli Atenei tenendo conto delle singole esigenze dei candidati con invalidità, disabilità a norma dell'articolo 16 della legge n. 104/1992 nonché dei candidati con diagnosi di disturbi specifici di apprendimento (DSA) di cui alla legge n. 170/2010.

2. I candidati con certificato di invalidità, con certificazione di cui alla legge n. 104 del 1992 o con diagnosi di disturbi specifici di apprendimento (DSA) di cui alla legge n. 170 del 2010, possono beneficiare, nello svolgimento della prova, di appositi ausili o misure compensative, nonché di tempi aggiuntivi facendone apposita richiesta secondo le modalità previste nel bando di ateneo.
3. I candidati di cui al precedente comma 2 possono essere ammessi allo svolgimento della prova con la certificazione medica di cui sono in possesso, anche se non aggiornata a causa della limitazione dell'attività del SSN per l'emergenza Covid-19, con riserva, da parte degli Atenei, di richiedere successivamente l'integrazione della documentazione ivi prevista.
4. L'ateneo presso il quale il candidato si recherà per lo svolgimento della prova provvederà alle necessità correlate alla richiesta formulata, adottando tutte le misure necessarie a far fronte alle singole esigenze manifestate dai candidati, tenendo anche conto di quanto specificato nei punti che seguono:
   a) il candidato con certificato di invalidità o con certificazione di cui alla legge n. 104 del 1992, dovrà tempestivamente presentare all'Ateneo, ai fini dell'organizzazione della prova, la certificazione – in originale o in copia autenticata in carta semplice – rilasciata dalla commissione medica competente per territorio comprovante il tipo di invalidità e/o ed il grado di handicap riconosciuto. Il candidato ha diritto ad un tempo aggiuntivo non eccedente il 50% in più rispetto a quello previsto per lo svolgimento delle prove previste dai precedenti articoli 2, 3 e 5;
   b) il candidato con DSA di cui alla legge n. 170 del 2010, dovrà tempestivamente presentare all'Ateneo, la diagnosi di DSA in originale o in copia autenticata in carta semplice. In aderenza a quanto previsto dalle *"linee guida sui disturbi specifici dell'apprendimento"* allegate al d.m. 12 luglio 2011 prot. n. 5669, ai candidati con DSA è concesso un tempo aggiuntivo pari ad un massimo del 30% in più rispetto a quello previsto per lo svolgimento delle prove previste dai precedenti articoli 2, 3 e 5. In caso di particolare gravità certificata del DSA, gli Atenei possono consentire, al fine di garantire pari opportunità nell'espletamento delle prove stesse, l'utilizzo dei seguenti strumenti compensativi: calcolatrice non scientifica; video-ingranditore o affiancamento di un lettore scelto dall'Ateneo con il supporto di appositi esperti o del Servizio disabili e DSA di Ateneo, ove istituito. La diagnosi di DSA deve essere stata rilasciata al candidato da non più di 3 anni oppure in epoca successiva al compimento del diciottesimo anno di vita rilasciata da strutture sanitarie locali o da Enti e professionisti accreditati con il servizio sanitario regionale. Non sono in ogni caso ammessi i seguenti strumenti: dizionario e/o vocabolario; formulario; tavola periodica degli elementi; mappa concettuale; personal computer, tablet, smartphone ed altri strumenti similari.
5. I candidati con invalidità, disabilità o con DSA di Paesi UE e Paesi non UE, residenti all'estero che intendano usufruire delle misure di cui ai commi precedenti, devono presentare la certificazione attestante lo stato di invalidità, disabilità o di DSA rilasciata nel paese di residenza, accompagnata da una traduzione, giurata o certificata dalle rappresentanze diplomatiche italiane conforme al testo originale, in lingua italiana o in lingua inglese. Gli organi di ateneo incaricati di esaminare le certificazioni di cui ai commi precedenti accertano che la documentazione straniera attesti una condizione di invalidità, disabilità o di disturbo specifico dell'apprendimento riconosciuta dalla normativa italiana.

Articolo 10
(Informativa sul trattamento dei dati personali)

1. Ai sensi dell'art. 13 e dell'art. 14 del Regolamento UE 679/2016 vengono predisposte le informazioni di cui all'Allegato 3, che costituisce parte integrante del presente decreto, nella quale vengono esplicitate le finalità e le modalità del trattamento dei dati personali forniti da ciascun candidato. Tali informazioni sono inserite nel portale Universitaly in modo visibile a ciascun candidato che dovrà prenderne visione all'atto dell'iscrizione alla prova prima del conferimento dei dati personali, secondo le procedure indicate nell'Allegato 3 al presente decreto.

Articolo 11
(Posti disponibili)

1. I posti per le immatricolazioni ai corsi di laurea e di laurea magistrale a ciclo unico di cui agli articoli 2, 3, 4 e 5, destinati ai candidati dei paesi UE e dei paesi non UE di cui all'art. 39, comma 5, d.lgs. 25 luglio 1998, n.286 sono ripartiti tra le università con successivo decreto.
2. Ai candidati dei Paesi non UE residenti all'estero sono destinati i posti secondo la riserva contenuta nel contingente di cui alle disposizioni ministeriali citate in premessa, ripartiti tra le università con successivo decreto.

Articolo 12
(Trasparenza delle fasi del procedimento)

1. I bandi di concorso delle università sono emanati con decreto rettorale entro 60 giorni prima dello svolgimento delle prove e prevedono le disposizioni atte a garantire la trasparenza di tutte le fasi del procedimento ai sensi della legge n. 241/1990 e successive modificazioni e integrazioni.
2. I bandi di concorso definiscono, altresì, gli adempimenti per l'accertamento dell'identità dei candidati e gli obblighi degli stessi nel corso dello svolgimento delle prove.
3. All'attuazione del presente decreto le università provvedono nell'ambito delle risorse disponibili nei propri bilanci a legislazione vigente senza nuovi o maggiori oneri a carico della finanza pubblica.
4. Per le rettifiche di errori materiali e per eventuali errata corrige relativi al presente decreto ed ai relativi allegati si procede mediante apposito avviso pubblicato sul sito istituzionale del Ministero dell'università e della ricerca.
5. Il presente decreto costituisce atto amministrativo generale e atto presupposto delle prescrizioni recepite nei bandi di concorso delle Università e di ulteriori atti comunque riferibili alle prescrizioni contenute nel presente decreto e nei suoi allegati. Le modifiche successivamente intervenute, anche in applicazione di pronunce giudiziali esecutive a valenza conformativa, sono efficaci nei confronti di tutti i candidati idonei, in ragione del loro "status", presenti nelle graduatorie nazionali uniche dei rispettivi corsi di laurea, che abbiano confermato, nei termini previsti, l'interesse a permanervi.
   Avverso il presente decreto è esperibile il ricorso al Tribunale amministrativo regionale del Lazio o avanti al Presidente della Repubblica nei termini previsti dalla legge, disgiuntamente o unitamente agli atti consequenziali delle Università chiamate ad applicarlo in ogni sua parte.
6. Il presente decreto, in quanto atto amministrativo generale, è sottratto all'accesso agli atti ed all'accesso civico generalizzato ai sensi dell'art. 24, co. 1, lett. c) della legge n. 241 del 1990 e dell'art. 5 bis, co. 3 del decreto legislativo n. 33 del 2013 e ss.mm.ii.

Della pubblicazione del presente decreto sul sito istituzionale del Ministero dell'università e della Ricerca sarà dato avviso nella Gazzetta Ufficiale della Repubblica Italiana.

il ministro, prof.ssa Maria Cristina Messa

Allegato A

Programmi relativi ai quesiti delle prove di ammissione ai corsi di laurea magistrale in Medicina e Chirurgia, in Odontoiatria e Protesi Dentaria, in Medicina Veterinaria e ai corsi di laurea delle professioni sanitarie

Per l'ammissione ai corsi è richiesto il possesso di una cultura generale, con particolari attinenze all'ambito letterario, storico-filosofico, sociale ed istituzionale, nonché della capacità di analisi su testi scritti di vario genere e di attitudini al ragionamento logico- matematico.
Peraltro, le conoscenze e le abilità richieste fanno comunque riferimento alla preparazione promossa dalle istituzioni scolastiche che organizzano attività educative e didattiche coerenti con le Indicazioni nazionali per i licei e le Linee guida per gli istituti tecnici e per gli istituti professionali, soprattutto in vista degli Esami di Stato e che si riferiscono anche alle discipline scientifiche della Biologia, della Chimica, della Fisica e della Matematica.

Cultura generale e ragionamento logico

Accertamento delle capacità di usare correttamente la lingua italiana in diversi contesti e scopi e di completare logicamente un ragionamento, in modo coerente con le premesse, che vengono enunciate in forma simbolica o verbale attraverso quesiti a scelta multipla formulati anche con brevi proposizioni, scartando le conclusioni errate, arbitrarie o meno probabili.

I quesiti vertono su testi di saggistica scientifica o narrativa di autori classici o contemporanei, oppure su testi di attualità comparsi su quotidiani o su riviste generalistiche o specialistiche; vertono, altresì su casi o problemi, anche di natura astratta, la cui soluzione richiede l'adozione di forme diverse di ragionamento logico.

Quesiti relativi alle conoscenze di cultura generale su tematiche affrontate nel corso degli studi o presenti nel discorso pubblico contemporaneo, completano questo ambito valutativo.

Per l'ambito storico, i quesiti possono riguardare, tra l'altro, gli aspetti caratterizzanti la storia del Novecento ed il mondo attuale (industrializzazione e società post-industriale; conquiste dei diritti fondamentali; nuovi soggetti e movimenti; Stato sociale e sua crisi; processi di globalizzazione e conflittualità del mondo globale).

Quesiti relativi alle conoscenze di cultura generale di ambito sovranazionale, su tematiche affrontate nel corso degli studi o presenti nel discorso pubblico contemporaneo, completano questo ambito valutativo.

Biologia

La Chimica dei viventi. L'importanza biologica delle interazioni deboli. Le molecole organiche presenti negli organismi e rispettive funzioni. Il ruolo degli enzimi.

La cellula come base della vita. Teoria cellulare. Dimensioni cellulari. La cellula procariotica ed eucariotica, animale e vegetale. I virus. La membrana cellulare: struttura e funzioni - il trasporto attraverso la membrana.

Le strutture cellulari e loro specifiche funzioni. Ciclo cellulare e riproduzione cellulare: mitosi e meiosi - corredo cromosomico e mappe cromosomiche.

Bioenergetica. La valuta energetica delle cellule: l'ATP. Reazioni di ossidoriduzione nei viventi. I processi energetici: fotosintesi, glicolisi, respirazione aerobica e fermentazione.

Riproduzione ed Ereditarietà. Cicli vitali. Riproduzione sessuata e asessuata. Genetica mendeliana: le leggi di Mendel e loro applicazioni. Genetica classica: teoria cromosomica dell'ereditarietà - modelli di ereditarietà.

Genetica molecolare: struttura e duplicazione del DNA, il codice genetico, la sintesi proteica. Il DNA dei procarioti. La struttura del cromosoma eucariotico. I geni e la regolazione dell'espressione genica.

Genetica umana: trasmissione dei caratteri mono- e polifattoriali; malattie ereditarie autosomiche e legate al cromosoma X.

Le biotecnologie: la tecnologia del DNA ricombinante e le sue applicazioni.

Ereditarietà e ambiente. Mutazioni. Selezione naturale e artificiale. Le teorie evolutive. Le basi genetiche dell'evoluzione.

Anatomia e fisiologia degli animali e dell'uomo. I tessuti animali. Anatomia e fisiologia di sistemi ed apparati nell'uomo e relative interazioni. Omeostasi.

Chimica

La costituzione della materia: gli stati di aggregazione della materia; sistemi eterogenei e sistemi omogenei; composti ed elementi.

Leggi dei gas perfetti.

La struttura dell'atomo: particelle elementari; numero atomico e numero di massa, isotopi, struttura elettronica degli atomi dei vari elementi.

Il sistema periodico degli elementi: gruppi e periodi; elementi di transizione. Proprietà periodiche degli elementi: raggio atomico, potenziale di ionizzazione, affinità elettronica, carattere metallico. Relazioni tra struttura elettronica, posizione nel sistema periodico e proprietà degli elementi.

Il legame chimico: legame ionico, legame covalente e metallico. Energia di legame. Polarità dei legami. Elettronegatività. Legami intermolecolari.

Fondamenti di chimica inorganica: nomenclatura e principali proprietà dei composti inorganici: ossidi, idrossidi, acidi, sali.

Le reazioni chimiche e la stechiometria: massa atomica e molecolare, numero di Avogadro, concetto di mole e sua applicazione, calcoli stechiometrici elementari, bilanciamento di semplici reazioni, i differenti tipi di reazione chimica.

Le soluzioni: proprietà solventi dell'acqua, solubilità, i principali modi di esprimere la concentrazione delle soluzioni.

Equilibri in soluzione acquosa.

Elementi di cinetica chimica e catalisi.

Ossidazione e riduzione: numero di ossidazione, concetto di ossidante e riducente. Bilanciamento di semplici reazioni.

Acidi e basi: il concetto di acido e di base. Acidità, neutralità e basicità delle soluzioni acquose. Il pH. Idrolisi. Soluzioni tampone.

Fondamenti di chimica organica: legami tra atomi di carbonio, formule grezze e di struttura, concetto di isomeria. Idrocarburi alifatici, aliciclici e aromatici. Gruppi funzionali: alcoli, eteri, ammine, aldeidi, chetoni, acidi carbossilici, esteri, ammidi. Elementi di nomenclatura.

Fisica

Le misure: misure dirette e indirette, grandezze fondamentali e derivate, dimensioni fisiche delle grandezze, conoscenza del sistema metrico decimale e dei Sistemi di Unità di Misura CGS, Tecnico (o Pratico) (ST) e Internazionale (SI), delle unità di misura (nomi e relazioni tra unità fondamentali e derivate), multipli e sottomultipli (nomi e valori).

Cinematica: grandezze cinematiche, moti vari con particolare riguardo a moto rettilineo uniforme e uniformemente accelerato; moto circolare uniforme; moto armonico (per tutti i moti: definizione e relazioni tra le grandezze cinematiche connesse).

Dinamica: vettori e operazioni sui vettori. Forze, momenti delle forze rispetto a un punto. Momento di una coppia di forze. Composizione vettoriale delle forze. Definizioni di massa e peso. Accelerazione di gravità. Densità e peso specifico. Legge di gravitazione universale, 1°, 2° e 3° principio della dinamica. Lavoro, energia cinetica, energie potenziali. Principio di conservazione dell'energia. Impulso e quantità di moto. Principio di conservazione della quantità di moto.

Meccanica dei fluidi pressione, e sue unità di misura (non solo nel sistema SI). Principio di Archimede. Principio di Pascal. Legge di Stevino.

Termologia, termodinamica: termometria e calorimetria. Capacità termica e calore specifico. Modalità di propagazione del calore. Cambiamenti di stato e calori latenti. Leggi dei gas perfetti. Primo e secondo principio della termodinamica.

Elettrostatica e elettrodinamica: legge di Coulomb. Campo e potenziale elettrico. Costante dielettrica. Condensatori. Condensatori in serie e in parallelo. Corrente continua. Legge di Ohm. Principi di Kirchhoff. Resistenza elettrica e resistività. Resistenze elettriche in serie e in parallelo. Lavoro, Potenza. Effetto Joule. Generatori. Induzione elettromagnetica e correnti alternate. Effetti delle correnti elettriche (termici, chimici e magnetici).

Matematica

Insiemi numerici e algebra: numeri naturali, interi, razionali, reali. Ordinamento e confronto; ordine di grandezza e notazione scientifica. Operazioni e loro proprietà. Proporzioni e percentuali. Potenze con esponente intero, razionale) e loro proprietà. Radicali e loro proprietà. Logaritmi (in base 10 e in base e) e loro proprietà. Cenni di calcolo combinatorio. Espressioni algebriche, polinomi. Prodotti notevoli, potenza n-esima di un binomio, scomposizione in fattori dei polinomi. Frazioni algebriche. Equazioni e disequazioni algebriche di primo e secondo grado. Sistemi di equazioni.

Funzioni: nozioni fondamentali sulle funzioni e loro rappresentazioni grafiche (dominio, codominio, studio del segno, continuità, massimi e minimi, crescenza e decrescenza, ecc.). Funzioni elementari: algebriche intere e fratte, esponenziali, logaritmiche, goniometriche. Funzioni composte e funzioni inverse. Equazioni e disequazioni goniometriche.

Geometria: poligoni e loro proprietà. Circonferenza e cerchio. Misure di lunghezze, superfici e volumi. Isometrie, similitudini ed equivalenze nel piano. Luoghi geometrici. Misura degli angoli in gradi e radianti. Seno, coseno, tangente di un angolo e loro valori notevoli. Formule goniometriche. Risoluzione dei triangoli. Sistema di riferimento cartesiano nel piano. Distanza di due punti e punto medio di un segmento. Equazione della retta. Condizioni di parallelismo e perpendicolarità. Distanza di un punto da una retta. Equazione della circonferenza, della parabola, dell'iperbole, dell'ellisse e loro rappresentazione nel piano cartesiano. Teorema di Pitagora. Teoremi di Euclide (primo e secondo).

Probabilità e statistica: distribuzioni delle frequenze a seconda del tipo di carattere e principali rappresentazioni grafiche. Nozione di esperimento casuale e di evento. Probabilità e frequenza.

Si riporta di seguito a titolo indicativo il **D. M. 724 del 21 giugno 2021** relativo all'anno accademico 2021-2022 per l'ammissione a **Scienze della formazione primaria.**

Definizione modalità e contenuti prove di ammissione ai corsi di laurea Specialistica/Magistrale programmati a livello nazionale - anno accademico 2021/2022

Articolo 1
(Accesso al corso di laurea magistrale a ciclo unico per l'insegnamento nella scuola dell'infanzia e nella scuola primaria)

1. Per l'anno accademico 2021/2022 l'ammissione dei candidati dei paesi UE e dei paesi non UE di cui all'art. 39, comma 5 d.lgs 25 luglio 1998, n. 286, nonché dei paesi non UE residenti all'estero al corso di laurea magistrale a ciclo unico di cui all'articolo 3, comma 2, lettera a), del regolamento di cui al d.m. n. 249/2010 avviene, previo accreditamento dei corsi stessi ai sensi del d.m. 7 gennaio 2019 n. 6, citato in Il Ministro dell´università e della ricerca 5 premessa, a seguito di superamento di apposita prova sulla base delle disposizioni di cui al presente decreto.
2. La prova d'accesso mira a verificare l'adeguatezza della personale preparazione del candidato, con riferimento alle conoscenze disciplinari indispensabili per il conseguimento degli obiettivi formativi qualificanti del corso di laurea magistrale.
3. La prova di cui al comma 2, predisposta da ciascuna università, consiste nella soluzione di ottanta quesiti che presentano quattro opzioni di risposta, tra le quali il candidato deve individuare quella corretta, sui seguenti argomenti, specificati nell'Allegato A che costituisce parte integrante del presente decreto.

   a) Competenza linguistica e ragionamento logico;
   b) Cultura letteraria, storico-sociale e geografica;
   c) Cultura matematico-scientifica.
4. I quesiti di cui al comma 3 sono così ripartiti: quaranta (40) quesiti di competenza linguistica e ragionamento logico, venti (20) quesiti di cultura letteraria, storico-sociale e geografica, venti (20) quesiti di cultura matematico-scientifica.
5. Per lo svolgimento della prova è assegnato un tempo di 150 minuti.
5. Per lo svolgimento della prova è assegnato un tempo di 150 minuti.
6. Per la valutazione della prova si tiene conto dei seguenti criteri:
   - 1 punto per ogni risposta esatta
   - 0 punti per ogni risposta omessa o errata
7. La votazione di cui al comma 6 è integrata in caso di possesso di una Certificazione di competenza linguistica in lingua inglese, di almeno Livello B1 del "Quadro comune europeo di riferimento per le lingue", rilasciata da enti certificatori riconosciuti dai Governi dei Paesi madrelingua, ai sensi dell'articolo 2 del d.m. n. 3889/2012 citato in premessa, ricompresi nell'elenco progressivamente aggiornato a cura della competente Direzione generale del MUR, a condizione che la Certificazione di competenza in lingua straniera abbia i requisiti di cui all'articolo 3 del predetto decreto, secondo il seguente punteggio:

   a. B1: punti 3
   b. B2: punti 5
   c. C1: punti 7
   d. C2: punti 10

   In caso di possesso di più certificazioni prevale la certificazione di più alto livello, non potendosi sommare i punteggi tra loro.
8. La graduatoria degli aspiranti all'ammissione al corso di laurea magistrale è costituita dai candidati che hanno conseguito, nella prova di cui al comma 2, un punteggio non inferiore a 55/800, salvo quanto previsto al successivo comma 12.
9. È ammesso al corso di laurea magistrale, secondo l'ordine della graduatoria definito dalla somma dei punteggi di cui ai commi 6 e 7, un numero di candidati non superiore al numero dei posti disponibili per l'accesso indicato nel bando.
10. In caso di parità di punteggio, si applicano i seguenti criteri:
    a. prevale in ordine decrescente il punteggio ottenuto dal candidato nella soluzione, rispettivamente, dei quesiti relativi agli argomenti di competenza linguistica e ragionamento logico, cultura letteraria, storico-sociale e geografica, cultura scientifico-matematica;
    b. in caso di ulteriore parità prevale lo studente che ha conseguito una migliore votazione nell'esame di Stato conclusivo dei corsi di studio di istruzione secondaria superiore;
    c. in caso di ulteriore parità prevale lo studente anagraficamente più giovane.
11. La graduatoria riservata ai candidati dei paesi non UE residenti all'estero è definita dalle università, secondo i criteri previsti dai commi precedenti. Sulla base del punteggio ottenuto alla prova, calcolato secondo i criteri di cui ai commi precedenti, le università redigono, quindi, due distinte graduatorie, una per i candidati dei Paesi UE e dei Paesi non UE di cui all'art. 39, comma 5 d.lgs 25 luglio 1998, n.286 e l'altra riservata ai candidati dei Paesi non UE residenti all'estero.
12. Nel caso in cui la graduatoria dei candidati ammessi risulti composta da un numero di candidati idonei inferiore al numero dei posti disponibili indicati nel bando di ateneo, si procede con ulteriori scorrimenti fino alla integrale copertura dei posti definiti nell'ambito di ciascun contin-

gente mediante la definizione di una ulteriore graduatoria rispetto a quella prevista dal comma 8. In tal caso la predetta graduatoria è costituita dai candidati non idonei che abbiano conseguito un punteggio inferiore a 55/80. Nella determinazione del punteggio gli Atenei considerano sia il punteggio conseguito a seguito dell'espletamento della prova di cui al comma 2 sia il punteggio derivante dal titolo consistente nella certificazione di competenza linguistica in lingua inglese di almeno Livello B1.

Articolo 2
(Bando per la procedura di accesso)

1. Per l'accesso al corso di laurea magistrale a ciclo unico di cui all'articolo 1, comma 1, ciascuna università, una volta completate le procedure per l'attivazione del corso e in base alla programmazione definita ai sensi dell'articolo 5 d.m. n. 249/2010, emana il relativo bando, che:
   a. indica il numero dei posti disponibili;
   b. prevede disposizioni atte a garantire la trasparenza di tutte le fasi del procedimento e indica i criteri e le procedure per la nomina delle commissioni giudicatrici e dei responsabili del procedimento ai sensi della L. n. 241/1990 e successive modificazioni;
   c. definisce le modalità relative agli adempimenti per il riconoscimento dell'identità dei candidati, gli obblighi degli stessi nel corso dello svolgimento della prova e, infine, le modalità in ordine all'esercizio della vigilanza sui candidati, tenuto conto dei principi previsti dagli articoli 5, 6 e 8 del D.P.R. n. 686/1957, ove non diversamente disposto dagli atenei;
   d. definisce le modalità di svolgimento della procedura sulla base di quanto previsto dal presente decreto.

Articolo 3
(Ammissione al terzo anno per i laureati in Scienze dell'educazione e della formazione L-19)

1. Per l'a.a. 2021/2022 i laureati nella classe L-19 Scienze dell'educazione e della formazione in possesso dei requisiti minimi di cui all'articolo 9, comma l, d.m. del 9 maggio 2018 n. 378, accertati dall'università in considerazione dei contenuti dei programmi d'esame, previo superamento della prova di ammissione, sono ammessi al terzo anno o al secondo anno, ove non abbiano i requisiti previsti, del corso di laurea magistrale quinquennale a ciclo unico in Scienze della formazione primaria, classe LM-85bis.

Articolo 4
(Candidati con disabilità e candidati con diagnosi di DSA)

1. Le prove di cui al presente decreto sono organizzate dagli atenei tenendo conto delle singole esigenze dei candidati con invalidità, disabilità a norma dell'articolo 16 della legge n. 104/1992 nonché dei candidati con diagnosi di disturbi specifici di apprendimento (DSA) di cui alla legge n. 170/2010.
2. I candidati con certificato di invalidità, con certificazione di cui alla legge n. 104 del 1992 o con diagnosi di disturbi specifici di apprendimento (DSA) di cui alla legge n. 170 del 2010 possono beneficiare, nello svolgimento della prova, di appositi ausili o misure compensative, nonché di tempi aggiuntivi facendone apposita richiesta secondo le modalità previste nel bando di ateneo.
3. I candidati di cui al precedente comma 2 possono essere ammessi allo svolgimento della prova con la certificazione medica di cui sono in possesso, anche se non aggiornata a causa della limitazione dell'attività del SSN per l'emergenza Covid-19, con riserva, da parte degli Atenei, di richiedere successivamente l'integrazione della documentazione ivi prevista.
4. L'ateneo presso il quale il candidato si recherà per lo svolgimento della prova provvederà alle necessità correlate alla richiesta formulata, adottando tutte le misure necessarie a far fronte alle singole esigenze manifestate dai candidati, tenendo anche conto di quanto specificato nei punti che seguono:
   a. il candidato con certificato di invalidità o con certificazione di cui alla legge n. 104 del 1992, dovrà tempestivamente presentare all'ateneo, ai fini dell'organizzazione della prova, la certificazione – in originale o in copia autenticata in carta semplice – rilasciata dalla commissione medica competente per territorio comprovante il tipo di invalidità e/o ed il grado di handicap riconosciuto. Il candidato ha diritto a un tempo aggiuntivo non eccedente il 50% in più rispetto a quello previsto per lo svolgimento delle prove previste dal precedente articolo 1;;
   b. il candidato con DSA di cui alla legge n. 170 del 2010 dovrà tempestivamente presentare all'ateneo la diagnosi di DSA originale o in copia autenticata in carta semplice. In aderenza a quanto previsto dalle "linee guida sui disturbi specifici dell'apprendimento" allegate al d. m. 12 luglio 2011, prot. n. 5669, ai candidati con DSA è concesso un tempo aggiuntivo pari a un massimo del 30% in più rispetto a quello definito per la prova di ammissione. In caso di particolare gravità certificata del DSA, gli atenei possono consentire, al fine di garantire pari opportunità nell'espletamento delle prove stesse, l'utilizzo dei seguenti strumenti compensativi: calcolatrice non scientifica; video-ingranditore o affiancamento di un lettore scelto dall'ateneo con il supporto di appositi esperti o del Servizio disabili e DSA di ateneo, ove istituito. La diagnosi di DSA deve essere stata rilasciata al candidato da non più di 3 anni , se antecedente al compimento del diciottesimo anno di età oppure in epoca successiva al compimento del diciottesimo anno di vita da strutture sanitarie locali pubbliche o da enti e professionisti accreditati con on sono in ogni caso ammessi i seguenti strumenti: dizionario e/o vocabolario; formulario; tavola periodica degli elementi; mappa concettuale; personal computer, tablet, smartphone ed altri strumenti similari.
5. I candidati con invalidità, disabilità o con DSA di paesi UE e paesi non UE, residenti all'estero, che intendano usufruire delle misure di cui ai commi precedenti, devono presentare la certificazione legalizzata, ove previsto dalle norme internazionali vigenti, attestante lo stato di invalidità, di disabilità o di DSA rilasciata nel paese di residenza, accompagnata da una traduzione giurata di traduttore ufficiale o certificata dalle rappresentanze diplomatiche italiane conforme al testo originale, in lingua italiana o in lingua inglese. Gli organi di ateneo incaricati di esaminare le certificazioni di cui ai commi precedenti accertano che la documentazione straniera attesti una condizione di invalidità, disabilità o di disturbo specifico dell'apprendimento riconosciuta dalla normativa italiana.

Articolo 5
(Calendario della prova di ammissione)

1. La prova di ammissione di cui al presente decreto si svolge presso ciascuna sede universitaria il giorno 16 settembre 2021 alle ore 11:00.

Articolo 6
(Posti disponibili)

1. I posti per le immatricolazioni al corso di laurea magistrale a ciclo unico in Scienze della Formazione Primaria per l'insegnamento nella scuola dell'infanzia e nella scuola primaria destinati ai candidati dei paesi UE e dei paesi non UE di cui all'art. 39, comma 5 d.lgs 25 luglio 1998, n.286, n. 189 nonché dei paesi non UE residenti all'estero, sono ripartiti tra le università con successivi decreti.

2. Ai candidati dei paesi non UE residenti all'estero sono destinati i posti secondo la riserva contenuta nel contingente di cui alle disposizioni interministeriali citate in premessa.

Articolo 7
(Trasparenza delle fasi del procedimento)

1. I bandi di concorso delle università sono emanati con decreto rettorale almeno 60 giorni prima dello svolgimento delle prove e prevedono le disposizioni atte a garantire la trasparenza di tutte le fasi del procedimento ai sensi della legge n. 241/1990 e successive modificazioni e integrazioni.

2. I bandi di concorso definiscono, altresì, gli adempimenti per l'accertamento dell'identità dei candidati e gli obblighi degli stessi nel corso dello svolgimento delle prove.

3. All'attuazione del presente decreto le università provvedono nell'ambito delle risorse disponibili nei propri bilanci a legislazione vigente senza nuovi o maggiori oneri a carico della finanza pubblica.

4 Per le rettifiche di errori materiali e per eventuali errata corrige relativi al presente decreto ed ai relativi allegati si procede mediante apposito avviso pubblicato sul sito istituzionale del Ministero dell'università e della ricerca.

Della pubblicazione del presente decreto sul sito istituzionale del Ministero dell'università e della ricerca sarà dato avviso nella Gazzetta Ufficiale della Repubblica Italiana.

IL MINISTRO
Prof. ssa Maria Cristina Messa

Programmi relativi alla prova di ammissione alla laurea magistrale a ciclo unico per l'insegnamento nella scuola dell'infanzia e nella scuola primaria

Competenza linguistica e ragionamento logico

I quesiti mirano ad accertare la capacità di usare correttamente la lingua italiana, di comprendere un testo scritto e di completare logicamente un ragionamento, in modo coerente con le premesse, che sono enunciate in forma simbolica o verbale attraverso quesiti a scelta multipla formulati anche con brevi proposizioni.

I quesiti verteranno su testi di saggistica o narrativa di autori classici o contemporanei, oppure su testi di attualità comparsi su quotidiani o su riviste generaliste o specialistiche; verteranno altresì su casi o problemi, anche di natura astratta, la cui soluzione richiede l'adozione di diverse forme di ragionamento logico.

Cultura letteraria, storico-sociale e geografica

La prova è mirata all'accertamento delle capacità di

a) individuare le caratteristiche proprie dei generi letterari, orientarsi nella collocazione storicoculturale di un testo classico italiano, riconoscere opere e autori rilevanti della tradizione italiana;

b)) distinguere tipologia e rilevanza delle fonti nella ricerca storica, orientarsi nella cronologia degli eventi cruciali, riconoscendo le tappe fondamentali della storia italiana ed europea con riferimento alla specificità dell'organizzazione politica, economica e sociale e ai principali fenomeni politico-culturali dell'età moderna e contemporanea;

c) distinguere e descrivere gli elementi di base della geografia astronomica, fisica, antropica, sociale ed economica.

Cultura matematico-scientifica

La prova è mirata all'accertamento delle capacità di risolvere semplici problemi valutando criticamente le strategie da utilizzare e di descrivere ed interpretare da un punto di vista scientifico eventi semplici del mondo circostante e della vita quotidiana, facendo riferimento alle conoscenze di base nelle seguenti aree disciplinari:

a) matematica ed informatica (insiemi numerici e calcolo aritmetico, calcolo algebrico, geometria euclidea, probabilità, analisi-elaborazione-presentazione dell'informazione);

b) scienze della terra e della vita (ambiente ed ecosistema, atmosfera, clima, acque, vita e organismi viventi, evoluzione biologica););

c) scienze della materia (elementi e sostanze chimiche, legami e reazioni chimiche, produzione dell'energia, fotosintesi, misura delle grandezze fisiche, principi di dinamica, termodinamica, ottica, elettricità, magnetismo, astronomia, mondo microscopico).

Si riporta di seguito a titolo indicativo il **D. M. 727 del 24 giugno 2021** relativo all'anno accademico 2021-2022 al corso di laurea e laurea magi strale a ciclo unico finalizzato alla formazione di **Architetto.**

Definizione modalità e contenuti prove di ammissione ai corsi di laurea Specialistica/ Magistrale programmati a livello nazionale - anno accademico 2021/2022

Art. 1

1. Per le motivazioni di cui in premessa, per l'anno accademico 2021/ 2022, i posti per le immatricolazioni al corso di laurea e di laurea magistrale a ciclo unico direttamente finalizzati alla formazione di Architetto, destinati ai candidati dei paesi Ue e dei paesi non UE di cui all'art. 39, comma 5 d.lgs. 25 luglio 1998, n. 286 come modificato dall'art. 26 della legge 30 luglio 2002, n. 189, come determinati a livello nazionale, sono ripartiti fra le Università secondo la tabella A allegata, che costituisce parte integrante del presente decreto.

2. I posti destinati ai candidati dei paesi non UE residenti all'estero sono determinati, a livello nazionale, secondo la riserva di cui alle disposizioni citate in premessa e sono ripartiti fra le Università secondo la tabella B allegata, che costituisce parte integrante del presente decreto.

Art. 2

1. Ciascuna Università dispone l'ammissione dei candidati dei paesi UE e dei paesi non UE residenti in Italia, di cui all'art. 39, comma 5 d. lgs 25 luglio 1998, n.286 come modificato dall'art. 26 della legge 30 luglio 2002, n. 189, in base ad apposita graduatoria di merito, nei limiti dei corrispondenti posti di cui alla tabella A allegata al presente decreto.

2. Ciascuna Università dispone l'ammissione dei candidati dei paesi non UE residenti all'estero in base ad apposita graduatoria di merito, nel li-

mite del contingente ad essi riservato di cui alla tabella B allegata al presente decreto.

3. I posti eventualmente non utilizzati nell'ambito della graduatoria di cui al comma 2 del presente articolo, sono resi disponibili, con riguardo al medesimo corso di studio di cui al precedente articolo 1, nell'ambito dei posti destinati agli studenti dei paesi UE e non UE di cui all'art. 39, comma 5 d.lgs 25 luglio 1998, n.286 come modificato dall'art. 26 della legge 30 luglio 2002, n. 189, in tempo utile per lo scorrimento delle relative graduatorie, fatte salve, ove possibile, eventuali e antecedenti compensazioni dei posti disponibili, effettuata dagli Atenei all'interno dello stesso contingente riservato agli studenti dei paesi non UE residenti all'estero.

4. Per le rettifiche di errori materiali e per eventuali errata corrige relativi al presente decreto ed ai relativi allegati si procede mediante apposito avviso pubblicato sul sito istituzione del Ministero dell'Università e della Ricerca.

Della pubblicazione del presente decreto sul sito istituzionale del Ministero dell'Università e della ricerca sarà dato avviso nella Gazzetta Ufficiale della Repubblica Italiana.

IL MINISTRO

Prof. ssa Maria Cristina Messa

2.2 | I test di ammissione

I test di ammissione universitari sono prove costituite da un numero variabile (generalmente da 60 a 120) di **domande a scelta multipla**, rappresentate da enunciati seguiti da 4 o 5 possibili risposte tra le quali si deve scegliere quella corretta. L'enunciato consiste in una frase redatta in forma dichiarativa (positiva o negativa) o interrogativa; le alternative di risposta sono indicate generalmente con lettere (A, B, C, D, E).

Per ciò che concerne la **natura** e il contenuto delle domande che compongono le prove, si distinguono test attitudinali e test di profitto o nozionistici.

- I **test attitudinali** valutano la *disposizione ad apprendere* dell'individuo. Le batterie di esercizi sono quindi volte a valutare se tale disposizione corrisponda a quanto richiesto per frequentare con successo un determinato corso universitario. Fra le attitudini valutate vi sono, per esempio, la capacità analitica, quella di sintesi e la capacità logico-deduttiva.
- Se i test attitudinali hanno dunque come obiettivo principale la previsione di un potenziale rendimento futuro, diverso è il caso dei **test di profitto** o **nozionistici**, che mirano a valutare la conoscenza posseduta dallo studente relativa a discipline specifiche. Per esempio, le domande di tipo nozionistico possono riguardare argomenti di competenza nella lingua italiana, matematica, fisica, chimica, biologia, ma anche storia, letteratura, lingue ed educazione civica, sempre restando all'interno dei programmi ministeriali delle scuole superiori.

Per la selezione delle aspiranti matricole si possono trovare, a seconda dei casi, prove di ammissione di carattere esclusivamente attitudinale, altre solo di profitto e altre ancora di natura mista.

Le **discipline** e i **programmi** su cui vertono le prove vengono definiti o dalle **singole università** – e in questo caso possono esserci differenze tra le prove di ammissione dello stesso tipo di corso presso atenei diversi – o dal Ministero. In questo caso i contenuti delle prove di ammissione, il tempo assegnato per svolgere la prova, la data e i criteri di valutazione dei test sono stabiliti a livello nazionale dall'apposito decreto ministeriale (si veda il paragrafo 2.1 |). Ciò vale, come già detto, per i corsi di laurea magistrale a ciclo unico in Medicina e chirurgia; Odontoiatria e protesi dentaria; Medicina veterinaria; corsi di laurea e di laurea magistrale direttamente finalizzati alla formazione di Architetto; corsi di laurea magistrale a ciclo unico in Scienze della formazione primaria; corsi di laurea delle Professioni sanitarie.

2.2.1 | I test ministeriali

Nel 2021, le prove approntate dal ministero per **Medicina** e **Odontoiatria** e per **Veterinaria** erano costituite da **60 quesiti** da risolvere in **100 minuti** sulle seguenti discipline:

- cultura generale: 12 quesiti
- ragionamento logico: 10 quesiti
- biologia: 18 quesiti (16 per veterinaria)
- chimica: 12 quesiti (16 per veterinaria)
- fisica e matematica: 8 quesiti (6 per veterinaria)

Per i **corsi triennali delle Professioni sanitarie** (Infermieristica; Ostetricia; Fisioterapia; Assistenza sanitaria; Dietistica; Educazione professionale; Igiene dentale; Tecnica della riabilitazione psichiatrica; Tecniche della prevenzione nell'ambiente e nei luoghi di lavoro; Tecniche di laboratorio biomedico; Tecniche di radiologia medica, per immagini e radioterapia) la **prova di ammissione è la medesima all'interno di ogni università**, ma differisce tra atenei. Infatti, il programma e la struttura (**60 quesiti da risolvere in 100 minuti**) sono stabiliti per tutti dal decreto ministeriale, ma la redazione e ripartizione dei quesiti è lasciata alle università. Nella domanda di ammissione lo studente può esprimere fino a tre opzioni, in ordine di preferenza, per i diversi indirizzi a cui desidera iscriversi; i posti sono assegnati in base alla graduatoria.

La prova di ammissione per l'accesso ai corsi di studio afferenti alle classi di **Scienze dell'architettura** (classe L - 17) e di **Architettura e ingegneria edile** (classe LM - 4) nel 2020 ha previsto **40 quesiti da risolvere in 70 minuti** sulle seguenti discipline:

- ragionamento logico: 6 quesiti;
- cultura generale: 8 quesiti;
- storia: 12 quesiti;
- disegno e rappresentazione: 6 quesiti;
- matematica e fisica: 8 quesiti.

Per le prove di accesso al corso in **Scienze della formazione primaria**, i quesiti da risolvere sono **80**, con **150 minuti** di tempo. Le discipline interessate (e stabilite dal Ministero) sono:

- cultura linguistica e ragionamento logico: 40 quesiti;
- cultura letteraria, storico-sociale e geografica: 20 quesiti;
- cultura matematico-scientifica: 20 quesiti.

Valutazione delle prove e graduatorie

Nella valutazione delle prove di ammissione a **Medicina-Odontoiatria**, **Veterinaria**, **Architettura** e **Professioni sanitarie** sono applicati i seguenti criteri:

- 1,5 punti per ogni risposta esatta;
- – 0,4 punti per ogni risposta sbagliata;
- 0 punti per ogni risposta omessa.

La valutazione per l'accesso a **Scienze della formazione primaria** risponde ai seguenti criteri:

- 1 punto per ogni risposta esatta;
- 0 punti per ogni risposta sbagliata;
- 0 punti per ogni risposta omessa.

Nel 2021, in caso di **parità di punteggio**, il decreto ministeriale ha stabilito la precedenza in graduatoria per il candidato che ha ottenuto il punteggio maggiore nella soluzione dei quesiti relativi alle seguenti discipline (in ordine decrescente):

- per l'ammissione ai corsi di laurea in **Medicina** e chirurgia, in **Odontoiatria** e protesi dentaria e per i corsi di laurea delle **Professioni sanitarie**: ragionamento logico, cultura generale, biologia, chimica, fisica e matematica;
- per l'ammissione al corso di laurea in Medicina **veterinaria**: chimica, ragionamento logico, cultura generale, biologia, fisica e matematica;
- per l'ammissione ai corsi di laurea e di laurea magistrale a ciclo unico direttamente finalizzati alla formazione di **architetto**: ragionamento logico, cultura generale, storia, disegno e rappresentazione, fisica e matematica;
- per l'ammissione al corso di laurea in **Scienze della formazione primaria**: competenza linguistica e ragionamento logico, cultura letteraria, storico-sociale e geografica, cultura scientifico-matematica; in caso di **ulteriore parità**, prevale lo studente con una migliore votazione nell'esame di Stato conclusivo dei corsi di studio di istruzione secondaria superiore.

Per **tutti i corsi**, in caso di **ulteriore parità**, prevale lo studente anagraficamente **più giovane**.

2.2.2 | I test di ateneo

I test di ammissione istituiti e gestiti direttamente dagli atenei si tengono **in genere a settembre**, anche se non mancano eccezioni. Il **Politecnico di Milano**, per esempio, organizza per l'ammissione ai corsi dell'area Ingegneria test on line in diverse sessioni: da febbraio a luglio (aperti anche a studenti del quarto anno di superiori) e una sessione ad agosto/settembre (solo per i neodiplomati). L'università **Bocconi**, per quanto riguarda l'area Economia, organizza prove di ammissione anche febbraio e a maggio/giugno (per gli studenti del quarto anno). Gli studenti dell'ultimo ano delle scuole superiori possono inoltre sostenere presso numerosi atenei consorziati nel **CISIA** (Consorzio Interuniversitario Sistemi Integrati per l'Accesso) i test di ammissione TOLC organizzati a partire da febbraio di ogni anno e indirizzati a varie aree di studio: il **TOLC-SU** seleziona gli studenti che intendono accedere ai corsi di laurea dell'area umanistica, il **TOLC-S**, il **TOLC -F**, il **TOLC-B** e il **TOLC-AV** selezionano gli studenti che intendono accedere ai corsi universitari delle aree scientifica, farmacia, chimica, biologica, biotecnologic,a, agraria e veterinaria; il **TOLC-E** è utilizzato per selezionare gli studenti dell'area economia, il TOLC-I per l'area ingegneria e altri ancora consultabili all'indirizzo cisiaonline.it.

Non essendoci una normativa universalmente valida che stabilisce per tutti programmi, discipline, numero di domande e criteri di valutazione (pur risultando comunque una sostanziale similarità tra i contenuti richiesti nei test), si invita lo studente a consultare i siti delle università di interesse con i bandi delle prove cui intende partecipare.

Qui di seguito, a titolo indicativo, si riporta in tabella un elenco di corsi (divisi per aree di studio) con accanto l'indicazione delle discipline e/o attitudini generalmente indagate nelle prove di accesso a quel corso di studio. Ricordiamo ancora una volta che si trattano di indicazioni di massima, ricavate dalla storia pregressa dei vari test: per il dettaglio sulla struttura del test (materie richieste, tempo a disposizione, criteri di valutazione ecc.) è sempre necessario fare riferimento ai singoli bandi delle università.

Tabella 3: Conoscenze e attitudini generalmente richieste nei test di ammissione ai corsi di laurea delle singole aree di studio

Corsi di laurea a numero programmato	Argomenti della prova
Area Agraria	
Medicina veterinaria (corso di 5 anni a ciclo unico)	Matematica, fisica, chimica, biologia, cultura generale e logica
Biotecnologie agro-industriali	Matematica, fisica, chimica e biologia
Gestione tecnica e amministrativa in agricoltura	Matematica, scienze e comprensione verbale
Produzioni animali	Matematica, fisica, chimica e biologia
Produzioni vegetali	Biologia e chimica
Tecniche erboristiche	Matematica, fisica, chimica e biologia
Tecnologie alimentari	Matematica, scienze e comprensione verbale
Tecniche forestali e tecnologie del legno	Matematica, fisica e cultura generale
Viticoltura ed enologia	Matematica, scienze e comprensione verbale
Area di Architettura	
Architettura Disegno industriale Pianificazione territoriale, urbanistica e ambientale Edilizia Disegno industriale Sistemi informativi e territoriali	Matematica e fisica, storia, disegno e rappresentazione, logica e comprensione verbale

Corsi di laurea a numero programmato	Argomenti della prova
Area Economica	
Economia aziendale Economia delle amministrazioni pubbliche e delle istituzioni internazionali Economia delle istituzioni e dei mercati finanziari Economia e legislazione d'impresa Economia per le arti, la cultura e la comunicazione Scienze economiche, statistiche e sociali Commercio estero Economia e amministrazione delle imprese Economia e gestione dei servizi turistici Gestione delle amministrazioni pubbliche	Logica verbale, logica deduttiva, matematica, inglese, cultura generale e logica figurale-spaziale
Marketing e comunicazione d'azienda	Cultura generale
Area Giuridico-politica	
Giurisprudenza	Logica verbale, logica matematica e logica figurale-spaziale
Scienze internazionali e diplomatiche	Cultura generale e lingua italiana
Consulente del lavoro	Cultura generale e logica
Operatore giuridico d'impresa	Cultura generale
Operatore della pubblica amministrazione	Cultura generale
Area di Ingegneria	
Tutti i corsi	Conoscenze tecnico-scientifiche, matematica, logica e comprensione verbale
Area Linguistico-letteraria	
Traduttori e interpreti	Cultura generale, lingua italiana e lingua straniera
Area Medico-sanitaria	
Medicina e Chirurgia (corso di 6 anni a ciclo unico) Odontoiatria e Protesi dentaria (corso di 5 anni a ciclo unico) Assistente sanitario Dietista Disegnatore anatomico Educatore professionale Fisioterapista	Cultura generale e logica, biologia, chimica, matematica e fisica

Corsi di laurea a numero programmato	Argomenti della prova
Igienista dentale Infermiere Informatore medico-scientifico Logopedista Ortottista – Assistente in oftalmologia Ostetrica/o Podologo Tecnico in biotecnologie Tecnico audiometrista Tecnico audioprotesista Tecnico della prevenzione nell'ambiente e nei luoghi di lavoro Tecnico di fisiopatologia cardiocircolatoria e perfusione cardiovascolare Tecnico di neurofisiopatologia Tecnico sanitario di laboratorio biomedico Tecnico sanitario di radiologia medica Terapista occupazionale Terapista della neuro e psicomotricità dell'età evolutiva	Cultura generale e logica, biologia, chimica, matematica e fisica
Controllo di qualità nel settore industriale farmaceutico	Matematica, fisica e chimica
Informazione scientifica sul farmaco	Matematica, fisica, chimica e biologia
Operatore tecnico ambientale	Logica verbale, logica matematica, comprensione della lingua italiana
Area Sociologica-psicopedagogica	
Psicologia	Logica verbale, logica matematica, comprensione verbale e conoscenze scientifiche di base
Relazioni pubbliche	Punteggio del voto dell'Esame di Stato
Sociologia	Logica, competenze linguistiche e cultura generale
Scienze educazione	Logica e cultura generale, cultura letteraria, storico-sociale e geografica, cultura scientifico-matematica, cultura pedagogica
Scienze della comunicazione	Logica, cultura generale e dei media
Scienze della formazione primaria	Logica e cultura generale, cultura letteraria, storico-sociale e geografica, cultura scientifico-matematica
Servizio sociale	Logica, competenze linguistiche e cultura generale
Area Umanistica	
Conservazione dei beni culturali	Logica, competenze linguistiche e cultura generale
Discipline delle arti, della musica e dello spettacolo	Logica verbale, logica matematica e comprensione verbale
Scienze della cultura Beni culturali per operatori turistici Operatore dei beni culturali	Cultura generale e logica
Area Sportiva	
Scienze motorie	Scienze, cultura generale, psicologia e pedagogia

2.3 | Numero di posti messi a concorso

Per i corsi in cui il numero programmato è istituito e gestito dai singoli atenei, il numero dei posti disponibili ogni anno è deciso dall'ateneo stesso, in misura atta a garantire la qualità della formazione (aule, laboratori, strutture, rapporto docenti/studenti ecc.).

Per i corsi di laurea in cui il numero programmato è gestito dal MIUR (**Medicina**, **Odontoiatria**, **Veterinaria**, **Professioni sanitarie**, **Architettura** e **Ingegneria edile**, **Scienze della formazione primaria**) esso – oltre a rispondere ai criteri illustrati al principio del capitolo – è pure finalizzato all'adeguamento del sistema formativo italiano alle normative della Unione europea, che regolano l'accesso alle professioni relative a questi corsi di laurea. È anche per tale ragione che il **numero di posti** per i corsi appartenenti a queste classi non sono **stabiliti** dal singolo ateneo, bensì dal **Ministero**. A titolo di esempio, si riportano nelle tabelle seguenti, per i vari corsi di studio, i posti assegnati dal ministero per l'anno accademico in corso ai singoli atenei.[1]

Posti disponibili negli anni accademici 2021 e 2020 per i corsi di Medicina e chirurgia

SEDE	**Posti 2021**	Posti 2020	**SEDE**	**Posti 2021**	Posti 2020
Ancona (Politecnica delle Marche)	**240**	205	Novara Piemonte orientale	**188**	194
Bari	**297**	297	Padova	**334**	334
Bari (Taranto)	**60**	60	Padova (Treviso)	**80**	60
Bari (in inglese)	**42**	42	Padova (in inglese)	**43**	48
Bologna	**364**	364	Palermo	**320**	320
Bologna (Forlì)	**90**	90	Palermo (Caltanissetta)	**97**	97
Bologna (Ravenna)	**90**	90	Palermo (in accreditamento)	**58**	-
Bologna (in inglese)	**70**	70	Parma	**240**	240
Brescia	**223**	223	Parma (Piacenza, in inglese) (in accreditamento)	**60**	-
Casamassima "Lum" (in accreditamento)	**90**	-	Pavia	**227**	244
Cagliari	**240**	238	Pavia (in inglese)	**103**	70
Campobasso (del Molise)	**98**	94	Perugia	**225**	225
Catania	**400**	400	Perugia (Terni)	**76**	76
Catanzaro	**300**	280	Pisa	**288**	288
Chieti	**216**	186	Potenza Basilicata (in accreditamento)	**60**	-
Enna "Kore"	**90**	90	Rende della Calabria (in accreditamento)	**54**	-
Ferrara	**598**	596	Roma La Sapienza Policlinico	**660**	660
Ferrara (Cotignola)		65	Roma La Sapienza Policlinico (in inglese)	**38**	38

1. I posti a bando si intendono diretti a tutti gli **studenti comunitari** e **non comunitari residenti in Italia**. Le tabelle non tengono conto di eventuali adeguamenti successivi alla pubblicazione dei decreti da parte del Miur. La tabella con i posti messi a bando per le Professioni sanitarie non è stata inserita per semplici ragioni di spazio. Si rimanda il lettore ai siti internet degli atenei di interesse o alla consultazione delle tabelle sul sito MIUR.

SEDE	Posti 2021	Posti 2020	SEDE	Posti 2021	Posti 2020
Firenze	**365**	365	Roma La Sapienza Polo Latina	**145**	145
Foggia	**179**	99	Roma La Sapienza S. Andrea	**180**	180
Genova	**290**	275	Roma La Sapienza "High Technology"	**45**	45
L'Aquila	**137**	137	Roma "Tor Vergata"	**235**	220
Lecce Salento (in accreditamento)	**55**	-	Roma-Tor Vergata (in inglese)	**25**	25
Messina	**331**	331	Roma Campus Bio Medico	**140**	140
Messina (in inglese)	**38**	38	Roma Campus Bio Medico (in inglese)	**60**	60
Milano	**450**	400	Roma Cattolica	**300**	300
Milano (in inglese)	**45**	44	Roma Cattolica (in inglese)	**30**	30
Milano Bicocca	**133**	133	Roma "Unicamillus"	**195**	135
Milano Bicocca (in inglese)	**22**	22	Salerno	**156**	156
Milano San Raffaele	**500**	300	Sassari	**139**	138
Milano San Raffaele (in inglese)	**46**	46	Siena	**244**	244
Milano Humanitas (in inglese)	**190**	190	Torino	**448**	448
Modena e Reggio Emilia	**171**	175	Torino (in inglese)	**70**	70
Napoli (Federico II)	**558**	557	Trento	**60**	60
Napoli (Federico II) (in accreditamento)	**50**	-	Trieste	**180**	180
Napoli (Federico II) (in inglese)	**15**	15	Udine	**148**	148
Napoli "Vanvitelli"	**250**	250	Varese Insubria	**149**	150
Caserta "Vanvitelli"	**300**	300	Verona	**197**	197
Napoli "Vanvitelli" (in inglese)	**40**	40	**TOTALE**	**14.020**	13.072

Posti disponibili negli anni accademici 2021 e 2020 per i corsi di Odontoiatria e protesi dentaria

SEDE	Posti 2021	Posti 2020	SEDE	Posti 2021	Posti 2020
Ancona (Politecnica delle Marche)	**20**	20	Napoli "Vanvitelli"	**35**	35
Bari	**30**	30	Padova	**25**	25
Bologna	**36**	36	Palermo	**25**	25
Brescia	**20**	20	Parma	**26**	26
Cagliari	**25**	25	Pavia	**20**	20
Catania	**25**	24	Perugia	**23**	23
Catanzaro	**20**	20	Pisa	**15**	15

SEDE	**Posti 2021**	Posti 2020	SEDE	**Posti 2021**	Posti 2020
Chieti	**40**	40	Roma La Sapienza	**84**	84
Ferrara	**44**	44	Roma "Tor Vergata"	**42**	42
Firenze	**33**	33	Roma Cattolica	**25**	25
Foggia	**50**	50	Roma "Unicamillus"	**25**	25
Genova	**30**	30	Salerno	**30**	30
L'Aquila	**50**	50	Sassari	**33**	28
Messina	**55**	40	Siena (in inglese)	**28**	28
Milano	**60**	60	Torino	**40**	40
Milano Bicocca	**25**	25	Trieste	**40**	40
Milano San Raffaele	**50**	50	Varese Insubria	**20**	20
Modena e Reggio Emilia	**19**	18	Verona	**25**	25
Napoli (Federico II)	**60**	60	**TOTALE**	**1.253**	1.231

Posti disponibili negli anni accademici 2021 e 2020 per i corsi di Medicina veterinaria

SEDE	**Posti 2021**	Posti 2020	SEDE	**Posti 2021**	Posti 2020
Bari	**50**	80	Parma	**62**	57
Bologna	**90**	90	Perugia	**70**	70
Camerino	**50**	50	Pisa	**60**	65
Messina	**55**	50	Sassari	**40**	40
Milano	**83**	83	Teramo	**62**	62
Napoli (Federico II)	**63**	61	Torino	**112**	112
Padova	**80**	70	**TOTALE**	**877**	890

Per quanto riguarda i corsi di studio finalizzati alla formazione di architetto, si segnala che quando la tabella indica per una stessa sede universitaria più corsi della stessa classe e con la stessa denominazione, si intende che i corsi vengono attivati in comuni diversi.

Posti disponibili nell'a.a. 2020/2021 per i corsi finalizzati alla professione di Architetto

Università	**Corso di Laurea**	**Posti**
Bari Politecnico	Architettura LM-4	147
Bologna/Cesena	Architettura LM-4	96
	Architettura Ingegneria L-17	76
Brescia	Ingegneria Edile/Architettura LM-4	60
Cagliari	Scienze dell'Architettura L-17	100
Camerino	Scienze dell'Architettura L-17	92
Campania Vanvitelli (Aversa)	Architettura LM-4 c.u.	150
Catania	Architettura LM-4 (Siracusa)	99
	Ingegneria Edile/Architettura LM-4 (Catania)	98

Università	Corso di Laurea	Posti
Chieti/Pescara	Architettura LM-4	120
della Basilicata	Architettura LM-4	85
della Calabria (Rende)	Ingegneria Edile/Architettura LM-4	90
Enna "Kore"	Architettura LM-4	63
Ferrara	Architettura LM-4	146
Firenze	Architettura LM-4	300
	Scienze dell'Architettura L-17	150
Genova	Scienze dell'Architettura L-17	140
L'Aquila	Ingegneria Edile/Architettura LM-4	97
Milano Politecnico	Progettazione dell'Architettura L-17	795
	Ingegneria Edile/Architettura LM-4 (Lecco)	108
	Progettazione dell'Architettura L-17 (Mantova)	90
	Progettazione dell'Architettura L-17 (Piacenza)	50
Napoli Federico II	Architettura LM-4	250
	Scienze dell'Architettura L-17	246
	Corso Laurea magistrale in Ingegneria LM-4	75
Napoli Seconda Università	Architettura LM-4	150
Padova	Ingegneria Edile/Architettura LM-4	97
Palermo	Architettura LM-4	150
Parma	Architettura Rigenerazione Sostenibilità L-17	120
Pavia	Ingegneria Edile/Architettura LM-4	60
Perugia	Ingegneria Edile/Architettura LM-4	78
Pisa	Ingegneria Edile/Architettura LM-4	66
Politecnica delle Marche	Ingegneria Edile/Architettura LM-4	55
Reggio Calabria	Architettura LM-4	100
Roma "La Sapienza"	Architettura LM-4	300
	Scienze dell'Architettura L-17	143
	Ingegneria Edile/Architettura LM-4	100
Roma "Tor Vergata"	Ingegneria Edile/Architettura LM-4	60
Roma Terza Università	Scienze dell'Architettura L-17	180
Salerno	Ingegneria Edile/Architettura LM-4	75
Sassari	Scienze dell'Architettura e del Progetto L-17	60
Torino Politecnico	Architettura L-17	415
Trento	Ingegneria Edile/Architettura LM-4	75
Trieste	Architettura LM-4	45
Udine	Scienze dell'Architettura L-17	97
Venezia IUAV	Architettura L-17	350
	TOTALE	6.435

Posti disponibili nell'a.a. 2020/2021 per i corsi di Scienze della formazione primaria

SEDE	Posti disponibili	SEDE	Posti disponibili
Aosta	25	Molise (Campobasso)	290
Basilicata	180	Napoli (Suor Orsola Benincasa)	460
Bari	227	Padova	250
Bergamo	160	Palermo e sede di Agrigento	289 95
Bologna	290	Perugia	140
Bolzano (Bressanone)	348	Pisa	89
Brescia (Cattolica)	224	Roma Sapienza	85
Cagliari	106	Roma (Terza Università)	300
Calabria (Rende)	228	Roma (LUMSA)	250
Enna "Kore"	290	Roma (Europea)	210
Firenze	340	Reggio Calabria (Mediterranea)	230
Genova	100	Salento (lecce)	103
L'Aquila	250	Salerno (Fisciano)	300
Macerata	235	Torino Collegno + Savigliano	200 + 150
Milano Bicocca	505	Urbino	230
Milano Cattolica	223	Udine	160
Modena e Reggio Emilia	222	Verona	100
		TOTALE	**7.884**

2.4 | Numero chiuso: amico o nemico degli studenti?

In Italia ci si interroga periodicamente sulla legittimità, sull'opportunità e sulle modalità di regolamentazione per l'accesso ai corsi universitari. Di seguito si presentano alcuni elementi oggettivi e alcune considerazioni su questo tema.

2.4.1 | Il numero chiuso è costituzionale?

Tra le argomentazioni di chi è contrario al numero chiuso e ne chiede l'abolizione vi è quella della sua presunta incostituzionalità. Chi sostiene questa posizione afferma che il numero chiuso viola il diritto allo studio e, in particolare, gli articoli 2, 3, 33 e 34 della Costituzione. A questo proposito si osserva che nell'articolo 34 il Costituente, nel disporre che «la scuola è aperta a tutti» (comma 1), aggiunge significativamente che hanno diritto ad accedere ai **gradi più alti degli studi «i capaci e meritevoli**, anche se privi di mezzi» (comma 3). Una regolamentazione dell'accesso agli studi universitari (cioè ai gradi alti degli studi e non alla scuola dell'obbligo) che valorizzi le capacità e il merito degli aspiranti studenti, risulta pertanto legittima anche sul piano costituzionale.

Più che ostacolare la transizione verso un sistema meritocratico che regoli gli accessi ai gradi più alti degli studi, il rispetto del dettato costituzionale imporrebbe semmai di potenziare l'erogazione di borse di studio o di altre forme di sostegno ai capaci e meritevoli privi di mezzi economici.

Nel novembre del 1998 la Corte Costituzionale si è comunque già pronunciata sulla legittimità costituzionale del numero programmato, evidenziando anche la necessità di garantire agli studenti una qualità dell'insegnamento conforme agli standard imposti dall'Unione europea. Nella stessa sentenza la Corte sollecitava «un'organica sistemazione legislativa», giunta l'anno successivo con la legge n. 264 del 1999, attualmente in vigore. Il 2 aprile 2013 anche la Corte europea dei diritti umani ha ribadito la compatibilità del numero chiuso e del sistema di regolamentazione dell'accesso all'università vigente in Italia con la convenzione europea dei diritti umani.

Stabilita la liceità del numero chiuso, è opportuno valutarne l'efficacia e l'utilità per gli studenti, per il sistema formativo universitario e per la collettività. Per arrivare a una valutazione complessiva occorre conoscere le ragioni e i principi che hanno portato anche in Italia alla regolamentazione degli accessi in università, misurare i vantaggi che tale scelta comporta e, soprattutto, i risultati a cui ha dato luogo nei corsi universitari dove già da molti anni le immatricolazioni sono regolate con criteri meritocratici.

2.4.2 | A cosa serve il numero chiuso

L'ultimo rapporto sullo Stato del Sistema Universitario e della Ricerca pubblicato dall'Agenzia Nazionale per la Valutazione dell'Università e della Ricerca (ANVUR) mette in evidenza alcuni risultati conseguiti grazie alla selezione in ingresso tramite prove a test:

- la **percentuale di abbandoni** degli studenti tra il primo e il secondo anno risulta **minore** proprio nei corsi di studio che, già da diversi anni, prevedono il numero chiuso a livello nazionale. Nei corsi di Medicina e Chirurgia e triennali dell'area sanitaria, per esempio, tale percentuale è pari rispettivamente al 6,9% e all'1,5% contro il dato medio relativo a tutti gli altri corsi di laurea pari al 12,2%;[1]
- anche per il **numero di laureati regolari** (cioè entro gli anni previsti), i corsi a numero programmato con selezione all'ingresso rappresentano un esempio **virtuoso**.[2]

Un recente studio condotto dal CISIA ha messo in evidenza che il punteggio conseguito nel test ha una significativa valenza predittiva circa le prestazioni dello studente negli studi universitari. Esiste infatti una marcata correlazione tra risultati ottenuti nel test e progressione nella carriera universitaria (cioè nel numero di crediti acquisiti per anno); inoltre, al crescere del punteggio cresce la percentuale dei laureati regolari e analoga relazione è verificabile tra il voto di laurea e il punteggio test.[3]

Le prove di ammissione a test svolgono quindi, per gli studenti, una preziosa funzione di **supporto all'orientamento** alla scelta degli studi universitari e consentono alle università di individuare al momento della selezione proprio gli studenti con i prerequisiti necessari a uno studio proficuo e con capacità logiche e di apprendimento più adeguate allo specifico corso di studi, **limitando così il tasso di fallimento** e lo spreco di tempo e risorse.

Secondo i dati ANVUR, in Italia solo il 56,7% delle matricole di tutti i corsi triennali ha raggiunto la laurea dopo 6 anni, mentre per le triennali sanitarie, tutte con numero chiuso, questa media è pari a oltre 80%.[4]

Nei corsi ad accesso libero, dunque, opera ugualmente una **forma di selezione** che si manifesta con **l'abbandono degli studi** e con la difficoltà di inserimento dei laureati nel mondo del lavoro, fatti che comportano **disagi psicologici e costi economici molto alti**, sia per gli studenti direttamente interessati e le loro famiglie sia per l'intero Paese. In una simile situazione anche la **mobilità sociale risulta ostacolata**: dove la selezione avviene durante o al termine del corsi di studi, gli studenti con estrazione sociale meno agiata difficilmente hanno le stesse opportunità degli altri.

Naturalmente la prova di valutazione a test non è il solo strumento disponibile per operare una selezione in ingresso agli studi universitari. Altri criteri di valutazione sono per esempio l'esame dei curricula degli studenti (voti dell'Esame di Stato e degli ultimi anni delle scuole superiori) oppure l'esito di colloqui che potrebbero essere organizzati appositamente dalle università.

Il test a risposta multipla è tuttavia lo **strumento di valutazione più utilizzato al mondo**. Tale diffusione è dovuta ad alcuni vantaggi che solo le prove a test possono garantire.

- **Oggettività**: il punteggio totalizzato dai candidati non è influenzato da valutazioni "personali", ma ottenuto attraverso procedure anonime, informatizzate e standardizzate.

1. ANVUR, *Rapporto sullo stato del Sistema Universitario e della Ricerca 2018*, pp. 43 e 51.
2. ANVUR, *Rapporto sullo stato del Sistema Universitario e della Ricerca 2018* pp. 55 e segg.
3. CISIA, *Orientamento e Accesso all'Università. La predittività del test sulle carriere degli studenti*, 2018 pp. 51-55.
4. CISIA, *Orientamento e Accesso all'Università. La predittività del test sulle carriere degli studenti*, 2018 pp. 46 e 56.

- **Rapidità**: automatizzando la scansione degli elaborati è possibile correggere le prove di un elevato numero di candidati in poche ore.
- **Efficienza**: i test sono uno strumento di valutazione a basso costo perché possono essere somministrati contemporaneamente a gruppi numerosi di persone.

È comunque lecito e opportuno interrogarsi se e come sia possibile migliorare il metodo di selezione attualmente in uso.

Come migliorare il sistema attuale

Negli ultimi anni sono già stati apportati alcuni correttivi al nostro sistema di selezione sulla base dell'esperienza maturata e sull'analisi dei risultati raggiunti. L'introduzione nel 2013 delle **graduatorie uniche nazionali** per alcuni corsi di laurea (Medicina/Odontoiatria, Veterinaria, Architettura) risponde per esempio all'esigenza di una selezione più equa. Questa modifica dovrebbe essere accompagnata da un graduale **aumento dei fondi dedicati alle borse di studio**, da assegnare agli studenti più meritevoli e privi di mezzi, in modo che possano scegliere liberamente l'università, anche se lontana dalla propria residenza.

Le **informazioni** sui test nazionali e sul sistema in uso devono essere quanto più precise e dettagliate possibili e devono essere diffuse con grande anticipo per consentire agli studenti di intraprendere le proprie scelte in modo consapevole già nel corso degli ultimi anni delle scuole superiori.

Ci si dovrebbe probabilmente muovere anche verso una **maggiore uniformità delle prove selettive** definendo alcuni modelli di test da utilizzare a livello nazionale, uno per ogni area di studio o per raggruppamenti di aree di studio, così come è stato fatto per i corsi di laurea dell'area medica, di Architettura e di Scienze della Formazione primaria.

2.5 | I test di orientamento in Italia

Ormai in tutti gli atenei, l'accesso a molti percorsi formativi prevede fra i «requisiti di ammissione» il possesso di un'adeguata preparazione iniziale. Lo studente, per iscriversi al corso di studio scelto, deve sottoporsi a una verifica sul livello e l'adeguatezza delle proprie conoscenze di partenza negli ambiti disciplinari pertinenti. Si tratta di una **verifica orientativa** e non **selettiva**. Il risultato, cioè, anche se negativo, non preclude l'iscrizione al corso di interesse né impedisce l'immediata frequenza alle lezioni e alle attività formative. Le lacune eventualmente emerse dal test sono espresse in **debiti formativi**: lo studente che risulta non avere sufficiente preparazione si può iscrivere ugualmente, ma deve recuperare tali debiti o prima dell'avvio delle lezioni o entro il primo semestre o comunque entro il primo anno. Nei casi eccezionali in cui i debiti siano eccessivi e difficili da saldare in breve tempo, l'ammissione al corso richiesto è rinviata.

Sta tuttavia allo studente cogliere il valore eventualmente dissuasivo di tali prove di orientamento: l'evidenziarsi di lacune troppo gravi dovrebbe sconsigliare dal perseguire quel corso di studi. Infatti una competenza incerta e fragile in partenza potrebbe compromettere il successo formativo.

Per aiutare gli studenti a discernere e rafforzare il proprio grado di preparazione nelle discipline base, le università organizzano precorsi di sostegno in collaborazione con gli istituti di istruzione secondaria superiore, come preludio alla verifica dei requisiti di ammissione o come veri e propri corsi di recupero, la cui frequenza è obbligatoria o semplicemente consigliata per gli studenti con debito formativo. In questo secondo caso i corsi propedeutici sono seguiti da un'ulteriore prova di verifica che, se superata, determina l'azzeramento dell'iniziale debito formativo.

Le prove di orientamento possono comprendere:

- autovalutazione degli studenti che nelle preiscrizioni manifestano l'intenzione di iscriversi e seguire determinati corsi di laurea;
- valutazione del voto riportato all'esame di Stato;
- verifica delle conoscenze da parte dell'università al momento dell'iscrizione o successivamente (comunque entro il primo anno). Può consistere in batterie di quesiti (sul modello dei test d'accesso ai corsi a numero programmato sopra descritti): con una prima parte autovalutativa comune a più indirizzi di studio, relativa per esempio alla comprensione e alla comunicazione in lingua italiana, all'indagine di abilità logiche e di ragionamento, e una seconda parte specifica con quesiti di profitto.

Anche per il passaggio dopo la laurea triennale al biennio magistrale sono necessari, oltre ovviamente al possesso del diploma di laurea, una preparazione personale adeguata e requisiti curriculari stabiliti e verificati caso per caso dai singoli atenei. L'università di accoglienza vaglia i crediti accumulati dal laureato e riconosce quelli validi in base a parametri contenuti nell'ordinamento didattico del corso di studio scelto dallo studente. Il possesso del diploma di laurea (l'acquisizione dei primi 180 crediti) è quindi condizione indispensabile, ma non sufficiente. «L'adeguatezza della personale preparazione», ossia la qualità e il livello delle conoscenze acquisite, è distinta dal mero possesso dei 180 crediti. L'ateneo può anche richiedere, per esempio, che la media dei voti degli esami sostenuti o il voto di laurea non siano inferiori a una certa soglia.
La verifica per accedere a un corso di laurea magistrale può quindi riguardare:

- numero e tipo di crediti acquisiti nel corso triennale, in coerenza agli obiettivi formativi del corso di interesse;
- livello qualitativo della preparazione (per esempio, media e voto di laurea).

Deve comunque esistere, in uno stesso ateneo, percorsi per cui il passaggio dalla laurea triennale alla laurea magistrale è automatico. In altre parole, dal momento che la laurea magistrale costituisce la naturale continuazione degli studi, ossia una vera e propria specializzazione, gli atenei hanno l'obbligo di attivare, per ogni corso magistrale, almeno un corso triennale che permetta l'accesso con il riconoscimento di tutti i crediti. Al momento di definire nuove lauree magistrali, gli atenei devono preoccuparsi di indicare quali *curricula* di primo livello siano compatibili con una prosecuzione degli studi che non comporti alcun debito formativo. Il vincolo non vale in senso inverso, ossia è possibile che vengano istituiti corsi di laurea triennali per i quali non è previsto un corso di laurea magistrale a riconoscimento completo.
Come già detto, anche quando il curriculum seguito nella triennale è interamente accreditato per il corso magistrale, se il titolo triennale è stato ottenuto con una media o con voto di laurea inferiori a una certa soglia è possibile che lo studente sia sottoposto a una verifica prima dell'ammissione.

2.6 | Prepararsi ai test

La maggioranza delle università che utilizzano le prove selettive afferma che la migliore preparazione si ottiene esercitandosi su batterie di quesiti.
Alpha Test, basandosi sull'esperienza pluriennale di analoghe società estere, offre agli studenti numerosi strumenti per praticare questo tipo di preparazione: attraverso libri, eserciziari e corsi intensivi e specifici per le singole prove di ammissione, di durata variabile a seconda della natura del test e delle esigenze personali di ogni frequentante.[1]
Per aiutare lo studente a farsi un'idea di queste prove e a impostare un serio lavoro di studio per affrontare i test a risposta multipla, nelle prossime pagine si propone lo svolgimento di alcuni esercizi, come esempi indicativi per ogni area di studio. Le risposte che il lettore darà alle domande proposte per le aree di suo interesse potrebbero fornire un piccolo e ulteriore dato per l'autovalutazione, concorrendo alla fase di riflessione e di decisione per la scelta degli studi universitari.
Chi proverà a rispondere a queste piccole batterie di quesiti, insomma, avrà modo di ricevere una primissima indicazione sulla sua preparazione attuale e sul lavoro da fare per aumentare le probabilità di successo alla prova ufficiale.

2.7 | Esempi di test

Si riportano di seguito alcuni esempi di quesiti, suddivisi secondo le aree di riferimento. Essi potranno essere utili per conoscere le tipologie e le difficoltà delle domande proposte dalle università. Si ricorda che il tempo medio a disposizione per la risoluzione dei singoli quesiti è compreso, di norma, tra il minuto e mezzo e i due minuti.

I quesiti qui proposti sono tratti dai libri della collana *TestUniversitari*, pubblicata da Alpha Test e costantemente aggiornata sulla base degli ultimi test ufficiali.

1. Ulteriori informazioni si possono ricevere chiamando il numero verde 800 017 326 o visitando il sito alphatest.it.

2.7.1 | Prova 1: Area Medica

1 **Negare che «ogni uomo ha un nemico» equivale a dire che:**

A esistono uomini senza nemici
B nessun uomo ha un nemico
C tutti gli uomini non hanno nemici
D tutti sono nemici di ogni uomo
E ogni uomo non ha un nemico

2 **Quale tra le seguenti scienziate ha vinto il premio Nobel per la Medicina?**

A Marie Sklodowska Curie
B Margherita Hack
C Elena Cattaneo
D Rita Levi Montalcini
E Lise Meitner

3 **Quale parola NON è un termine specifico del lessico medico?**

A Emorragia B Emolliente C Emoglobina D Emostatico E Emofilia

4 **Albert Sabin (1906-1993) ha sviluppato un vaccino contro:**

A il vaiolo B la peste C l'AIDS D la poliomielite E la polmonite

5 **Tenendo presente che A = emisfero australe e B = emisfero boreale, si individui l'unica attribuzione ERRATA.**

A Isole Hawaii/B
B Isole Falkland (Malvine)/B
C Nuova Zelanda/A
D Islanda/B
E Madagascar/A

6 **I saggi sulle opere centrali di singoli scienziati sono sempre stati i miei favoriti. Essi sono, letteralmente, vox populi in quanto danno voce a singoli scienziati. Ma il titolo ricorda anche un'acuta frase di Darwin, là dove egli sostiene che il vecchio motto vox populi, vox dei (la voce del popolo è la voce di Dio) non può applicarsi alla scienza. Questa non è una difesa dell'elitismo, ma un riconoscimento del fatto che spesso modi di pensiero tradizionali ostacolano la comprensione. Tutti i miei saggi su singoli individui tentano di salvare sforzi interessanti e onorevoli dagli opposti pericoli ai quali è esposta l'eredità storica: il disprezzo per i nemici e l'agiografia degli eroi, due pericoli forse opposti nel loro contenuto, ma stranamente simili nell'impedire una comprensione ispirata alla simpatia.**
Stephen Jay Gould, *Otto piccoli porcellini*, Il Saggiatore, 2003
Tra le considerazioni suggerite dalla riflessione di Stephen Jay Gould UNA NON TROVA GIUSTIFICAZIONE nel testo citato:

A il vero scienziato non tiene mai in alcun conto le teorie consolidate dalla tradizione, sempre fonte di errori e fraintendimenti
B uno scienziato può dedicare con soddisfazione il proprio tempo anche a dar voce agli scienziati del passato attraverso le loro opere
C è interessante rievocare con rispetto gli sforzi di chi si è dedicato alla scienza, anche se con risultati che non condividiamo
D la santificazione di coloro che giudichiamo grandi nella storia della scienza non è il modo migliore di onorarne l'eredità
E nella scienza, restare nel solco della tradizione è spesso un impedimento alla comprensione

7 **La centesima parte di 100^{100} è:**

A 100^1 B 100^{99} C 10^{190} D 1^{100} E $(0,01)^{100}$

8 **Quale delle seguenti proposizioni equivale a dire che «condizione sufficiente affinché la proposizione Q sia vera è che sia vera la proposizione P»?**

A Se Q è vera, allora P è vera

B Se P è falsa, allora Q è falsa

C Se P è vera, allora Q è vera

D P è falsa se e solo se Q è falsa

E P è vera se e solo se Q è vera

9 **«In rapporto allo studio delle cellule viventi, due sono i campi di indagine tradizionalmente chiamati in causa: la .... (che studia il modo in cui le cellule di un organismo vivente manipolano l'energia e più in particolare il modo in cui l'ATP – cioè il trifosfato di adenosina, che è appunto la molecola dell'energia – viene sintetizzato) e il trasporto degli ioni (soprattutto dei cationi, cioè degli ioni di carica positiva). Un tempo i due campi erano ritenuti distinti, ma oggi appare evidente che il loro oggetto di indagine è lo stesso. Il movimento dei cationi attraverso le membrane delle cellule è infatti un processo collegato alla dinamica energetica dell'organismo e al modo in cui le cellule viventi controllano l'energia del corpo». Qual è la disciplina di cui si tratta nel brano?**

A Biochimica

B Biogenetica

C Bioenergetica

D Biologia

E Embriologia

10 **Di ritorno da una discoteca, Francesco, Luigi, Luca e Piero subiscono un incidente in macchina. In questo incidente Francesco perde molto sangue per cui si rende necessaria una trasfusione immediata. Purtroppo l'incidente capita in una località remota, nella quale non sono disponibili scorte di sangue; si rende quindi necessaria una donazione immediata di sangue da uno dei quattro amici. Dalla scheda sanitaria del ferito risulta che il suo sangue è di gruppo AB Rh +. Quale dei suoi amici potrà donare il proprio sangue a Francesco?**

A Solo Luigi (gruppo A Rh +)

B Solo Luca (gruppo 0 Rh +)

C Solo Piero (gruppo B Rh +)

D Tutti indistintamente

E Nessuno dei tre amici

Soluzioni della prova 1: 1 A; 2 D; 3 B; 4 D; 5 B; 6 B; 7 C; 8 C; 9 A; 10 D.

2.7.2 | Prova 2: Area Economica, Giuridica e Psicologica

1 **Individuare la coppia di termini che completa la proporzione seguente.**
Litro : X = Y : petrolio

A X = chilometro, Y = trivella
B X = peso, Y = ambiente
C X = litro, Y = giacimento
D X = decilitro, Y = gallone
E X = acqua, Y = barile

2 **Individuare la parola da scartare:**

A Divario B Discrepanza C Discrasia D Discordanza E Diversità

3 **Il *brainstorming* è:**

A un attrezzo
B una tecnica di volo aereo
C un metodo per la ricerca della soluzione di un problema
D un incontro tra amici
E un intervento chirurgico al cervello

4 **Un autobus compie un viaggio di 450 km a una velocità media *v* espressa in km/h. Se la velocità media aumentasse di 5 km/h, l'autobus impiegherebbe esattamente 1 ora in meno. Qual è stata la velocità media *v* mantenuta dall'autobus durante il tragitto?**

A 10 km/h B 40 km/h C 50 km/h D 55 km/h E 45 km/h

5 **Se una libbra equivale a 16 once e un'oncia equivale a circa 28 grammi, a quanto equivalgono 10 libbre?**

A A circa 4,5 kg B A circa 448 g C A circa 44,8 g D A circa 45 kg

6 **Una coppia vuole avere due figli dello stesso sesso; quanti figli deve programmare di fare per essere sicura che almeno due di essi siano dello stesso sesso?**

A Più di tre B Due C Tre D Non si può stabilire

7 **Date le relazioni sotto riportate, individuare il valore di ❑.**

❑ + ❑ = ❤;   ♦ + ✱ = ❤;   ♦ + ✱ = 14.

A 28 B 7 C 14 D 12 E 2

8 **Tutti gli aviatori sono audaci. Carlo è audace. Chi è audace osa.**
Se le precedenti affermazioni sono vere, quale delle seguenti è certamente vera?

A Carlo osa
B È possibile che qualche aviatore non osi
C Carlo è un aviatore
D È impossibile che Carlo sia un aviatore
E Chi osa è un aviatore

9 **Qual è il risultato della seguente operazione?**

$$32 : (-4) \times (-3) + 7 - (-2) \times 3 - 15 : (-3)$$

A 38 B – 6 C 42 D – 31 E 6

10 **Scegliere, fra le alternative proposte, quella che completa correttamente la frase.**

Do you remember Silvia? I ... engaged to her.

A got B get C have D will E had

Soluzioni della prova 2: 1 E; 2 C; 3 C; 4 E; 5 A; 6 C; 7 B; 8 A; 9 C; 10 A.

2.7.3 | Prova 3: Area Architettura-Ingegneria

Risolvere gli esercizi che seguono.

1 **Se la diagonale di un quadrato è uguale al diametro di un cerchio dividendo l'area del cerchio per l'area del quadrato si ottiene:**

A 3 / p B 2 / p C 3 / p D 2 / p E p

2 **Il polinomio $a^4 - b^4$ è divisibile per:**

A $a^2 + b^2$ B $a^3 + b^2$ C $a^2 + b^3$ D $a^3 + b^3$ E $a^4 + b^4$

3 **Un astronauta orbita attorno alla Terra in una capsula spaziale la cui distanza dalla superficie terrestre è uguale al raggio della Terra. Qual è la relazione fra la massa dell'astronauta nella capsula e quella dell'astronauta sulla Terra?**

A Sulla Terra la massa è un quarto di quella nella capsula

B Sulla Terra la massa è quattro volte quella nella capsula

C Sono uguali

D Sulla Terra la massa è doppia di quella nella capsula

E Sulla Terra la massa è metà di quella nella capsula

4 **Supponendo di avere, in una stanza a temperatura ambiente, una tavoletta di legno e una di metallo delle stesse dimensioni (25 cm × 15 cm × 4 mm), e di deporre al loro centro due cubetti di ghiaccio identici estratti dal frigorifero contemporaneamente. Indicare se:**

A i due cubetti di ghiaccio si scioglieranno contemporaneamente

B si scioglie prima il cubetto di ghiaccio posto sul legno

C si scioglie prima il cubetto di ghiaccio posto sul metallo

D i due cubetti di ghiaccio non si scioglieranno

E nessuna delle precedenti risposte è corretta

5 **A un ricevimento la contessa Viendalmare vuole sistemare i 40 invitati in tavoli da 4. Purtroppo la contessa si rende conto che comunque si dispongano gli invitati c'è sempre almeno un tavolo di sole donne. Quante sono almeno le donne invitate?**

A 9 B 10 C 21 D 31 E 39

6 **Si prenda un foglio di carta, lo si ripieghi a metà tre volte, e infine lo si fori al centro con la punta di una matita. Riaperto il foglio quanti fori ci saranno?**

A 8 B 1 C 4 D 9 E 3

7 Indicare la giusta sequenza temporale tra le diverse correnti architettoniche.

- A Razionalismo, Espressionismo, Liberty, Postmoderno
- B Postmoderno, Liberty, Razionalismo, Espressionismo
- C Liberty, Postmoderno, Espressionismo, Razionalismo
- D Liberty, Espressionismo, Razionalismo, Postmoderno
- E Espressionismo, Liberty, Razionalismo, Postmoderno

8 A quale stile architettonico si ascrive la chiesa rappresentata in pianta nella figura a fianco?

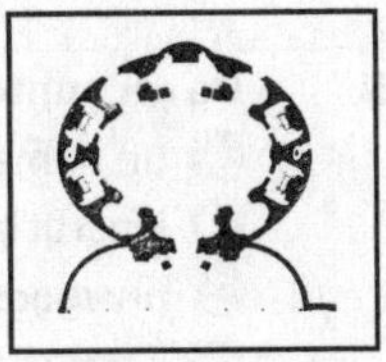

- A Barocco
- B Romanico
- C Gotico
- D Neoclassico
- E Greco

9 Nel paese di Belpoggio tutti i ragazzi praticano qualche sport. Se:
- **chi gioca a calcio fa anche nuoto;**
- **chi gioca a tennis non fa nuoto;**
- **chi gioca a pallavolo gioca anche a calcio;**

si può concludere che:

- A chi gioca a pallavolo fa anche nuoto
- B chi fa nuoto gioca anche a calcio
- C chi fa nuoto e gioca a pallavolo, gioca anche a tennis
- D chi gioca a tennis gioca anche a calcio
- E chi non gioca a calcio non fa nuoto

10 «Non si può vivere felici senza saggezza, onestà e giustizia. Non si può vivere saggiamente, onestamente e con giustizia e non essere felici». Da queste premesse, sarebbe ERRATO concludere che:

- A chi non è felice, non può essere saggio, onesto e giusto
- B essere saggi, onesti e giusti è condizione necessaria, ma non sufficiente per essere felici
- C essere saggi, onesti e giusti è condizione necessaria e sufficiente per essere felici
- D chi è felice, non può non essere saggio, onesto e giusto

Soluzioni della prova 3: 1 D; 2 A; 3 C; 4 C; 5 D; 6 A; 7 D; 8 A; 9 A; 10 B.

2.7.4 | Prova 4: Area Formazione - Psicologia - Comunicazione

Rispondere alle seguenti domande.

1 Individuare la coppia di termini che completa la proporzione seguente.
Anno : tempo = x : y

- A x = anno-luce; y = distanza
- B x = orbita; y = spazio
- C x = tachimetro; y = velocità
- D x = caloria; y = peso
- E x = lunghezza; y = chilometro

2 Nel 2014, quale nazione tra le seguenti non è uno Stato membro dell'Unione europea?

A Lituania
B Norvegia
C Polonia
D Danimarca
E Cipro

3 Da un punto di vista grammaticale, il termine "intruso" è:

A un nome
B il participio passato di "intridere"
C un aggettivo determinativo
D il participio passato di "intrudere"
E un aggettivo qualificativo

4 Nel 2014 si celebrato il 150° anniversario di un importante evento nella storia della scienza. Quale?

A La conquista del K2
B La nascita di Galileo Galilei
C La presentazione delle equazioni di Maxwell sull'elettromagnetismo
D La scoperta dei buchi neri
E La prima orbita completa intorno alla Terra compiuta da un uomo, il cosmonauta russo Juri Gagarin

5 Quale dei seguenti artisti è stato uno dei principali esponenti della Pop Art?

A Henry Moore
B Man Ray
C Andy Warhol
D Marc Chagall
E Pissarro

6 Il film *2001: Odissea nello spazio* di Stanley Kubrick è tratto da un romanzo di:

A Stephen King
B Anthony Burgess
C Arthur Clarke
D Don De Lillo
E Isaac Asimov

7 La RAI TV ha iniziato a trasmettere nel:

A 1944 B 1954 C 1961 D 1964 E 1924

8 I fattori educativi detti *esogeni* sono:

A ambiente fisico e sociale
B ambiente fisico e patrimonio genetico
C scuola e salute
D natura e cultura
E quoziente intellettivo e formazione scolastica

Risolvere i seguenti problemi.

9 **S'individui il corretto completamento del sillogismo:**
«Nessun ingenuo è cattivo – qualche cattivo è adulto – dunque ... non è ingenuo».

- A qualche cattivo
- B qualche adulto
- C ogni adulto
- D ogni cattivo
- E qualche ingenuo

10 **«Le persone timide non sono senza passioni. Tutti gli stupidi amano il gioco. Nessun avaro ha passioni».**
Se le precedenti affermazioni sono vere, quale delle seguenti è vera?

- A Le persone timide sono stupide
- B Nessuno stupido è timido
- C Le persone timide amano il gioco
- D Le persone timide sono avare
- E Chi è avaro non è timido

Soluzioni della prova 4:
1 A; 2 B; 3 D; 4 C; 5 C; 6 C; 7 B; 8 A; 9 B; 10 E.

2.7.5 | Prova 5: Area Scientifica (corsi con test orientativo)

1 **Dei seguenti organelli di una cellula vegetale, quali sono preposti alla fotosintesi clorofilliana?**

- A Vacuoli
- B Cloroplasti
- C Mitocondri
- D Parete cellulare
- E Cromosomi

2 **In quale regione della colonna vertebrale cinque vertebre sono fuse insieme in un unico blocco?**

- A Nella regione lombare
- B Nella regione toracica
- C Nella regione cervicale
- D Nella regione sacrale
- E Nel coccige

3 **Che cos'è l'acido ribonucleico messaggero (mRNA)?**

- A Una macromolecola che interviene direttamente nella secrezione cellulare
- B Un acido nucleico che dirige la sintesi proteica
- C L'acido nucleico che contiene l'informazione ereditaria (per le sole cellule procariote)
- D Il prodotto della duplicazione del materiale genetico
- E Un ormone

4 **Individuare quale delle seguenti uguaglianze è falsa.**

A $(a+b)\cdot(a-b)=a^2-b^2$

B $(a+b)\cdot(a+b)=a^2+b^2$

C $(a+b)^3=a^3+3a^2b+3ab^2+b^3$

D $(a+b)^2=a^2+2ab+b^2$

5 **Individuare quale tra i composti elencati contiene ossigeno.**

A Cloruro di sodio

B Solfuro rameico

C Nitrato di potassio

D Tiocianato di sodio

6 **Nelle condizioni standard una mole di gas perfetto occupa:**

A 22,4 cm^3

B 0,082 litri

C 22,4 litri

D 1 litro

E 760 millilitri

7 **In un alpeggio si trovano 30 vitelli. Ci sono 20 maschi, che pesano 100 kg l'uno, e 10 femmine, che pesano 70 kg l'una. Qual è il peso medio di ogni vitello?**

A 90 kg B 75 kg C 80 kg D 60 kg E 85 kg

8 **Individuare le alternative in cui le grandezze fisiche si susseguono secondo la serie: scalare, vettore, scalare.**

A Forza peso, massa, volume

B Massa, forza peso, volume

C Massa, volume, forza peso

D Temperatura, volume, spostamento

9 **Il tempo è una grandezza fisica:**

A vettoriale B non misurabile C fondamentale D a quattro dimensioni

10 **Se il periodo T di un oscillatore è 2 s, la sua frequenza vale:**

A 2 Hz

B 0,5 s

C 0,5 Hz

D 2 s

Soluzioni della prova 5:

1 B; 2 E; 3 B; 4 B; 5 C; 6 C; 7 A; 8 B; 9 C; 10 C.

2.7.6 | Prova 6: Area Umanistica (corsi con test orientativo)

1 **Indica il periodo che non presenta errori.**

A Vuoi sapere qual è il mio programma per l'estate? Quest'anno n'è mare, n'è montagna; girerò un po' di città d'arte e poi andrò in campagna

B Vuoi sapere qual'è il mio programma per l'estate? Quest'anno né mare, né montagna; girerò un po' di città d'arte e poi andrò nella mia casetta in campania

C Vuoi sapere qual'è il mio programma per l'estate? Quest'anno né mare, né montagna; girerò un pò di città d'arte e poi andrò nella mia casetta in campagna

D Vuoi sapere qual è il mio programma per l'estate? Quest'anno né mare, né montagna; girerò un po' di città d'arte e poi andrò nella mia casetta in campagna

E Vuoi sapere qual è il mio programma per l'estate? Quest'anno ne mare ne montagna; girerò un po' di città d'arte e poi andrò nella mia casetta in campania

2 **Completare la frase seguente con la coppia di vocaboli più adatta.**

Quando la malattia è in uno stato ... è quasi impossibile determinare la sua esistenza mediante ...

A frenetico-osservazione

B latente-applicazione

C latente-osservazione

D critico-esame

E avanzato-osservazione

3 **La parola "defraudare" significa:**

A affaticare, snervare qualcuno con atteggiamenti ostili e sgarbati

B indurre a credere una cosa per un'altra, abusando della buona fede altrui

C privare ingiustamente o con l'inganno qualcuno di quanto gli spetta

D screditare con critiche maligne o gravi calunnie

E privare clamorosamente qualcuno del suo grado e della sua autorità

4 **Quale tra gli abbinamenti proposti realizza l'ordine per cui la seconda parola è iponimo della prima?**

A Tigre - felino

B Automobile - bagagliaio

C Bestia - animale

D Mobile - tavolo

E Ricco - povero

5 ***La Storia* è il titolo di un romanzo scritto da:**

A Elsa Morante

B Cesare Pavese

C Grazia Deledda

D Anna Maria Ortese

E Leonardo Sciascia

6 ***Il mercante di Venezia* è opera di:**

A Cervantes B Goethe C Rabelais D Shakespeare E Goldoni

Leggere il testo e rispondere alle relative domande.

[1] Abbiamo una duplice immagine di san Paolo: il propagandista flessibile, abile, accomodante del verbo di Dio, che si adatta alle circostanze per meglio attuare la parte sostanziale della sua missione; e l'intransigente che condanna le oscillazioni e gli opportunismi di san Pietro e non rifugge dagli scandali dato che la verità trionfi. [2] Le due posizioni non sono inconciliabili ma, nell'uso strumentale che si fa della figura dell'apostolo, si contrappone a un Paolo "saggio" un Paolo "coraggioso". Ebbene, il riformatore religioso Calvino sceglie il Paolo "coraggioso". [3] Uomo della þseconda generazione della Riforma, egli individuò presto il senso della sua missione nel portare ordine nel campo degli innovatori: il cristianesimo rinato non doveva perdersi ancora una volta per l'errore di chi identificava libertà cristiana e arbitrio individuale. [4] La presunzione degli ignoranti, la vana curiosità degli intellettuali: la fragilità morale di coloro che plaudivano superficialmente alla dissoluzione della vecchia Chiesa gli apparivano degne di ostilità non meno delle turpitudini della Roma papale.

7 Nella sequenza [1] è errato l'uso della locuzione connettiva "dato che"; quale congiunzione tra le seguenti sarebbe invece corretta nel contesto?

A mentre B benché C affinché D sebbene E poiché

8 Nelle sequenze dalla [3] alla [4] compresa si nota l'uso erroneo di un segno di interpunzione; quale?

A due punti B virgola C punto D nessuno E punto e virgola

Risolvere i seguenti quesiti.

9 Recenti scoperte scientifiche hanno mostrato che il farmaco AZT è in grado di ritardare di almeno due anni l'insorgere della malattia nel 55% dei pazienti sieropositivi che lo assumono e che non ha effetti collaterali. È dunque opportuno che tale farmaco venga somministrato a tutti i pazienti. Tutte le seguenti affermazioni indeboliscono l'argomentazione sopra riportata tranne una. Quale?

A Il farmaco AZT provoca la perdita della vista

B Altri farmaci hanno ritardato di almeno due anni l'insorgere della malattia in più di metà dei pazienti sottoposti a trattamento

C Il farmaco AZT è particolarmente costoso

D I pazienti trattati con AZT hanno successivamente subito un decorso molto più rapido della malattia verso la morte

E Le ricerche scientifiche sul farmaco AZT non sono state condotte seconde le regole

10 Non si può affermare che chi non è stato condannato con sentenza passata in giudicato si possa considerare innocente.
Se l'argomentazione precedente è corretta quale delle seguenti è certamente vera?

A Finché una persona non è stata condannata con sentenza passata in giudicato viene considerata innocente

B Non è detto che finché una persona non ha subito una condanna con sentenza passata in giudicato possa essere considerata innocente

C Se si viene considerati colpevoli, ciò vuol dire che c'è stata sentenza di condanna passata in giudicato

D Non è colpevole chi non è stato condannato con sentenza passata in giudicato

E Nessuna delle precedenti è corretta

Soluzioni della prova 6:
1 D; 2 C; 3 C; 4 D; 5 A; 6 D; 7 C; 8 A; 9 C; 10 B.

Parte quarta

NON SOLO UNIVERSITÀ

1 | Una terza via, tra lavoro e università: gli ITS

1.1 | Il sistema degli Istituti Tecnici Superiori

Se il percorso di orientamento di un giovane lo spinge a guardare con più interesse al mondo del lavoro invece che alla formazione universitaria, è importante considerare l'opportunità – ormai consolidata e di grande successo sia formativo sia occupazionale – della **formazione terziaria non universitaria**, normata con legge nazionale ma gestita direttamente dalle Regioni in collaborazione con le realtà produttive del territorio.

L'offerta formativa del sistema di **istruzione e formazione tecnica superiore** è infatti di livello terziario, come quella accademica, ma per sua natura è sia strutturalmente connessa al sistema produttivo locale sia al mercato del lavoro nazionale ed europeo. Suo scopo, infatti, è rispondere alla domanda di tecnici specializzati che proviene da vari settori dell'economia, particolarmente interessati dalle veloci dinamiche di innovazione tecnologica e dalla dimensione internazionale dei mercati di riferimento.

Il sistema di istruzione e formazione tecnica superiore risponde dunque all'esigenza di formare figure professionali a elevata specializzazione tecnico-scientifica al passo con l'innovazione tecnologica.

Gli **Istituti Tecnici Superiori - ITS** sono percorsi formativi tecnici e tecnologici di eccellenza; la loro organizzazione è centrata sulla didattica esperienziale (in laboratorio e/o in azienda) e sono strettamente connessi al mondo del lavoro. Il tasso di occupazione degli studenti che escono dagli ITS è eccellente: oggi più del **70%** dei neodiplomati ITS sono occupati già dopo sei mesi dal diploma e la percentuale tocca l'**83%** a dodici mesi. Inoltre, il **92%** è occupato in aree coerenti al titolo conseguito.[1]

Frequentando un corso ITS si acquisisce infatti, con il diploma, un'**alta specializzazione tecnologica** per un inserimento qualificato nel mondo del lavoro, nei settori strategici del sistema economico-produttivo.

Come già premesso, la formazione e l'apprendimento si realizzano soprattutto attraverso l'esperienza di situazioni e compiti propri della realtà lavorativa, con particolare riguardo alle trasformazioni in essere. I percorsi ITS, per esempio, utilizzano in larga parte le cosiddette **tecnologie per l'industria 4.0**: i docenti adottano infatti metodologie specifiche (come il *Design Thinking*) per imparare a realizzare progetti e prodotti innovativi nell'ambito della trasformazione digitale dei settori produttivi.

Gli standard minimi dei percorsi ITS sono i seguenti:

- i corsi si articolano in **semestri**, e ciascun semestre comprende ore di attività teorica, pratica e di laboratorio;
- gli stage aziendali e i tirocini formativi (che possono svolgersi anche all'estero) sono obbligatori per **almeno il 30%** della durata del monte ore complessivo; nella realtà le ore di stage medie rilevate sono oltre il 40% del monte ore;
- i curricoli dei percorsi fanno riferimento a competenze comuni, linguistiche, scientifiche e tecnologiche, giuridiche ed economiche, organizzative, comunicative e relazionali, di differente livello, nonché a competenze tecnico-professionali riguardanti la specifica figura di tecnico superiore, declinati in relazione agli indicatori dell'Unione europea relativi ai titoli e alle qualifiche;
- ogni percorso è strutturato in moduli e unità tali da rappresentare un insieme di competenze in sé autoconcluso e significativo; riconoscibile dal mondo del lavoro come componente di specifiche professionalità e identificabile quale risultato atteso del percorso formativo;
- i docenti provengono per non meno del 50% dal mondo del lavoro (presto la soglia minima sarà alzata al 60%), con una specifica esperienza professionale maturata nel settore per almeno 5 anni;
- i percorsi sono accompagnati da misure a supporto della frequenza e del conseguimento dei **crediti formativi** riconoscibili;

1. Dati riportati in *Istituti Tecnici Superiori - Monitoraggio nazionale 2021*, Indire.

- la conduzione scientifica di ciascun percorso è affidata a un comitato di progetto;
- i titoli conseguiti fanno riferimento alla classificazione delle professioni tecniche intermedie adottata dall'ISTAT e agli indicatori di livello della Ue, per favorire la circolazione professionale in ambito europeo.

L'accesso ai percorsi avviene per **selezione**; una buona conoscenza dell'**informatica** e della **lingua inglese** costituisce requisito preferenziale per l'ammissione. Prima delle prove selettive di accesso, è possibile frequentare moduli di preparazione finalizzati a "riallineare" le competenze mancanti.

In conseguenza delle riforme richieste dal **Piano nazionale di ripresa e resilienza** (Pnnr), alcuni aspetti del sistema sono oggetto di modifica da parte di una **legge** in via di approvazione alle Camere. In particolare i percorsi ITS vengono scanditi in:

- **corsi di primo** livello, con durata di **4 semestri** e almeno 1800/2000 ore di formazione; corrispondono al quinto livello del Quadro europeo delle qualifiche per l'apprendimento permanente;
- corsi di **secondo livello**, con durata di **6 semestri** e almeno 3000 ore di formazione; corrispondono al sesto livello del Quadro europeo delle qualifiche per l'apprendimento permanente.

La frequenza è obbligatoria (è necessaria la presenza ad almeno l'80% delle ore previste) e la formazione si conclude con **verifiche ed esami finali**, condotti da commissioni composte da rappresentanti della scuola, dell'università, della formazione professionale ed esperti del mondo del lavoro.

A conclusione dei percorsi formativi, dopo verifica e valutazione finale, si conseguono rispettivamente i titoli di **tecnico superiore di primo** o **di secondo livello**.

Infine, la nuova legge (oltre a rinominare il sistema ITS come Accademie per l'Istruzione tecnica superiore o **ITS Academy**) consentirà un più stretto raccordo tra il percorso ITS e quello accademico, con riconoscimento da parte delle università di un numero minimo di crediti formativi (rispettivamente almeno 40 per il primo livello ITS e 62 per il secondo) e la possibilità di ottenere una laurea triennale attinente con la frequenza di un anno accademico.

1.2 | Le aree degli ITS

I corsi di specializzazione tecnica ITS oggi attivati si riferiscono a **sei aree tecnologiche** – considerate prioritarie per lo sviluppo economico e la competitività del Paese – articolate su più **ambiti**:

1. **efficienza energetica** (ambiti: approvvigionamento e generazione di energia; Processo e impianti a elevata efficienza e a risparmio energetico);
2. **mobilità sostenibile** (ambiti: mobilità delle persone e delle merci; produzione e manutenzione di mezzi di trasporto e/o relative infrastrutture; gestione infomobilità e infrastrutture logistiche);
3. **nuove tecnologie della vita** (ambiti: biotecnologie industriali e ambientali; produzione di apparecchi, dispositivi diagnostici e biomedicali);
4. **nuove tecnologie per il Made in Italy** (ambiti: sistema agro-alimentare; sistema casa; sistema meccanica; sistema moda; servizi alle imprese);
5. **tecnologie innovative per i beni e le attività culturali e turismo** (ambiti: turismo e attività culturali; beni culturali e artistici);
6. **tecnologie dell'informazione e della comunicazione** (ambiti: metodi e tecnologie per lo sviluppo di sistemi software; organizzazione e fruizione dell'informazione e della conoscenza; architettura e infrastrutture per i sistemi di comunicazione).

Ogni ambito forma e diploma anche più di una figura professionale, per un totale di 29 titoli specifici (per esempio: *Tecnico superiore per la gestione e la verifica di impianti energetici, Tecnico superiore per l'infomobilità e le infrastrutture logistiche, Tecnico superiore per la produzione di apparecchi e dispositivi diagnostici, terapeutici e riabilitativi, Tecnico superiore in videomaking per cinema, TV e web* e molti altri).

La già citata legge di riforma ha tra i principali obiettivi il rinforzo e lo sviluppo di corsi e figure attinenti ad alcuni settori, tra cui:

- transizione digitale, anche ai fini dell'espansione dei servizi per l'identità digitale e l'autenticazione (per esempio SPID, CIE), per la sanità e la giustizia;
- innovazione, competitività e cultura;
- rivoluzione verde e transizione ecologica;
- infrastrutture per la mobilità sostenibile

Gli enti erogatori di corsi nel sistema ITS al momento sono **104** su tutto il territorio nazionale, per oltre 200 corsi complessivi. Un elenco completo di corsi e istituti di formazione, regione per regione, è disponibile all'indirizzo **www.sistemaits.it.**

Distribuzione degli ITS nelle Regioni

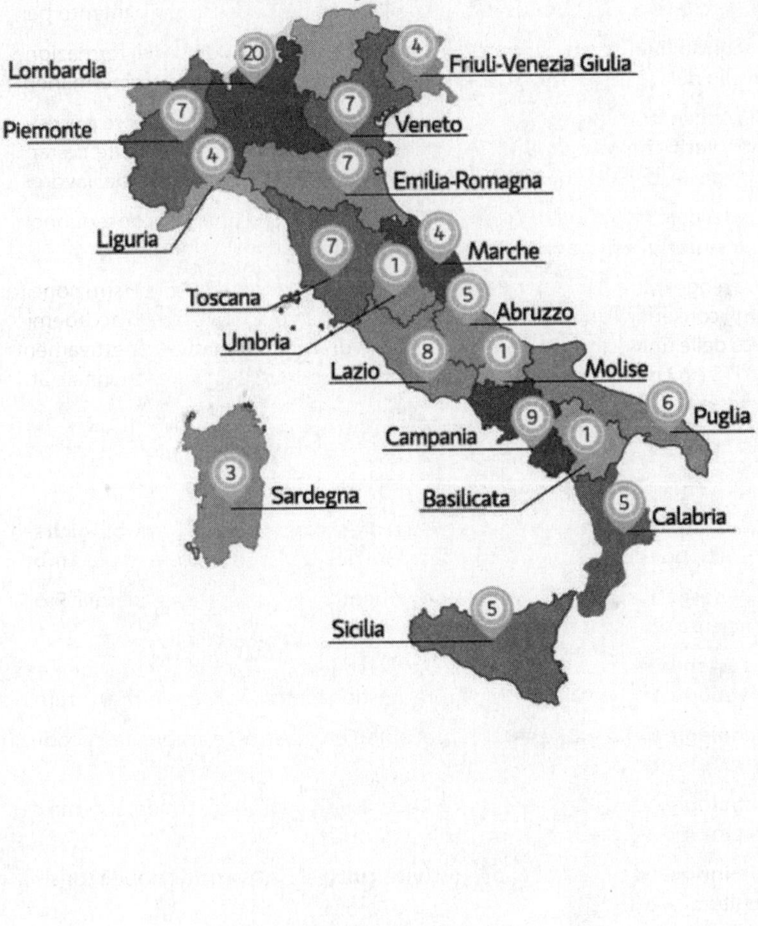

2 | L'alta formazione artistica e musicale

Il sistema formativo post-secondario italiano offre alcune interessanti opportunità in alternativa ai corsi universitari che consentono comunque di conseguire una laurea di primo o di secondo livello. In ambito artistico tali opportunità sono offerte da:

- accademie di belle arti;
- istituti superiori per le industrie artistiche;
- conservatori di musica;
- istituti musicali pareggiati;
- accademie nazionali di danza e di arte drammatica.

La legge di riforma 508/1999 (e successive modifiche), che ha determinato il passaggio di competenze al Ministero dell'Istruzione, dell'Università e della Ricerca, ha fatto degli istituti sopra citati delle istituzioni di alta cultura, preposte alla formazione avanzata di tipo universitario, alla specializzazione e alla ricerca.
La didattica è stata organizzata con la finalità di attivare corsi superiori di profilo elevato e di rilasciare titoli di studio sia equivalenti ai titoli di studio universitari (anche al fine dell'ammissione ai concorsi pubblici per l'accesso alle qualifiche funzionali del pubblico impiego) sia riconosciuti a livello europeo. A questi corsi, infatti, possono accedere solo studenti diplomati o laureati di primo livello e il diploma accademico che si consegue al termine dei due cicli previsti (in conformità con la riforma universitaria) ha un valore legale equivalente rispettivamente a una laurea triennale e a una laurea magistrale.
Oltre ai diplomi accademici di primo e secondo livello, sono stati attivati inoltre diplomi di perfezionamento o master, diplomi accademici di specializzazione e, con il completamento della riforma, anche diplomi accademici di formazione alla ricerca equiparabili agli attuali dottorati.
Un altro elemento di novità introdotto dalla nuova legge nel sistema della formazione artistica consiste nella possibilità degli istituti di dotarsi di un **ordinamento autonomo**, ivi compresi tutti i gradi di autonomia statutaria, didattica, scientifica, amministrativa, finanziaria e contabile oggi prevista per le università.
La legge, inoltre:

- ha definito nuovi organi di rappresentanza nazionale per elaborare i nuovi corsi e programmi;
- sostiene l'apertura di convenzioni con scuole medie inferiori e superiori per migliorare l'organizzazione dei gradi preparatori della formazione artistica;
- sostiene l'apertura di convenzioni, soprattutto con università e teatri, per potenziare l'azione culturale e artistica.

In particolare, gli studi artistici vengono coinvolti anche dalla riforma dei cicli scolastici: nell'ultimo decennio sono nati i licei musicali e coreutici, che hanno come sbocco naturale il conservatorio e l'accademia di danza, come già avviene per i licei artistici che oggi danno accesso diretto all'accademia di belle arti.
Nelle pagine seguenti si riporta una breve introduzione agli istituti che, insieme ai Conservatori di musica, agli Istituti musicali pareggiati e alle Accademie di Belle Arti, offrono corsi di alta formazione artistica e musicale.

2.1 | Istituti superiori per le industrie artistiche (ISIA)

Durante gli anni Sessanta il disegno e la progettazione grafica assunsero un ruolo determinante nell'economia italiana. Per rispondere alla crescente domanda di formazione nel settore, il Ministero della Pubblica Istruzione istituì dei corsi di Disegno industriale. Attualmente gli ISIA sono riconosciuti come Istituti statali sperimentali di livello accademico e rientrano a pieno titolo nell'AFAM. Così, i corsi tradizionali quadriennali, dopo la riforma l'ordinamento, sono stati equiparati al doppio livello "3+2" e sono stati introdotti corsi di perfezionamento e master di I e di II livello.
Gli ISIA si caratterizzano per un continuo confronto con la realtà produttiva e per la ricerca di un rapporto stretto tra scuola e mondo della produzione, promuovono dibattiti, seminari e convegni, organizzano e partecipano a mostre di rilevanza internazionale, sollecitando gli studenti a un'attenta analisi del reale.
Gli ISIA attualmente operativi in Italia sono quattro e hanno sede a Faenza, Firenze, Roma e Urbino (isia.it).

2.1.1 | Modalità d'accesso

I corsi promossi dagli ISIA sono a numero chiuso: non sono ammessi più di 25-30 studenti l'anno. Possono accedere all'esame di ammissione cittadini italiani in possesso di un diploma di maturità quinquennale o cittadini comunitari in possesso di un titolo equivalente.

Gli studenti non appartenenti all'Unione europea devono presentare la domanda presso le Ambasciate o i Consolati italiani del proprio Paese d'origine, i quali trasmetteranno la documentazione richiesta in originale, con allegata la traduzione legalizzata, e provvederanno a rilasciare attestazioni di equipollenza del titolo di studio presentato.

La domanda di ammissione dev'essere presentata generalmente tra gli inizi di agosto e quelli di settembre direttamente alla segreteria di Istituto o inviata a mezzo posta. Una volta consegnata o inviata la domanda, il candidato deve provvedere a tenersi informato sulla data di svolgimento dell'esame d'ammissione. Questa è decisa annualmente dal Comitato Scientifico Didattico del singolo Istituto e comunicata mediante affissione all'albo. La data stabilita è vincolante per l'ammissione, poiché non sono previste prove di recupero per eventuali assenti.

Esami di ammissione

L'esame di ammissione verte generalmente su argomenti di carattere generale, storico, tecnico-pratico attinenti il settore del design; l'articolazione della prova è stabilita da organi preposti interni ai singoli istituti e presenta perciò specificità differenti da sede a sede.

Alcuni istituti utilizzano test a risposta multipla o si affidano a una semplice valutazione di un portofolio, seguita magari da un colloquio; in altri casi invece la selezione si articola in più sessioni e dunque può svilupparsi in più giornate.

Per frequentare i corsi di II livello è necessaria la Laurea o un Diploma affine di I livello (compreso un Diploma quadriennale acquisito presso un ISIA con il vecchio ordinamento). In alcuni casi il candidato può essere convocato per un colloquio (in lingua italiana anche per gli studenti stranieri) con presentazione del curriculum degli studi e del portfolio personale.

È previsto infine il riconoscimento di crediti a studenti che hanno frequentato corsi presso altre Università e accademie.

Iscrizione

I candidati ammessi all'iscrizione al primo anno di corso devono presentare, solitamente entro fine ottobre, una domanda di iscrizione formale in carta legale con i seguenti documenti:

- copia del titolo di studio con dichiarazione dello studente che si tratta di documento conforme all'originale;
- fotocopia della carta d'identità;
- fotocopia del tesserino del codice fiscale (solo per i Paesi dove è in uso);
- tre foto formato tessera (una da incollare al modulo di domanda);
- le ricevute del pagamento delle tasse governative di immatricolazione e di frequenza;
- le ricevute del versamento della quota assicurativa annuale e del contributo al sostegno finanziario dell'Istituzione.

Tasse e agevolazioni

Le tasse di iscrizione e di frequenza sono determinate di anno in anno dalla legge finanziaria. Il costo complessivo è ottenuto sommando tasse regionali, un importo variabile a seconda del reddito della famiglia dello studente, una tassa di iscrizione e di frequenza più alcuni contributi vari.

Dal 1998 sono state estese agli studenti degli ISIA le agevolazioni riservate per gli studenti universitari dall'Ente per il diritto allo studio universitario (mensa, borse di studio, alloggi ecc.). Tutti coloro che intendono concorrere alle agevolazioni devono presentare domanda presso l'azienda per il diritto allo studio, generalmente entro la metà di settembre. È necessario che gli studenti che si iscrivono alle prove di ammissione inoltrino tale domanda ancor prima di avere l'esito della prova. Il bando di concorso e gli allegati per presentare le domande sono disponibili presso l'azienda per il diritto allo studio oppure scaricabili via web dal sito della stessa azienda.

Tabella 1: Esempio di modulo di iscrizione all'esame di ammissione

DOMANDA DI ISCRIZIONE ALL'ESAME DI AMMISSIONE

Al Sig. Direttore coordinatore

I.S.I.A. - Istituto Superiore per le Industrie Artistiche

__l__ sottoscritt____

nat__ a __________________________ (____) il ____/____/19____

e residente in __________________________ (____) c.a.p. ________

via __________________________, N. ______ - telef. ____ / ________

attualmente domiciliato in __________________________ (____) c.a.p. ________

via __________________________, N. ______ - telef. ______ / ______

in possesso del Diploma di Maturità (*)__________________________

conseguito in data ____/____/______ presso __________________________

con la votazione di ________ / sessantesimi/centesimi

chiede di partecipare all'esame di ammissione al 1. anno di corso di codesto Istituto per l'A.A. 2017/2018.

Allo scopo allega i seguenti documenti:

Copia del Certificato di superamento dell'esame di Stato in carta semplice

Ricevuta di versamento della tassa governativa prevista per l'esame di ammissione, fissata in 50.00 euro.

__________ __________________ ______________________

(luogo) (data) (firma)

CON LA PRESENTE IL RICHIEDENTE CONFERMA DI AVER PRESO VISIONE DEL FOGLIO INFORMATIVO E DICHIARA DI AVER PRESO ATTO DELLA CONVOCAZIONE ALLA PROVA D'ESAME PER LE ORE... DEL GIORNO... PRESSO CODESTO ISTITUTO.

Il sottoscritto, infine, esprime il proprio consenso affinché i dati personali forniti possano essere trattati, nel rispetto della L. 196/2003, solo per fini istituzionali e per l'espletamento della procedura concorsuale di cui alla presente domanda.

__________ __________________ ______________________

(luogo) (data) (firma)

2.1.2 | Didattica

L'anno accademico inizia in novembre e termina in ottobre. La **frequenza** ai corsi è **obbligatoria** ed è condizionante per l'accesso agli esami annuali di profitto. Il limite minimo di ore di frequenza è stabilito annualmente dal Consiglio Accademico. Gli studenti che abbiano frequentato un numero di lezioni al di sotto di tale limite per le singole materie non possono sostenere i relativi esami e passare agli anni successivi. L'articolazione didattica delle lezioni è di tipo universitario: sono previste lezioni tradizionali, corsi monografici, seminari, cicli periodici di conferenze, attività integrative, tirocini e viaggi di istruzione. L'attività di laboratorio, con l'assistenza dei docenti, costituisce una parte essenziale della preparazione degli studenti. Al termine dei corsi si svolgono esami e colloqui (il numero degli esami si aggira in genere intorno ai 30, ma può variare da sede a sede).

Esame conclusivo

Nel corso triennale la tesi è un breve lavoro che raccoglie ed espone con scritti e immagini il risultato di uno dei corsi fra quelli appartenenti alle discipline della progettazione. Per quanto riguarda i Diplomi di II livello, è necessaria la realizzazione di un progetto-ricerca o di uno studio presentato sotto forma di relazione scritta individuale (tesi), che metta in evidenza le competenze professionali maturate dallo studente. La scelta del tema di ricerca e il suo svolgimento devono avvenire con l'assistenza di un tutor scelto tra i docenti (relatore), che può essere coadiuvato da uno o più co-relatori. Per la realizzazione del lavoro di tesi si possono rendere necessari una fase di collaborazione o un periodo di stage presso un'azienda. In tal caso, oltre che dal relatore interno, lo studente può essere seguito da un supervisore presso la struttura esterna che offre il supporto. Lo studente può inoltre entrare a far parte di uno dei gruppi di ricerca che operano presso la Scuola. Per essere ammesso alla prova finale lo studente deve sottoporsi a periodiche verifiche del percorso in fase di svolgimento di fronte a una commissione appositamente costituita. Per i diplomi di entrambi i livelli la votazione conclusiva integra le risultanze del percorso di studio con il giudizio sul lavoro di tesi. La prova finale si intende superata con una valutazione minima di 66/110. In caso di votazione massima di 110/110 la Commissione esaminatrice può concedere, per meriti particolari, la menzione "Cum Laude".

2.1.3 | Gli istituti

Faenza

	ISIA di Faenza
Sede	Corso Mazzini 93, 48018 Faenza (RA)
Telefono e fax	tel.: 0546 22293, fax: 0546 665136
Sito internet	isiafaenza.it
Indirizzo e-mail	info@isiafaenza.it
Docenti	Personale docente: 34 di cui a contratto 91,2%
Corsi nuovo ordinamento (3+2)	Diploma di I livello in Disegno industriale e progettazione con materiali ceramici e avanzati Diploma di II livello in Design del prodotto e progettazione con materiali avanzati
Studenti iscritti[a]	97 (di cui 31 iscritti al primo anno)
Studenti diplomati	42

a. i dati sugli studenti iscritti e diplomati riportati qui e in tutte le tabelle del capitolo sono relativi all'anno accademico 2017-2018 e sono tratti dal sito internet del ministero dell'istruzione - Ufficio Statistiche (http://ustat.miur.it/dati/didattica/italia/afam).

Si tratta di un Istituto statale, di livello universitario, per la formazione specifica nel campo del design. L'ISIA di Faenza, come gli altri tre Istituti esistenti in Italia, è finalizzato alla formazione di progettisti e pertanto le discipline fondamentali sono quelle riferite all'area del progetto, che trovano a Faenza un riferimento particolarmente qualificato nella ricerca tecnologica avanzata intorno all'ambito produttivo ceramico. In aggiunta, la scuola ha allargato da tempo la sua sfera d'azione a tutta la complessa area dell'*Industrial Design* e della Comunicazione. L'ISIA di Faenza ha tenuto collaborazioni con le ditte Tognana, Richard Ginori, Gamma due, Alessi, Metalplast, FIAT, Lamborghini, Iacuzzi, Cefla, iGuzzini e con enti quali il Comune di Faenza, l'ASL di Ravenna e lo IOR - Istituto Oncologico Romagnolo. Sono attivi scambi Erasmus che consentono allo studente di svolgere un periodo di studi di durata compresa tra 3 e 9 mesi presso alcuni Paesi europei per la formazione nel campo del design:

- Academy of Art and Design -Wroclaw (PL);
- École Nationale Superieure d'Arts – Nancy (F);
- Escuela Superior de Diseno (ESDIR) - La Rioja (E);
- Savonia University of Applies Sciences - Kuopio (FIN)
- University of Technology and Economics - Budapest (HU);

Firenze

L'ISIA di Firenze si occupa di design nel termine più ampio del termine, da quello di prodotto a quello della comunicazione. È stato fondato nel settembre 1975 dall'allora Ministero della Pubblica Istruzione, che volle dare seguito a livello didattico alla ricca e fruttuosa esperienza dei primi corsi di disegno industriale. L'ISIA è una scuola moderna, tesa all'innovazione e la cui qualità è stata confermata negli anni dai numerosissimi riconoscimenti, soprattutto internazionali.

	ISIA di Firenze
Sede	Via Pisana 79, 50143 Firenze
Telefono e fax	tel.: 055 700301
Sito internet	isiadesign.fi.it
Indirizzo e-mail	info@isiadesign.fi.it
Docenti	Personale docente 54 di cui a contratto 96,3%
Corsi nuovo ordinamento (3+2)	Diplomi di I livello in Disegno industriale Diplomi di II livello in Design del prodotto e in Design della comunicazione
Studenti iscritti	174 (di cui 68 iscritti al primo anno)
Studenti diplomati	71

L'insegnamento è basato su metodi sperimentali, fortemente improntati all'esperienza pratica di laboratorio. Vi si accede solo dopo avere superato un esame di ammissione e sono disponibili da 25 a 30 posti all'anno. La frequenza è obbligatoria. Gli insegnanti sono in massima parte noti professionisti del settore e importanti personalità del mondo della cultura tengono conferenze e seminari a ogni anno accademico.

Negli ultimi anni l'ISIA di Firenze ha orientato la propria attività di ricerca e di design, ancor più che in passato, verso un modello di sviluppo capace di coniugare crescita economica e condizioni di equilibrio sociale e ambientale. Anche con l'obiettivo di sperimentare un diverso modello didattico, è stato istituito all'interno dei corsi un *atelier* di progettazione con il compito di orientare le ricerche più innovative verso ambiti di particolare rilevanza sociale. Tra queste attività si segnalano: il lavoro svolto dall'*atelier* di progettazione a favore di un mercato equo e solidale e la collaborazione coordinata da Gilberto Corretti con la Fondazione Mayer finalizzata alla progettazione di spazi, strutture e giochi per la degenza ospedaliera infantile. L'impegno verso problematiche di carattere sociale non ha fatto comunque venir meno le numerose collaborazioni tra l'Istituto e le imprese operanti in diversi ambiti merceologici, collaborazioni che rappresentano un carattere identitario dell'ISIA di Firenze.

Anche l'ISIA di Firenze ha all'attivo importanti collaborazioni con istituzioni estere, fra cui si segnalano:

- École des Beaux-Arts de Saint - Étienne (F);
- Hochschule der Bildenden Künste Saar - Saarbrücken (D);
- Bauhaus-Universität - Weimar (D);
- Escola Superior de Disseny (ESDI) - Barcellona (E).

Roma

Forte di una attività trentennale strutturalmente fondata sulla ricerca e la sperimentazione, l'ISIA di Roma può contare oggi su un patrimonio culturale e una esperienza scientifica e didattica pressoché unici in Italia, in grado di fornire allo studente i mezzi adeguati per individuare gli attuali profondi cambiamenti socioeconomici e tecnologici e tradurli in atti di creazione, qualificando il designer sia come portatore di rinnovata cultura materiale, sia come interprete della crescente immaterialità della nostra epoca.

	ISIA di Roma
Sede	Piazza della Maddalena 53, 00186 Roma
Telefono e fax	tel.: 06 6796195, fax: 06 69789623
Sito internet	isiaroma.it
Indirizzo e-mail	isiaroma@isiaroma.it
Docenti	Personale docente 51 di cui a contratto 96,1%
Corsi nuovo ordinamento (3+2)	Diploma di I livello in Disegno industriale (Roma e Pescara) Diploma di II livello in Design dei sistemi (Roma e Pordenone)
Studenti iscritti	335 (di cui 123 iscritti al primo anno)
Studenti diplomati	79

L'ammissione degli studenti è programmata su piccoli numeri per garantire l'efficienza dell'insegnamento ed elevare il rendimento. La didattica, che presuppone una prova in ingresso e il numero programmato, si realizza nell'*atelier*, luogo fisico di sperimentazione e centro dell'attività interdisciplinare e del confronto fra studenti e docenti.

I contenuti dei corsi affrontano sia le tematiche morfologiche, orientate ai principi e alla coerenza delle strutture formali, sia le componenti basiche del progetto, quali la funzione e la tecnologia, per addentrarsi poi negli aspetti semantici ed estetico-rituali del prodotto industriale. L'attività didattica verte sulla costante relazione fra individuazione degli obiettivi, definizione del metodo ed espressione creativa.

La particolare flessibilità del piano degli studi prevede l'intervento di professionisti e personalità del mondo dell'arte, della cultura e dell'impresa, nonché la promozione di iniziative rivolte alla committenza pubblica e privata.

Dal 1973 l'ISIA di Roma organizza e partecipa a mostre e convegni ed è stata invitata a rappresentare il design italiano in prestigiosi concorsi internazionali come, per esempio, "Office of the Future" a Parigi (1982, First prize), "World Design Student Competition" ad Anversa, New York, Pittsfield (1989, Second prize), "Norsk Form" a Oslo ("50 anni di design italiano", 2001). Inoltre, partecipa attivamente alla mobilità studentesca del programma comunitario Socrates-Erasmus.

L'ISIA di Roma è stato insignito di numerosi premi e riconoscimenti, fra i quali, unica istituzione europea, due Compassi d'Oro ADI (1979, 1987), sei Premi Progetto Giovane ADI (1995, 1998), un Primo premio Macef Design (2002), due Targhe d'Oro ADI Progetto Giovane (2001, 2004) e, infine, due Premi Nazionali per il Design del MIUR (2003, 2004).

Urbino

Il corso di design dell'Istituto Superiore per le Industrie Artistiche di Urbino è nato come corso superiore triennale di Arte Grafica per volere della Scuola del Libro di Urbino ed è divenuto quadriennale nel 1974. L'ISIA di Urbino, unica istituzione di Stato per la progettazione grafica ed editoriale, ha assunto negli anni un ruolo privilegiato e ha strutturato i corsi sul modello universitario; la frequenza ai corsi è obbligatoria e l'orario didattico consta di circa trenta ore di lezioni settimanali; i laboratori sono "aperti" e a completa disposizione degli studenti.

	ISIA di Urbino
Sede	Via Santa Chiara 36, 61029 Urbino
Telefono e fax	tel.: 0722 320195, fax: 0722 4336
Sito internet	isiaurbino.net

Indirizzo e-mail	info@isiaurbino.net
Docenti	Personale docente 73 di cui a contratto 97,3%
Corsi nuovo ordinamento (3+2)	Diploma di I livello in Progettazione grafica e comunicazione visiva Diploma di II livello in Comunicazione, design ed editoria, in Fotografia dei Beni culturali e in Grafica delle Immagini e Illustrazione
Studenti iscritti	222 (di cui 86 iscritti al primo anno)
Studenti diplomati	95

La struttura didattica fondamentale è sostenuta in maniera determinante da attività integrative speciali, di notevole impegno didattico e scientifico, che consistono in conferenze, seminari, sperimentazioni e che conferiscono al piano di studi una dinamica fondamentale e particolarmente innovativa. Tali corsi sono stati sempre affidati a personalità autorevoli e qualificate, professionisti e studiosi di fama internazionale che hanno contribuito alla definizione della figura professionale del progettista grafico, togliendolo sia dal limbo della tipografia che dal paradiso dell'arte.

L'Istituto mantiene, tramite il programma Socrates-Erasmus, intensi rapporti con istituti universitari europei, consentendo agli studenti e ai docenti di confrontarsi con culture e metodologie didattico- progettuali diverse.

2.2 | Accademia nazionale di danza

Accademia Nazionale di Danza

Indirizzo	Largo Arrigo VII 5, 00154 Roma
Telefono e fax	tel.: 06 5717621, fax: 06 5780994
Sito internet	accademianazionaledanza.it
Indirizzo e-mail	info@accademianazionaledanza.it
Docenti	Personale docente di ruolo: 72; personale docente a contratto e a tempo determinato: 35
Corsi nuovo ordinamento (3+2)	Diploma di I livello in: Triennio classico; Triennio contemporaneo; Triennio tecnico compositivo Diploma di II livello per l'insegnamento delle Discipline coreutiche (indirizzi di Danza Classica, Danza Contemporanea e Composizione)
Studenti iscritti	309 (di cui 116 iscritti al primo anno)
Studenti diplomati	103

L'Accademia nazionale di danza fu fondata nel 1940 come Regia Scuola di Danza sotto la direzione dell'artista russa Jia Ruskaja – nome d'arte di Eugenia Borissenko – e nel 1947 diventò Accademia e acquisì autonomia didattica e amministrativa.

Il corso di studi durava otto anni e si concludeva con un triennio di perfezionamento con tre indirizzi: insegnante, coreografo e solista. Nei primi tre anni la formazione si basava sostanzialmente su due discipline, la tecnica accademica e "l'orchestica", mentre dal quarto anno in poi si allargava al piano teorico con lo studio del solfeggio, della storia della musica, della storia dell'arte, della storia della danza, e infine della teoria della danza. Quest'ultima era una materia istituita dalla Ruskaja che comprendeva un sistema di analisi e di notazione del movimento ispirato a modelli centroeuropei.

Ai corsi professionali erano affiancati corsi di preparazione, riservati alla fascia di età compresa tra i sei e i dieci anni e corsi a indirizzo amatoriale, i cosiddetti corsi liberi. La Ruskaja sosteneva infatti che

lo studio della danza fosse una forma di educazione psico-fisica e culturale e che l'Accademia dovesse impegnarsi alla sua diffusione non solo a livello professionale.
Nel 1970 divenne Direttrice Giuliana Penzi. Sotto la sua direzione fu aperta l'iscrizione a tutti i corsi anche agli allievi maschi, furono riorganizzati i corsi, introdotte nuove discipline e ampliato il corpo docente, fu creato il Liceo sperimentale di coreutica e gli edifici dell'Accademia restaurati.
Alla fine degli anni '80 succedette alla direzione dell'Accademia Lia Calizza e nel 1996 la guida dell'istituzione passò a Margherita Parrilla, prima ballerina del Teatro dell'Opera di Roma, che si impegnò per la riapertura del Teatro all'aperto della scuola.

2.2.1 | Didattica

L'Accademia nazionale di danza, con la legge di riforma dell'AFAM, è entrata a pieno diritto nell'ambito dell'alta cultura di livello universitario.
Nell'ambito delle attività formative proposte, sono stati organizzati due percorsi diversificati: l'uno riferito all'insegnamento della danza classica, l'altro della danza contemporanea.
Qui di seguito si riportano i requisiti di accesso e gli obblighi di frequenza previsti dal Biennio e gli obiettivi formativi e gli sbocchi professionali di ciascuno dei tre indirizzi in cui si articola: Danza Classica, Danza Contemporanea e Composizione.

Norme generali per l'accesso al biennio specialistico

Hanno accesso al biennio specialistico per l'insegnamento delle discipline coreutiche i:

- Diplomati del corso di Perfezionamento insegnanti e solisti (accesso diretto al secondo anno dell'indirizzo danza classica);
- Diplomati del corso di Perfezionamento coreografi (accesso diretto al secondo anno dell'indirizzo danza contemporanea);
- Diplomati del corso di Avviamento coreutico e del corso di Didattica della danza a indirizzo pedagogico-educativo (accesso diretto al primo anno).

Per accedere al biennio in coreografia occorre avere conseguito:

- il Diploma di perfezionamento coreografi (accesso diretto al II anno);
- oppure un Diploma di perfezionamento di altro ramo, diploma VIII e avviamento, previa verifica e visione del *curriculum*.

Obblighi di frequenza

La frequenza è obbligatoria nella misura del 70% del monte ore complessivo della didattica frontale.

2.2.2 | Biennio specialistico - indirizzo Danza Classica

Obiettivi formativi

Relativamente all'indirizzo della danza classica il percorso di studio privilegia l'acquisizione dei seguenti obiettivi formativi:

- la conoscenza della tecnica della danza classica nello sviluppo metodologico dal I all'VIII corso della Scuola "Vaganova";
- la conoscenza del repertorio della danza classica nei suoi aspetti pratici, teorici e analitici;
- l'applicazione della tecnica della danza classica nei suoi aspetti metodologici riferiti all'arte coreutica.attraverso l'utilizzo di una pedagogia mirata;
- la capacità di progettare un corso di danza nella scuola pubblica e privata.

Sbocchi professionali

Il biennio specialistico per l'insegnamento delle discipline coreutiche indirizzo danza classica offre allo studente le competenze necessarie per intraprendere l'attività come docente di danza classica, danza storica-carattere, repertorio classico e fisiotecnica della danza nella scuola pubblica e privata di ogni ordine e grado, nelle accademie di danza, nelle scuole teatrali e nei più diversi contesti culturali e sociali.

2.2.3 | Biennio specialistico - indirizzo Danza Contemporanea

Obiettivi formativi

Relativamente all'indirizzo della danza contemporanea il percorso di studio privilegia l'acquisizione dei seguenti obiettivi formativi:

- la conoscenza della tecnica della danza contemporanea nello sviluppo metodologico delle tecniche di base che comprendono i metodi sviluppati dagli inizi del Novecento negli Stati Uniti d'America a partire dalla tecnica di Martha Graham e nel centro Europa con i concetti di movimento di Rudolf Laban;
- la conoscenza dello sviluppo della tecnica della danza contemporanea dagli anni '60 a oggi partendo dal Post Modern per arrivare alle tecniche innovative sviluppate dal 2000;
- la conoscenza del repertorio della danza contemporanea sviluppato sia in America che in Europa;
- la capacità di progettare un corso di danza nella scuola pubblica e privata.

Sbocchi professionali

Il biennio specialistico per l'insegnamento delle discipline coreutiche indirizzo danza contemporanea offre allo studente le competenze necessarie per intraprendere l'attività come docente di danza contemporanea e repertorio contemporaneo nella scuola pubblica e privata di ogni ordine e grado, nelle accademie di danza, nelle scuole teatrali e nei più diversi contesti culturali e sociali.

2.2.4 | Biennio specialistico - indirizzo Composizione

Il biennio specialistico in coreografia, è il primo corso organico a livello nazionale di formazione specifica in un settore contraddistinto da richieste sempre più numerose. Il biennio in coreografia oltre a creare competenze professionali indirizzate nella pratica scenica offre notevole attività formative caratterizzate da materie pratiche-teoriche.

Obiettivi formativi

Il corso si propone di preparare professionisti che possiedano conoscenze:

- dell'arte coreutica nell'ambito della creazione e della composizione della danza;
- in ambito musicale, applicate alla danza in tutti gli aspetti della composizione e della tecnica della danza del Novecento;
- di nuove tecnologie;
- del repertorio della danza contemporanea del Novecento (America, Europa, Oriente);
- dell'apparato teatrale: costumi, illuminotecnica e scenografia.

Sbocchi occupazionali

Il biennio specialistico in coreografia ha come traguardo quello di formare coreografi che possano lavorare presso teatri, compagnie private o ancora all'interno degli enti lirici in Italia o all'estero. Con le conoscenze delle nuove tecnologie il biennio forma anche coreografi per intraprendere una carriera nel mondo del lavoro televisivo e multimediale.

2.3 | Accademia nazionale d'arte drammatica Silvio D'Amico

L'Accademia nazionale d'arte drammatica è stata fondata nell'anno 1936 dal più grande teorico teatrale italiano, il critico e scrittore Silvio D'Amico, amico di Pirandello e Copeau, e a lui è stata intitolata dopo la sua morte.

Fa parte dell'Alta Formazione Artistica e Musicale, di livello universitario, come unico Istituto del settore per la formazione di Attori e Registi di teatro. È finanziata congiuntamente dal MIUR e dal Ministero per i Beni e le Attività Culturali.

La sua attività formativa e culturale è stata ed è centrale in Italia sia per la trasmissione del patrimonio teatrale tradizionale che per il suo rinnovamento attraverso la sperimentazione e la ricerca.

Sono patrimonio storico dell'Accademia i metodi di indagine critica, di ricerca e di pedagogia dell'attore e del regista di Silvio D'Amico, di Orazio Costa e di Marisa Fabbri, il cui magistero continua attraverso successori formati alla loro scuola.

Accademia Nazionale d'Arte Drammatica "Silvio D'Amico"

Indirizzo	Via Vincenzo Bellini 16, 00198 Roma
Telefono e fax	tel.: 06 8543680, fax: 06 8542505
Sito internet	accademiasilviodamico.it
Indirizzo e-mail	didattica@accademiasilviodamico.it
Docenti	51
Corsi nuovo ordinamento	Diploma di I livello in Recitazione, Diploma di I livello in Regia
Studenti iscritti	131 (di cui 26 iscritti al primo anno)
Studenti diplomati	74

L'Accademia, sin dalla fondazione, pratica l'ammissione programmata degli allievi, con riferimento alle sue capacità strutturali e all'assorbimento professionale, secondo i principi dell'eccellenza.

L'Accademia si confronta costantemente con il mondo del teatro e della cultura attraverso l'attività di spettacolo e attraverso attività di studio, di ricerca, di formazione e di promozione culturale in Italia e all'estero.

Una ricca e costante politica internazionale permette lo scambio di esperienze, progetti, docenti e allievi attraverso protocolli bilaterali sostenuti dal Ministero degli Affari Esteri. Particolarmente importanti quelli tra le maggiori scuole dell'Unione europea e quelle del Nord, Centro e Sud America. Nel 2003, inoltre, è stato sottoscritto un protocollo di collaborazione con la Scuola Nazionale Indiana.

2.3.1 | Ammissione e frequenza

L'ammissione in Accademia è regolata da un pubblico bando di concorso, pubblicato ogni anno dal Ministero della Pubblica Istruzione. I candidati sono selezionati in fasi successive con il criterio dell'eccellenza. Al concorso possono partecipare anche cittadini stranieri, con l'unica condizione della conoscenza della lingua italiana. Condizione per l'ammissibilità è il possesso del titolo di studio di scuola media superiore o analogo straniero e un perfetto (e documentato) stato di salute fisico/psichico. Sezioni particolari di concorso riguardano i "Liberi allievi stranieri", gli "Osservatori" e gli "Uditori".

La frequenza è obbligatoria. Ogni allievo deve considerarsi, nell'arco del corso degli studi in Accademia, a disposizione per tutte le attività, ordinarie e straordinarie, sia didattiche sia di spettacolo e di sperimentazione. Dieci assenze ingiustificate nel corso di un anno accademico comportano l'esclusione definitiva dalla scuola.

Al momento attuale, l'Accademia eroga borse di studio per le attività di perfezionamento (IV anno) e rientra, con le Accademie, i Conservatori e le Università, nelle provvidenze relative al diritto di studio universitario.

L'iscrizione comporta il pagamento di una tassa annua per l'iscrizione e di una tassa di frequenza di 72,67 euro, di 6,71 euro per assicurazioni e infortuni, di 106,84 euro per usufruire dei servizi dell'A.DI.S.U, più al primo anno la tassa di immatricolazione di 30,26 euro.

2.3.2 | I corsi e le attività didattiche

La sua struttura attuale, che sarà sottoposta a riforma attraverso i dispositivi previsti dalla legge 508/99, prevede due corsi: il corso di **Recitazione** e il corso di **Regia**, con un primo anno e alcune materie curricolari comuni, regolati attraverso una serie di insegnamenti, di laboratori finalizzati, di progetti didattico/artistici e di produzioni.

Il suo ambito specifico d'intervento è quello del Teatro drammatico, o "teatro di prosa", come è chiamato in Italia, nella linea concettuale del Teatro d'Arte, inteso come Teatro di Regia, fondato sul primato della Drammaturgia, con particolare attenzione al patrimonio drammaturgico nazionale e alla Lingua italiana, definizioni queste che vanno comunque interpretate nella loro accezione più ampia e moderna.

I corsi dell'Accademia hanno una durata di 3 anni più 1 anno di perfezionamento (per l'anno scolastico 2017-2018 sono attivi i master in Critica giornalistica, in Drammaturgia e sceneggiatura e in Regia d'opera).

Alla fine del terzo anno si consegue un Diploma, che ha valore giuridico pari alla laurea universitaria, anche per i pubblici concorsi.

L'anno accademico inizia nel mese di novembre e si conclude nel mese di giugno. Dal mese di luglio a ottobre si realizzano una serie di attività speciali.

Lezioni, esercitazioni e prove di palcoscenico occupano tutta la giornata dalle ore 9.00 alle ore 19.00, sei giorni la settimana.

La programmazione didattica prevede attività speciali, alcune delle quali hanno trovato negli anni una loro sistematica continuità. Di seguito se ne riporta una descrizione sintetica.

Prima del Teatro/Scuola europea per l'arte dell'attore

È il summer college teatrale più famoso d'Europa. Realizzato dal 1983 in collaborazione con la Fondazione Teatro di Pisa a S. Miniato al Tedesco nei mesi di Giugno e Luglio di ogni anno, vede lavorare in gruppi multinazionali gli studenti e gli insegnanti delle più importanti scuole europee, impegnati in 8-10 laboratori di quindici giorni ciascuno. Si lavora sulla drammaturgia, sulla recitazione e sulla multimedialità. Molti gli ospiti e gli osservatori da ogni parte del mondo. Sono collaboratori stabili:

- Guildhall School of music and Drama (London, GB);
- Hochschule der Kunste (Berlin, RFT);
- Scuola di Stato di Mosca (ex-GITIS, Mosca, Russia);
- Istitut del Teatre (Barcelona, E);
- ENSATT (Lion, F);
- Accademia del Filodrammatici (Milano).

3 | Studiare nelle Forze Armate

Le Forze Armate propriamente dette sono l'Esercito, l'Aeronautica, la Marina e i Carabinieri. A esse si accostano il Corpo della Guardia di Finanza e il Corpo delle Capitanerie di Porto, organismi particolari che sono comunque parte integrante delle Forze Militari italiane di difesa. Il Corpo Forestale dello Stato è oggi ricompreso nell'Arma dei Carabinieri. A partire dall'anno 2000 l'accesso alle Forze Armate non è più limitato ai soli candidati di sesso maschile (legge 20 ottobre 1999, n. 380 che ha introdotto il reclutamento su base volontaria di personale femminile).

L'iter selettivo e formativo di chi intende accedere alle Forze Armate e ai Corpi in un certo modo ad esse assimilabili è molto rigoroso, dovendo sottostare il candidato, qualunque sia il tipo di carriera ambita, a complessi esami di ammissione, integrati da visite mediche e da prove fisiche.

Resta e – grazie all'abolizione della leva disposta dalla legge 23 agosto 2004, n. 226 – si amplia la possibilità di entrare nelle Forze Armate come militari di truppa. Questa è però una scelta che appare più consona a chi sia in possesso del solo titolo di scuola dell'obbligo, mentre per il neodiplomato che intenda mettere a frutto il proprio titolo di studio nelle Forze Armate vi sono due possibilità più qualificate: i concorsi per Allievi Marescialli e i concorsi per un'Accademia delle Forze Armate.

3.1 | Concorso per allievi Marescialli

Esercito, Aeronautica, Marina, Carabinieri, Guardia di Finanza e Corpo delle Capitanerie reclutano una parte consistente dei propri Marescialli direttamente tra i giovani civili (diplomati), anche se nulla vieta che al concorso possa partecipare chi è già inquadrato in una Forza Armata. I candidati sono selezionati tramite una **prova preselettiva a test**, che verte su argomenti di cultura generale, matematica, ragionamento logico-deduttivo e spaziale (logica), conoscenze ortogrammaticali e sintattiche, a cui segue una serie di **accertamenti psicologici e sanitari** diretti a verificare l'idoneità del candidato alla vita militare.

La fase finale della selezione consiste in un ulteriore **accertamento delle qualità culturali e intellettive** che si svolge tramite un esame. Anche questo secondo esame è sovente costituito da batterie di test (di logica, cultura generale, grammatica, educazione civica, storia, geografia, attualità), oppure da una prova scritta di lingua italiana (tema).

I vincitori del concorso sono avviati alle Scuole Sottufficiali delle singole Forze Armate, dove frequentano un **corso di formazione e specializzazione** biennale, diretto a impartire agli allievi nozioni etico-militari e istruzioni tecnico-professionali relative alle categorie e alle specialità di assegnazione. Nella maggior parte dei casi, seguirà un ulteriore corso annuale di specializzazione. Al termine del corso, se hanno superato gli esami intermedi e quelli finali, gli allievi conseguono il grado di Maresciallo e un diploma rilasciato dalla Scuola che hanno frequentato.

È interessante notare che le Forze Armate hanno stipulato convenzioni con alcune Università, cosicché gli allievi, oltre a frequentare la Scuola sottufficiali dell'Arma, devono frequentare anche un corso di laurea (cosiddetta "laurea breve") e, al termine, ottengono un diploma universitario valido a tutti gli effetti. Pertanto:

- i giovani che si iscrivono alla Scuola Sottufficiali dell'Esercito frequentano il corso di laurea di primo livello in Scienze politiche e relazioni e internazionali dell'Università della Tuscia di Viterbo o Infermieristica dell'Università della Tuscia di Viterbo;
- i giovani che si iscrivono alla Scuola Sottufficiali della Marina frequentano il corso di laurea di primo livello in Scienze organizzative e gestione delle attività marittime, oppure Informatica e Comunicazione Digitale o ancora in Scienze infermieristiche dell'Università di Bari;
- i giovani che si iscrivono alla Scuola Sottufficiali dell'Aeronautica frequentano il corso di laurea di primo livello in Scienze politiche e relazioni internazionali dell'Università della Tuscia di Viterbo

oppure in Scienze infermieristiche o Tecniche di laboratorio biomedico dell'Università La Sapienza di Roma con sede a Viterbo;

- i giovani che si iscrivono alla Scuola Marescialli e Brigadieri di Firenze dei Carabinieri frequentano il corso di laurea in Scienze Giuridiche della Sicurezza dell'Università di Firenze, conseguendo la laurea di I livello;
- i giovani che si iscrivono alla Scuola Ispettori e Sovrintendenti della Guardia di Finanza vengono iscritti, a cura e spese del Corpo, al di laurea di primo livello in Operatore giuridico di impresa, profilo economico-finanziario presso l'Università dell'Aquila. Coloro che optano per il contingente di mare frequentano, presso la Scuola Nautica di Gaeta (LT), un corso di specializzazione in discipline nautiche.

I concorsi per il grado di Maresciallo sono pubblicati una volta l'anno sulla «Gazzetta Ufficiale», 4ª serie speciale, *Concorsi ed esami*. Tuttavia, il reclutamento dipende strettamente dalle esigenze di personale della singola Forza Armata, per cui può anche capitare che in alcuni anni i concorsi non si tengano oppure, viceversa, che se ne tenga più di uno. È sempre il bando di concorso a chiarire, caso per caso, il numero dei posti messi a disposizione, le categorie o specialità offerte, gli ulteriori requisiti di partecipazione, la sede della Scuola, le date degli esami e dell'inizio del corso ecc. È consigliabile tenere sotto controllo i siti internet delle singole Forze Armate, dove si trovano i bandi di concorso e ogni altro genere di informazioni relative al concorso e alla professione. Quanto a quest'ultima, segnaliamo, tuttavia, ancora, come essa può conoscere ulteriori possibilità di avanzamento grazie ai concorsi interni e in qualche caso può portare persino sino al grado di Ufficiale.

3.2 | Accademie delle Forze Armate

Studiare in un'Accademia delle Forze Armate equivale a studiare all'università, per l'impegno richiesto all'allievo e per il titolo di studio rilasciato al termine degli studi. Le Accademie Militari hanno adeguato i loro ordinamenti alle direttive della legge 3 novembre 1999, n. 509. L'iter di studi in Accademia prevede pertanto un primo triennio di studi volto al conseguimento di una laurea di primo livello, a cui può seguire un successivo ciclo, di durata pari a due o tre anni, per il conseguimento della laurea magistrale.

Le Accademie mirano a formare Ufficiali: il grado che si consegue subito dopo il superamento degli esami finali è quello di sottotenente o di guardiamarina, primo livello di una lunga carriera che può portare anche alla posizione di colonnello o di generale. L'esame d'accesso alle Accademie ha cadenza annuale. Il bando di concorso, che chiarisce il numero di posti disponibili in ciascuna Accademia e le modalità di partecipazione, viene pubblicato sulla «Gazzetta Ufficiale», 4ª serie speciale, *Concorsi ed esami*. I concorsi per le Accademie dell'Esercito, dei Carabinieri, dell'Aeronautica e della Marina vengono indetti dal Ministero della Difesa; quello della Guardia di Finanza dal Ministero delle Finanze. Anche in questo caso, è vivamente consigliato controllare periodicamente i siti internet delle distinte Forze Armate.

I requisiti per l'accesso alle Accademie Militari sono rigorosi. Per l'ammissione alle Accademie l'età degli aspiranti deve essere compresa tra i 17 e i 22 anni, elevabili a un massimo di 3 anni per coloro che hanno prestato il servizio militare. Il titolo di studio richiesto è un diploma di scuola media superiore avente durata quinquennale. A chi è in possesso di un diploma quadriennale è richiesta la frequenza del prescritto anno integrativo. Requisiti particolari sono richiesti al candidato in funzione del sesso. L'iter di selezione delle Accademie inizia con una fase preselettiva e prosegue con una serie di visite mediche, prove fisiche ed esami.

Tabella 2: Corsi di studio presso le Accademie delle Forze Armate.

Accademia militare di Modena	
CORPO E ARMA	**LAUREA SPECIALISTICA E INDIRIZZO**
Fanteria, Cavalleria, Artiglieria	Scienze Strategiche e Politico-organizzative
Genio	Scienze strategiche e dei sistemi infrastrutturali
Trasmissioni	Scienze Strategiche e delle Comunicazioni
Trasporti e Materiali	Scienze Strategiche e Logistiche

Corpo di Commissariato	Scienze Strategiche e Amministrative
Corpo Sanitario	Medicina e Chirurgia; Medicina veterinaria; Chimica e Tecnologia farmaceutiche (quinquennali)
Corpo degli Ingegneri	Ingegneria in uno dei seguenti indirizzi: meccanico, elettronico, delle telecomunicazioni, informatica, civile, edile (laurea di I e di II livello)
Accademia dei Carabinieri di Modena	
ARMA	**LAUREA SPECIALISTICA E INDIRIZZO**
Carabinieri	Scienza giuridiche (laurea di I livello) e Giurisprudenza (laurea magistrale); su base volontaria: Scienze della sicurezza interna ed esterna (in convenzione con l'Università di Roma Tor Vergata)
Accademia navale di Livorno	
CORPO E ARMA	**LAUREA SPECIALISTICA E INDIRIZZO**
Stato Maggiore	Scienze marittime e navali
Genio della Marina	specialità Genio Navale Ingegneria navale (laurea di I e II livello) specialità Infrastrutture Ingegneria navale (laurea di I livello) e Ingegneria civile e ambientale (laurea di II livello) specialità Armi Navali Ingegneria delle Telecomunicazioni (laurea di I e II livello)
Commissariato	Giurisprudenza (laurea magistrale)
Capitanerie di Porto	Scienze del governo e dell'amministrazione del mare (laurea magistrale)
Sanitario	Medicina e Chirurgia (laurea magistrale)
Accademia aeronautica di Pozzuoli	
CORPO E ARMA	**LAUREA SPECIALISTICA E INDIRIZZO**
Naviganti (Piloti e Navigatori)	Scienze Aeronautiche
Armi Aeronautiche	Scienze Aeronautiche
Genio Aeronautico (Ingegneri)	Ingegneria in uno dei seguenti indirizzi: aerospaziale, civile, elettronica
Corpo di Commissariato aeronautico	Giurisprudenza (laurea magistrale) Economia e commercio
Sanitario	Medicina
Accademia della Guardia di Finanza di Bergamo e di Castelporziano	
ARMA	**LAUREA SPECIALISTICA E INDIRIZZO**
Guardia di Finanza	Scienze della sicurezza economico-finanziaria Giurisprudenza (laurea magistrale)

In alcuni casi, è possibile accedere a una formazione ancora superiore a quella della laurea magistrale. L'Accademia di Modena ha attivato infatti, in accordo con alcune Università, master di secondo livello e dottorati di ricerca. Al solito, per una panoramica aggiornata, è meglio consultare i siti delle singole Forze Armate.

Prova preselettiva

Questa prova ha lo scopo di ridurre sensibilmente il numero dei candidati destinati a essere avviati alle fasi successive. La preselezione è sempre condotta attraverso la somministrazione di **test** a risposta multipla (psicoattitudinali e nozionistici). I test nozionistici, a seconda dei casi, possono vertere su cultura generale, storia, geografia, grammatica italiana, matematica ecc.

Tabella 3: Contenuti delle prove selettive per l'ammissione alle Accademie delle Forze Armate.

Accademia	Materie dei test preselettivi
Aeronautica	storia; geografia; educazione civica; inglese; matematica; ragionamento e logica; lingua italiana; anatomia e scienze naturali
Carabinieri	logica matematica; elementi di informatica; lingua straniera; lingua italiana; attualità; educazione civica; storia; geografia; test attitudinali; comprensione di brani; storia e struttura dell'Arma dei Carabinieri
Guardia di Finanza	abilità linguistiche, ortogrammaticali e sintattiche della lingua italiana; capacità di ragionamento logico-matematico
Esercito	lingua italiana; attualità; educazione civica; storia; geografia; inglese; logica; matematica; informatica
Marina	italiano, matematica, educazione civica, fisica, storia; inglese

La preselezione si rivela indispensabile per velocizzare l'iter concorsuale, dato l'alto numero di domande di partecipazione, cosa che rende le prove selettive assai competitive. Si ricordi che le materie delle prove preselettive sono stabilite di anno in anno e che, da un'edizione all'altra del medesimo concorso, si possono registrare anche variazioni non indifferenti. Le materie che abbiamo indicato nel precedente specchietto sono quindi da considerarsi come solo indicative, e dovrà essere cura del candidato scrupoloso consultare il bando di concorso di suo interesse.

Accertamenti fisio-psico-attitudinali

In questa fase della selezione si intende verificare la presenza nei candidati dei requisiti psico-attitudinali e delle caratteristiche di personalità richieste per la nomina a Ufficiale delle Forze Armate.

Si inizia con una serie di visite mediche dirette ad accertare i requisiti richiesti dalla normativa ministeriale per l'accesso ai rispettivi ruoli e specialità. Il candidato che non risulta in possesso anche di uno solo dei requisiti è immediatamente giudicato non idoneo e non prosegue la selezione. Una prima serie di visite mediche è prevista per coloro che superano la fase di preselezione. Una seconda, conclusiva, si tiene invece al termine di tutte le altre prove d'esame, sia scritte sia orali.

I candidati sono anche sottoposti a prove di efficienza fisica ed esperimenti di educazione fisica, come la corsa piana di 1000 metri, trazioni alla sbarra, salto in alto, arrampicata alla fune ecc. L'impegno richiesto è graduato in funzione del sesso del concorrente.

Vengono poi svolti esami psicotecnici, consistenti nella somministrazione di test di livello e della personalità e in colloqui psicologici, intesi ad accertare la maturità di pensiero e le qualità attitudinali e caratterologiche dei candidati. Allo stesso scopo, i candidati devono prendere parte a un tirocinio psico-attitudinale della durata di qualche settimana presso l'Accademia, al termine del quale saranno giudicati idonei o meno al passaggio alle rimanenti prove concorsuali.

Esami culturali

A questo punto, i candidati ancora in lizza devono cimentarsi negli esami finali, che consistono in:

- una prova scritta di **italiano** (tema), attualmente prevista solo per l'Aeronautica, i Carabinieri e la Guardia di Finanza; ma va detto ancora una volta possa facilmente comparire o scomparire nei bandi delle diverse edizioni annue dei concorsi;
- un esame orale di **matematica** e uno, facoltativo, di **lingua straniera** (a scelta tra inglese, francese, spagnolo e tedesco), previsti in tutte le Accademie. Possono anche essere previste materie specialistiche in funzione del Corpo per cui si concorre (per esempio, il Corpo sanitario).
  La Guardia di Finanza aggiunge anche un orale obbligatorio di storia ed educazione civica e un altro, sempre obbligatorio, di geografia; infine uno, facoltativo, di informatica.

Tabella 4: Contenuti delle ulteriori prove culturali per l'ammissione alle Accademie.

Accademia	prova scritta	orali obbligatori	orali facoltativi
Aeronautica	tema di italiano test di informatica test di inglese	matematica	lingua straniera
Carabinieri	inglese	inglese discussione di una tesi (materie indicate nel bando)	
Guardia di Finanza	tema di italiano	matematica, storia educazione civica, geografia, inglese	lingua straniera, informatica
Esercito	test di inglese	matematica	
Marina	-	matematica; educazione civica e storia (solo per i Corpi vari)	

La preparazione alla preselezione e in generale agli esami culturali può essere compiuta sulla coppia di volumi *I test delle Accademie Militari - Manuale* ed *Eserciziario*. Una serie di suggerimenti utili per le distinte fasi della selezione attitudinale e personologica, ivi incluso il tirocinio, è invece contenuta nella guida *La valutazione psicologica*, ed. Alpha Test.

3.3 | Esempi di test di ammissione

Come si è visto, i candidati alle Scuole Sottufficiali o alle Accademie Militari devono sempre affrontare almeno un esame sotto forma di test a risposta multipla, generalmente nella fase di preselezione e a volte anche nella selezione definitiva.

Nel seguito vengono presentati alcuni esempi di test di preselezione che costituiscono una **prova simulata** analoga per contenuti a quella ufficiale. Non si riscontrano sostanziali differenze tra le prove delle Scuole Sottufficiali rispetto a quelle delle Accademie, perché a partire dal 1997 è stato imposto anche per gli aspiranti Sottufficiali il possesso del diploma di maturità come requisito di partecipazione al concorso. Le domande seguenti riguardano tutte le discipline logiche e culturali, in modo tale da fornire una rappresentazione completa dei possibili test di preselezione. In totale, la prova proposta è costituita da 30 domande da svolgere nel tempo massimo di 15 minuti.

1 **La prima persona singolare del passato remoto di *volere* è:**

A volei B vollimo C voletti D volli

2 **Completare la seguente frase:**
Spesso si apprezzano maggiormente le azioni ..., cioè quelle che esprimono tutta la ... della persona che le attua.

A spontanee – sincerità
B improvvise – certezza
C sincere – sicurezza
D superficiali – spontaneità

3 ***Che noi avessimo amato* è:**

A futuro anteriore
B congiuntivo trapassato
C congiuntivo presente
D congiuntivo imperfetto
E congiuntivo passato

4 **Quale delle seguenti alternative contiene una proposizione relativa?**

A La ragazza corse su per la collina, ove crescevano i gigli
B Ho detto e ripeto che Roma e solo Roma deve essere la Capitale
C I soldati erano come un'onda attraverso la pianura
D Il luogo pianeggiante favoriva l'agricoltura

5 **Individuare il soggetto della proposizione seguente:**
Quel povero ragazzo viene sempre preso di mira dai suoi compagni.

A Ragazzo
B Di mira
C Sempre
D Dai compagni

6 **L'età per l'eleggibilità alla Camera e al Senato è, rispettivamente:**

A 18 e 25 anni
B 30 e 40 anni
C 25 e 40 anni
D 25 anni per entrambe le Camere

7 **Qual è lo scopo della previsione costituzionale dei diritti fondamentali contenuti nel Titolo I?**

A Salvaguardare l'individuo da ogni forma di prevaricazione del potere
B Salvaguardare lo Stato dai poteri dei cittadini
C Salvaguardare il cittadino dall'eccessivo potere di altri cittadini
D Salvaguardare il cittadino dal possibile eccessivo potere della classe politica

8 **Il Trattato di Maastricht riguarda:**

A il processo di integrazione economico-politica dei Paesi della UE
B l'ingresso dei Paesi dell'ex Europa socialista nella UE
C il trattamento dei Paesi dell'EFTA da parte della UE
D i rapporti della UE con gli Stati Uniti d'America

9 **La sigla s.r.l. significa:**

- A società a responsabilità limitata
- B società con rapporto di lavoro
- C società a rapporto libero
- D società rivendita libri

10 **Franklin Delano Roosevelt fu eletto per la prima volta Presidente degli Stati Uniti nel:**

A 1932 B 1911 C 1944 D 1908

11 **Il "Piano Marshall" era un piano:**

- A di difesa militare della Gran Bretagna durante la seconda guerra mondiale
- B di aiuti alimentari ai Paesi dell'Est Europa
- C di assistenza finanziaria ai Paesi europei dopo la seconda guerra mondiale
- D di attacco militare a Cuba durante la guerra fredda

12 **Dove si trova la penisola dello Yucatan?**

A India B Messico C Cina D Guatemala

13 **La capitale della Finlandia è:**

- A Sofia
- B Helsinki
- C Oslo
- D Stoccolma

14 **La Farnesina è sede:**

- A del ministero degli Esteri
- B del Senato della Repubblica
- C del ministero del Tesoro
- D della Presidenza della Repubblica

15 **Quale tra i seguenti personaggi politici inglesi non è mai stato Primo Ministro?**

- A M. Thatcher
- B J. Major
- C B. Disraeli
- D Nessuno dei precedenti

Risolvere i seguenti problemi.

16 **Luca legge in una sera i 2/5 di un libro di 300 pagine. Il giorno successivo legge 2/3 delle pagine che ancora gli mancavano. Quante pagine restano da leggere a Luca per finire il libro?**

- A 60
- B 40
- C 120
- D 80

17 **Dati 10 quesiti per ognuno dei quali sono suggerite 4 risposte, delle quali una sola è giusta, calcolare qual è la probabilità di indovinare a caso tutte e dieci le risposte.**

A 1/40
B 1/4
C 1/10
D $(1/4)^{10}$

18 **Una iena, un leone e un leopardo impiegano 6 ore a mangiare un'antilope. Il leone da solo impiegherebbe 12 ore, la iena 18. Quanto impiegherebbe da solo il leopardo a mangiare l'antilope?**

A 12 ore
B 24 ore
C 36 ore
D 18 ore

19 **Il logaritmo decimale di un numero può essere negativo?**

A Mai
B Sì, per i numeri negativi
C Sì, se l'argomento è minore di 1 e maggiore di 0
D Sì, se l'argomento è compreso tra –1 e 1

20 **La figura seguente è composta da 6 quadrati aventi lato pari a *s* centimetri. Se il numero di centimetri del perimetro della figura è uguale al numero di centimetri quadrati della sua area, qual è il valore di *s*?**

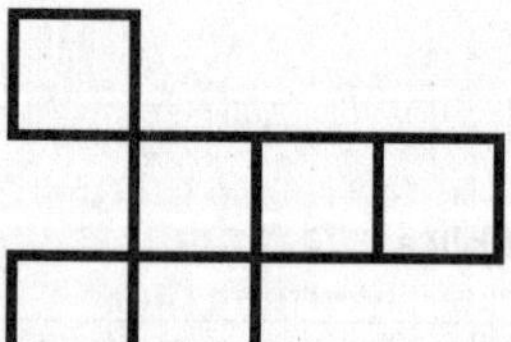

A 8/3
B 1
C 2
D 2/3

Individuare la coppia di termini che completa la proporzione data.

21 **X : aggressivo = docile : Y**

A X = malevolo, Y = bonario
B X = remissivo, Y = battagliero
C X = forte, Y = debole
D X = ostilità, Y = mitezza
E X = severo, Y = indulgente

22 **Amore : odio = X : Y**

- A X = bianco, Y = luce
- B X = sempre, Y = mai
- C X = uomo, Y = donna
- D X = matrimonio, Y = nozze
- E X = onesto, Y = corretto

23 **X : Argentina = portoghese : Y**

- A X = spagnolo, Y = Uruguay
- B X = sudamericano, Y = europeo
- C X = spagnolo, Y = Brasile
- D X = Cile, Y = spagnolo
- E X = Patagonia, Y = Azzorre

Indicare, per ciascuna delle successioni riportate di seguito, il numero o la lettera mancante.

24 **5, 12, 19, 26, 33, ...?**

A 43 B 47 C 40 D 45 E 39

25 **2, 10, 50, ...?**

A 25 B 250 C 200 D 500 E 80

26 **D, F, H, J, L, ...?**

A K B W C M D N E O

27 **F, H, K, O, ...?**

A S B R C Q D P E T

Per ciascuno degli esercizi seguenti, indicare la rappresentazione (A, B, C, D o E) che soddisfa la relazione insiemistica esistente tra i 3 termini dati (le alternative proposte per ciascun esercizio sono quelle raffigurate qui di seguito).

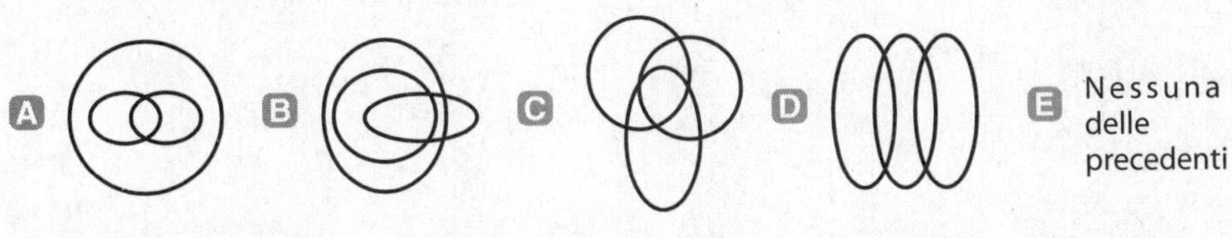

28 **DONNE, IMPIEGATE, MADRI**

A B C D E

29 **PERSONE, MASCHI, NOTAI**

A B C D E

30 **APPASSIONATI DI MUSICA, PITTORI, ANZIANI**

A B C D E

Soluzioni della prova

Domanda	Risposta
1	D
2	A
3	B
4	A
5	A
6	C
7	A
8	A
9	A
10	A
11	C
12	B
13	B
14	A
15	D

Domanda	Risposta
16	A
17	D
18	C
19	C
20	A
21	B
22	B
23	C
24	C
25	B
26	D
27	E
28	A
29	A
30	C

4| Scuole superiori per mediatori linguistici

Con il decreto del 10 gennaio 2002, n. 38, le Scuole per Interpreti e Traduttori assumono la denominazione di **Scuole superiori per mediatori linguistici** e rilasciano, dietro autorizzazione del Ministero, **titoli di studio** conseguibili al termine di corsi superiori di durata triennale ed **equipollenti alla laurea** in Scienze della mediazione linguistica. Il regolamento prevede una serie di verifiche che permettano il riconoscimento da parte del Ministero, presupposto fondamentale perché il diploma rilasciato abbia valore di laurea. Invitiamo pertanto l'aspirante matricola a verificare al momento dell'iscrizione l'avvenuto riconoscimento ministeriale.

Le Scuole forniscono ai futuri diplomati, oltre alle competenze linguistiche e tecniche, una base culturale pluridisciplinare rispondente alle esigenze del mondo del lavoro e una buona conoscenza dei contesti culturali e sociali dei Paesi corrispondenti alle lingue di lavoro. Generalmente gli interpreti e i traduttori si specializzano in un settore preciso – tecnico, scientifico, commerciale, letterario, giuridico –, ma devono essere comunque in grado di tradurre con proprietà di linguaggio e correttezza di stile qualsiasi tipo di testo da e verso le lingue in cui sono esperti.

4.1 | Piano di studi

Il corso di studi ha **durata triennale**. I corsi prevedono un biennio comune a tutti gli indirizzi e un terzo anno di specializzazione specifico per ogni indirizzo. Nelle prime due annualità, di carattere generale, gli studenti sviluppano le capacità di comprensione, produzione ed espressione delle lingue straniere, acquisiscono i primi strumenti di tecnica della traduzione e dell'interpretazione, e apprendono le tecniche e i metodi di studio nei settori storico-politico, economico-commerciale, giuridico e informatico. La terza annualità prevede materie specifiche e insegnamenti finalizzati all'inserimento nel mondo del lavoro. Durante il terzo anno è possibile svolgere **tirocini**. Le scuole collaborano con istituti, enti, associazioni e aziende presso cui gli studenti possono svolgere attività professionalmente qualificanti.

Il piano di studi è articolato in modo da offrire sia una solida preparazione culturale, utile per specializzarsi ulteriormente, sia il necessario addestramento alla pratica professionale.

Principali ambiti professionali
aeroporti
agenzie turistiche
ambasciate
assessorati turismo
associazioni di categoria per trattative con l'estero
aziende di comunicazione
banche
case editrici
conferenze
congressi
consolati
convegni
delegazioni governative
fiere
ministeri
organizzazioni internazionali (Unione europea e altre)
prefetture
strutture giudiziarie, politiche, amministrative
trasporti
tribunali
uffici di pubbliche relazioni
uffici turistici

4.2 | Prospettive occupazionali

Le Scuole per mediatori linguistici offrono buone prospettive di inserimento nel mondo del lavoro.

Il **traduttore** lavora generalmente a tavolino, traduce soprattutto verso la propria lingua madre testi di carattere letterario, giuridico, economico, scientifico, politico, tecnico ecc. e si avvale dell'ausilio di dizionari o glossari specifici, nonché di internet. Il traduttore può lavorare sia come libero professionista sia presso enti o aziende varie e organismi internazionali. L'**interprete** svolge un'attività orale sia in cabina per l'interpretazione simultanea sia in incontri ristretti di lavoro per l'interpretariato consecutivo o di trattativa. Nella tecnica dello *chuchotage*[1] l'interprete ascolta il discorso originale e lo traduce simultaneamente, parlando all'orecchio del cliente. L'interprete lavora in luoghi di lavoro differenti, sia come libero professionista sia alle dipendenze di enti, aziende o organismi internazionali.

I mediatori linguistici professionisti possono esercitare la loro attività nei più svariati servizi dell'informazione e delle comunicazioni interlinguistiche, dell'editoria, delle imprese ecc.

Spesso gli studenti svolgono attività di interpretariato o traduzione già durante il corso di studi, facendo così esperienze lavorative preziose ai fini della scelta professionale.

4.3 | Norme per l'ammissione

4.3.1 | Requisiti per l'ammissione

Per essere ammessi a frequentare il **primo anno** bisogna essere in possesso di un diploma di istruzione secondaria superiore quinquennale, valido per l'iscrizione all'università, o di diploma equipollente conseguito all'estero. Possono essere ammessi a frequentare il **secondo anno** della scuola i laureati in qualsiasi disciplina (o in possesso di titolo universitario equipollente conseguito all'estero) con una buona preparazione linguistica. Il numero di studenti ammessi a frequentare il primo e il secondo anno di corso è stabilito ogni anno sulla base della graduatoria compilata dopo le prove di ammissione dagli organi direttivi della scuola. Al **terzo anno** possono essere ammessi direttamente, senza sostenere le prove di ammissione, gli studenti che hanno frequentato già due anni presso un'altra Scuola per mediatori linguistici abilitata a rilasciare diplomi con valore legale e i laureati in Lingue e letterature straniere o Lettere con indirizzo linguistico.

I diplomi conseguiti all'estero devono essere corredati da traduzione italiana certificata dalle competenti autorità consolari. Le domande sono vagliate dagli organi direttivi della Scuola, che valutano l'equipollenza dei diplomi e la possibilità di accesso in base alla disponibilità dei posti.

I candidati che non superano la prova d'ammissione possono frequentare i corsi propedeutici e ripetere l'esame l'anno successivo.

4.3.2 | Prova d'ammissione

L'iscrizione alle Scuole per mediatori linguistici, regolata in conformità alle norme vigenti in materia di accesso agli studi universitari, è subordinata al superamento di una prova di ammissione che accerta la conoscenza delle due lingue straniere scelte dal candidato fra quelle insegnate presso la Scuola, la padronanza della lingua italiana e la cultura generale/attualità a livello nazionale e internazionale.

La prova d'ammissione può consistere in diverse tipologie di prove, tra le quali domande a risposta multipla e colloqui sia in lingua straniera sia in italiano.

L'aspirante studente supera la prova con la votazione minima di diciotto trentesimi. L'esito dell'esame viene reso noto mediante affissione all'Albo della Scuola.

Anche il calendario delle date delle prove viene affisso all'Albo. La domanda di partecipazione alla prova di ammissione deve essere compilata su apposito modulo e consegnata in segreteria con la documentazione completa.

I candidati stranieri devono sostenere anche una prova di conoscenza della lingua italiana.

4.3.3 | Immatricolazione

Per l'immatricolazione bisogna presentare in segreteria entro il termine prefissato i seguenti documenti:

- diploma di scuola secondaria in originale;
- 2 fotografie formato tessera;
- certificato di residenza in carta semplice oppure autocertificazione;
- certificato di nascita in carta semplice oppure autocertificazione;
- contratto di immatricolazione e versamento della prima rata delle tasse di immatricolazione.

1. Dal francese *chuchoter*, bisbigliare, sussurrare.

4.3.4 | Tasse

L'importo delle tasse e dei contributi per ciascun anno accademico è comunicato mediante affissione all'Albo della Scuola.

4.4 | Esame di diploma

Le due prove per l'esame finale dell'indirizzo **traduttori** sono:

- traduzione da e verso l'italiano;
- discussione della tesi, consistente nella traduzione in italiano di un testo straniero corredato da un commento critico di analisi del testo.

Le due prove per l'esame finale dell'indirizzo **interpreti** sono:

- interpretazione simultanea e consecutiva da e verso l'italiano;
- discussione della tesi, consistente nella elaborazione di un glossario o repertorio corredato da una presentazione critica.

4.5 | Proseguimento degli studi universitari

I diplomati che desiderano proseguire gli studi frequentando corsi universitari affini (per esempio, Lingue e letterature straniere) possono ottenere il riconoscimento integrale o parziale dei crediti acquisiti, a seconda dell'affinità con il piano di studi del corso cui intendono iscriversi.

Al fine del proseguimento degli studi universitari il diploma rilasciato dalle Scuole è riconosciuto affine, per esempio, ai corsi di laurea magistrale in:

- Filologia e storia dell'Europa orientale;
- Interpretariato;
- Lingue e civiltà orientali;
- Lingue e letterature orientali;
- Lingue e letterature straniere;
- Traduzione.

4.6 | Obbligo di frequenza

La frequenza alle lezioni, alle esercitazioni e alle attività pratiche di laboratorio o di tirocinio è obbligatoria. Solitamente lo studente non può superare il limite del 25% di assenze durante il periodo di corso, pena la non ammissione alla sessione estiva degli esami. Le lezioni hanno inizio generalmente a novembre e terminano a maggio. Durante il terzo anno gli studenti sono avviati a tirocini aziendali e congressuali, sotto il controllo della scuola.

4.7 | Borse di studio e sedi

Le scuole bandiscono periodicamente borse di studio riservate agli studenti più meritevoli. Inoltre partecipano, come gli altri istituti universitari, alle provvidenze previste dalla Legge regionale relativa al diritto allo studio universitario.

Tabella 5: Indirizzo delle Scuole superiori per mediatori linguistici[1]

Sede	Indirizzo
Ancona	Via Fabio Filzi 6/b, 60123 Ancona, tel.: 071 2071289, e-mail: info@mediatorilinguistici.it, sito: mediatorilinguistici.it
Cagliari	Via Abruzzi, 10 Cagliari, tel.: 070 882617, e-mail: info@ssmlca.it, sito: ssmlca.it
Caserta	Via Roma 256, 81024 Maddaloni (CE), tel.: 0823 207318 e-mail: mediatorilinguistici.maddaloni@virgilio.it, sportello@ssmlmaddaloni.it sito: ssmlmaddaloni.it/

Sede	Indirizzo
Como	Via Carloni 8, 22100 Como, tel.: 031 301280, fax: 031 301392, e-mail: info@ssmlcomo.it, sito: ssml.co.it
Cuneo e Pinerolo	Via Mameli 4/bis, 12100 Cuneo, tel.: 0171 500204, Via Convento di San Francesco, 1, 10064 Pinerolo, tel.: 0121 480239 e-mail: didattica@istitutossml.it, segreteriacuneo@istitutossml.it sito: istitutomediatorilinguistici.com
Mantova	Via Marangoni 36, 46100 Mantova, tel.: 0376 368262, e-mail: info@oxfordmantova.it sito: oxfordmantova.it
Milano	Via Simone Martini 23, 20143, tel.: 02 81808555, e-mail: sede.mi@ssmlcarlobo.it, sito: ssmlcarlobo.it **Sedi decentrate** **Bari** via Scipione l'Africano, 272, 70124, tel.: 080 5210997, fax: 080 9184272, e-mail: sede.ba@ssmlcarlobo.it **Bologna** via Cesare Boldrini 8, 40121 Bologna, tel. 051 251358, fax 051 253686 e-mail: sede.bo@ssmlcarlobo.it **Firenze** Piazza della Stazione 1, 50123, tel.: 055 282002, fax: 055 218225 e-mail: sede.fi@ssmlcarlobo.it **Roma** Via Giuseppe Tomassetti 6/8, 00161, tel.: 06 44292970, fax: 06 44202613 e-mail: sede.rm@ssmlcarlobo.it
Milano	Scuole Civiche di Milano, Via Alex Visconti 18, 20151 Milano, tel.: 02 951523, e-mail: info_lingue@scmmi.it, sito: lingue.fondazionemilano.eu
Milano	Scuola Superiore per Mediatori Linguistici (Società Umanitaria), Via Daverio 7, 20122 Milano, tel.: 02 579.68.31, e-mail: corsi@umanitariaformazione.it, sito: umanitaria.it
Misano Adriatico (RN)	Via M. D'Azeglio 8, 47843 Misano Adriatico (RN), tel.: 0541 610010, fax: 0541 613880 e-mail: segreteria@fusp.it, info@fusp.it, sito: ssml.fusp.it
Napoli	Piazza Nicola Amore, 6, 80138 Napoli, tel.: 081 5538629, fax: 081 5538629 e-mail: ssml@iumna.it, sito: iumna.it
Padova	Riviera Tito Livio 43, 35123 Padova, tel.: 049 8751151, e-mail: info@mediatorilinguisticipadova.it, sito: mediatorilinguisticipadova.it
Palermo	Via B. Gravina, 41A Palermo, tel.: 091 333000, e-mail: info@mediatorelinguistico.it, info@centromasterly.it, sito: mediatorelinguistico.it
Perugia	Via di Villa Glori 7/C, 06124 Perugia, tel.: 075 5008822, fax: 075 8087436 e-mail: info@medling.perugia.it, sito: laureamediazionelinguistica.it
Pisa	Via Santa Maria 155, 56126 Pisa, tel.: 050 561883, fax: 050 8310064, sito: mediazionelinguistica.it
Reggio Calabria	Via Mercato 34, 89135 Catona, RC, tel. e fax: 0965 304902, e-mail: iscrizioni@mediatorilinguistici-rc.it, corsi@mediatorilinguistici-rc.it, sito: mediatorilinguistici-rc.it
Roma	Gregorio VII, Via Pasquale Stanislao Mancini 2, 00196 Roma, tel.: 06 6390300, fax: 06 632853, e-mail: info@ssit.it, sito: gregoriosettimo.eu
Torino	Via delle Rosine 14, 10123 Torino, tel.: 011 889870, fax: 011 8123486, e-mail: info@ssmlto.it, sito: http://ssmlto.it/
Trento	Vicolo S. Maria Maddalena 22, 38122 Trento, tel.: 0461 233429, fax: 0461 266875, e-mail: info@isit.tn.it, sito: isit.tn.it
Varese	Via Cavour 30, 21100 Varese, tel.: 0332 237304, e-mail: info@ssml.va.it, sito: ssml.va.it
Vicenza	Corso SS Felice e Fortunato 50, 36100 Vicenza, tel.: 0444 545475, e-mail: info@medlinguevicenza.it, sito: ssml.eu

1. Poiché alcune informazioni riportate in tabella possono facilmente cambiare nel tempo, si consiglia di verificarne l'esattezza su internet, presso gli Informagiovani ecc.

5 | Scuole di giornalismo

La professione di giornalista esercita da sempre un grande fascino sui giovani. Intere generazioni hanno sognato di raccontare in prima persona il mondo in cui viviamo, i suoi cambiamenti un giorno dopo l'altro, le storie più importanti o curiose, i fatti che segnano il nostro tempo.

Il modello, per molti, è quello avventuroso del reporter, dell'inviato sempre in viaggio, in prima linea sul fronte dei grandi avvenimenti, a tu per tu con i potenti del mondo.

Per altri la vocazione nasce dall'esempio del prestigioso opinionista, che analizza la realtà e ne dà la sua visione personale, o che usa la propria firma come bandiera per battaglie di impegno civile.

Su tutti domina ancora il mito del cronista investigatore a caccia di *scoop*. Figure di un mondo stimolante, che offre la possibilità di esprimere la propria personalità e che talvolta può rendere famosi e apprezzati.

D'altra parte, un'analisi della situazione attuale nella quale si trovano a operare i media mostra che il mercato della pubblicità – linfa economica del settore – non ha ripreso a crescere e oltre la metà degli investimenti si dirige sulla televisione. Molte testate ricche di storia hanno dovuto chiudere, altre hanno ridimensionato le redazioni. Anche la qualità del lavoro è peggiorata. Gran parte dei giornalisti si occupa delle indispensabili mansioni di *desk* (organizzazione e redazione), gli aspetti meno creativi della professione. Il contatto diretto con la realtà è sempre più debole e riservato a una minoranza: ai cronisti sul posto si sono sostituiti i canali telematici delle grandi agenzie di stampa.

Nonostante ciò, il mito del giornalismo resiste anche alla crisi. Il numero degli aspiranti continua a crescere e non si tratta solo di romantici sognatori della prima pagina, cacciatori di notorietà.

Nuovi spazi di azione sembrano aprirsi agli aspiranti giornalisti nel mondo della multimedialità e del digitale; la grande ondata digitale ha investito sia la vita quotidiana delle persone sia i mezzi di informazione. I media cartacei (giornali, periodici e libri) resistono, ma con forti spinte al cambiamento, proprio per rispondere agli stimoli dirompenti dettati dalla digitalizzazione. In sintesi si è ridotta significativamente la popolazione mono-mediale (utenti quasi unicamente di televisione) a favore della popolazione multimediale, che fa largo uso di strumenti e dispositivi diversi.

5.1 | La professione di giornalista

La legge istitutiva dell'Ordine dei giornalisti (Legge n. 69 del 1963) è ancora oggi il punto di riferimento che regola la professione, dall'accesso ai diritti e doveri del giornalista. La legge è stata aggiornata dal Decreto presidenziale n. 384 del 1993 (pubblicato sulla «Gazzetta Ufficiale» n. 230 del 30 settembre 1993). L'ordinamento prevede due figure diverse: **il giornalista professionista e il giornalista pubblicista**.

Il giornalista professionista

"Sono professionisti – recita la legge – coloro che esercitano in modo esclusivo e continuativo la professione di giornalista".

L'ESAME DI STATO

L'esame per diventare giornalisti consiste in una prova scritta e in un colloquio. Nella **prova scritta** il candidato dovrà:

1. sintetizzare un articolo o un altro testo scelto dal candidato tra quelli forniti dalla commissione in un massimo di 30 righe dattiloscritte (da 60 battute ciascuna);
2. svolgere una prova di attualità e di cultura politico-economico-sociale riguardante l'esercizio della professione mediante questionari articolati in domande cui il candidato è tenuto a rispondere per iscritto;
3. scrivere un articolo su argomenti di attualità scelti dal candidato tra quelli, in numero non inferiore a sei (interni, esterni, economia-sindacato, cronaca, sport-cultura-spettacolo) proposti dalla commissione, anche sulla base dell'eventuale documentazione dalla stessa fornita.

Nella **prova orale** l'aspirante giornalista dovrà dimostrare buona conoscenza dei principi dell'etica professionale, delle norme giuridiche attinenti al giornalismo e specificatamente delle tecniche e pratiche inerenti all'esercizio della professione. In particolare è richiesta la conoscenza delle seguenti materie: a) elementi di storia del giornalismo; b) elementi di sociologia e di psicologia dell'opinione pubblica; c) tecnica e pratica del giornalismo: elementi teorici e tecnici fondamentali; esercitazione di pratica giornalistica; d) norme giuridiche attinenti al giornalismo: elementi di diritto pubblico; ordinamento della professione di giornalista e norme contrattuali e previdenziali; norme amministrative e penali concernenti la stampa; elementi di legislazione sul diritto d'autore; e) etica professionale; f) i media nel sistema economico italiano.

Lo svolgimento della prova orale comprende anche la discussione di un argomento di attualità, liberamente scelto dal candidato, in qualsiasi altro campo specifico nel quale egli abbia acquisito una particolare conoscenza professionale durante il praticantato.

I professionisti dunque devono fare del giornalismo il loro unico lavoro e non possono essere iscritti ad altri Ordini o Albi professionali e svolgere altre attività.

A questo però consegue che sono gli unici a poter essere assunti da una testata. Per diventare professionisti si deve svolgere un periodo di 18 mesi definito "praticantato" presso una redazione (giornale, radio o TV con almeno quattro giornalisti professionisti) o una scuola di giornalismo riconosciuta dall'Ordine. Durante questa fase si è iscritti a uno speciale registro dell'Ordine, quello dei praticanti. Al termine del periodo di praticantato si deve superare l'esame di Stato. Ottenere la qualifica di praticante è spesso l'impresa più faticosa e complessa nella carriera di un giornalista: il praticantato in azienda infatti richiede una vera e propria assunzione.

Il giornalista pubblicista

«Sono pubblicisti – recita la legge – coloro che svolgono attività giornalistica non occasionale e retribuita anche se esercitano altre professioni o impieghi».

Per diventare pubblicisti è necessario dimostrare di avere collaborato anche senza essere assunti da un giornale o da una testata radiotelevisiva per un periodo di almeno 24 mesi. La propria produzione (articoli firmati, testi di trasmissioni, servizi filmati) va presentata al termine del periodo insieme alla documentazione della retribuzione e a un attestato del direttore della testata.

Con il riconoscimento di pubblicista si può svolgere attività giornalistica come collaboratore. La carriera di pubblicista e quella di professionista sono di fatto alternative tra loro. Per tutte le pratiche e le informazioni ci si può rivolgere alle sedi regionali dell'Ordine dei giornalisti presenti in ogni capoluogo.

Nella tabella seguente sono riportati gli indirizzi dei consigli regionali e interregionali.[1] Per orientarsi e avere informazioni aggiornate sulla situazione del mercato del lavoro nella propria zona si può fare capo alla FNSI (Federazione nazionale della stampa italiana), il sindacato dei giornalisti.[2]

1. Per recapiti sempre aggiornati consultare il sito odg.it.
2. La sede nazionale è: Corso Vittorio Emanuele II 349, 00186 Roma, tel. 06.680081, fax 06.6871444 (indirizzo internet: fnsi.it).

Tabella 6: Elenco dei consigli regionali e interregionali dell'Ordine dei giornalisti.

REGIONE	Indirizzo
Abruzzo	Via guido Polidoro 1, L'Aquila 67100, tel.: 0862 411074, fax: 0862 761005 e-mail: segreteria@odg.abruzzo.it, PEC: segreteria@pec.odg.abruzzo.it, sito: odg.abruzzo.it
Basilicata	Via Mazzini 23/e, 85100 Potenza, tel. 0971 24766, fax 0971 275626 e-mail: segreteria@odg.basilicata.it, PEC: odg.basilicata@pec.it
Calabria	Piazza Duomo 9, Catanzaro 88100, tel.: 0961 741174, fax: 0961 747467, e-mail: info@odgcalabria.it, PEC: odgcalabria@pec.it sito: odg.calabria.it
Campania	Via Santa Maria a Cappella Vecchia 8/B, Napoli 80121, tel.: 081 7642543, fax: 081 7642625 e-mail: odgcampania@yahoo.it, PEC: odgcampania@legalmail.it sito: odg.campania.it
Emilia-Romagna	Strada Maggiore 6, Bologna 40125, tel.: 051 235461, fax: 051 230227, e-mail: info@odg.bo.it, PEC: odgbo@pec.odg.bo.it, sito: odg.bo.it
Friuli Venezia Giulia	Corso d'Italia 13, Trieste 34122, tel.: 040 3728586, fax: 040.3724427, e-mail: info@odg.fvg.it, PEC: odgfvg@pec.it, sito: odg.fvg.it
Lazio	Piazza della Torretta 36, Roma 00186, tel.: 06 6810191, fax: 06 6892947, e-mail: info@odg.roma.it, pec: odglazio@cert.odg.roma.it sito: odg.roma.it
Liguria	Via Fieschi 3/26, Genova 16121, tel.: 010 8597090/532737, fax: 010 564150, e-mail: ordine@giornalistiliguri.it, ordineliguregiornalisti@legalmail.it sito: odg.liguria.it
Lombardia	Via A. da Recanate 1, Milano 20124, tel.: 02 6771371, fax: 02 66712418, e-mail: odgmi@odg.mi.it, PEC: odgmi@pec.odg.mi.it, sito: odg.mi.it
Marche	Via Leopardi 2, Ancona 60122, tel.: 071 57237, fax: 071 2083065, e-mail: info@odg.marche.it, PEC: ordinegiornalisti@pec.odg.marche.it, sito: odg.marche.it
Molise	Via XXIV Maggio 137, Campobasso 86100, tel. e fax: 0874 418158, e-mail: odgmolise@,gmail.com, PEC: odgmolise@pec.aruba.it, sito: odgmolise.it
Piemonte	Corso Stati Uniti 27, Torino 10128, tel.: 011 533890, fax: 011 538798, e-mail: info.ordine@odgpiemonte.it, PEC: odgpiemonte@professionalpec.it, sito: odgpiemonte.it
Puglia	Strada Palazzo di Città 5, Bari 70122, tel.: 080 5223511, fax: 080 5223502, e-mail: ordine@og.puglia.it, PEC: ordinegiornalistipuglia@postecert.it, sito: og.puglia.it
Sardegna	Via Barone Rossi 29, Cagliari 09125, tel.: 070 664884, fax: 070 653293, e-mail: segreteria@odg.sardegna.it, PEC: odgs@pec.it, sito: odg.sardegna.it

REGIONE	Indirizzo
Sicilia	Via Gian Lorenzo Bernini 52/54, Palermo 90139, tel.: 091 6110669/79, fax: 091 6110703, e-mail: info@odgsicilia.it, PEC: info@odgsiciliapec.it, sito: odgsicilia.it
Toscana	Vicolo de' Malespini 1, Firenze 50122, tel.: 055 289920, fax: 055 2381049, e-mail: info@odg.toscana.it, PEC: pec@odgtoscana.com, sito: odg.toscana.it
Trentino Alto Adige	Via Grazioli 5, Trento 38100, tel.: 0461 985385, fax: 0461 234657, e-mail: segreteria@odgtaa.it, PEC: odgtrentinoaltoadige@pec.it, sito: odgtaa.it
Umbria	Via del Macello 55, Perugia 06128, tel.: 075 5008235 e-mail: info@odgumbria.it, PEC: odgumbria@legalmail.it, sito: odgumbria.it
Valle d'Aosta	Via Piave 6, Aosta 11100, tel. e fax: 0165 32673, e-mail: odg@giornalistivaldostani.it, PEC: odgvalledaosta@legalmail.it, sito: giornalistivaldostani.it
Veneto	San Polo 2162, Venezia 30125, tel.: 041 5242650, fax: 041 5242665, e-mail: segreteria@ordinegiornalisti.veneto.it, PEC: odgveneto@gigapec.it, sito: ordinegiornalisti.veneto.it

5.1.1 | Come si diventa giornalisti

Per diventare giornalisti professionisti si deve svolgere un periodo di 18 mesi di tirocinio, definito "praticantato", presso una redazione (giornale, radio o televisione con almeno quattro giornalisti professionisti) o un'azienda editoriale qualificata. Durante questa fase si è iscritti a uno speciale registro dell'Ordine, quello dei praticanti. Al termine del periodo di praticantato si deve superare l'esame di Stato. Ottenere la qualifica di praticante è spesso l'impresa più faticosa e complessa nella carriera di un giornalista: il praticantato in azienda, infatti, richiede una vera e propria assunzione.

Per rendere più democratico l'accesso alla professione, l'Ordine dei giornalisti ha istituito a partire dal 1977 alcune scuole che sostituiscono il praticantato e consentono di accedere all'esame di Stato al termine del biennio didattico. La prima scuola è stata l'Istituto per la Formazione al Giornalismo di Milano.

Nell'arco del biennio di studio le scuole forniscono una preparazione di alto livello che comprende una parte teorica sulle tecniche di comunicazione di massa, i principi della professione, le nuove tecnologie e le lingue straniere e una parte pratica di lavoro redazionale su testate nazionali o locali operanti sul mercato della carta stampata, della radio, della televisione e di internet.

Al termine del biennio di scuola i candidati sostengono l'esame di Stato. La percentuale dei promossi è molto alta, superiore al 90%.

Le scuole sono riconosciute dal Consiglio Nazionale dei giornalisti se garantiscono di:

1. perseguire finalità esclusivamente formative, trasparenza e autonomia delle fonti di finanziamento;
2. stipulare convenzioni con le imprese editoriali per il necessario apprendimento pratico, integrativo di quello svolto negli organi di informazione editi dalle scuole stesse;
3. fare selezioni pubbliche in base a titoli ed esami (titoli preferenziali sono la laurea in materie umanistiche, sociali ed economiche e in scienze delle comunicazioni);
4. promuovere l'aggiornamento tramite corsi di specializzazione o di perfezionamento giornalistici.

Sul piano della preparazione pratica, fondamentale rilevanza presentano i periodi di apprendistato trascorsi presso testate giornalistiche (tirocini) sulla base di accordi promossi dalle scuole con emittenti radiotelevisive, periodici, quotidiani e agenzie di stampa.

Anche l'organizzazione dell'attività didattica deve rispettare delle condizioni stabilite dal Consiglio Nazionale. Si tratta di:

5. stabilire una durata minima biennale dei corsi;
6. rendere obbligatoria la frequenza a tempo pieno;
7. sviluppare dei programmi didattici a livello universitario che uniscano formazione culturale e formazione tecnica-professionale, lezioni teoriche e esercitazioni pratiche di tecnica e lavoro redazionale;
8. garantire qualità e numero dei docenti (giornalisti, studiosi ed esperti di singole discipline, professori universitari).

Accedere alle scuole non è facile: alle prove di ammissione il rapporto tra candidati e posti disponibili è spesso di oltre 1 a 10. Gli esami di ammissione sono generalmente basati in parte sul *curriculum* (voto dell'esame finale della scuola superiore e di laurea, eventuali collaborazioni giornalistiche, conoscenza delle lingue straniere) e in parte su prove scritte e orali. Si dovrà dimostrare non solo una buona cultura di base ma anche curiosità intellettuale e interesse per il mondo delle comunicazioni di massa e per l'attualità in tutti i suoi settori. Per capirsi: chi non legge i giornali o ne sfoglia solo le pagine più "leggere", chi non è attratto dai fatti della vita politica e civile, interni o internazionali, chi non ha già maturato una passione per i mass media e il loro mondo, può rinunciare in partenza.

A ciò si aggiunga che le scuole si trovano solo in alcune città: chi sceglie questa strada deve avere la possibilità di vivere lontano dalla propria sede per almeno due anni.

Nel mondo del giornalismo, inoltre, sopravvive un vecchio pregiudizio contro la formazione eccessivamente "accademica" fornita dalle scuole. Potrà capitare di sentire che "giornalisti si nasce", che "il senso della notizia non si impara", che "il mestiere si apprende solo con l'esperienza diretta, gomito a gomito con i colleghi, sulla strada o in redazione". Queste affermazioni hanno un fondo di verità. Solo con il lavoro sul campo un aspirante giornalista si trasforma in professionista. Oggi, tuttavia, non si può affrontare una carriera nel settore senza una formazione completa e aggiornata che la semplice "gavetta" non può sostituire.

Al termine della scuola, alcuni studenti riescono a entrare nelle aziende dove hanno collaborato durante gli stage, ma altri restano senza impiego fisso per un lungo periodo: per questo alcuni accusano le scuole di sfornare disoccupati.

5.2 | Le scuole di giornalismo riconosciute

Le scuole attualmente convenzionate per la formazione al giornalismo sono riportate nella tabelle seguenti.

Sede	Indirizzo
Bari	**Master biennale di giornalismo – Università di Bari** Palazzo Chiaia/Napolitano, Via Crisanzio 42, 70122 Bari tel.: 080 5223560, e-mail: segreteria@apfg.it sito: uniba.it/didattica/master-universitari
Bologna	**Scuola biennale in giornalismo dell'Università di Bologna** Via Azzo Gardino 23, 40122 Bologna, tel.: 051 2091968, fax: 051 2091381, e-mail: master.giornalismo@unibo.it sito: mastergiornalismo.unibo.it
Milano	**Master biennale di I livello in giornalismo a stampa, radiotelevisivo e multimediale Università Cattolica Sacro Cuore** Via S. Agnese 2, 20123 Milano, tel.: 02 72342813, fax: 02 72342815, e-mail: master.giornalismo@unicatt.it sito: http://almed.unicatt.it/it/master/giornalismo_a_stampa_radiotelevisivo_e_multimediale_0

Sede	Indirizzo
Milano	**Master biennale in giornalismo libera università di lingue e comunicazione IULM** Via Carlo Bo 1, 20143 Milano, tel.: 02 891411, fax: 02 891414000, e-mail: master.giornalismo@iulm.it
Milano	**Master biennale della scuola di giornalismo Walter Tobagi dell'Università degli studi di Milano** Polo della comunicazione, Piazza Indro Montanelli 1, 20099 Sesto San Giovanni tel.: 02 50321730-21731, fax: 02 50321732, e-mail: giornalismo@unimi.it sito: www.unimi.it/it/corsi/corsi-post-laurea/master-e-perfezionamento/catalogo-master/aa-2020/2021-master-giornalismo-biennale-primo-livello
Napoli	**Master biennale di I livello in giornalismo dell'Università Suor Orsola Benincasa di Napoli** Via Suor Orsola 10, 80135 Napoli, tel.: 081 2522251, fax: 081 2522227, e-mail: sc.form@unisob.na.it sito: unisob.na.it
Perugia	**Centro italiano di studi superiori per la formazione e l'aggiornamento in giornalismo radiotelevisivo** Villa Bonucci, Via Puccini 253, Ponte Felcino, 06134 Perugia tel.: 075 5911211, fax: 075 5911232, e-mail: segreteria@centrogiornalismo.it, sito: centrogiornalismo.it
Roma	**Master biennale in giornalismo Università LUMSA** Via della Traspontina 21, 00193 Roma, tel.: 06 68422246, fax: 06.68422246, e-mail: lumsanews@lumsa.it sito: lumsanews.it
Roma	**Scuola superiore di giornalismo "Massimo Baldini", Università LUISS** Viale Pola 12, 00198 Roma tel.: 06 85225358, fax: 06 85225515, e-mail: giornalismo@luiss.it sito: luiss.it/postlaurea/giornalismo
Salerno	**Scuola di giornalismo post laurea dell'Università di Salerno** Via Ponte don Melillo, Fisciano, 84084 Salerno tel.: 089 969445 (segreteria), 089 969449 (redazione), fax: 089 969618 e-mail: giornalismo@unisa.it sito: unisa.it
Torino	**Master biennale di giornalismo Università di Torino** Via Roero di Cortanze 5, 10124 Torino tel.: 011 5645107, fax: 011 6704890, e-mail: giornalismo@corep.it sito: formazione.corep.it/giornalismo
Urbino	**Istituto per la formazione al giornalismo** Via della Stazione 62, 61029 Urbino tel.: 0722 350581, fax: 0722 328336, e-mail: segreteriaifg@uniurb.it sito: http://ifg.uniurb.it/

Appendice: glossario dei termini più usati nel mondo universitario

Anno accademico: è il corrispettivo "universitario" dell'anno scolastico; segnala le date entro le quali vengono svolti i corsi e si sostengono i rispettivi esami (attività didattiche e di verifica); l'anno accademico ha inizio generalmente nel mese di ottobre o all'inizio del mese di novembre e termina nell'autunno dell'anno solare successivo.

Anno sabbatico/congedo: è un anno concesso ai docenti di ruolo durante il quale possono assentarsi e sospendere l'insegnamento per svolgere particolari studi e ricerche. È una consuetudine derivata dal mondo accademico anglosassone.

Annualità: si indica con questo termine la durata di un insegnamento, stabilita generalmente in cinquanta-ottanta ore di lezione, da svolgersi nell'arco dell'intero anno accademico o, con una maggiore concentrazione del numero delle ore di lezione, in uno dei due semestri.

Appello: è la data nella quale è fissato l'esame che costituisce il momento in cui gli studenti vengono sottoposti alla verifica della loro preparazione.

Attività a tempo parziale: è una forma di collaborazione retribuita, espressamente prevista dalla legge 394/91, che gli studenti universitari, previo accertamento del possesso di determinate caratteristiche (per esempio aver superato i 2/5 degli esami previsti dal piano di studi), possono prestare presso le strutture dell'ateneo per un monte ore non superiore a 150 ore annue. Per accedere all'attività occorre presentare domanda nei termini previsti dal bando pubblicato dalle singole università.

Attività formativa: indica ogni attività che lo studente svolge in ambito universitario per la propria formazione culturale e professionale: insegnamenti, esercitazioni pratiche, seminari, tirocini, attività di studio individuale.

Borsa di studio: è una delle iniziative, spesso patrocinate dalle Aziende Regionali per il Diritto allo Studio, che attuano l'articolo 34 della Costituzione ("I capaci e meritevoli, anche se privi di mezzi, hanno diritto di raggiungere i gradi più alti degli studi") e rispettano le indicazioni relative al diritto allo studio; si tratta in generale di erogazioni economiche, spesso a fondo perduto, oppure di servizi (mensa, alloggio) conferiti agli studenti in possesso di determinati requisiti di merito e di reddito.

Cattedra: si indica in tal modo la titolarità degli insegnamenti, il fatto cioè che ogni insegnamento abbia un docente responsabile (titolare di cattedra). Nei grandi atenei, gli insegnamenti più importanti godono dell'attivazione di più cattedre.

CIVR: è il Comitato di indirizzo per la valutazione della ricerca. Istituito presso il Ministero, ha il compito di definire i criteri generali per le attività di valutazione dei risultati della ricerca e di promuovere la sperimentazione di nuove metodologie di valutazione.

Classe di corsi di studio: è un raggruppamento di quei corsi di studio caratterizzati dagli stessi obiettivi formativi e dalle corrispondenti attività formative.

CNAM: il Consiglio nazionale per l'alta formazione artistica e musicale è un organo elettivo che si occupa di esprimere pareri e formulare proposte sugli schemi di regolamento nazionale, sui regolamenti didattici degli istituti, sul reclutamento del personale docente, sulla programmazione dell'offerta formativa.

CNSU: il Consiglio nazionale degli studenti universitari è l'organo di rappresentanza degli studenti universitari. Formula pareri e proposte al Ministro su progetti di riordino del sistema universitario, sugli ordinamenti didattici, sulle modalità e gli strumenti per l'orientamento e per favorire la mobilità degli studenti o su altre materie di interesse per l'università.

CNVSU: il Comitato nazionale per la valutazione del sistema universitario è costituito da nove membri nominati con decreto del Ministro. Si occupa di: fissare i criteri generali per la valutazione delle attività delle università; promuovere la sperimentazione, l'applicazione e la diffusione di metodologie e pratiche di valutazione; determinare ogni triennio la natura delle informazioni e i dati che i nuclei di valutazione degli atenei sono tenuti a comunicare annualmente; predisporre e attuare un programma annuale di valutazioni esterne delle università o di singole strutture didattiche; svolgere, su richiesta del Ministro, ulteriori attività consultive, istruttorie, di valutazione, di definizione di standard, di parametri e di normativa tecnica.

Commissione di laurea: il gruppo dei docenti che determina il voto finale valutando la discussione della tesi di laurea e la media dei voti riportati agli esami.

Consiglio di amministrazione: presieduto dal Rettore, si occupa della gestione amministrativa e finanziaria dell'università.

Correlatore: docente che esamina la tesi dell'esaminando e partecipa attivamente alla discussione della tesi stessa.

Corso di studi a distanza: o "teledidattico", è un corso legalmente riconosciuto che permette allo studente di seguire le lezioni da casa tramite strumenti telematici più o meno interattivi (TV satellitare, internet, e-mail, telefono). Gli esami hanno luogo in università.

Corso annuale: è un corso organizzato su base temporale annuale, indipendentemente dal suo valore in crediti.

Corso biennale: è un corso di durata appunto biennale, che ha anche il valore in crediti di due annualità sebbene corrisponda a un solo esame.

Corso di laurea: indica un corso di studi triennale che si prefigge di fornire allo studente un padronanza adeguata di metodi e contenuti scientifici generali, nonché di conoscenze professionali specifiche.

Corso di laurea magistrale: ha durata biennale ed è accessibile solo al termine del corso di laurea triennale. Ha l'obiettivo di fornire una formazione di livello avanzato per l'esercizio di attività a elevata qualificazione.

Corso integrato: si tratta di un corso formato da due o più moduli didattici che si conclude con un unico esame.

Corso istituzionale: la maggior parte dei corsi universitari prevede una parte di corso chiamata "istituzionale" e una parte chiamata "monografica". La parte istituzionale di un corso è quella che riguarda i principi generali e gli aspetti fondamentali di una disciplina che di norma viene spiegata e studiata sui manuali.

Corso monodisciplinare: corso d'insegnamento costituito da un unico modulo didattico (pari ad almeno 50 ore complessive di lezione).

Corso monografico: è una dicitura utilizzata principalmente nei corsi di laurea dell'area umanistica con la quale si fa riferimento alla distinzione fra la parte istituzionale di un insegnamento (o materia) e l'approfondimento di un argomento o di un autore particolare (corso monografico) svolto durante le lezioni in aula.

Corso propedeutico: corso che viene svolto prima dell'inizio ufficiale delle lezioni per uniformare la preparazione degli studenti.

Corso semestrale: è un corso organizzato su base temporale semestrale, indipendentemente dal suo valore in crediti (solitamente la durata effettiva del corso va da settembre/ottobre a dicembre oppure da marzo a giugno).

CNR: sigla che identifica il Consiglio nazionale delle ricerche, un organo dello Stato preposto alle attività di ricerca scientifica e alla definizione e gestione di programmi di ricerca, talora con il coinvolgimento e la cooperazione internazionale.

Credito formativo: unità di misura che quantifica l'impegno richiesto allo studente per conseguire gli obiettivi previsti del corso di studi. Un credito corrisponde a 25 ore di lavoro e misura oltre le ore di didattica assistita in aula (lezioni, esercitazioni, seminari) anche il lavoro individuale svolto dallo studente per lo studio dei testi, l'elaborazione di relazioni e tesine. La quantità media di lavoro svolto in un anno da uno studente impegnato a tempo pieno negli studi universitari è convenzionalmente fissata in 60 crediti (1500 ore).

CRUI: sigla della Conferenza dei rettori delle università italiane; si tratta di un'associazione senza fini di lucro costituita dai rettori delle università statali e libere i cui principali scopi sono: approfondire i problemi del sistema universitario (presentandone i bisogni alle autorità governative e parlamentari), esprimere parere sullo stato dell'istruzione universitaria e promuovere e sostenere le iniziative delle università nelle sedi nazionali e internazionali.

CUN: il Consiglio universitario nazionale è un organo elettivo di rappresentanza delle università italiane, con funzioni consultive relativamente a numerosi aspetti della vita delle università italiane, tra i quali il coordinamento tra le sedi universitarie nazionali, la ripartizione fra le università dei fondi destinati alla ricerca scientifica, la definizione e l'aggiornamento degli ordinamenti didattici e il Piano triennale di sviluppo dell'università.

Curriculum di studi: è l'insieme delle attività formative universitarie ed extrauniversitarie specificate nel regolamento didattico del corso di studi e necessarie al conseguimento del relativo titolo.

CUS: sigla che identifica il Centro universitario sportivo, cioè l'organo, presente in gran parte degli atenei italiani, che si occupa della gestione degli impianti e delle attività sportive.

Debito formativo: unità di misura che quantifica lacune in specifiche materie emerse nelle prove in ingresso e che deve essere "saldato" entro il primo anno di studi, frequentando appositi corsi e superando un esame conclusivo. Lo studente che non ha ricuperato il debito non può iscriversi al secondo anno.

Dipartimento: è quella struttura all'interno dell'ateneo che organizza e promuove l'attività di ricerca in uno o più settori fra loro omogenei e i relativi insegnamenti.

Diritto allo studio: l'insieme delle norme e delle azioni che lo Stato ha promosso per garantire ai meritevoli l'accesso all'università e il completamento del percorso di studi (per esempio: prestiti agli studenti a tasso agevolato da rimborsare dopo la laurea).

Dispensa: è la raccolta in volume del contenuto delle lezioni di un intero corso; generalmente viene pubblicata dal docente stesso che con essa intende semplificare la preparazione all'esame; può anche essere il risultato dell'attività degli studenti più assidui alle lezioni che, incaricati dal docente, la redigono a partire dalla trascrizione delle lezioni; vi sono poi le dispense non ufficiali redatte e messe in vendita dagli studenti.

Dottorato di ricerca: è il titolo accademico che si consegue al termine dello svolgimento di attività di ricerca, generalmente della durata di tre anni, successivamente al conseguimento del diploma di laurea magistrale (o di secondo livello). Il dottorando è tenuto a seguire lezioni e seminari di approfondimento. Il titolo che consegue a fine percorso ha valore esclusivamente accademico ed è valutabile solo nell'ambito della ricerca scientifica.

Equipollenza: si intende con tale termine la parificazione e il riconoscimento dei titoli accademici conseguiti all'estero con quelli italiani.

Esame di laurea: è la prova finale nella quale lo studente discute la propria tesi di laurea di fronte a una commissione di docenti, per ottenere la laurea. Per potervi accedere lo studente deve aver superato tutti gli esami di profitto.

Esame di profitto: esame teso a verificare il livello di preparazione dello studente in relazione a una determinato insegnamento.

Esercitazione: si tratta di una serie di incontri, tenuti dal docente titolare del corso o da un suo assistente, durante i quali gli studenti (in genere riuniti in piccoli gruppi) imparano a utilizzare gli strumenti e i concetti base per svolgere una ricerca su un argomento del corso. Durante l'esercitazione è prevista la partecipazione attiva degli studenti.

Esonero: collegato alle indicazioni circa il diritto allo studio, l'esonero offre agli studenti meritevoli, che mancano dei mezzi economici, sconti parziali o totali sulle tasse universitarie.

Fuori corso: termine che si riferisce a due categorie di studenti: coloro che hanno frequentato per l'intera durata (tre, cinque o sei anni) il corso di laurea a cui sono iscritti senza però riuscire a sostenere tutti gli esami e discutere la tesi di laurea; e gli studenti che, iscritti a un anno specifico, non ne hanno completato gli esami considerati obbligatori per accedere all'anno successivo.

Immatricolazione: sono le procedure che consentono l'iscrizione ai corsi universitari.

Indirizzo: specifica caratterizzazione di un corso di studi che permette l'approfondimento di particolari contenuti culturali. È possibile che sia menzionato sul titolo di studio finale.

Insegnamento: è il ciclo di lezioni tenuto da un docente riguardanti una specifica disciplina.

Laboratorio: è un momento formativo in uso prevalentemente presso le facoltà scientifiche. Consiste in esercitazioni pratiche su materie trattate in modo teorico in aula, da svolgersi, per l'appunto, nei laboratori delle università.

Leonardo: è un programma dell'Unione europea con il quale gli studenti e i laureati in possesso di determinati requisiti (stabiliti nel bando) hanno la possibilità di effettuare un periodo di formazione e tirocinio presso un'impresa di uno Stato membro dell'Unione europea o dello Spazio economico europeo.

Lettore: è un collaboratore del corpo docente, assunto a contratto, generalmente madrelingua, il cui compito è l'insegnamento delle lingue straniere.

Libretto: rilasciato al momento dell'immatricolazione, era il documento fondamentale per ogni studente su cui venivano trascritti i voti conseguiti in ogni esame. Oggi è ancora in uso presso alcune università, ma è più spesso sostituito da un sistema di registrazione dei voti online.

Manifesto degli studi: documento pubblicato annualmente dagli atenei. Contiene le informazioni amministrative necessarie per l'iscrizione ai corsi attivati. Ha inoltre l'obiettivo di agevolare l'orientamento agli studi.

Master: termine anglosassone che definisce i corsi di perfezionamento scientifico e di alta formazione permanente. Esistono master di primo e di secondo livello, accessibili i primi al termine della laurea, i secondi solo con il possesso della laurea magistrale.

Matricola: è il numero progressivo che viene assegnato a ogni studente al momento dell'iscrizione al primo anno di ogni corso universitario; nel gergo universitario indica gli studenti del primo anno. Il numero di matricola dev'essere riportato su tutti i documenti che riguardano lo studente durante il suo corso di studi.

MIUR: sigla del ministero dell'Università e della Ricerca. Ha il compito specifico di promuovere la ricerca nonché lo sviluppo delle università e degli istituti di istruzione superiore di grado universitario; esso inoltre elabora ogni tre anni il piano di sviluppo dell'università sulla base di criteri definiti per legge e procede alla ripartizione degli stanziamenti a esse destinati; infine, coordina la partecipazione italiana a programmi internazionali che riguardano le università e la ricerca scientifica e tecnologica.

Numero chiuso/programmato: è il limite definito per le iscrizioni a numerosi corsi universitari; alcuni corsi sono a numero chiuso su tutto il territorio italiano come, per esempio, i corsi di laurea magistrale di Medicina e chirurgia, Odontoiatria, Medicina veterinaria e Architettura; i posti disponibili vengono stabiliti annualmente dal MIUR.

Obiettivo formativo: è l'insieme di conoscenze e abilità che caratterizzano il profilo culturale e professionale, al conseguimento del quale è finalizzato il corso di studi.

Ordinamento didattico di corso di studio: è l'ordinamento, disciplinato dalle singole università, in cui sono determinati, tra l'altro, le denominazioni e gli obiettivi del corso di studio, i crediti assegnati a ciascuna attività formativa e le caratteristiche della prova finale.

Orientamento: insieme di servizi messi a disposizione degli studenti dalle università per aiutarli a scegliere il percorso di studi più adatto, a portarlo a termine con soddisfazione e a trovare un'occupazione al termine degli studi.

Piano di studi: l'insieme degli esami di un corso di laurea. Per ogni corso esiste un piano di studi ufficiale; lo studente, per approfondire le discipline che più lo interessano, può progettare un piano di studi personalizzato da sottoporre all'approvazione degli organi competenti.

Precorsi: si tratta di lezioni con l'obbiettivo di introdurre le matricole alle materie fondamentali del primo anno e/o di consentire un inizio degli studi senza debiti formativi. Generalmente si svolgono prima dell'inizio dell'anno accademico.

Preiscrizione: è una formale indicazione, da parte degli studenti diplomandi, del corso di laurea cui desiderano accedere dopo la scuola superiore. Precede sia l'iscrizione ai test di ammissione (ove previsti) sia la vera e propria immatricolazione. Attualmente avviene compilando una scheda informatizzata su internet, che si trova sul sito del MIUR all'indirizzo http://universo.miur.it.

Prestito d'onore: consiste in un finanziamento a condizioni agevolate dato allo studente per pagare i suoi studi; il prestito, che può essere in parte a fondo perduto, viene rimborsato dallo studente gradualmente dopo gli studi, con l'inizio dell'attività lavorativa.

Professore a contratto: è un docente chiamato dalle università a collaborare con il titolare di una cattedra per approfondire un particolare argomento; stipula normalmente con l'ateneo un contratto per la durata di un anno accademico.

Professore associato: sono i professori di seconda fascia, con uguale libertà didattica e di ricerca rispetto a quelli di prima fascia.

Professore ordinario: professore di prima fascia, cioè docente al quale è possibile assumere cariche di gestione universitaria quali l'incarico di rettore, di preside di facoltà, di presidente del corso di laurea, di direttore di dipartimento e altre.

Professore straordinario: è definito tale colui che ha vinto un concorso per un posto di professore di prima fascia nei primi tre anni prima di essere confermato in ruolo da un'apposita commissione. Una volta confermato diviene Professore ordinario.

Propedeuticità: indica il carattere di alcuni esami, da svolgere per primi e da considerarsi introduttivi alla disciplina trattata. Per sostenere alcuni esami è necessario aver sostenuto i relativi esami propedeutici.

Rappresentanze studentesche: sono gli studenti eletti ogni due anni dagli altri studenti che partecipano al consiglio di facoltà, di corso di studio, nonché al Senato accademico e al Consiglio di amministrazione.

Relatore: è il docente (associato, ordinario o straordinario) che segue lo studente nell'elaborazione della propria tesi di laurea e ne introduce il lavoro alla commissione davanti alla quale poi verrà discussa.

Rettore: è il rappresentante legale dell'università. I suoi compiti consistono nel presiedere il Senato accademico e il Consiglio di amministrazione, nel vigilare sul funzionamento delle strutture e dei servizi dell'università e nell'esercitare la funzione disciplinare, nello stipulare gli accordi di collaborazione esterna, nel programmare l'attività didattica e di ricerca dell'università. Il rettore ha quindi funzioni operative e di indirizzo nei confronti della vita accademica nel suo complesso. Normalmente viene eletto ogni quattro anni dai docenti di ruolo.

Ricercatore: è il livello professionale precedente al professore; si accede a questa carica per concorso, e i compiti sono quelli della ricerca e del sostegno al docente nelle attività di didattica (laboratori, tutorato, seminari di approfondimento, aiuto e consulenza per la tesi degli studenti).

Socrates/Erasmus: programma di mobilità dell'Unione europea che permette agli studenti di effettuare un periodo di studio (da 3 a 12 mesi) presso un'università europea, con il sostegno di una borsa di studio mensile. Per partecipare al programma è necessario soddisfare le condizioni precisate nel bando, pubblicato di norma annualmente dai singoli atenei.

Seminario: si tratta di un breve corso (frequente soprattutto nelle facoltà umanistiche), tenuto generalmente da un ricercatore della cattedra presso la quale viene organizzato. I seminari hanno l'obiettivo di approfondire un particolare e specifico argomento e costituiscono parte integrante del programma d'esame.

Senato accademico: presieduto dal rettore definisce le linee di sviluppo dell'ateneo.

Sessione: così viene chiamato il periodo di tempo entro cui è possibile sostenere sia gli esami di profitto, sia le tesi di laurea. Ogni università si organizza in modo indipendente: esistono università che prevedono solo due sessioni all'anno per sostenere gli esami (di conseguenza gli studenti devono preparare più esami contemporaneamente), e università che prevedono sessioni mensili (danno quindi la possibilità di sostenere esami e tesi di laurea ogni mese).

Statino: modulo rilasciato allo studente da alcune università in cui egli riporta l'insieme degli esami che prevede di sostenere e che attesta la regolarità della sua posizione.

Studente in corso: è in corso lo studente che sostiene tutti gli esami previsti dal programma di studi entro i rispettivi anni e quindi in regola con l'iter di studi.

Tesi: costituisce il completamento del corso di studi universitario; è un elaborato, generalmente in forma scritta, nel quale lo studente svolge una ricerca originale sotto la guida di un docente, da discutere poi davanti a una specifica commissione.

Test di ammissione: viene così definita la prova di selezione che devono superare gli studenti che intendono iscriversi a corsi universitari a numero chiuso.

Tutor: figura reintrodotta recentemente nell'organizzazione dell'università; il tutoraggio è un servizio finalizzato all'orientamento e all'assistenza degli studenti più giovani ed è generalmente svolto da uno studente avanti negli studi o direttamente da un membro o da una commissione del corpo docente.

Università: istituzione articolata in facoltà e dipartimenti finalizzata allo sviluppo della cultura a livello superiore. Il Rettore, il Senato accademico e il Consiglio di amministrazione ne rappresentano gli organi principali.